国家高端智库武汉大学国际法研究所

国际法文库

INTERNATIONAL LAW LIBRARY

黄进 总主编

肖永平 执行主编

文集系列

杜焕芳 主编

曾令良论国际法

Zeng Lingliang's Selected Papers on International Law

肖永平 黄志雄 编

法律出版社

LAW PRESS·CHINA

曾令良（1956年3月～2016年7月），湖北麻城人，著名国际法学家、法学教育家，武汉大学人文社会科学资深教授、“长江学者”特聘教授、让—莫内欧洲联盟法讲席教授，中国首批列入WTO专家组指示性名单成员之一。兼任外交部国际法咨询委员会委员、教育部法学学科教学指导委员会副主任委员、中国欧洲学会欧洲法律研究会会长、中国国际法学会副会长、中国国际经济法学会副会长、中国法学会世界贸易组织法研究会副会长、湖北省法学会国际法研究会会长、澳门欧洲研究学会理事长等职。曾任武汉大学法学院院长、武汉大学欧洲问题研究中心主任、澳门大学法学院院长、教育部人文社科重点研究基地武汉大学国际法研究所所长、国家高端智库武汉大学国际法研究所理事会执行理事长。

1979 年，摄于武汉

1981 年，“五一节”结婚照

1985 年，摄于美国密歇根大学

1989 年，摄于欧洲大学研究院

1989 年，摄于欧洲大学研究院

1990 年，与导师梁西先生（右）、师母刘文敏女士（中）在武汉大学老斋舍前的樱花大道上

1996 年，与梁西先生(中)、余敏友博士(右二)、杨泽伟博士(左一)、盛红生博士(右一)合影

1997 年 6 月，与夫人钟小红、儿子曾彦在美国拉斯维加斯“纽约、纽约”大酒店合影

1998 年 5 月,曾令良教授(左)、黄德明博士(右)与来访的欧洲大学研究院 Francis Schneider 教授在武汉大学合影

21 世纪初,摄于武汉大学课堂

21 世纪初,武汉大学法学院教师篮球队合影(后排左六为曾令良教授)

2000 年 5 月,在武汉大学与万鄂湘教授合影

2000 年 6 月，曾令良教授与陶凯元博士在武汉大学校园

2000 年 11 月，曾令良教授在西安参加学术会议期间与肖永平教授合影

2001 年 **5** 月，曾令良教授在我国台湾地区
参加“第七届海峡两岸法学学术研讨会”期间与蒋孝严先生合影

2001 年 **9** 月，曾令良教授在香港参加学术会议期间与
时任香港律政司司长梁爱诗女士（中）合影

2002 年 5 月，参加武汉大学国际法博士学位论文答辩会

（从左至右为黄志雄博士、曾令良教授、余敏友教授、陈卫东博士）

2003 年 7 月，时任武汉大学法学院院长的曾令良教授（右一）与

法学院王明元书记（左一）前往梁西先生（左二）家中，祝贺先生八十大寿

2003 年 9 月，时任武汉大学法学院院长的曾令良教授
在武汉大学法学大楼工程封顶仪式上致辞

2003 年 11 月，曾令良教授（左一）与余敏友教授（左二）、
梁西先生（右二）、凌慧明博士（右一）在深圳合影

2006 年 5 月，参加武汉大学国际法博士学位论文答辩会（第一排从左至右为杨泽伟教授、邵沙平教授、王献枢教授、古祖雪教授、余敏友教授、曾令良教授）

2015 年 1 月，外交部第一届国际法咨询委员会成立留念（第一排右一为曾令良教授）

2017 年 6 月，曾令良教授（第一排左四）在武汉大学主持召开“全球治理体系变革与中国的主张和话语权”研讨会，这是他生前参加的最后一次重要学术活动

总序一

当今之世界，随着全球投资贸易不断增长，科学技术特别是信息技术飞速进步，通信和交通日益便捷，人文交流蓬勃发展，经济全球化、政治多极化、文化多元化、社会网络化、法律趋同化已成为天下大势。在这种背景下，作为国际社会最为重要的行为规范，国际法在全球治理中发挥着不可替代的作用。

今日之中国，秉持“创新、协调、绿色、开放、共享”五大发展理念，正在全面建设小康社会、全面深化改革、全面推进依法治国、全面从严治党、全面参与全球治理。在这个过程中，国家始终坚持统筹国内、国际两个大局，于内，追求实现“两个一百年”奋斗目标，追求实现中华民族伟大复兴的中国梦。于外，坚定不移对外开放，参与全球治理；坚持和平发展、合作共赢；积极构建中国特色大国外交，完善对外战略布局，既“请进来”，又“走出去”，加快推进“一带一路”建设；坚决维护国家主权、安全、发展利益，争取良好国际环境，维护世界和平稳定，促进各国共同发展，打造“人类命运共同体”。毫无疑问，坚持统筹国内、国际两个大局，不仅要全面推进依法治国，加强国内法治，而且要在全球治理中高度重视和善于发挥国际法的作用，加强国际法治，推进国内法治与国际法治良性互动，特别是要完善中国自己的涉外法律法规体系，积极参与国际规则的制定，增强中国在国际法律事务中的话语权和影响力，运用法治思维和法治方式依法处理涉外事务，强化涉外法律服务，加强国际法治合作。

当下之中国国际法学界，经过改革开放30多年的建设和发展，可以肯定地说，国际法学科体系不断健全，学术队伍不断壮大，国际学术交流与合作不断拓展，学术水平和创新能力不断提高，培养了一大批国际法专门人才。而且，广大国际法专家学者解放思想、实事求是、求真务实、与时俱进，深入研究和回答中国改革开放面临的国际法理论和实践问题，产出了一大批有分量的学术成果，为国际法学的繁荣发展和国家改革开放及现代化建设做出了重要贡献。但应该指出的是，中国国际法学领域还存在一些亟待解决的问题。比如，国家缺乏整体的国际法学科发展战略规划，国际法学科建设放任自流，各国际法机构各自为阵；国际法人才队伍学术原创能力和解决实际问题的能力不强，活跃在世界国际法舞台的人才不多，总体素质亟待提高；国际法人才培养体系不健全，德行教育与知识传授相分离、理论培养与实践训练相脱离、国内培训与国际培训相隔离；国际法学术研究缺少精品力作，还没有产出具有广泛国际影响的创造性思想成果和理论成果，在国际规则制定和国际法律事务中的话语权和影响力不大。可以这样说，中国国际法学界目前在学术命题、学术思想、学术观点、学术标准、学术评价、学术话语上的能力和水平同中国综合国力和国际地位还不太相称。

综上所述，国际法在国际社会中的重要地位日益凸显，中国全面推进依法治国、对外开放、参与全球治理，亟须掌握和运用国际法，中国国际法学界仍处于有数量缺质量、有专家缺大师以及作用没有充分发挥出来的状态。我们所处的时代表明，这是一个需要国际法的时代，这是一个需要国际法理论创新而且一定能够产生国际法新理论的时代，这是一个需要国际法思想而且一定能够产生国际法新思想的时代。所有这些，正是我们编辑出版“国际法文库”以推动国际法学繁荣发展的初衷。

“国际法文库”将坚持兼容并包、思想自由。主张立足中国、借鉴国外，挖掘历史、把握当代，关怀人类、面向未来，着力推进构建既具有中国特色、中国风格、中国气派，又能进入世界学术话语体系的国际法学。

“国际法文库”将坚持问题导向。面对中国改革开放的新常态、国际局势的新变化，世界范围内各种思想文化交流交融交锋的新形势，只有聆听时代的声音，回应时代的呼唤，认真研究国家深化对外开放、全面参与全球治理的重大而紧迫的问题，才能真正把握历史脉络，找到发展规律，推进国际法理论创新和全球治理实现良法善治。

“国际法文库”将坚持跨学科研究。国际法律问题涉及国际社会生活的方方面面，具有跨学科性，需要从多学科视角，运用学科交叉融合的方法，进行跨学科研究。也就是说，对于国际法律问题，不仅要从国际公法、国际私法、国际经济法等国际法学视角进行研究，而且还要从宪法、行政法、民商法、刑法、诉讼法等国内法学视角进行研究；不仅要从法学视角进行研究，而且还要从国际政治、世界历史、全球经济、人类社会变迁、多元文化交融、地球生态文明等视角进行研究。跨学科研究在于坚持用联系的发展的眼光看待问题，增强研究的整体性、系统性、协调性、战略性，促进问题合情、合理、合法的解决。

“国际法文库”将坚持创造创新。创新是一个民族进步的灵魂，也是引领理论发展的动力。创新，就是有所发现、有所发明、有所创造。国际法理论的生命力在于创新 ，只有不断进行探索，才能推进国际法思想创新、知识创新、理论创新、制度创新、方法创新。国际法理论创新要从问题开始，发现问题、筛选问题、分析问题、研究问题、解决问题的过程就是创新的过程。国际法理论创新不必贪大求全，发现新事实、新材料、新现象是创新，阐明一个新原理、提出一种新学说、揭示一条新规律是创新，发明一项新技能、找到一条新路径、创造一种新方法也是创新。

“国际法文库”设专著系列、译著系列、实务系列、文集系列，是法律出版社与武汉大学国际法研究所共同打造的学术品牌。法律出版社在中国出版界特别是法学、法律出版领域的龙头地位自不待言。这里有必要对武大国际法所多说几句。武大国际法所是我国著名法学家、教育家、国际私法一代宗师韩德培先生于 1980 年创办的，是我国高校设立的第一个国际法研究所。该所自创立以来，自强不息，追求卓越，先后培养了一大批已在学术和实务方面崭露头角的国际法专门人才，先后产出了一大批具有较高水平的国际法学术成果，先后两次被评为国家级重点学科，2000 年被确定为教育部人文社会科学重点研究基地，2015 年入选首批国家高端智库。可以肯定地说，武大国际法所是当今中国国际法领域的学术重镇，不断推进中国国际法人才培养、科学研究和新型智库建设，不仅是它义不容辞的责任，更是它崇高而神圣的使命。正是基于这种情怀，武大国际法所与法律出版社携手合作，设立了这个“国际法文库”。这是为中国国际法学界开辟一块新的学术园地，建造一个新的学术舞台。“国际法文库”是自由、开放、包容、多元的，海内外的国际法同仁都可以在这块园地里辛勤耕耘，春播夏种、秋收冬藏；也都可以在这座舞台上翩翩起舞，崭露头角、一展锋芒。我真诚希望，所有以国际法为志业、立志为中国国际法事业做出贡献的海内外同仁，都能把“国际法文库”视为我们共同的国际法事业的一部分，关心之、支持之、帮助之、鞭策之，勿忘初心、久久为功，去迎接我们共同期待的中国国际法学界百花齐放、百鸟争鸣的春天。

是为序。

*

2016 年 12 月 1 日于北京

---

* 黄进，中国政法大学校长，法学教授，中国法学会副会长，中国国际私法研究会会长。

总序二

随着中国日益接近世界舞台的中央，我国迫切需要加强国际法律共同体建设，利用国际法维护世界和平和人类命运共同体以及可持续发展，保障中国的正当利益。因此，不管是国际法制度构建，还是国际法理论创新，抑或是国际法实践引领，中国都需要从“被动适应者”向“主动引领者”转变。

由我国著名法学家、教育家、社会活动家、国际私法一代宗师韩德培先生创办的武汉大学国际法研究所是1980年由原国家教委批准成立的中国高校第一个国际法研究机构；1981年设立博士点；1995年建立博士后流动站；1996年列为“211”工程重点建设单位；2000年被教育部批准为普通高等学校人文社会科学重点研究基地；2004年被批准为“985”工程哲学社会科学创新基地；2015年被中宣部确定为首批国家高端智库试点建设单位。她一贯秉持国际公法、国际私法、国际经济法的全面和综合研究，积极拓展联合国法、欧洲联盟法、国际能源法、电子商务法、国际发展法、国际网络法、国际投资法、国际金融法、国际体育法、世贸组织法、海洋法和海商法等前沿学术领域，形成了学科研究方向齐全、学科发展水平一流、咨政服务能力突出、教学科研成果领先的鲜明特色。

但是，不管是作为教育部的人文社会科学重点研究基地，还是作为国家高端智库，仅仅依靠一个研究所的力量难以实现中国国际法理论的创新，难以实现中国从国际法的“被动适应者”向“主动引领者”的转变。当下，中国面临的问题在全球化进程中愈发凸显其复杂性，许多问题往往需要从不同学科、不同视角、不同谱系进行合理的理论解释、作出正确的政策选择；而不同学者、学术机构、智库在不同领域具有相对优势，或者因所在区域不同而存在区域政策问题的竞争优势。因此，团结、组织中国国际法学者共同攻关、协同创新是获得国际竞争优势、创新中国国际法理论，进而实现中国从国际法的“被动适应者”向“主动引领者”转变的必由之路。正是出于这种考虑，我们与法律出版社合作出版“国际法文库”，希望集中展示中国学者的国际法著述和学术见解，及时传播国外国际法学界的最新研究成果，协同研究中国面临的重大国际法实践问题，不断增强中国国际法理论的国际话语权，不断提升中国国际法制度的国际吸引力，不断提高中国国际法实践的国际影响力。

因此，“国际法文库”将面向中国国际法理论界和实务界广泛征集选题，通过自荐与他荐相结合的方式，由丛书编辑委员会根据其学术性、思想性和创新性决定出版选题。本文库分为专著系列、译著系列、实务系列和文集系列。

专著系列旨在集中呈现中国学者在国际法领域的理论研究成果，引导中国国际法学界关注国际学术动态、设置前沿学术议题、营造良好学术风气，推动中国国际法理论创新。以学术性和创新性为选题标准，主要出版中国学者关于国际法领域具体问题的创新性研究成果。

译著系列旨在全面推介国际社会国际法理论的经典著作和最新成果，促进中外国际法理论的交流与交锋，促使中外国际法实践的互动与创新。以思想性与新颖性为选题标准，主要出版国际社会在 20 世纪 90 年代以后创作或再版的国际法著作的译作。

实务系列旨在中国国际法理论研究和实践运用之间架起桥梁，促使中国国际法研究更加贴近国家和社会的现实需要，在国际法理论的支撑下运用国际法规则分析和解决实践中出现的问题。以对策性与实用性为选题标准，主要出版针对实践中的国际法问题，特别是与中国密切相关的国际法问题的著作，强调贴合国家对外交往实际需要，关注操作层面的问题选择、分析和解决方案。

文集系列旨在及时反映中国国际法学界举办的学术会议成果，提高学术交流的质量，加强学术交流的深度，扩大学术交流的影响。以新颖性与可行性为选题标准，主要出版能够设置学术议题、引领理论前沿的论文集。

我们相信,在中国国际法学界同仁的关心、支持与积极参与下,“国际法文库”一定能够实现上述目的,为中国国际法的理论创新、制度变革和实践引领贡献她应有的智慧、发挥她应有的作用。

*

2017 年元旦于武汉

* 肖永平,武汉大学国际法研究所所长,长江学者,法学教授,中国国际私法研究会常务副会长。

序　感念曾师令良教授

可敬、可亲、可爱的曾师令良教授离开我们快一年了。为了传承他的学术思想、弘扬他的学术精神，武汉大学国际法研究所决定将他在不同时期发表的代表性国际法论文结集出版。作为令良教授的学生，我本没有资格为他的宏论作序；作为国际法研究所的现任所长，我又有义务把令良教授对我的影响、关心和培养写出来，以此窥见一位师者对学生的影响、一位长者对后辈的关心、一位法学院领导对同事的培养。我也相信，这些经历与感悟对一个学生的健康成长、对一个学科的不断发展、对一个学校人才队伍的持续建设，都是有启发意义的。但是，当我决定把这些感念写出来的时候，心情却无法平静，多次打开电脑，多次又无法打字。回想我与令良教授近30年的交往，既有砥砺切磋的时光，又有促膝谈心的日子，还有激情燃烧的岁月。从何谈起呢？按照法律人的一般思维，我与令良教授的关系可以分为以下三个维度。

一、师生缘

令良教授自1984年师从梁西先生主要研究国际公法，我于1988年从西南政法学院考取武汉大学研究生，师从李双元先生和韩德培先生研习国际私法，在学术研究领域上似乎没有什么交集。由于他是在职攻读学位，兼任国际法系副主任，承担了我们研究生的课程教学和学术性业务管理，所以我们结下了师生缘分。概括起来，令良教授对我确定研究方向、扩大研究领域、创新学术观点都产生过重要影响。

大约在1989年秋天，他在武汉大学作了一场关于“欧洲共同体与现代国际法”的讲座，这是我第一次听他的讲座。虽然现在已记不清他讲座的主要内容，但讲座结束后他与我的谈话至今记忆犹新，对我影响深刻。我问他为什么选择研究欧洲共同体法，他说“欧洲共同体是独具特色的国际组织，也是区域一体化的典型代表。但我国学术界，特别是法学界，对它还没有什么研究。而欧洲共同体独特的治理结构和法律体系，对未来世界的政治、经济、法律都会产生越来越重要的影响。武汉大学的研究生选择硕士和博士学位论文题目，就是要选择这样的‘冷问题’。我相信这个问题会引起中国政府和学者的重视，将来会成为‘热学问’的”。我当时正在思考硕士学位论文选题，经他点拨，我决定以中国冲突法立法问题作为论文选题方向，尽管当时大多数人认为中国制定单行国际私法还是很遥远的事情。由于中国冲突法立法问题涉及面太广，不可能通过硕士学位论文来完成，我便于1990年申请提前读博士学位。经韩德培先生同意和鼓励，我最终在1993年完成了以“中国冲突法立法问题研究”为题的博士学位论文。此后20多年，我一直把完善中国的国际私法立法作为学术研究的主要目标，为我国在2011年颁布《中华人民共和国涉外民事关系法律适用法》做出了一些贡献。可以说，令良教授当年关于“选‘冷问题’，做‘热学问’”的点拨对我确定学术研究方向产生了重要影响。

令良教授在我国法学教育界最早为研究生开设欧洲共同体法专题，这为我后来开展欧盟国际私法研究打下了基础。2000年，我以“欧盟国际私法”为题，申请到中欧高教合作研究项目。在曾老师的指导和帮助下，我顺利完成了该项目的研究工作，最终成果《欧盟统一国际私法研究》于2002年在武汉大学出版社公开出版。自此以后，我的研究兴趣一直集中于中国、美国和欧洲国际私法的比较及其新发展，令良教授的帮助对我扩大研究领域、发现有价值的研究课题、走向国内和国际学术前沿起到了很好的推动作用。

进入21世纪以后，令良教授通过总结现代国际法的人本化发展趋势，积极倡导构建中国国际法学话语体系，大力推进国际法理念和原则创新，持续呼吁我国重视发挥国际法在法治中国和国家治理现代化建设中的作用，以此构建中国特色社会主义国际法学。正是在令良教授上述思想和主张的影响下，我与英国纽卡斯尔大学汤诤教授和中国政法大学霍政欣教授合作，在Edward Eglar Publishing（EE）出版了*Conflict of Laws in the People's Republic of China*。该书采用英美冲突法通行的理论体系和学术规范，通过研究中国法院近300个典型案例，全面介绍了中国学者的冲突法理论成果与贡献，基本构建了中国国际私法在国际上的话语体系，被《国际私法杂志》主编、英国著名冲突法教授Paul Beaumont评价为“一部能使英语世界准确而全面理解中国国际私法的最新优秀著作”。这项成果与令良教授的指引与激励不无关系。

二、同事义

从博士毕业留校的第三年开始，我就在令良教授的直接领导下担任一些行政工作。他做国际法系主任时，我任副系主任；他做法学院院长时，我任国际法研究所执行所长和法学院副院长。后来，他赴澳门大学担任法学院院长，我做了武汉大学法学院院长；在我做院长的第二个任期，他又回武大担任国际法研究所所长。

武汉大学国际法研究所之所以能够一直引领着我国的国际法教学与研究，从教育部重点研究基地发展成为国家首批高端智库，与令良教授的长期领导与努力是分不开的。在他担任国际法研究所所长期间，国际法所的科学研究完成了从学科导向向问题导向的转型，研究成果的国际传播成效进步明显，国内外影响力不断扩大；人才培养的国际化程度明显提高，初步实现了人才培养在国际层面的双向流动；咨询服务从被动接受邀请到主动直接参与中国外交、涉外司法和国际商务活动；学术团队实现了群体性成长、结构性优化和专兼职的有效合作。这些成绩的取得，与他个人的领导才能、为人为学为事的风格是分不开的。他的精神与风格可以概括为：出自公心，为了公益，办事公道。

例如，在他担任武汉大学国际法研究所所长期间，国际法所的每项工作都取得了突出成绩，在四年一度的基地评估中被评为“优秀”，并在2015年12月成功入选国家首批高端智库。但仅仅两个月后，他就找我谈心，想辞去所长职务，由我来接任。考虑到院长岗位的繁重工作，我坚决不同意。他对我说：“国际法研究所成为国家高端智库试点单位以后，一定会增加大量的工作任务，要求也会更高。为了法学院和国际法研究所的长远发展，急需培养一批年轻人，给他们更好的平台和发展空间。因此，如果你没有精力兼顾法学院和国际法研究所的工作，建议你任期届满后不要再做法学院院长，把国际法研究所的担子挑起来。”我被他的公心所打动，一起找学校领导和有关职能部门说明我们的想法，及时完成了国际法研究所的领导班子换届，并推动学校在2016年7月完成了法学院领导班子的换届，为法学院和国际法研究所的未来发展打下了良好的基础。

他在结束澳门大学法学院院长的任期时，本有机会连任或者到国内其他高校直接聘任“资深教授”。但当我向他说明武大国际法学科的现状、危机和需要，并“威胁”他“如果你不回来，我也走”以后，他最终还是不计个人得失，回到武大担任了国际法研究所所长。回来后，他曾告诉我：“最终选择回武大还是因为武大的培养、武大国际法的优良传统和学术氛围以及我对武大的感情起了决定性作用。人生在世，总有些东西是不能用金钱来衡量的。”

当我向他请教如何做好法学院院长时，他给了我两点建议：一是注意法学院不同学科的均衡发展，公平对待每一位教职员工，这是立院之本；二是保持个人学术上的影响和地位，此乃立身之本。庆幸的是，在我担任院长的 9 年时间，基本上做到了以上两点，尽管没有让法学院的每位教职工都满意。

三、老乡情

我与令良教授都来自麻城，毕业于同一所高中。作为同乡，我们可以说是无话不谈的净友。记得上研究生时，我为了出国找他帮忙优先推荐。他在全面了解情况以后拒绝了我的请求，告诫我说：对于同乡，更应该严格要求，这是对同乡最大的爱护和帮助。由于这个经历，我在以后的工作中，凡涉及个人升迁问题，只要不符合规则，我都不会去争取。

当然，令良教授对我的指教很讲究方式、方法。我们是多年的球友和牌友，针对我有时发生的“个人英雄主义”行为，他会利用打球或者打牌择机指出，使我体会到团队合作的重要性，也逐步养成了分享意识。在人生的道路上，有这样的师长，何其幸运！

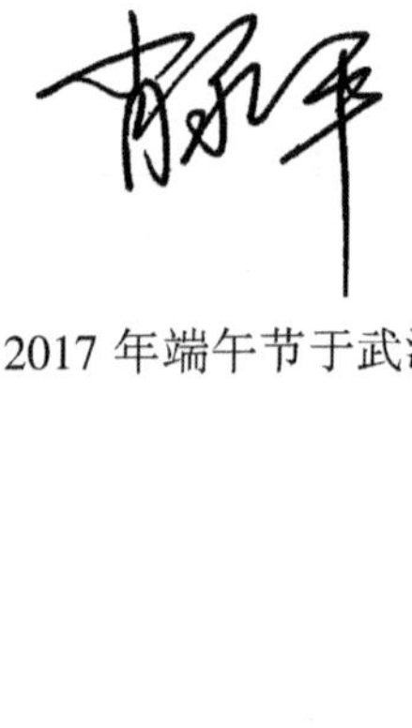

2017 年端午节于武汉

Contents

目录

第三编 欧 盟 法

第四编 其他国际法领域

曾令良教授国际法学术思想评述

李寿平* 陈卫东**

曾令良教授长期从事国际法教学与研究工作，是中国特色国际法学的重要倡导者和践行者，是我国世界贸易组织法学和欧洲联盟法学的主要开拓者。他治学严谨、视野开阔、思维敏捷、思想深邃，在国内外法学界享有盛誉。笔者作为曾令良教授早年指导的博士，在感念他对我们培养之恩的同时，也由衷敬佩他对倡导与发展中国特色国际法学所做的努力和贡献。谨撰此文，回顾总结曾老师的学术生平和学术思想，以求教于国际法学界同仁。

一、曾令良教授学术生平

曾令良教授于1956年3月出生，湖北麻城人。和大多数同辈人一样，曾老师青年时代的求学之路坎坷，“文化大革命”甚至使他学业中断，被迫在家务农，还短暂担任过乡村教师。这位来自大别山的孩子，在“文化大革命”后期获得了人生的第一次转机：被选到武汉大

* 北京理工大学法学院院长、教授。

** 对外经济贸易大学法学院副院长、教授。

作者均系曾令良教授指导的武汉大学国际法研究所国际公法专业博士（1998级和1999级）。本文撰写还得到了武汉大学国际法研究所副所长黄志雄教授、北京理工大学法学院龚向前副教授等同门同学的帮助，在此谨致谢意。

学外文系就读本科,并于 1978 年毕业后留校任教。改革开放后,我国对涉外法律人才需求猛增,这促使他转而投身国际法。在他 28 岁那年,即 1984 年,他把握住了人生的第二次重大机遇:成功报考了武汉大学国际公法专业研究生,师从我国著名的国际法学家梁西教授(1983 年梁先生刚从北京大学调回武汉大学任教)。在攻读硕士学位期间,经过严格的筛选,他获得了进入著名的美国密歇根大学法学院攻读硕士学位的机会,师从关贸总协定法权威杰克逊教授主修欧盟法、关贸总协定法,并于 1986 年获密歇根大学法学硕士学位。回国一年后,即 1987 年又顺利获武汉大学法学硕士学位,并继续师从梁西教授攻读国际公法博士研究生,后于 1992 年获武汉大学国际法专业法学博士学位。读博期间,他还曾于 1989 ~ 1990 年在意大利欧洲大学研究院从事博士研修工作。博士毕业后,因教学科研能力突出,两次破格晋升职称,于 1994 年晋升教授。

梁西先生对爱徒曾老师赞赏有加,认为他语言表达能力突出、思维严谨、文笔精练、论证清晰。"不仅英文水平一流,中文也很优秀,学问做得好,为人也很成功。"①的确,在同事和同行的眼中,他既是严谨治学、著作等身的好学者,也是为人正派、处事公道、善于团结合作的好领导;在学生的心中,他是学贯中西、教导有方的好老师,更是勤勉尽责、言传身教的好榜样。

作为走在"国际化"前沿的中国学者,曾老师先后在美国丹佛大学做富布赖特高级研究学者(1996 ~ 1997 年),担任英国伯明翰大学杰出访问教授(1998 年 7 ~ 8 月)、芝加哥肯特法学院杰出访问教授(2004 年 1 ~ 5 月)、香港城市大学兼职教授(2001 年)、澳门大学教授(2007 年 9 月 ~ 2010 年 8 月),并兼任《澳门法学研究》编委、*European Law Journal* 荣誉编委、*Chinese Journal of International Law* 荣誉编委等职,其学术水平得到了国内外同行的高度评价和认同。作为我国欧盟法和 WTO 法的主要开拓性研究者之一,曾老师被欧盟委员会授予"让—莫内欧洲联盟法讲席教授"称号(2001 年),并被 WTO 争端解决机构批准为中国首批 3 位专家组指示名单成员之一(2004 年)。也正是因为他在国际法领域的杰出成绩和良好口碑,赢得了同行专家以及其他学科专家的广泛认同,并于 2005 年入选"长江学者"特聘教授。在 2010 年澳门大学法学院院长任期届满后,面对清华大学、上海交通大学等著名大学法学院的盛情邀请和优厚待遇,他还是毅然选择回到武汉大学国际法研究所。2014 年 10 月,他以高票当选武汉

① 叶波:《长江学者特聘教授曾令良:严谨治学的国际法专家》,载《湖北日报》2014 年 3 月 31 日,第 10 版。

大学人文社科资深教授,虽时年 58 岁,却仍是武汉大学最年轻的资深教授。

作为中国特色国际法学的重要倡导者和践行者,曾老师笔耕不辍、著作等身,先后在《中国社会科学》《新华文摘》《中国社会科学文摘》《法学研究》《中国法学》《世界经济与政治》《人民日报》《光明日报》、*European Law Journal*、*Frontiers of Law in China* 等中外重要期刊和报刊上发表论文 80 余篇,独著或主编了《欧洲共同体与现代国际法》(1992 年)及其繁体中文修订版《欧洲联盟与现代国际法》(1994 年)、《世界贸易组织法》(1996 年)、《欧洲联盟法总论——以〈欧洲宪法条约〉为新视角》(2007 年)、《21 世纪初的国际法与中国》(2005 年)、《中国和平发展中的重大前沿国际法律问题研究》(2011 年)、《国际公法学(马工程重点教材)》(2016 年)、《中国大百科全书(国际公法卷)》等重要著作,并先后获国家级优秀教学成果奖一等奖(与他人合作)(1993 年)、国务院颁发的特殊政府津贴奖(1996 年)、第二届全国普通高校人文社会科学优秀科研成果二等奖(1998 年)、第二届全国十大杰出中青年法学家(1999 年)、教育部跨世纪人才奖(2000 年)、湖北省人文社会科学优秀科研成果二等奖和三等奖(1995 年、2002 年)、湖北省有突出贡献中青年专家(2005 年)、教育部长江学者奖励计划特聘教授(2005 年)、全国普通高校科学研究成果(人文社会科学)一等奖(2009 年)、钱端升法学研究成果二等奖(2012 年)等荣誉和奖励。

作为具有卓越的管理水平和组织能力的法学教授,曾老师曾任武汉大学法学院院长(1999 年 4 月 ~ 2007 年 9 月)、武汉大学欧洲问题研究中心主任(1997 ~ 2001 年)、澳门大学法学院院长(2007 年 9 月 ~ 2010 年 8 月)、教育部人文社科重点研究基地武汉大学国际法研究所所长(2010 年 11 月 ~ 2016 年 1 月)、国家高端智库武汉大学国际法研究所理事会执行理事长(2016 年 1 ~ 7 月),并在相关部门和学术团体担任了重要职务,包括外交部国际法咨询委员会委员、教育部法学学科教学指导委员会副主任委员、国家社会科学基金学科评审组专家、中国欧洲学会欧洲法律研究会会长、中国国际法学会副会长、中国国际经济法学会副会长、中国法学会世界贸易组织法研究会副会长、湖北省法学会国际法研究会会长、澳门欧洲研究学会理事长、《中国社会科学》外审专家、《欧洲研究》编委等,为中国法学教育事业、国家智库建设和学术团体建设等做出了巨大贡献。

曾老师注重理论联系实践,对推动中国涉外法律制度的完善和参与国际法律事务做出了重要贡献。在中国加入 WTO 谈判后期,他被原对外贸易经济合作部聘为 WTO 法律顾问,先后多次应邀参加中国与 WTO 法律问题的研讨会、提交书面咨询报告或作专题发言，还为中国对外贸易法的修订和货物进出口条例、反倾销和补贴条例等法规的制定提供了重要意见，其研究成果受到有关领导和中国谈判代表团成员的极大重视。他还担任了外交部国际法咨询委员会委员，就中国《缔结条约程序法》的完善、国际法治与国家治理现代化、推进国际法理念和原则创新、推动全球治理体系变革等重大现实问题提出了一系列有重要影响的咨询报告，得到了有关部门的充分肯定和表彰。

治学，曾老师勤学善思、学以致用；为人，曾老师胸襟开阔、淡泊名利。2016年年初，他从学科和学会发展的长远考虑，坚定地请辞武大国际法所所长，并准备卸任欧洲法研究会会长等重要职务，主动让贤给更年轻的专家学者。这样的大格局、大胸襟，令人肃然起敬。正当曾老师准备全力以赴，以毕生所学继续奉献给中国国际法事业之际，2016 年 6 月 24 日，由于突发脑溢血，他本应如日中天的学术生命突然黯淡下来。7 月 8 日，噩耗传来，他永远地离开了我们，留下了中国国际法研究诸多未竟的事业！

二、曾令良教授对中国特色国际法学的理论贡献

曾令良教授是中国特色国际法学的重要倡导者和践行者。如果把曾老师的国际法学术成就比喻成一条波澜壮阔的大河，那么这条大河的河水有 3 个重要的源头。首先是他跟随武大的国际法先贤们，包括他的老师梁西先生的脚步，对国际法基本理论和实践以及国际组织法等部门法的高屋建瓴的研究；其次是他作为中国欧盟法研究的先驱，对他自己开创的欧洲共同体法和欧盟法倾情一生的研究；最后是他作为中国最早关注和研究多边贸易体制的专家之一，对世界贸易组织法的卓有建树的研究。

曾老师的学术思想对中国特色国际法学的理论贡献涉及国际法的各个领域，其内容丰富、思想深邃、发人深省、影响广泛。其核心是，努力倡导构建中国特色国际法学，并提出和阐述了一系列创新的学术观点，提升了当代中国国际法学的理论高度和实践价值。略举如下：

（一）积极倡导构建中国特色国际法学

曾老师对当代中国国际法学的价值目标和功能定位有着深刻的认识。他指出：我国国际法学是中国特色哲学社会科学的重要组成部分，其研究水平直接关系中国在国际上的软实力和在实际范围内的竞争力、影响力。我国已成为国际法学大国，但与发达国家甚至部分发展中国家相比，仍然存在一定的差距。

中国国际法学要努力对当代国际法产生影响,并在全球治理体系变革中起实质性作用。为此,中国国际法学既要坚持和继承符合中国根本利益和新时代要求的传统国际法理论和思想,同时更要坚持民族性——中国特色,努力致力于国际法理念、概念和理论上的创新和发展。①

(二)力主推进基于人类命运共同体的国际法理念和原则创新

曾老师对当代中国国际法学的理论提升路径有着高屋建瓴的见解。他认为,全球治理体系需要新规则,中国在全球治理体系变革中的地位重要而显著。中国要在国际上树立法治大国、法治强国的形象,除了加强自身法治建设,还应在国际法治进步中体现自身主张,创新国际法理念和原则。中国积极倡导的人类命运共同体意识应成为全球治理体系变革中的新理念,这一理念是继和平共处理念、构建和谐世界理念之后的国际法理念最新发展。在积极创设国际法新原则方面,曾老师提出应坚持国际关系的民主化、国际关系法治化、国际关系合理化、合作共赢和正确的义利观。② 这些观点对于推动中国主张成为全球治理体系的新原则、新规则和新体制具有重要的理论引领作用。

(三)科学论证主权辩证法

针对"冷战"后民族自决浪潮、国际组织职权扩张和国际法新发展等给传统国家主权理念带来的严重挑战,曾老师做了精辟的分析。他认为,上述挑战并未从根本上动摇国家主权构成国际关系的基础和国际法的核心的神圣地位。同时,国家主权不可推至极端,国家间的相互依存性和出于人类共同利益的需要,有必要适当限制国家的主权,但这种限制又必须是公认国际法原则所允许的。主权的限制者恰恰是国家本身。只要这个世界还是"国际"的社会,只要调整的法还是"国际"的法,主权将永远与国家联系在一起,掌握主权命运者将永远是国家。③ 上述对国家主权的辩证思考,说理透彻,令人信服,产生了广泛的学术影响。

(四)精确阐述现代国际法的人本化发展趋势

在20世纪国际人权法和国际人道法的基础上,21世纪的国际法人本化趋

---

① 参见曾令良:《构建中国特色社会主义国际法学》,载《光明日报》2016年6月29日,第16版。曾老师还对已形成的中国特色国际法理论做了梳理总结,参见曾令良主编:《国际公法学(马工程重点教材)》,高等教育出版社2016年版,第20~24页。

② 参见曾令良:《顺应全球治理体系变革潮流,推进国际法理念和原则创新》,载《人民日报》2016年3月28日,第16版。

③ 参见曾令良:《论冷战后时代的国家主权》,载《中国法学》1998年第1期。

势尤为突出。曾老师敏锐地把握了这一趋势,并对此作了深入而系统的阐述。所谓国际法的人本化,主要是指国际法的理念、价值、原则、规则和制度越来越注重单个人和整个人类的法律地位及其各种权益的确立、维护和实现。人本化是应然国际法的一种新的理念和价值取向,又越来越突出地体现于实在国际法中,现代国际法一方面注重建立和完善国家间共处和合作的和平与发展秩序;另一方面又致力于确立和维护"以个人为本"和"以人类为本"的人本秩序。国际法的这种人本化现象丰富了国际法的内容,不仅促进一些经典的国际法部门与时俱进,还直接催生了一系列国际法的新分支。同时,也冲击着国际法上的权利与义务构建的基础——对等原则。曾老师同时强调,国际法的人本化不但没有改变国际法的"国家间"属性,相反,它仍是通过国家间协议和各国认可予以确立和实现的。①

(五)厘清中国和平发展与当代国际法的交互关系

构建中国特色的国际法学,需要贴近中国和平发展战略,直接服务于中国和平发展战略的实施。其理论前提是厘清中国和平发展与当代国际法的交互关系。对此,曾老师认为,当代国际法为中国和平发展发挥着3个方面的积极作用:创造和平与安全的外部环境;构建公平、公正的竞争秩序;提供国际合作的法律保障。此外,中国和平发展必将为当代国际法的发展做出重要贡献。首先,中国是世界上最大的发展中国家,其和平发展对于当代国际法所致力的全球发展主题具有特别重大的意义。其次,中国作为一个负责人的政治大国,随着自身国力的增强,必将在国际法的和平和安全事业中发挥重要作用。最后,人权、法治和民主政治发展为当代国际法的核心价值,而促进这些新的核心价值在国内和国际两级的实现是中国和平发展的基本目标之一;中国走和平发展道路,不仅使实现国家富强的必由之路,也是实现人权、法治和民主价值的必然选择。②

(六)倡导构建中国国际法学话语体系

曾老师长期关注并投身于中国国际法学话语体系的构建,他认识到既要系统承载国际法学话语体系的基本要素,又要充分展现当代国际法和国际法学中的中国特色、中国风格和中国气派。中国国际法学话语体系的当代构建应顾及当今和未来国际法治和中国对外关系的4个基本层面,即国内层面、国际层面、

---

① 参见曾令良:《现代国际法的人本化发展趋势》,载《中国社会科学》2007年第1期。

② 参见曾令良:《论和平发展与国际法的交互影响和作用》,载《中国法学》2006年第4期。

区域层面和双边层面,并应恪守和依照遵行国际关系的基本准则、顺应全球化坚持多边主义、积极参与区域一体化、充分体现国际共同体义务(权利)和适应中国和平发展需要的原则。他还对促进当代国际法在中国和世界范围内的教学、研究和传播的主要途径提出了若干极具建设性的建议。①

(七)呼吁重视国际法在中国法治建设和国家治理中的应有作用

曾老师总是利用各种论坛和平台,不遗余力地呼吁有关部门重视国际法在中国法治建设和国家治理中的应有作用,并多次呼吁要增强国际法在中国法治建设中的影响力。首先,在法治理念上,要树立准确和完整的法治观,认识到"依法治国"和"依法行政"中的"法"不仅是指"中国法律",而且包括"国际法律";其次,在中国的立法、行政和司法系统,要准确把握相关国际法原则、规则的性质和特点,正确处理相关国内法与国际法原则和规则的关系和适当地运用;最后,加强市场经济体和民间社会对国际法知识的了解,学会运用国际法规则和程序来维护自身的权益。②

曾老师非常反感国家治理中忽视国际法应有作用的做法。他曾指出:我国的立法机关和相关的政府部门应克服轻视国际法的苗头。他还多次呼吁我国应在宪法中明确规定国际法或国际条约和国际习惯法在我国法律体系中的地位;应尽早启动修订我国的《缔结条约程序法》;为使中国的国家治理现代化与国际法治接轨,转变中国在国际上不太信任国际司法机构的负面印象,我国可适当考虑接受国际法院和国际刑事法院的管辖。③ 这是一个真诚的国际法学者的未了心愿,也是中国法学界同仁共同努力的目标。

三、曾令良教授对欧盟法的开拓性研究

曾令良教授成名于欧盟法。他以在欧盟法研究上的卓越成就,被推举为中国欧洲学会欧洲法律研究会的会长和欧洲联盟法让—莫内讲座教授,实至名归。④ 他的这种巨大成就,有历史机遇的因素,但最主要的还是缘于他个人既有前瞻眼光,又有不惧艰难、埋头苦干的学匠精神。众所周知,尽管欧洲在世界历

---

① 参见曾令良:《中国国际法学话语体系的当代构建》,载《中国社会科学》2011 年第 2 期。

② 同上。

③ 同上。

④ 在 2007 年中国欧洲学会欧洲法律研究会成立后,曾令良老师当选首任会长。他组织团结全国欧盟法学者,积极推动欧盟法学术研究和人才培养的建设。迄今为止,该研究会已经走过 10 年,成为中国欧盟法学者学术交流和传承的重要平台。

史和国际关系具有重要的地位，尽管欧共体/欧盟是当今区域一体化体制最杰出的代表，然而，在 20 世纪 80 年代，对于中国学术界来说，欧共体及法律制度还是一个少有人问津的“冷学问”，而曾老师在梁西先生的指引下，敏锐地观察到欧共体/欧盟通过其独特的法律体系和治理结构，对整个世界的政治、经济、法律等广泛领域的事务与合作正发挥着与日俱增的作用，并准确地预见到欧盟及其独树一帜的治理结构对中国和平发展具有举足轻重的影响。基于这一具有前瞻性的判断，自 1984 年以来，他一直将欧共体/欧盟法这一新兴的法律体系作为自己的两个主要研究方向之一。他在国内的硕士、博士论文选题均为欧盟法领域，先后在美国、欧洲 4 次攻读学位、研修或讲学期间，也将欧盟法作为重点之一。

研究欧盟法的同行都知道，欧盟的法律体系十分庞杂，而且其一体化的动态性和演进性尤为明显，没有多年的跟踪、积累和潜行研究，很难形成兼具系统性和原创性的成果。况且，欧盟法研究作为法学界的“小众”和“涉外”领域，文献和信息来源基本上全部来源于外文，研究所需的时间精力投入相当大，要想做到在这个领域的创新和引领研究，来不得半点倦怠。30 多年前，没有互联网，没有 google，没有外文法律期刊数据库，曾老师“筚路蓝缕，以启山林”，为他自己推开了一扇对他今后的学术生涯而言举足轻重的学术宝库之门，也为从事欧盟法研究的中国学者探索出一条具有可复制、可推广价值的道路。

曾老师的经验可以总结为 8 个字：坐冷板凳，做热学问。具体来说，就是既要有宏观性、前瞻性的眼光找学术选题，又有不惧艰难、埋头苦干的学匠精神。30 多年来他在欧盟法研究的“原料”，除极少数是中文的参考资料外，绝大多数来源于外文，即原始的欧盟法律文件、欧盟官方出版物、欧洲法院判例、欧盟官方网站和欧美学者的著述。他在欧盟法研究的扛鼎之作，即《欧洲联盟法总论》，从资料积累、调查研究和撰写与修改，前后持续了 20 余年。他在吸收欧美先进研究成果的基础上，在体系与内容的构建和学术观点等方面体现出一个中国籍欧盟法学者的诸多独有见解。正是这种学匠精神的支撑，才能取得同行公认的学术成就，实至名归地成为中国欧盟法研究的领路人。

在欧盟及其法律体系的本质特征这一颇有争议的问题上，他一直既反对盲目追随欧美盛行的“超国家说”，又不完全赞同国内部分学者固守的“国家间说”或“政府间说”，而是一以贯之地坚持在他的博士论文中既已提出的“诸多超国家因素说”。[①] 在对《欧洲宪法条约》的定性问题上，他提出了“两重性”的观点，即这一欧盟基本法律文件，无论是从其制定的程序上考察，还是具体分析其内容，都表现出条约和宪法的两重属性。通过剖析《欧洲宪法条约》和欧盟现行的实践，他将欧盟的宗旨分为一般宗旨和具体宗旨，又将具体宗旨分为对内目标和对外目标，与此同时，梳理出欧盟的6项基本原则，并将这些基本原则与欧盟权能行使的3项原则区别开来。在阐述欧盟的法律渊源时，对国内学者所忽略的“软法”、一般法律原则和各种欧盟法律渊源之间的梯级关系等深层次问题做了深入、具有独创见解的分析。在论及欧盟的治理结构和法律制定时，通过揭示欧盟主要机关及其立法机关组成的“混合性”特征，得出欧盟的立法由过去的“国家意志取向”正在转变为“国家意志与民众意志共同取向”的结论。[②] 正是这种基于严谨治学的辩证法哲学观，使他的研究不仅在国内学术界居于领先，而且在国际欧盟法同行研究中极具独创性和启发性。

曾老师对欧盟法的研究始终坚持国际法的视角，又反过来以欧盟法为镜，透视国际法的发展。他深刻指出：当代国际政治与经济秩序以及与之相适应的国际法律秩序，一直处于变革之中。在这种变革的进程中，多边主义、区域主义和单边主义的地位与作用、彼此之间的关系和各自在实践中的合法性、合理性以及具体取舍等，一直是政治决策者、具体行为的运作者或执行者和相关学科领域的学者共同不可回避的理论和实践问题。欧盟及其自成一类的法律体系，一方面在诸多领域引领着国际法律秩序的变革；另一方面又给国际法律秩序在处理稳定与变革问题上带来一系列的挑战。[③] 他以欧共体法和欧盟法为切入点，分析了国际法上有关主体、继承、国际法上的承认、条约的谈判与加入、现代外交关系法以及国际法基本原则，并提出了若干前瞻性的论点。[④] 正是基于在欧盟法和国际法的长期耕耘，曾老师才能在中欧关系出现重大事件时，及时做

① 曾令良：《欧洲共同体与现代国际法》，武汉大学出版社1992年版及其繁体中文修订版《欧洲联盟与现代国际法》，台北，志一出版社1994年版。转引自曾令良：《欧洲联盟法总论——以〈欧洲宪法条约〉为新视角》，武汉大学出版社2007年版，序言第3页。

② 参见曾令良：《欧洲联盟法总论——以〈欧洲宪法条约〉为新视角》，武汉大学出版社2007年版，序言第4页。

③ 同上书，序言第2页。

④ 参见曾令良：《欧洲共同体与现代国际法》，武汉大学出版社1992年版及其繁体中文修订版《欧洲联盟与现代国际法》，台北，志一出版社1994年版；曾令良：《欧洲共同体与国际法上的承认》，载《法学评论》1988年第4期。

出学术回应。例如，中欧宣布启动《中欧伙伴与合作协定》的谈判伊始，曾老师就先后在《中国社会科学》和 *European Law Journal* 发表论文，精熟运用欧盟法和国际法的知识，对该协定的应有内容与谈判前景，特别是面临的程序性和实质性问题做了深刻剖析。他指出：鉴于中欧关系的广泛性、重要性、复杂性以及欧盟自身多元治理结构的特殊性，新协定的谈判与缔结之路势必曲折。从欧盟内部来看，新协定牵涉欧盟及其成员国的多种缔约权能和程序。就实质问题而言，市场准入、透明度、知识产权、中国完全的市场地位、取消军售禁令、技术贸易、民主、人权、法治、良政、争端解决等条款势必成为谈判的焦点和核心。①曾老师对欧盟法的开拓性研究和他构建的欧盟法体系，对帮助我们理解和思考这一"具有超国家因素的区域一体化法"的现状和未来具有不可替代的作用。

四、曾令良教授对 WTO 法的独创性研究

曾令良教授与 GATT/WTO 法的缘分始于 1985 年他第一次赴美留学。机缘巧合，他先后受教于 GATT/WTO 法的两位巨匠——休德克（Hudec）教授和杰克逊教授，并由此产生了浓厚的学术兴趣。1986 年 7 月，曾老师从美国留学回国，当时正值中国正式提出申请恢复在关贸总协定的合法席位，GATT 和国际贸易法在中国国际法学界仍鲜有研究。曾老师不仅率先在武大开设了"国际经济组织法""关贸总协定法"（后更名为"世界贸易组织法"）等课程，还在《法学评论》发表了分析关贸总协定的缔约方资格和中国复关所面临的法律问题的文章。这是我国学界在这一领域发表的第一篇论文。② 此后，曾老师就一直将 GATT/WTO 法作为一个主要的研究方向。

1994 年 4 月，具有里程碑意义的乌拉圭回合结束之际，曾老师通过外交部条法司获得了一份英文版的《乌拉圭回合多边贸易谈判结果最后文件》（1995 年 9 月中国对外贸易经济及国际合作部和关贸总协定上海研究中心编写的中译文对照版才出版）。面对包含了 40 多个单项协议或文件、长达 450 多页的协议文本，他不惧艰辛，以一人之力，完成了翻译和整理工作，并结合他此前在美

① 参见曾令良：《〈中欧伙伴与合作协定〉谈判：问题、建议与展望》，载《中国社会科学》2009 年第 2 期；Zeng Lingliang, "A Preliminary Perspective of Negotiations of EU - China PCA: A New Bottle Carrying Old Wine or New Wine or Both?" *European Law Journal*, Vol. 15 (2009), Issue 1, pp. 121 - 141.

② 参见曾令良：《论关贸总协定的缔约国资格——兼述我国缔约国地位的恢复问题》，载《法学评论》1987 年第 1 期。

国的学习和资料积累,用了两年多时间独立撰写了《世界贸易组织法》。[①] 该书是我国 WTO 法领域最早的著作之一,并于 1998 年获得全国普通高校人文社会科学优秀研究成果二等奖(著作类),并奠定了曾老师在 WTO 法做出若干开拓性研究的基础。此后,曾老师笔耕不辍,在国内外学术刊物上发表以 WTO 法及中国"入世"为主题的论文 40 多篇。

曾老师 WTO 法研究的开拓性首先表现在方法的综合性:不局限于 GATT/WTO 法本身,而是将它置于一般国际法律秩序和全球治理的大背景下进行探讨。他认为,要全面、透彻地研究 WTO 法,除了法律方法之外,必须结合国际经济、国际贸易、国际政治、国际关系等学科的研究方法。而单就法律方法而言,也必须将国际经济法、国际公法和国内法结合起来研究。因此,WTO 法不只是国际经济法学研究的对象,而应该是多学科交叉研究的范畴。[②]

在中国正式加入 WTO 前夕,全国上下各行各业出现了空前的"WTO 热"。曾老师以专业视角对"入世"后续现实法律问题做了冷静思考,深入剖析了 WTO 协议在我国国内适用的若干重大问题以及加入 WTO 对中国法治建设的影响。他指出:加入 WTO 将给我国带来"全面适应经济全球化"的法制革命,并准确预判了加入 WTO 后我国立法工作、法律服务机制和自我保护机制、行政执法和司法工作以及社会整体法律意识等方面的变革。他还强调:依法治国、依法行政、依法审判、依法管理、依法经营、依法办一切事情中所指的"法",不仅是我国的国内法,而且应包括 WTO 法在内的国际法。[③] 这些观点并未像当时很多盲目跟进的所谓 WTO 相关研究一样转瞬即逝,其指导意义历久弥新。

曾老师曾对我国"入世"前后相关政府决策提供了诸多重要意见。试举一例,1999 年,原外经贸部(现为商务部)聘请曾老师为法律顾问,并就 GATT 第 20 条"一般例外"规定的含义与适用问题提供书面咨询意见。曾老师在陈卫东博士的协助下,利用在武大图书馆查阅到的 GATT Analysis Index 等资料,对一般例外条款的案例法进行了系统梳理,并在此基础上提出中国对策,最终形成了近 2 万字的咨询意见和 3 万多字的附录。该报告的结论为:GATT 第 20 条的

---

① 参见曾令良:《世界贸易组织法》,武汉大学出版社 1996 年版。

② 参见曾令良:《我与 GATT/WTO 结缘 30 年》,载杨国华、史晓丽主编:《我与 WTO——法律人的视角》,知识产权出版社 2016 年版,第 166 页。在该文中,曾老师还概括了他 30 年在 WTO 法研究领域的心得体会以及所表达和传递的学术观点。

③ 参见曾令良:《WTO 协议在我国的适用及我国法制建设的革命》,载《中国法学》2000 年第 6 期。

例外规定,不仅条件苛刻,而且专家组在具体争端的裁决中一直是从严把握和适用,争端当事方引用该条款的成功率极低。因此,建议我国不宜指望通过运用 GATT 第 20 条来维护国家经济安全。这一意见得到中央和国务院 30 多个部委的代表和中国“入世”谈判代表团的重视。该咨询意见经修改后发表,成为迄今国内研究一般例外条款的引用率最高的文章。① 在“入世”后涉华案件中,我国曾多次援用 GATT 第 20 条抗辩都未获成功,也应验了曾老师在“入世”前所作出的预判。

曾老师还在 WTO 法领域提出了诸多独树一帜的观点,包括以下几方面:从总体上讲,WTO 法是国际法律秩序中一种自成一类的法律体系;WTO 法治是国际法治中一种独具一格的法治模式;WTO 体制是全球治理系统中一种特殊的治理体系。② WTO 在全球治理和国际规制方面的成就主要表现为其广泛的国际认可和参与程度、日益增强的规则取向和初具规模且致力于完善的庞大法律体系。WTO 面临的主要挑战是其自身在全球治理中的定位;非歧视原则的不断被蚕食;优惠待遇原则对发展中国家如“画饼充饥”;决策效率低下;民主治理缺失,等等。WTO 发展的根本出路:多边主义是最佳选择;规则取向是基础和保障;民主治理是方向;成员驱动是最直接和最强大的力量;与时俱进的主权观是根本和前提。③

曾老师长期关注多边贸易体制与区域贸易协定的并行发展,他既一以贯之地强调支持多边主义,又务实地建议中国要多边和区域“两条腿走路”的策略。基于对欧共体与 GATT/WTO 的法律关系的“典型透视”,他提出:不论全球贸易自由化的道路在 21 世纪是多么的崎岖曲折,都应该把多边贸易体制视为实现全球贸易自由化目标的“主干道”来建设,把各种区域一体化视为相伴而行的“支流”予以引导和扶植。④ 在之后的研究中,他对区域贸易协定直接威胁多边

---

① 参见曾令良、陈卫东:《论 WTO 一般例外条款(GATT 第 20 条)与我国应有的对策》,载《法学论坛》2001 年第 4 期。

② 参见曾令良:《WTO 法在国际法律秩序中的共性与个性》,载曾令良主编:《21 世纪初的国际法与中国》,武汉大学出版社 2005 年版,第 116 页;曾令良:《WTO:一种自成体系的国际法治模式》,载《国际经济法学刊》2010 年第 4 期。

③ 参见曾令良:《风雨伴辉煌的多边贸易体制:成就、问题与完善——纪念世界贸易组织成立 10 周年》,载黄进主编:《武大国际法评论》(第 5 卷),武汉大学出版社 2006 年版,第 94 ~ 95 页。

④ 参见曾令良、陈卫东:《从欧共体看 21 世纪区域一体化对多边贸易体制的影响》,载《武汉大学学报》(人文社会科学版)2000 年第 3 期。

贸易体制谈判的进程和前景,并越来越严重地侵蚀 WTO 的基石、精神和宗旨的现象深感忧虑,还特别关注《跨大西洋伙伴协定》等大型区域贸易协定进一步侵蚀最惠国待遇原则、使本已陷入僵局的多哈回合更难走出困境之负面影响,同时也建议中国要追赶全球主义和区域主义并进的发展态势,即一方面要推动多边贸易体制前行;另一方面要加快和扩大与其他国家谈判建立自由贸易区,从而在两条基本的发展轨道上实现"双赢"。① 这些论述对于中国有效应对多边主义与区域主义的双重挑战并在全球经济治理中有所作为,具有重要的参考价值。

笔者有幸作为曾老师的弟子,见证了曾老师对中国特色国际法学的倡导和发展之功,见证了曾老师在学术探索道路上的殚精竭虑和日积月累之劳。笔者虽已毕业多年,也各自在学术道路上小有建树,但重读曾老师留下的著述,仍深刻感受到和曾老师学术功力的差距。重读曾老师的遗作,我们倍感珍贵,又无比痛心和遗憾。如果上天再给曾老师 10 年甚至更长的时间,他一定会奉献更多历久弥新的真知灼见。"出师未捷身先死,长使英雄泪满襟"!相信与曾老师相熟相知的很多国际法学界同仁也有着同样的哀痛。

曾老师的国际法学术思想与贡献远不止于此,上述仅是笔者作为学生初步整理的部分内容。纪念是为了传承,更是为了创新和发展。中国国际法学经过 30 年的发展,已经形成中国特色,并且在中国和平发展和伟大复兴的过程中,将承载更大的使命和重任。我们需要学习曾老师在学术上严谨治学、推陈出新、敢为天下先的精神,在中国参与国际法规则乃至推进国际法规则的历史转型中,做出中国国际法学者的应有贡献。这正是曾老师生前所期待的。谨以此告慰曾令良教授的在天之灵!

---

① 参见曾令良:《区域贸易协定的最新趋势及其对多哈发展议程的负面影响》,载《法学研究》2004 年第 5 期;曾令良:《区域贸易协定新趋势下〈跨大西洋伙伴协定〉的负面影响及中国对策》,载《武汉大学学报》(人文社会科学版)2015 年第 2 期。

第一编　国际法一般问题

全球治理与国际法的时代特征*

一、引论:全球治理概念起源的历史解读

近年来,以全球治理为主题的研究,与经济全球化主题一起,迅速地在全球流行,尤以政治学、经济学、管理学、国际政治学、国际关系学的研究最为集中,其中不乏交叉学科的研究。尽管如此,迄今为止,关于全球治理的界定、起始、内容、范围、模式并没有形成全球共识。而且与其他学科相比,国际法学界对于全球治理的探讨则相对迟缓,迄今鲜有系统和深入的探讨。本文试图从历史和现实的双重角度出发,并在理论与实践的双重层面上,提出全球治理与国际法时代特征的命题,依次阐述全球治理与国际法在不同时代的特点,并揭示它们在同一时代里所表现出的高度一致性。

有必要指出的是,关于现代国际法的起源,国际法学界不存在任何争议,一般都认为 1648 年的《威斯特伐利亚和约》是现代国际法产生的标志。但是,对于全球治理的起源,学界的观点可谓是众说纷纭。一种较为普遍的观点认为,全球治理来源于经济学中的"治理"概念,即针对现代企业制度中所有权与控制权分立所产生的委托—代理关系而提出的一种制度安排。首次将"治理"从企业层面引入国家层面源于世界银行 1989 年的年度报告,而首次系统阐述"全球治理"概念并直

---

* 本文原载于《中国国际法年刊》(2013 年卷)。

接将其作为国际关系管理和建立一种新的国际秩序的政策工具，则是源于德国前总理勃兰特和瑞典前首相卡尔松共同发起成立的全球治理委员会所发布的行动纲领《我们的全球之家》。因此，一般认为，全球治理作为管理国际事务和解决全球性问题的一种新的理念、理论或制度安排（设计）兴起于20世纪80年代末90年代初。

其实，作为一种国际秩序的理念或价值取向，有证据表明，在国际社会的历史发展过程中，国际治理概念作为全球治理概念的前身，源于16世纪的国际法学。当时，葡萄牙、西班牙等欧洲国家为拓展和争夺海外殖民地，频频发动战争。为了限制战争，创造和平的国际关系，作为"国际法之父"的荷兰法学家格劳秀斯从自然法出发，提出个人和国家都要受道德法所约束的观点。在这一革命性思想的影响下，一个国际社会的世界观念开始逐步形成。这个社会由各个主权国家组成，接受适用于所有国家之共同规则的支配，即接受国际治理规则的约束。① 但是，信奉"丛林法则"的近代欧洲殖民开拓者实施的主导国际关系或国际秩序的原则是"国家势力"。后来，德国国际法学家康德主张，在不受共同管辖的情况下，不可能有一部国际法来约束各国列强，唯一可能的办法是创建一种国际政治秩序，其理论核心是"超越民族的权利"的理念，建立"势力均衡"的国际治理结构。② 可见，当时虽然没有直接使用"全球治理"一词，但是国际法学家所构想的国际秩序，其实质就是全球治理的同义语，或至少是近似语。因此，如果将全球治理概念或思想置于国际秩序或国际治理历史长河之中进行考察，则其兴起应该与近代国际关系和国际法理论的形成是同步的。

值得关注的是，强调全球治理概念的学者，一般都将它与"国际治理"概念区分开来，认为国际治理是一种调整国家和其他国际行为体在世界政治不同问题领域之行为的非梯级国际组织交织网络的产物，③而全球治理是国际组织和跨国组织的一种非梯级网路，后者调整的行为体行为不仅是政府间组织和国际制度，还有跨国制度。与国际治理相对照，全球治理的特点是减少国家在规则

---

① See "Hugo Grotius", Peace Palace Library 2004, Accessed Angust, 2003, http://www.ppl.nl/100years/gtotius/.

② 参见[美]安东尼·帕格登：《治理的源起，以及启蒙运动对超越民族的世界秩序的观念》，载《国外社会科学杂志》1999年第2期。

③ Volker Ritterberger, "Globalisierung und der Wandel der Staatenwelt. Die Welt regieren ohne Weltstaat", in Ulrich Menzel (ed.), *Vom ewigen Frieden und vom Wohlstand der Nationen*, Frankfurt/M: Suhrkamp, 2000, p. 198.

制定过程和遵守监督中的重要性，增强非国家行为体在其中的作用。①

其实，这种刻意的区分并没有多大的实质意义。究其本质，全球治理就是一种广义的国际治理，至多是一种延伸的国际治理，而与之相适应的国际法也是广义的，既包括国际公法，还包括国际经济法和国际私法，或干脆称为“跨国法”。因此，笔者将全球治理概念理解为国际治理概念在新的时代的一种新的表述，并在国际治理的大框架下阐述全球治理与国际法在不同时代的主要特征以及二者的契合。

二、国家主导时期的国际治理与国际法

国家主导时期，或威斯特伐利亚体系时期，于1648年《威斯特伐利亚和约》起始，至第一次世界大战结束，这一时期的国际治理与国际法在诸多方面体现出高度的契合性，主要表现在以下几个方面。

第一，自1648年《威斯特伐利亚和约》确立主权国家体系之后，直到19世纪中叶，国家是唯一的国际法主体，同时也是国际治理的唯一行为体。国际关系实质上就是国家间关系，国际事务就是国家间的事务，调整国际关系的国际法本质上就是国家间法，在此基础上建立起来的国际秩序实质上就是国家间的秩序。

第二，国家主权原则是国际法和国际治理的首要原则。国家主权具有不容损抑的绝对性和至上性。国家在各自的领土范围内享有最高的统治权和治理权，对外没有更高的权威约束国家。未经其同意，国家不受任何外力的约束。虽然国家逐步通过缔结条约和彼此形成的习惯来处理国际事务，但这些具有法律约束力的规则数量很少，而且局限于特定的领域或事项。同时，这些有限的规则，不仅制定者是国家，而且其执行者同样是国家自身。“国家自助”是这一期国际治理规则遵守的基本方式，也是唯一的方式。总之，在威斯特伐利亚体系下，国内治理权集中于国家，而国际治理权则分散于各个国家。换言之，在国际事务中，国家之外或之上，没有高于他们的权威，国际治理权是分散的。

第三，在整个近代，国家主权被推至极端，战争、武力征服、殖民统治是国际治理的主要政策工具，国家可以自由发动战争。战争不仅成为列强征服他国领

① Tanja Brühl and Volker Rittberger, “From International to Global Governance: Actors, Collective Decision-Making, and the United Nations in the World of the Twenty-First Century”, Accessed May 8, 2003. http://i.unu.edu/media/unu.edu/publication/2230/globalgov.pdf.

土、争夺海洋霸权、拓展海外领地的强有力的政策工具，而且还是解决国家间争端的主要手段。战争通常以谈判和约的方式结束，而和约的核心内容通常是分赃（划分势力范围）、割地、赔偿。以这种方式建立起来的战后国际秩序十分脆弱，往往又会被新的战争所打破。

第四，多边会议和全体一致同意原则是这一时期国际治理的主要决策平台和方式。1648 年的威斯特伐利亚和会开创了通过召开政府间多边会议商讨和解决国际事务的先例。从此，多边会议贯穿于整个威斯特伐利亚时期。这种“国际会议治理模式”的主要特点是，东道国处于核心地位，会议的发起、召集、议程和秘书处等均由东道国负责。这种多边会议的决策必须获得每一个与会国代表的同意，否则就不能获得通过，即全体一致同意原则。这种国际会议的决策方式充分体现了国家主权平等原则，但是其缺陷同样明显。在这种方式下，少数甚至个别国家的反对可以阻止大多数国家的意愿，其结果必然是多边会议很难达成协议，难以形成具有法律约束力的条约，从而限制了多边会议治理国际事务的实际效果。

第五，近代国际法和国际治理规则在适用上具有明显的排斥性，实行的是双重标准。近代国际法被界定为适用于“基督教文明国家”的法。以此为基础的国际治理在参与主体和适用的空间范围上不具有真正的全球性，因为其他所谓的非基督教文明国家，即亚非拉国家被排除在外。它们是西方列强的附属国或殖民地，不具有或不完全具有国际行为能力和权利能力。即使对这些国家适用国际法规则，也是有选择地适用，或者实行双重标准。

三、国际组织时代的国际治理与国际法

国际组织时代，从广义上来讲，从 19 世纪初开始一直延续至今，并呈进一步发展的趋势。

1804 年成立的莱茵河管理委员会开创了在特定的领域设立国际机构管理国家间共同事务的先例。到了 19 世纪中叶，随着科学技术和交通运输的发展，各种跨国交往活动日益频繁，各国逐步认识到不仅需要制定共同遵守的规则调整相互间的各种关系，而且有必要建立常设国际机构来负责监督这些规则的实施和管理共同的国际事务，即通过有组织的国际合作来处理和解决各种跨国问题。于是，邮政、电信、气象、度量衡等领域相继建立了国际行政管理机构（统称为国际行政联盟），使这些技术领域的国际治理在国家之外增加了新的行为

体——国际组织。这些国际行政联盟的出现,使国际组织和国际治理的历史进入了一个新的阶段,具有划时代的意义。①

第一,国际行政联盟设立于政治领域以外的科学技术的行政领域。一方面,由于科学技术的高度发展和国际联系的不断增加,使越来越多的行政管理活动客观上突破了国家边界。另一方面,各国受领土管辖权的制约,无法涉足跨越国界活动的规制,建立常设的国际管理机制成为一种客观必要和必然。

第二,国际行政联盟所聚集的领域,相对于政治、军事领域,主权国家敏感度相对较低。虽然这些领域传统上也属于国家主权管辖和治理的范围,但是,当国家认识到通过彼此的协议在这些领域建立持久的国际合作机制所获取的国家利益大于或超出“各行其是”的“封闭式”治理时,国家间较容易达成妥协而将这些领域的部分管辖和治理权移交给有关的国际组织。

第三,国际行政联盟所建立起来的“三重结构”,即代表大会(全体成员国代表构成)—执行机关(部分成员国代表组成)—国际秘书处(国际公务员构成)体制,为后来的各类国际组织,尤其是专门性国际组织的治理机制所仿效,或者为其提供了基本的范例。

第四,国际行政联盟在一定程度上改进或发展了传统国际会议治理模式的议事规则。例如,会议的发起和召集、议事日程的确定、工作语言的使用、会议的服务提供,改变了过去由东道国负责的做法,而完全由相应的国际组织负责承担。更重要的是,过去国际会议所采用的全体一致通过的决策方式也部分地由多数表决同意的方式所取代,从而大大提高了国际组织的决策效率。

到了20世纪,国际治理全面进入“国际组织的时代”。如果加上日益增多的非政府组织,则各种国际组织数以万计。国际社会的日益组织化不仅表现在国际组织数目的增长上,更重要的是体现为国际组织种类的多样化和职能的广泛性。从国际组织的种类来看,全球性的、区域性的、普遍性的、专门性的、政府间的、超国家的、民间的,各式各样,不胜枚举。从国际组织的职权或活动范围来考察,“上至外层空间,下至海床洋底,包括人类生活的许多方面,都有相关的国际组织存在”。② 国际组织的迅猛发展,使国际治理和国际法的发展出现了一系列新的时代特征:

首先,它改变了过去国际治理和国际法排他地由国家垄断的传统模式。虽

---

① 参见梁西:《国际组织法(总论)》(第5版),武汉大学出版社2001年版,第21页。

② 梁西:《国际组织法(总论)》,武汉大学出版社2001年版,第1页。

然主权国家仍然是最基本的国际治理行为体和国际法主体,但是国际组织已经成为一种新型的行为体和主体。它们不仅在数量上超出了国家的数千倍,更重要的是改变和加强了国际治理和国际法的运行模式。在行为规范的制定方面,虽然国际组织不能完全取代国家的地位,但是它们改变了传统上只能单纯地依靠国家间形成的习惯和国家间缔结的条约的方式。国际组织的决议,有的本身具有法律上的约束力;有的属于一种"软法"规范,还有的成为澄清、辨识和孕育新的国际习惯规则的重要途径。同时,即使是国家间(或政府间)的条约,也大多是在国际组织起草的条文草案基础上和主持下谈判缔结的。在国际治理规则的执行方面,国际组织的出现突破了过去只能依赖各国"自助"的单一方式。国际组织不仅享有一定的执行职权,而且还对国家的执行建立了行政监督甚至司法监督机制,从而大大增强了国际治理法律规则的效力和强制力,在一定程度上克服了国际治理在规制方面的软弱性,使其更接近于一个国家的国内治理。

其次,国际组织提升了国际治理和国际法的价值取向。在"国际组织的时代"以前,"国家利益""和平共处"一直是国际治理的价值取向,与之相适应的国际法被界定为"国家间法"或"和平共处法"。国际组织时代的国际治理注重国际合作,其中既包括国家间的合作,也包括国家与国际组织间的合作以及国际组织相互之间的合作。国际组织的迅速发展本身既是国家间合作的产物,也是国家间合作的一种法律形式。因此,由国际组织主导国际治理是一种新型的国际合作治理模式。

需要强调的是,"国际合作"的价值取向并不是否定或取消"国家利益"和国家间"和平共处"的价值取向,而是促使实现"国家利益"的最大化,或更加稳固的"和平共处"。当然,"国际合作"价值还有更高或更深层次的追求,那就是维护共同的和平与安全和共同的发展,即和平与发展两大主旨。为此,第一次世界大战后的国际联盟首次建立了国际集体安全制度;第二次世界大战后的联合国也吸取国际联盟失败的教训,建立了更加完善和强有力的国际集体安全体制,并且确立了联合国作为国际合作中心的地位,以促进全球的经济和社会发展。而且,"国际合作"的两大主旨"和平"与"发展",其二者之间属于并行不悖,相辅相成,互为基础的关系。

在国际组织的时代,国际法的使命也悄然发生变化,即由过去"国家间法"或"共处法"的"消极形象"朝着"合作法"的更为"积极形象"的方向发展。

再次,国际组织催生和强化了国际治理和国际法集中化和碎片化的双重趋势。尽管国际组织的出现并不意味着“世界政府”的诞生,但毋庸置疑的是,国际组织的发展大大增强了国际治理和国际法的集中化程度。这种集中化趋势从如下3个基本层面得以体现。

1. 规制的集中化。虽然在国际社会中并没有统一的规范制定机关和机制,但是现代国际组织,无论何种类型,都享有行为规范的制定权能,这些权能不仅来自组织章程的明示授权,而且来自章程规定的隐含含义。国际组织通过的决议,有的对国际行为体具有法律约束力,如联合国安理会依照《联合国宪章》第七章所作出的决议;有的虽然不具有法律约束力,但对国际行为体具有政治或道德的影响力。绝大多数国际组织决策机关的决议都是如此。具有超国家因素的一体化组织,甚至在其管辖的领域内享有立法权,如欧盟。更具有普遍性的是,国际组织为各个领域多边条约的谈判与缔结提供了常设的平台。如今,几乎所有的多边条约都是在联合国及其专门机构或自主性国际组织的主持或框架下进行的。此外,国际组织还设立了专门的国际规范编纂机构,有计划地起草国际条约文本或示范法,供各国谈判缔结或采纳,如联合国国际法委员会、国际贸易法委员会等。当今许多重要的国际公约均出自这些专门委员会。

2. 遵守与执行机制的集中化。如前所述,在国家主导的时代,国际法律规则的遵守完全依赖各国的“自助”,没有第三方力量来强制执行和监督遵守,这就造成了国际法实施的分散状态。国际组织给国际规则的遵守与执行带来集中化主要表现在两个方面:一是国际组织设有专门的执行机关,负责组织章程和各种决议的实施;二是国际组织主持制定的各种多边条约分别建立了相应的实施和遵守监督机制,如国际人权条约的实施监督机制、国际环境条约的遵守机制、禁止大规模杀伤武器条约监督机制、多边贸易条约的实施机制等。

3. 争端解决机制的集中化。在国际治理的任何时代,国际行为体在彼此交往与合作过程中难免会产生各种各样的争端。这些争端如果长期得不到解决,就会造成冲突升级和国际秩序的混乱,甚至引发动荡和战争。因此,建立适当、有效的国际争端解决方法、程序或机制是国际治理和国际法的重要内容或使命。然而在长期的国家主导时期中,如果国家间争端不能通过和平谈判与协商方法解决,则争端国就会采用单边的强制方法,如报复、武力威胁、战争手段等方式加以解决。因此,传统的争端解决方法极为分散,体现的是强权威力,大多造成了弱肉强食的结果,缺乏争端解决方法应有的公平和正义。直到1899年第一次海牙和会才成立了常设仲裁法院。1913年以后的一系列《布赖恩和平条约》①则逐步确立了常设国际调查制度。第一次世界大战后的国际联盟建立了第一个常设国际法院,在此基础上,第二次世界大战后的联合国建立了国际法院。此后,各种专门性的国际司法机构、仲裁机构、区域司法机构和其他常设的争端解决机制相继诞生,从而大大提升了国际争端解决的集中化程度、透明度、公正性,也增强了国际治理机制的权威性和公信力。

与集中化相伴而行且相对应的趋势是国际治理和国际法的碎片化。碎片化趋势同样在规制、执行和争端解决3个基本层面得以体现。

在规制层面上,国际法规则和制度的集中化是相对于国家主导时期而言的,这并不意味着全球社会在所有的领域都形成了统一的规则制度。就整体而言,国际治理规则和制度还不具备系统性,仍然处于碎片化状态或属于若干板块式的体系,如集体安全体系、人权保护体系、多边贸易体系、环境保护体系、国际货币体系、国际知识产权保护体系等。除《联合国宪章》的至高性之外,各种体系之间的关系相对独立和松散,不具有严密的梯级结构关系。

在执行层面上,碎片化主要表现在各种国际规制都有自己的执行机制,彼此分立运作,互不相连。每一个国际组织都设有执行机关,各自为政。对于执行机关行为的合法性或正当性,除了欧盟这样的具有超国家因素的组织之外,国际组织普遍缺乏监督和责任追究制度。的确,有一些国际组织甚至建立了执行机关体系,由主要执行机关和次级执行机关组成。例如,世界贸易组织(World Trade Qrganization, WTO)在总理事会下,设有货物贸易理事会、服务贸易理事会和与贸易有关的知识产权理事会;每一个多边贸易协定分别设立了相应的委员会,具体负责有关协定的实施。但是,这种执行机制的集中化也只是局部的,不具有普遍性。

在争端解决层面上,碎片化同样如此。虽然已经建立在全球范围内的各种常设的、临时的、专门性的、混合的国际法庭和常设的国际仲裁机构或综合性的争端解决机制,增强了国际争端解决的集中化程度,但是国际社会没有也不可能建立统一的司法体系、仲裁机构体系或争端解决机制。虽然这些争端解决机构在实践中都会遵行一些最基本的共同原则,如公平、正义、平等、诚信、比例性、合法预期等,但其各自的管辖权不同,所依据的具体规则也不同,甚至适用的程序规则也有很大的区别。

---

① 系指根据当时美国国务卿布赖恩的建议,美国同其他国家签订一系列和平条约,其中规定了设立国际调查委员会解决争端,统称《布赖恩和平条约》。

国际治理和国际法的集中化和碎片化的两种趋势看起来似乎是对立或相互矛盾的，实践中二者之间也可能发生抵触。例如，多边贸易机制与多边环境保护机制之间的冲突，国家主权、不干涉内政与人权保护和人道主义干涉原则之间的冲突等。好在国际组织时代建立了各种争端解决机制，有关的冲突可以通过相应的争端机制予以解决。国际治理与国际法的集中化和碎片化毕竟是客观的事实，这两种趋势真实地反映了国际社会的基本特征。国际社会是一种"横向""平行"的结构。在这个社会，没有像国内社会那样的最高权威统一制定社会的行为规范，统一执行行为规范，并建立统一的强制机制来保障行为规范的遵守和实施。国际组织种类繁多，各自根据章程行使职权，负责制定、执行和监督属于自己管辖范围内的规则和制度，这就必然造成国际规制的碎片化。另外，国际组织行使国际规制权力又大大克服了过去单靠国家"自助"的传统国际法和国际治理所导致的极端分散的弊端。由此可见，与国家主导时期相比，国际组织给国际治理和国际法带来的是相对的碎片化和集中化。

最后，国际组织促使国际治理和国际法呈现出多边体制、区域体制、集团体制并行发展的趋势。

多边体制一直是国际组织时代国际治理和国际法的首选体制。在国际关系中，多边体制或多边主义是世界各国，至少是多个国家联合管理国际事务或应对全球性问题的一种机制。简言之，就是一种"多数的国际治理"，其核心是"反对歧视性的单边安排"。[①] 最初倡导多边主义的主要是超级大国之外的发达国家，后来又逐步得到广大发展中国家的支持。如今，各种全球性的政府间组织，如联合国、WTO、国际货币基金组织、世界卫生组织等，都是多边体制的典型代表。在国际和平与安全、经济、贸易、金融、人权、环境、文化、教育、科技等各种社会领域所形成的各种公约、多边协定和论坛，都是多边体制下全球治理的主要法律形式。可以说，多边体制下产生和运作的国际法是一种民主的国际法，多边体制下的国际治理是一种民主式的国际治理。因此，多边体制应该是国际法和国际治理始终不渝的原则。

区域主义是国际组织时代国际法和国际治理的另一个显著的特点。国际法和全球治理在倡导多边主义的同时，并不排斥或否定区域体制的地位和作用，而是将区域体制作为多边体制的重要补充。例如，在维护国际和平与安全

---

① Kahler, Miles, "Multilateralism with Small and Large Numbers", (1992) 46 *International Organization*, p. 681.

方面,《联合国宪章》专门规定的区域组织和区域办法是和平解决争端方法的组成部分。在维持和平和建设和平的行动中,联合国也经常采用区域办法。在经济领域中,联合国经社理事会还专门在世界各大洲成立了区域经济委员会。在贸易领域方面,GATT/WTO 多边贸易体制一直将区域贸易协定(包括自由贸易区、关税同盟、贸易优惠安排等)作为其"最惠国待遇"原则的最大例外,以肯定其存在和发展的合法性。此外,全球范围内各种区域性组织在各自区域的治理过程中都发挥着不可替代的作用。

在区域体制中,还存在一种特殊的治理结构,即所谓的"超国家"体制。"超国家"治理体制是一种区域一体化的治理体制,最典型的代表无疑是欧洲联盟。其独特性主要表现在以下方面:(1)主要治理机关中既有成员国代表组成的,也有纯欧盟代表组成,还有从欧洲民众直接普选产生的代表组成,以及以个人专业品质当选的人士组成;(2)相当部分的法律在各成员国具有直接的效力和优先性;(3)部分权能具有专属性,部分权能可与成员国分享,还有部分权能是成员国权能的补充;(4)建立了完善的问责制度和司法审查制度;(5)在欧盟司法机构与成员国司法机构之间建立了合作关系;(6)享有广泛的对外关系权,部分地专属,部分地与成员国分享。

集团体制是多边体制内外存在的一种特殊治理体制。这种集团模式在特定的领域或特殊的时期在国际事务中发挥着特殊的作用。例如,在"冷战"时期形成的两大军事军团(北约和华约)通过彼此间的对抗与反对抗、遏制与反遏制寻求地区甚至世界格局的平衡和安全。在联合国贸易与发展会议中形成的 77 国集团,作为广大发展中国家的代表,对于促进发达国家对发展中国家贸易实行普遍优惠制发挥了先锋作用。在 GATT/WTO 中,重要的决策、多边贸易协定的谈判一直是在不同群体成员之间的讨价还价中应运而生的。先后成立的经济合作与发展组织、7 国(现为 8 国)集团、20 国集团、金砖四国(现为金砖五国)等,在国际和平与安全、国际投资保护、跨国公司社会责任、全球经济贸易发展、金融安全与稳定、环境保护、人权保护等广泛领域都发挥了特殊的影响力。

四、"冷战"后时代的全球治理与国际法

"冷战"结束之后,随着国际格局的变化和全球化的不断扩展和深化,全球

治理与国际法进入了“国际共同体时代”或“国际民间社会时代”。[①] 在新的时代里,全球治理和国际法在诸多方面已经或正在发生变化。概括起来,主要表现在以下几方面。

(一)国际规制突出全球人类共同体利益的价值取向

《联合国千年宣言》所确立的21世纪国际关系最基本的价值是自由、平等、团结、容忍、尊重大自然和共同责任。[②] 2005年的《世界首脑会议成果》再次重申了这些价值,并特别强调了尊重人权。[③] 这些基本价值也是全球治理的基本价值取向。要实现这些基本价值,全球治理和国际法必须应对3大领域的全球性问题的挑战,即和平与安全、发展、人权与法治。[④] 应该指出的是,上述基本价值并不是从21世纪的联合国文件中才开始确立起来,其中有的内容早已载入《联合国宪章》,甚至更早的一些国际法律文件之中。例如,平等作为国家间关系的基本原则早在《威斯特伐利亚和约》中就被确立了。但是,将这些基本价值作为一个整体提出来无疑是一种与时俱进的综合和提炼。同样地,全球治理所面临的3大基本领域的挑战也并非是全球化时代才出现的,应该说,这些挑战一直伴随着国际社会和国际关系的演进历程。但是在全球化不断扩大和深化的进程中,这些挑战比过去任何时候都显得突出,尤其是在彼此关联性的增强方面。

要实现国际共同体时代的基本价值,消灭贫困和促进经济社会发展是基础和前提。历史和现实证明,贫困不单单是人的生命和生活质量低下的问题,还直接关系一个国家、一个地区,甚至全球的和平与安全。因此,国际社会一直致力于实施消灭贫困和促进经济社会发展的各种计划、规制和活动。进入21世纪,联合国更加注重发展问题。在2000年举行的千年首脑会议上,各国领导人决心在国家和全球层面为发展和消除贫困创造建设性的环境,并具体制定了

---

① Charlotte Ku,“Global Governance and the Changing Face of International Law”,*Acuns Report & Papers*,2001,No. 2.

② A/RES/55/2,United Nations Millennium Declaration,paras. 6,18 September 2000.

③ A/RES/60/1,2005,World Summit Outcome,paras. 4,24 October 2005.

④ A/RES/60/1,2005,World Summit Outcome,para. 16.

“千年发展目标”。[①] 各国领导人认识到,“上述目标能否成功实现……取决于每个国家内部施行善政,这也取决于国际一级的善政,并取决于金融、货币和贸易体制的透明度”,并“承诺建立一个开放的、公平的、有章可循的、可预测的和非歧视性的多边贸易和金融体制”。[②] 此外,国际社会还需要继续通过双边、区域和多边机制为发展中国家,尤其是最不发达国家的经济和社会发展提供非对等的特殊措施和安排,如普遍优惠制、区别和特殊待遇、共同但有区别责任、债务减免、发展援助、能力建设,等等。

国际和平与安全是国际共同体时代全球治理与国际法的首要使命。在相互依存的全球社会里,各种跨越国界的安全威胁相互交织。尤其值得注意的是,21 世纪的安全威胁,除了来源于战争和武装冲突等传统形式外,还有各种非传统安全威胁,如恐怖主义、跨国犯罪、环境退化、传染性疾病,甚至贫穷也是一种安全威胁。可见,全球治理面临的安全挑战既包括国家安全,又包括人类安全。新的安全观尤其注重单个人或人类整体生命的保护和福祉的促进。要应对各种安全威胁,全球治理的各种行为体就必须依照《联合国宪章》和国际法,在全球、区域和国内层面,甚至包括公共机构与个人之间以及个人相互之间,予以通力合作,综合治理。

人权、法治、民主成为国际共同体时代全球治理和国际法的主旋律。在联合国以前,人权、法治和民主属于各国国内法管辖的领域,与国家的宪制建设紧密地联系在一起。联合国的成立,标志着这些领域进入国际治理和国际法调整的范畴。“冷战”结束以前,在国家、区域和全球层面,人权保护发展迅速(仅就人权条约而言,已经签署了 30 多项),《联合国宪章》也体现了民主和法治的精神。但是,国际社会普遍认可人权、法治和民主的普世价值并将三者作为一个整体确认为全球治理和国际法的基本价值,主要还是体现在 21 世纪以来的一些重要的联合国文件之中。

在 2000 年《联合国千年宣言》中,各国领导人承诺“将不遗余力,促进民主

---

① 联合国 193 个会员国和至少 23 个国际组织承诺在 2015 年之前实现这些目标。每项目标均附有具体目标、发展现状及监察指标。这些目标包括:(1)消灭极端贫困和饥饿;(2)实现普及初等教育;(3)促进男女平等并赋予妇女权力;(4)降低儿童死亡率;(5)改善产妇保健;(6)遏制艾滋病蔓延;(7)确保环境的可持续能力;(8)全球合作促进发展。相关内容载联合国网:http://www.un.org/Chinese/millenniumgoals/,最后访问日期:2013 年 5 月 16 日。

② A/RES/55/2, United Nations Millennium Declaration, para. 13, 18 September 2000.

和加强法治,并尊重一切国际公认的人权和基本自由,包括发展权"。[①] 在此基础上,2005 年联合国大会通过的《世界首脑会议成果》第四部分,更加全面、系统地阐述了人权、法治和民主的机制和原则。该文件明确指出,"和平与安全、发展和人权是联合国系统的支柱,也是集体安全和福祉的基石";"和平与安全、人权彼此关联、相互加强";[②]"国家和国际的良治和法治,对持续经济增长、可持续发展以及消除贫困与饥饿极为重要";[③]"重申所有人权的普遍性、不可分割性、互相依存性及相互关联性"。[④] 各国"再度承诺积极保护和促进所有人权、法治和民主,认识到它们彼此关联、相互加强,属于联合国不可分割的普遍核心价值和原则",[⑤]并"根据《联合国宪章》、《世界人权宣言》和有关人权和国际法的其他文书,推动所有人的所有人权和基本自由都得到普遍尊重、遵守和保护"。[⑥]《世界首脑会议成果》进一步指出,"需要在国家和国际两级全面遵守和实行法治",重申决意维护《联合国宪章》的宗旨和原则以及国际法,并维护以法治和国际法为基础的国际秩序。最后,该文件"强调民主是一种普遍价值观,基于人民决定自己的政治、经济、社会和文化制度的自由表达意志,基于人民对其生活所有方面的全面参与",并认为"虽然民主政体具有共同特点,但不存在唯一的民主模式,民主并不专属于任何国家或区域,并重申必须适当尊重主权和自决权利"。[⑦]

总之,在当今和未来的全球共同体时代,国家管辖的范围逐步缩小,甚至政府(政权)的合法性也纳入全球治理和国际法规制的范畴。国际法不再单纯地源于国家的意愿,而是更集中于国际共同体利益的实现,即国际法的宪法化。国际公共利益的实现正是国际法对全球治理规制的意义所在。[⑧]

(二)全球治理主体的多元化和不同主体角色悄然变化

全球治理主体是随着全球治理学兴起而产生的一个新概念,它似乎是在国

---

① A/RES/60/1,2005,World Summit Outcome,para. 24.

② A/RES/60/1,2005,World Summit Outcome,para. 10.

③ A/RES/60/1,2005,World Summit Outcome,para. 11.

④ A/RES/60/1,2005,World Summit Outcome,paras. 12 – 13.

⑤ A/RES/60/1,2005,World Summit Outcome,para. 119.

⑥ A/RES/60/1,2005,World Summit Outcome,para. 120.

⑦ A/RES/60/1,2005,World Summit Outcome,para. 135.

⑧ See Karsten Nowrot,"Global Governance and International Law",2004,*The Paper Series*,Accessed May 5,2013. http://www.wirtschaftsrecht.uni-halle.de.

际法学中的主体概念和国际关系学中的行为体概念的基础上发展而来的。它是指制定和实施全球规制的组织机构和参与其中的其他行为体。概括地说,全球治理的主体主要有5种类型:(1)各国及其政府、政府部门及亚国家地方实体及其政府当局;(2)政府间组织,如联合国、世界银行、世界贸易组织、国际货币基金组织等;(3)非政府组织或国际民间社会组织;(4)跨国公司;(5)业界精英。[①] 这些不同的主体在全球治理中分别发挥着不同的作用。可见,全球治理主体的范围要比国际法主体广泛。更重要的区别是,在全球治理中,在肯定主权国家的基本作用的同时,重点是突出非国家行为体的地位和作用。

在非国家行为体中,非政府组织参与全球治理的影响日益增强。例如,在环境领域,出席1972年的斯德哥尔摩联合国环境大会的非政府组织不到300个。而到了1992年,出席里约热内卢环境大会的非政府组织达到1400个。在人权领域,1993年世界人权大会(维也纳)有248个非政府组织注册,592个参加;1975年墨西哥联合国妇女大会,有6000人出席非政府组织论坛;而1985年内罗毕妇女大会,有13,500人注册;在1995年联合国北京妇女大会上,有30多万人出席。[②] 在WTO中,被邀请出席1996年首届新加坡部长级会议的非政府组织有108个;而2009年第七次日内瓦部长级会议,则共有437个非政府组织受邀参加。[③]

在各种国际会议、世界论坛和多边条约的谈判中,非政府组织通过发言、演讲、建议、研究报告、行动纲领、条文草案、示范法、标准、指标等多种方式参与全球治理的立法与规制过程。实践表明,非政府组织对于一些重要的国际会议的召开和多边条约的缔结发挥了重要的倡导、准备和促进作用,甚至直接影响有关实质条款和内容的形成,如《国际刑事法院规约》《禁止使用、生产、销售和储存杀伤性地雷公约》《东京议定书》《防治荒漠化公约》《濒危野生动植物种国际贸易公约》和一系列人权公约等。

在非国家行为体中,跨国公司在全球治理中占有重要的一席之地。首先,跨国公司制度本身构成全球治理中的一种独立的治理模式,即国家制度和国际公共组织(政府间和超国家的)治理制度之外的第三种治理制度。跨国公司自

---

① 参见俞可平:《全球治理引论》,载《马克思主义与现实》2002年第1期。

② See Ann Marie Clark, Elisabeth J. Fredman and Kathryn Hochstetler, "The Sovereign Limits of Global Civil Society", (1998) 51 *World Politics*, p.9.

③ Accessed May 10, 2013. http://www.wto.org/english/forums_e/ngo_e/ngo_e.htm.

身的组织章程和各种经营管理守则是一种自主的跨国治理规制。但是这些自主的规制不是孤立的,与国家和国际组织之间有紧密的联系。跨国公司的成立和活动既要接受国内法的管辖,又是国际法和国际组织规制的对象。其次,跨国公司直接参与国际组织框架下全球治理规则的制定,如经济合作与发展组织制定的《公司原则》《多国公司指南》和《国有企业跨国公司治理》。新近的典型例子是20国集团体制中的金融稳定理事会(Financial Stability Board,FSB)。① 该机构作为协会类法人机构,直接制定国际金融操作和监管标准,是一种"公私融合的跨国规制者"(hybrid transnational regulator),其规制的对象不仅是国家、政府部门、政府间机构,还包括私有金融实体。②

需要特别指出的是,致力于全球治理的学者还将业界精英列入全球治理主体的范畴。这些精英包括的重要群体有:(1)政治精英,特别是大国政要、重要国际组织的首脑和新兴经济体的政治精英;(2)商界精英,尤其是跨国公司的高级管理层;(3)知识精英,即各专业领域的知识权威。这些精英群体对全球政治、经济、社会、文化、教育、科技、环境等广泛领域的治理规则和机制的制定与实施发挥着关键作用。③

(三)国际规制工具的复合主义与自律规范和软法规范的增强

首先,作为全球治理主体多元化的直接结果,国际规制工具"正在出现法律复合主义"(an emerging legal pluralism)的趋势。④ 在全球治理过程中,除了国内层面的立法、行政法规、法院判例和国际层面的条约、国际习惯、一般法律原则、国际司法判例、国际仲裁等"硬法"工具之外,非国家行为体还通过大量其他工具方式规制跨国活动和处理全球问题。常见的这些工具主要有:(1)政府间会议通过的决议,尤其是世界峰会或高级别会议通过的决议,如联合国千年首

---

① FSB根据2009年4月20国集团伦敦峰会宣言正式组建,成员包括20国集团成员国和相关经济体及有关国际组织,是20国集团领导人倚重和国际公认的推动全球金融标准制定与执行的核心机构。我国于2009年5月加入FSB。中国人民银行、财政部、银监会、证监会、保监会等部门通过多种形式参与理事会工作,在参与国际金融监管标准制定和推进国内金融监管改革方面做出了积极贡献,载中国人民银行网:http://www.pbc.gov.cn/publish/hanglingdao/61/2013/20130128214931846395093/20130128214931846395093_html,最后访问日期:2013年5月13日。

② See Larry Cata Backer, "Private Actors and Public Governance Beyond the State: The Multnational Corporation, the Financial Stability Board and the Global Govrenance Order", 8:2 *Indiana Journal of Global Legal Studies*, (2011), pp. 752 - 802.

③ See Ann Marie Clark, *et al*, "The Sovereign Limits of Global Civil Society".

④ 参见俞可平:《全球治理引论》,载《马克思主义与现实》2002年第1期。

脑会议宣言、世界首脑会议文件、20 国集团首脑会议宣言等;(2)国际组织通过的决议,如联合国大会通过的决议、WTO 部长会议宣言、世界卫生组织大会宣言等;(3)国际组织或行业协会通过的标准或指标,如国际会计标准理事会、国际标准化组织、巴塞罗银行监督委员会、国际电信组织等通过的标准和指标;(4)跨国公司,尤其是全球性的大型跨国公司通过的守则、指南等。

其次,"软法"作为全球治理工具的重要性日益凸显。长期以来,国际规制中的"硬法"和"软法"是有严格区分的:前者具有法律约束力,国际裁判机构可以直接适用;后者则一般不具有这种特质。然而,近年来,国际争端解决机构的实践似乎表明,这种区分趋于模糊。例如,国际法院经常在其裁决和咨询意见中引用联合国大会的决议。① WTO 争端解决解决机构(专家组和上诉机构)也在其裁决报告中援用有关国际会议的决议,尤其是 WTO 部长会议宣言。② 此外,一些国际组织专门针对跨国公司制定的行为守则有特殊的规制意义。例如,经济合作与发展组织通过的《多国企业指南》、国际劳工组织通过的《关于多国公司和社会政策三方原则宣言》、世界卫生组织制定的《国际母乳代用品营销代码》等。

最后,私人机构或行业协会制定的自主规范是自成一类的全球治理工具。虽然这些规范属于行业自律规则,没有国家或其政府参与其制定,但是它们在全球行业范围内的约束力不亚于国家制定的法律和缔结的国际条约。典型的例子有国际商会对商业交易制定的商业惯例(newlex mercaoria)、电子信息惯例(Lex informatica),或互联网公司制定的互联网名称与数字地址分配(ICANN),或国际奥林匹克运动委员会制定的国际体育运动惯例(Lex sportive intemationalis),等等。

---

① ICJ Advisory Opinion, Legal Consequences of the Construction of a Wall in the Occupied Palestinian Territory, Summary, 2004/2, 9 July 2004; South West Africa cases, Dissenting Opinion, at 455 – 456; Barcelona Traction case, Separating Opinion, at 304; Nicaragua v. United States of America, June 27, 1986; ICJ Advisory Oponion, Accordance with International Law of the Unilateral Declararation of Independence in Respect to Kosovo, 22 July 2010, etc..

② 在龙虾/海龟案中,上诉机构曾援引 1972 年联合国人类环境大会《斯德哥尔摩宣言》和 1992 年联合国环境与发展大会通过的《里约热内卢宣言》。参见 WTO Appellate Body Report, United States—Import Prohibition of Certain Shrimp and Shrimp Products, AB – 1998 – 4, WT/DS58/AB/R (98 – 3899) (Oct. 12, 1998); WTO Appellate Body Report, Japan-Taxes on Alcoholic Beverages, WT/DS8/AB/R at 9 (Oct. 4, 1996)。

(四)国际规则的遵守机制更加灵活

国际规则或国际法的遵守主要体现于对国际条约的遵守。长期以来,由于国际社会缺乏强制执行机构,国际法的遵守主要依赖于单个国家的"自助",而这种"自助"具体体现为双边的对抗措施或报复行动。虽然在国际组织的时代,国际规则遵守的集中化程度得到一定的体现,但是主要局限于国际集体安全体制。在其他领域,则很少建立类似的遵守机制。在国际共同体时代,除了上述集体安全体制外,至少已经形成了如下4种灵活的条约遵守机制。

1."对一切义务"原则的遵守机制

当代国际法上确立的"对世义务"(obligations *erga omnes*)概念和原则,在一些特定的领域超出了过去国际法确立的权利与义务对等原则和国际法遵守的"自助"原则。在这一新兴的原则下,对于特定的违反国际法义务行为,所有国家都有义务做出应对,以保证有关国际法规则的遵守。因为这种义务是一种旨在保护国际社会基本价值的义务(如和平、人权、民族自决、环境保护等),是一种针对全球共同体所有成员的义务。[①] 在"对世义务"原则的基础上,2005年联合国《世界首脑会议成果》进一步确立了"国家的保护责任"(responsibility of state to protect)原则。[②] 2009年联合国秘书长专门提交了关于履行保护责任的报告,[③]具体阐述了保护责任的3个支柱:(1)每一个国家均有责任保护其人民免遭灭绝种族、战争罪、族裔清洗和危害人类罪之害;(2)国际社会有责任鼓励并帮助各国履行这一责任(国际社会有责任使用适当的外交、人道主义和其他手段,保护人民免遭这些罪行之害);(3)如果一个国家显然无法保护其人民,国际社会必须随时准备根据《联合国宪章》采取集体行动保护人民。

由此可见,"保护责任"原则的确立,不仅进一步增强和发展了国际法上的责任制度,而且丰富和创新了国际规则的遵守与执行机制。

国际人权条约的遵守机制是"对世义务"原则在人权保护领域的具体体现。以联合国30多项人权条约为主要内容的国际人权法,是现代国际法发展的主

---

① 参见 Antonio Cassese, *International Law* (Oxford University Press, 2001), p. 16; Jutta Brunnée, "Enforcement Mechanisms in International Law and International Environmental Law", (2005) *Environmental Law Network International Review*, pp. 3 – 13;曾令良主编:《国际法》(第3版),武汉大学出版社2011年版,第28页。

② A/RES/60/1, 2005, World Summit Outcome, paras. 138 – 140.

③ A/63/677,载联合国网:http://www.un.org/zh/preventgenocide/adviser/responsibility, shtml,最后访问日期:2013年5月16日。

要标志之一。为确保这一系列人权条约,尤其是核心人权条约,切实得到遵守和实施,这些条约分别成立了专门的委员会,具体负责有关条约的遵守与监督,其中主要有人权事务委员会、经济、社会和文化权利委员会、消除对妇女歧视委员会、禁止酷刑委员会、消除种族歧视委员会、保护所有迁徙工人及其家庭成员委员会、儿童权利委员会以及残疾人权利委员会,等等。这些委员会被统称为"条约机构",分别由独立专家组成。它们根据有关条约赋予的职权和在缔约国同意的基础上,逐步形成了包括审议缔约国履约报告、处理国家控诉、审议个人来文、调查和定期查访等多种人权监督和保护方式,其中缔约国的定期报告是一种最基本的制度。根据这种制度,各缔约国应在规定的年限内向条约机构提交定期报告,有关条约机构在广泛征集资讯和听取政府间组织、非政府组织、专家和个人意见的基础上发表"结论性意见"。尽管这些意见对当事缔约国不具有法律约束力,但却具有重要的政治和道德影响,并在学术和社会上具有权威性。①

自20世纪80年代末以来,联合国和学术界一直在探讨联合国人权条约机构的改革和人权条约监督机制的进一步完善。2005年联合国人权事务高级专员在其行动计划中提出建立统一常设条约机构的方案,并提供一个框架性文件供各方讨论。2006年该机构又发布了《构想文件》对统一常设机构的方案作了初步阐述。但此方案出台后,先后在联合国内外引起了广泛的争议,其中不乏质疑和反对的声音。迄今,统一常设条约机构的改革尚无实质性进展。但是,各条约机构自发地进行了两项技术性改革:一是进行定期和不定期的会议,交流信息,协调立场,统一工作方法;二是统一和简化报告的格式要求和审评程序,即缔约国将按照新的报告指南递交一份共同核心报告另加履行条约报告。②

国际环境条约的遵守机制是"对世义务"原则的又一种具体体现。国际环境法是迅速发展起来的一个国际法新分支。迄今,国际社会共制定了240多项全球性或区域性国际环境条约。为保证这些条约得以履行,近年来,国际环境法领域发展出一种新型的履约保障制度——遵约机制。这种新的机制是由多边环境条约的特点所决定的。首先,多边环境条约的权利义务具有非相对性,

---

① 参见吴晓晖:《论联合国人权条约监督机制改革的若干理论和实践问题》,载黄进主编:《武大国际法评论》(第14卷第1期),武汉大学出版社2011年版,第95~96页。

② 同上书,第99~111页;戴瑞君:《论联合国人权条约监督机制的改革》,载《法学杂志》2009年第3期。

一缔约方不遵守条约义务,并不直接损害另一缔约方的权利,不直接导致与另一缔约方之间的争端。其次,不遵守国际环境条约的效果具有累积性,一般要经过相当长时间才能显示全部效果。再次,难以将特定环境损害归因于一个或几个国家的作为或不作为,而且环境损害一旦发生,往往难以恢复原状,经济上的赔偿也于事无补。最后,发展中国家不遵守国际环境条约义务往往是迫于履约能力不足。国际环境条约的权利义务的上述特点以及争端解决机制和责任赔偿制度的事后救济性质,限制了传统履约保障制度促进遵守国际环境条约的作用。国际环境条约权利义务的这些特点决定了在国际环境条约履行过程中,需要制定一种预防性的促进条约义务得到遵守的制度。①

虽然多边环境条约的遵约机制各有特色,但基本模式基本相似。现有遵约机制都包括如何判定缔约方是否遵约(基本规则体系),如何促进遵约(遵约判定体系)和如何应对不遵约(不遵约反应体系),遵约机制的机构设置、启动方式、促进遵约的措施及可能的处罚措施等几项具体制度。

2. 多边贸易协定的遵守机制

WTO 的遵守机制是一种综合的、立体的机制。它将单独监督与集体监督、政治监督与法律监督于一体,对发展中国家成员,特别是最不发达国家成员实施 WTO 协议给予优惠和特殊待遇,并提供专门的援助,增强它们参与多边贸易谈判、争端解决机构和履行 WTO 义务的能力。

第一,WTO 建立了周期性的贸易政策审查机制。监督各成员贸易政策是 WTO 的一项主要的使命。为此,WTO 专门建立贸易政策审查机制。在这一机制下,由 WTO 各成员代表组成的贸易政策审查机构,根据各成员在世界贸易中所占的份额,分不同周期分别进行审查。根据《建立世界贸易组织协议》附件三——《建立贸易政策评审机制协议》A 段的规定,贸易政策审查机制的目标是"通过提高各成员贸易政策和做法的透明度并使之得到更好的理解,有助于所有成员更好地遵守多边贸易协定和适用的诸边贸易协定的规则、纪律和在各协定项下所作的承诺,从而有助于多边贸易体制更加平稳地运行"。可见,增强各成员贸易政策的透明度是贸易政策审查的核心。为此,WTO 秘书处专门建立各成员贸易政策数据库,向各界公开和查询。那么,除了透明度要求外,贸易政

① 参见苟海波、孔祥文:《国际环境条约遵约机制介评》,载中国外交部网站:http://www.fmprc.gov.cn/mfa_chn/ziliao_611306/tytj_611312/tyfg_611314/t268524.shtml,最后访问日期:2013年5月20日。

策审查还有什么具体标准呢？在WTO没有明确规定的情况下，学界的认识存在一定的分歧。从实践来看，贸易政策审查中采用的是法律标准和经济标准的结合。通过贸易政策审查机制，既可以评估WTO成员的贸易政策是否遵守了WTO的原则、规则和纪律，又可以评估其对世界贸易的影响。

第二，WTO建立执行机构体系负责对监督各项WTO协定的具体实施。《建立WTO协议》设立总理事会从宏观上负责监督各项WTO协定的整体实施，并设立了货物贸易理事会、服务贸易理事会、与贸易有关的知识产权理事会分别负责有关协定的具体实施和监督。此外，其他各多边和诸边贸易协定都设立了相应的专门委员会负责相关协定的实施和监督。所有这些理事会和委员会都由各成员的代表组成。

第三，WTO建立了融政治方法和法律方法于一体的争端解决机制，保证WTO协议的实施。WTO争端解决机制既解决成员之前的贸易争端，又起着保证WTO协定得到各成员遵守的作用。WTO争端机制是一种排他的争端解决方法，而且从有关争端方之间的非正式和正式协商，到专家组或到上诉机构，每一种争端解决程序都有明确的时限。专家组报告或上诉机构报告对被指控的措施是否符合WTO有关协定作出结论，此等报告一经争端解决机构通过，即对当事成员方具有法律约束力。争端解决机构的建议或裁决通常为败诉方规定一个合理期限遵守有关的裁决。如果败诉方没有在规定的期限内遵守裁决，则争端解决机构可以授权胜诉方终止减让，甚至可以授权交叉报复。①

第四，WTO通过3种方式适应发展中成员，特别是最不发达成员的特殊需求，以促进它们遵守WTO协议，并从中受益。②

首先，WTO各项协定均含有对发展中国家的特殊规定。这些特殊规定主要从两个方面顾及发展中国家的特殊需要：一是在实施WTO有关协定方面，给予它们更多时间；二是在履行具体的义务方面，给予它们更宽松的条件。例如，对于贸易政策的审查，发达国家的周期分别是2年和4年，而发展中国家为6

---

① Virachai Plasai,"Compliance and Remedies against Non Compliance under the WTO System: toward a more Balanced Regime for All Members", ICTSD South America Dialogue on WTO Dispute Settlement and Sustainable Development, Sao Paolo, Brazil 22 – 23 June 2006, Accessed Feb. 4, 2014. http://ictsd. org/downloads/2008/05/compliance-and-remedies-against-non-compliance-under-the-wto-system. pdf(last visted Feb. 4, 2014).

② 资料来源：http://www. wto. org/english/thewto_e/whatis_e/tif_e/utw_chap6_e. pdf，最后访问日期：2013年5月21日。

年,最不发达国家为 8 年。至于针对发展中国家的“优惠待遇”条款或“特殊与区别待遇”条款,除了 1994 年 GATT 第四部分外,还散见于各个多边贸易协定之中。

其次,设立专门的贸易与发展委员会集中负责 WTO 关于发展中国家和最不发达国家事务。该委员会的职责广泛,涉及几乎所有 WTO 协议的遵守与实施,其优先处理的事项包括:有利于发展中国家的条款是如何实施的;制定与发展国家进行技术合作的指南;增强发展中国家参与多边贸易体制和最不发达国家的地位及履约能力。此外,还设立了最不发达国家分委员会,定期审查有关特殊待遇条款的实施和致力于最不发达国家融入 WTO。

最后,WTO 秘书处为发展中国家提供技术援助,主要是举办各种培训项目,增强发展中国家的贸易能力、履行 WTO 义务的能力和参与多边贸易谈判以及 WTO 争端解决机制的能力,并提供咨询服务。

3. 国际原子能机构和核安全条约的监督机制

1957 年建立的国际原子能机构,其根本的宗旨是保障监督、和平利用核能。为此,该组织秘书处专门设立了由总干事领导下的保障监督司。1997 年该机构特别理事会通过了保障监督附加议定书范本,这标志着原子能机构保障监督能力和范围从过去限于核查各国申报的核活动扩大到可探察无核武器国家的秘密核设施和核活动。迄今,该组织已与 140 多个国家和地区组织签订了全面保障监督协定及单项保障监督协定,核武器国家也分别与其缔结了自愿保障监督协定。

在原子能机构之外,根据《全面禁止核试验条约》,将建立一套系统的保障监督机制。[①] 为了增强该条约的可执行性和可监督性,在维也纳成立了由缔约国大会、执行理事会和技术秘书处组成的条约执行机构,并在秘书处内设立了国际数据中心。核查机制主要包括:(1)国际监测系统;(2)磋商和澄清;(3)现场视察;(4)建立信任措施。目前,该条约执行机构已经建立了 4 层监测网络,包括 321 个监测站和 16 个地球放射性核素试验检测点所组成的国际监测系统和国际核素中心。一旦发现缔约国违反该条约义务,大会或执行理事会将促请该国遵守约定;如果其继续违反,则大会将限制或停止该国行使相关权利,并联合缔约国采取禁运等集体制裁措施。

---

① 已经有 158 个国家立法批准该条约。然而,因美国、朝鲜、巴基斯坦等 8 个国家尚未批准,致使该条约至今无法生效。

4.《联合国反腐败公约》的履约审查机制

2005年12月生效的《联合国反腐败公约》建立了5大机制，即预防机制、刑事定罪和执法机制、国际合作机制、资产追回机制以及履约监督机制。该公约依据规定设立缔约国大会，负责监督公约的实施。为此，缔约大会专门设立了实施情况审议组会议，并由该会议决定负责具体审查的缔约国和被审查的缔约国。审查小组由缔约国代表构成，对缔约国大会负责。根据缔约国大会的有关决议，每一个缔约国都要定期接受审查，负责审议的缔约国由两个缔约国担任，其中一个来自被审查缔约国的本地区，并且其法律制度与被审查国类似。国别审查报告是秘密的，但被审查国可以决定是否公布或部分公布审查报告。

中国自2012年7月开始担任审议国，负责审议阿富汗、斯里兰卡两国实施该公约的情况。2013年5月30日联合国维也纳办事处召开的审议组会议抽签确定，由越南和巴哈马担任审议国，对中国实施该公约第三章（定罪和执法）和第四章（国际合作）的情况进行审议。审议预计2013年7月启动，中国香港特别行政区和澳门特别行政区将与内地共同接受审议。这是该公约对中国生效7年多来，中国首次接受审议。①

五、结　　论

综上所述，无论是从理论上来讲，还是考察国际实践，早先的国际治理和后来的全球治理都一直与国际法的发展有着密切的关联，并且彼此交互作用，而且这种交互关系可以追溯到15世纪中叶。也就是说，国际关系、国际治理和国际法均始于近代，它们同根同源、相辅相成。不仅如此，国际治理和后来的全球治理与国际法的发展也是同步的，不同时代的国际治理或全球治理与国际法在很大程度上表现出共同的特征，即具有高度的时代契合性。

在威斯特伐利亚体系时期，主权国家主导着国际治理和国际法的形成与发展。国家是唯一的主体和行为体，各种国际规则的制定与实施和国际争端解决均依赖于各国的"自助"。国内治理权集中于国家，而国际治理权则分散于各个国家。在国家主权绝对化前提下，战争是各国推行国家政策的合法工具，多边国际会议是处理国际关系的主要方式。虽然存在一些国际习惯和条约，但为数甚少。列强之间的势力均衡、大小国家间的弱肉强食、国际规则的歧视性和排

---

① 载新华网：http://news，xinhuanet. com/world/2013 - 05/31/c_124789889. htm，最后访问日期：2013年6月1日。

他性，是这一时期国际治理和国际法共同的基本特征。

在国际组织迅猛发展时期，国际治理和国际法进入了一个新的发展时代。首先，虽然国家依旧是主要的主体和行为体，但是它们逐步失去了对国际治理和国际法的绝对垄断地位。各种政府间组织的兴起，扩大了国际行为体的主体数量和范围，其通过的各种决议，虽多为“软法”，但丰富了国际法渊源的类型并加速了现代条约和习惯法的形成，改变了国际规则的执行与效力保障依赖于国家“自助”的传统方式。其次，提升了国际治理和国际法的价值取向，即由注重“国家利益的国家间法”“和平共处法”朝着致力于国际和平与发展的“国际合作法”方向发展。最后，国际规制的集中化和碎片化呈现出并行发展趋势。相对于威斯特伐利亚体系时期，国际组织时代的国际治理和国际法无疑在很大程度上实现了集中化。然而，就国际规制整体而言，则仍然处于碎片化或板块化的形态。这种板块化具体表现在两个方面，即国际规制的部门化和区域化。国际组织时代国际治理和国际法所体现出的这些特征深刻地影响着“冷战”后时代全球治理的兴起和国际法的发展。

“冷战”结束，开启了全球治理和国际法的新时代。在这个被称为“国际共同体”的时代，人权、法治和民主成为全球治理和国际法更高和更深层次的价值取向，维护全人类共同利益成为全球治理和国际法的重要使命。在当今国际社会全球化不断扩展和深化的背景下，除了国家和政府间组织之外，非政府组织、国际民间团体、跨国公司，甚至界别精英在全球治理和国际法进程中的作用和影响越来越大。它们促进了国际行为体的多元化、国际规制工具的多样化及其遵守与执行机制的灵活性。与此同时，国家在全球治理和国际发展过程中的“绝对强势”地位有所下降。似乎可以预测，当今和未来，这些非国家行为体的意志将会越来越多地反映在有关的国际规制之中。因此，当代国际法的效力根据不再只是各国意志的协调，而应该是各国意志和国际社会各种行为体意志的协调。

上述关于国际治理、全球治理与国际法时代的划分是相对的，并不是绝对的。尽管每一个时期的国际治理或全球治理和国际法均有自己突出的特点，但其都具有一个基本的核心要素，那就是离不开主权国家。所不同的是，在不同的时期，国家的角色和作用有所不同而已，即曾经是“独角”，到后来与国际组织一起成为“联合主角”，再到发展到今天有更多的“主角”和“配角”登上全球治理和国际法的“舞台”。

最后，需要强调的是，无论是“冷战”结束以前的国家主导和国际组织迅猛发展的国际治理时期,还是“冷战”结束后全球治理的新时期,它们都与国际法的发展具有高度的时代契合性。究其根本原因,各个时期的全球治理或国际治理与国际法具有共同的社会基础。这个共同的社会基础就是不同时代国际社会的基本结构。威斯特伐利亚体系时代的国际社会由主权国家构成,国家必然在那个时代主宰国际治理与国际法的整个过程。随着国际组织的崛起,它们作为国际社会的新型行为体,对国际治理和国际法的多边和区域化必然会产生重要的影响。随着“冷战”后国际社会中非国家行为体的多元化,尤其是各种私人行为体积极参与跨国活动,给这个新时代的全球治理和国际法越来越多地增添了它们的新元素。

现代国际法的人本化发展趋势*

一、导　语

国际法,无论是被界定为"共处法"(law of co-existence),还是被描绘成"合作法"(law of co-operation),或是被认定具有"共进法"(law of co-progressiveness)趋势,①其"国家间"的属性从未被怀疑过。无论是政治家还是学者,都坚信各国制定、遵守和实施国际法的根本目的是维护国家利益。然而,我们在坚持和强调国际法的本质属性的同时,不可忽视国际法所体现出的人本化迹象。其实,近代国际法就含有人本因素,甚至在古代国际法中就有萌芽。不过,人本化作为国际法的一种现象主要是第二次世界大战以后的事情。"冷战"结束以来,随着经济全球化的影响越来越大,全

---

* 本文原载于《中国社会科学》2007 年第 1 期。

① See Sienho Yee, "Toward an International Law of Co-progressiveness", in Sienho Yee and Wang Tieya (eds.), *International Law in the Post-Cold War World—Essays in Memory of Li Haopei*, Routledge, 2001, pp. 19 – 39.

球化的人本化(humanizing globalization)①这一新的命题被提出来,并且一直成为国际社会关注的焦点。

关于国际法的人本化,迄今尚未形成一致的定义。根据一位有影响的西方国际法学者的观点,它主要是指国际人道法和国际人权法的产生与发展给整个国际法发展带来的影响和变化。笔者认为,所谓国际法的人本化,主要是指国际法的理念、价值、原则、规则、规章和制度越来越注重单个人和整个人类的法律地位、各种权利和利益的确立、维护和实现。从这一初步的定义中,可以看出国际法人本化的两个基本特征。首先,人本化固然表明了现代国际法的一种状态,但更重要的是预示着国际法的一种动态进程或趋势:一方面,实在国际法中已经出现大量有关确立人和人类的法律地位和各种权益的原则、规则、规章和制度;另一方面,一些新的人本化的价值观在应然国际法中悄然兴起和发展。其次,国际法的人本化从主体和对象来看,其并不仅是指个人,而且包括整个人类,其中个人不只是自然人,还包括法人。

二、"以个人为本"的国际法发展

(一)国际人道法——人本化最早的体现

国际人道法②可以说是现代国际法人本化的源头所在。不过在传统国际法中,国际人道法只是战争法的组成部分,甚至可以说是战争法的依附规则,并没有形成一个相对独立的国际法部门。即使是在今天,绝大多数国际法学者仍然

---

① See Pascal Lamy, "Humanising Globalisation", Speech in Santiago, Chile, January 30, 2006, http:// www. wto. org/english/newse/spple/sppl16e. hm; Archbishop Diarmuid Martin, Humanizing the Global Economy, Keynote Address, "Pope John Paul Ⅱ Cultural Center", Washington D. C., January 28, 2002, http://www. usccb. org/sdwp/international/martin. htm; Charles Burack, " Humanizing Globalization: A Report on the State of the World Forum 2000", http:// www. charlesburack. com/articlehuman. htm; Pirkko Kourula, "International Protection of Refugees and Sanctions: Humanizing the Blunt Instrument", *International Journal of Refugee Law*, Vol. 9, No. 2, 1997, pp. 255 - 265; Obiora Chinedu Okafor and Obijiofor Aginam (ed.), *Humanizing Our Global Order: Essays in Honour of Ivan Head*, University of Toronto Press, 2003. Theodor Meron, *The Humanization of International Law*, Leiden: Martinus Nijhoff Publisher, 2006. Introduction by the publisher, http ://www. brill. nl/mcataloguesub6id25689. htm.

② 亦称为国际人道主义法或人道主义法。关于国际人道法本身的人本化问题,参见 Theodor Meron, "The Humanization of Humanitarian Law", *American Journal of International Law*, Vol. 94, No. 2, 2000, pp. 239 - 278。

将人道法视为战争法或武装冲突法不可分割的组成部分。[①] 而且传统国际法中的人道主义规范主要是限定国际性的战争手段,即发展到后来形成的"海牙公约体系"(以下简称"海牙法")。在"海牙法"的基础上,现代国际法在人道主义法领域逐步形成了保护战斗人员、伤病员和受战争或武装冲突影响的人员以及非军用财产的"日内瓦公约体系"(以下简称"日内瓦法")。至此,国际人道主义法作为一个相对独立的国际法部门已基本形成。而且人道主义法适用的场合不再局限于国际性的战争,还扩展到国际性武装冲突以及非国际性的战争或武装冲突。更为重要的发展是,由于现代国际法在国家之间禁止战争、武力或以武力相威胁,国际性的战争或武装冲突爆发的可能性大大降低,这就使全球范围内连绵不断的国内战争或武装冲突成为现代国际人道法适用的主要场合。

同时,以"日内瓦法"为核心的现代人道主义法正朝着规范具体事项的方向进一步延伸和深化。例如,经 1999 年《第二海牙公约》更新的 1954 年《文化财产公约》,1972 年《禁止细菌(生物)及毒素武器的发展、生产及储存以及销毁这类武器的公约》,1972 年《禁止为军事或任何其他敌对目的使用改变环境的技术的公约》,1980 年联合国制定的《禁止或限制使用某些可被认为具有过分伤害力或滥杀滥伤作用的常规武器公约》及其 1996 年《第二修订议定书》。正如 A. 卡塞兹教授所观察的,与 1949 年日内瓦四公约不同,这些 1949 年以后缔结的既适用于国际武装冲突又适用于国内武装冲突的条约"尚未转变为习惯法,或在一些情况下,只有其中的一些最根本的规定已成熟为一般法,而每一条约中的多数规定仅仅规范缔约方的行为"。[②] 可见,国际人道法不仅在历史上是国际法体现人文因素的唯一标志,而且还是现代国际法人本化发展颇为显著的领域之一。

国际人道主义法本身越来越人本化,使这一具有悠久历史的部门法似乎变得并不必须要与武装冲突或军事挂钩,而是越来越凸显出其人权价值的取向。[③] 有的学者甚至断言,"人权规则和武装冲突中应遵守的规则有融为一体的趋

---

① 据笔者观察,当今中外国际法教科书似乎都将人道法与战争法或武装冲突法捆绑在一章中编写。

② Antonio Cassese, *International Law*, Oxford/New York: Oxford University Press, 2001, pp. 346 - 347.

③ Ibid., p. 330.

势”。[①] 国际人道法的这一最新取向得到前南斯拉夫国际刑事法庭明确的强调。该法庭的上诉庭在审理一项案件中指出:“人权学说在国际共同体中的迅猛发展和普及……给国际法带来很大的变化,突出表现在解决世界共同体面临的问题之方法上。”从而,“国家主权取向方法已经逐步被人类取向方法所替代。渐渐地,一切法律为人类利益而制定(hominum causa omne jus constitutum)的罗马法格言也在国际法共同体中根深蒂固起来”。[②]

国际人道法之所以能成为整个国际法人本化的“领头羊”,是由其自身的特点所决定的。虽然人道法同样是通过国家间条约和国际习惯而形成和发展的,但是与其他国际法部门不同,人道法不仅约束国家或其政府、军队,而且直接约束交战或武装冲突各方的战斗人员。同时,人道法所保护的对象和目的是处于特定环境或情势下的特定的人群及其财产。更重要的是,确立现代人道主义规则的条约,至少是其核心规则,不仅约束作为冲突一方的缔约国,而且也约束冲突另一方或他方的非缔约国。除了个别例外(如《联合国宪章》有关联合国非会员国义务的条款),这是其他国际条约所不具备的。[③]

(二)国际人权法——人本化最系统的体现

国际人权法的兴起与发展既是现代国际法最重要的成就之一,也是现代国际法人本化最直接和最系统的体现。国际人权法半个多世纪以来的迅速发展,主要是源于第二次世界大战的惨痛教训。德、意、日法西斯不仅侵犯欧洲和亚洲国家的主权和领土完整,而且制造了一系列骇人听闻的大规模人权惨案,如著名的奥斯威辛集中营就有近400万犹太人被害致死;在中国,日本仅在南京制造的大屠杀就剥夺了30多万平民和放下武器的士兵的生命。因此,从盟军的角度来看,第二次世界大战不仅是一场维护国家主权和领土完整的正义战争,更是一场捍卫人权的正义战争。随着战争的结束,国际社会普遍认识到,“在国际上承认和保护人权,不但与国际法的目标的进步概念相符合,而且是与

---

① I. A. Shearer, *Starke's International Law*, 11th edition, Butterworths, 1994, pp. 500 - 501. 转引自曾令良、饶戈平主编:《国际法》,法律出版社2005年版,第490页。

② Decision of October 2, 1995, para. 97, The ICTY in Tadic Case (Decision on Interlocutory Appeal), quoted from Cassese, *International Law*, p. 330.

③ 参见1949年日内瓦四公约共同条款第2条。

国际和平的基本需要相符合的"。①

从《联合国宪章》②开始，国际人权法作为国际法人本化的首要标志，成为发展最为迅速的国际法新部门。首先，国际人权法律编纂成果显著。经过60余年的努力，在全球和区域两个层面，由一系列综合性人权条约和专门性人权条约组成的国际人权条约体系已基本形成。其次，国际人权组织和国际组织中专门性人权机构应运而生，作用日益增强。例如，最近联合国大会通过决议成立专门的人权理事会来取代目前在经济与社会理事会中设立的人权委员会。③这一人权机构级别的提升预示着人权保护将在联合国的活动中占据比过去更为重要的地位。最后，国际人权条约的报告与监督制度不断完善。例如，在联合国系统内，经济与社会理事会设立的关于审查有关指控大规模侵犯人权和基本自由的来文的"1503号程序"和"1235号程序"，即来文审查程序，④以及对所有国家的人权状况开展调查的程序；经联合国大会第48/141号决议设立的联合国人权事务高级专员对联合国人权条约以及对人权条约以外人权事项实施监督。此外，绝大多数国际人权条约都设立了实施机构，受理和审议缔约国的人权报告、国家之间的控告、个人或团体的来文，以及开展相关的人权调查活动。在一些区域，甚至建立了专门的人权法院，如根据《欧洲人权公约》而建立的欧洲人权法院、根据《美洲人权公约》而设立的美洲国家间人权法院以及根据《非洲人权和民族权宪章》而设立的非洲人权和民族权法院。

近几年，在国际人权保护方面，一种新的更高层次的国际共识正在形成，即将基本人权与民主和法治并列在一起作为国际法的核心价值，并强调人权与发展、和平与安全的关联性。例如，《联合国千年宣言》明确宣示，"将不遗余力，促

---

① ［英］詹宁斯、瓦茨修订：《奥本海国际法》（第1卷第2分册），王铁崖等译，中国大百科全书出版社1995年版，第357页。

② 《联合国宪章》的序言一开始就"重申基本人权、人格尊严与价值，以及男女与大小各国平等权利之信念"，而且联合国的第2项和第3项宗旨都明确地提及"尊重人民平等权利及自决原则"和"不分种族、性别、语言或宗教，增进并激励对于全体人类之人权及基本自由之尊重"。

③ 新华网联合国2006年3月15日电，第六十届联合国大会通过一项决议，决定设立人权理事会。人权理事会是联大的下属机构。在选举人权理事会成员时，联合国大会应考虑候选国在促进和保护人权领域所作出的贡献。此外，经2/3成员国同意，联合国大会可以中止严重违反人权国家的人权理事会成员国资格。

④ 这两个程序是联合国处理个人或团体有关指控大规模侵犯人权和基本自由的来文的程序。它们的名称从规定该程序的经社理事会有关决议的编号而来。参见徐显明主编：《国际人权法》，法律出版社2004年版，第117～119页。

进民主和加强法治,并尊重一切国际公认的人权和基本自由,包括发展权"。[①]联合国《2005 年世界首脑会议成果文件》强调"和平与安全、发展与人权是联合国系统的支柱",特别指出"国家和国际的良治与法治"的重要性,并进一步"重申所有人权的普遍性、不可分割性、互相依存性及相互关联性"。在 2006 年第六十届联合国大会上,通过了两个关于基本人权与自由的决议:一个是《关于个人、群体和社会机构在促进和保护普遍公认的人权和基本自由方面的权利和义务宣言》,[②]另一个是《严重违反国际人权法和严重违反国际人道主义法行为受害人获得补救和赔偿的权利基本原则和导则》。[③] 尽管这两个联合国大会决议并不具有法律约束力,但是它们标志着基本人权和自由国际法律保护的最新动向:(1)特别强调国家之外的个人、群体和社会机构的权利和责任;(2)不仅确认受害人享有获得补救和赔偿的权利,而且为这种补救和赔偿确立了系统的指导原则。

在区域范围内,欧盟 25 个成员国新近签署的《欧洲宪法条约》关于人权保护的规定尤为引人注目。该宪法条约不仅开宗明义地确立了"尊重人的尊严、自由、民主、平等、法治和尊重人权,包括属于少数民族个人的权利,是本联盟赖以建立的价值",而且还就欧盟公民权和欧盟加入《欧洲人权公约》等事项作出了具体的规定。不仅如此,该宪法条约第二部分(共计 7 篇、53 个条文)系统地规定欧盟的基本权利宪章。一个非专门性国际人权组织的章程如此大篇幅规定人权事项,这在国际组织中是比较罕见的。

国际人权法的迅速兴起和发展,在很多方面(如国际法主体、国际承认、习惯法、条约法、国际法遵守的国际监督、国际法的执行、国际刑事司法、上述人道主义法或战争法[④])促进着整个国际法领域的人本化趋势。

首先,人权规则对于新国家和新政府承认的理论与实践产生了重要影响,特别是后"冷战"时代。例如,1965 年 11 月联合国安理会先后通过第 216 号和第 217 号决议,呼吁所有国家对于南罗得西亚违反民族自决而单方面宣布独立不予以承认。苏联解体和东欧剧变之后,欧共体成员国立即通过一项《东欧和

① 参见《联合国千年宣言》第 24 段。

② A/RES/60/161. 诚然,这一新决议的内容是重申 1998 年 12 月 9 日联合国大会通过的《关于个人、群体和社会机构在促进和保护普遍公认的人权和基本自由方面的权利和义务宣言》。

③ A/RES/60/147.

④ Antonio Cassese, *International Law*, p. 372.

前苏联新国家承认准则》,其中特别将"遵守法制、民主和人权"作为正式承认的首要条件;对于从前南斯拉夫分解出的新国家的承认,欧共体甚至成立专门的仲裁委员会(Arbitration Commission)具体评估拟成立的新国家是否符合上述准则。可见,尊重人权,特别是基本人权,正在成为特定地区内承认新国家和新政府的一个新的要素。①

其次,人权法的这些核心规则成为强行法的重要内容,并促使国际法增强了强制力和扩大了适用范围。1969年《维也纳条约法公约》规定的强行法概念使国际法规范之间的等级关系得以确认。虽然到底哪些国际法规范属于强行法,迄今仍然需要经过国际社会整体的确认(在实践中,这种确认仍然依赖于国际习惯和国际条约以及国际裁判机关的裁决),但是民族自决和禁止灭绝种族、种族歧视、种族隔离以及禁止酷刑等人权规则无疑是国际社会公认的强行法。这些具有强行法性质的人权规则的一个直接效果,就是在具体案件中,当事人可以直接请求当事法院裁决有关条约(或其特定条款)因违反此等强行法规范而无效。近年来的国际司法实践还表明,属于强行法的人权规则可以直接在国内法层面产生法律效力,即此等规则可以使任何授权国际法所禁止行为的国内立法或行政法规"去合法化"(de-legitimize)。其结果是,国内措施(包括给予被禁止行为始作俑者大赦的国内法)不可以获取国际法律承认或不可与其他国家相对抗。② 前南斯拉夫问题国际刑事法庭还进一步裁定,在国际或国内司法机关具有起诉资格的受害人可以请求当事法院裁决有关违反禁止种族灭绝的国内措施在国际上为非法,或者可以在外国法院提出民事赔偿诉讼,而该外国法院可以无视有关国内授权法规的法律价值。③ 根据前南斯拉夫问题国际刑事法庭前任院长卡塞兹教授的调查研究,瑞士、西班牙、比利时等国家的政府或法院也持同样立场。④

(三)外交保护法——人本化进一步加强的新迹象

在经济全球化的时代,不仅国家之间的政治、军事、经济、文化、教育、科技等领域的交流与合作比过去任何时候都要频繁和复杂,而且跨国间的各种民间交往与合作也比过去任何时候都要活跃和多元化。国际社会的这一发展趋势

---

① See *European Journal of International Law* (EJIL), Vol. 4, 1993, pp. 74 – 77; also Antonio Cassese, *International Law*, p. 50.

② See *Furundzija Case*, Judgment of the ICTY, December 10, 1998, paras. 154 – 157.

③ Ibid., para. 155.

④ See Antonio Cassese, *International Law*, p. 145.

直接给外交法这一国际法的古老部门带来新的挑战，即外交职能重心的调整问题。具体来说，各国的外交代表机构，尤其是驻外代表机构在代表和保护本国国家利益的同时，保护本国自然人和法人在国外的权益的任务势必日趋繁重，且越来越重要。这势必使外交法，特别是外交保护法在其固有的人本特征的基础上更加人本化。目前，联合国国际法委员会起草并通过的《外交保护条文草案》（以下简称《草案》）似乎已经反映出这一发展态势。

首先，《草案》确定的外交保护范围或对象十分广泛。虽然《草案》第1条在给外交保护下定义时是指"一国针对其国民"，但是综观整个《草案》却不难发现：这里所指"国民"不仅是具有外交保护国之国籍的自然人，还包括法人；更重要的是，还包括难民、无国籍人和多重国籍的人，尽管每一类保护对象的外交保护条件不尽相同。为此，我们应邀向外交部条约和法律司提交的咨询意见中，建议对《草案》第1条的定义进行修改，或将"国民"的用语另作注释，或直接将《草案》所涉及的外交保护对象在定义中进行列举式规定。

其次，《草案》第6条和第7条规定双重或多重国籍国民的任何一个国籍国可以针对非国籍为该国民单独或共同行使外交保护。这一规定，一方面，从国际法的角度认可了双重国籍和多重国籍的合法性——至少在外交保护领域；另一方面，也进一步体现了外交保护法"以人为本"的理念。在此，我们必然要联想到中国现行国籍法的规定及其实践。因为中国现行的国籍法确立了不承认双重国籍和多重国籍原则，这显然与《草案》的立法精神和原则发生了抵触，同时似乎也不利于中国利用外交保护权维护中国在国外侨民的合法权益。

再次，虽然《草案》中的"法人"概念主要是指"公司"，但是同时也规定可以"酌情适用于其他法人的外交保护"（第13条）。这里所指的"其他法人"包括公司、公营企业、大学、学校、基金会、教会、市政当局、非营利团体、非政府组织等。如此广泛的范围再次显示了《草案》在法人的外交保护方面蕴含的人本考虑。但是，根据《草案》第13条评注（4）进一步的诠释，"由国家出资并最终由国家控制的大学将不具有获得外交保护的资格。但私立大学有资格获得外交保护"。显然，这一诠释在外交保护资格方面将公立大学与私立大学进行区分，无疑是歧视公立大学。这对于中国极为不利，应该据理力争，在《草案》的进一步修订中删除这一歧视性的解释。

最后，根据《草案》第17条的规定，国家、自然人或法人可以诉诸"外交保护以外的行动或程序"来为有关损害获取补偿。在该条的评注中，一些全球的和区域的人权公约属于"外交保护以外的行动或程序"的依据，一国甚至可以依照这些人权公约在"国家间诉讼中针对受害人国籍国或第三国保护非本国国民"[评注(2)]。国际法委员会有的委员甚至认为,"按照人权条约所寻求的救济属于特殊法(lex specialis),优于按照外交保护所寻求的救济"[评注(7)]。可以说,这些诠释超出了国家在外交保护领域的现行实践,这种将人权保护与外交保护挂钩的做法无疑是将外交保护的人本化推向一个新的高度。当然,其中的合理性是值得商榷的,因为人权条约只能约束有关的缔约国,不能约束非缔约国,除非这些条约含有强行法规则;即便如此,那也只能是条约中的具体规则,而不是整个条约。而且在国际社会成员对于有关人权条约的地位和重要性还存在认识上的重大分歧的情况下,《草案》将人权与外交保护挂钩,恐怕最终难以获得多数国家的同意。

(四)引渡法——人本化的新考量

国际人权的发展,尤其是人权领域的强行规则的确立,给国际引渡条约和实践注入了人本化的考量因素。在这一领域,最典型的例子就是一些国际条约明确规定的不引渡可能遭受酷刑之罪犯的原则。例如,联合国大会 1984 年通过并于 1987 年生效的《禁止酷刑和其他残忍、不人道或有辱人格的待遇或处罚公约》第 3 条第 1 款规定:"如果有充分理由相信任何人在另一国将有遭受酷刑的危险,任何缔约国不得将该人驱逐、遣返或引渡至该国。"当然,这里的"充分理由"是关键。为此,该条第 2 款紧接着规定:"为了确定这种理由是否存在,有关当局应考虑到所有有关的因素,包括在适当情况下,考虑到在有关国家境内是否存在一贯严重、公然、大规模侵犯人权的情况。"可见,一个国家已有的人权纪录或形象在具体引渡实践中尤其重要。1990 年 12 月联合国大会通过的《引渡示范条约》第 3 条在规定拒绝引渡的强制性理由时,明确将如下情况列入其中,即"被要求引渡者在请求国内曾受到或将会受到酷刑或其他残忍、不人道或有辱人格的待遇或处罚",甚至还将"没有得到或不会得到《公民权利和政治权利国际公约》第 14 条所载的刑事诉讼中的最低限度保障"包括在强制性拒绝引渡的理由之中。

一些国际、国内司法机关的裁决还表明,不引渡潜在遭受酷刑或不人道待遇之罪犯,不仅是一些重要(引渡)条约的规则,而且还被广泛接受为一项国际法规则,①或者是禁止酷刑或非人道或有辱人格的待遇或处罚这项国际法一般

① ICTY Judgements in Delalic et al. ,November 16, 1998, paras. 455 – 474;Furendija September 2,1998, para. 257;Kunarac et al. ,February 22, 2001, paras. 483 – 497.

原则的具体体现。因此,即使有关引渡条约没有规定这个规则,或者有关请求引渡国不是载有此等“国际法一般原则”之条约的缔约国,被请求国仍然可以据此拒绝引渡。①

值得进一步关注的是,国际法研究院(Institute of International Law)甚至将上述拒绝引渡的理由扩展到包括种族、宗教迫害在内的整个基本人权的侵犯。该研究院1983年9月1日通过的一项名为“引渡新问题”(New Problems of Extradition)的决议中指出:“在有充分证据担心在请求国领土内的被告的基本权利将遭到侵害的情况下,引渡可以被拒绝,无论是谁请求引渡该个人,也不论其所犯罪行的性质。”②

还有一个不可忽略的趋势是,引渡领域正在形成死刑犯不引渡原则这一人本化现象。虽然死刑犯不引渡是否已经被确立为一项国际法规则在国际法学者中尚存在争议,但是事实表明:它已经不仅是一种应然国际法规则,而且还是一项实在国际法规则,至少是在部分地区或国家。例如,欧洲人权法院在著名的“索林格诉英国”一案中裁决,如果英国应美国请求将索林格引渡到美国,它将违反《欧洲人权公约》,因为该公约禁止死刑的规定不仅适用于作为缔约国的英国,而且其管辖效力还及于非缔约国的行为,而作为非缔约国的美国仍然实行死刑法律。③ 在一些废除死刑的国家中(如瑞士、德国、意大利、荷兰、爱尔兰),死刑犯不引渡是一种拒绝引渡的强制性理由。即使是一些尚未废除死刑的国家(如美国、泰国),它们大多在有关的引渡条约中明确规定了死刑犯不引渡原则。上述联合国大会通过的《引渡示范条约》(第45/116号决议)第4(4)条明确将不引渡死刑犯列为拒绝引渡的任择性理由。

如果说政治犯不引渡和本国国民不引渡原则的确立主要是出于尊重国家主权和国家利益的考虑,那么死刑犯不引渡原则的确立则旨在与人权的国际保护挂起钩来。有些国家在确立或适用死刑犯不引渡条款时通常援引有关人权公约关于“对任何人均不得施以酷刑或残忍的、不人道的或侮辱性的待遇或刑

---

① Bufano et al., Judgement of Swiss Supreme Court of November 3, 1982, in *Arrêts du Tribunal Fé dé ral Suisse, Recueil Officiel*, Vol. 108, I, pp. 408 - 413, quoted from Antonio Cassese, *International Law*, pp. 144 - 147.

② Antonio Cassese, *International Law*, Chapter 6, note 88, p. 429.

③ Soreing v. UK (1989) 11 EC HR 439, also in Martin Dixon & Robert McCorquodale (eds.), *Cases & Materials on International Law*, Oxford University Press, 2003, p. 288.

罚”的规定作为依据。[①] 可见，尽管这些人权公约并没有明确规定废除或禁止死刑，但是仍然有一些国家在引渡实践中显然将上述表述解释为包括禁止死刑。在国际组织中，联合国大会于1989年通过的《公民权利和政治权利国际公约》第2号任择性附加议定书，呼吁各国努力限制或废除死刑。欧洲委员会在这一方面表现得最为积极。它在1983年通过的《欧洲人权公约》第6号附加议定书中要求各缔约国废除死刑；在此基础上，又于2002年通过了《关于在所有情况下一律禁止死刑的第13号附加议定书》(2003年正式生效)。新近签署的《欧洲宪法条约》第Ⅱ—62条明文规定禁止死刑。可以预见，随着越来越多的国家、国际组织、国际条约承认和接受禁止或废除死刑，死刑犯不引渡成为一项实在国际法规则已为时不远，甚至在不远的将来还会成为一项强制性拒绝引渡的理由。

最后，需要引起中国重视的是，死刑犯不予引渡的趋势对于中国是一个严峻的挑战。由于中国刑法还没有废除死刑，而中国畏罪潜逃到外国的罪犯中有相当一部分如果被引渡回国受审，按照中国有关法律规定很有可能判处死刑，这就会给中国与那些不引渡死刑犯的国家谈判引渡条约和引渡事宜带来障碍。近年来，中国在双边引渡条约的谈判中对“死刑犯不引渡”原则的基本做法是，尽量避免在条文中作出明确规定，而主要采用如下变通方式：(1)在正文中使用较为笼统的措辞，避免直接表述(默认方式)；(2)在正文中不作规定，而在会谈纪要中作出说明；(3)在正文中作笼统规定，同时也在会谈纪要中附加说明。[②] 但是，这些变通做法在实际谈判中往往步履艰难，能接受的国家相对有限，自中国2000年颁布《引渡法》以来，迄今与中国达成双边引渡协议的国家还不足30个。因此，如何既能及时、有效地将逃往国外的罪犯缉拿归案并绳之以法，同时又适应国际引渡立法与实践的新趋势，是中国和平发展进程中急需研究和解决的重要问题。

(五)知识产权与公共健康权的国际保护——人本化的新动向

近年来，国际法人本化的另一个重要的新动向是将人权保护与知识产权保护联系起来。随着全球交通运输的便利，跨国传染病(艾滋病/艾滋病毒、呼吸传染、疟疾、结核病、禽流感等)的蔓延正在越来越严重地危害人的生命安全和

---

① 参见《公民权利和政治权利国际公约》第7条、《禁止酷刑和其他残忍、不人道或有辱人格的待遇或处罚公约》第3条、《欧洲人权公约》第3条和《美洲人权公约》第5条。

② 参见黄风：《中国引渡制度研究》，中国政法大学出版社1997年版，第109～112页。

健康,尤其是经常引起一些发展中国家特别是最不发达国家的公共健康危机。于是,如何更有效地开展跨国疾病控制的国际合作,已经成为国际法面临的一种新的挑战。造成全球公共健康危机的因素固然是多方面的,但是其中一个重要的原因是发展中国家的民众购买不起一些必需的基础药品。基础药品价格的居高不下又与高水平的知识产权保护密切相关。以前,国际知识产权法基本上没有涉及医药产品和方法的专利授予规定。在国际知识产权保护水平相对较低的情况下,发展中国家可以采取自己制造或进口仿制药品的办法为本国民众提供廉价的药品。自世界贸易组织(World Trade Organization,WTO)的《与贸易有关的知识产权协定》(以下简称 TRIPs 协定)将知识产权保护的范围扩展到所有技术领域的发明以来,受专利保护的药品价格大幅度飙升,这就造成广大的发展中国家的传染病患者难以获得急需的治疗药品。在广大发展中国家的不懈努力下,WTO 多哈部长会议专门通过《TRIPs 协定与公共健康多哈宣言》(以下简称《多哈健康宣言》)。该宣言明确承认 WTO 成员政府为保护公共健康而采取特殊措施的主权权利,并具体规定了为保护公共健康而对抗知识产权专有权利的所谓“弹性条款”,其核心是各政府成员有权不经专利持有人的同意而实施强制许可措施。①

为了将《多哈健康宣言》的“弹性条款”付诸实施,WTO 总理事会于 2003 年 8 月 30 日通过《实施多哈宣言第六段关于 TRIPs 协定与公共健康的决定》。这一决定从法律上豁免了 WTO 成员依照 TRIPs 协定第 31(f)条的义务。依照该条款,各成员依照强制许可生产的药品必须主要用于国内市场。该决定还规定,这一豁免将在该条款被修订以前一直有效。② 2005 年 12 月 6 日,总理事会通过了《TRIPs 协定修订决定》,从而使 2003 年的豁免决定通过有关条文的修订在法律上取得长久的地位。③

综上所述,一方面,国际知识产权法的形成与发展本身就是以私人或个人为取向的国际法人本化的一种表现;另一方面,公共健康权更是人权保护的组成部分,将公共健康保护纳入国际法的范畴也是以公众或集体为取向的国际法人本化的体现。值得重视的是,WTO 中的 TRIPs 协定与公共健康关系的变革

---

① 参见冯洁菡:《全球公共健康危机与〈TRIPS 协定与公共健康多哈宣言〉》,载曾令良主编:《21 世纪初的国际法与中国》,武汉大学出版社 2005 年版,第 198~215 页。

② http://www.wto.org/english/newse/pres03e/pr350e.htm.

③ http://www.wto.org/english/newse/pres05e/pr426e.htm.

表明:在国际法上,当知识产权与公共健康权之间发生抵触时,后者优先。由此可以进一步推定,在作为单个人权的知识产权与作为集体人权的公共健康权发生抵触的情况下,集体人权似乎优于单个人权或公众权利优于私人权利。

(六)核心劳工标准与贸易自由化挂钩——人本化的新挑战

现代国际法人本化的另一个颇有争议的动向是将"核心劳动标准"或"社会条款"[①]与全球贸易自由化挂钩。半个多世纪以来,国际社会两者挂钩的努力一直没有间断。WTO成立以后,有关这个问题的争论此起彼伏。主张将劳工标准甚至人权纳入多边贸易体制的人士认为,这是一种双赢的举措:一方面,有利于保证多边贸易体制所推动的贸易自由化在公平贸易原则的轨道上行进(尤其是在产品的劳动成本方面);另一方面,可以利用多边贸易体制促进国际人权法(尤其是核心劳工标准)的实施。而且,"当WTO卷入知识产权之时开始,它已经打开了潘多拉盒子(Pandora's box)。如果知识产权对WTO而言是一个合适的主题,为什么劳工权利或人权就不可以呢?"[②]近年来,还有相当一部分人支持将两者挂钩是为了呼吁WTO的"宪法化"(constitutionalization),认为这有助于克服现行WTO的民主缺陷。[③]

发展中国家一般都反对将劳工标准或人权纳入WTO,还有相当一部分人士也加入反对的行列之中,尽管反对的理由各不相同。的确,WTO的当务之急并不是其管辖领域的拓展,而是应致力于现行各多边贸易协定的实施问题,尤其是现行各协定实施中的发展问题。而且WTO是一个多边贸易体制,其应把握自己的定位,"管好自己的事",至于劳工标准,现行的国际劳工组织是最适合的平台;至于更广泛的人权保护,在全球和区域层面已经有大量的国际人权机构在发挥各自的作用,无须WTO介入。此外,还有一种担忧:一旦将人权纳入多边贸易体制,就有可能"使人权从人类尊严的基础中分离,而主要被视为是实

① 系指国际劳工组织在其制定的一系列有关劳工公约的基础上所确认的最基本的劳工标准,主要包括:(1)结社自由和集体谈判权;(2)消除一切形式的强迫劳动或强制劳动;(3)废除童工;(4)消除就业和职业歧视。根据《国际劳工组织关于工作中基本原则和权利宣言》,国际劳工组织的成员国都有义务真诚地尊重、促进和实现这些核心劳工标准,即使还不是有关劳工公约的缔约国。参见李雪平:《WTO与劳工权益保护》,载曾令良主编:《21世纪初的国际法与中国》,武汉大学出版社2005年版,第286页。

② Quoted in Stiglitz, "A Fair Deal for the World: A Review of George Soros' *On Globalization*", *New York Review of Books*, May 23, 2002, at www.nybooks.com/aritcles/15403.

③ See Philip Alston, "Resisting the Merger and Acquisition of Human Rights by Trade Law: A Reply to Petersmann", *European Journal of International Law*, Vol. 13, No. 4, 2002, p. 818.

现各种经济政策目标的工具性手段。个人将可能成为人权的客体，而不是人权的持有者”。①

虽然在 WTO 中迄今没有达成一个与核心劳工标准有关的贸易协定（类似于 TRIPs 协定和 TRIMs 协定），但是现行的 WTO 法律中已经包含与社会条款相关的内容或人本化的规定。例如，1994 年《关税及贸易总协定》（General Agreement on Tariffs and Trade，GATT）第 20 条第 5 款关于监狱产品作为“一般例外”的规定。尽管当初制定这个条款的初衷也许只是出于经济的考虑，即保证公平贸易原则不因监狱产品的人为低成本而受到损害。但是，这一条款本身无疑具有保护特定人群之人权的含义，从而具有人本化的实际效果。

WTO 首次对核心劳工标准问题直接表明其官方立场的是 1996 年的《新加坡部长宣言》。该宣言承诺：“遵守国际公认的核心劳工标准，国际劳工组织是确立和处理这些标准的权威机构，我们确认我们支持其促进这些标准的工作。我们相信，通过进一步的贸易自由化而促进经济增长和发展有助于这些标准的完善。我们拒绝将劳工标准作为保护主义的目的，有比较优势的国家，尤其是低工资的发展中国家，绝对不赞成这样做。”2001 年的《多哈部长宣言》“重申新加坡部长会议关于国际公认的劳工标准问题的宣言”，并“注意到国际劳工组织正在从事关于全球化的社会问题的工作”。最近的《香港部长宣言》没有明确提及这一问题。

我们从上述分析中可以得出如下几点基本认识：首先，WTO 及其各成员都明确认可核心劳工标准是国际公认的社会条款，必须予以遵守并促进其实现；其次，国际劳工组织是确立、实施和监督核心劳工标准的最适宜的权威机构，而 WTO 则不适合担当此任；再次，WTO 通过推进全球贸易自由，在带动世界经济发展的同时，还促进着核心劳工标准的实施和完善；最后，要防止和反对国家以维护核心劳工标准为借口，实行贸易保护主义，为发展中国家，特别是最不发达国家的产品进口设置额外障碍。

三、“以人类为本”的国际法发展

国际法“以人类为本”的新命题，是指现代国际法的有关原则、规则、规章和制度的建立与实施，主要不是为了国家利益或单个人的权益，而是以维护和推

---

① See Philip Alston, “Resisting the Merger and Acquisition of Human Rights by Trade Law: A Reply to Petersmann”, *European Journal of International Law*, Vol. 13, No. 4, 2002, p. 843.

进全人类的共同利益为其最高宗旨。在一些情况下,国际法所确立和维护的全人类共同利益与国家利益和个人权益是一致的。在另一些情况下,国家利益和个人权益与全人类共同利益之间不尽相同,甚至存在冲突。正是这些利益上的不同和冲突,使现代国际法确立"以人类为本"的新命题变得必要。

现代国际法确立"以人类为本"的原则和制度的时间并不长,但发展十分迅速。迄今为止,国际法不仅在一些传统的国际法部门或制度中注入了"以人类为本"的新成分,如海洋法中的国际海底制度、普遍性管辖范围的扩展;而且创建了一些新的"以人类为本"的国际法制度和部门,如最严重国际罪行的确立与惩处制度、外层空间法、极地法、国际环境法。

(一)普遍性管辖范围的扩展和最严重国际罪行的确立与惩处

受时代、认识、交通、技术等主观和客观因素的制约,以维持国家间共处为基本任务的传统国际法,不仅忽视个人权益的保护,更没有人类共同利益的理念。虽然传统习惯国际法和有关条约已开始确认国家的普遍性管辖原则,但是仅限于对在公海上谋财害命的海盗的惩处。具有历史意义的是,尽管具体的海盗行为针对的是特定国家或个人,国际法将海盗列为国家普遍性管辖的对象,显然是将其作为一种人类公害或严重的国际犯罪而予以考虑的。从这个意义上来讲,传统国际法的普遍性管辖原则已经含有"以人类文本"的因素。

人类社会进入现代以来,伴随着科学技术的不断进步和交通运输的日益便利,传统的国际犯罪(如海盗、贩卖奴隶等)越来越猖獗,对国际社会的危害越来越大。同时,一些新兴的更为严重的国际罪行(如空中劫持、国际恐怖主义、毒品走私等)不断出现。最为严重的是,一些借助国家权力而实施的国际犯罪(如战争罪、违反人道罪、违反人类罪、种族灭绝罪等)给人类造成大规模的灾难。为此,现代国际法一方面逐步对这些新兴的国际罪行予以确立,并纳入各国的普遍性管辖范畴;另一方面通过建立专门的国际军事和刑事审判机构直接惩处那些最严重的国际罪行,以作为各国普遍性管辖权的补充。

国际军事和刑事法庭的设立经历了近百年的发展。最早的尝试是第一次世界大战后的《凡尔赛和约》,它是国际社会第一次通过公约规定设立专门的国际法庭,审判德国皇帝威廉二世犯下的发动世界大战的严重罪行。该和约还规定对战争的执行者追究刑事责任。尽管这些规定并没有付诸实施(当时荷兰以政治犯不引渡为由拒绝引渡逃到该国的威廉二世)，[①]但是和约这些规定本身在国际法发展史上具有深远的意义。这意味着:(1)在国际法上，将不再只是普通的个人要承担刑事责任，掌控国家、政府和军队权力的高级官员，甚至国家元首、政府首脑和军队总司令都有可能承担国际刑事责任;(2)尽管当时国际法上还没有完全禁止国家的战争权，但是如果一国违反有关条约义务发动侵略战争，其军政最高领导人有可能被认定为犯有严重的国际罪行而承担国际刑事责任;(3)个人的国际刑事责任不仅可以通过各国的普遍性管辖来予以追究，而且还有可能成立专门的国际法庭来行使审判管辖权。

这些可能性在第二次世界大战结束之后很快得以实现。同盟国根据战争后期形成的共识，先后成立欧洲国际军事法庭和远东国际军事法庭，分别对法西斯德国和日本的主要战犯进行审判和惩处。至此，反和平罪、战争罪和反人道罪作为最严重的国际罪行在国际法上得以确立。紧接着，联合国1948年通过的《防止和惩治灭绝种族罪公约》确立灭绝种族为最严重的国际罪行，并可以通过国际刑事法庭予以审判。[②] 从此，设立临时的国际军事或刑事法庭审判犯下最严重国际罪行的人，而无论罪犯身份、地位，不仅在国际法上有合法的依据，而且变成了现实。但是，纽伦堡国际军事法庭和东京国际军事法庭的审判是以战犯为对象的，于是有人认为:这是一种战胜国对战败国的审判，从而是一种“胜利者的正义”(victors’ justice)。[③]

20世纪90年代初、中期设立的前南斯拉夫问题国际刑事法庭和卢旺达国际刑事法庭，可以说是完全避开了“胜利者的正义”之嫌疑，因为它们是通过联合国安理会的有关决议而设立的，而且审判的范围是在两国国内战争与武装冲突中犯有严重违反国际人道法的个人。这两个国际刑事法庭的设立意味着:受到国际法庭审判的最严重的国际罪行不再仅仅是指发生于国际的战争或武装冲突，而且包括发生于一国的国内战争和武装冲突。但是，这种国际法庭具有明显的局限性。它们都是临时设立的，其管辖有明确的时间和地点的限定，即只对特定地方和特定时期发生的最严重的国际罪行行使审判和惩处管辖权。

---

① 参见邵沙平:《国际法上的个人刑事责任》，载曾令良、饶戈平主编:《国际法》，法律出版社2005年版，第419页。

② 该公约第6条规定:“凡被诉犯有灭绝种族罪……者，应由行为发生地国家的主管法院，或缔约国接受其管辖权的国际刑事法庭审理之。”

③ 参见曾令良:《〈国际刑事法院规约〉与国际法的发展》，载邵沙平、余敏友主编:《国际法问题专论》，武汉大学出版社2002年版，第226页。

于是有人认为这种临时性的国际刑事法庭实际上是一种"选择性的正义"(selective justice)。[①]

要从根本上克服临时国际法庭的"胜利者的正义"或"选择性的正义"之缺陷,就必须建立常设的国际刑事审判机构。实际上,联合国大会通过《防止和惩治灭绝种族罪公约》的同时,就责成国际法委员会着手研究建立常设国际刑事法院的可能性。由于受"冷战"格局的影响,这一工作直到20世纪90年代初才有实质性的进展。1998年7月联合国在罗马召开外交会议,正式通过《国际刑事法院规约》。该规约于2002年7月1日正式生效,即宣告常设国际刑事法院正式设立。根据该规约的规定,灭绝种族罪、危害人类罪、战争罪和侵略罪被明确规定为最严重的国际罪行,国际刑事法院作为各缔约国刑事管辖的补充,对这4种罪行享有管辖权。[②] 尽管该规约存在一些缺陷,而且国际刑事法院的实际作用还取决于规约缔约国的真诚合作,但是这一常设国际刑事审判机构的建立无疑标志着现代国际法的一个突破性的发展。突破的意义不仅是填补了国际司法机关及其管辖权的空白,更重要的是,展示着国际社会保护人类核心价值所取得的新成就,并昭示着现代国际法正朝着"以人类为本"这一更高目标攀登。

(二)国家主权管辖以外区域的全人类利益

在传统国际法中,国家主权管辖以外的区域或称"国际区域",一般视为"无主土地",各国可以通过"先占"和"有效统治"据为己有,或者可以自由地从事各种活动。随着现代科学技术的进步,国际区域被发现具有巨大的利用价值,它们或者具有丰富的资源,或者具有广泛的科学研究用途。各国为了自身的国家利益,纷纷提出对其有利的主张。一些发达国家更是利用其经济、军事和科技的优势加紧开展对国际区域的研究、勘探、开发和利用等活动。这引起了广大的发展中国家的不满和反对。于是,科学、公平、公正地确立国际海底、外层空间、月球以及其他天体等国际区域的法律地位并建立相应的国际法律制度,被提上日程。

---

① 参见曾令良:《〈国际刑事法院规约〉与国际法的发展》,载邵沙平、余敏友主编:《国际法问题专论》,武汉大学出版社2002年版,第226页。

② 由于国际刑事法院尚未对侵略罪作出界定,迄今其管辖权只及于灭绝种族罪、危害人类罪和战争罪,参见邵沙平:《国际法上的普遍管辖权》,载曾令良、余敏友主编:《全球化时代的国籍法——基础、结构与挑战》,武汉大学出版社2005年版,第128页;曾令良:《〈国际刑事法院规约〉与国际法的发展》,载邵沙平、余敏友主编:《国际法问题专论》,武汉大学出版社2002年版,第225~227页。

经过国际社会近半个世纪的不懈努力，绝大多数国际区域的法律地位已经通过国际组织的决议和国际条约得以确立，有的国际区域甚至已经建立了比较系统的国际法律制度。虽然不同的国际区域的法律地位不尽一致，有的国际区域法律制度还不够完善，有的缺乏实际可操作性，甚至有的法律制度本身还存有争议，但是它们有一个基本的共同点，即摒弃了传统国际法上“无主土地”“先占”“有效统治”等陈腐概念和原则，确立了“人类共有物”“人类共同遗产”“人类共同继承财产”等新的国际法概念和原则。这些新的概念和原则以及由此而建立的有关法律制度，集中凸显了国际区域必须为全人类谋福利的主旨。

1. 国际海底作为人类共同继承财产。在传统海洋法中，并没有专门的国际海底概念。自 1960 年开始，发达国家加紧勘探在国际海洋底部蕴藏的丰富矿物资源，这引起了广大的发展中国家的高度关切，强烈要求确立国际海洋底土区域的法律地位，使之为全人类，而不是只为发达国家谋福利。在 1967 年著名的“马耳他建议”[①]的推动下，联合国大会先后于 1969 年和 1970 年通过有关这一国际区域的决议。其中 1969 年决议的核心内容是宣布在新的海洋法公约诞生之前，各国不得对国家管辖范围以外的海床洋底及其资源据为己有，而 1970 年决议以联合国《关于各国管辖范围以外的海床、洋底及其底土的原则宣言》为名称，明确了该国际区域及其资源为人类共同继承财产。在此基础上，1982 年《联合国海洋法公约》第 11 部分系统地规定了国际海底及其资源的法律地位、开发及管理制度。其要旨有二：一是重申国际海底及其资源是人类共同继承财产原则，并明确规定任何国家不应对该区域的任何部分及其资源主张或行使主权权利，且任何国家、自然人或法人不得将该区域的任何部分据为己有；二是国际海底区域的所有资源属于全人类，由公约设立的国际海底管理局代表全人类行使有关的权利。

值得注意的是，发达国家在《联合国海洋法公约》谈判期间和签署后一直不愿意接受第 11 部分关于国际海底的开发制度（平行开发制），并拖延批准而使该公约迟迟不能生效。经过反复磋商，于 1994 年达成关于执行第 11 部分的协议，通称为《1994 年实施协议》。尽管该协议对国际海底的平行开发制度进行

---

① 1967 年 8 月 17 日，马耳他驻联合国代表团向联合国秘书长建议，在第 22 届联大议程中增补一个新议题，即“关于专为和平目的保留目前国内管辖范围外海洋下海床洋底及为人类利益而使用其资源的宣言和条约”。该代表团还提交了一份解释性备忘录，建议联合国宣布该区域为人类共同继承财产。

了若干重大修改(主要是发展中国家对发达国家作出一系列的让步),但是国际海底及其资源作为人类共同继承财产的法律定位始终没有动摇。

2. 外层空间及其资源作为人类的"共有物"。现代科学技术不仅使国家和人类的活动深入海洋底层,而且还上升到空气空间以外的外层空间甚至月球。于是,确立相关空间的法律地位和法律制度就成为现代国际法一项新的任务。经过争论和协商,联合国自20世纪60年代以来,通过和制定了一系列有关外层空间、月球和其他天体的政治和法律文件,如1961年《外空使用之国际合作决议》、1963年《关于各国探测及使用外空工作之法律原则宣言》、1967年《关于各国探测及使用外空包括月球与其他天体之活动所应遵守原则之条约》、1974年《关于登记射入外层空间物体的公约》、1979年《关于各国在月球和其他天体上活动的协定》、1986年《关于从外层空间遥感地球的原则》、1993年《关于在外层空间使用核动力源的原则》、1996年《关于开展探索和利用外层空间的国际合作、促进所有国家的福利和利益并特别要考虑到发展中国家的需要的宣言》,等等。上述这些文件构成外层空间、月球和其他天体法的基本内容。虽然每一项文件都有其特定的内容,但是它们都遵守如下3项基本原则:(1)这些国际区域及其资源是人类的"共有物",任何国家、国际组织、法人和自然人不得据为己有;(2)这些区域对全人类开放,任何国家、组织、法人和个人都可以根据国际法自由、平等地进入并开展活动;(3)这些区域的各种活动必须为全人类谋福利,而且只能用于和平目的。

(三)国际环境法蕴含的全人类利益

国际环境法是现代国际法中迅速发展起来的一个新的分支,也是国际法"以人类为本"发展趋向的标志性领域之一。国际环境法蕴含的主旨由如下一些主要因素构成。

首先,从客观上分析,国际社会所面临的环境问题,是整个人类面临的挑战,是人类生存与发展面临的挑战。科学技术的进步是一把"双刃剑":一方面给经济发展和社会进步不断开辟新的途径;另一方面又给人类的可持续发展产生了不利的环境影响。国际社会所面临的越来越严重的环境威胁并不主要来自自然界的运动,而是主要来自人类自身的活动。[1] 是人类,为扩大粮食产量和畜牧业,不惜牺牲森林和草原面积的锐减;是人类,片面追求经济发展规模和速

---

① 参见李爱年、韩广等:《人类社会的可持续发展与国际环境法》,法律出版社2004年版,第4~6页。

度,不惜牺牲可枯竭的自然资源,不惜大量排放有害气体;同样是人类,为追求富丽堂皇的楼堂馆所和宽敞的住宅,不惜大兴土木和减少绿地、耕地;还是人类,为自身或短期的便利,不惜将生产废物和生活垃圾抛向湖泊、河流和海洋,甚至遗弃于极地和太空。然而,人类生存与发展的"各种环境要素是一个有机的整体,大气、水和生物都是相互作用、相互依存的。环境污染无国界。大气污染不会因为国界而停止流动,海洋的污染很重要的原因是陆源污染"。①

其次,从主观上分析,国际社会的行为体和公众舆论普遍认识到环境问题的全球性质。应该承认,人类对于环境问题的跨国性和对人类具有共同性的认识并非由来已久。在20世纪60年代以前,无论是国家还是国际社会的其他行为体,都还没有认识到需要采取国际法律方式来保护人类的环境。这首先是因为当时的工业发展还没有造成大规模的环境污染和环境损害。虽然各国对环境问题的跨国性已经有一定的认识,但仍然坚持传统的国际处理方式,即将环境问题视为主权国家之间关系的事项,各国旨在维护自身的利益,不愿干预其他国家如何管理其空间和资源,更不在意整个国际社会的环境质量和气候变化。此外,公众舆论对于工业和军事进步对环境的潜在危险还不够敏感。② 近40年来,国际社会各种行为体对于环境问题威胁全球和整个人类的共识不断地从广度和深度上拓展。

最后,正在形成和发展的国际环境法以谋求全人类福祉作为其核心价值。正是由于上述环境问题上的客观和主观因素的作用,使旨在调整各国及其他国际法主体在利用、保护和改善环境与资源的各种法律关系的国际环境法,从一开始就确立了为全人类谋福祉的最高价值取向。例如,对于上述国际区域(国际海底、外层空间、月球及其他天体等)的环境与资源的利用、保护和改善的法律原则、规则和制度,是与这些区域在国际法上的"人类共有物"或"人类共同继承财产"的地位完全吻合的。可持续发展原则经过近几十年来一系列有关国际环境的条约、宣言和决议的确认,已经成为公认的首要的国际环境法基本原则。该基本原则所体现的人类福祉不仅是当代的,还包括后代的。根据有关学者的分析,这一基本原则至少具有以下4个方面的内涵:"一是代际公平,即在满足当代人需要的同时不得妨碍和损害后代人的需要;二是代内公平,即本代所有

① 宋英:《环境的国际保护》,载曾令良、饶戈平主编:《国际法》,法律出版社2005年版,第378页。

② See Antonio Cassese, *International Law*, p. 375.

的人,不管其国籍、种族、性别、经济发展水平和文化等方面的差异,都享有平等利用自然资源和享受良好环境和清洁卫生的权利;三是要以可持续的方式开发和利用自然资源;四是环境保护与经济和其他方面的发展相互协调相互兼顾。”①在这四个基本内涵中,前两个(代际公平和代内公平)是根本,是该原则的核心价值所在,后两者是核心价值的延伸和保证。

四、结　　论

我们可以就国际法的人本化趋势得出一些概括性的认识。

第一,国际法迅速朝着人本化方向发展是国际法的内外因素所促成的。在众多的外部因素中,战争和科学技术是最重要的两大因素:是战争对人的生命、生计和财产造成的毁灭,促使国际法的制定者越来越注重人的价值;是科学技术的不断创新给这个世界带来财富的同时,也迫使人类的生存环境和可持续发展面临新的挑战,从而促使国际法的制定者越来越关注后者的意义。从国际法本身(内部)来看,人道主义法和人权法可谓国际法人本化的两个“引擎”。最近半个多世纪更是表明,正是人道主义法和人权法自身的完善和交互作用及其对其他国际法领域的渗透,才形成整个国际法日趋人本化的局面。

第二,国际法的人本化代表着国际法不断进步的发展方向。虽然国际法的基本目的是为国家间的相互依存和合作建立和平与发展秩序,所维护的主要是经过协调的各国利益或共同的国家利益,但是现代国际法正在逐步树立“以个人为本”和“以人类为本”的发展理念,即越来越注重确立个人的权利与义务和全人类的整体利益。可见,现代国际法的使命不仅仅维护国家利益,而且还要维护单个人的利益和人类整体利益。在一些情况下,这 3 种利益之间是一致的;在另一些情况下,这 3 种利益之间是不同的,甚至会发生抵触,尤其是国家利益与单个人的利益或人类整体利益之间容易产生冲突。但是,这 3 种利益之间的矛盾并不是不可调和的,关键取决于国际法的制定者在特定领域、部门或事项上的价值取向。

第三,国际法的人本化极大地丰富了国际法的内容。首先,国际法的人本化直接催生了现代国际法的新分支,其中国际人权法、国际刑法和国际环境法的形成与发展无疑是最具有说服力的例证。其次,国际法的人本化促进了一些

---

① 宋英:《环境的国际保护》,载曾令良、饶戈平主编:《国际法》,法律出版社 2005 年版,第 387～388 页。

经典的国际法部门与时俱进,不断增添新的法律概念、原则、规则和制度,如海洋法、空间法、外交保护法、人道主义法、引渡与庇护法。此外,国际法的人本化促使国际法必须在一些相关部门和领域之间寻求有机联系与合理协调,如安全、发展、人权、民主与法治的关联性、经济发展与环境保护的平衡、知识产权保护与公共健康之间的协调、贸易自由化与核心劳工标准的联系。国际法的这些纵向和横向的发展带来的结果为:纯属各国国内法管辖的部门、领域和事项逐渐减少,国际法不仅涉及国家职能的各个方面,而且已经深入人类活动的各个方面。

第四,国际法的人本化冲击着国际法上权利与义务构建的基础——对等原则。对等或相互性是国家主权平等原则的最基本的体现。虽然它仍然是现代国际法赖以完善的基础,但是现代国际法的一些规范越来越多地偏离对等原则,即一个国家的义务不以他国承担相应的义务作为条件。换言之,一国因违反有关国际法义务而承担的责任不因他国违反相应的义务而免除。这就是现代国际法上出现的"对一切的义务"(obligations *erga omnes*),①或称"共同体义务"(community obligations)。② 这种新兴的国际法义务具有以下基本特点:(1)它们是一种旨在保护基本价值的义务,如和平、人权、民族自决、环境保护;(2)它们是一种对国际社会所有成员(或多边条约中的其他所有缔约国)或人类整体的义务;(3)它们是一种伴随任何其他国家(任何其他缔约国)的权利而产生的义务;(4)这种权利(共同体权利)可以由任何其他国家(或任何其他缔约国)来行使,而不论它在物质上和道德上是否受到这种违反的损害;(5)这种权利是代表国际社会整体(或缔约国整体)为维护整个共同体基本价值而行使的。③ 我们在考察现代国际法中的"对一切的义务"或"共同体义务"规范时,不

---

① 一般认为,现代国际法中的"对一切的义务"概念起源于国际法院在"巴塞罗那牵引公司案"的判决,参见 Case concerning the Barcelona Traction, Light & Power, Limited (Second Phase), Judgment of 5 February 1970, *ICJ Reports* ,1970,paras. 3,32 -34。欧洲人权法院和美洲人权法院的一系列判决都确认人权法遵守方面的非对等性。欧美学者关于"对一切的义务"概念的著述较多,其中颇为系统和新近的著作是 Andre de Hoogh, *Obligations Erga Omnes and International Crimes*, Hague : Kluwer Law International, 1996; Maurizio Ragazzi, *The Concept of International Obligations Erga Omnes*, Oxford: Clarendon Press, 1997。相比之下,中国学者关于"对一切的义务" 概念的研究较少,最早比较系统的研究似乎是王曦 2000 年的博士学位论文《论人类环境问题与现代国际法的发展》,第 12 ~60 页。

② See Antonio Cassese, *International Law*, p. 15.

③ See Antonio Cassese, *International Law*, p. 16.

难发现这些义务规范不仅根源于国际法人本化的理念和价值,而且大都体现在人本化最为集中的国际法领域。

第五,国际法的人本化并不意味着国际法的“国家间”本质属性的动摇。虽然国际法的人本化也给现代国际法带来质的变化,如国际法价值观的升华、强制性规则的增强、非对等性(对一切的义务)的兴起,但是,国际法的人本化主要是指现代国际法的内容(原则、规则、规章和制度)涉及自然人、法人、特殊人群和全人类的权益与日俱增。国际法的人本化不但不能改变国际法的“国家间”属性,而且归根结底还是通过“国家间”协议和认可予以确立和实现的。没有国家间的条约和各国承认的国际习惯法,就不可能有国际法的人本化现象;没有国家间的合作,国际法的人本价值无论多么崇高,也不能变成现实。

论21世纪国际法与国际秩序的应有建构*

20世纪无疑是人类历史上迄今最美好也是最血腥的一个世纪。突飞猛进的现代科学技术,带来了物质文明的辉煌成就,奇迹般地改变了世界面貌。然而,20世纪上半叶的两次世界大战,将人类推向了苦难的深渊。在随后的几十年,东西方"冷战"和核战争的威胁,更使整个世界面临着随时有可能遭受毁灭的危险。近10年来,"冷战"的结束并未给世界带来多少安宁,而是地区冲突不断,强国无视国际集体安全体制,以集团方式干涉内政,令世人产生了新的忧虑。近代以来形成的旧的国际秩序,虽几经变革,但不能给国际社会带来持久的和平、稳定及可持续的发展。

世纪之交,人类面临着新的抉择:不仅是我们能否使未来变得比过去更美好,而且是我们能否活下去过未来的好日子。① 严峻的现实,迫使人们在反思既存国际秩序的同时,有必要站在自身生死存亡的高度,对未来的国际秩序作出理性思考和选择。那么,在21世纪,人类到底需要什么样的国际秩序?国际法在建立新的国际秩序中应该和能够发挥何种作用?

---

* 本文原载于《珞珈法学论坛》(第1卷)(武汉大学出版社2000年版,第二作者为黄志雄)。

① 参见[美]尼克松:《1999年:不战而胜》,王观声等译,世界知识出版社1989年版,第1页。

一、国际法与国际秩序:历史与现实的审视

秩序,是指在自然界与社会进程运转中某种程度上的一致性、连续性和确定性。历史表明,凡是在人类建立了政治或社会组织单位的地方,都曾试图确立某种适于生存的秩序形式,法律就是在一定社会建立秩序的一种必要手段。因此,古罗马人有一句名言:有社会,就会有法律(Ubis societas, ibi jus)。①

国际法作为国际社会的法,“……不是存在于飘忽不定的法律思想,相反,它构成一个特定的社会的具体的秩序”,并借助社会学上的基础保证国际法在国际生活中具有效力。② 建立良好的国际秩序,离不开不断完善的国际法律制度;国际法本身的有效性如何,又受到一定国际秩序的制约。

(一)国际社会结构决定国际法的本质

近代以来国际社会的规范体制是一种“国家间体制”(inter-state system),即“主权国家相互独立,并存于同一个国际社会,作为法律共同体的初级阶段”。③ 该体制的基本特征在于:各国对外主张绝对主权,未经国家同意,不承担任何义务,其权力行使(包括诉诸战争)也不受任何限制。美国学者亨金(Henkin)也认为,迄今为止的国际体制是一个“属于国家的,由国家创造的,也许主要是——仍然是——以国家为目的的体制”。④

由国际社会这一结构性特点所决定,国际法主要是一种国家之间的法律,其制定、适用和执行都带有高度分权的特点,表现在以下方面。

首先,在国际社会内,没有一个处于各国之上的立法机关来制定各国都应遵守的国际法,国际法的两大主要渊源——习惯国际法和条约国际法都是必须经主权国家的首肯才能得以形成。对于国际交往中国际法没有明确加以规定的事项,则归入由各国自由处理的“保留范围”。

其次,在国际社会内,也没有一个处于各国之上的具有强制管辖权的司法机关或仲裁机关来适用和解释国际法,并对被告国的行为是否违法进行裁判。

最后,第一次世界大战以前,国际社会没有一个处于各国之上的法律执行

---

① 参见[美]E. 博登海默:《法理学——法哲学及其方法》,邓正来、姬敬武译,华夏出版社1987年版,第206~207页、第215页。

② 参见[奥]阿·菲德罗斯等:《国际法》(上),李浩培译,商务印书馆1981年版,第17页。

③ [韩]柳炳华:《国际法》(上),朴国哲等译,中国政法大学出版社1997年版,第10页。

④ L. Henkin, *International Law: Politics and Values*, Martinus Nijhoff Publisher, 1995, p.17.

机关,以执行对违法国的制裁。当一个国家违反国际法侵害另一国的权利时,对违法国的制裁由受害国以“自助”(Self-help)方式实行。[①]

国际法的这些带有原始性的特点,使它长期被视为“软法”(soft law)、“弱法”(weak law)。

(二)制约国际法的两大外在因素

国际法的上述“内在”特征,一旦“外在”地体现于国际关系中,其有效性还受制于其他诸种因素。尤其重要的是:

第一,国际法的有效性受到国际政治的极大制约。法律和政治有着不可分割的密切联系。法律是政治行为体通过政治程序为实现其目的而制定的,因而“在更广和更深的意义上,法律就是政治”。[②] 同所有的法律一样,国际法也与通过行使合法的权利来实现某种社会目标有关;在这一意义上,有理由认为它是更广泛的政治进程的一个方面,并受到通常作用于政治的各种因素的影响。

由于国际社会不存在国家之上的立法机关、司法机关和法律执行机关,国际法既是自己应遵守的国际法规范的制定者,又是这些约束它们自己的规范的主要解释者和执行者[③]这一事实,决定了“那些拥有强权(决定于别国相竞争的结果的能力)的国家在决定规则的内容及其实际运用方面,会产生过大并且经常是决定性的影响”,[④]从而使国际关系易带有“强权政治”(power politics)色彩。最为明显的一个例证是,与现代各国国内法禁止“私力救济”、由国家司法机关对违法者进行审判和制裁的制度相比,国际法容许各国以报复和战争的方式实行制裁。这种较为原始的手段不仅会导致国际和平的破坏,而且“以武力进行的报仇必然只对强国有利,对弱国不利,这就使国际法失去其应有的公平和正义的性质”。[⑤]

承认国际政治对国际法的制约作用,并不是要贬低乃至无视国际法的存在。但无论如何,国际法的制定、适用和强制执行受制于国际政治力量的消长,这是无可否认的事实。

---

① 参见李浩培:《国际法的概念和渊源》,贵州人民出版社1994年版,第27页以下。

② L. Henkin, *International Law: Politics and Values*, Martinus Nijhoff Publisher, 1995, p.4.

③ 梁西主编:《国际法》,武汉大学出版社1993年版,第13页。

④ See O. Schachter, *International Law in Theory and Practice*, Martinus Nijhoff Publisher, 1991, p.3.

⑤ M. A. Kaplan and N. Deb. Katzenbach, *The Political Foundation of International Law*, Wiley 1961.

第二,国际法的效力受主权国家对其民族利益追求的制约。在独立、自主和不干涉内政的主权观的作用下,20 世纪以前的国际法是一种"共处法"(law of co-existence),凡国际法所未明确规定的事项,都属于主权国家的"国内管辖事项"。

国际法的这一属性,必然助长各国对其民族利益的追求。正如亨金所说:"国家的自主(autonomy)和不可渗透(impermeability)意味着一国有权决定它的民族利益;有权增进这一利益,而不是别国的利益;有权推动由它决定的它的自身价值,而不是别国的价值或由别国决定的价值。"①在现有体制下,民族利益被认为不仅是国家的唯一动机,还是最大的美德。

由于这种自由界定的民族利益被主权国家视为其"唯一动机"和"最大美德",它不仅具有"利己性",还往往具有"排他性"和"损他性"。早期的意大利政治家哲学家马基雅弗利(Machiavelli)的一句名言说道:"当问题绝对在于本国的永久幸福时,既不必考虑正义,也不必考虑非正义,既不必考虑人道,也不必考虑残暴,既不必考虑赞美,也不必考虑耻辱:任何其他观点都应摒弃,而无论如何应采取能保全其生命和维持其自由的立场。"②摩根索则说得更干脆:"国际政治铁的原则是,法律义务必须让位于国家利益。"③而一旦国家利益凌驾于本国对别国和国际社会承担的法律义务之上,就必然会损害别国利益和人类共同利益。

国际法的上述特征,是旧国际秩序的写照。虽然在战争与和平的持续交替中,国际法也得到了一定程度的丰富和发展,但它始终是以实力对比和利益追求为基础的。一旦实力对比发生变化,新的大国必然会寻求通过战争进行利益的重新分配。

总之,国际法产生于国际政治体系,并且构成同时代的国际秩序的一部分。虽然国际法能够并确实在一定范围内发挥积极作用,建立和维护某种国际秩序,但这种秩序具有极大的矛盾性。它一方面助长了主权者对自身民族利益的追求,另一方面又因这种无节制的追求而践踏别国和整个国际社会的利益。因此,这就成为类似康德(Kant)所说的"二律背反":国际法维护了一定范围的秩序,却又造成了更大范围的无秩序。在旧的国际秩序中,这种"二律背反"不可

---

① L. Henkin, *International Law: Politics and Values*, Martinus Nijhoff Publisher, 1995, p. 101.

② 李浩培:《国际法的概念和渊源》,贵州人民出版社 1994 年版,第 27 页以下。

③ H. Morgenthau, *In Defence of the National Interest*, Knopt, 1951, p. 144.

能得到根本解决；只有建立新的国际秩序，国际法才能找到新的出路。

（三）晚近国际社会和国际法的发展趋势

全球化、一体化和国家之间相互依存的加深，是近年国际关系中最引人瞩目的动向。国际社会在不断的政治革命、高度的技术及工业化和连绵的战争中发生了深刻的变化，国家之间相互频繁往来的必要性和战争的残酷性使人们认识到国际社会的共同利益需要相互合作和团体的努力，这就是柳炳华教授所说的“国际连带性的加强”。① 在他看来，国际社会正从国家间体制向国际共同体发展，国际法也在“法律共同体的组织立法程序、强制性、制裁等方面经历着许多体制的变化”。②

首先，在立法方向，国际社会虽然没有一个“世界议会”，但已形成较为发达的制定普遍性国际条约的制度。自从 1947 年联合国国际法委员会成立以来，它为国际社会各种法规的成文化、法典化进行了长期而有效的工作。联合国外空委员会、海洋法会议和联合国大会第六（法律）委员会也在各自领域发挥了辅助立法作用。1969 年《维也纳条约法公约》第 53 条明文宣示，国际法上存在不得由各国协定变更或排除适用的强行法（jus cogens），这是国际法的一个重要发展。

其次，虽然国际社会没有各国之上具有强制管辖权的司法机关，但国际法院作出的“任意强制管辖”（optional compulsory jurisdiction）可以对这一弱点有所弥补。1969 年《维也纳条约法公约》和 1982 年《海洋法公约》中，已经逐渐扩大了国际法的强制管辖范围。欧共体法院的强制管辖权和当事人能力等方面甚至已经接近国内法院了。③

最后，随着国际社会组织化，其法律执行或制裁也趋于制度化。联合国宪章规定了有关禁止使用武力和集体强制措施的各种原则、规则和制度，并分别对南罗得西亚、南非、伊拉克等国进行过经济制裁和武器禁运。虽然现有的制裁手段与国内法仍有较大差距，但已足以表明：“通过违反义务的国家之外而代表国际社会的一个机构来强制执行国际法，是有一项公认的国际法原则为

---

① ［韩］柳炳华：《国际法》（上），朴国哲等译，中国政法大学出版社 1997 年版，第 17 页、第 43～47 页。

② 同上。

③ 1998 年 11 月 1 日《欧洲人权公约》第十一议定书生效后，《欧洲人权公约》缔约国管辖下的任何个人、非政府组织或团体均有权直接向常设单一欧洲人权法院提起诉讼。参见万鄂湘主编：《欧洲国际人权法判例评书》，湖北人民出版社 1999 年版，前言第 7～9 页。

根据的。”①

特别值得一提的是,“人类共同利益”的概念已经在海洋法、外空法等领域得到了体现。另外,国际法院在对巴塞罗那案的判决中确认,存在各国对任何人所负的义务(erga omnes obligation)。② 国际刑法的兴起,也是以保护“对国际社会具有根本重要性的利益”为目的。

不过,与以往相比,现代国际关系具有更大的复杂性。如果近代国际关系是以少数西方强国之间的利益角逐和冲突为主要特征,那么,现代国际关系不仅地域范围扩大了,而且各种行为主体之间的利益既冲突又重叠的复杂性也增强了。国际社会的全球化、一体化和各国相互依存关系的加深,反映了国际关系中利益重叠的另一面,国际关系的区域化和“民族化”趋势就是这种利益竞争的反映。

首先,“各主权国家基于各自的文化传统与民族利益,热衷于追求己国的独立”,③这是国际社会始终存在的一种离心倾向。“冷战”结束后,原本在东西方意识形态对抗中受到压制的各民族“自我意识”再度复苏,掀起一股以维护本国主权和民族利益为中心的民族主义浪潮。与此同时,随着国际竞争趋于白热化,许多国家竞相推出各种贸易保护主义措施,就是各国经济矛盾激化的体现。

值得注意的是,在“冷战”后新的国际形势下,各国国内民族分离势力抬头,形成一股要求民族“自决”和“独立”的第二次浪潮。这一浪潮,是当今世界追求民族利益或“民族化”的最极端形式,它对现存多民族国家体系构成了极大挑战,并已在苏联和东欧地区造成了新的“巴尔干化”(Balkanization),同时也给国际法的民族自决原则、国家和政府的承认制度、人道主义干涉与援助等带来了新的问题。

其次,随着各种区域性政治、经济、军事集团大量涌现,国际社会在近年来出现了区域集团化的明显趋势。区域集团在本质上是通过同一区域内后国以彼此在政治、经济、军事等方面的同一性为依托,通过区域合作维护各自国家利益的结果。从根本上来说,它们是国家政策和国家利益的延伸。虽然人们对于区域化与全球化、区域集团与全球机制的关系还存在种种不同的认识,但各种

---

① [英]奥本海著,詹宁斯、瓦茨修订:《奥本海国际法》(第 9 版,第 1 卷第 1 分册),王铁崖等译,中国大百科全书出版社 1995 年版,第 7 页。

② See Barcelona Traction Case, ICJ Report (1970), p.32.

③ 梁西:《论国际社会组织化及其对国际法的影响》,载《法学评论》1997 年第 4 期。

区域集团在国际关系中占据着越来越重要的地位，这是不以人们的主观愿望为转移的客观现实。它们给现行的全球集体安全体制和贸易机制提出了一系列的新课题。

因此，我们仍必须冷静地看到：由于国际关系的复杂性和矛盾的多样性，断言国际法将向共同体法或"世界法"发展，或许为时尚早。

二、国际法与国际秩序：21 世纪的新建构

（一）国际和平与安全体制

在任何社会中，维护其主体安全是该社会秩序的首要因素。如果主体安全得不到保障，该社会秩序所追求的其他价值（稳定、效率、发展、公平）便无从谈起。国际法的价值之一，就在于通过界定其主体间权利义务和协助解决争端来维持和平、保障安全。但在传统的国际法上，由于允许受害国以"自助"的手段解决争端和实施制裁，常常导致国际法律和秩序的混乱甚至崩溃。这一事实恰恰表明，国际法所追求的秩序，是以国际和平为起点的。①

在第二次世界大战废墟上建立起来的联合国，"欲免后世再遭今代人类两度身历惨不堪言之战火"，决心"集中力量，以维持国际和平与安全"。为实现这一首要目标，联合国在吸取国联的经验与教训的基础上，建立起一套国际集体安全制度。首先，宪章规定所有成员国承担义务以和平的方式解决国际争端，并且除依据第 51 条行使"单独或集体自卫之自然权利"外，不得以武力相威胁或使用武力。其次，宪章授权安理会采取它认为必要的一切措施，包括非武力和武力的强制措施，以维护国际和平与安全。鉴于上述强制措施在东西方"冷战"中作用有限，②联合国在实践中还采取了各种维持和平行动，以此作为维持地区性和平与安全的"冷却"或缓冲手段。此外，裁减军备特别是核裁军也被联合国列为其工作的重要议题。

美国前总统罗斯福在 1945 年雅尔塔会议上提出关于筹建联合国提案的时候曾表示，他对世界即使不能保持永久和平至少保持 50 年和平抱有信心。③ 第

---

① See L. Henkin, *International Law: Politics and Values*, Martinus Nijhoff Publisher, 1995, p. 101.

② 参见梁西：《国际组织法》，武汉大学出版社 1998 年版，第 218 ~ 219 页。

③ 参见张之毅：《世界秩序机制转换的历史反思》，载陈鲁直、李铁成主编：《联合国与世界秩序》，北京语言学院出版社 1993 年版，第 34 页。

二次世界大战后50多年来没有爆发新的世界大战，固然有美苏对峙和相互制约的原因，但联合国也功不可没。

不过，联合国在维持和平方面，仍存在许多局限性。特别是在“冷战”结束以后，国际社会进入一个新旧格局转换的时期，各种矛盾和冲突更加尖锐、复杂，对联合国的能力和作用提出了新的挑战。

1.对自卫权的解释和运用

宪章允许“单独或集体自卫”作为不使用武力原则的一个例外，但对行使自卫权的条件作了严格限制，包括：(1)“武力攻击”(armed attack)之存在；(2)安理会尚未采取维持国际和平与安全措施；(3)会员国因行使自卫权而采取的行动，应立即向安理会报告，并不得影响安理会依宪章采取必要行动之权责。

实践证明，对自卫权的解释，特别是对“武力攻击”是否行使自卫权的必要条件以及何种情形构成“武力攻击”，往往是由主张这一权利的国家作出，并且以此作为非法使用武力的借口。一个典型的例子是，20世纪80年代中期，美国借口尼加拉瓜支持恐怖主义和颠覆行动而出动军队在尼港口布雷。美国行使所谓“自卫权”的主张没有为国际法院所接受。法院在对本案的判决中指出，各国无权对不构成“武力攻击”的行为作出集体武力自卫；如果不存在武力攻击，集体自卫就是非法的，即使其自卫行动严格遵守了必要性和相称性的要求。①

国际法院的判决无疑是符合宪章精神的。不过，正如布朗利(Brownlie)所说的那样，虽然禁止使用武力的法律制度(legal regime)“显然意在限制寻求自助及各种武装干涉和报复的方式”，但“单靠规则，无论阐述得多么细致，都不能使各国以文明的方式行事”。② 霸权主义和强权政治的存在，使自卫权的解释和运用难以摆脱政治因素的影响。只有依靠国际法地位提高和约束力的增强，这一问题才能逐步得到解决。

2.联合国强制执行和维持和平作用的加强

“冷战”结束后，国际社会加快向多极化格局发展，这一方面有利于联合国在维持国际和平与安全方面发挥更大作用，另一方面也对联合国在这方面的能力和手段提出了新的考验。

从强制执行行动来看，1990年以前，联合国授权使用宪章第七章的情形仅

---

① Nicaragua v. United States, ICJ report (1986), paras. 211, 237.

② See I. Brownlie, International Law at the 50th Anniversary of the United Nations: General Course on public International Law, 255 Recueil des Cours.

有两次;从1990年海湾战争爆发到1995年年底,各种经济、军事、司法制裁猛增至27次,包括在伊拉克境内设立保护库尔德人的"禁飞区",在柬埔寨为运送人道主义物资和重建秩序而采取军事行动,因前南斯拉夫境内的"种族清洗"而进行的经济制裁和军事打击。这些行动有的较为成功,有的花费巨大而成效甚微,损害了联合国的信誉和威望。一个重要原因是,少数西方国家打着联合国的旗号,把强制措施当作本国的政治工具。美国前总统克林顿曾经声称,当美国遇到联合国要求承诺特定的和平行动时,必须确定该行动是为了美国的利益才可以决定是否支持。①

为了增强联合国自身的行动能力,联合国前秘书长加利在1992年发表的《和平纲领》(An Agenda for Peace)中,重新提出了组建联合国常备部队或"强制执行和平部队"的问题,并得到了不少国家的支持。这支部队将有可能登上国际舞台,但是该部队的规模、指挥权和费用等棘手问题的解决尚需时日。

就联合国维持和平行动而言,其职能和法律特征在"冷战"前后发生了重大变化。在1989年之前,联合国维和行动的基本特征包括以下几方面:经冲突各方同意;在维和行动中保持中立;除自卫外不使用武力。相形之下,1989年以后所谓的"新一代维和行动"带有以下突出特点:第一,越来越多地介入一国国内冲突;第二,职权范围大为扩充;第三,带有较浓的强制色彩,往往不经冲突当事方同意;第四,在保护人道主义救援的授权下频频使用武力。以上变化表明:新一代维和行动在"预防性外交"(preventive diplomacy)的指导思想下,其职能开始向宪章第七章所规定的强制行动靠拢,并有可能成为"强制和平"的工具。②

任何法律制度都必须随着社会关系的发展而发展,联合国维和行动也不例外。问题是,面对国际社会的现实状况,维和行动性质和职能的转变面临着重重难关:既要有利于增强联合国在维持国际和平与安全方面的努力,又要摆脱霸权主义的操纵和利用,还要尊重当事国的主权,得到相关国家的合作。未来的维和行动能否满足上述要求?会以何种方式实现其职能的转变?这些都是值得研究和有待解决的问题。

(二)国际责任制度

国际责任制度,在国际法上有着特殊的重要地位。国际责任制度的建立,

---

① 参见周启明:《联合国的安全机制》,载谢启美等著:《走向21世纪的联合国》,世界知识出版社1996年版,第87页。

② See K. Rudolph, Peace-keeping Forces, in R. Wolfrum (ed.), *United Nations: Law, Policies and Practice* (Vol. II), Martinus Nihjhoff Publisher, 1995, p.967.

不仅可以使国家和其他国际法主体的不法行为得到纠正,受害方的权益得到恢复和补偿,而且能使国际法得到切实的遵行,国际秩序得以维持。

传统国际法以国家为唯一主体,因而涉及的仅是国家的责任,即使国家因其国际不当行为(International wrongful acts)而产生国际法上的责任,特别是一国对外国人及其财产产生损害的赔偿责任。现代社会生活的发展,使国际责任有了更为广泛而复杂的内涵。在国际责任的主体方面,除了主权国家外,国际组织、类似国家的某些政治实体乃至个人都可以成为国际责任的承担者。这一扩展,必然会给国际责任领域带来新的理论和实践问题。另外,尽管国家仍然在国际责任制度中居于主要地位,但原有的"国际不当行为"的概念正在纵横两个方向产生突破:首先是将导致国际责任的行为区分为一般的国际不法行为(international illegal acts)和严重侵犯对于国际社会具有根本重要性的利益的国际罪行(international crimes),这是国际不当行为纵深的突破;其次是出现了"国际法不加禁止行为所造成的损害后果的国际赔偿责任"(international liability for the injurious consequence of acts not prohibited by international law),这可以理解为国际不当行为的横向发展。这两个方面,代表着国际责任法在21世纪的主要发展方向。

关于国家因其国际不当行为的国际责任,早在1962年,联合国国际法委员会一些成员就认为:"按照现代国际法,与对待外国人相联系的国家责任问题较少,而较多的是由危及或可能危及国际和平与侵略、拒绝给予国家独立或拒绝与各国建立友好关系以及违反《联合国宪章》规定而产生的问题。"①1970年联合国大会通过的《国际法原则宣言》宣示了一项原则:"侵略战争构成危害和平之罪行,在国际法上应负责任。"国际法委员会对该专题的编纂拟定为3部分:(1)国际责任的产生;(2)国际责任的内容、形式及程度;(3)国际责任的执行和争端的解决。委员会现已完成第一部分的条约草案(1979年《关于国家责任的条文草案》②)和一读,后两部分正在进行之中。在第一部分的条约草案中,最引人注目的是对不法行为和国际罪行的区分。该条约草案第19条进一步规定:"一国所违背的国际义务对于保护国际社会的根本利益至关重要,以致整个国际社会公认违背该项义务是一种罪行时,其因而产生的国际不当行为构成国际罪行。"

---

① I. A Shearer, *Starke's International Law (eleventh edition)*, Butterworth, 1994, p.265.

② 参见王铁崖、田如萱编:《国际法资料选编》,法律出版社1986年版,第47~55页。

传统的国际责任制度,是以过错为基础:要确定一国违反国际义务,首先要证明该国有主观上的故意或者过失。但是随着科学技术的发展和国家间交往的深化,国家越来越多地卷入具有潜在危险性的活动,如核材料的和平利用、航天航空活动、远洋石油运输。这些活动本身不为国际法所禁止,但往往因其高度的危险性而对他国环境或公民的人身、财产造成损害。为此,国际法委员会决定对国际不当行为产生的国际责任和国际法不加禁止行为造成损害性后果的国际责任加以区分。委员会从 1977 年第 29 次会议开始,将该问题列入工作计划并起草条约草案。① 迄今,草案的拟定已有很大进展。

在推动国际责任制度的进一步完善方面,《危害人类和平与安全罪法典》和《国际刑法典》的编纂以及国际刑事法院的建立将成为国际社会瞩目的焦点。

1.《危害人类和平与安全罪法典》编纂

联合国国际法委员会在 1949 年开始运转后,很快就开始了《危害人类和平与安全罪法典》的编纂工作,并与 1954 年通过了法典草案。由于联合国大会决定先完成侵略定义的报告,对该法典草案的审议中断了近 30 年,到 1981 年年底重新启动。经过多次修改的法典草案,已从最初的 4 条增加到两个部分共 26 章。第一部分共两章 14 条,规定了关于定义、定性及一般原则;第二部分从第 15 条到第 26 条,依次作出各种关于危害人类和平与安全罪的具体规定。

与 1954 年法典草案相比,现在的法典草案反映了国际刑法的若干新发展,补充规定了一些新的国际罪行,并且更注重法典的系统化和完整化。不过,法典草案中许多条文仍然存在争议,特别是关于现有国际法未曾规定的新罪名或“扩大”的罪名。例如,一些西方国家强烈反对法典草案中列入干涉罪、殖民统治和其他形式外国统治罪以及征募、使用、资助和训练雇佣军等罪名。法典草案将违反人权罪、国际恐怖主义罪、故意严重危害环境罪等编纂为危害人类和平与安全罪,并且扩大了各个罪名的适用范围,这也遭到一些国家和学者的反对。②

关于法典草案的前景,大致存在两种可能:一种是经过进一步编纂后作为

---

① 作为一个争议问题,目前的条约草案只涉及“可能产生危险结果的活动”(activities involving risk),国际法委员会计划将来再研究是否将“包含危险活动的活动”(activities of harmful effects)列入该条约。See J. Barboza, International Liability for the Injurious Consequence of Acts not Prohibited by International Law, in 247 Recueil des Cours.

② See C. C. Joyner (ed.), *The United Nations Law and International Law*, Cambridge, 1997, pp. 365 - 367.

国际公约获得通过，另一种是成为类似赫尔辛基议定书那样的非拘束性协定(non-binding agreement)，①提供只有道义上效力而没有法律上拘束力的某种行为准则。不过，如果常设的国际刑事法院能够顺利建立，那么法典生效的可能性会大大增加。

2.《国际刑法典》的编纂

与《危害人类和平与安全罪法典》不同，《国际刑法典》的编纂主要是由国际刑法协会这个国际性民间学术组织来进行的。1979 年，现任国际刑法协会主席巴西奥尼(M. C. Bassiouni)教授起草了第一份完整的《国际刑法典草案》，后来又增加了有关国际刑事法庭规则的内容，于 1987 年以《国际刑法典及国际刑事法庭法规草案》的名称出版。该草案包括 4 个部分的内容：分则部分，规定了已经或可能会被确认为国际犯罪的 22 种国际罪行；执行部分，制定了国际司法合作的方案；条约通则，涉及通过国际公约规定国际刑法规范所需要的一般条约法规则；附录一总则部分，拟适用于刑事法庭的规则。

《国际刑法典及国际刑事法庭法规草案》体系完整，内容丰富，引证充分，凝聚了巴西奥尼教授和其他学者的大量心血。虽然该法典草案目前尚处于民间编纂阶段，但它既总结了国际刑法发展的历史经验，又推动和指引着国际刑法的未来发展，其理论和实践意义不容忽视。

虽然国际刑法在国际法上有着越来越重要的地位，但在当今国际社会，由国际组织或国际会议制定并通过一部有约束力的《国际刑法典》，还存在许多难以克服的障碍。近期内，目前的草案只有其附录(总则)部分有望随着国际刑事法院的建立而生效。不过可以肯定的是，出于惩罚国际犯罪的现实需要，草案中的许多问题将继续得到国际社会重视和关注，并可能作为专题分别进行进一步编纂，直至订立国际公约或形成习惯国际法。

3. 国际刑事法院的建立

国际刑法规范有两种适用模式：国际法庭的直接适用模式(direct enforcement schemes)和国内法院的间接适用模式(indirect enforcement schemes)。② 长期以来，建立统一的国际刑事司法体系和司法制度，直接将国际刑法规范适用于国际犯罪人，一直是许多国际组织和学者孜孜以求的目标。第二次世界大战结束后，纽伦堡和东京两个国际军事法庭的审判实践，以及 20 世

---

① 参见李浩培：《条约法概论》，法律出版社 1987 年版，第 19～20 页。

② 参见张智辉：《国际刑法通论》(修订本)，中国政法大学出版社 1999 年版，第 252～254 页。

纪90年代初前南斯拉夫和卢旺达两个国际刑事法庭的建立，都是直接适用模式的体现。与此同时，建立一个常设性国际刑事法院的设想也取得突破性进展。

在1998年罗马外交大会上，几经修改的《国际刑事法院规约》获得通过，国际刑事法院将在该规约得到60个国家批准后在荷兰海牙成立。根据该规约，法院是“国内刑事管辖权的补充”，它将对灭种罪、危害人类罪、战争罪、侵略罪这四种“核心罪行”行使普遍管辖权。这是国际社会长期不懈努力的结果。因为，在各种国际犯罪不断滋生的世界，建立常设性的国际刑事法院，无疑是更有效地惩罚国际刑事犯罪分子、制止或威慑国际刑事犯罪的发生和潜在的国际刑事犯罪分子的一种可能的国际刑事司法手段。①

不过，法院能否在21世纪初顺利建立，尚存在许多不确定因素。该规约中关于普遍管辖权、“触发机制”(trigger mechanism)、国际合作和司法协助等事项的规定，都存在不少争议，不少国家担心其主权将因此而遭到许多限制，并对规约持保留或反对态度。特别重要的是，即使现在通过该规约得到60个以上国家批准，但由于作为安理会常任理事国的中国和美国反对，其权威性和有效性仍值得怀疑。一个没有被各国广泛接受其管辖的国际刑事法院，即使建立了，其实质意义也会大打折扣。② 在未来几年，国际刑事法院将面临如何协调上述国家立场从而有效发挥作用的问题。

(三)国际人权保护

长期以来，作为国家间法，国际法很少直接规定个人权利和义务。个人(一国的国民和居住在该国的外侨)在属人主义和属地主义指引下，主要是通过国籍作为媒介同国家发生直接关系，同国际法至多发生间接关系。在传统国际法上，个人被认为是国际法的客体而非主体，他不能构成国际人格者。③

在第二次世界大战中，法西斯和军国主义对人权的肆意践踏，使整个人类的良心受到震撼。对第二次世界大战的深刻反省，成为人权问题受到国际社会普遍关注的基本起因。④《联合国宪章》宣称“重申基本人权，人格尊严与价值，

---

① 参见高燕平:《建立国际刑事法院:期望与现实》，载中国国际法学会主编:《中国国际法年刊》(1995)，中国对外翻译出版公司1996年版，第222页。

② 参见曾令良:《国际法发展的历史性突破——〈国际刑事法院规约〉述评》，载《中国社会科学》1999年第2期。

③ 参见周鲠生:《国际法》(上)，商务印书馆1981年版，第62~68页。

④ 参见龚刃韧:《关于人权与国际法若干问题的初步思考》，载《中外法学》1997年第5期。

以及男女与大小各国平等权利之信念”，并且“促成国际合作，以解决国际间属于经济、社会、文化以及人类福利性质之国际问题，且不分种族、性别、语言或宗教增进并激励对于全体人类之人权及基本自由之尊重”。此后，联合国在人权领域开展了一系列卓有成效的活动，如设立了人权委员会、防止歧视和保护少数小组委员会等人权机构，通过了涉及人权保护的广泛领域的各个国国际公约、宣言和决议，以及区域性人权保护制度也随之建立。其结果是，反映国际法中人权保护状况的4个一般原则获得广泛承认：第一，一个国家以内的人权做法，如果情况严重或由于其他原因以致引起其他国家的正当关注的，就不再必然仅是该国自己的内部事务了；第二，一个国家尊重人权的义务在正常情况下适用于对外国人的待遇，也适用于对本国国民的待遇；第三，现在，许多人权的义务是作为习惯国际法适用的，虽然对于哪些义务现在具有这种地位仍然存在争议；第四，人权义务可以列在国家对任何人所负的义务（erga omnes obligations）中。[①] 这样，规定各国如何对待国民和本国领土内其他居民的国际人权法出现了。

现在，人权不仅发展成为国际法的一个重要分支，还对一般国际法的发展产生了重大影响，以至于“在讨论（国际法的）渊源、国际法与国内法的关系、国家责任、领土地位、条约法、对违法行为的国内救济、使用武力等问题时，我们都面临着人权的考虑。惊人的事实是，人权渗透到了如此之多的国际法领域”。[②] 可以预见，21世纪的国际法和国际秩序的构建将深深打上人权的烙印，有关民族自决权和人权义务的国际法执行机制等问题，势必成为各国关注的焦点。

1. 民族自决权的新问题

自决权（right to self-determination）是在第二次世界大战后的非殖民化运动中，为现代国际法所确认的一项集体权利。“冷战”结束后，以往在东西方对抗中遭到压制的各民族势力在重新抬头，民族分离运动导致的民族矛盾和武装冲突在全球急剧升温，自决权重新成为国际关系中的焦点问题之一。与以往不同的是，新民族主义要求建立由本民族统治的单一民族国家为基本单位的现存国

---

① 参见［英］奥本海著，詹宁斯、瓦茨修订：《奥本海国际法》（第9版，第1卷第2分册），王铁崖等译，中国大百科全书出版社1998年版，第365页。

② O. Schachter, *International Law in Theory and Practice*, Martinus Nighoff Pablisher, 1991, p. 330.

际体系构成了强大的冲击,导致了国际社会的"人口爆炸"。[①] 1991～1992年在苏联和东欧出现的"联邦瓦解潮",使这一地区的国家总数在几年内从10个增加到29个。联合国成立之初仅51个会员国,到1999年第五十四届联合国大会开幕时已达188个,其中有25个是1991年后增加的。

长期的实践表明:自决权的行使往往与国际范围内的民族运动密切相关,它不仅是一个单纯的法律问题,还带有很浓的政治色彩。就理论上而言,对于自决权的主体和行使方式(谁有权自决?以何种方式实现?),各国之间特别是西方发达国家和发展中国家之间向来有着很大分歧。而在实际运用中,自决概念存在一种"内部的二重矛盾"(in-built ambivalence),即"只要自决还没有取得,它就具有诱惑力。换言之,只要自决适用于他人,它就具有吸引力。一旦实现了自决,积极性将很快消失,因为此后自决只能用来破坏感觉得到的内部和外部的稳定"。[②]

为了适应"冷战"结束后国际关系的新变化,一些西方学者提出了"对内自决权"(internal self-determination)和"外部自决权"(external self-determination)的概念,为自决权理论的发展特别是协调自决权与国家主权之间的矛盾提供了可能。[③] 不过,自决权问题所固有的政治色彩并不会轻易消失。在拥有大小约2000个民族的国际社会,只要还存在民族差别和民族矛盾,极端民族主义和民族分离运动就不难找到立足之地。利用民族自决权干涉别国内政的霸权主义行径,则进一步为之推波助澜。总之,在相当长的时期内,自决权问题还将以法律因素和政治因素相互交织的形式出现在国际舞台。

2. 国际人权义务的执行机制(enforcement machinery)

在现阶段,国际法上规定的人权义务(国际人权标准)主要是由承担有关义务的国家通过其国内法上的措施和手段予以履行;即使一国未能履行相应的义务,国际上也缺乏相应的机关来强制该国履行其义务。因此,很多西方国家和学者认为这是国际人权法的一大缺陷,主张国际人权法在基本完成订制人权标

---

① O. Schachter, Sovereignty-Then and Now, in R. St. J. Mac Donald (ed.), *Essays in Honour of Wang Tieya*, Martinus Nijhoff Publishers, 1994, p.673.

② A. Cassese, *Self-determination of People*, Cambridge, 1995, pp.5－6.

③ 前者主要是指自主权、自治权以及发展自我经济、文化、宗教、习俗等权利;后者主要是指独立权或脱离权,即从原主权国家脱离组建新的独立国家的权利。参见曾令良:《论"冷战"后时代的国家主权》,载《中国法学》1998年第1期。

准的任务后,需要全力加强国际人权义务的监督执行机制。①

以上意见,有可能在一定程度上代表着国际人权保护以后总的发展趋势,即通过特定的人权条约和联合国附属机构两条途径来建立国际人权义务的执行机制,而在某些区域性人权制度(如欧洲)中,这方面可能会迈出更大的步伐。但是,必须声明的是,无论建立何种人权义务的国家执行机制,均必须置于各国主权平等和协商一致的原则下,否则,即使作为强权的产物建立起来了,其实际效用也很成问题。

(四)人道主义法问题:以人道主义干涉为例

传统的人道主义法原则包含在保护战争受害者的规则之中。现代的人道主义法,除了有关战争受害者的规则外,还包含在具有人道主义特点的其他国际法规则之中,例如,20世纪90年代以来安理会一系列决议所发展的原则。这些规则不仅适用于战时,而且也适用于平时。

值得注意的是,虽然国际社会对保护人权日益增长的关心和在世界范围内防止人类免遭痛苦是世纪之交的人道主义发展的驱动力,但是,由于人道主义干涉的法律依据尚不明确,联合国没有建立人道主义干涉的机制,这种干涉在实践中很容易被政治上居心叵测的国家或国际组织所滥用。

其实,人道主义干涉的合法性,是国际法理论与实践中长期引起争议的问题。不过根据英国学者布朗利的研究,在19世纪和20世纪初的国际实践中,几乎从来没有发生过真正的人道主义干涉,因为每次干涉都主要是基于政治和干涉自身利益的动机。② 换言之,人道主义干涉只不过是大国推行霸权主义和强权政治时一个冠冕堂皇的借口。

20世纪末的科索沃战争,就是美国和北约借口"维护人权"肆意干涉别国内政的典型例证。美国前总统克林顿在第五十四届联合国大会发言时,仍然极力鼓吹所谓的"克林顿主义",强调地区性国际组织"有权在其范围内通过联合军事手段制止种族大屠杀的罪行"。不过,正如亨金所形容的那样,在一国之内,邻居可以制止别的家庭粗暴虐待儿童的行为,但在国际社会,邻居是不能信任的,因为"允许他们介入的风险和代价太大了"。因此,当一国发现粗暴侵犯

---

① See L. Henkin, *International Law: Politics and Values*, Martinus Nijhoff Publishers, 1995, pp. 203 - 207.

② See I. Brownlie, *International Law and the Use of Force by States*, Clarendon Press, 1963, p. 340.

人权的行为时,它应该报告“警察”。当然,这个警察就是联合国安理会。[①] 问题在于,在新的国际政治环境中,霸权主义和强权主义政治倾向不但没有消失,反而重新抬头。同时,国际社会对人权的关注有增无减,人权问题越来越多地进入国际关系,这就为“新干涉主义”在21世纪提供了更大的舞台。只有借助国际正义力量的壮大和国际法在国际秩序中地位的提高,才能使打着“人道主义”幌子干涉别国内政的霸权主义行径得到制止和纠正。

沙赫特教授曾经肯定地指出:“没有任何联合国决议认为,基于人道主义理由,一国有权使用武装部队对没有同意这种干涉的国家进行干预,也无法找到国家惯行和有关法律信念的证据,表明存在一般禁止非为自卫使用武力原则的人道主义例外。”[②]由个别国家或国家集团进行的“人道主义干涉”缺乏国际法上的依据,但如果一国境内确实存在大规模侵犯人权的行为,并且可能破坏国际和平与安全时,经安理会授权,以联合国名义进行的人道主义干涉可能得到多数国家支持。

卢旺达大屠杀、科索沃战争和东帝汶悲剧等事件均表明:人道主义干涉正处于一种两难的境地:一方面,一个区域组织在没有联合国授权的情况下动用武力进行所谓的“人道主义干涉”往往会带来更大的悲剧;另一方面,面对大屠杀不采取行动的可怕后果,或虽经安理会授权,但没有取得当事国同意而不能实施人道主义干涉的严重后果。因此,为尽量避免20世纪90年代以来一系列悲剧在21世纪重演,国际社会应尽快在平等协商的基础上,就制止大规模地和系统地违反人权的原则达成一致,并就人道主义干涉的主体、方式、时间、条件、程序等事项达成一致,使人道主义法的发展真正适应时代的要求和人类的整体利益。

(五)区域集团化趋势的挑战

在当今国际社会全球化、一体化的进程中,也存在区域集团化的明显趋势。以下,我们从政治(军事)和经济(贸易)两方面入手,探讨区域集团化或区域一体化可能给国际关系和全球机制带来的挑战。

---

① See L. Henkin, “The Mythology of Sovereignty”, in R. St. J. MacDonald (ed.), *Essays in Honour of Wang Tieya*, Martinus Nijhoff Publishers, 1994, p. 358.

② O. Schachter, *International Law in Theory and Practice*, Martinus Nijhoff Publishers, 1991, p. 124.

1. 经济贸易集团

第二次世界大战以来的区域经贸集团化,在近年来有了非常显著的发展。欧盟是当今世界一体化程度最高的区域集团,除此之外,各种集团性质的区域经贸自由化安排已达 100 余个,其中 1/3 以上是近 10 年来出现的。在全球区域集团化运动中,已呈现出欧盟、北美自由贸易区和亚太经合组织三足鼎立之势。

区域集团化的发展,有着其深刻的政治、经济、社会、文化等方面的原因。第一,“冷战”结束后,美、欧、日之间的经济竞争和摩擦加剧,贸易保护主义抬头;第二,乌拉圭回合久拖不决,一再受挫,使广大发展中国家对全球多边贸易体制信心减弱,纷纷另辟蹊径,从区域集团体制寻找出路和避风港;第三,世界政治的两极格局向多极化转化,促进了区域经济集团化的同步发展。①

区域经贸集团的大量涌现,提出了一个现实而尖锐的问题:这种“区域主义”(regionalism)对参加国和非参加国将产生哪些影响? 它是否损害了全球贸易体制并阻碍了多边贸易自由化? 如果没有,将来是否存在这种可能? 归结到一点,区域经贸集团到底是“贸易创造”(trade creation)还是“贸易转移”(trade diversion)?②

对于这一问题,历来众说纷纭。一种观点认为,区域经贸集团在给成员国增加福利的同时,总是试图寻求增加外部壁垒的方式来向第三国家转移内部产业调整的负担,非成员国的利益将因为这种贸易转移而遭到损害,其贸易保护的本质还会对全球贸易自由化产生抵制的诱因。另一种观点认为,区域经贸集团加深了各国的相互依存关系,有利于促成广泛的国际合作;这种趋势与世界多边贸易体制总的来说存在相辅相成的关系,因为“理论与实践都已证明这是通向全球自由贸易体制的必经阶段,不可逆转”。③ 较为普遍的结论是,区域经贸集团化对多边贸易体制既是挑战也是机遇。机遇是可以利用它们作为实验室,以实验那些尚未在多边贸易体制内提出的合作问题;挑战则是要控制它们。④ 如何避害趋利,是多边贸易体制必须面对的最大课题。

---

① 参见张蕴岭主编:《欧洲剧变与世界格局》,社会科学文献出版社 1999 年版,第 236 ~ 242 页。

② See R. I. Baldwin, “The Causes of Regionalism”, in *The Word Economy*, Nov., 1997 (Vol. 20, No. 7).

③ 王新奎等:《世界贸易组织与发展中国家》,上海远东出版社 1998 年版,第 300 页。

④ 参见[美]伯纳德·霍克曼等:《世界贸易体制的政治经济学》,刘平等译,法律出版社 1999 年版,第 238 页。

1947年关贸总协定承认，通过自愿签订协定发展各国之间经济的一体化，以扩大贸易的自由化是有好处的。因此，总协定不阻止缔约各国在其领土之间建立关税同盟和自由贸易区，或为建立关税同盟或自由贸易区的需要采取某种临时协定。同时，总协定也为关税同盟和自由贸易区的建立规定了明确的条件。① 但是，与关贸总协定其他条约一样，这些条件也颇为含糊，很不严密。例如，在关税同盟、自由贸易区内部要废除的贸易限制，到底包括哪些方面？在"合理时间"内完成关税同盟、自由贸易区的目标，究竟是多长时间？与关贸总协定相类似，乌拉圭回合《服务贸易总协定》第5条也允许区域一体化协定在一定条件的监督下存在，并明确规定了这种协定的3个条件。总的来说，GATT第24条和GATS第5条均存在允许成员方组成不完全符合多边原则的协定的漏洞。这些漏洞削弱了多边原则的作用，使政府或利益集团有机会去寻求无益于多边贸易体制的协定。

多边监督的另一个方面是保证区域集团的开放性和透明度。区域集团始终向愿意承担有关义务的集团外国家开放，是减少和消除其封闭性、歧视性的有效途径，亚太经合组织为这种"开放的区域主义"(open regionalism)提供了一个很好的范例。然而，在现有全球贸易体制中，还缺少对区域集团应向愿意尽义务的新成员开放的要求。

总之，如何从以上两个方面对区域经贸集团加强监督，使之更好地发挥推动经济全球化的"桥梁"和"积木"作用，是全球经贸机制在21世纪需要解决的一个重大问题。

2. 政治军事集团

成立于1949年的北大西洋公约组织，是美苏对抗和东西方"冷战"的结果。"冷战"结束和华约解体后，北约非但没有退出历史舞台，反而向东扩展其势力范围，并在前南斯拉夫和其他地区屡次使用武力干涉他国内政，将其传统防务扩展到北约国家以外。

1999年3月23日，北约以科索沃地区的所谓"人道主义危机"为借口，开始对南斯拉夫联盟共和国进行连续70余天的空中打击，开创了这个地区性军事防御组织在未经联合国授权之下，对一个主权国家进行野蛮轰炸的恶劣先例。1999年4月底，北约华盛顿首脑会议通过了"面向21世纪战略新概念"。这一

---

① 1947年《关税总协定》第24条第4款、第5款、第7款、第10款。

“战略新概念”宣称,北约将在维系原有的“集体防御”,确保成员国安全的同时,将重心转向在防御区外“处理危机”,并确保实现使命的“政治愿望和军事手段”。这一转变,标志着北约已从一个防御性质的军事集团,演化为一个扩张性和进攻性的军事政治集团,成为以美国为主导、北欧协同的在欧洲和全球推行强权政治的工具。① 科索沃战争,正是北约推行其“战略新概念”的试验场。

世纪之交北约的“战略新概念”及其实践,将对21世纪世界格局和全球集体安全机制产生巨大影响。

其一,北约是美国推行其霸权主义的重要工具,北约的“战略新概念”,是美国未来全球战略的重要组成部分。近年来,美国这个当今世界唯一的超级大国,极力策划使北约的活动范围从西欧扩大到全欧洲,进而成为“世界宪兵”;在亚太地区则侧重美日军事同盟,将美日防卫指针的适用范围扩大到朝鲜半岛、我国台湾海峡和南中国海。美国的战略意图很明显,即阻止任何可与之抗衡的敌对大国或集团出现,遏制世界向多极化发展的趋势,维持美国一超独霸的地位,最终建立美国主导的国际新秩序。

其二,北约的“战略新概念”及其发动的科索沃战争,恶化了国际和平环境。北约“战略新概念”的一个直接后果是,国际关系中军事因素上升,“冷战”之后一度淡化的集团意识重新得到加强,未来世界的不稳定因素也会继续增加。受科索沃局势的鼓动,全球范围内的民族分裂主义活动将加剧,世界性的核武器与大规模杀伤性武器的军备竞赛可能升温。

其三,以美国为首的北约未经联合国安理会授权,公然对南斯拉夫发动军事打击,这是对联合国宪章和国际法准则的粗暴践踏,是对联合国集体安全体制及安理会权威性的挑战。众所周知,联合国是第二次世界大战后成立的以“维持国际和平与安全”为首要目标的普遍性国际组织,包括美国在内的反法西斯各国在《联合国宪章》中承诺“将维持国际和平与安全之主要责任授予安全理事会”(第24条),并建立了一套以安理会为权力重心的安全机制。联合国鼓励成员国利用区域办法或区域机关解决争端,但“以此项办法或机关及其工作与联合国之宗旨与原则符合者为限”(第52条)。这种区域办法或机关,必须事先得到安理会授权,且“不论何时应向安理会充分报告之”(第53条、第54条)。北约绕开联合国安理会对南联盟进行军事打击,严重破坏了国际和平与安全机

① 参见蒋建清:《北约二十一世纪新战略及其影响》,载《国际问题研究》1999年第3期。

制，并使联合国面临着"边缘化"的危险。有人甚至预测，北约有可能发展成为一个以北约强大军事实力为后盾，以美国为主导，以西方价值观为国际关系准则的"小联合国"。这种担心并非没有根据。

1998 年 12 月，美、英两国借口伊拉克不履行安理会决议，擅自对其进行军事打击。时隔数月，美国又操纵北约集团故技重施。围绕着要不要尊重国家主权、要不要维护安理会权威的较量仅是一个开始，很可能还将在 21 世纪相当长时间内以各种形式继续下去。较量的实质正是建立什么样的国际新秩序，即是美国等少数国家确立霸权、肆意干涉别国内政，还是以联合国为国际合作中心，大小国家主权平等？为了遏制霸权主义，需要所有爱好和平、主张正义的国家和人民团结起来，维护联合国的权威，增强其在国际事务中的作用。

（六）全球问题：以环境污染为例

全球问题，是由著名的"罗马俱乐部"在 20 世纪 60 年代末首先提出来的概念，通常是指在 20 世纪后半叶以来，随着现代科学技术发展和经济全球化而出现的问题和挑战，这些问题在规模上超出一国范围，具有普遍性和全球性，需要各国加强合作加以解决，如环境和资源、人口爆炸、粮食短缺、国际恐怖主义、毒品、艾滋病（在更广泛意义上则包括南北关系、战争与和平、国际人权、民族问题等）。

全球问题之所以在 20 世纪六七十年代产生并日益加剧，有着深刻的社会背景。概言之，新技术革命和信息社会带来了世界经济一体化、政治军事国际化以及社会与文化生活的广泛交流与相互渗透。世界更加紧密地相互依存，把关系人类命运的全球化问题提到紧迫的议事日程。①

全球问题的解决，需要我们反思人类已有的各种行为规范、价值准则、理论政策和思维模式，特别是近代以来人类畸形的增长观和经济观。具体而言，由于全球问题具有的全球性和普遍性，它需要各国超越社会制度、意识形态和民族利益的分歧，加强对话，通力合作，促进全球问题的最终解决。在这方面，国际法和国际组织可以发挥独特的作用。

在利用国际法解决人类面临的全球性问题方面，发展最快的也许是在国际环境保护领域。20 世纪以来，人类越来越多地面临着环境污染和生态失衡的严峻问题。人们逐渐认识到，如果不采取有效措施控制环境污染，人类的生存与

---

① 参见蔡拓等：《当代全球问题》，天津人民出版社 1994 年版，第 42 页。

安全将无法得到保障。在这样的背景下，从20世纪70年代起，有关国际环境保护的原则、规模和制度得到了迅速的发展，国际环境法逐渐形成为国际法的一个新分支。其中，最具有里程碑意义的是联合国召开的两次国际会议：1972年在斯德哥尔摩召开的联合国人类环境会议和1992年在里约热内卢召开的联合国环境与发展大会。两次大会分别通过了若干重要的宣言、行动计划、决议和条约，联合国环境规划署和联合国可持续发展委员会两个机构分别在这两次会议后成立。

如今，有关环境保护的国际立法取得了很大成就。国际社会已经制定和通过了一大批环境保护方面的全球或区域性国际条约，涉及大气层保护、海洋环境保护、自然资源的养护和管理、危险废物的管理和越境转移的管理等广泛领域，成立了一大批不同层次和不同领域内的国际性环保机构。以这些国际条约和国际机构为基础，有关环境保护的国际合作取得了较大进展。

当然，由于环境问题的特殊性和国际社会在这一领域的特殊需要，国际环境法在制定和实施方面有一些显著的特点：一是具有一定法律效果而又在严格意义上没有法律约束力的“软法”较多，各国际组织和国际会议的决议、决定、宣言、建议、标准等基本上属于这一类；二是原则性和宣示性的“框架公约”较多，具体的、强制性的保护和管制措施往往留给未来的相关议定书规定；三是大多数公约都是通过非强制的内部协商程序来实施，而很少诉诸国际司法或仲裁机关。[①] 这些特点，保证了国家间的环保合作易于开展。人类进入21世纪，将对环境保护方面的国际合作提出更高的要求，即各国政府承担更多“硬”性的法律义务。能否较好地解决这个“能力”与“需要”之间的矛盾，在一定程度上关系国际法的未来地位和全球性问题的最终解决。

在其他一些全球问题上，国际法和国际合作的步伐要慢一些，但同样有发挥作用的空间。例如，有人认为，在“人口爆炸”这个关系整个人类命运的问题上，有必要制定全球性的计划生育法，通过国际立法协调人类的增长和地球生态环境的关系；为了使地球资源合理和有效地利用，应当制定国际资源法、国际粮食法；甚至在教育问题上，当代世界似乎也应制定人类教育法，把教育革新的

---

① 参见王铁崖主编：《国际法》，法律出版社1995年版，第456～459页。

成果用法律形式固定下来,并不断促进全人类教育的发展。① 这些看似遥远的构想,也许在不久的将来就会成为现实。

最后应当看到的是,各种全球问题——从战争的威胁、南北差距的扩大到对自然资源的掠夺性开发、国际恐怖主义的盛行等,都与旧的国际秩序有着千丝万缕的关系。因此,全球问题的最终解决,需要对现存国际秩序进行根本变革,建立以维护世界和平、促进人类发展为目标的国际新秩序。当然,也只有在消除产生于国际旧秩序的全球问题的过程中,新的国际秩序才能逐渐建立起来。

(七)海洋和外太空新秩序

在国家间体制下,各国都拥有确定的领土,并在该领土范围内行使排他的主权权力。现在,除南北极外,地球表面已经很难找到不处于任何国家主权之下的"无主地"。不过,由于科学技术的发展,海洋和外太空越来越多地进入人类活动范围。可以预见,在21世纪,围绕着建立或重建海洋及太空新秩序的争斗将十分激烈。

1. 海洋

海洋占据着地球表面面积的70%以上。它是人类进行交往和发展贸易的一个重要通道,并且蕴藏着极为丰富的生物资源和矿物资源。其中,最为人民津津乐道的是深海海底一种号称"超级海底地毯"的锰结核矿,它的总含量约有3万亿吨,其所含锰、钴、铜等稀有金属可供人类使用数千到数万年。

有关海洋的法律观念和制度,可以追溯到古罗马法,当时的法学家们长期讨论海洋到底是无主之物(res nullius)还是公有物(res communis)的问题。近代国际法学的创始人格劳秀斯在1609年发表的《海洋自由论》一书中,认为海洋"应当属于全人类,不得为任何人所占用"。此后公海自由原则逐渐得到各国的普遍承认。20世纪以来,国际社会几次发起海洋法的编纂,其最终成果是1982年《联合国海洋法公约》。该公约共17部分、320条和9个附件,是当今社会最详尽、最为权威的海洋行为规则,被称为"海洋大宪章"(a constitution for

---

① 参见潘抱存:《论全人类总体利益原则》,载《政治与法律》1998年第5期。亨金也提出过由国际社会各国共同承担义务解决难民和穷人问题的设想。当然,他注意到,"紧要的是,由不同国家组成的世界是否能把任何地方的贫困境况视为所有人的责任,是否能克服主权国家的分散性以组织它们平等地履行责任"。参见[美]L. 亨金:《权利的时代》,信春鹰等译,知识出版社1997年版,第61~63页。

the oceans)。

其中最具有历史意义的,也许是《联合国海洋法公约》第十一部分(国际海底区域)所确认的"人类共同继承财产"(common heritage of mankind)概念和以这一原则为核心的一整套国际海底区域开发、管理制度。人类共同继承财产原则明确要求:任何国家或个人都不能把国际海底区域及其资源的任何部分占为己有;这一区域的开发要为全人类谋福利;各国都有公平地享受海底资源收益的权利,发展中国家和为取得独立国家的人民的利益应得到特殊照顾。这一原则否定了少数发达国家企图将公海自由原则适用于国际海底区域,从而其资源由各国自由开采的主张。事实上,海洋法公约的很多条款都蕴含着这样一种思想:只有那些考虑到整个国际社会利益的国家行动才能够进行。① 该公约中有关利用公海、保护海洋环境乃至专属经济区捕鱼制度等规定都体现了这一点,这是人类共同利益超越狭隘民族利益的一大胜利。

当然,这个通过"一揽子交易"(package deal)方式通过的公约,在总体上体现出的是各缔约国或国家集团之间的利益平衡和妥协。有人甚至认为,该公约也许是世界历史"进入威斯伐里亚时代以来谈判缔结的民族色彩最浓的国际法律文件"。② 由于美国等少数西方国家对《联合国海洋法公约》第十一部分的抵制,该公约仅是在联合国就该部分通过一个修正性的"执行协定"后才得以生效。

2. 外空

外层空间,一般是指地球大气层以外的整个空间。随着科技发展,人造卫星、宇宙飞船和航天飞机帮助人类不断取得探索外层空间的新成就,除了利用空间进行长距离运输、旅行、通信联络外,人类已开始进行太空移民和工业化的实验。与此同时,超级大国谋求宇宙霸权和太空军事化的争夺,也给外空开发蒙上了阴影。

人类探索外空的活动,提出了一系列法律问题,如外空法律地位、发射外空物体所造成损害后的赔偿责任等。从20世纪60年代起,国际社会先后缔结了几项有关的国际公约,联合国大会也通过了若干重要决议。1966年《关于各国探索和利用包括月球和其他天体在内外层空间活动的原则条约》是迄今为止该

① See R. Wolfrum, "Law of the Sea", in R. Wolfrum(ed.), *United Nations: Law, Policies and Practice*(Vol. II), p. 845.

② R. Falk, *Revitalizing International Law*, Iowa State University Press, 1989, p. 61.

领域最重要的国际公约，被称为“外层空间宪章”。该条约规定了所有国家应在平等的基础上自由探索和利用外空、探索和利用外空应为所有国家谋福利和利益，应遵守国际法并维持国际和平与安全等内容。

现在外空法可以分别纳入四种机制：(1)合作机制，这是体现人类共同利益的有关原则，包括不据为己有、和平利用、为国家谋福利等；(2)责任机制，包括损害赔偿责任、防止污染等；(3)自由机制，包括按照国际法探测和利用外层空间的自由、卫星遥感地球、卫星直接广播等；(4)准规范性(relative normativity)，包括各种宣言、决议、权威解释等“软法”。[①]

目前，外空委员会正在讨论、审议的主要法律问题包括：(1)核动力卫星的使用。联合国大会1992年第47/68号决议通过了《关于在外层空间使用核动力源的原则》，并将根据各国提出的意见进行修改。(2)空气空间与外层空间的勘探、划界及地球静止轨道的利用。前一问题涉及国家主权的上部界限和有关活动的法律适用等，它从联合国外空委员会第一届会议以来始终没有大的进展。后一问题涉及地球静止轨道的分配使用问题，由于赤道国对其上空的地球静止轨道已放弃主权要求，各国立场已趋于协调。(3)外空非军事化和太空利益分配。西方国家反对在外空委员会讨论非军事化问题，认为这是联合国裁军委员会的工作范围，这些国家对外空利益分配问题也不太积极，因为这涉及新的国际经济秩序。

继1968年和1992年两次外空会议后，1999年7月，以“21世纪人类的空间会议”为主题的第三次联合国外空会议在维也纳召开。这次会议的主要目标是促进利用空间方法解决区域和全球重大问题的各种有效手段，加强会员国特别是发展中国家利用空间研究成果促进经济和文化发展的能力以及加强空间科技及应用方面的国际合作。会议通过了勾勒21世纪外空领域发展蓝图的维也纳宣言和行动计划。

在新的太空立法议程中，除了已进入联合国外空委员会讨论范围的太空非军事化和利益分配外，太空运输、商业化和环境保护问题也将受到越来越多的关注。主权国家如何认识和界定国家主权，如何协调本国利益和人类共同利益之间的关系，也是解决问题的关键。

太空利用还带来一个新现象：越来越多的私营企业参与太空开发，政府和

---

① See C. C. Joyner (ed.), *The United Nations Law and International Law*, Cambridge, 1997, pp. 344 - 358.

私人主体在法律上及实践中的交织。现在,参与太空开发和商业化活动的,除了国家和国际组织外,还有公营、公私合营和私营企业,甚至产生了以企业形式出现的政府机构及主权国家和跨国公司"混编"的国际组织。"公""私"主体在法律和实践中的交织,在卫星通信、卫星遥感和赔偿责任法方面尤其明显。有人认为,在这方面太空法反映了国际法偏离其传统定位,向"新世纪中的新范例"演变的一种趋势。[①]

三、21 世纪国际法与国际秩序

世纪之交,人类历史来到了一个新的转折点。科学技术的发展和国际交往的深入,已经使整个世界变成了一个"地球村"(earth village)。不同地域、不同国家之间的相互依存关系,前所未有地加强了。在这一背景下,如何"破旧立新",使人类在 21 世纪能够生活在更为和谐的国际关系中,已成为各国必须共同破解的重大课题。

近代以来,在一个没有"中央权威"的国际社会,"权力分配不均是国家间关系中一个普遍的和主要的因素"。[②] 各国为了满足对本国利益的追求,可以在国际关系中使用各种政治、经济、外交手段,直至诉诸武力。这种以实力为基础的国际秩序,其本质特征就是霸权主义和强权政治。在国际法上,"主权是国际法律秩序的基础;现行法律秩序的出发点在于国家主权原则"。[③] 主权国家基于其本身意愿而承担国际义务,并同样基于其本身意愿而使用战争、报复等"自助"手段解决争端、实施制裁。

英国学者斯塔克(Starke)曾经认为,国际法的主要目标在于"建立一个与其说是合乎正义的不如说是有秩序的国际关系体制"。[④] 但是,在旧的国际秩序中,国际法的作用受到很大的制约,甚至连基本的秩序也无法维持,而只能在战争与和平的交替中得到有限的发展。频频发生的战争,不仅是对人类文明的巨大破坏,还造成法律和秩序一次次走向崩溃。

---

① See C. C. Joyner (ed.), *The United Nations Law and International Law*, Cambridge, 1997, p. 360.

② O. Schachter, *International Law in Theory and Practice*, Martinus Nijhoff Publishers, 1991, p. 5.

③ 法国学者巴德望(Basdevant)语,参见周鲠生:《国际法》(上),商务印书馆 1981 年版,第 175 页。

④ [英]J. G. 斯塔克:《国际法导论》,赵维田译,法律出版社 1984 年版,第 17 页。

历史的经验和教训都证明,"一个不具坚固的正义基础的法律秩序所依赖的只能是一个岌岌可危的基础",法律如果要恰当地完成其职能,就必须"旨在创设一种正义的社会秩序"。① 虽然自近半个世纪以来,国际法律秩序中出现了若干符合正义原则的新动向,但其本质特征并未改变。因此,根除以霸权主义和强权政治为特征的国际政治秩序,建立公正、合理的国际新秩序,已经成为时代的要求。

我们认为,为了在21世纪建立公正、合理的国际政治、经济新秩序,需要从以下两方面进行根本的变革。

(一)确立国际法在国际政治中的首要地位

在认识和处理国际法与国际政治问题上,存在两种不同的方式:实力均衡模式(balance-of-power model)和国际法至上模式(primacy of international law model)。前者主张,在主权并立和高度分权的国际社会,国家间关系必然是以实力特别是军事力量为基础。后者则认为,世界的变化要求我们对国际法与国际政治的关系、它们在国家间体制中各自的作用、国际法的强制执行以及国际组织的作用有新的理解;应当增强国际法的规范作用(regulatory role),因为"有效的国际法已成为生存的必要条件"。② 应该说,后一模式是符合国际社会现实需要的。

在我们看来,确立国际法的首要地位包括以下方面:

1. 尊重国家主权,遵循不干涉内政原则

国家主权与国际法之间的相互制衡,历来是国际关系中的核心问题之一。近代以来,国际社会,特别是西方国家的政府和学者中,各种取消国家主权的观点层出不穷,在实践中,肆意干涉主权国家内政的事例也屡见不鲜。

如何认识国家主权和不干涉内政原则,关系如何对未来的国际秩序进行定位。一旦取消国家主权,其结果无非两种:第一,建立大国主导的"国际新秩序",这实际上是霸权主义和强权政治的翻版。第二,建立"世界政府",使国际法成为"世界法"。但是,在可以预见的未来,这种"世界大同"的目标只能是海市蜃楼,它脱离了国际社会的现实需要和可能。民族国家将长期存在的事实,

---

① [美]E. 博登海默:《法理学——法哲学及其方法》,邓正来、姬敬武译,华夏出版社1987年版,第302~304页。

② G. Tunkin, *Politics, Law and Force in the Interstate System*, 219 Recueil des Cours (1989. Ⅶ), pp. 373-377.

决定了国家主权并未过时，未来的国际秩序只能建立在国家之间有效合作的基础上。

2. 增强国际法的拘束力，确保各国在国际关系中信守其国际义务

国际法是国际关系中有拘束力的规则体系，这一点是确定无疑的。但是，由于国际社会的分权性质，国际法被认为是“软法”“弱法”，违反国际法的事例时有发生，国际法在国际关系中的地位和作用因此而受到损害。

20 世纪以来，各种国际组织大量涌现，国际社会组织化程度大大提高，凝聚力显著增强，这都为加强国际法的有效性创造了有利条件。在新的世纪，尤其有必要从以下几个方面继续加强国际法的作用：（1）强化各国不使用武力及和平解决争端的义务，特别是推动以法律方法解决国际争端；（2）完善国际法上的国际责任制度，使违法行为得到及时纠正；（3）加强联合国的强制执行行动，有效地维持国际和平与安全。

3. 扩大国际法的调整范围

早期国际法的各种规则和制度很不健全、不完善，将大量事项归于主权国家的“保留范围”。国际关系的发展，特别是国家间相互依存关系的加深，对国际法和国际合作提出了新的要求。各种超出一国范围而需要在国际范围解决的问题不断增多，要求国际法对此加以调整，如保护环境、打击国际犯罪。

国际法调整范围的不断扩大，国家管辖范围的相对缩小，必然对国家主权有所限制，不过，这种限制必须建立在尊重国家主权和合法有序的基础上。此外，这实际上是国家行使和实现主权的一种新的方式——国际合作，因为如果缺少这种国际合作，各种全球性问题必然危及所有国家的主权和国家利益。

4. 切实遵守《联合国宪章》，维护联合国在国际事务中的地位和作用

联合国会员国在《联合国宪章》中庄严承诺，要使该普遍性组织“构成一协调各国行动之中心”，以达成《联合国宪章》规定的各项宗旨（第 1 条第 4 款）。半个多世纪的实践表明，国际社会的确需要这样一个切实有效的国际合作中心。不过，联合国作为一个国家之“间”的组织，其权威性必然也只能建立在各会员国有效合作的基础上。如果各国特别是大国肆意违反《联合国宪章》，无视联合国在国际事务中的地位和作用，那么联合国的权威性也就无从谈起了，国际社会的根本利益也会遭到破坏。

联合国建立的半个多世纪以来，国际关系发生了很大变化，但《联合国宪章》规定的宗旨和原则并未过时，其所宣示的人类和平、尊严、发展等信念，仍然是人类社会在 21 世纪追求的崇高目标。因此，必须强调各国应“一秉善意，履

行其依本宪章所负担之义务”，以“保证全体会员国由加入本组织而发生之权益”（第2条第2款）。

归结起来，“国家间体制的正常运转必不可少的，不是麦克杜格尔所说的‘政策定向的国际法’（policy oriented international law），而是国际法定向的国际政治（international law oriented international politics）”。①

（二）在国际法的价值取向上，应当使人类共同利益优先于狭隘的民族利益

在当今国际社会，由于全球性问题日益增多和各国相互依存关系的加深，各国之间的利益也越来越紧密地相互关联起来了。“倾巢之下，安有完卵。”可以说，没有任何国家能够无视国际社会的共同利益而单独求得发展。对人类共同利益的破坏，不仅危及国际社会，而且也殃及各个国家。

因此，一位学者的论述是有道理的：国际法总是被用作实现利益的手段，这符合法的本质，并非必然会导致有害的后果；关键的问题是，国际社会成员之间“是否存在某些共同的、伦理的、道义的和法的基本观念，以及法的义务是否在原则上被视为有约束力的”。② 这个共同的基本观念，就是人类共同利益至上。

人类共同利益至上，应成为构建21世纪国际法与国际秩序的主旨。为此，未来国际法势必从确保国际秩序的“形式正义”朝着确保国际秩序的“实质正义”方向发展。

---

① G. Tunkin, “A New Political Thinking and International Law”, in R. S. Pathak & R. P. Dhokalia (eds.), *International Law in Transition*, Martinus Nijhoff Publishers, 1992, p. 179.

② ［德］英戈·冯·闵希：《国际法教程》，世界知识出版社1997年中文版，第41页。

推进国际法理念和原则创新*

国际法是适用于主权国家之间以及其他具有国际人格的实体之间的法律规则的总称。国际法学的研究离不开对国家外交战略的关注。近年来,习近平主席在多个场合向世界阐述中国和平发展的新主张、新理念、新举措,提出全球治理体系变革的中国构想。面对深度调整的世界格局和日益增多的全球性挑战,"合作共赢""打造命运共同体"的理念越来越深入人心,加强全球治理、推进全球治理体系变革成为多数国家的共识。国际法是推动全球治理体系朝着更加公正、合理方向发展的重要工具和手段。当下中国的国际法学研究理应适应国际形势发展的需要,创新理念和原则,努力在推动全球治理体系变革中发挥更显著的作用。

一、全球治理体系需要新规则

从国际法的角度来看,现行全球治理体系起源于威斯特伐利亚和会的召开。1648 年《威斯特伐利亚和约》的签订,标志着主权国家间国际体系的确立。相较于中世纪的教皇特权或封建社会君主特权主导的国际体系,主权国家间国际体系的建立是人类历史和社会的重大进步,它确立了主权国家平等的核心理念和首要原则。这一理念和原则是现代国际体系赖以建立和发展的国

* 本文原载于《人民日报》2016 年 3 月 28 日,第 16 版。

际法基础。在21世纪以后的全球治理时代，主权国家平等的理念和原则必须毫不动摇地予以坚持。

在近代和现代国际体系中，尽管确立了主权国家平等的理念和原则，但特权和强权思想仍根深蒂固，只不过享受和行使特权的主体发生了变化。一些大国或强国主宰国际事务，取代先前的教皇或君主特权。例如，在近代国际体系中，主权平等原则在很大程度上只适用于西方国家，东方国家和其他国家被排除在外。欧美不少国家先后在亚洲、非洲、拉丁美洲实行殖民或半殖民统治和领事裁判权等，就是历史明证。第二次世界大战后，仍然可以找到这种不平等的国际法理念的痕迹，在一些国际组织和国际事务中，仍有部分国家维护大国或强国的特权理念和原则。

随着国际格局变化和经济全球化迅速发展，现行全球治理体系及其原则和规则在很多方面暴露出不合理性，已经不能完全适应新时代的要求，不能有效应对全球治理进程中的各种挑战。全球治理趋势的变化要求变革全球治理体系，增强新兴力量在全球治理规则制定、体制建设和问责制度构建中的地位和作用，包括新兴经济体国家、广大发展中国家和各种国际组织、非政府组织、国际民间社团等。

二、人类命运共同体理念获得广泛共识

中国在全球治理体系变革中的地位日益重要而显著。作为世界政治大国，中国能够在国际和平与安全体系变革中伸张正义，担负起更多的大国责任；作为经济大国和新兴经济体国家，中国应在建立国际经济新秩序、促进全球经济和社会可持续发展中做出创新性贡献；作为最大的发展中国家，中国不仅要在“十三五”期间消除国内贫困，还要为实现联合国2030年发展目标、应对气候变化目标和其他社会领域目标发挥引领作用；作为网络大国，中国应在构建多边、民主、透明的互联网全球治理体系中享有更多话语权；中国要在国际上树立法治大国、法治强国的形象，除了加强自身法治建设外，还应在推动国际法治进步中体现自身主张，创新国际法理念和原则。这些新的理念和原则，一方面，必须能最大限度地维护中国的核心利益；另一方面，又能体现新国际格局下各方政治和经济实体的利益和诉求，促成国际协调，并最大限度地使中国的主张成为全球治理体系的新原则、新规则和新体制。

中国积极倡导的人类命运共同体意识应成为全球治理体系变革中的新理

念。党的十八大报告明确提出,“要倡导人类命运共同体意识,在追求本国利益时兼顾他国合理关切,在谋求本国发展中促进各国共同发展,建立更加平等均衡的新型全球发展伙伴关系,同舟共济,权责共担,增进人类共同利益”。习近平主席在国内外多个场合提出了构建人类命运共同体、亚洲命运共同体、周边命运共同体、中非命运共同体、中拉命运共同体等一系列倡议。这些重要倡议都得到了国际社会的广泛认同和积极响应。

人类命运共同体理念是中国根据经济全球化不断扩展和深化的趋势,为应对全球治理面临的各种新问题而提出的。它是一种新的全球观,可以包容国家、民族、地域、政治、经济、文化和宗教的差异。这一新理念是继和平共处理念、构建和谐世界理念之后,国际法理念新的发展。人类命运共同体理念的核心是强调世界各国及其人民你中有我、我中有你,利益共享、责任共担。

三、积极创设国际法新原则

为实现构建人类命运共同体的理念和目标,近年来,中国在《联合国宪章》宗旨和原则的基础上,提出和倡导了全球治理的一系列新原则并积极践行,旨在推动它们成为新的国际法原则。

国际关系民主化。这一原则的要旨是强调世界的命运应由各国人民共同掌握,全球治理的各种挑战应由各国政府和非国家行为主体共同应对。改变大国和强国垄断国际事务的状况,增强国际规则制定和决策的透明度以及发展中国家和各种非国家行为主体的参与度。推动全球治理体制变革,就要推进全球治理规则民主化,各国的事情由各国人民自己决定,世界上的事情由世界各国人民商量决定;就要推进全球治理规则合理化,体现各方关切和诉求,更好地维护广大发展中国家的正当权益。

国际关系法治化。各国在全球治理体系中应遵守公认的国际关系基本准则,适用统一的国际法和全球治理规则。在国际社会,法律应是共同准绳,没有只适用于他人、不适用于自己的法律,也没有只适用于自己、不适用于他人的法律。应摒弃双重标准,坚持法律上的平等和国际公平、正义。维护国际法和国际秩序的权威性和严肃性,用统一适用的规则明是非,促和平,谋发展。中国将继续在尊重历史事实的基础上,按照国际法,坚定维护自身合法、合理的领土主权和海洋权益。各国都应依法行使权利,反对歪曲国际法,反对以“法治”之名行侵害他国正当权益、破坏和平稳定之实。

国际关系合理化。新兴市场国家和一大批发展中国家快速发展,国际影响力不断增强,是近代以来国际力量对比中最具革命性的变化。推进全球治理体系变革,应适应这种国际力量对比的新变化。国际法原则的确立、规则的制定以及国际体制或制度的创建与变革,应体现各国和各种利益攸关者的重大关切和诉求,尤其是要顾及广大发展中国家的特殊情况和需要,维护它们的正当权益。

合作共赢。“单丝不成线,独木不成林。”要持久地维护国际和平与安全,促进全球经济社会可持续发展,应对全球治理的各种挑战,各国和各种全球治理行为主体就必须真诚地开展双边、区域和多边合作,这样才能形成合力,作出有效的制度安排,最终实现各种利益攸关者共赢的最佳结果。习近平主席强调,要建立平等相待、互商互谅的伙伴关系,营造公道正义、共建共享的安全格局,谋求开放创新、包容互惠的发展前景,促进和而不同、兼收并蓄的文明交流,构筑尊崇自然、绿色发展的生态体系,从而形成打造人类命运共同体的总布局和总路径。这一理念表达了中国追求和平发展、同各国合作共赢的真诚愿望,契合世界人民的共同期待,顺应人类社会发展进步的潮流,为维护与完善国际秩序和国际体系开辟了美好愿景,注入了强劲动力。

正确义利观。习近平主席多次强调坚持正确的义利观。这不仅是我国新时期重要的外交指导思想,而且应当成为推动全球治理体系变革的一项原则。正确义利观的“义”不只是国际道义,还应包括国际法上的义务;“利”是各国的互利和共赢。其核心是,各国尤其是大国在谋求自身发展的同时应承担更多的国际责任,为广大发展中国家特别是最不发达国家的发展贡献更多力量,提供更多援助。随着中国综合实力的提升,我们将逐步承担更多力所能及的责任,努力为促进世界经济增长和完善全球治理贡献中国智慧、中国力量。

当代国际法视角下的和谐世界*

一、导　语

中国领导人在相继提出和平发展和构建和谐社会之后，从2005年下半年起，在国内外多种场合又庄严地提出了和谐世界的构想。如果和谐社会是中国在新时期提出的治国安邦的新举措，和谐世界则是中国在新的国际环境下提出的全球治理的新理念。和谐社会和和谐世界分别是中国和平发展战略的两翼：前者是内政的新方针，后者是外交的新政策，二者交相呼应，缺一不可。作为调整国际关系、维护世界各国权益和全人类共同利益的当代国际法，既是构建和谐世界的法律基础，又是和谐世界构建的重要内容。当代国际法的价值取向、制定程序、规范体系、实施体制和监督机制，无不直接关系和谐世界建设的成败、快慢和是否具有可持续性。

第一，本文将阐释和谐世界呼唤当代国际法建立和维持各国和平共处的国际政治秩序，并在总结现代国际法在这一领域取得的巨大成就的同时，揭示现行国际集体安全制度面临的主要挑战。第二，笔者将展现和谐世界对国际经济与社会协调发展的期盼，在肯定国际法在建立新的国际经济秩序和越来越重视国际社会事务的同时，严肃地指出广大的发展中国家的发展问题仍然严

---

* 本文原载于《法学评论》2008年第2期。

峻,必将是和谐世界构建的一项长期而又艰巨的任务。第三,笔者论证国际民主、法治和善治是和谐世界的一种新的期待,其中特别注意到国际决策的民主和国际体制运作的法治是国际民主、法治和善治的核心,而对于各国内民主、法治和善治,国际法的作用应该是辅助性的。第四,笔者试图阐述建立尊重世界文明多样性的国际法律制度是和谐世界构建的重要前提,尤其是要尊重国际法基本主体——国家的多样性、待遇规则的多元化和文化表现形式的多样性。笔者的最后一个论点是,和谐世界的构建必然要求国际法体系自身的协调发展。国际法的碎片化势必造成国际法规范与规范之间、体制与体制之间的冲突,如果这些冲突得不到适当的解决,则必然带来国际法律秩序的混乱,而混乱的法律秩序是不可能为和谐世界保驾护航的。

二、和平共处的国际政治秩序:和谐世界寻求国际法的首要保障

和平与安全的国际环境是各国持久和谐共处的社会基础。人类历史证明,没有和平与安全保障,国际社会成员之间的关系就不可能是和谐的。历史还反复证明,不仅大规模的战争,而且连绵不断的武装冲突和各种形式的武力威胁,是和谐世界最严重的祸根和最大的障碍。为此,现代国际法不仅渐进地从限制国家的战争权到否定国家运用战争作为推行其政策的合法工具,而且还禁止使用武力或以武力相威胁,确认了和平方式为解决国际争端的唯一合法方式,并以这些国际法基本原则为核心建立了以联合国为核心的集体安全体制。然而,随着国际格局的变化和全球化的不断拓展和深化,60多年前设计的集体安全体制已经不能完全适应当今构建和谐世界的新情势,国际上呼吁改革联合国的心声日益强烈。因此,完善与时俱进的国际集体安全体制,是和谐世界对国际法的现实要求和长远期盼。

当然,联合国及其安全体制的改革是一项错综复杂的浩瀚工程,涉及广泛的政治、军事、经济、法律和社会问题,不可以急于求成。迄今为止,虽不乏改革方案和建议,但是这些方案和建议都不能获得联合国会员国多数的通过和联合国安理会五大常任理事国的一致同意。其中一个重要原因就是各国还没有就新的集体安全概念达成共识,而这种共识是通过协议修改《联合国宪章》相关规定的前提。另一个重要原因就是会员国,尤其是大国在集体安全体制的执行机构——联合国安理会的改革模式上存在重大分歧,其症结是常任理事国的扩大和代表性。无论联合国改革之路多么曲折,关键还是要坚持正确的改革方向和

正确指导改革原则。这个方向就是有利于联合国宪章各项宗旨的实现，应坚持的原则就是增强集体安全体制的权威性和应对危机的能力与效率。

正如《威胁、挑战和改革问题高级别小组的报告》（以下简称《高级别小组报告》）中所指出的，有效应对各种国际安全挑战的首要措施是“确保遥远的挑战不会变得迫在眉睫，迫在眉睫的挑战不会在现实中变得具有摧毁性。这就要求建立一个预防行动框架”，“要求国家和国际各级领导及早采取果断的集体行动”。当预防措施无法阻止战争或武装冲突时，或当长远威胁变成紧迫威胁，或紧迫威胁变成实际威胁时，就必须“正确理解和应用”《联合国宪章》第51条规定的合法武力自卫或第七章授权安理会使用武力的规定。于是，保证使用武力的自卫和强制行动的“正当性”至关重要。为此，《高级别小组报告》提出了五个标准，即“威胁的严重性、正当的目的、万不得已的办法、相称的手段和权衡后果”。[①] 显然，要将这些标准变成对各国和集体安全体制的决策与执行机关具有法律约束力的军事行动守则，非国际法莫属了。

对和谐世界构成越来越严重挑战的因素，除了传统安全威胁外，还有日趋突出的非传统安全威胁。《高级别小组报告》将目前和未来几十年中国际安全威胁归纳为如下6类：（1）经济和社会威胁，包括贫穷、传染病及环境退化；（2）国家间冲突；（3）国内冲突，包括内战、种族灭绝和其他大规模暴行；（4）核武器、放射性武器、化学和生物武器；（5）恐怖主义；（6）跨国有组织犯罪。[②] 从上述列举中可以看出，绝大多数属于新型的非传统安全威胁。

因此，国际社会应尽快就非传统安全威胁及其应对机制达成共识，形成更加全面的新安全观。在控制核不扩散方面，我们要应对的首要挑战是双重甚至多重标准的做法。坚持这种做法无疑已经侵蚀了国际社会在不扩散领域的信心，尤其是绝大多数发展中国家的信心。双重或多重标准是摧毁国际不扩散制度的最有效武器。因此，应尽快取消不扩散的双重或多重标准，从而以具体情况自身的性质来判断，而不是给予特定国家以特权。[③] 在其他非传统安全领域，

---

① 威胁、挑战和改革问题高级别小组的报告：《一个更安全的世界：我们的共同责任》（提要），第2～3页，载 http://www.un.org/chinese/secureworld/textsummary.htm。

② 参见威胁、挑战和改革问题高级别小组的报告：《一个更安全的世界：我们的共同责任》（提要），第2页。

③ Resolving the Problem of Nuclear Proliferation by Addressing Both Symptoms and the Rootcauses—Statement by Ambassador SHA Zukang at the fourth IISS Global Strategic Review, 2006-09-09, http://www.china-un.cn/eng/xwdt/t271739.htm.

应尽快在国际法上就恐怖主义作出界定，并就国内武装冲突、大规模杀伤性武器、赤贫、跨国有组织犯罪、环境退化、跨国疾病传播等新的安全威胁分别建立强有力的且行之有效的国际法律监控机制。

容忍、对话是和平与安全的重要前提和手段。《联合国宪章》作为现代国际法的核心标志，在其序言中就明确表达了国际社会决心"力行容恕，彼此以善邻之道，和睦相处"。1993 年联合国大会根据联合国教科文组织的提议宣布 1995 年为国际容忍年。1995 年 11 月 16 日，联合国教科文组织成员国还专门通过了《容忍原则宣言》和《容忍年后续行动计划》。次年联合国大会通过第 51/95 号决议，决定每年 11 月 16 日为国际容忍日。1998 年联合国大会再次通过决议决定宣布 2001 年为联合国不同文明之间对话年。出席联合国 60 周年庆典的各国元首和政府首脑通过《2005 年世界首脑会议成果》，承诺"将致力于增进世界各地的人类福祉、自由和进步，鼓励不同文化、文明和人民间的包容、尊重、对话与合作"。

"容忍"和"对话"是构建和谐世界的稳固基础。人类历史反复证明，国家间的冲突和战争爆发往往最初源于有关当事国没有采取应有的克制、容忍和对话，同时也与国际社会缺乏呼吁、鼓励和提供国家间容忍与对话的机制有着密切的关系。国际法意义上的容忍和对话，应在尊重各国主权平等的基础上，承认和重视他国和他人的人格，提高与他国、他人共存和共处的能力。只有这样，才能最大限度地避免武装冲突和战争；才能促成国际合作，携手解决国家间经济、社会、文化等领域的问题；才能在不分政治制度、意识形态、种族、性别、语言或宗教的前提下，增进对人类的基本人权和自由的尊重。

三、可持续的经济社会发展：和谐世界赋予国际法的艰巨使命

20 世纪 60 年代以前，国际法的基本任务是为不同类型的国家建立和维系和平共处的原则、规则和制度，将经济与社会进步作为国际法的必要关注是近年的事。首次朝着这个方向发展的标志可以追溯到第二次世界大战期间同盟国之间的一些文件。例如，1943 年的《大西洋宪章》在其序言和第 55 条中就有关于经济进步与发展的措辞。《联合国宪章》更是用两章的篇幅（第九章和第十章）专门规定经济与社会合作。后来，联合国大会相继通过了几个著名的决议，

承认"发展是和平与正义的必由之路"。① 这些决议主要有1970年第2626(XXV)号决议,题为《第二个联合国发展十年的国际法发展战略》;1974年第六届特别联大通过的《建立新的国际经济秩序宣言》和《建立新的国际经济秩序行动纲领》;1974年第3281(XXIX)号决议,题为《各国经济权利和义务宪章》。可以说,从20世纪70年代开始,经济社会发展已经成为一个被广泛接受的国际社会政策目标,并成为国际法的新的使命。②

要促进全球经济社会可持续的协调发展,关键是解决发展中国家的发展问题。为此,从20世纪60年代初期开始,一些国际组织先后采取了一系列国际法律举措,例如,联合国系统内专门成立了贸易与发展大会,并作出决议呼吁发达国家给予发展中国家贸易普遍优惠制度;《关税及贸易总协定》专门增补了第四部分,特别作出了促进欠发达国家的贸易与经济发展的优惠规定;东京回合还进一步为发展中国家的贸易发展制定了"授权条款";乌拉圭回合各多边贸易协定为发展中国家成员都规定了相应的特殊和差别待遇,直到正在进行的多哈回合确立为"发展议程";国际货币基金和世界银行集团为发展中国家提供优惠的财政支持、优惠贷款和特别提款权;联合国千年首脑会议确定的千年发展目标及其一系列行动计划和后续措施,以及各种国际组织、发达国家和一些经济增长较快的发展中大国(如中国、印度、巴西)对发展中国家,特别是最不发达国家给予债务减免、资金援助、技术援助和能力建设支持,直至最近八国首脑会议做出筹资600亿美元援助非洲的最新方案。

然而,影响和谐世界的南北差距不仅没有缩小,反而越来越大,广大的发展中国家在全球化进程中被边缘化的现象日益突出,几十个国家变得更为贫穷,"今天,不只十亿人——每六人中就有一人——每天仍靠不足一美元维持生计,他们面临长年的饥饿、疾病和环境危害,难以为生"。③ 造成极端贫困的原因错综复杂,如地理条件恶劣、治理不善、政府腐败、对边缘群体的忽视、种族冲突、内部战乱等。但是,旧的国际经济秩序总体上没有打破,新的国际经济秩序迟迟得不到完全的建立,一直是不可忽视的根本原因。因此,和谐世界的构建必须大声疾呼在经济社会领域建立公平、合理的国际法律秩序,这种促进经济社

① See General Assembly Resolution2626(XXV), para. 6.

② Maurice Flory, Adapting International Law to the Development of the Third World, Journal of African Law, Vol. 26, No. 1(Spring, 1982), p. 13.

③ 联合国秘书长的报告:《大自由:实现人人共享的发展、安全和人权》,第26段,A/59/2005。

会协调发展的法律秩序的核心就是加快完善国际发展法及其作用的发挥。

此外,从国际法的角度来看,重点应该强化各种国际体制中有关发展议题和承诺的落实。当前,尤其要加强落实《联合国千年宣言》中确立的8项“千年发展目标”,即消灭极端贫穷和饥饿、普及小学教育、促进两性平等并增强妇女的力量、降低儿童死亡率、改善产妇保健、与艾滋病毒/艾滋病、疟疾和其他疾病做斗争、确保环境的可持续能力、全球合作促进发展。在世界贸易组织中,急需注入新的活力,尤其是发达国家成员应表示出更大的诚意,扭转多哈回合停滞不前的局面,力促这一多边贸易谈判中的各项发展议程早日达成协议。在发展援助方面,除了进一步加大和加快各种单边、双边、区域和多边援助项目之外,应制定国际规则禁止和防止发展援助的政治化倾向。换言之,各种发展援助应该纯属经济社会性质,不附带任何政治条件。

人类环境的可持续性是国际经济社会协调发展的关键要素之一。然而,全球变暖、土地沙漠化、森林锐减、水土流失、植被破坏、海洋污染、大气污染等全球环境退化、生态失衡等现象,不仅正在越来越严重地威胁着当代人类的生存质量,而且对后代的福祉构成了潜在的负面影响。作为一个新兴的国际法分支,国际环境法迫切需要在现有的基础上,加快跨国环境损害责任法律制度的建立健全,完善各种国际环境标准,强化国际环境条约的实施和执行力度。需要特别强调的是,在环境领域的国际法律规制和合作过程中,要坚持区别责任原则,即一方面,发达国家应担负起更大的责任;另一方面,不可要求广大的发展中国家担负超出其发展水平和能力的责任。

四、全球民主、法治与善治:和谐世界对国际法的更高价值呼唤

全球范围内的民主、法治和善治是实现世界和谐的重要手段和途径。如果国际和国内两个层面的治理没有民主、法治和善治,就必然滋生独断、专横、腐败,就必然导致社会不公及个人和共同利益的损害,甚至导致经济衰退、社会动荡、武装冲突和战争。

国际社会的民主,首先是国际关系的民主,国际政治的民主,国际决策的民主,或国际法原则、规则、规章和制度形成的民主,以及国际机制运作的民主。当代国际法面临的一项长期而又巨大的挑战是,国际法早已确立的首要原则——国家主权平等在国际政治、经济和社会事务中还远没有得到充分的体现。在联合国安理会、世界银行、国际货币基金、WTO等国际政治、经济、贸易、

金融体制中,少数大国和强国一直占据支配地位,而广大的发展中国家的话语权和影响力极其有限。因此,占绝大多数的发展中国家呼吁国际政治秩序和经济秩序的变革。而此等变革必须通过国际法律来进行、承载和保证。具体来说,应通过修改现行国际组织章程和国际会议规则,或制定新的国际议事规则来体现当今世界各种政治力量在国际决策中的广泛代表性和实际参与。

国际社会的民主还意味着组成国际社会的各个国家的国内政治民主。国际法呼唤各个国家国内社会治理的民主。这是因为"民主是一种普遍价值观,基于人民决定自己的政治、经济、社会和文化制度的自由表达意志,基于人民对其生活所有方面的全面参与"。[①] 一些领域或自足的国际法部门规定国家负有民主治理的义务(如 WTO 对各成员在贸易规章制度方面的透明度要求、联合国两个人权公约要求各缔约国定期报告其实施情况)。联合国还计划设立专门的民主基金,加强联合国应成员国的要求提供协助其推行民主原则和实践的能力。

但是,民主制度的建立与完善从根本上来讲是各国国内的事项,是构建国内和谐社会的重要前提和使命,国际法不应也不宜制定统一的民主标准或所谓的最低民主标准,因为"虽然民主政体具有共同特点,但不存在唯一的民主模式,民主并不专属于任何国家或区域"。[②] 恰恰相反,国际法应该防止和明确禁止一国利用所谓的最低民主标准或民主输出来干涉别国的内政。历史和现实充分证明:允许各国致力于适合本国国情的民主政治建设以及不同民主政治制度的和睦相处,整个世界的和谐才能从根本上得到保障。

国际社会的法治同样包含着国际和国内两个层面。必须明确的是,民主既是法治的前提,也是法治的组成要素。国际层面的法治无疑是国际法的应有之义,是国际法的"本职工作"之一。必须承认,虽然现代国际社会的法治有了长足的进步(如国际法基本原则的形成、国际强行法的兴起、对一切义务概念的产生、国际人权法的迅速发展、个人国际刑事责任制度的演进、WTO 中的规则取向),但是总体水平不高,而且各种国际组织中普遍缺乏权力的制衡、审查与监督机制(也许只有欧盟是一个例外)。例如,20 世纪 90 年代联合国安理会先后通过决议成立前南斯拉夫问题国际刑事法庭和卢旺达国际刑事法庭,然而其合法性一直在一些国家、国际法学者和工作者中存有疑问,其根本原因就是联合

① 参见《2005 年世界首脑会议成果》第 135 段。

② 同上。

国缺乏相应的司法审查制度。可见,国际组织和国际机制中的法治任重道远。

因此,和谐世界必然呼唤各国在国际层面全面遵守和实行法治。首先,各种国际行为主体必须严格遵守《联合国宪章》的宗旨和原则以及各种现行的国际法规范,并以此建立和维护彼此间的各种关系和开展各种形式的合作。其次,各国应积极响应联合国每年开展的促进普遍参与国际条约活动。各国普遍参与多边条约是促进全球法治的直接和有效途径。但是,仍然有许多国家没有参加一些领域的重要公约,如人权、难民、恐怖主义、大规模杀伤性武器、有组织犯罪、海洋法,这种情况甚至使一些重要的公约至今无法生效,①直接导致相关领域至今处于无法可依的境地。最后,全球性的国际组织应借鉴欧盟治理的经验,结合本组织的实际情况,建立适当的司法审查机制,以保证各种决议的合法性,从而增强国际组织决策的公信力。

构建和维护和谐世界还必须在各个国家层面遵守和实行法治。事实证明:当今国际社会的许多非传统安全威胁(如恐怖主义、国内民族冲突、赤贫、环境退化、跨国疾病传染和跨国犯罪)的根源之一,就是一些国家实行人治或法治有其名而不其实所造成的。在全球化不断深化的时代,一个国家的法治有无或水平高低不仅直接关系本国的发展和人民的福祉,而且还影响整个世界及全人类的和谐发展。所以,近年来,联合国在一些冲突地区和国家除了派遣维持和平部队之外,还将冲突后的建设和平作为新的维持国际和平与安全的新举措,而帮助有关地区和国家恢复法治或建设法治是建设和平行动的重要组成部分。一些国际组织(如欧盟)还将协助法治水平的提升作为对发展中国家经济社会援助的新内容。最近,联合国秘书处内拟新设立一个法治支助股,以加强联合国促进法治的活动,包括通过技术援助和能力建设促进法治。②

国际社会的良治或善治应该是国际社会的民主和法治的必然。从这个意义上来讲,检验构成全球治理的两个基本社会层面的治理(各个国家的治理和各种国际体制的治理)是否为良治或其良治的水平,关键是要看其是否实行民主治理,是否实行法治,以及民主和法治的纵向深度和横向宽度。如同民主和法治一样,国际法的重点应该致力于各种国际组织和机制的良治,而国内社会的良治主要是各个国家国内法的使命,国际法应该发挥其鼓励、支持和扶助作用。

① 联合国秘书长的报告:《大自由:实现人人共享的发展、安全和人权》第136段,A/59/2005。

② 参见《2005年世界首脑会议成果》第134段。

五、世界文明的多样性:和谐世界对国际法的永久期待

2006年4月23日,时任国家主席胡锦涛在沙特阿拉伯王国协商会议发表的题为《促进中东和平,建设和谐世界》的演讲中指出,“建立和谐世界,必须致力于实现不同文明和谐进步”。为此,“各国应该维护世界的多样性和发展模式多样化,坚持和平对话和交流,倡导开放和兼容并蓄的文明观,使不同文明在竞争比较中取长补短,在求同存异中共同发展”。[①] 显然,我国所倡导的“不同文明和谐进步”有着广泛和深刻的内涵,其最根本的要素就是承认各国政治体制、社会制度、发展模式、文化传统和价值观念的多样性,并通过对话、交流与合作促进世界所有文明的进步。

当代国际社会文明的多样性首先是承认和尊重国际法主体的多元性。单就国际法的基本主体——国家而言,它们可以从不同角度划分为多种类型,如政治制度或意识形态意义上的资本主义国家、社会主义国家;经济体制意义上的市场经济国家、计划经济或非市场经济国家、经济转型国家;经济社会发展水平意义上的发达国家、发展中国家或欠发达国家、人口规模和版图意义上的大国、中等国家、小国、微型国家;地理特征上的沿海国家、内陆国家、群岛国家。

尊重各种类型国家的主权,尊重它们平等的国际法律人格,是构建和谐世界最起码的要求,一切应对全球挑战的国际合作都必须建立在这一根本的基础上。在国际法上,国家间的平等是一种主权平等,是一种国际法律地位的平等,是一种国际人格的平等。联合国大会1970年通过的第2625(XXV)号决议明确指出:“所有国家享有主权平等。它们享有平等的权利和义务,是国际社会的平等成员,不论经济、社会、政治或其他性质的差异。”对于发展中国家而言,没有发展能力的主权是一种不完整或不充分的主权。

必须指出的是,强调国家主权平等是构建和谐世界的基础,并不意味着和谐世界不认可各国在政治、经济、文化、科技、社会和价值取向等各个领域存在的差异。实际上,现代国际法上越来越多的原则、规则、规章和机制,就是在承认国际社会成员之间存在差别的基础上确立和完善起来的,如国际贸易关系中的特殊和差别待遇原则和普遍优惠制、国家金融领域的特别提款权以及在更广泛的经济社会领域对发展中国家实行的发展援助。因此,中国主张的和谐世界

---

① 资料来源:http://www.chinanews.com.cn/news/2006/2006-04-23/8/721435.shtml。

所包含的“和而不同”与现代国际法所追求的多样性取向是一致的。

尊重世界文明的多样性，实际上就是承认不同类型国家的差异性，从而呼唤和企盼国际法的价值取向由形式正义和公平走向实质正义和公平。现代国际法和国际体制对发展中国家，尤其是最不发达国家，在经济贸易领域制定和实施一些差别和特殊待遇，包括一些减免债务、无偿援助、无息或低息贷款等特殊举措，从根本上来讲，就是为实现这种国际正义和公平的升华所作出之努力和成果。

尊重世界文明的多样性的最终目标是实现不同文明和谐进步，而尊重世界文化（表现形式）的多样性便是这一最终目标的重要内容。虽然从整体上来看，国际法在维护和促进世界不同文明和谐进步方面还谈不上有比较完善的原则、规则和制度，但是近年来，其在促进世界文化多样性方面确实取得了显著的成效，其中尤以联合国教科文组织的工作最为突出。

联合国教科文组织在其组织法中明确规定，“订立必要之国际协定，以便于运用文字与图像促进思想之自由交流”和保护、促进“丰富的文化多样性”是该组织的宗旨。为此，该组织在文化与自然遗产、可移动之文化财产、非物质文化遗产和临时创造四个创造多样性核心领域，通过或制定了一系列国际法律文件，主要有《世界版权公约》（1952 年制定、1971 年修订）、《保护武装冲突情况下文化财产公约》（1954 年）及其议定书（1954 年、1999 年）、《非法进口、出口和转让文化财产所有权禁止和防止手段公约》（1970 年）、《关于保护世界文化和自然遗产公约》（1972 年）、《保护水下文化遗产公约》（2001 年）、《世界文化多样性宣言》、《保护非物质文化遗产公约》（2003 年）、《保护和促进文化表现形式多样性公约》（以下简称为《文化多样性公约》）（2005 年）。

在上述诸项条约中，《保护非物质文化遗产公约》《保护世界文化和自然遗产公约》和《文化多样性公约》是国际法上保护世界文化多样性的 3 个支柱。尤其是《文化多样性公约》[①]对于文化多样性的概念、性质以及保护文化多样性的目标与指导原则、范围和缔约国的权利义务作出了比较系统的规定，是目前保护和促进世界文化多样性最新的一般性法律依据。特别重要的是，继《世界文

① 该公约于 2005 年 10 月 20 日在联合国教科文组织大会上通过（148 票赞成，4 票弃权，只有美国和以色列反对），于 2007 年 3 月 18 日生效。2007 年 3 月 30 日，中国常驻联合国教科文组织代表团代办向该组织递交了中国批准该公约的文件。载 http://news. sina. com. cn/w/2005 - 10 - 21/10267228337s. shtml；http://hews. qq. com/a/20070131/001714. htm。

化多样性宣言》之后，该公约再次确认世界文化多样性是“人类共同遗产”（common heritage of humanity）。这是现代国际法继国际海底、外层空间及月球、生物多样性之后，进一步将世界文化多样性纳入人类共同（继承）财产或共有物的范畴。

公约主要适用于文化表现形式的多样性，即通过各种文化活动、文化产品和文化服务等形式表现的创造、生产、销售或传播和文化表现形式的获取与享用。其主要目的是，确认各国在其境内采取保护和促进文化表现形式多样性措施和政策的主权权利，从而对抗一些文化产业大国①在全球推行文化贸易自由化；承认文化活动、产品和服务的特殊属性，价值和用途，即“无论它们是否具有商业价值，文化活动可能以自身为目的，也可以是为文化产品与服务的生产提供帮助”；加强国际合作与团结，提高各国和各地区（特别是发展中国家）文化表现形式的创建能力，包括新兴和成熟的文化产业。正是考虑到该公约对于我国构建和谐社会、传播中华文明、提高文化实力以及构建和谐世界等具有重要意义，中国政府在公约生效以前就正式批准了该公约。

六、国际法规范与机制自身的协调：和谐世界对国际法的必然要求

没有法律的社会，无从谈论该社会的和谐。但是，仅此还不够。如果一个社会的法律规范充满抵触或不成体系，它仍然无法维护该社会的和谐，因为协调发展的法律是一个社会持续和谐发展的前提和保证。不仅各国的国内社会如此，由各国组成的国际社会也同样如此。

当今的国际社会总体上是和平的，国际法功不可没。如前所述，现代国际法继废止了国家战争权的合法性之后，进而禁止各国在相互关系中使用武力或以武力相威胁（除非合法的自卫或经联合国安理会授权），并确立必须以和平手段解决国际争端。为此，国际社会还建立了以联合国为核心的集体安全机制。我们不能以国际社会时有违反国际法的局部战争或武装冲突的发生，而怀疑甚至否定国际法在维系世界和平中的效力和作用，就像我们不能因为一个国家时有犯罪行为发生而怀疑甚至否定该国刑法在构建和谐社会中的效力和作用一样。

---

① 美国之所以坚决反对该公约的通过，主要是认为它可能会被缔约国用来设置贸易壁垒，从而对美国的电影和流行音乐等文化产品的出口构成障碍。载新浪新闻：http://news.sina.com.cn/w/2005-10-21/10267228337s.shtml。

当今国际社会确立发展是与和平相随的另一世界性的主旋律，国际法的积极推动作用同样不可忽视。虽然迄今为止，发展问题仍是一个世界性的难题，并没有得到有效的解决，但是建立在国际法基础上的各种南北合作、南南合作机制一直在致力于促进广大发展中国家解决发展中面临的各种挑战，并取得了一定的成效，尽管进展是缓慢的。

然而，我们必须承认，影响世界和平与发展的各种隐患依然存在，一些新的安全威胁日益突出，发展中国家被边缘化的势头并没有根本性的好转。所有这些影响世界和谐的因素和现象，与国际法的不成体系或碎片化或“巴尔干化”的现状不无联系。

国际法的碎片化主要表现在以下方面：(1)一般国际法中的各种自足(self-contained)或自成一类(sui generis)法律体系的形成与展，如国际环境法、外空法、极地法、国际贸易法、国际发展法、国际金融法、国际投资法；(2)国际法规范的区域化，即各种不同的区域或次区域国际法体系的繁殖，如欧洲联盟法、美洲国际法、非洲国际法、自由贸易区法、关税同盟法；(3)国际法规范的专门化，即不同领域或部门国际法律机制的平行发展，海洋法、空间法、国际刑法；(4)相同领域、部门或事项先后不同法律形式(或渊源)的并存，如相同国家或部分相同国家先后在诸如贸易、投资、引渡、司法协助等领域缔结不同的条约；(5)国际争端解决方法、程序和机制的多样化趋势，如联合国争端解决机制、《联合国海洋法公约》争端解决机制、WTO 争端解决机制、国际投资解决机制、国际人权领域争端解决机制、区域一体化组织争端解决机制；(6)国际法越来越多地关注个人的权利和义务，如国际法人权法、国际人道法、国际刑法。

已有国际法学者认为：理论上，国际法的碎片化对于国际关系的法治既有积极的影响，也有消极的作用。一方面，国际法的碎片化似乎能激励各国更加严格地遵守国际法，因为各国更加愿意遵守能更好地体现特定地区和特定领域各国的特定政治情势的那些特殊的区域性和专门性规范。另一方面，国际法的碎片化会导致各种不同法律规制之间的摩擦和矛盾，并使国家承担相互排斥的各种义务。①

国际法的碎片化，从根本上来讲，是国际社会及国际法的特质所决定的。国际社会是一种平行的横向社会。在这个社会中不可能像国内社会那样存在

① See Gerhard Hafner, “Pros and Cons Ensuing from Fragmentation of International Law”, *Michigan Journal of International Law*, Vol. 25, 2004, pp. 850 – 851.

纵向的或宝塔式的立法、行政和司法权力结构，这就决定了维持这个社会秩序的法律不可能像国内法那样成体系。所以，国际法的碎片化是由国际社会的特点所决定的一种客观必然现象。

但是，国际法的碎片化并不等于国际法的规范与规范之间、体制与体制之间的抵触问题不可以解决。换言之，不成体系的国际法是可以通过各种国际力量的努力得到协调发展，从而为和谐世界的构建奠定和谐的国际法治基础的。其实，国际法的制定者、执行者和国际司法裁判机构一直在通过不同的方式尽可能避免国际法规范之间的冲突，或当此等冲突不可避免时，设法得到适当的解决。

近年来，联合国国际法委员会对于国际法碎片化所做的专题研究和迄今就部分议题所得出的结论，既是现行国际法及其实践在解决国际法内部冲突的系统总结，更为促进未来国际法规则的协调发展提供了颇具可操作性的指导原则。在国际法委员会最近通过并提交联合国大会的报告①中，如下几点具有特别重要的意义：

第一，国际法委员会梳理出解决国际法规范冲突的既有原则和做法。这些原则主要有特别法优于一般法、自足法优于一般国际法、后法优于前法。

第二，国际法委员会确立了国际法体系中存在的规范在一定程度上的等级关系，并重申了一些不得违反的"上位法"。鉴于国际法及其国际社会基础的性质，国际法不可能像国内法那样在其规范之间建立系统的等级结构关系。虽然《国际法院规约》第 38 条分别列出了条约、习惯和一般法律原则作为国际法院适用的法律渊源和司法判决、著名公法学家学说作为其确立法律规则的辅助手段，但是并没有在这些形式渊源之间或辅助渊源之间进行等级区分。尽管如此，现代国际社会已经确认国际法的一些规则比其他规则更为重要，从而在国际法体系中享有更高的地位。这些规则通常被称为"基本的"规范，或"人类的要素"或"不得侵犯的国际法原则"。它们分别为：(1) 1969 年《维也纳条约法公约》确立的强行法，即国际社会整体接受和承认为不得损抑的规范；(2)《联合国宪章》第 103 条规定，即联合国会员国依该宪章承担的义务高于它们依其他任何国际协定而承担的义务；(3) 对一切义务 (obligations erga omnes)，即一国

---

① See International Law Commission, Conclusions of the work of the Study Group on the Fragmentation of International Law: Difficulties arising from the Diversification of expansion of International Law, 2006, Yearbook of the International Law Commission, 2006, Vol. Ⅱ, Part Two.

对于国际社会整体承诺的义务高于其承担的其他国际法律义务。

第三,国际法委员会确立了促进国际法协调发展的原则。该委员会在其结论报告开头的概述中就明确指出:"当若干规范系于一个单独的问题时,它们应尽可能被解释为产生一套单独的相一致的义务,这是一项一般接受的原则。"该委员会在结论报告中的最后更加具体地强调:"国际法规则之间的冲突应按照……协调原则(principle of harmonization)来解决。在本部分提到的更高一级规范之一与国际法的另一个规范发生冲突的情况下,后者应尽可能与前者相一致的方式来解释。如果这不可能,该高一级的规范应该优先。"

诚然,国际法委员会在促进国际法规范协调方面所取得的上述成就仍然是初步的和部分的,尚不足以解决当代国际法实践中的诸多具体冲突问题,更何况该委员会的结论报告本身并不具有法律约束力。可以预料,随着21世纪国际法的多样性和纵横拓展的加快,国际法体系内新的规范冲突现象势必增多。因此,当代国际法的协调发展之路必将漫长。

七、结　论

中国提出"和谐世界"的理念、内涵和精神,与当代国际法的价值取向是一致的。甚至有国外学者认为,"传统上,国际法的首要目的是建立一种和谐的而不是平等的国际关系体制"。[①] 国际法意义上的这种国际关系体制,就是在国家与国家之间、国家与国际组织之间、国家与个人之间、个人与自然之间、国际组织之间、个人与个人之间构建和维持和谐的法律关系。这种法律关系的前提是确保国际法的基本主体——国家,无论大小、强弱,应一律平等地和平共处。如果说"冷战"时期,和谐世界构建的主要症结是"东西关系",那么"冷战"后时代的和谐世界构建则主要是如何正确处理"南北关系",[②]因为"南方"在经济社会领域面临的各种严峻挑战不仅是一个全球的发展问题,而且直接关系整个世界的安全和人权。和谐世界在很大程度上还取决于全球的善治,而全球的善治的关键内容就是全球的民主和法治。就国际法而言,不仅国际层面的民主和法治建设是其当然的使命,而且同样对于当代各个国家国内的民主和法治建设应有

---

① See Aron Mifsud-Bonnici, "The Aim of Public International Law", http://www.mifsudbonnici.com/lexnet/articles/publicint.htm.

② See Malcolm N. Shaw, *International Law*, fifth edition, Cambridge University Press, 2003, 北京大学出版社 2005 年影印版,第 41 页。

所为、有所不为。构建和谐世界并非是天下一统,而是“和”而“不同”,这就要求当代国际法致力于尊重和促进各国不同文明的和谐进步。作为和谐世界的基础和保障,当代国际法还必须注重自身规范体系的协调发展,尽量将国际法的碎片化现象对构建和谐世界造成的负面影响降到最低程度。

一言以蔽之,和谐世界呼唤当代国际法将各国和人类共享的安全、发展、人权、民主、法治、善治和文明多样性作为其核心价值和使命予以追求、维护和促进。

和谐世界呼唤新的国际法*

如果说,和谐社会是中国在新时期提出的治国安邦的新举措,和谐世界则是中国在新的国际环境下提出的全球治理的新理念。那么,和谐世界对当代国际法有何呼唤、有何期盼呢?

第一,和谐世界呼唤国际法建立和维持一种国际社会成员和平共处的秩序。60 多年前设计的集体安全体制,已经不能完全适应当今构建和谐世界的新情势,要求改革的国际呼声日益迫切。因此,完善与时俱进的国际集体安全体制,是和谐世界对国际法的一大期望。目前,国际社会应尽快就非传统安全威胁及其应对机制达成共识。在控制核扩散方面,应致力于取消核不扩散的双重或多重标准。在其他非传统安全领域,应尽快在国际法上就国际恐怖主义作出界定,并就国内武装冲突、赤贫、跨国犯罪、环境退化、跨国疾病传播等新的安全威胁,建立行之有效的国际法律监控机制。

第二,和谐世界呼唤国际法促进世界经济社会的协调发展。发展与和平一起构成和谐世界构建的两大主旋律。当今世界仍有近 50 个最不发达国家。和谐世界的构建,必须大声疾呼在经济社会领域建立公平、合理的国际法律秩序,其核心就是国际发展法。

第三,和谐世界呼唤国际法致力于国际社会的民

---

* 本文原载于《人民日报》(海外版)2007 年 7 月 13 日,第 1 版。

主、法治和良治。国际社会的民主、法治和良治，首先是国际关系、国际政治和国际决策的民主。当代国际法面临的一项长期而巨大的挑战是，国际法早已确立的首要原则——国家主权平等在国际政治、经济和社会事务中还远没有得到充分的体现，广大发展中国家的话语权和影响力极其有限。因此，发展中国家呼吁国际政治秩序和经济秩序的变革，而此等变革必须通过国际法律来承载和保证。

国际社会的民主还包括各个国家的政治民主。但是，各国民主制度的建立与完善，从根本上而言是各国国内的事项，国际法不应也不宜制定统一的民主标准或所谓的最低民主标准，而是应该防止和明确禁止一国利用所谓的最低民主标准或民主输出来干涉别国的内政。

第四，和谐世界呼唤国际法维系国际社会文明的多元性。当代国际社会文明的多样性首先是承认和尊重国际法主体的多元性，其中主要是承认不同类型国家的差异性，从而呼唤和企盼国际法的价值取向由形式正义公平走向实质的正义公平。要实现国际法的正义公平的升华，就必须在一些领域制定和实施特殊和差别待遇，或实现待遇规则的多样性。

第五，和谐世界呼唤国际法体系致力于自身的协调发展。没有法律的社会，无从谈论该社会的和谐。如果一个社会的法律充满冲突或不成体系，这个社会就不可能有可持续的和谐。当今的国际社会总体上是和平的，国际法规则自身的协调功不可没。与此同时，国际法的碎片化势必导致各种不同法律规制之间的摩擦和矛盾，并使国家承担相互排斥的各种义务。可以预料，随着 21 世纪国际法规范和体制的多样性增强，国际法体系内新的规范冲突现象势必增多。因此，当代国际法的协调发展之路将十分漫长。

论“冷战”后时代的国家主权*

近年来，越来越多的社会科学工作者，将“冷战”结束视为20世纪的第三个转折点。虽然国际法学界尚未在本学科作如此分界，但是“冷战”后出现的一系列国际新现象，的确给国际法学者带来了许多新的课题。有些欧美学者甚至认为，“冷战”后国家主权面临着严峻的挑战，“主权概念从来没有像现在这样需要谨慎地重新考虑”，①即传统的主权概念亟待更新。

国家主权这一根深蒂固的国际法概念，为何在“冷战”结束后受到冲击？如下文所述，“冷战”后国际关系和国际法的某些新特点似乎是这些“冲击”的因素或源头。

“冷战”后东欧国家的分化与组合给国家主权带来了挑战。两德的统一、苏联的解体、捷克斯洛伐克的一分为二和前南斯拉夫的瓦解，使一些欧美学者得出如下认识：国家主权在“冷战”后受到民族主义趋势的严重影响；传统主权概念不再适应新的时代；主权已不再为非国家莫属的概念，而应以民族为其所属者。

“冷战”后国际凝聚力的明显增强对国家主权产生了挑战。自“冷战”结束以来，国际组织，特别是联合国，在维持国际和平与安全和其他国际合作领域，能够较快地达成共识和决议，并果断地采取相应的行动或措

---

* 本文原载于《中国法学》1998年第1期。

① Thomas M. Frank, *Fairness in International Law and Institutions*, Clarendon Press, 1995, p. 3.

施。这些行动或措施在过去的"冷战"时期则往往难以实现。于是,有一种观点认为,当今的国际组织越来越频繁地撞击和侵蚀国家主权,甚至在某些方面实际行使着主权权力,因此,"冷战"后时代的主权概念至少应将国际组织包括在其内。

"冷战"后国际法的纵向发展尤为突出,从而对国家主权产生了冲击。"冷战"后时代给国际合作创造了前所未有的机遇,其结果势必加速国际法的发展。这种发展一方面继续朝着横向的领域延伸;另一方面纵向地深入到过去一直属于国家主权管辖的领域。于是,有学者断言:国际法将从"国家间法"发展为"世界人民法"。①

上述所谓的"挑战"或"打击",概括来讲,涉及国家主权与民族自决、国家主权与国际组织和国家主权与国际法 3 组关系问题,必须指出的是,这三组关系均属国际法基本理论中的重大课题。因此,本文也许只能触及其表面现象而难以及其深层问题。

一、民族自决与国家主权

在 20 世纪的后半叶,国际社会最基本的成员——国家,先后经历了两次巨变。第一次从 20 世纪 60 年代开始,在不到 20 年的时间内,亚洲、非洲和拉丁美洲涌现出一大批新独立的国家,造成世界范围内殖民帝国的彻底瓦解。第二次从 20 世纪 80 年代末开始,在短短的几年内从原有政治领土分化出一系列新的主权国家。尽管这两次浪潮的性质与特征以及所持续的时间大相径庭,但它们均与民族自决这一国际法原则密切相关,从对国际法的理论与实践产生了深远的影响。"冷战"后的这次巨变在国际法学界引起了较大的震动,掀起了一股重新认识国家主权与民族自决的学术研讨热潮。②

的确,尽管殖民体系在"冷战"时期已经崩溃,但"冷战"后的各国民族主义倾向仍十分明显。"冷战"后主权国家的分化涉及的因素固然错综复杂,其中许多问题与国际法律密切相关,需要我们进行研究,得出科学的认识。例如,经《联合国宪章》宣称后由一系列联合国文件确认并完善的"民族自决"原则,是

---

① Mohammed Bedjaoui (ed.), *International Law: Achievement and Prospects*, Martinus Nijhoff Publishers, 1991, pp. 11 - 12.

② 除了有关刊物上的论文外,有两次影响甚大的国际研讨会。一次是 1992 年 8 月 27 ~ 29 日在波恩举行的研讨会,其议题为"殖民后时代的民族自决权";另一次是美国国际法学会于 1994 年 4 月 6 ~ 9 日在华盛顿举行的第八十八届年会,其首要议题为"主权的转换"。

否适用于既存主权国家的民族、少数民族、土著居民或部落？或问：现行主权国家内的民族、少数民族、土著居民或部落是否可援引民族自决权从该主权国家中脱离并建立新的独立国家？又如，民族自决原则，特别是其中所含的分离权，是否与国家主权相矛盾？

（一）谁有权“自决”

“民族自决”从一个政治概念变成为一个法律概念，进而上升为国际法上的一项基本原则，当属联合国的贡献。《联合国宪章》第1(2)条明确地将“民族自决”列为其宗旨之一。其后，联合国从20世纪60年代开始，先后通过一系列国际法文件逐渐将“民族自决”在国际法上的地位稳定下来。1960年12月14日，联合国大会通过的第1514（XV）号决议，[①]用直截了当的语言宣称“所有民族”都具有自决权。但是，由于联合国大会的决议不具有法律约束力且又遭到了当时西方国家的反对，“民族自决”作为一个法律原则尚有争议。1966年联合国大会又通过了两个人权公约，[②]其中第1条再次载入了“民族自决”。值得强调的是，这两个文件不仅用条约的法律形式予以表现，而且几乎是一致通过的。更重要的是，1970年，联合国大会第2625（XXV）号决议将“民族自决”作为一项国际法原则载入其中，且获得一致通过。[③] 不仅如此，联合国国际法院先后在纳米比亚问题和西撒哈拉问题的两项咨询意见中明确断定：民族自决不仅是联合国主张和促进的一项指导性原则，而且是一项可主张建立独立主权国家的安全的权利。[④]

至此，尽管民族自决作为一项国际法原则已不再构成争议的焦点，但在这一原则的适用范围或谁有权主张“自决”这一问题上，各个国家及国际法学界一直有着不同的理解。

一种观点认为，虽然有关的联合国大会决议宣称“所有民族”（all peoples）均有权“自决”，但从这些文件的上下文来考察，有权“自决”的民族限于3种类

---

① “Declaration on the Granting of Independance of Colonial Countries and Peoples”, *United Nations Yearbook*, 1960, p. 49.

② Bruno Simma (ed.), *The Charter of the United Nations: A Commentary*, Oxford University Press, 1994, p. 62.

③ See Declaration on Principles of International Law Concerning Friendly Relations and Co-operation Among States in Accordance with the Charter of the United Nations, *United Nated Nations Yearbook*, 1970, p. 788.

④ See ICJ Reports, 1971, pp. 16, 31; 1975, pp. 12, 31 – 33.

型:(1)殖民地民族;(2)受殖民和外国统治的民族;(3)受殖民剥削的民族,最多还包括受种族歧视的新殖民统治的民族。总之,联合国确立的民族自决权只适用于殖民地和外国统治下的民族以及实行新的殖民统治(如过去的南非)下的民族,不适用非殖民地之现行国家内的民族,因为这些联合国文件均谴责旨在部分或整个分裂一个国家的民族团结和领土完整的任何企图。①

从民族自决演变为一项国际法原则的历史背景来看,上述观点似乎合乎逻辑,而且也得到了联合国有关实践的证实。例如,《非殖民化宣言》指出:"任何旨在部分或整个分裂一个国家的民族统一和领土完整的企图,均不符合联合国宪章的宗旨与原则。"《国际法原则宣言》也明确宣称:"上述各款之规定(指民族自决的规定——笔者注),均不应解释为授权或鼓励整个或部分分裂或损害主权和独立国家的领土完整或政治统一……"前联合国秘书长也曾经断言:"至于一个成员国的特定部分的分离问题,联合国的态度是明确的。作为一个国际组织,联合国从未接受、也不接受,而且我坚信它将永不接受一个成员国的部分脱离的原则。"②

另一种观点则认为,民族自决的含义,从其载入联合国文件之日起就超出了殖民地民族的范围,因为这些文件所指的是"所有民族"的自决权,而且有史料为证。印度政府在批准两个人权公约时曾经提出一项保留,即自决将仅被理解为"在外国统治下民族"的一种权利。为此,当时的联邦德国、法国和荷兰明确表示不同的意见。③ 值得注意的是,这3国的观点已成为主流派,并得到了联合国人权委员会的支持。后者在有关人权公约涉及民族自决的评论中明确表示:自决是所有民族的权利。④

虽然,民族自决权的广义解释已得到广泛接受,但是,自决权是否适用于一个国家内的土著民族(indigenous peoples),则是近年来联合国内外争论的一个新焦点。联合国土著居民工作组(The United Nations Working Group on Indigenous Populations,WGIP)一直致力于《土著居民权利宣言》的起草工作,但

---

① See Michla Pomerance, *Self-Determination in Law and Practice*, Martinus Nijhoff Publishers, 1982, pp. 14-15.

② *United Nations Monthly Chronicle*, No. 2, 1970, p. 36.

③ See Christian Tomuschat (ed.), *Modern Law of Self-Detetmination*, Martinus Mijhoff Publishers, 1993, pp. 2-3.

④ See *Report of the Human Rights Committee*, *General Assembly Offcial Records*, 39th session, Suppl. No. 40 (A/39/40), p. 142.

迄今仍未拿出能被各会员国代表所接受的文本。分歧的根本在于:宣言中是否应明确规定土著居民的自决权;如果承认土著居民的自决权,其具体内容又是什么?工作组在1992年第十次会议上出示的宣言草案中曾写进了自决权,其文字表述为"土著民族依照国际法享有自决权,并据此可自由地决定其政治地位和组织结构,以及自由地谋求其经济、社会和文化发展。这一权利的组成部分为自主权和自治权"。[①] 按照工作组主席兼报告人的解释,上述措辞的自决权是指其内部方面,不含有鼓励组建独立国家的任何意图。尽管如此,许多欧美学者和有关的机构并不认为上述解释能自圆其说,因为从宣言草案文字本身来看,土著居民自决权既包括对内自决权(internal self-determination),又包含对外自决权(external self-determination)。[②]

就各国政府的立场而言,虽然一般都赞同土著居民有一定的自决权,但是尚无一个国家正式接受土著居民的对外自决权。因此,有些国家认为《土著居民权利宣言》中的"自决权"仍需缜密考虑;另有些国家坚决反对宣言载入"自决权"条款;还有的国家则主张宣言可写入自决权原则,但应将土著居民的此等权利严格限于对内方面。[③]

综上所述,国际社会要就自决权的适用范围达成共识尚需时日。尽管如此,我们还是可以就民族自决权概括出如下一些基本认识:第一,联合国倡导民族自决权的本意,无疑是为了促进战后殖民体系的瓦解。有权"自决"的主体,首先当属殖民地和半殖民地的人民以及受外国统治、奴役或剥削的民族。尽管联合国有关文件的措辞为"所有民族",但在20世纪80年代末之前,民族自决的实际运用主要是殖民地的人民和民族。

第二,国际格局在变化,国际法规范在发展。在"冷战"结束后的国际社会里,仍坚持民族自决权的传统适用范畴,不仅不符合联合国有关文件的字面含义,而且无法合理解释"冷战"后主权国家的分化、组合现象,更不能说明为何联合国还在致力于少数民族和土著居民自决权之文件的制定工作。

第三,承认广义的民族自决权,并不等于国际法已确立或鼓励现行主权国

---

① UN doc. E/CN.4/SUb.2/1992/33.

② 很多欧美学者认为,民族自决权应由两部分组成,即对内自决权和对外自决权。前者主要指自主权、自治权以及发展自我经济、文化、宗教、习俗等权利;后者则主要指独立权或脱离权,即从原主权国家脱离开组建新的独立国家的权利。

③ See Christian Tomuschat (ed.), *Modern Law of Self-Determination*, Martinus Mijhoff Publishers, 1993, pp. 42–45.

家内的少数民族、土著居民或部落享有当然的脱离权。必须明确:民族自决权并不等于分离权,后者只是前者的具体内容之一。当代和未来的国际法,应提倡并协助各国充分保证其境内的少数民族和土著居民的对内自决权,而不是鼓励后者去实现对外自决权(脱离权)。只有这样,国际法上的民族自决原则才能既维护国家的主权、领土完整和安定,又促进全球的和平与安全。正因如此,联合国及其他国际组织在处理现行主权国家的分裂问题时,一向持谨慎立场。只是在前南斯拉夫问题上,国际组织的举止难免有武断之嫌,并且已招来越来越多的非议与抨击。

(二)民族自决权与国家主权相矛盾吗?

20 世纪 80 年代末以前,由于民族自决权主要适用于殖民地的人民与民族,因而无论是在理论上还是在实践中,很少出现或引起民族自决权与国家主权相矛盾的问题。究其原因,殖民地的人民和民族原来不是宗主国的国民,国际法赋予这些民族行使自决权,成立独立国家,既保证了此等民族充分的自主权和自决权,同时又不影响有关宗主国的主权,更何况其他顺应了历史的发展。然而,在殖民地已不复存在的情况下,现行主权国家内的民族自决权则有可能碰撞该国的主权。正是由于具有这种可能性,早有国际法学者断言:“主权原则从逻辑上排除了自决权。如果国际法要保证现行国家的主权,就不能又同时允许主权在自决权的名下受到侵犯。”①

其实,民族自决权有其丰富的具体内容。如果一国境内的少数民族、土著居民或部落行使的只是对内自决权,就不大可能危及其所属国的主权,因为这一部分权利(如政治参与权、自治权、自主权)是在其所属国的管辖之下(依宪法程序)进行并实现的。实践经验表明:一个国家及其政府越是能充分保证其境内民族的对内自决权,其主权的完整性就愈加牢固。因此,一个由多民族组成的国家,要维护其内部民族的团结和其外部统一的主权,就必须在立法、行政、司法、宗教、文化、习俗等方面确保其少数民族充分享有对内的自决权。当然,如果一个现行国家内的某一民族坚持以建立一个新的独立国家的方式行使自决权(对外自决权),其结果势必影响其所属国的主权,特别是领土主权。

可见,并非所有的自决权内容均与国家主权相抵触。真正对主权构成影响的只是自决权的对外一面(脱离权)。脱离权(或分离权)之所以与国家的主权

---

① Christian Tomuschat (ed.), *Modern Law of Self-Determination*, Martinus Mijhoff Publishers, 1993, p. 23.

相摩擦,是因为二者均与领土密不可分。维护已有领土的完整是一国主权的首要内容,而脱离权则意味着原来所属国领土的必然变更。从这个意义上来讲,民族自决权与国家主权相矛盾之说,的确有一定的道理。但是,我们不可将自决权中的部分内容与国家主权的抵触,视为整个民族自决原则与国家主权的矛盾,更不可因此得出自决权与主权相互排斥的结论。

国家主权与自决权之间首先应该是一种相互并存的关系。国家主权是国际法首要的概念和基本原则,只要国际社会的基本成分仍为国家,国际法仍主要是国家间法,国家主权原则将永远是这个社会及其法律秩序的核心。国家主权的这一核心地位并不因民族自决权的形成与发展而动摇。民族自决权也并不因坚持国家主权原则和殖民体系瓦解的事实而失去其意义。只要国家管辖内存在有少数民族或部落。换言之,只要国家由多民族所构成,自决权就有其合法的生命力。

国家主权和民族自决之间还应该是一种彼此制约的关系。虽然主权原则是国际法最基本的原则,但它同时又受其他国际法原则的制约,尽管这种制约是主权者自己所施加的。民族自决权就是诸多制约国家主权的其他国际法原则之一。例如,国家依据主权原则对其境内的一切人具有排他的管辖权,但如果它对其少数民族的统治严重违反基本人权(如灭绝种族),有关的民族就可以行使自决权,从该国分离出来。至于民族自决权受国家主权制约的情形,则更为明显。从某种意义上来讲,自决权是以国家主权为前提的。没有主权的国家,就无从谈论民族的自决,殖民体系瓦解后,情况更是如此。更何况民族自决权的实现(特别是对内自决方面)还取决于有关主权国家的准允。即使有关民族在行使脱离权时并不一定非取得原所属国的同意不可,但事实上,只有在得到国际社会其他绝大多数主权国家的承认与支持的情况下,其脱离权才具有真正的意义。

笔者还以为,在全球殖民体系完全消失之后,民族自决权应该是国家主权原则的一个外围规范。在"冷战"结束后民族分立主义势力高涨的情势下,正确认识主权原则与自决原则的主次关系尤为重要。正如一位美国学者所呼吁的,"世界社会的目标应该是防止国家的分裂;如果这不可能,也应以对公共秩序造成最低破坏的方式来处理"。① 只有这样,国际社会才能协助国家抑制极端的民

① The ASIL Proceedings,1994,p.43.

族主义,保证各国国内社会的长治久安,从而赢得国际社会持久的安全与和平。近几年的教训表明:联合国及其他重要的政府间组织如何处理这两项原则的主次关系,对有关国家和民族的命运乃至整个全球社会具有重要的影响。

二、国际组织与国家主权

许多欧美学者认为,自20世纪90年代以来,国家主权一直面临着两方面的压力:一是上述的极端民族主义思潮导致主权国家的破裂;二是国际组织这一新的“帝国”不断地在挖国家主权的“墙脚”。① 谈到国际组织与国家主权的关系现状时,有人还形象地把主权比作瑞士干酪(Swiss Cheese),②其中有被国际组织穿刺的形态各异的窟窿。有人把国家主权和国际组织的关系比作一张带有大小不同洞孔的白纸,其中纸好比国家主权,原本是完整的;大大小小的洞孔则如同被各种全球的和区域的国际组织所侵吞的主权成分。③

据有关统计,目前由国家或政府创建的国际组织已近2000个,平均每一个主权国家创立了10个以上的政府间组织。而且除政府间组织和民间组织之外,还出现了一种新型的第三代国际组织——国际组织间的组织(inter organizational organizations)。最重要的是,国际组织的职权与活动已涉及人类生活的各个方面,几乎是“无孔不入”。因此,从国际组织的发展、影响与作用来看,将20世纪说成是“国际组织爆炸的世纪”或云“国际组织是本世纪兴起的一个新帝国”,并不显得夸大其词。

然而,现代国际组织的数量急剧增加,并不当然构成对国家主权的威胁。同样地,各种国际组织拥有广泛职权和其活动范围不断发展,并不当然构成对国家主权的损害。因为道理很简单:各国不可能达成协议建立一个处处威胁或损害其主权的国际组织。问题的关键在于如果一个国际组织,特别是像联合国这样的重要政府间组织,行使超越其章程的职权,这就不仅违反了包括该组织的组织法在内的国际法,而且会对国家主权造成损害或带来威胁。这种后果似乎在“冷战”后的有关国际组织的实践中得到了证实。

(一)国际组织对国家主权的“硬碰撞”

与苏联和捷克斯洛伐克的解体不同,前南斯拉夫作为一个主权国家的崩

① The ASIL Proceeding, 1994, pp. 53, 54.

② 瑞士干酪是一种硬干酪,其中有形状各异并且位于不同方位的洞孔。

③ The ASIL Proceedings, 1994, p. 52.

溃,不仅一直与武装冲突甚至战争相随,而且先后有重要的国际组织不同程度的介入,如联合国、世界银行、国际货币基金组织、欧洲共同体等。其中,国际货币基金组织和欧洲共同体在处理前南斯拉夫问题上所采取的措施与行动,就本文的主题而言,的确发人深省。

1992 年 12 月国际货币基金组织讨论当时的南斯拉夫社会主义联邦共和国在该组织中的成员国地位问题。该组织的执行董事会认为,南斯拉夫社会主义联邦共和国已不复存在,从而决定停止其作为国际货币基金组织的成员资格;同时还决定:由波黑共和国、克罗地亚共和国、前南斯拉夫的马其顿共和国、斯洛文尼亚共和国和南斯拉夫联邦共和国,为前南斯拉夫社会主义联邦共和国在该组织中的财产和债务继承者。董事会还为 5 个共和国确定了各自的份额,并要求每一位继承者在 1 个月内通知该组织其是否接受所分配的比例。

国际货币基金组织的上述决定,与其说是裁定一个主权国家在该组织的成员资格,不如说是决定和宣告一个主权国家是否存在。当一个国家处于内乱或武装冲突时,并在该国境内少数民族或几个民族纷纷要求独立的情况下,政府间国际组织通过审查成员国地位的方式作出原国家消亡并承认新国家的正式决定,这在"冷战"结束之前实属罕见。也许,国际货币基金组织的决定是否超越了其章程是一个有待进一步研究和有争议的学术问题,但它实质上影响现行主权国家命运之事实却毋庸置疑,更何况当时的南斯拉夫并未宣布解散,而仍在致力维护国家的统一和领土的完整。即使前南斯拉夫的瓦解已成事实,而且不存在任何国际法上的疑问,也应由 5 个新成立的主权国家自主并通过谈判协商或其他和平途径来继承前南斯拉夫在国际货币基金组织的财产与债务。

必须承认,在 1991 年夏季以前,欧洲共同体的立场是尽一切努力维持前南斯拉夫的统一。但是,从 1991 年 11 月起,随着前南斯拉夫内部局势的日趋恶化,特别是某些第三国过急承认新独立的共和国,欧洲共同体的政策发生了明显的变化。在其处理前南斯拉夫问题的过程中,"欧洲共同体南斯拉夫会议"(后被"前南斯拉夫国际会议"所取代)的一个仲裁委员会扮演着极为重要的"军师"角色。尽管该委员会的咨询意见不具有约束力,但是如今回过头来看,这些咨询意见不仅对欧洲共同体的前南斯拉夫政策具有至关重要的直接作用,而且对整个国际社会确立和调整对前南斯拉夫的立场与行动产生了不可忽略的影响。

1991 年 12 月 16 日,欧共体部长理事会发布了两项关于承认新国家的宣言,其中一项是关于指导承认苏联和东欧的新独立国家,另一项则专门针对南斯拉夫。部长理事会还要求：凡是想获得承认的前南斯拉夫的各共和国应向仲裁委员会提出申请，并由后者就有关的申请者是否符合宣言中确立的各项标准发表咨询意见。为此，仲裁委员会还专门制作了“申请表”，并发送到了各共和国，要求它们在递交填写后的“申请表”时附上各自的宪法副本和有关承诺的笔录。不久，波黑、克罗地亚、马其顿和斯洛文尼亚均按时递交了各自的申请。仲裁委员会只用了两周的时间就发布了其评估意见，即第4－7号咨询意见。该委员会认为，斯洛文尼亚和马其顿完全符合宣言中的国家标准，只不过强调后者的“马其顿”国名不能含有向另一国（意指希腊）寻求任何领土的主张。至于波黑，委员会认为“波黑各民族组建波黑社会主义共和国作为一个主权和独立国家的意愿尚不能断定已完全形成”，并建议用全民公决的方式解决。正如一位前南国际会议法律顾问所指出的，委员会的这一建议是一个“毁灭性”的动议，因为波黑宪法中没有全民公决的规定。① 结果，当举行全民公决时，塞尔维亚人联合抵制。塞尔维亚人正是以波黑全民公决违反了宪法为借口，坚决主张成立其独立的国家，从而导致波黑地区战火连绵不断的复杂局面。关于克罗地亚，委员会断定它基本符合国家的要件，但其宪法的有关规定尚待完善。至于“前南斯拉夫社会主义联邦共和国”，委员会于1992年3月18日裁定其已不复存在。最后，对于新的南斯拉夫联邦共和国，委员会裁定其不是前南斯拉夫的唯一继承者，只是5个继承者之一。

如果上述国际货币基金组织采用的是间接手段（通过审查成员国资格）干预前南斯拉夫命运，欧共体及其设立的仲裁委员会则是赤裸裸地先确立国家的标准，然后审查并断定前南各政治实体的主权前途。如果国际货币基金组织的行为还有一定的组织法作依据，欧共体的举止在法律上则很难令人信服。首先，尽管前南斯拉夫及其共和国与欧共体及其成员国在地理、政治、经济、宗教、文化等方面有千丝万缕的联系，但它们毕竟不是欧共体的成员。所以，欧共体的超常干预没有类似国际货币基金组织那样的组织借口。其次，作为一个区域性组织，它设立仲裁机构来审查和裁定一个第三国及其有关当事共和国之间的争端，尤其是涉及主权这一重大问题，且事先不征得争端当事国（方）的同意，这在国际法上除了难以逃脱侵犯主权的责难外，是寻觅不到法理依据的。

尽管仲裁委员会的意见名义上仅与欧共体发生关系且属于“咨询”性质，但

① The ASIL Proceeding, 1994, p. 36.

实际上产生的影响远远超出了"咨询意见"应有的能量与作用。后来欧共体及整个国际社会对南斯拉夫问题作出的反应都在一定程度上与该委员会的裁定密切相关。除前述国际货币基金组织的决定有明显的影响之痕迹外,联合国大会和安理会对大多数前南斯拉夫共和国独立的即刻承认,以及对个别共和国的延缓承认,都很难说不是受"咨询意见"的影响。

除了前南斯拉夫这一典型事件外,有的欧美学者还将国际组织,特别是联合国的维和行动和制裁措施也列入国际组织"硬碰"国家主权的事例。当然,撇开这类行动与措施的国际合法性,单就行动和措施本身而论,它们既然是直接针对有关国家的强制行动,就必须撞击和限制其主权。此外,国际组织在不事先征得有关国家同意的情况下,在一国设立"安全区",无疑也是"冷战"后直接限制国家主权的强制措施。

(二)国际组织对国家主权的"软侵蚀"

上述"硬碰撞"的显著特点是国际组织限制国家主权的行动与措施并不事先征得东道国的同意。国际组织这种公然侵犯国家主权的行为毕竟是有限的。相比之下,国际组织对国家主权的"软侵蚀"则司空见惯,而且呈现与日俱增的势头。"软侵蚀"的特点是,国际组织的行动与措施一般均事先征得有关国家或当事方的同意。其主要表现为有关国家将部分主权权利持久地转让给国际组织,或者甘心让国际组织在该国暂时行使主权权利。

欧洲联盟是主权权利持久地转让给国际组织的最突出典型。这个由西欧诸国扶植的"帝国",不仅其内部组织结构形同主权者,而且在许多领域实际行使着过去属于国家的主权权利——从关税、贸易到整个商业政策,从劳动就业、人员流动到社会福利政策,从运输、农业、渔业、竞争到环境与科技发展政策,从司法协助到内务合作政策,从政治合作到共同外交与安全政策。总之,从内政到外交,欧洲联盟的立法、行政和司法权或是排他的,或是与成员国并存或混合的。由于这种主权权利的转让具有持久性,且经国际条约固定下来,国际组织在其管辖的范围内所行使的职权,如同国家所行使的主权一样具有稳定性。

联合国是国际组织在其成员国暂时行使主权权利最突出的代表。例如,在会员国的国家重建方面,联合国自1988年以来,先后在纳米比亚、柬埔寨、索马里、萨尔瓦多、安哥拉、莫桑比克、卢旺达、南非和前南斯拉夫等国组织和实施国际监督下的民主选举。在上述这些国家中,联合国实际上是行使国家的主权,因为一国实行何种政体、组成什么样的政府、以何种方式产生新政府,历来是国家主权管辖的事项。不过,一旦选举结束,新国家或新政府得以建立,联合国就将有关权利交还给相应的国家,并撤出其派驻机构或人员。所以说,联合国以这种方式行使有关会员国的主权权利只是暂时的。此外,有些学者还将联合国的有关机构,如人权委员会、防止种族主义委员会、妇女权利委员会,要求会员国政府定期报告和答复有关状况和问题,均看成"软侵蚀"国家主权的表现,因为这些涉及人权的状况和问题一向也是国家主权管辖的事项。至于有的学者还将联合国秘书长的斡旋视为对国家主权的"软侵蚀",①则未免显得牵强附会。

三、国际法的新发展与国家主权

自《威斯特伐利亚和约》以来,国际社会一直是一种横向的国家间社会。这种平面式的社会结构决定着国际法主要是调整主权国家间的横向关系。尽管"冷战"结束后国际关系发生了剧烈变化,但由于国际社会的基本结构依旧,"冷战"后时代的国际法仍将主要是一种国家间法。与此同时,我们也应注意到国际法的一个新发展动向,即越来越明显地朝着纵深的方向挺进。国际法不断地向国家管辖的领域渗透,使国家主权管辖的空间持续地缩小。

(一)属地优越权的缩小

属地优越权是国家主权的3大要素之一,表现为一国对内的独立权。其主要含义为国家在其境内拥有独立自主地处理一切事物的权力,如制定与通过其认为适合其国情的宪法,设立相应的政府机构,制定必要的法律,实施有秩序的国内社会政策。然而,国家的这种对内自主权已被国际法"打了折扣"。

尽管一国的立宪和政府组成并不受国际法的制约,但"冷战"后的实践显示:如果一个新独立的国家要获取国际承认,在国际社会赢得一席合法的地位,则其宪法还需要符合一定的条件。虽然欧洲共同体对前南斯拉夫各共和国的独立所附的条件以及采取审查宪法的做法既不是一般国际法,也非国际习惯法,但是它开创的这个先例,不仅未曾遭到任何的责备或质疑,反而得到了有关当事国的认同,尤其是得到联合国及其会员国的默许。这的确令人费解。我们也许有很多理由辩称前南斯拉夫问题是一个例外,但无论如何,由国际机构确立新国家的标准并评估和审查新国家的宪法之做法,不能不说是严重干涉了"本质上属于国内管辖的事项"。

---

① The ASIL Proceedings, 1994, p. 38.

如果上述事例尚属特殊,那么国际法干预和限制国家的经济主权的事例则不胜枚举。仅以新成立的世界贸易组织及其法律制度为例,我们就足以领略到国际法使国家的属地权缩小到何种地步。乌拉圭回合《最后文件》所含的各项协定所触及的"大量政策领域过去一直被认为是国内政策的排他领地"。① 在货物贸易领域,成员国不仅不能随意制定关税税则,而且在实施各种非关税措施方面还得"小心翼翼",就连一些"灰色领域"措施(如自愿出口限制、有秩序的销售安排等)也被限期废除和禁止使用。更有甚者,成员国在实施农业政策和补贴政策时不能不顾及世界贸易组织有关协定的规定。即使是必要的技术标准和措施,如产品质量检验、原产地标准、卫生检疫、装运前检验,也不仅要有透明度,而且还必须符合有关的国际标准。尤其引人注目的是,成员国与贸易有关的投资政策和知识产权的保护措施均必须遵守相应协定中的原则和规则。更使人们关注的是,一向为国内管辖的金融、保险、基础电信等服务行业,今后也要受制于《服务贸易总协定》及其他专门协定。最后,不可忽视的是,世界贸易组织刚刚立足,就"马不停蹄"地向国内管辖的其他领域进军,竞争政策、环境政策和社会标准已被该组织列为"新的贸易议事日程"(new trade agenda)。由此可以断定:在国家间相互依存表现得最为突出的贸易领域,纯属国家属地优越权管辖的部门和事项似乎已经萎缩了不少。

(二)属人优越权的缩小

属人优越权是国家对其国民享有的最高管辖权。然而,国家这一管辖权在很大程度上受到人类整体利益观念、国际人权和国际人道主义法的挑战。

国际人权问题是第二次世界大战后发展最快的国际政治与国际法问题之一。在联合国的作用下,国际人权继第一代人权(个人的基本权利)、第二代人权(经济和社会方面的集体人权)之后,已进入以和平权、环境权、发展权和人类共同继承权为标志的第三代人权概念的阶段。有专家断言:随着第三代人权概念的出现,国际法将出现一个新的主体——人类本身。② 可以预测:如果人类整体作为国际法主体得到确立和国际公认,那么国家的属人优越权势必不再"优越"了,因为个人不仅只是以国籍作纽带而成为一国的国民,而且还同全球的个

① Pitou Van Dijck& Gerrit Faber(ed.), "Challenges to the New World Trade Organization", *Kluwer Law International*,1996,p. 16.

② See Mohammed Bedjaoui (ed.), *International Law: Achievement and Prospects*, Martinus Nijhoff Publishers, 1991. p. 13.

人一起构成人类的整体而成为国际法的主体。在当代和未来的国际法中，当国家的主权利益与人类的整体利益发生冲突时，前者无疑应服从后者。因此，除了国家的公民权利、民族政策、社会保障政策、性别政策、弱者权利等须尊重有关的国际人权公约之外，国家的安全与防务政策、技术与发展政策和环境政策也应顾及整个人类的和平权、发展权、环境权和共同继承权。国家不可为自身主权的完整而无视人类整体利益，因为此等“无视”有可能导致危及地区甚至整个国际社会的安全。国家不可为自身的经济发展而不顾甚至破坏环境，因为一国的生态失衡和环境污染会殃及邻国和全球。国家更不可凭借其技术和经济优势在极地、国际海底和外空主张主权，因为这些地区或区域是人类共同的继承财产。

与国际人权法一样，国际人道主义法自纽伦堡和东京军事法庭以来，特别是“冷战”结束之后，有了很大的发展。为了在战时保护无家可归者和实施人道主义援助，联合国安理会曾先后通过有关决议，在伊拉克和前南斯拉夫境内建立安全区。在冲突地区设立安全区是一个新概念，其实践引起了一个极为敏感的国际法新问题：建立安全区或实施人道主义援助是否应事先征得东道国的同意？根据国家主权和不干涉内政原则，回答无疑是肯定的，理由如下：(1)安全区的建立地点或人道主义援助的实施地点均在东道国领土上；(2)安全区和人道主义援助的目的是保护和救济无家可归者，而这些无家可归者属于东道国的国民。然而，安理会通过的第688号决议(关于在伊拉克建立保护库尔德人的安全区)并未征求伊拉克的同意。尽管这一决议在国际法学界引起了不少的争议，①但它毕竟曾经得到实施。“冷战”后的一系列国际人道主义援助措施似乎表明：在紧急情况下(如战争、大规模武装冲突、种族屠杀)，国际人道主义措施并非必须征得东道国的同意不可。可见，“冷战”后时代依据国际人道主义法采取的措施对有关国家的主权构成了限制。

四、结论：国家主权的辩证法

“冷战”结束后，不论一些国家的民族纷纷导致新的独立国家也好，还是国

---

① 有一种观点认为，安理会的这一决议是越权行为，因为建立安全区是人道主义目的，而安理会的职权是维护国际和平与安全，并无人道主义干涉权。参见 Najeeb Al-Naruimi and Richard Meese (ed), *International Legal Issues Arising Under the United Nations Decade of International Law*, 1995, pp. 829 – 831。

际组织及国际法越来越明显地渗透到(有时甚至是“粗暴地闯入”)国家主权传统的管辖领域也罢,均是这一时期国际社会的新现象。这些现象固然对国家主权带来了不同程度的冲击和影响,但并未从根本上动摇国家主权构成国际关系的基础和国际法的核心之神圣地位。民族独立、国家分裂、国际组织职权膨胀与国家主权的关系,在国际法中是现象与本质的关系。一方面,我们不可被特定时期的突发事件和纷繁现象蒙住眼睛,看不清主权这块“基石”;另一方面,又不可忽视“基石”周围的“气候变幻”及其影响。在当今国际范围内主权概念再度混乱的情势下,运用辩证法来认识主权的一些基本问题显得特别重要。

首先,主权的界定与属性不能含糊。历来的国际法文件、教科书、判例无不将主权与国家、主权与独立、主权与领土、主权与最高权等概念紧密地联系在一起,甚至有时相提并论。早在1928年,胡贝尔法官就指出:主权“在国家间关系中意味着独立。涉及地球某一部分的独立就是在这一部分行使一个国家职能的权利,这种权利是排除任何其他国家的”。①《奥本海国际法》(第9版)仍将主权定义为国家的最高权威,这种权威在国际平面上意味着在法律上不隶属于地球上任何其他权威的法律权威。② 这是迄今关于主权概念的最新权威表述。可见,主权者,国家也,反之亦然。

正确认识主权概念,必须与国际法上的主体、自决权、组织职权等相关概念区别开来。虽然现代国际法承认国际组织和争取独立的民族是国际法主体,但这些实体或群体并不享有主权。正因如此,它们的国际法主体资格不可与主权国家同日而语。同样地,尽管国际法确认具有宗教、文化、地理、语言和习俗等特征的民族享有自决权,但这种权利绝不是主权,而且这种权利的实现在很大程度上还取决于主权者的承认与合作。类似地,虽然一些重要的国际组织享有广泛的职权,而且这些职权有时与国家主权发生碰撞,甚至有的职权还具有明显的超国家因素,但它们毕竟是国家赋予的职权,而不是主权,至多也只是主权含义中的某些具体权利。因此,仅根据“冷战”后出现的特殊现象而提出国家主权过时论、主权多元论或主权分散论,不仅在理论上经不起推敲,而且也不符合国际社会的现状。

其次,国家主权是神圣的,但又不是绝对的。国家主权的神圣性是国内社会和国际社会的基本结构所决定的。正如梁西先生所生动描绘的,国内社会是

---

① Records of International Arbitration Awards, Vol. 2, p. 838.

② 参见《奥本海国际法》(第9版),中译本,第92页。

一个“宝塔式”的社会,其中国家的主权表现为国内最高的立法、司法和行政权威,没有这些国家的最高权威,国内社会就会陷入无政府状态。因此,维护国家主权的神圣地位,是国内社会稳定与发展的前提。国际社会是一个众多“宝塔”林立的社会。由于在这个平面式社会里还没有也不可能有统一的最高立法、行政和司法权威,所以就更需要坚持和维护彼此独立与平等的国家主权,彼此尊重主权。只有这样,国际社会才能少一些战争与冲突,多一些和平与安全;才能少一些强权与敌意,多一些平等与合作。

我们强调国家主权的神圣地位,并不等于将它推至极端。就像国内社会的任何人不可能有绝对权利和自由一样,国际社会的任何国家不可能享有绝对的主权。正如一位印度国际法学者所断言的,“现实生活给予国家绝对独立的程度并不比给予个人的独立程度高”。① 而且如同个人在社会的独立必须在法律约束之中一样,各国的主权独立也必须在国际法律范围之内。这一范围的首要原则是,各国主权平等,都要平等地受国际法的约束。国家主权之所以不可能是绝对的,还有国际社会内国家间的相互依存性这一根本的原因。现代科技和交通信息的高速发展,使这个世界变得越来越小。在这个小小的“地球村”里,一国的生存与发展还取决于全球的可持续发展;而要谋求这两个方面的发展,就必须在一些领域适当限制国家的主权。但是,这种限制必须是全球共同利益所必需的,而且是公认为国际法原则所允许的。

最后,主权的制约者恰恰是主权者自身。在纷繁复杂的现代国际社会中,制约国家主权或侵蚀国家主权的因素的确很多。有趣的是,归根结底,限制主权的真正“幕后操纵者”是国家本身。本文涉及的限制主权的各种现象,大都是国家“自作自受”或“心甘情愿”的。以现行国家的瓦解为例,这实际上是国家努力将民族自决确立为国际法原则的结果。可以试想:如果国家不将民族自决升华为有约束力的法律规范,有关民族想建立独立的国家也就找不出国际法的依据;即使擅自建立了独立国家,其国际法上的合法性也会存在疑问。国际组织及国际法的情形也是如此。正是国家创立了国际组织,并赋予它们为实现其宗旨所必需的职权;正是国家不断制定和完善国际法来约束自己。另外,一旦国家发现其主权受到过分的限制,它又会通过行使主权来调整有关的制约因素。一般都认为,欧洲共同体是限制国家主权最多的一个国际组织。然而,成

---

① R. R. Anand, *International Law and the Developing Countries*, Martinus Nijhoff Publishers, 1987, pp. 86 - 87.

员国通过缔结联盟条约注入了一个新的原则——从属原则，[①]其目的就在于抑制欧洲共同体权力不断膨胀的势头。

总之，我们不可因“冷战”后的某些国际特殊现象而渲染国家主权危机。其实，“国家主权并未怎么了”。只要这个世界还是“国际”的社会，只要调整这个社会的法还属于“国际”的法，主权将永远与国家联系在一起，掌握主权命运者将永远是国家！

① Treaty Establishing the European Union，Preamble，Arts A(2)，B(2)；Article 3b(2) EC.

国际法治视野下的国家治理现代化*

一、国家治理现代化必须顺应全球治理的发展趋势

党的十八届三中全会通过的《中共中央关于全面深化改革若干重大问题的决定》提出国家治理现代化包括国家治理体系的现代化和治理方式的现代化。这两个方面现代化的实现必须符合全球治理的标准和趋势。21 世纪兴起和迅速发展的全球治理相较传统的国际治理,在治理体系和方式上具有新的特征。

首先,从治理的主体来看,除了保持国家是基本的主体之外,全球治理更加注重各种非国家行为体的地位和作用。这些非国家行为体主要是组成国家的各个地方实体(行政区域)、政府间组织(包括所谓的"超国家"组织在内)、非政府组织、企事业单位(尤其是多国公司)、行业协会、民间团体和个人。可见,全球治理主体的多元性意味着全球事务的规范与管理权力趋于分散和多层次。从理论上来讲,治理主体的多元化所依据的法理是"从属性原则"(principle of subsidarity),即权力应尽可能由最贴近被治理者一级的实体或机构来行使,因为最贴近者最了解治理对象的所需(或疾苦),其治理方式往往最为适合和有效。

国家治理是全球治理的组成部分,国家治理的现代

---

* 本文原载于《法制与社会发展》(双月刊)2014 年第 5 期。

化在治理主体上理应符合多元化的趋势。中国治理的现代化在维护国家主权绝对权威的前提下,在广泛的经济和社会领域应着重治理权力的下放或下移,充分发挥各种非国家行为体在相应的区域或领域的规范和管理能力。

其次,从治理的方式来看,除了发挥国内层面的宪法、法律、法规、法院判决和国际层面的条约、协定、国际习惯、一般法律原则、国际判例的规范与调整功能之外,全球治理特别强调非国家行为体的规制工具,尤其是国际会议和政府间组织决议、非政府组织的建议、国际行业组织和多国公司的自律规范(行为准则)等文件。这些非国家行为体的治理工具,有的在特定的领域或范围内具有硬法性质的约束力,有的仅具有软法性质的倡导或指导作用。但是,它们通常都是传统的国际硬法在相当长时期内所无法替代的。

中国治理的现代化除了继续坚持国家法律、法规的基本规范地位之外,不应忽略各种非国家行为体的工具在国家政治、经济和社会各个领域应有的作用。例如,应鼓励人权保护和环境保护领域非政府组织和民间团体的促进与监督作用,激励各种行业协会建立相应的自律规章和企业社会责任制度,促进中国企业在国际贸易和国际投资领域建立权益申诉和保护机制,支持社团在解决民间纠纷、化解社会矛盾和构建和谐社会中的功能。

最后,全球治理在经济领域特别注重市场经济的基础和中心地位,尽管在特定的领域、部门或情形下适当或适度的国家和政府干预或管控是必要的。虽然中国在加入世界贸易组织(World Trade Organization,WTO)的推动下一直致力于加快市场经济的步伐,而且已有 80 多个 WTO 成员承认了我国的市场经济地位,但是仍有相当部分的 WTO 成员,尤其是起主导作用的成员没有给予承认。

二、国家治理现代化必须与国际法治的目标和原则相一致

国家治理现代化的核心标志是国家治理体系和治理方式的民主和法治。但是,必须强调的是,中国治理的现代化不仅要具有中国特色的民主和法治,还必须与国际法治的目标和原则相一致。这是因为:

首先,国内法治是国际法治的组成部分。联合国从 1996 年开始,每年都要就国际法治作出专门的决议,2012 年还专门召开国际法治高级别会议,并通过了《国际法治高级别会议宣言》。联合国的法治决议和宣言所定义的国际法治包括国际和国内两级。所以,中国的法治无疑是国际法治的组成部分。法治中

国建设不仅是国家治理现代化的需要，而且直接关系中国践行国际法治的问题。这是由中国在国际上的地位所决定的。中国是世界上最大的发展中国家，是联合国五大常任理事国之一，话语权重。所以，以法治为核心的中国治理现代化事关中国作为负责任大国的国际形象和影响力。

其次，民主是国际法治的基本目标之一，也是国家治理现代化的政治基础。21 世纪以来联合国通过的《千年宣言》《世界首脑成果文件》和《国际法治高级别会议宣言》等重要文件无不强调民主作为社会良治的重要性，以及它与法治和人权的密切关联。虽然国际上并没有统一的民主政治的模式，但是已经形成了各国普遍认可的民主价值。这种民主价值表现为一系列基本原则，如立法决策机构组成的广泛的代表性、立法与决策参与的充分性和平等性、立法与决策及其实施的透明性。

最后，司法公正是国际法治的最终防线。司法公正原则包含的内容丰富，其中最为根本的是以下 3 个基本方面：一是建立完善的司法体系，为当事人提供便利的司法救济；二是恪守司法平等，确保当事人平等参与审判和平等适用法律；三是遵循正当程序，制定科学和完善的诉讼法律，并保证其在具体案件中得到完整的实施。目前，我国已经启动司法改革的试点，并将对全面深化司法体制改革作出整体部署。

三、国家治理现代化必须重视国际法的地位和作用

在全球治理的时代，国家治理现代化进程中不可忽视国际法的地位和作用，因为它是整个国际社会必须遵守的行为规范。在这一方面，我国需要完善的地方较多，以下举例说明。

首先，在指导思想上，我国的立法机关和相关的政府部门应克服轻视国际法的苗头。前段时期，有关部门在对有关部门法进行修订的过程中，将原有的关于“与我国参加的国际条约的规定不一致时，适用国际条约”的规定删除，认为这种规定有损国家主权。此举显然有悖于国家治理现代化和国际法治的基本要求，与世界大多数国家的实践不一致，应予以及时纠正。

其次，我国应启动修宪程序，在宪法中明确规定国际法或国际条约和国际习惯在我国法律体系中的地位，从而提升中国在国际上的正面形象。

再次，应尽早启动修订我国的《缔结条约程序法》。我国现行《宪法》和《缔结条约程序法》只规定国家主席对于重要条约享有批准权，没有规定签署权。

然而在实践中,有的双边友好合作条约由国家主席签署,有的是国务院总理签署的。我国香港和澳门两个特别行政区都规定了有关领域的条约缔结权,《缔结条约程序法》却没有相应的明确规定。此外,国务院各部委在缔结条约程序中的具体职权也缺乏明确的规定。如此种种,需要通过法律修订程序予以完善。

最后,为适应国际社会越来越重视运用国际司法机构机制解决国际争端的趋势,我国应适当调整自己的立场和策略。长期以来,我国坚持通过友好协商解决国际争端,对于国际条约中规定通过国际法院解决争端的条款一般都提出保留。近年来,我们通过加入 WTO 接受了该组织的争端解决机制,并在一些双边自由贸易区协定中规定了仲裁方法。

第二编　WTO法

世界贸易组织:过去、现在和未来*

一、世界贸易组织的历史回顾

1944 年布雷顿森林会议通过了《国际货币基金组织协定》和《国际复兴开发银行协定》,从而建立了国际货币金融秩序。这次会议还建议,各国应就“减少国际贸易障碍和促进互利的国际商业关系”之方法与途径达成协议。1946 年在美国和欧洲一些国家的倡议下,联合国经济和社会理事会决定召开一次国际贸易与就业会议,并成立了一个筹备委员会着手起草国际贸易组织章程。1947 年 11 月至 1948 年 3 月,23 个国家的代表参加了在哈瓦那召开的联合国贸易与就业会议,通过了国际贸易组织章程草案。会议期间还进行了首轮关税减让谈判,并达成了 100 多项关税减让协议。为使谈判的结果尽快付诸实施,与会代表同意将国际贸易组织章程草案中涉及关税与贸易的条款摘出,构成一个单独的协定,命名为《关税及贸易总协定》(以下简称关贸总协定)。关贸总协定经 23 国签署《临时适用议定书》的方式,于 1948 年 1 月 1 日起,在国际贸易组织成立前临时适用。后来,该组织因其章程在美国和一些欧洲国家未能完成宪法规定的批准程序而流产。关贸总协定则一直适用至 1994 年 12 月 31 日。

---

* 本文原载于《百科知识》1995 年第 10 期。

在1945年10月28日至1955年3月18日召开的关贸总协定审查会议期间.根据有关国家的提案,与会代表曾起草了一个简短的贸易合作组织章程。根据章程规定,拟建的贸易合作组织由以下3个主要机构组成:(1)全体成员国组成的大会;(2)经特别挑选的成员国包括5个经济大国在内的执行委员会;(3)秘书处。该组织的基本职能是"管理关贸总协定"。然而,由于这一章程在美国同样要经过国会的批准,而美国政府又一次难于闯过国会的关口,以致建立国际贸易组织的尝试再遭失败。在后来的多边贸易谈判中,几乎再未讨论建立组织的事项。

随着国际贸易的发展,关贸总协定不得不在其"临时适用"过程中探索组织结构的自我建设之路。它先后在实践中形成了定期举行缔约国全体大会的制度,通过大会决议的方式设立了代表理事会,并使国际贸易组织临时委员会事实上成为关贸总协定的秘书处。此外,关贸总协定还建立了各种专门委员会、工作组和专家组。尽管如此,关贸总协定毕竟本质上仍是一个多边条约,而且由于它的"临时适用"性,其组织体制难免给人一种不稳定的感觉。

为从根本上解决国际贸易领域的组织问题,以适应关贸总协定不断向新的部门延伸的需要,1986~1994年的乌拉圭回合将建立多边贸易组织问题再次提上议事日程。经反复磋商,终于达成共识,最后于1994年4月15日签署了《世界贸易组织协定》。该协定与乌拉圭回合达成的一系列多边协定一起,于1995年1月1日正式生效,从而使半个世纪的夙愿终于实现。世界贸易组织的诞生,标志着关贸总协定结束其作为一个事实上的临时国际组织的历史使命,而由一个永久性的政府间机构所接替。

二、世界贸易组织的特征

根据《世界贸易组织协定》,世界贸易组织具有独立的法律人格,享有为履行其职责所必要的特权和豁免。而且世界贸易组织及其官员(包括成员国代表)的特权与豁免与联合国大会1947年通过的《专门机构特权与豁免公约》所规定的相类似。

世界贸易组织的成员分为两大类:一是创始成员;二是接纳成员。凡是1947年关贸总协定的缔约方,并接受世界贸易组织协定以及乌拉圭回合各多边协定者,均自动成为创始成员;凡1995年1月1日后经法定程序申请和批准加入者为新接纳的成员。

世界贸易组织的主要职能有:(1)为世界贸易组织协定和乌拉圭回合多边协定的实施、管理和操作提供条件,并推动其各项宗旨的实现;(2)为各成员国之间涉及世界贸易组织协定附件中各项协定规定之事项的多边贸易关系提供谈判场所,也可为各成员之间就部长会议决定的多边贸易关系的进一步谈判提供场所,并为这种谈判结果提供实施的框架;(3)管理《关于争端解决规则和程序谅解书》的实施;(4)管理"贸易政策审查机制"的运作;(5)与国际货币基金组织和世界银行及其附属机构建立适当的合作关系,以在全球经济决策方面取得更大程度的协调。

为实现其宗旨和履行其职能,世界贸易组织在关贸总协定的基础上编织了一套新的组织结构网。设立的主要机构有:(1)部长会议,它是世界贸易组织的最高决策机构,由各成员的代表组成,至少每2年举行一次会议。(2)总理事会,也由各成员的代表组成,在部长会议闭会期间适当举行会议,它既是决策机构,又是总执行机构。在它的领导下,还分设了货物贸易理事会、服务贸易理事会、与贸易有关的知识产权理事会。总理事会还应在适当的时候履行争端解决机构和贸易政策审查机构的各项职责。(3)秘书处,其首长为总干事,由部长会议任命,秘书处的职员则由总干事任命。此外,上述各个主要机构还设立了各种专门委员会和附属机构。有关的多边协定还设立了相应的管理委员会。可见,世界贸易组织将会形成一个庞大的组织体系。

在决策程序方面,世界贸易组织基本上沿袭关贸总协定的协商一致的做法。但是,当不能以协商一致的方式作出决定时或者在待定的事项方面,则应投票决定。在部长会议和总理事会中,各成员享有一个投票权。当实行投票表决时,部长会议和总理事的决定以参加投票的成员的多数禀为之。对于各多边协定的解释和成员义务的豁免等事项,则须经3/4的多数决定。此外,对于世界贸易组织协定和各多边协定的修正及其生效,则根据修正的条款,分别规定了全体一致、2/3和3/4等不同的表决方式。

三、世界贸易组织的未来

根据经济合作与发展组织的研究预测,世界贸易组织将在10年之内使世界经济收入每年增长2740亿美元。然而,有些国家则认为,世界贸易组织将使国际贸易的自由化过快,过快的自由化会"使富国受益,穷国遭殃"。无论是应验前者预测的目标,还是避免后者估计的结果,在很大程度上取决于世界贸易组织所能发挥的作用。在未来的征途上,世界贸易组织可谓任重道远。

首先,作为世界贸易组织法组成部分的各项乌拉圭回合协议,在各项有关领域虽不乏具体而明确的契约性规则,但从总体上来讲,大都认为框架式安排,仍有待于世界贸易组织在未来的活动中去逐一落实。特别是在服务贸易、纺织品与服装贸易、与贸易有关的知识产权、与贸易有关的投资措施、农产品贸易等领域,该组织今后的任务尤为繁重。

其次,无论是关贸总协定,还是各项乌拉圭协议,一个显著的特点是每个法律文件均含有大量的例外条款,其数量和种类之多是其他国际条约所罕见的。因而,国外有的学者将其喻为"例外的迷宫"。诚然,这种现象在任何部门国际法中都是存在的,只不过在关贸总协定及世界贸易组织法中显得更为突出。它恰恰表明:如同国际法律秩序中的其他条约一样,总协定和乌拉圭回合协议是在各成员国之间妥协的基础上形成的,并在妥协中发挥作用。关键在于世界贸易组织今后如何运用职权把握住自由贸易这一核心原则与各种例外规定之间的平衡,以便其成员国在运用例外的实践中不致脱离合法的轨道。

此外,尽管世界贸易组织所建立起来的国际贸易秩序是一个相对独立的法律体系,但它不可能孤立地存在,还要深受国际社会各种复杂的因素影响,特别是国际政治的制约。

最后,以世界贸易组织为核心的国际贸易法律体系是现代国际法的一个重要分支,它的作用有其固有的本质上的局限性。国际法并不是以统治权为基础的秩序,而只是以主权者平等协作为基础的秩序,是一种比较软弱的法律体系。世界贸易组织能否富有成效,乌拉圭回合协议能否得到切实执行,从根本上仍有赖于各成员国在实践中依法履行国际义务,进行真诚的国际合作。因此,人们不可能期待世界贸易组织将成为广大成员国对外贸易活动的超国家机构。

然而,当今和未来的世界毕竟是一个相互依存的社会,无论是富国,还是穷国,其国内经济社会的发展在很大程度上取决于一个良好的国际政治秩序和经济贸易秩序。因此,社会发展的客观规律要求各国在主权平等的基础上加强国际协作。世界贸易组织的问世就是这一客观规律的必然产物,并且它仍将遵循这一客观规律来维持其应有的地位。人类满怀希望:世界贸易组织将在提高生活水平、保证充分就业、保障实际收入和有效需求的持续增长、扩大世界资源的充分利用和发展贸易的崎岖道路上,做出应有的贡献。

论世界贸易组织的法律体系*

法律体系，通常指由一个国家的全部现行法律规范组合为不同的法律部门而形成的有机联系的统一整体。[①] 任何一种法律体系，虽然其法律规范所调整的社会关系不同，具有不同的形式和内容，但其构成要素大致一样：(1)一个法律体系由若干个彼此既独立又相互联系的法律部门或法律制度构成；(2)一个法律体系内各种规范的制定者、制定程序和实施手段均具有一致性；(3)一个法律体系的各种规范之间存在一定的等级关系；[②](4)一个法律体系的各种规范通常受共同的基本法律原则指导，具有内在的协调性。可见，法律体系所表明的是一种法律的各种规范的个性、共性、内在联系和协调一致性。

我们研究世界贸易组织及其法律制度，首先必须弄清这一新型国际机构的法律体系。本文试就世界贸易组织的法律构成、世界贸易组织各部门法律制度之间的关系以及世界贸易组织与关税及贸易总协定（以下简称关贸总协定）的关系等基本问题作些探讨。

---

* 本文原载于《法学评论》1996 年第 2 期。

① 参见《中国大百科全书》总编辑委员会编：《中国大百科全书（法学）》，中国大百科全书出版社 1984 年版，第 84 页。

② 一国法律体系在这方面的特点尤为明显。例如，一国宪法规范往往高于各部门法规范。国际法律体系亦不例外，联合国宪章的规范高于其他条约的规范。

一、世界贸易组织的法律构成

围绕世界贸易组织而制定的各种法律规范，作为一个整体，构成现代国际法律秩序的一个新体系。

世界贸易组织法是一个宏大的法律体系。它集中体现于《乌拉圭回合多边贸易谈判的最后文件》(Final Aet Embodyingrhe Results of Multilateral Trade Negotiations，以下简称《最后文件》)。它是由一系列协议组成的法律文件群。综观《最后文件》，我们可以看出世界贸易组织法律体系主要由下列几个部门或领域的法律制度组成：

(一)世界贸易组织的组织法

有关组织法的文件主要是《建立世界贸易组织协定》(Agreement On Establishing the World Trade Organization)。此外，乌拉圭回合其他各项协定涉及相关领域的组织结构的条款，也可归属组织法的范畴。

《建立世界贸易组织协定》是世界贸易组织的章程。该章程位于《最后文件》所列各项协定之首，其主要内容包括以下方面：(1)世界贸易组织的宗旨与原则；(2)世界贸易组织的活动范围；(3)世界贸易组织的职能；(4)世界贸易组织的结构；(5)世界贸易组织的决策规则；(6)世界贸易组织的成员资格；(7)世界贸易组织的法律地位；(8)世界贸易组织的财政预算与会费分配；(9)世界贸易组织与其他国际组织的关系；(10)世界贸易组织章程的修正、接受、生效和保存。在本文中，笔者也将《最后文件》的附件二和附件三《关于争端解决规则和程序的谅解书》及《贸易政策审查机制》置于组织法的内容予以阐述。

(二)世界贸易组织的货物贸易法

如前文所述，货物贸易一直是关贸总协定所调整的传统部门。乌拉圭回合对关贸总协定涉及贸易的原则、规则、规章和制度进行了通盘审查，分别予以继承、修正、增补及制定新的法律规范，并将审查的结果载入《最后文件》的附件一。其主要内容可归纳为：

1.《1994 年关税与贸易总协定》(以下简称 1994 年关贸总协定)。其中包括以下几类：(1)世界贸易组织成立前的 1947 年关贸总协定及其业已生效的各项矫正、修正或修改的法律文件。① (2)世界贸易组织成立之前根据 1947 年关

① 不含《临时适用议定书》。

贸总协定生效的法律文件，如涉及关税减让的各项议定书和证明书、加入议定书；①世界贸易组织成立之前仍然有效的依 1947 年关贸总协定给予豁免义务的决定；1947 年关贸总协定缔约国全体作出的其他决定。(3)乌拉圭回合就关贸总协定有关条款达成的一系列谅解书，如《关于 1994 年关贸总协定第二条第一款第二项解释的谅解书》《关于 1994 年关贸总协定第十七条解释的谅解书》《关于 1994 年关贸总协定收支平衡规定的谅解书》《关于 1994 年关贸总协定第二十四条解释的谅解书》《关于依据 1994 年关贸总协定豁免义务的谅解书》《关于依据 1994 年关贸总协定第二十八条解释的谅解书》。(4)《1994 年关贸总协定马拉喀什议定书》。

2. 有关货物贸易的非关税壁垒协定。为建立更为系统的非关税壁垒管理机制，乌拉圭回合以单列的协定形式或强化过去多边贸易谈判达成的协议，或制定新的守则，如《关于实施 1994 年关贸总协定第六条的协定》《关于实施 1994 年关贸总协定第七条的协定》《装运前检验协定》《原产规则协定》《进口许可手续协定》《技术贸易壁垒协定》《补贴与反补贴措施协定》《保障协定》。

3. 特定货物贸易领域的协定，如《农业协定》《适用卫生和植物检疫措施协定》《纺织品与服装协定》。

4. 与货物贸易相关领域的协定，如《与贸易有关的投资措施协定》和《与贸易有关的知识产权协定》。

(三)世界贸易组织的服务贸易法

服务贸易领域的原则、规则、规章和制度主要规定在《最后文件》的附件一(2)《民务贸易总协定》之中。此外，《最后文件》的部长决定和宣言中《关于服务贸易与环境的决定》《关于自然人流动谈判的决定》《关于金融服务的决定》《关于海运服务谈判的决定》《关于基本电信谈判的决定》《关于职业服务的决定》和《关于金融服务承诺的谅解书》，均是世界贸易组织的服务贸易法的重要组成部分。

(四)诸边贸易协定

与上述组织法、货物贸易法和服务贸易法中的各项协定不同，诸边贸易协定(Plurilateral Trade Agreement)，亦称为“复合贸易协定”，不属于“一揽子”接受的范畴，其生效与接受从其自身的规定。诸边贸易协定涉及民用航空器、政

---

① 有关临时适用和退出临时适用的规定以及关于既存立法的临时适用的规定不在其内。

府采购、奶制品和牛肉四个领域。这些协定中除个别条款进行了调整或修改外,基本上保持了东京回合四个守则的原样。尽管诸边贸易协定在接受方式上没有与建立世界组织的协定和多边贸易挂钩,①但它们同样经过乌拉圭回合载入《最后文件》,从而亦构成世界贸易组织法律体系的组成部分。

二、世界贸易组织法的内在统一

如前所述,任何一种法律体系都是由各个部门法组成的整体。在这个整体中,各部门法之间既相互区别,又彼此联系与协调。一个国家的法律体系是这样,国际法也不例外,世界贸易组织的法律亦是如此。

与关贸总协定的法律体系相比,世界贸易组织法具有更高程度的统一性和协调性。其主要表现如下:第一,缔约资格和成员资格的一致性。根据《建立世界贸易组织协定》的规定(第 11 条、第 12 条、第 14 条、第 15 条),1994 年关贸总协定各项多边货物贸易协定、多边服务贸易总协定的缔约方即为世界贸易组织的成员。在世界贸易组织中,一国(或地区)不可只接受世界贸易组织章程而不接受《最后文件》附件一的多边贸易协定,反之亦然。同样,如果某一成员退出世界贸易组织,也就自然退出其在各项多边协定的缔约方资格。虽然诸边贸易协定的缔约资格仍具有一定的选择性,但毕竟这类协定的数量有限,且内容相对次要。第二,各主要部门法生效日期和接受期限的一致性。除少数几项协定外(如诸边贸易协定),《最后文件》中的大多数法律文件均于 1995 年 1 月 1 日同时生效。《建立世界贸易组织协定》第 14 条第 1 款还规定,除非部长们另作规定,世界贸易组织章程和各项多边贸易协定从 1995 年 1 月 1 日起应留有 2 年的开放接受期。第三,各部门法基本原则的一致性。虽然各部门法调整的领域各异,规范的强弱和粗细不一,但均遵循一定的基本原则,如非歧视原则、公平贸易原则、透明度原则等。第四,管理机制的协调性。与关贸总协定相比,世界贸易组织不仅在组织结构上更为完备,而且在管理体制上更注重协调,形成了一整套协调网络。各部门法中的每一项协定几乎都设立了专门机构。这些机构一方面是有关协定的管理机构;另一方面又隶属于世界贸易组织的主要机关,受后者的领导和监督。第五,争端解决机制的统一性。世界贸易组织的争

① 这就意味着凡是总协定的缔约方,即使不接受诸边贸易协定,也可以成为世界贸易组织的成员。同样地,不是总协定的缔约方,若申请加入世界贸易组织,也无须以接受诸边贸易协定为条件。

端解决机制，不仅程序更趋完善，争端解决方法中增添了新的司法途径，更重要的是，它具有关贸总协定无与伦比的统一性。无论是世界贸易组织章程的争端，还是《最后文件》的其他协定范围内的争端，均应纳入世界贸易组织争端解决机制，即使是诸边贸易协定事项的争端，有关当事方也应尽量采用世界贸易争端解决机制的程序和方法。

三、世界贸易组织法的内在冲突

各种法律规范之间的内在统一性固然是世界贸易组织法的主要方面，但其内在的冲突也势必难免。理由如下：首先，《最后文件》长达近60页（还不包括世界贸易组织之前的1947年关贸总协定及其40余年的各种法律文件的编纂），涉及的领域空前广泛而又复杂，堪称一部世界贸易法典。这些文件分别由不同的谈判委员会起草和制定，即使进行了通盘的核对和文字润色，也会存在不一致的地方。其次，世界贸易组织法并不是摒弃1947年关贸总协定及其实践中的法律编纂，它的绝大部分内容是在后者的基础上发展而来的。因此，《最后文件》与关贸总协定之间也有可能出现抵触的现象。最后，即使所有的法律条文在文字上不存在冲突，不同的利益方在发生争端解决时也会出现解释上的差异。

因此，为防患于未然，制定者们在有关的协定中规定了解决法律规范冲突的规则。如《建立世界贸易组织协定》第16条第3款规定："当本协定的某一规定与任何多边贸易协定的某一规定发生冲突时，本协定之规定应在冲突的范围内优先。"又如，关于附件一（1）的解释性注释指出："当《1994年关税与贸易总协定》的某一规定与建立世界贸易组织协定之附件一（1）中另一协定的某一规定发生冲突时……该另一协定之规定应在冲突的范围内优先。"

上述规定表明：第一，在世界贸易组织的法律体系中，世界贸易组织的章程是基本法，其地位高于其他部门法。可见其他多边贸易协定，无论是调整货物贸易的还是调整服务贸易的，无论是实体法还是程序法，凡是与基本法相抵触者，应以基本法的相应规定为准。第二，在世界贸易组织的法律体系中，货物贸易法所占的比重最大，其内容最为复杂，其演变性尤为突出。因此，《最后文件》在各项货物贸易的多边协定之前明确规定冲突的一般指导原则，实属必要。值得注意的是，该原则规定1994年关贸总协定（在冲突时）应服从乌拉圭回合各有关货物贸易的单项协议。这是因为虽然1947年关贸总协定经修改后被冠以

1994 年关贸总协定的名称,但其基本内容变化不大,而各单项协议实际确立了货物贸易领域的法律制度,其规则更为系统和具体。而且这一规定也符合“后法优于前法”的惯例。第三,《最后文件》并未就货物贸易法与服务贸易法之间的冲突作出规定。这就意味着,这两大实体部门法之间无先后之分,在世界贸易组织的法律体系中处于平行的地位。至于诸边贸易协定,由于它与世界贸易组织是一种松散的关系,属于这些协定管辖的事项,自然以其自身的规定为主。

四、世界贸易组织与关贸总协定的关系

在世界贸易组织与关贸总协定的关系问题上,理论界和实务界的认识仍然比较混乱。一种较普遍的看法是,世界贸易组织已取代关贸总协定。其实并非全然如此。世界贸易组织的成立,无疑是以关贸总协定为核心的国际贸易法制发展的重要里程碑,但关贸总协定并不因《建立世界贸易组织协定》的生效而失效,二者之间仍然存在缜密的关系。弄清这种关系,应认真研读《最后文件》,特别是其中的《建立世界贸易组织的协定》和各项多边货物协定,而且应至少从组织结构和法律规范的两种角度分别进行剖析。

(一)组织结构和管理职能上的传承关系

如果世界贸易组织取代关贸总协定的观点成立,那么至多也只能限于组织结构和管理职能的意义上。为此,《最后文件》和有关附件的一系列条款均有明确的规定。

在成员资格方面,《建立世界贸易组织协定》第 11 条规定:1947 年关贸总协定的缔约方,如接受该章程和多边贸易协定且作出了货物贸易和服务贸易的减让表或义务表,应成为世界贸易组织的创始成员。就接纳成员而言,《最后文件》第 5 段则规定:非关贸总协定的缔约方,在接受世界贸易组织章程之前,应首先完成加入关贸总协定和成为其缔约方的谈判。

在管理职能方面,《建立世界贸易组织协定》第 14 条规定:在该协定生效之前,协定和各项多边贸易协定的文本应交存 1947 年关贸总协定缔约国全体的总干事保管;诸边贸易协定在世界贸易组织成立之前,也应如此。① 该协定第 16 条还规定:1947 年关贸总协定的秘书处应成为世界贸易组织的秘书处;1947 年关贸总协定缔约国全体的总干事,在部长会议任命新的总干事之前,应履行

① 《最后文件》第六段也规定:“本《最后文件》及其附件文本应交由关贸总协定缔约国全体的总干事保存。”

世界贸易组织总干事的职责。更具有实质意义的规定是《1994 年关贸总协定》的解释性注释。

首先是名称的更换。该注释指出：1994 年关贸总协定条文中的“缔约方”（Contracting party）应被看作“成员”（Member）；“欠发达缔约方”（less-developed contracting party）和“发达缔约方”（developed contracting party）应分别看作“发展中国家成员”（developing country member）和“发达国家成员”（developed country member）；“执行秘书”（Executive Secretary）应看作“世界贸易组织总干事”（Director-General of the WTO）。

其次是关于世界贸易组织和部长会议接替缔约国全体的职能。该注释规定：1994 年关贸总协定第 15(1)条、第 15(2)条、第 15(8)条、第 38 条、第 12 条和第 18 条的补充注释以及第 15(2)条、第 15(3)条、第 15(6)条、第 15(7)条和第 15(9)条关于特别外汇协定中所指的缔约国全体联合行动，应被看作指世界贸易组织；1994 年关贸总协定条文赋予缔约国全体联合行动的其他职能应由部长会议指派。

由以上规定可知，世界贸易组织在组织结构和管理职能上是关贸总协定的继续。需要指出的是，世界贸易组织不是简单、机械地接替关贸总协定。与关贸总协定相比，世界贸易组织的机构更加完善，职权划分更为缜密，职能范围更为广泛。

(二)法律规范上的继承关系

1947 年关贸总协定及其实践中形成的一整套法律制度，并不因《建立世界贸易组织协定》的生效而废止，它们仍然是世界贸易组织法的重要组成部分。考察《最后文件》及其附件，乌拉圭回合主要通过下列几种方式将关贸总协定纳入世界贸易组织的法律体系：第一，将 1947 年关贸总协定和《建立世界贸易组织协定》生效前已生效的修正文件、关税减让议定书、加入议定书和缔约国全体的决定等，列入 1994 年关贸总协定。《建立世界贸易组织协定》第 2 条第 4 款指出，1994 年关贸总协定与 1947 年关贸总协定有着法律上的区别。如何理解这种区别呢？首先，1994 年关贸总协定不是原来关贸总协定的翻版，而是在确立原来关贸总协定法律效力的前提下，对其进行了进一步的修订，使其更加系统、具体和宜于操作。其次，1994 年关贸总协定除了将原来关贸总协定作为其主要内容外，还包括一系列强化关贸总协定有关条文的谅解书和乌拉圭回合达成的关税减让议定书。最后，1947 年关贸总协定一直属于临时适用的性质，而 1994 年关贸总协定作为世界贸易组织法律体系的组成部分，具有永久适用性，除非世界贸易组织将来解散。第二，确立 1947 年关贸总协定的实践对世界贸易组织的指导地位。《建立世界贸易组织协定》第 16 条第 1 款明确规定："除本协定或各多边贸易协定另有规定者外，世界贸易组织应受 1947 年关贸总协定缔约国全体和 1947 年关贸总协定框架中建立的各机构所遵循的决定、程序和习惯做法的指导。"该协定第 7 条规定，世界贸易组织的预算规章应尽可能以 1947 年关贸总协定的规章和做法为基础。在决策方式上，《建立世界贸易组织协定》第 9 条规定："世界贸易组织应继续遵循依 1947 年关贸总协定经协商一致作出决策的做法。"

综上分析证明，我们切不可以认为世界贸易组织已取代了关贸总协定。虽然不能说"代替论"是完全错误的，但至少是一种片面的认识，缺乏明确、充分的法律依据。就组织功能而言，世界贸易组织与关贸总协定是一种承上启下的关系。从法律规范来看，1947 年关贸总协定的法律渊源，无论是严格法律意义上的，还是广泛历史意义上的，不仅在世界贸易组织法律体系中占有重要的一席之地，而且通过乌拉圭回合得到了进一步的完善。因此，我们研究世界贸易组织及其法律规范，就必须研究 1947 年关贸总协定及其近半个世纪的实践；否则，研究的成果就会既脱离历史又脱离现实，甚至会步入歧途。

关税及贸易总协定及其与中国关系*

(一)关贸总协定的沿革

关税及贸易总协定(以下简称关贸总协定)是维持现行国际经济秩序的3大支柱之一。①

迄今为止,关贸总协定已拥有96个缔约国,28个适用国和1个临时适用国。目前,关贸总协定体制中的贸易额已占世界贸易总额的90%以上。关贸总协定的原则、规则、规章和制度是调整国际贸易关系的重要法律依据。

关贸总协定成立之初只有23个创始缔约国。在第二次世界大战末期,以美国为首的西方国家,在建立了国际货币基金组织和世界银行之后,致力于筹建一个国际贸易组织。在该组织章程的拟定过程中,有关国家同意先就减少关税和消除其他贸易限制措施等事项进行谈判。1947年10月30日与会国签订了关贸总协定,协定通过《临时适用议定书》于1948年1月1日起生效。根据缔约国原来的意图,关贸总协定只是一种临时性安排。但是,由于《国际贸易组织章程》最终未被各国批准,使国际贸易组织流产,关贸总协定也就一直沿用至今。

由此可见,关贸总协定本质上是一项调整缔约国之

---

* 本文原载于《理论月刊》1992年第9期。

① 其他两个支柱是国际货币基金组织和世界银行集团。

间贸易关系的多边条约,并不是一个正式的国际组织。然而,自1948年以来,关贸总协定的实践表明,它已逐渐发展成为调整国际贸易政策与法律、进行削减关税和非关税壁垒以及其贸易保护性措施,制定国际贸易活动准则和解决政府间贸易争端的中心场所。而且,关贸总协定的组织结构也逐步健全,实际上已成为一个相当重要的国际经济组织。

(二)关贸总协定的内容与活动

关贸总协定由序言和4个部分组成,共38条,其中第四部分是1964年以后增补的。除关贸总协定本身外,有关的议定书、附件、关税减让表和历次多边贸易谈判达成的一系列子协定等,均是关贸总协定法律制度的重要组成部分。

关贸总协定的基本宗旨为:各缔约国应本着提高生活水平、保证充分就业、保障实际收入和有效需求大量而稳定地增长、充分利用世界资源、扩大商品生产与交换和促进经济发展的目的,来处理它们在贸易和经济发展中的相互关系,彼此减让关税,取消其他贸易壁垒和消除国际贸易中的差别待遇。

为实现上述宗旨,关贸总协定载有应遵循的基本原则。这些原则可概括为下列几项:

1. 最惠国待遇原则。关贸总协定规定,各缔约在相互间的贸易中必须无条件地实行最惠国待遇,即一国给予任何一国的优惠待遇,均应无条件、无差别地适用于全体缔约国。

具体说来,这一原则适用于下述范围:(1)有关进口、出口、过境商品的关税和其他捐税;(2)有关商品进口、出口、过境、存仓和换船方面的海关规则、手续和费用;(3)进出口许可证的颁发和其他限制措施;(4)船舶驶入、驶出和停泊时的各种税收、费用和手续;(5)关于移民、投资、商标、专利以及铁路运输方面的待遇。

虽然关贸总协定的最惠国待遇原则是无条件的,但是其适用也有一些例外。经关贸总协定及其有关文件的确认,下述例外被认为是合法的:首先,在关贸总协定签订之前,缔约国已跟某些贸易伙伴作出的优惠安排,如一些特惠安排,关税同盟、自由贸易区以及毗邻国家之间对边境贸易所给予的优惠安排等,可不适用最惠国待遇原则。其次,缔约国为了国家安全和保护公共卫生和动植物等,也可不适用最惠国待遇的规定。

2. 国民待遇原则。根据这一原则,在缔约国之间的贸易中,进口产品越过边境和海关以后,进口国应对该产品实行与国内产品同样的待遇,禁止一国政府利用本国有关产品销售、运输等方面的法律来歧视进口商品,从而保证进口商品和国内同类商品在同等条件下竞争。

3. 逐步减让关税原则。关贸总协定的主要目的之一是通过举行关税减让谈判,逐步降低关税。根据最惠国待遇原则,两个或若干个缔约国之间在谈判中相互作出的减让扩及全体缔约国。而且一旦这种减让达成协议即具有拘束力,任何一个缔约国均无权单方面废除或改变。如果某一缔约国要如此作为,则必须与有关缔约国进行谈判和协商,并给予适当的补偿。不过,关贸总协定第19条也规定了这一原则的"免费条款"。当某种产品大量进口而严重损害或威胁国内同类产品的生产与销售时,进口缔约国可以全部或部分地暂停实施其所承担的关税减让义务。

4. 取消数量限制原则。为实现国际贸易自由化,关贸总协定第11条规定"任何缔约国除征收税捐或其他费用外,不得设立或维持配额、进出口许可证或其他措施以限制或禁止其他缔约国领土的产品的输入,或向其他缔约国领土输出或销售出口产品。"但是,在下述情况下,缔约国则可以采取数量限制措施:(1)为了保护农业、渔业产品市场而实施的限制;(2)为了保护本国的国际收支平衡而实施的限制;(3)为促进不发达国家经济发展而实施的限制。

5. 禁止倾销和出口补贴原则。根据关贸总协定第6条的规定,如果出口国以低于正常价值将产品输往进口国,并给后者同类工业造成严重损害,则这种行为构成倾销。受到损害的进口国有权征收反倾销税。同样地,如果出口国政府给出口产品给予补贴,并给进口国同类产品的工业造成严重损害,则受损的进口国可以征收反补贴税。

6. 磋商调解原则。为保证缔约国在总协定中的权利不受侵害,解决缔约国之间在解释或履行关贸总协定及其子协定中的分歧与争端,关贸总协定在磋商调解原则下,规定了一套争端解决的程序。当此类争端发生时,有关缔约国应直接协商解决。如果不能解决,可向关贸总协定理事会提出书面申诉,后者根据需要,设立工作组负责审查,并根据工作组的结论和建议作出裁决。

7. 给予发展中缔约国优惠待遇原则。根据关贸总协定第36~38条的规定:"发达的缔约国对它们在贸易谈判中对发展中的缔约国的贸易所承诺的减少或撤销关税和其他壁垒的义务,不能希望得到互惠。"因此,在关贸总协定的框架中,发展中国家可根据非互惠原则,争取更多的产品出口到发达国家的市场。

关贸总协定除每年召开缔约国大会外,主要活动就是组织和主持关税减让和消除非关税壁垒的多边谈判。这种谈判通称为"回合"。1947~1979年,关贸总协定先后进行过7个回合的多边贸易谈判：第一回合于1947年4月至10月在日内瓦举行；第二回合于1949年4月至10月在法国安纳西举行；第三回合于1950年9月至1951年4月在英国杜奎举行；第四回合于1956年1月至5月在日内瓦举行；第五回合于1960年9月至1962年3月在日内瓦举行，亦称“狄龙回合”；第六回合于1964年5月至1967年7月在日内瓦举行，又称“肯尼迪回合”；第七回合于1973年9月至1974年4月分别在东京和日内瓦举行，称为“东京回合”或“尼克松回合”。1986年9月15日，关贸总协定第八轮多边谈判在乌拉圭举行，即“乌拉圭回合”。新一轮回合的议题要比前几次广泛复杂得多，涉及关贸总协定现有范围以外的服务业贸易以及与贸易有关的投资和知识产权等问题。目前，这一轮尚在艰难地进行之中，可望于1992年年底达成一系列新的子协定。

（三）中国与关贸总协定的关系

中国是关贸总协定的创始缔约国之一。1948年4月21日，当时的中国政府签署了《临时适用议定书》。1949年中华人民共和国成立后，由于某些历史原因，新中国在总协定的活动被中止了30多年。中国台湾地区当局于1950年5月“退出”总协定，又于1965年作为“观察员”列席关贸总协定会议。1971年我国恢复了在联合国组织中的一切合法权利，关贸总协定也相继取消了中国台湾地区当局的“观察员”资格。从20世纪70年代开始，我国同关贸总协定的联系不断加强。1982年11月我国派代表团以观察员身份列席总协定部长级缔约国大会，并就中国与关贸总协定的法律关系同关贸总协定总干事交换了意见。1986年7月10日中国政府正式向关贸总协定总干事提交了中国政府关于申请中国在关贸总协定缔约国地位的申请。1987年6月，关贸总协定成立了中国工作组并正式开始工作。1988年6月我国向各缔约国发出关税谈判邀请。在乌拉圭回合中，中国代表团参加了在日内瓦举行的所有议题的谈判，列席了各种会议。

在中国与关贸总协定的关系上，必须明确下述一些重要的法律和政治问题。首先，中国是“恢复”而不是“加入”或“重新加入”关贸总协定，因为中国本是总协定的创始缔约国，台湾当局无权代表中国退出。其次，由于历史和现实的原因，中国政府同意中国香港特区、澳门特区和台湾地区以关税区域成为总协定的缔约方，但作为代表中国在关贸总协定的合法席位的，只能是中华人民共和国政府。为此，中英和中葡政府已就中国香港特区和澳门特别行政区的地位发表了联合声明。我们也希望我国台湾地区当局不要在关贸总协定的席位问题上,制造“两个中国”的阴谋。在恢复谈判中,我国应坚持以享有发展中国家的地位为前提,力争与关贸总协定就关税减让和其他义务达成协议。一旦中国恢复了在关贸总协定的缔约国地位,我国就可以自动享受最惠国待遇;可以充分利用关贸总协定的有关规定,抵制有关西方国家对我国出口产品的歧视性数量限制和不正当的反倾销和反补贴措施;可通过关贸总协定要求美国给予中国以普惠制待遇;可利用关贸总协定的有关程序,解决我国与其他缔约国的贸易争端。

论关贸总协定的缔约国资格

——兼述我国缔约国地位的恢复问题*

一

关税与贸易总协定(以下简称总协定)是一项调整缔约国之间贸易关系的多边条约。无论是从总协定订立之初缔约国的意图上来看,还是考察总协定的整个条文措辞,在形式上它并不是一个正式的国际组织。然而,自1948年成立以来,总协定的实践表明,它已逐渐发展成为缔约国调整相互间贸易政策与法律、削减关税和非关税壁垒以及其他贸易保护性措施、制定国际贸易活动准则和解决政府间贸易争端的重要场所。而且总协定内部的组织机构也逐渐健全起来,实际上已成为一个相当重要的专门性国际组织。

总协定成立之初只有20多个创始缔约国,迄今已发展到91个缔约国(方),其中发展中国家已超过2/3。另外,30多个国家在国际贸易实践中已实际适用总协定的规则,虽然它们不是总协定的正式成员。更值得注意的是,总协定连同国际货币基金组织和世界银行,本是以美国为代表的西方资本主义国家为调整市场经济国家之间的经济贸易关系而设立的战后资本主义世界经济体系。但是,捷克、波兰、匈牙利、罗马尼亚和南斯拉夫等东欧社会主义国家也相继成为总协定的缔约国。

---

* 本文原载于《法学评论》1987年第1期。

据悉,苏联最近也打算加入总协定,并准备参加即将举行的新一轮全球贸易自由化谈判。还准备就其对外贸易体制和整个经济政策进行适当调整。[①] 今年7月11日,我国常驻日内瓦联合国代表团钱嘉东大使正式向总协定总干事阿瑟·邓克尔提交了中国政府关于恢复总协定缔约国地位的申请照会。照会指出,我国准备同缔约国就恢复问题进行谈判。

中国恢复总协定缔约国地位不仅是总协定体系中没有先例的特殊问题,而且是我国对外政治与经贸关系政策的大事。因而,加强对这一问题的法律探讨具有重要的理论和现实意义。

二

根据总协定的规定和近40年的实践,缔约国(方)可分为3大类:一是最初签署总协定和《临时适用议定书》的创始缔约国;二是由缔约国宣布与之独立的关税领土为缔约方;三是既存的国家通过其政府的申请并与原缔约国谈判加入条件,经双方同意而新加入的缔约国。下面拟就这3种缔约国(方)资格的取得方式和总协定由此而产生的相应程序规则分别予以阐述。

(一)创始缔约国

一般认为,总协定的创始缔约国为23个国家。[②] 但是,如果仔细考究总协定成立之初的历史,关于创始缔约国的这一统计数目似有值得商榷之处。

1947年10月联合贸易与就业会议第二次筹备委员会闭幕时,的确有25个国家的政府在总协定的最后文本上签字。然而,按照《临时适用议定书》的规定,这23个签字国中的8国政府须在1947年11月5日前在《临时适用议定书》上签字(后来8国均按时签署了),其余15个签字国则可在1948年6月30日前签署《临时适用议定书》。结果,这15个国家中智利并未在截止日期前在《临时适用议定书》上签字。[③]

鉴于智利这一情况,缔约国在日内瓦举行的第二次会议上为1947年10月30日总协定最后文本的签字国加入《临时适用议定书》准备了一个新的议定书,允许那些未按时签署《临时适用议定书》的国家按第33条规定,通过这一新

① 参见《参考消息》1986年8月22日,第1版。

② 参见《国际经贸消息》,1986年7月27日,第2版;《国际商报》,1986年7月10日,第1版。

③ 签字国名称及其日期均列在《联合国条约集》(第55卷)(英文版),1947年,第312~315页。

的议定书办理加入手续。智利终于在1949年2月14日签署了这一新议定书。因此,智利并不是严格意义上的创始缔约国,而是以一个特别协定的加入方式成为缔约国的。尽管智利曾签署过总协定的最后文本,但由于真正使总协定生效的是《临时适用议定书》,[①]所以,只有那些按《临时适用议定书》规定的签署国才是法律意义上的创始缔约国。从这个意义上来讲,总协定的创始缔约国实为22个国家,而不是23个国家。

1948年4月21日当时的中国政府签署了《临时适用议定书》。因此,中国是总协定的缔约国,这一法律地位是毋庸置疑的。

(二)关税领土或地区作为缔约方

总协定第26条第5(c)款规定:"原由某缔约国代表接受总协定的任何关税领土,如在处理其对外贸易关系和总协定规定的其他事务方面享有或取得了完全自主权,该关税领土经其代表的缔约国发表声明证实上述事实后,即被视为总协定的缔约方。"

根据这一规定,我们可以看出依此种方式取得资格的要件和特征。

首先,依此种方式成为总协定的缔约者并不是独立的主权国家,而只是一定的关税领土区域。可见,总协定的缔约方并不局限于主权国家,而且可及于一定的地区。同时,从这一方式的规定中也可以看出,总协定反映了第二次世界大战结束初期国际关系的某些特点,并显示出具有殖民色彩。

其次,从要件上来看,关税领土区域成为缔约方并不要求在所有事务上的自主权,仅涉及对外商业关系和其他与总协定有关的事务中的自主权。另外,并非所有的关税领土当然成为总协定的缔约方,而只是那些曾有宗主缔约国代表其接受总协定义务和享受其权利的关税领土才有此种可能性。另一关键要素还在于宗主缔约国的同意。尽管条文的措辞只要求缔约国"发表声明证实"其代表的关税领土在对外商务关系上的自主性,而实际上宗主缔约国是否同意发表这种声明,则有完全的自由决定权。因此,如果关税领土单有其自主意志而无宗主缔约国的同意,它仍无可能成为单独的总协定缔约方。

这种加入方式最重要的特征在于申请缔约方无须进行新的关税减让谈判,即这种构成总协定核心的"入场券"并不是采用此种方式来取得资格的要件。

---

① 《临时适用议定书》宣布在《国际贸易组织宪章》生效之前"临时适用"总协定。以后,因美国国会阻碍,《国际贸易组织宪章》终未生效。总协定依据《临时适用议定书》的规定,从1948年起临时适用至今。

其法律依据是“依第 26 条第 5(c)款方式成为缔约方是基于代表该领土的宗主缔约国政府先前接受的范围和条件”。[①] 因此,如果涉及关税领土的关税减让已存在于其宗主缔约国的减让表中,则这部分的减让额度便成为缔约方的关税领土的关税减让表。

总协定诞生后的头 10 年,唯有印度尼西亚依此种方式成为缔约方。尔后,缔约国大会通过一项建议,为第 26 条第 5(c)款的资格取得方式作了进一步的程序性规定。[②]

根据这些程序规定,意欲成为缔约方的关税领土取得必要的自主权后,由其代表的宗主缔约国将这一事实通知总协定秘书处。然后,缔约国在下届会议上将设立一段合理的“事实上适用”总协定的期限。在此期间,全体缔约国与该关税领土可按对等互惠原则在“事实上适用”总协定的规定来处理相互之间的贸易活动。“事实上适用”程序的目的,在于使新独立的国家有一定的时间考虑其国际贸易政策,以便决定它是否最终成为总协定的具有完全资格的缔约国。

(三)纳入缔约国

纳入缔约国可谓总协定成员资格最重要的取得方式。大约有 1/3 的总协定缔约国依此种方式完成加入程序。随着殖民地在世界范围内的瓦解,可以说,纳入方式将是今后总协定接纳缔约国的唯一途径。

纳入缔约国的规定见总协定第 33 条,此条款的形成经历有二。原始的措辞是,任何申请国政府“可依其与缔约国达成的协议……加入本总协定”。1948 年 3 月在日内瓦召开的缔约国大会上,通过了一个增补第 33 条的议定书,增加了如下文字:“缔约国全体按此条所作的决定应以三分之二多数票为之。”该条的增补具有重要的法律意义,最初的条文意味着接纳的一个新缔约国须经缔约国全体一致通过,而随着“三分之二多数制”的确立,缔约国的全体一致原则在理论上便可认为不必要。总协定的实践也证实了这一点。

概括地讲,接纳方式的条件有以下两点:(1)申请国政府与缔约国的“协定”;(2)缔约国的“决定”。在总协定的实践中,“协定”与“决定”这两个要件开始是合二为一的,后来则逐步形成为分立的程序。

缔约国的纳入方式关键在于申请国与缔约国之间的“入场券”谈判,即关税减让的实质性交涉。“入场券”谈判及其复杂性,使此种方式程序的完成相当费

---

① 参见《总协定基本文件与文件选集》(第 10 卷增补),1962 年(英文版),第 73 页。

② 参见《总协定基本文件与文件选集》(第 6 卷增补),1958 年,第 11 页。

时。它涉及申请国政府国内一系列经济贸易体制、政策和法律的调整。由于总协定是按发达资本主义国家市场经济的模式勾画的,谈判的复杂性对新兴的发展中国家而言,尤其对非市场经济体制的社会主义国家显得更为突出。通常的情形是双方就具体的关税减让率度和其他非关税保护措施往返进行多次谈判,讨价还价,直至达成妥协为止。

由于"入场券"谈判举足轻重,总协定在实践中逐渐形成了纳入缔约国程序的3个具体步骤:(1)观察员资格;(2)临时加入资格;(3)正式加入(或完全)资格。

为了了解总协定的各项规则与实践,熟悉总协定机构的工作,以便考虑其是否加入总协定,申请加入国政府通常表示愿意以观察员身份参加总协定的活动。而作为开放型的总协定,为了扩大其成员国,使其具有更广泛的国际意义和其目标在世界范围内的实现,同时,便于了解非缔约国的经济贸易政策、法律和体制,通常也允许有关申请国以观察员身份参加总协定的某些活动。

观察员法律地位有限,主要是列席总协定重大会议,如关税减让与其他贸易政策的重大回合谈判、缔约国大会和理事会会议等。在列席这些会议中,观察员有权发表非正式讲话,也可就甚些有关讨论或关注的问题阐明本国政府的立场,提出本国政府的建议。此外,观察员可以发行本国政府有关法律政策文件,亦可接受总协定的官方文件。更重要的是,在总协定主持下的某一特定贸易领域,如纺织品,具有观察员身份的国家政府可与缔约国签订协定。但是,在一般情况下,观察员无权参与投票表决。总之,尽管观察员的权利与义务是有限的,但此种资格的取得与实践意味着缔约国与观察员国相互建立了某些联系,从而被看作纳入方式的第一步。

取得观察员资格之后,经过一定时期,如条件成熟,缔约国即与申请国谈判,并可共同发表一种特别的临时加入宣言,表示签字的缔约国与申请国在相互贸易关系中临时适用总协定的规则。其中,如果申请国给予互惠,亦包括多边的最惠国待遇原则。同时,缔约国可作出决定,邀请该临时纳入国参加总协定的工作。在此期间,总协定通常为正式纳入做进一步的研究准备工作。

临时加入程序往往因申请国对总协定某些条文的保留不能取得缔约国的同意而使其期限拖长。例如,缔约国曾于1958年作出决定,允许瑞士临时加入总协定。然而,由于双方就瑞士的农业政策与总协定第11条不符的谈判久而不决,直至1966年缔约国大会才决定将瑞士转为完全资格的缔约国。

最后一步是正式纳入议定书的谈判与形成。这是此种纳入方式中关键性的一环。最棘手的难题是如何估价纳入国政府必须给予缔约国的关税减让率度。发达的缔约国往往在这一问题上刁难弱小的发展中国家。它们坚持,原有缔约国经一系列回合的谈判而削减的最低关税额度是纳入国应作出减让的对等价值量标准。然而,这些价值量的估计则是十分难以确定的。一旦双方就此实质问题达成妥协,缔约国大会可起草并通过一个构成第 33 条纳入方式的协定,然后向所有缔约国和申请国开放签字。纳入议定书通常规定,申请国政府签署后,议定书即开始生效,申请国即成为完全资格的缔约国,正式全面地参加总协定的各种活动。

三

近年来,随着我国与总协定关系的不断发展,西方一些研究总协定法的国际法学者对中国在总协定的法律地位问题表示出极大关注。与此相关的还有我国香港特别行政区于 1997 年回归中国主权管辖之后在总协定的地位问题。一种看法是,中华人民共和国是“加入”总协定;另一种看法是,中国是“重新加入”总协定。前者认为,作为中国唯一合法代表的中华人民共和国政府从未加入过总协定,现在中国申请总协定的缔约国资格只能是按第 33 条纳入方式办理加入手续。后者认为,中国无疑是总协定的创始缔约国,但是,自我国台湾地区当局 1950 年“退出”以后,中国因一直未参加总协定而失去其缔约国地位,现在申请总协定的缔约国地位当属“重新加入”范畴。

然而,无论是从国际法关于国家继承和政府继承的一般理论上来讲,还是从我国同总协定关系的历史事实来分析,这两种观点都是不正确的。中国应属“恢复”总协定缔约国地位,至于具体的“恢复”谈判应采取何种方式则是另外的问题。

梁西教授在《现代国际组织》一书中曾有如下论述:“会员国的代表权与新会员国的接纳,是两件不同性质的事情。接纳新会员国是有关会员国资格的取得问题,而会员国的代表权则是在具备会员资格的情况下由一个现存合法政府来代表的问题。”①这一理论无疑可适用于中国在总协定的缔约国地位问题。

众所周知,中国是总协定的创始缔约国之一。1948 年 4 月 21 日当时的中国政府签署了《临时适用议定书》。1949 年新中国成立后,由于某些历史原因,

① 梁西:《现代国际组织》,武汉大学出版社 1984 年版,第 66 页。

新中国在总协定的活动被中止了30多年。我国台湾地区当局于1950年5月“退出”总协定,又于1965年作为“观察员”列席了总协定会议。1971年我国恢复了在联合国组织中的一切合法权利,总协定也相继取消了台湾当局的“观察员”资格。从20世纪70年代末期起,随着我国对外关系的发展,我国同总协定的联系不断加强。现在,我国一切准备工作就绪,正式向总协定提交了申请“恢复”缔约国地位的照会。

照会中使用“恢复”一词,而不用“加入”或“重新加入”字样,并非措辞上的随意或嗜好,而是我国同总协定关系的历史和现实的反映。从总协定缔约国资格的取得上看,中国因其为创始缔约国,不再存在“加入”问题;从中国在总协定的代表权上着眼,自1949年新中国成立后,中华人民共和国政府是唯一代表中国的合法政府而应具备总协定的缔约国资格。我国台湾地区当局的自行“退出”是非法的,而总协定取消其“观察员”身份则是合乎公认的国际法准则的。二者均不影响中国作为总协定创始缔约国地位的存在。正因如此,我国自20世纪80年代以来先后派代表以观察员身份列席总协定的各种会议,甚至签订了某些总协定属下的协议,如国际纺织品贸易协议。这都是事先声明在不损害中国之总协定缔约地位的前提下来进行的。可见,中国在总协定的法律地位只是“恢复”,而不是“加入”或“重新加入”。

至于中国恢复总协定缔约国地位后,香港特别行政区与总协定的贸易法律关系问题,可以根据我国宪法的有关规定来解决。我国政府亦多次声明,中国将保持香港1997年后的稳定与繁荣,它将继续保持自由港、国际金融和贸易中心的地位,并将维持和发展它同其他国家、地区和国际组织之间的经济关系。而且中、英两国政府又于1986年4月23日宣布,我国香港特区成为总协定的单独缔约方。

我国恢复总协定缔约国地位,对于我国经贸的发展和国际地位的加强有重要的意义。它有利于加快世界贸易自由化的进程,加强和改进多边贸易体制,更好地发挥总协定的作用和促进其目标的实现。

最近,我国又以观察员身份列席了总协定在乌拉圭埃斯特角举行的缔约国部长级大会。我国代表发言指出,中国赞成举行新的一轮多边贸易谈判,并表示准备参加即将举行为期4年的乌拉圭回合的谈判。人们相信,随着我国经济改革的不断深入和完善,随着总协定对我国经贸政策、法律和体制的不断了解,随着我国在总协定的活动的不断开展,经过双方的努力,世界瞩目的大事——中国恢复总协定缔约国地位——终将成为现实。

论 WTO 一般例外条款(GATT 第 20 条)与我国应有的对策*

在关税及贸易总协定(General Agreement on Tariffs and Trade,GATT)这个"例外的迷宫"里,第 20 条的"一般例外"条款很引人注目。该条款规定:"如果下列措施的实施在条件相同各国间不会构成任意的或无端的歧视,或者不会形成伪装起来的对国际贸易的限制,不得将本协定说成是妨碍任何缔约方采取或实行这些措施:(1)为维护公共道德所必需者;(2)为保护人类及动植物的生命或健康所必需者;(3)有关黄金、白银进出口者;(4)为保证遵守与本协定条款不相抵触的法律或规章所必需者,包括有关海关强制执行,按第 2 条第 4 款与第 17 条实行专营、保护专利、商标与版权以及防止欺诈行为在内;(5)有关监狱产品;(6)为保护本国有艺术、历史或考古价值的财富而采取者;(7)关于养护可穷竭的自然资源,凡这类措施同限制国内生产或消费一道实施者……"虽然这一多达 10 项例外的一般例外条款已制定半个多世纪,但它真正成为 GATT/WTO(世界贸易组织,World Trade Organization)成员为实现公共政策目标而频繁使用,只是近 20 年来的事。一方面,在 GATT/WTO 法调整的范围不断扩大、各缔约方/成员保留的范围相对缩小的背景下,"一般例外"允许多边贸

---

* 本文原载于《法学论坛》2001 年第 4 期,第二作者为陈卫东。

易体制的成员能在特定情形下为维护本国的重大利益而背离其义务或损害其他成员的利益，其法理依据似乎来自于“公共秩序保留”；另一方面，“一般例外”的援引，绝不能破坏或侵蚀多边贸易体制的稳定性、完整性、可预见性和安全性。因此，如何在国际法律规则的制定及其适用和解释方面平衡上述两个方面之间的矛盾，这是 GATT 和 WTO，尤其是其争端解决机制一直在寻求解决的一个问题。

一、第 20 条的法律特征

（一）援用第 20 条的目的是寻求为违反 GATT 其他条款的国内措施“免责”

从第 20 条的标题“一般例外”就可看出，它的设置是为缔约方在特定情形下违反 GATT 其他条款的国内措施“免责”。有关案例也表明，第 20 条不是一条确立义务的积极性规则，而是对 GATT 义务一系列的“一般例外”。① 在实践中，如果一缔约方实施一项贸易限制措施，而其他缔约方认为该措施与 GATT 条款不一致，后者可以向 GATT/WTO 争端解决机制起诉，而前者则可援引第 20 条为其措施辩护，以证明其措施正当。这时，对第 20 条的援用才正式启动。②

（二）被诉方援用第 20 条是其正当权利

其他缔约方（起诉方）不能从起诉时就主张对方不能以第 20 条为依据。其他缔约方（起诉方）和 GATT/WTO 争端解决机制都无权阻止被诉方对第 20 条的援用。更特殊的是，只有在确认被诉方有关措施与 GATT 其他条款不一致后，才审查被诉方以第 20 条证明其措施正当性的主张。因此，被诉方援用第 20 条是它的正当权利。更确切地说，它是“一块合法的辩护盾牌”。

（三）成功援用第 20 条须符合严格的条件

援用第 20 条是“无成本的”或“低成本的”。因为即使在 GATT/WTO 争端解决机制否认了被诉方措施符合第 20 条的情况下，被诉方也无须为此承担任何代价。但这绝不意味着可以滥用或错误使用第 20 条。实践表明，虽然第 20 条范围广泛、措辞宽松，但由于其“例外”的“身份”，专家组在解释和适用该条

---

① 参见 1989 年 11 月 7 日通过的欧共体诉美国“1930 年关税法 337 条款”案专家组报告；1991 年墨西哥诉美国“限制金枪鱼进口”案专家组报告（该报告未获通过）。

② 与缔约方/成员宣布实施保障措施、反倾销措施等不同，似乎没有缔约方/成员宣称实施所谓“第 20 条措施”。

款时总是尽最大可能地对其施加严格条件,并在对以前案例的参照和引述中形成了事实上的“判例法”。这就使 GATT/WTO 成员的有关措施难以通过这些条件的重重检验。除极少数案例外,在 GATT/WTO 争端解决机制中援用第 20 条均“无功而返”,即很少有缔约方能援用第 20 条证明其贸易限制措施正当。

二、第 20 条的历史发展

(一) GATT 时期对第 20 条的援用,经历了“甚少援用”到“积极使用”两个阶段

在 GATT 存续前期,极少发生过涉及第 20 条的争端。一直到了 20 世纪 80 年代后,才开始陆续出现涉及第 20 条的争端。而且在 GATT 争端解决中,援用第 20 条例外的基本上是发达国家缔约方,尤其是美国、欧共体、加拿大、日本“四强”。其中,美国援用最多。发展中国家只有泰国援用过 1 次。对涉及第 20 条事项的措施进行起诉的基本上也是上述“四强”,发展中国家只有墨西哥起诉过 1 次。

上述现象与国际经贸关系的形势变化密不可分。经过 GATT 时期前 5 个“回合”的多边贸易谈判,各缔约方的关税水平得以大幅度削减。[①] 从这时起,各缔约方特别是发达国家缔约方,开始将贸易保护措施的重心从关税壁垒转向非关税壁垒。一些构成贸易限制,但未为 GATT 所明文禁止的,甚至还可以从第 20 条中找到“合法根据”的措施开始凸显出来。[②] 当一缔约方采用这类措施损害了其他缔约方的既有贸易利益时,后者往往以该措施违反了 GATT 既有条款为由诉诸争端解决机制,被诉缔约方则以第 20 条,特别是其中的第 2 款、第 4 款、第 7 款为由进行辩解,要求“免责”。由此引起涉及第 20 条的诉案。

从第 20 条的“甚少援用”到“积极使用”,推动了 GATT 体系中两个重大法律成果的形成:(1) 在 80 年代以来的诸多案件中,专家组对第 20 条,特别是第 2

---

① 比如,在 GATT 建立时高达 35% 的加权平均关税到 20 世纪 60 年代狄龙回合时降至 15%。参见[英]伯纳德·霍克曼等:《世界贸易体制的政治经济学——从关贸总协定到世界贸易组织》,刘平等译,法律出版社 1999 年版,第 13 页。

② 这些措施主要有:(1) 为“保护人类、动植物的生命和健康”的技术标准尤其是针对有损国民健康或会向本国动植物传播疫情的外国农产品的卫生检疫措施以及保护国民健康的禁烟、禁酒、禁大气污染措施;(2) 为“养护可穷竭的自然资源”(如“纯净的空气”、濒临灭绝的海洋生物)而采取的贸易限制措施;(3) 为实施本国知识产权保护、投资审查措施、国家对特定产品的垄断等。其中,环境保护和知识产权保护最为突出。

款、第4款、第7款的适用与解释进行了澄清,“创设”了许多“条件”,虽然其中有不尽如人意之处,但是专家组毕竟对措辞宽泛、模糊的第20条赋予了更为确定的、可操作性更强的含义。而且专家组在适用与解释第20条时,经常参照甚至引用以前专家组对该条文的观点,这种“事实上的判例法”方式有助于一脉相承地形成一套关于适用与解释第20条的规则。(2)GATT缔约方(主要是发达国家)对第20条,特别是第2款、第4款、第7款的援用,①迫使各缔约方在GATT第20条规则之外,制定新的“规则”和“标准”,来规范或调整这些“新贸易保护主义”措施。在东京回合中,达成了《技术性贸易壁垒协定》;在乌拉圭回合最后文件中,出现了很多与GATT 1994第20条相关或相似的条款,如《建立世界贸易组织的马拉喀什协议》序言(“为可持续发展之目的扩大对世界资源的充分利用,保护和维护环境”),《实施动植物卫生检疫措施的协议》(Sanitary and Phytosanitary,SPS)的序言、第2条、第3条和第5条,《技术性贸易壁垒协议》(Technical Barriers to Trade,TBT)序言,《服务与贸易总协定》(GATS)第14条,《与贸易有关的知识产权协定》(Agreement On Trade - Related Aspects of Intellectual Property Right,TRIPs)第3条第2款和第27条第2款等。

笔者认为,上述协定或协议是随着多边贸易体制管辖范围的扩大,以处理货物贸易领域的GATT第20条为基础而形成的一系列法律成果。其中,建立WTO协定将“可持续发展”“保护环境”作为与“贸易自由化”平行的宗旨和目标确定下来;GATT第14条是GATT第20条在服务贸易领域的“衍生物”;而SPS、TBT、TRIPs是将GATT第20条第2款、第4款所含内容更加具体化、“标准化”的法律创新与发展。

(二)WTO成立以来援用第20条的政策与实践

在乌拉圭回合谈判中,并未对GATT 1947第20条进行修改,也未形成关于解释第20条的协议,而是将第20条只字未改地保留了下来,②成为WTO协定的一部分。WTO成立后,各成员主要是发达国家仍积极援用第20条。5年多来,各成员援用第20条的政策与实践除了继续保留上述GATT时期的各项特点外,还形成了一些新的特点。

---

① 专家组在有关案件中基本上否定了被诉方有关措施与第20条的一致性,从这一角度来讲,几乎所有的对第20条的援用均属“错误使用”。

② 在1954~1955年关于GATT 1947的评审会议上,对第20条第8款和第二节进行过修改,这些修改于1957年10月7日生效。

首先,尽管各成员仍可援用第 20 条为其辩护,但"新贸易保护主义"受到了来自 WTO 争端解决机制有效的"准司法"监督和制约。与 GATT 时期相比,WTO 争端解决机制的法律性质大为增强。其中,决策上的"否定协商一致"方式、裁决的执行和上诉机构的建立,对解决涉及第 20 条的争端意义重大。在 GATT 时期,采用"不排除争端当事方的协商一致"的决策方式,其后果是,如果专家组报告作出不利于有关被诉方的结论(有关被诉方的措施违反了 GATT 条款,且不能以第 20 条证明其措施正当),被诉方往往在缔约方全体讨论通过专家组报告时,行使"否定权"从而阻挠报告的通过。在 GATT 后期的 3 件涉及第 20 条的案例中,均发生了类似情况。[①] 而在 WTO 争端解决机制中,无论是决定专家小组和上诉机构的设立,还是决定它们报告的通过,均采用"不排除当事方的否定协商一致"方式。这样,专家小组和上诉机构程序的启动和其报告的通过,都是"准自动的",当事方难以阻挠。而且如果被诉成员的贸易措施被确认违反了 GATT 条款且不能以第 20 条为其"免责",它应优先考虑在合理期间内撤销或调整该项措施。[②] WTO 争端解决机构的这些改革,将有效地规制各成员,特别是发达国家采取"新贸易保护主义措施"。可以看出,WTO 专家小组基于对案件的法律和事实进行完全的法律性分析,并作出结论和建议,其结论对于有关争端的最后解决具有重要意义。当然,争端当事方可以直接就案件所涉及的法律问题向 WTO 上诉机构上诉,上诉机构基于对上诉法律问题的分析而作出结论和建议。实践表明,专家小组的报告常常是很"激进"的,招致有关成员,尤其是不利成员方的不满。通过上诉机构的审查,可以在一定程度上缓和专家小组报告与有关成员间的矛盾。在 5 年来涉及第 20 条的数件案例中,上诉机构虽然支持了专家小组的大部分建议,但也推翻了后者的一些结论。[③]

其次,援用 SPS 协议和 TBT 协议增多。SPS 协议序言开宗明义地指出:

---

① 它们是 1991 年墨西哥诉美国"限制金枪鱼进口"案、1994 年欧共体诉美国"限制金枪鱼进口"案以及 1994 年欧共体诉美国"汽车税"案。

② 当然,败诉方可以有下列选择:(1)应优先考虑在合理期间内撤销或调整该项措施;(2)不采取执行措施,而是向对方作出补偿,双方在合理期间期满再加 20 天之内就补偿达成协议;(3)既不采取执行措施,也不提供补偿,等待胜诉方经 DSB(Dispute Settlement Body)授权的贸易报复;(4)在达不成补偿协议后,胜诉方向 DSB 申请授权报复。败诉方对报复水平提出异议,申请进行仲裁,在仲裁确定的水平上接受对方经 DSB 授权的报复。

③ 例如,1996 年委内瑞拉和巴西诉美国"精炼汽油和常规汽油标准"案中,专家小组报告认为被诉方美国的贸易限制措施不符合第 20 条第 7 款,但上诉机构推翻了这一结论;在 1998 年印度等成员诉美国"特定龙虾及龙虾制品"案中,上诉机构推翻了专家小组的论证方法。

“期望因此对如何实施 GATT 1994 中与动植物卫生检疫措施有关的条款，特别是第 20 条第 2 款(包括该条款前言)的实施制定具体规则……”TBT 协议也在序言中规定：“期望推进 GATT 1994 目标的实施……”SPS 协议和 TBT 协议及其相关条款与 GATT 1994 第 20 条相比，有以下三大特点：(1)更加具体和精确，更具有可操作性，更有利于在各自的领域处理更为复杂的、往往涉及高科技和专业知识的争端；(2)援用 SPS 协议和 TBT 协议的是起诉方，举证责任也由起诉方承担，由起诉方来证明被诉方措施与 SPS 协议和 TBT 协议不符，且无须事先证明该措施违反了 GATT 有关条款；(3)援用 SPS 协议与 TBT 协议的起诉方胜诉居多。因此，各成员更倾向于援用 SPS 协议和 TBT 协议相关条款起诉其他成员。2000 年 5 月，在 WTO 中处理的涉及 SPS 协议和 TBT 协议的争端达 29 件。[①] 虽然这些案件并不全都涉及“例外”事项，但上述趋向应引起我们对 SPS 协议和 TBT 协议研究的重视和加强。

三、成功援用第 20 条的条件

如前所述，第 20 条不是一条确立义务的积极性规则，而是一系列对义务的“一般例外”。由此引申出两个重要的法律后果：(1)像所有其他例外条款一样，第 20 条必然被狭义解释；(2)在援用第 20 条时，举证责任由援用方承担。简言之，第 20 条允许也只允许缔约方/成员对 GATT/WTO 法律义务作最小程度的偏离。这种“最小程度”由两个层次的条件所保证：(1)第 20 条前言表明，[②]缔约方/成员可采取某些措施，但该措施须符合下列条件：“不构成相同条件下各国间任意的或无端的歧视手段，或不会形成对国际贸易的伪装起来的限制”；(2)第 20 条各项例外所包含的条件。两者构成一个整体，组成了将第 20 条例外限制在严格范围内的“防护墙”。鉴于迄今 GATT/WTO 关于第 20 条的争端解决实践绝大部分只涉及第 2 款、第 4 款、第 7 款，以下拟对这 3 款所包含的条件进行集中分析。

(一)第 20 条前言

第 20 条前言由两部分构成：第一部分在法律上允许“歧视”，只要该歧视

---

① 参见 2000 年 6 月 26 日 http://www.wto.org.上的资料。

② 第 20 条开头有一段文字：“凡下列措施……不得将本协定说成是妨碍……如下措施。”对这段文字，有关专家组报告或称为“按语”(Chapeau)，或“序言”(preamble)，或“引言”(introductory clause)，我们称其为前言。

“不构成同样条件下国家间的任意或无端的歧视”。但是,什么是“任意”(arbitrary)? 什么是“无端”(unjustifiable)? 什么是“同样条件下”(where the same conditions prevail)? 第 20 条只是给出了这样一些宽泛模糊的条件,GATT 时期的专家组也未进行更为精确、具体的界定,而是根据个案的具体情况来自由裁量。一般而言,序言这一部分基本上是要求不要在同样的情势下歧视的义务,即对所有国家或人适用该措施。

第二部分,即“不构成……对国际贸易伪装起来的限制”。在 GATT 时期的两个案例中,[①]专家组曾以“该措施已被公布”作为检验标准。但是,这一结论遭到了很多缔约方和法律专家的批评。

在 1996 年“汽油标准”案中,上诉机构的裁定可谓集 GATT 时期对第 20 条的适用与解释之大成。该裁定对第 20 条前言的解释作了如下发展:

1. 前言的目的。前言并不是阐述有争议的措施或其具体的内容,而是该措施实施的方式。[②] 前言的目的和宗旨是阻止第 20 条例外的滥用。第 20 条的制定历史表明,制定前言是为了实施下列原则:尽管第 20 条诸项例外作为一项法律权利可以被援用,这些例外不应破坏该权利持有方根据 GATT 的实体规则所承担的法律义务。换句话说,要保证这些例外不被滥用或错误使用,就必须合理地实施该特定例外项下的措施,即既关注援用例外一方的法律义务,又关注其他相关成员的法律权利。一项被第 20 条的单个例外条款证明正当的措施,还要经得起前言的检验。

2. 举证责任。援用该例外的成员承担证明该措施不构成此类例外的滥用的举证责任。

3. 前言所含的“检验标准”。前言中所提及的“标准”在逻辑上不能与各项例外所包含的条件相同。否则,既会使前言形同虚设,也会使第 1 款到第 10 款中的各项例外失去意义。该上诉机构裁定认为,《维也纳条约法公约》的“条约解释的一般规则”可以有下列一个推论:解释必须给一项条约的所有条款赋予意义和效力,解释者不能采用将导致一条约的条款或分段成为多余或无效的理解。我们认为,这一观点是合理的。《奥本海国际法》中也主张:应当认为,各当事国是要使一个条约的条款有某些效果,而不是使它成为毫无意义的:格言是

---

① 参见 1982 年“美国——禁止进口来自加拿大的金枪鱼及其制品”案;1983 年“美国——特定汽车弹簧部件”案。

② 在 1983 年“美国——特定汽车弹簧部件进口”案专家组报告中已提及这一观点。

“与其使事情无效,勿宁使其有效”。国际法委员会认为,这个格言就其反映真正的一般解释规则而言是包含在 1969 年《维也纳条约法公约》第 31 条第 1 款所包含的一般解释规则之中的。因此,一种使一个条款成为毫无意义或毫无效果的解释是不允许的①。而《WTO 争端解决规则及程序的谅解》(Understanding on Rules and Procedures Governing the Settlement of Disputes, DSU)第 3 条第 2 款规定:“……争端解决制度……按照国际公法解释的习惯规则澄清这些协定的现行规定……”因此,按照国际法上的“与其无效,勿宁有效”的解释规则,第 20 条前言和各项例外条款都具有各自的确定意义和效力,不能混为一谈。

4.“同样条件下国家间”的含义。不构成同样条件下国家间“任意的歧视”、不构成同样条件下国家间“无端的歧视”、不构成“对国际贸易的伪装起来的限制”,这 3 个标准所适用的领域是否相同? 换句话说,“同样条件下国家间”是指“进口国和出口国的条件”,还是只指“出口国的条件”或“进口国的条件”?该上诉机构认为,前言规定:“本协定没有什么应被解释为妨碍任何缔约方采取和实施下列措施”(nothing in this Agreement shall be construed...),因此,第 20 条所列举的例外与总协定下的所有义务有关,包括国民待遇义务、最惠国待遇义务以及其他义务。虽然该上诉机构认为“无必要决定前言中设立的标准的适用范围”,但我们认为,“同样条件下国家间”应强调在实施歧视措施的进口国和所有向其市场出口该有关产品的出口国间,在国民待遇和最惠国待遇的基础上进行对比。

5.3 个标准之间的关系。“任意的歧视”“无端的歧视”和“对国际贸易的伪装起来的限制”可以互相支持地加以理解,即它们相互赋予意义。显然,“伪装起来的限制”包括国际贸易中伪装起来的“歧视”,同样清楚的是,在国际贸易中的“隐蔽的”(concealed)或“未宣布的”(unannounced)的限制或歧视并未穷尽“伪装起来的限制”的内涵。该上诉机构认为,可以将“伪装起来的限制”适当地理解为包含着下列限制:以在第 20 条中列举的一项例外条款为伪装而采取的相当于在国际贸易中的任意的或无端的歧视。在决定一项特定措施的适用是否是“任意的或无端的歧视”时合适的、切题的观点也可在决定对国际贸易的“伪装起来的限制”是否存在时予以考虑。

此外,在 1998 年“龙虾/海龟”案中,专家组曾直接审查有关措施“是否符合

① [英]詹宁斯、瓦茨:《奥本海国际法》(第 1 卷第 2 分册),王铁崖等译,中国大百科全书出版社 1998 年版,第 667 页、第 724 页(注 285)。

第 20 条前言”。上诉机构不赞同这种论证方法。它认为,应该先审查有关措施是否符合第 20 条各单项例外,如果符合,再审查是否符合前言。

(二)第 2 款

要成功援用第 2 款,必须同时符合下列条件:(1)有关措施是为了保护人类、动植物的生命和健康;(2)该措施是为了实现上述政策目标所必需者;(3)同时符合前两个条件后,还要满足前言的要求。这里,我们着重分析下列 3 个问题。

第一,“为保护……所必需者”。1990 年专家组在针对“泰国——对外国香烟的进口限制和国内税收”案的报告中认为,第 20 条第 2 款与第 4 款中“所必需者”的含义相同。两个条款使用同一的术语,期望同样的目标:允许缔约方使用与 GATT 不一致的贸易限制措施以追求公共政策目标,如果这样的不一致是不可避免的。而 1989 年“337 条款”案的专家组认为:显然,如果仍存在与总协定其他条款不相抵触的,可被合理地期望采用的其他替代措施时,一个缔约方就没有理由说那个与总协定其他条款相抵触的措施是按第 20 条第 4 款“所必需者”。同样,在合理地供采用的各种措施中,一个缔约方必须选用其中的将与 GATT 其他条款的不符降低到最小程度的那一种。换句话说,在诸多的可合理采用的措施中,如果存在与 GATT 其他条款不相抵触的措施,就必须选择这样的措施;即使不存在上述措施,也必须选择“更少地不一致”(less inconsistent)的替代措施。

在 1996 年“汽油标准”案专家组报告中,在论及第 20 条第 2 款时,专家组认为,要审查的不是政策目标的必要性,而是与 GATT 其他条款不符的措施为实现该第 20 条中列举的目标的必要性,对被诉方美国而言,如果存在合理获得的与 GATT 相一致的或更少的不一致的措施,就不能满足“必要性”要求。实践表明,在绝大多数情况下,专家组都能设想出一种既与 GATT 相符,又能达到被诉方相关目标的替代措施。因此,几乎没有什么措施能通过“必要性审查”。

第二,是否允许“保护域外动物的生命和健康”。1991 年专家组在针对“美国——金枪鱼进口限制案”的报告中认为,第 20 条第 2 款对保护域外动物的生命和健康问题,并没有明确规定。要解开这个谜,需考虑 GATT 的立法历史。在 1974 年《纽约草案》中,第 2 款条文规定:“为了保护人类及动植物的生命或健康,凡进口国对相同条件下设有相应国内保障者。”其中的后半句话是为了防止滥用而写上的,到日内瓦会议定稿时把它删掉了。所以,第 20 条第 2 款的起草者的关注集中于在进口国主权范围内……的卫生措施的使用。如果允许一个国家根据其国内动物保护法进行“域外保护”,那么,总协定将不再构成一个在所有缔约方间贸易的多边框架,而只能为有限的、有同样的国内法规的缔约方间的贸易提供法律安全。因此,该专家组报告并不赞同“域外保护”。

第三,有关第2款项下的措施的公布、通知和协商。第20条及其第2款中未明文规定“通知”“公布”等透明度义务。然而,1989年10月,GATT部长理事会同意了主席作出的一项倡议,规定在一项“有损贸易行动”(a trade damaging act)中适用下列指导原则:(1)一进口缔约方采取的措施不应比第20条第2款中规定的“为保护有关人类、动植物生命或健康所必需者”更严厉或保持效力更长;(2)该进口缔约方应尽可能快地通知总干事,进口缔约方在电话通知后,应迅即提交书面通知,该通知将向各缔约方传阅;(3)该进口缔约方被期望同意,在一项“有损贸易行动”一发生时,就带着对问题的范围和有效处理问题的最佳途径达成共识的愿望,与主要的相关缔约方举行迅捷有效的非正式协商。[①] 随后,很多国家按照这一原则进行了通知和协商。[②]

(三)第4款

要成功援用第20条第4款,须同时满足四个条件:(1)与总协定不一致的特定贸易措施是为了“确保遵守”与总协定不相抵触的法律或规章;(2)该法律或规章与总协定不相抵触;(3)该措施是确保遵守与总协定不相抵触的法律或规章“所必需者”;(4)实施该措施的方式还要符合第20条前言。

第一,“所必需者”。1989年“337条款”案的专家组认为:显然,如果仍存在与总协定其他条款不相抵触的、可被合理地期望采用的其他替代措施,则此时一个缔约方就没有理由说那个与总协定其他条款相抵触的措施是按第20条第2款“所必需者”。同样,在可供合理采用的各种措施中,一个缔约方必须选用其中的将与GATT其他条款的不符降低到最小程度的那一种。与第2款的适用一样,大多数情况下(除“337条款”案外)专家组都能设想出一种既与GATT相符、又能达到相关目标的替代措施,所以,几乎没有什么措施能通过第4款

---

① See GATT, Analytical Index: Guide to GATT Law and Practice, Updated 6th Edition (1995), p. 572.

② 例如,1989年12月,奥地利通知缔约方全体,由于过分的噪声和大气污染严重威胁周围居民的健康,奥地利禁止重型卡车在某些公路通行;1991年秘鲁发生流行性霍乱,欧共体和奥地利通知了对来自秘鲁的食品、鱼制品的进口禁止;1993年奥地利为了阻止猪瘟病口蹄疫进入本国,禁止进口来自特定国家的特定活动物和动物制品。参见L/7302, L/7303 (1993), L/7503, L/7544 (1994)。

“必要性审查”。

第二,“为确保遵守与 GATT 不相抵触的法律或规章”。GATT 时期的有关专家组报告表明:第 20 条第 4 款未提及法律或规章的目标,因而该条款只包括确保法律或规章而不是其目标的措施。而且它只涵盖了与符合 GATT 义务有关的法律或规章的实施措施,①换句话说,它要求确保遵守的法律或规章本身与 GATT 不相抵触,②它也不允许缔约方实行与 GATT 其他条款相抵触的垄断。③

(四)第 7 款

要成功援用第 7 款,必须同时符合以下四个条件:(1)实施的措施是为养护可穷竭的自然资源的政策;(2)该措施是关于养护可穷竭的自然资源;(3)该措施与对国内的生产或消费一道实施;(4)实施该措施的方式符合第 20 条前言的要求。

第一,“关于……养护”意为“首要目的旨在……”1998 年专家组针对“加拿大——影响未加工的鲱鱼和鲑鱼出口的措施”案的报告中认为:一方面,第 20 条的某些条款指出,所实施的措施必须是对实现该款所陈述的目标“必需的”或“至关重要的”(如第 1 款、第 2 款、第 4 款、第 10 款),而第 7 款仅提及“关于养护可穷竭的自然资源”而已。因此,第 20 条第 7 款不仅包括对养护可穷竭的自然资源必需或至关重要的(essential)措施,还包括了范围更为广泛的有关措施。另一方面,虽然并不要求一项贸易措施对养护可穷竭的自然资源是必需的或至关重要的,但它的首要目的应是旨在养护可穷竭的自然资源。

第二,不允许对可穷竭自然资源的“域外保护”。在 1991 年专家组针对“美国——限制进口金枪鱼”案的报告中认为,一国只有在一种可穷竭的自然资源处于其管辖权范围内时,才能有效地控制该可穷竭自然资源的生产和消费。这说明,第 20 条第 7 款的意图在于只允许缔约方在其管辖范围内采取首要目的旨在实施对生产或消费的限制的贸易措施。如果第 20 条第 7 款能够“域外适用”,那么每一缔约方都可单方面地制定养护政策,其他缔约方均不能违反这一养护政策,一旦违反就会损害这些缔约方根据 GATT 所享有的权利。

第三,在 1996 年“汽油标准”案上诉机构的裁定中,纠正了专家组报告的一些法律错误,尤其对第 20 条第 7 款作了如下解释与澄清:

---

① 参见 1990 年 5 月 6 日通过的日本诉欧共体“部件、构件进口条例”案专家组报告。
② 参见 1991 年墨西哥诉美国“限制金枪鱼进口”案专家组报告(该报告未获通过)。
③ 参见 1988 年 2 月 2 日通过的美国诉日本“限制特定农产品”案专家组报告。

1. 要予以审查的是“措施”，不是“措施与 GATT 其他条款的不符”。如果“对号入座”，该案中的“法律或规章”是美国《净化空气法》中的“不再恶化原则”，而措施则为“基准确定规则”。① 专家组分析了作为第 20 条第 7 款意义上的“措施”——美国“汽油标准规则”一部分的“基准确定规则”——是否“旨在养护可穷竭的自然资源”，但它却在推理过程中“偷梁换柱”，用“对进口汽油的更低优惠待遇”来代替。上诉机构指出，这段推理存在的问题是：专家组本应该分析“措施”（基准确定规则），但它却分析对进口汽油的“更低优惠待遇”是否“首要目的旨在”养护可穷竭的自然资源。换句话说，专家组错误地将它按 GATT 第 3 条第 4 款（国民待遇原则）作出的法律结论代替了本应该讨论的“措施”。第 20 条的前言清楚地表明，根据该条第 7 款应予审议的是“措施”，而非“更低优惠待遇”的法律结论。

2. “首要目的旨在”不等于“直接联系”。该上诉机构指出：在专家小组的推理中有的令人难解。专家小组先推论说，在基准确定规则（它称为“针对‘与国产汽油化学成分相同的’进口汽油的‘更低优惠待遇’”）与“在美国改善空气质量的目标”之间“没有直接联系”。但专家组马上又接着说，因此，不能说给进口汽油提供的更低优惠待遇，首要目的旨在养护可穷竭的自然资源。上诉机构认为，专家组并未澄清，是否把“直接联系”用作“首要目的旨在”的同义词，或者说，在“首要目的旨在”前面是否还需要一个新的或附加的要素。可以认为，该上诉机构否定将“首要目的旨在”解释为“直接联系”，也不赞同将“直接联系”看作“首要目的旨在”的新的要件。

3. 第 7 款并不包含“所必需者”要求。该上诉机构认为，专家组报告似乎将“所必需者”要求不仅适用于审查基准确定规则是否符合第 2 款的过程，也适用于审查其是否符合第 7 款的过程。专家组报告未“依条约用语的原意并按上下文参照其宗旨和目的，善意予以解释”的习惯国际法规则，来解释第 20 条第 7 款的规定。DSU 第 3 条第 2 款规定：“……按照国际公法解释的习惯规则澄清这些协定的现行规定。”而 1969 年《维也纳条约法公约》第 31 条“解释的一般规则”规定：“条约应依其用语按其上下文并参照条约之目的及宗旨所具有之通常意义，善意解释之。”这一规定，完全符合“解释习惯规则”的条件。DSU 的这项规定“反映了不能把 GATT 与国际公法割裂开来理解”。上诉机构认为，专家组

① 赵维田：《世界贸易组织（WTO）的法律制度》，吉林人民出版社 2000 年版，第 331 页。

报告对第 20 条各款所用的文字差异,未予充分重视。第 20 条列举了 WTO 各成员的多种政府行为、法律或规章,它们属于贸易自由化领域之外,又可为不同的合法国家利益或政策而颁布或实施。在处理它们与所审查的"措施"之间的关系时,使用了各种不同的词,如"所必需者"(necessary)(第 1 款、第 2 款、第 4 款)、"关于"(relating to)(第 3 款、第 5 款、第 7 款)、"为履行"(in pursuance of)(第 6 款)、"涉及"(involving)(第 9 款)。专家组的论证会导致下列观点,即认为 WTO 成员意在要求在被审查的措施和被寻求促进或实现的各种国家利益或政策的联系或关系有同样的种类和程度。这一观点是不合理的。从上诉机构的结论来看,第 7 款是与第 2 款、第 4 款不同的,并不包含"所必需者"要求。

4. 第 7 款与 GATT 其他条款的关系。该上诉机构认为,就第 7 款所使用的"关于养护可穷竭的自然资源"而言,应联系到实现 GATT 的宗旨与目的来理解:第 20 条第 7 款中包含有 GATT 的其他规定,尤其是第 1 条(最惠国待遇)、第 3 条(国民待遇)和第 11 条(禁止数量限制)。反过来说,第 1 条、第 3 条、第 11 条中也包含有第 20 条。因此,"关于养护可穷竭的自然资源"不可被扩张地理解为破坏第 3 条第 4 款的宗旨和目的。第 3 条第 4 款也不可被扩张地理解为弱化第 20 条第 7 款及其所包含的政策与利益。对于第 1 条、第 3 条和第 11 条中的肯定性义务与在第 20 条中列举的"一般例外"中包含的政策与利益的关系,条约的解释者(暗指 WTO 争端解决机构)能在个案基础上,通过仔细地考察该争端的事实和法律的具体情况来作出解释。另外,也不能忽视 WTO 成员为表达其意图和目的所实际使用的措辞。笔者认为,这是一种"在个案基础上的平衡论",它反映出与 GATT 排他性地考虑"贸易自由化"相比,WTO 上诉机构发生了某些变化。①

5. "与国内生产或消费一道实施"的含义。在 1988 年"加拿大——影响未加工的鲱鱼和鲑鱼出口的措施"案中,专家组认为第 20 条第 7 款中的"一道实施"的解释必须保证在该条款下可能采取的行为的范围与总协定的目的相适应。因此,在专家组看来,如果一项贸易措施的首要目的旨在使生产限制有效果,那么它就可被视为与生产限制"一道实施者"。在"汽油标准"案中,上诉机构认为,前面论述过的条约解释的一般国际法规则也适用于分析"与国内生产或消费一道实施"。它认为,"made effective"可被解释为"operative""in force"

① "在汽油标准"案中,上诉机构推翻了专家组关于美国的有关措施不符合第 20 条第 7 款"关于"要求的结论,认为符合"关于"要求。

或“come into effect”(生效)。而“in conjunction with”可被理解为“together with”或“jointly with”(共同)。总之,第20条第7款这一部分的含义,即像基准确定规则那样的政府措施应与对自然资源的国内生产或消费的限制共同颁布或生效。它强调在以养护的名义实施对可穷竭的自然资源的生产或消费的限制时,应具备“公正性”(even handedness)。如果对国内生产的类似产品根本没有施加任何限制,所有的限制只施于进口产品,则该措施不能被接受为首要地或甚至是实质地旨在实现养护目标。该措施只可能是为保护当地产品的歧视。另外,“或”是一个反义连接词,这表明在“国内生产限制”和“国内消费限制”中,只要有某一项实施即可。

四、第20条现存的法律漏洞

目前,对第20条缺乏系统的国际立法活动,而只是由GATT/WTO争端解决机构针对争端的具体情况进行个案解释,从而造成第20条的诸多缺陷,如法律规则不够系统和完善;措辞宽泛、模糊,缺乏确定性、可操作性强的标准;适用与解释松散、零乱,有时出现前后矛盾等。

(一)关于SPS协议和GATT第20条的关系

对于SPS协议可否直接适用的问题,在1998年“荷尔蒙”案中,被诉方欧共体主张SPS协议不是一个“自立”(self-standing)协议,而仅是一个解释和明确GATT 1994的“适用”的协议。欧共体还主张,只有在可以援用GATT第20条第2款时,才能适用SPS协议的实体条款。专家组否定了欧共体的主张,①认为SPS协议施加的义务并不要求WTO成员(如GATT第20条那样)证明其违反GATT其他条款的措施正当,而是独立于GATT。SPS协议并不明文要求须在适用SPS前确认违反GATT。②

然而,在理论和实践上,对GATT 1994的“一般义务”和具体协议(SPS或TBT)的“特定义务”的关系或“法律等级”仍存在争议。虽然《多边货物贸易协议》关于附件一(1)的解释性注释指出:“当GATT 1994的某一规定与《建立WTO协定》之附件(1)中另一协定(包括SPS和TBT)的某一规定发生冲突时……该另一协定之规定应在冲突的范围内优先。”但在实际案件中,这并非识

① 争端当事方未对专家组关于SPS与GATT的关系的结论上诉,因此,上诉机构裁定并未涉及这一问题。

② U.S. Panel Report, Paras 8.39-41, and Canada Panel Report, paras 8.42-44.

别或确定是否存在一项"冲突"那么简单。WTO 争端解决机构的有关案例表明,它似乎不是严格采用"特别法优先说",而是采用一种"自由决定"方式,即由其决定是适用 GATT 还是 SPS/TBT 协议中的哪种条款。一旦以某种条款为依据作出结论后,它不会再审查另一种条款。其理由简单得令人吃惊:"无必要……这样做。"①这一结论留下了下列问题:符合 SPS 协议是否也就符合 GATT 第 20 条?反过来,是否符合 GATT 第 20 条也就符合 SPS 协议?SPS 协议第 2 条第 4 款规定:"符合本协议有关条款规定的动植物卫生检疫措施,应被推定(should be presumed to be)符合各成员在 GATT 1994 中有关采用植物卫生检疫措施的义务,特别是第 20 条第 2 款的规定。"但是,仔细考察,SPS 协议与 GATT 第 20 条第 2 款又并不完全重合,差别较大。如果有关成员不服上述"推定",可否允许它们依据 GATT 第 20 条起诉呢?诚然,要考虑 SPS 协议的相对独立性,但是如果将它与 GATT 第 20 条完全割裂,不顾及或不参照第 20 条的内容和结构,"被认为符合"的推定能让 WTO 各成员信服吗?

看来,关于 GATT 第 20 条与 SPS 协议的关系问题,还有待 WTO 争端解决机构在将来的具体案件中得到澄清。

(二)"公布"了的措施是否构成对国际贸易的伪装起来的限制

仅仅因为"公布"了就不是"伪装起来"(disguised)的观点合理吗?换句话说,不"伪装起来"只包含"透明度"要求吗?前述专家组的解释似有偷换概念之嫌。发达国家成员所采用的"新贸易保护主义措施"均披着种种"合法外衣",它们才是真正意义上的"伪装起来"的对国际贸易的限制。然而,第 20 条的立法原意之一就是给各成员开一道免除义务的方便之门,如果专家组将上述措施归于"伪装起来的限制"之下,必然引起各成员,特别是发达国家成员的强烈反对。在国际社会中毕竟存在一个不容忽视的事实:国际法要受到国际政治时隐时现的制约。所以,专家组似乎只能做出并将继续保持那样的分析。

(三)第 20 条"例外清单"的穷尽性

GATT 专家组从未阐述过第 20 条"例外清单"是否构成一个成员能采取的措施所要实现的"目标的穷尽清单"。换句话说,在提出作为歧视措施的辩护理由时,是否能提出未在第 20 条中明确提及的"其他理由"?在第 20 条前言中,没有任何条文表明是否允许将"目标清单"扩大延伸,超出"明示列举清单"的

---

① 参见"汽油标准"案专家组报告 6.43 段和"荷尔蒙"案专家小组报告。

范围。参照专家组对第20条的一贯的狭义解释的立场，笔者认为，这一清单是穷尽性的而不是指导性的。例如，援用第20条就不能以“为保护环境”为理由，[①]也不能以“确保实现法律或规章的目标”为理由。[②] 值得注意的是，在某些区域一体化条约中，如《欧共体条约》第30{36}条，虽然也作了相似规定，但其适用和解释的实践却与GATT不大相同。

《欧共体条约》第30{36}条规定：“第28{30}条到第29{34}条不应阻止被下列原因证明正当的对进口、出口或运输中的货物的禁止或限制：公共道德、公共政策或公共安全；保护人类、动物或植物的生命和健康；保护本国具有艺术、历史和考古价值的财产或保护工业和商业产权。但是，这样的禁止或限制不应构成一项任意的歧视手段，或对成员国间的贸易的伪装起来的限制。”[③]可以看出，《欧共体条约》第30{36}条并不包含“环境保护”目标，但后来欧共体法院将“环境保护”作为“义务性要求”(mandatory requirement)采纳。这引申出一个问题：“义务性要求”是否意味着“环境保护”可以构成第30{36}条不可分割的一部分？如果回答是肯定的，那么《欧共体条约》第30{36}条就不应被看作“穷尽性的”，而是“指导性的例外清单”。即使回答是否定的(第30{36}条清单应被看作“穷尽性的”)，欧共体所实行的“司法积极主义”也会使欧共体法院“创设性”地将“环境保护”提升到与第30{36}条所包含的诸多目标同样的地位。而在WTO中，由于发展中国家和发达国家在环境保护的利益和立场上有着极大差异，很难想象它们会一致同意WTO争端解决机制也像欧共体法院那样采取“司法积极主义”，未经国际立法就将“环境保护”纳入GATT第20条的范畴。

(四)“所必需者”

笔者认为，GATT和WTO争端解决机制对第20条第2款、第4款中的“所必需者”所作的解释仍存在下列问题：(1)什么是“合理获得的”？什么是“一致的”？什么是“更少的不一致”？一个特定目标能被合法追求的程度有多大？在经济术语中，可以讨论一种贸易保护的形式有更多的或更少的贸易限制作用。

---

① 在乌拉圭回合谈判中，奥地利曾建议将第20条第2款修改为“为保护环境，人类、动植物生命和健康所必需者”，但该建议未被采纳。See WTO, High Level Symposium on Trade and Environment, Genera, 15 –16 March 1999, p.21.

② 参见1990年5月16日通过的日本诉欧共体“部件、构件进口条例”案(“改锥”案)专家组报告。

③ Bernard Budden and Derrick Wyatt Qc(eds.), *Basic Community Laws* (*6th edition*), Clarendon Press, Oxford, 1996, 38.

但在法律术语中,在"相符"与"不相符"之间有绝对的区别,很难想象其中的"中间状态"。(2)如果专家组"排他"地关注与 GATT 的相符性,则在大多数情形下,专家组都能设想出一种既与 GATT 相符、又能达到相关目标的替代措施,因此,如果严格适用,几乎没有什么措施能通过"必要性审查"。但是,随着国际社会的变化和根据具体情况,专家组会从措施的"可行性"与"有效性"入手来审查"必要性"吗?GATT 对"贸易自由化"的排他性关注在 WTO 时期已转向兼顾"环境"等目标,这会使"必要性"标准发生变化吗?(3)如果一成员以国内的经济上的或政治上的"有限性"(如预算有限、政治上的敌对)排除了使用"与 GATT 相一致或更少不一致的措施"的可能性,可否接受这种主张呢?应由谁来判断这些所谓的"有限性"的合理性呢?如果由专家组来判断,则它可能被视为对主权国家内部事务的无端干涉。如果 GATT/WTO 不加质疑地接受这些"有限性"的合理性,那么争端解决机构进行的"必要性审查"的意义将不复存在。如何解决这一深层次的"两难"问题,无疑是 WTO 各成员的期望。

五、第 20 条的前景展望

(一)第 20 条的适用空间将在横向和纵向上继续扩大和深化

如前所述,第 20 条曾长期"甚少援用"。事实上,到目前为止,除第 2 款、第 4 款、第 7 款外,其余 7 款例外尚处于"冬眠"状态。随着国际经贸关系的发展,不难想象,将出现援用其他例外的情况,WTO 争端解决机制和其他相关机构面临着澄清和解释这 7 款例外的课题。而且乌拉圭回合后,形成了一系列与 GATT 1994 第 20 条相似或相关的协定和协议(尤其是 SPS、TBT 和 GATT 第 14 条)。在对它们的适用与解释中,尤其是在它们与 GATT 1994 第 20 条发生重叠或交叉时,必然要涉及乃至参照和引用第 20 条的有关规则。同时,它们与 GATT 1994 第 20 条的法律关系也亟待 WTO 予以澄清。

另外,对于现在援用得最多的第 2 款、第 4 款、第 7 款,WTO 专家组和上诉机构势必结合新案件的具体情况,"创制"更完善、更合理、更系统的适用标准。

(二)在援用第 20 条所显现出来的"多边贸易自由化"与"公共政策目标"的矛盾中,贸易与环境的关系将表现得最为突出

历史上,从来没有将国际贸易与环境联系起来。环境保护与贸易自由化的关系直到 20 世纪 90 年代才成为国际社会普遍关心的一个焦点问题。在 GATT/WTO 争端解决中已多次出现了这样的案例。虽然 GATT 第 20 条并未

将“环境保护”明文写入，但乌拉圭回合达成的《建立 WTO 协定》和多个多边贸易协定，都有专门条款规定或提及环境问题，况且，WTO 争端解决机制中受理的涉及第 20 条的案件也主要集中于环境问题。贸易自由化和环境保护都是直接涉及每个国家、每个区域和全球人类的生存与发展的根本利益的重大问题。[①]两者孰先孰后？如何平衡？这既需要 WTO 争端解决机制运用现有规则进行解释适用，也需要它根据国际社会的发展进行“法律的发展”。笔者认为，应该防止仅以国内法为依据来实施对环境（包括生态环境、珍稀动植物、人类健康）的保护，环境保护应该并且能够在国际公约的框架下实现其目的。

（三）在第 20 条的适用与解释中，WTO 争端解决机制将发挥核心作用

虽然由 GATT/WTO 争端解决机制进行个案解释的方式存在一些缺点，但是，由于多边贸易体制对一般例外的“消极立场”，它似乎更愿意用争端解决机制来对一般例外实践进行法律规制。GATT/WTO 的实践也表明，争端解决机制有能力防止一般例外的泛滥。因此，如果不出现像 20 世纪七八十年代滥用“灰色措施”那样极大地破坏多边贸易体制的严重情况（该情势推动了乌拉圭回合《保障措施协议》的出台），WTO 仍将主要借重争端解决机制来对一般例外进行多边控制。当然，在争端解决中，经过对第 20 条长期的反复实践的适用与解释，必将进一步形成更多的、更为完善的具体规则，届时可以由 WTO 的有关机构对这些规则进行国际法律编纂，形成某一专门协议草案，再交由有关权力机构通过并生效。

（四）发展中国家将在第 20 条未来的法律变革中发挥越来越重要的作用

长期以来，发展中国家对第 20 条的了解和利用程度很低。究其原因，似乎是发展中国家尚不擅长利用“新贸易保护主义措施”，也不具备运用 GATT 规则识别和反击（起诉）这类措施的能力。另外，发达国家几乎从未援用第 20 条例外为其措施成功辩护乃至成功地“免责”，也使发展中国家失去了援用第 20 条的兴趣。但是，这并不意味着第 20 条对发展中国家而言没有价值。20 世纪八九十年代后，“后现代主义”颇为流行的西方将社会关注的重心转向环境保护、重在私权保护的知识产权保护、重在个人人权保护的公民健康权等领域，并往往将这种社会关注上升为国内立法并通过对外贸易限制等途径实施，对于尚无能力充分顾及上述领域的发展中国家来说，它们因发达国家这种贸易限制而受

① 参见梁西：《国际法》，武汉大学出版社 2000 年版，第 257 页。

损的可能性最大。而且无论这种贸易限制有多么冠冕堂皇的理由,它们都只能使发展中国家陷入一种恶性循环,即损害发展中国家因有关产品进入该国市场而获得的贸易利益,进而影响发展中国家的“发展”,后者仍无法顾及上述问题。因此,发展中国家有必要勇于并擅于使用 GATT/WTO 争端解决机制,关注和反击发达国家的“新贸易保护主义”,并促使争端解决机构对第 20 条作出公正、合理的适用和解释。同时,在“可持续发展”“知识经济”“国际合作”已成为当代乃至未来世纪全球经济发展的主流的时代背景下,发展中国家也应在禁止环境破坏、禁止侵犯知识产权①方面采取积极举措。发展中国家可以事先研究第 20 条例外及相关条件,在严格符合这些条件的前提下适用贸易限制措施,从而达到保护本国或区域的乃至全球的环境或知识产权的目的。另外,第 20 条还有很大的适用空间,在“公共道德”(第 1 款)、商品协定(第 8 款,实际上主要涉及“初级产品”)、当地供应不足(第 10 款)、“为确保遵守与总协定条款不相抵触的法律或规章”(第 4 款)等方面,发展中国家与发达国家相比更有利用的需要。

同时,事物是发展的,作为社会基础的国际社会中出现的变化必将引起相应国际法律规则的变化。GATT 争端解决机构对第 20 条的含义进行适用和解释,形成了一系列国际法律规则,这是与 GATT 时期对国际经贸关系的现实关注相适应的。然而,在 WTO 时代以及在 21 世纪中,WTO 的关注是否发生了或将会发生某些变化呢?这些变化一旦发生,将可能影响第 20 条的适用与解释,使关于第 20 条的国际法律规则发生演变。发展中国家首先应该重视国际社会和关于第 20 条的国际法律规则的变化。然后,也有必要作出抉择:是固守原有的法律秩序?还是积极参与并推动国际社会和国际法律规则的变革?

笔者认为,正如要警惕和坚决反对西方国家建立以人权为核心的“新国际政治秩序”一样,发展中国家也要警惕和坚决抵制西方国家以“新贸易保护主义”抑损多边贸易自由化的做法。发达国家以国内法或不顾具体情况(尤其是发展中国家与发达国家的历史性差异)制定的高于国际义务的“标准”为依据,实施贸易限制措施,势必损及发展中国家根据 WTO 协定应享有的权利。从这个角度上来讲,至少就目前而言,在第 20 条问题上,发展中国家应与 WTO 一道,警惕并积极防范“新贸易保护主义”的泛滥,巩固并发展多边贸易自由化,同时兼顾对全球具有重大意义的环境保护、可持续发展等公共政策目标。“一般

① 比如,印度已成为重要的计算机软件生产国,不难想象,印度在将来完全可以以第 20 条为依据,禁止某些侵犯印度软件知识产权的外国产品进口。

例外”所列举的目标的实现,必须在 WTO 协定的范围内,且应以不违反 WTO 义务的方式进行。可以预见,在 WTO 体制中,发展中国家将成为规制第 20 条例外的重要力量,且其作用将越来越大。

六、中国应有的对策

我国有望在 2001 年年底加入 WTO。一旦加入 WTO,中国完全有权以 GATT 第 20 条和 GATS 第 14 条为依据实施相关贸易限制措施。但是,我国也应充分研究一般例外适用的条件,尽量使有关措施事前符合 GATT 或 GATS 的规定,切勿滥用和错误使用。同时,我们应及时识别和判断发达国家对我国的“新贸易保护主义措施”与 WTO 各协定现行规定的不符,并倚重 WTO 争端解决机制要求其修正或撤销该措施。对此,笔者提出如下建议。

(一)利用 WTO 一般例外条款,要修改和完善国内法中的相关规定

1994 年 7 月 1 日开始施行的《对外贸易法》,是我国对外贸易的基本法,也是我国首次较为系统地将 WTO 一般例外和特殊例外条款“转化”为国内法的部门法。我国 1994 年《对外贸易法》与 WTO 一般例外条款相关的条款主要有:第三章(货物进出口与技术进出口)中的第 16 条第 1 款、第 2 款、第 5 款,第 17 条第 1 款、第 2 款、第 3 款,第 21 条;第四章(国际服务贸易)中的第 24 条第 1 款、第 2 款、第 5 款,第 25 条第 1 款、第 3 款;第五章(对外贸易秩序)中的第 27 条第 1 款、第 2 款;第七章(法律责任)中的第 38 条、第 39 条、第 40 条。

与 WTO 的相应规则相比,我国《对外贸易法》中的一般例外规定存在下列不足:

1. 把“安全例外”和“一般例外”合并规定,似乎不可取。① 从广义上来讲,这两者固然都属于“公共政策目标”,但还是有很大的区别。比如,相对于经贸利益来说,国家安全显然居于更重要的地位。比较 GATT 1994 的相关条款(第 20 条一般例外和第 21 条安全例外)和 GATT 相关条款(第 14 条之一般例外和第 14 条之安全例外),可以发现,实施两条款下所涉措施须符合的条件的宽松

① 参见我国 1944 年《对外贸易法》第 16 条第 1 款、第 17 条第 2 款、第 24 条第 1 款、第 25 条第 1 款。另外,第 16 条第 7 款和第 17 条第 4 款、第 25 条第 2 款中的“国际条约”或“国际义务”,不知是否包括《联合国宪章》,从而可作为“安全例外”条款?

程度也不大相同。一般例外的措辞和所包含的条件要比安全例外严格得多。①因此,国内法中把这两种例外规定在同一条文中,容易造成误解,以为它们适用同样的条件和运作程序。

2. 把“一般例外”与“普遍取消数量限制”和“为保障国际收支的限制”例外合并规定。② 似乎也不妥。后两者例外在 WTO 法律体系中主要表现为 GATT 第 11 条、第 12 条,GATS 第 12 条等。上述条款的宗旨和目的与一般例外的宗旨和目的相比,有较大的层次上的差距。一般例外所包含的是实现 WTO 成员更为重大的国家利益,为了这一利益,甚至可以“歧视”,而后两项例外仍要以“不歧视”为原则。而且我国 1994 年《对外贸易法》第 16 条第 2 款、第 5 款存在一个不可忽视的疑问,即是要实施“普遍取消数量限制”的例外呢?还是实施“一般例外”?③

3. 1994 年《对外贸易法》中“一般例外”的外延和 WTO 法律体系中的“一般例外”不尽相同:少数重合,大部分有差距,还有一部分属空白,在结构上也不妥。结合具体条文分析如下:

第一,1994 年《对外贸易法》第 16 条和第 17 条、第 23 条和第 25 条,分别用“可以限制进出口”和“禁止进出口”的措辞,似乎体现了立法者对这些条款所列目标不同的重视程度。“限制”和“禁止”固然对实现某一公共政策目标的效果不同,但是其要实现的目标有层次上的差别吗?比如,“为维护……社会公共利益,需要限制进口或者出口”与“危害社会公共利益”的差别是什么?谁来判断?以什么标准判断?再如,“为有效保护可能用竭的国内资源,需要限制出口的”与“破坏生态环境”有什么联系?又有什么区别?

第二,虽然 1994 年《对外贸易法》第 16 款、第 17 款、第 21 款、第 24 款、第 25 等条文可以与 GATT 第 20 条第 1 款、第 2 款、第 6 款、第 7 款和 GATS 第 14

---

① 例如,第 20 条规定,“不构成同样条件下无端的或任意的歧视或对国际贸易的伪装起来的歧视”,这在第 21 条中并无规定,在第 20 条的几个关键条文中出现了“所必需的”(be necessary),在第 21 条第 2 款中却只规定“缔约方认为……有必要的”(it considers necessary for),显然,后者更取决于采取措施的缔约方的主观理解和解释。

② 参见我国 1994 年《对外贸易法》第 16 条第 2 款、第 3 款、第 4 款、第 5 款、第 6 款,第 24 条第 3 款、第 4 款。

③ 第 16 条第 2 款似乎貌似于 GATT 第 11 条(普遍取消数量限制)第 2 款(例外)第 1 项,又似乎与第 20 条第 7 款相似;第 16 条第 5 款似乎与 GATT 第 11 条第 2 款第 3 项有关,但又似乎割不断与第 20 条第 2 款的联系。

条相对应，但是“所必需者”的条件、“关于”的条件、“与国内生产或消费一道实施”、“不构成无端或任意的歧视或对国际贸易的伪装起来的限制”等GATT第20条前言和各项例外中所包含的条件，在《对外贸易法》上述条文中或未予提及，或前后不一致。从立法效果来看，在法律中缺乏相应的适用条件容易引起错误的贸易实践。

第三，我国1994年《对外贸易法》第24条、第25条与GATS第14条相比，尚有较大的差距。

第四，我国1994年《对外贸易法》第27条第1款、第2款似乎与GATT第20条第4款有关，立法者似乎更重视对个人、法人从事上述行为的禁止，着重点在于保护外国工业产权，并规定了严厉的刑事和行政责任。① 但是，这一条款却忽略了在国家对外贸易这一层面上，允许采取贸易限制或禁止是实施国内知识产权保护和维持相关对外贸易秩序的最有效的措施之一。《对外贸易法》对此未有规定，可以说是一个缺憾。

第五，GATT第20条第3款、第4款、第8款、第9款、第10款等对发展中国家而言，具有相当大的潜在利用价值，但这些条款在我国《对外贸易法》中却无相对应的规定。显然，我们没有在立法上充分利用WTO一般例外条款，从而束缚了我国的外贸政策决策者和管理者选择合法的手段来保护国家重大利益。

第六，《对外贸易法》中的“一般例外”的相关规定比较零散，前后也不大一致。

第七，《对外贸易法》中的“一般例外”规定与相关的其他法律法规，如《动植物检疫条例》《海关法》《文物保护法》《野生动物保护法》等相关的规定如何衔接？它们之间是什么法律关系？是平行的关系还是一般法和特别法的关系？这些问题都有待进一步澄清。无论如何，它们与GATT和GATS中的一般例外条款的规定、各相关协议（如SPS）以及WTO争端解决机构的相关解释应该协调。

因此，笔者建议，可以把《对外贸易法》中现有的涉及“一般例外”的规定从相关规定中单列出来，成为独立的两个条款，分别规定于第三章和第四章，具体内容可参照GATT第20条和GATS第14条的规定，并结合GATT/WTO争端解决机制发展出的各种标准进行规定。尽管我们并不主张《对外贸易法》有关

---

① 参见我国1994年《对外贸易法》第38条、第39条、第40条。

“一般例外”的规定必须事无巨细地“照搬”WTO 有关规定,但仍主张应积极“借鉴”WTO 有关规定。因为无论是现有 WTO 的法律体系,还是 WTO 各成员的国内法,都没有比 GATT 第 20 条和 GATS 第 14 条更详尽、更合理的“一般例外”规定,况且,一旦我国加入 WTO,充分利用一般例外条款是我们的正当权利,是维护国家经济安全的重要合法途径之一。对于发展中国家而言,“一般例外”是一种相对陌生的制度,我们能够通过“国内立法”的方式来指引外贸决策者的决策。

(二)利用 WTO 一般例外条款,要注意预防涉及一般例外的争端,增加成功援用的机会

1. 在采取保护人类、动植物生命和健康的措施时,我们应优先选择与 GATT 或 GATS 条文不抵触的措施,退而选择与 GATT 或 GATS 条文抵触程度最低的措施。一旦有关措施在 WTO 被诉,我们要积极证明没有其他可替代措施,或证明在实施其他措施时所存在的经济上、政治上的困难,因而是“不可合理获得”的。

2. 在采取确保遵守有关法律规章的措施时,我们也应参照上述关于“所必需的”对策。同时,“法律与规章”须与 GATT 和 GATS 不相抵触。由于我们长期游离于 GATT/WTO 多边贸易体制之外,我们的法律(尤其是地方规章和部门规章)与 GATT 和 GATS 相比,尚有较大的差距。为确保遵守这些法律规章而采取措施,就不属第 20 条例外范畴。此外,我国现行法律、规章与我国在加入 WTO 过程中签订的各双边协议和(多边性质的)加入议定书中所作出的关税减让与市场准入的承诺不相符者,也不应被有关措施“确保遵守”。比如,如果我们承诺允许外国企业在电信、邮电、铁路运输等部门的市场准入,那么我们采取的为“确保遵守”国内某行政性企业对上述产业的垄断而采取的贸易限制措施就不属第 20 条第 4 款范畴。

3. 在采取“为养护可穷竭的自然资源”的措施时,我们应注意在限制措施与“养护”目标间有实质性联系,且在国内对该资源的生产或消费进行相应限制。

4. 在采取上述措施时,避免“域外适用”。

5. 注意符合 GATT 第 20 条和 GATS 第 14 条前言的规定,有关限制措施应该至少在形式上是针对国内、国外的类似产品加以同等适用。而且有关限制措施应及时在官方文件和媒体上公布,并通知 WTO 秘书处。

6. 使中央或地方行政机关作出的贸易限制措施接受一定的国内监督,如由人大进行审查或由法院进行司法审查,这可在一定程度上预防对外贸易争端的发生。

（三）现阶段利用 WTO 一般例外条款的重心是抵制和反击发达国家针对我国采取的“新贸易保护主义措施”

新的 WTO 争端解决机制有严格的时间表，而且有关案件在法律上和事实上也日趋复杂。比如，“为适用 GATT 第 20 条第 2 款”的 SPS 协议就可能涉及复杂的技术性科学调查和鉴定。更为重要的是，专家组和上诉机构首先依靠的是当事方就法律和事实问题提交的陈述。迅捷提供的、简明扼要的、有说服力的法律陈述和根据适当的法律标准展示的事实是成功起诉和应诉的前提。这就要求我们在外经贸部、各相关部委（如农业部、海关总署动植物检疫司、工商总局）、国内相关产业间进行紧密合作，发扬“团队精神”，及时准确地提供相关信息并形成决策。同时，应建立起诉和应诉机制，并由精通 WTO 法和环保、动植物检疫等专业知识的人才组成。另外，还应积极进行争端预防，尽量避免被诉的可能性，从而省出人力、物力来积极起诉。

总之，我们应在加入 WTO 后实施和执行 WTO 各适用协定的实践中，以遵守 WTO 义务为前提，充分利用 WTO 争端解决机制，合法、有效地运用 WTO 一般例外条款，以最大限度地实现我国加入 WTO 的利益。

WTO法治面临的主要挑战及其应对*

虽然WTO的存在只有15年的历史(当然,如果加上以前的GATT时期,已有半个多世纪之长),但是却逐步在组织结构、职权范围、决策方式、法律体系、争端解决机制和对各成员国内(内部)法治的深度要求等各方面形成了自成体系的法治模式,并在推进多边贸易法治进程中取得了令人欣喜的成就。诚然,WTO的法治并非完美无瑕,15年来对其批评和改革的呼声和建议从未间断过。时下正在进行的多哈回合,之所以持续了近10年却迟迟不能落下帷幕,重要的原因之一是谈判的议题和过程错综复杂,不仅涉及一系列关于实质性的贸易和与贸易有关的议题,还关系多边贸易体制自身运作的改革。归根结底,多哈回合的实质就是多边贸易法治的自我完善问题。笔者认为,在WTO法治面临的众多挑战中,最为关键的问题有:WTO成员主权(或自主权)与WTO权力的平衡、发展中国家成员的实质性融入WTO、区贸协定的迅速繁殖对非歧视原则的侵蚀、WTO决策的民主和透明及效率的增强和争端解决机制的进一步完善。本文将围绕这些主要挑战分别展开探讨。

一、成员的主权权力与WTO权力之间的平衡

有关WTO未来发展的争议之一集中于WTO的权

---

* 本文原载于《法学杂志》2011年第9期。

力是扩展到其他新的领域，如投资、竞争、环境、人权等，还是应维持现状。对于多数发展中国家成员和一些评论者而言，WTO已经侵蚀各成员的很多主权，并不断地限制各成员，尤其是发展中国家成员的决策空间，迫使它们遵行单一的市场自由模式，从而使发展中国家成员正在失去决定其自身发展方向和优先项目的权力。

就发达国家成员整体和一些评论家而言，"有一系列理由赞成国际水平的权力配置，包括经济学家所宣称的'协调利益'。这里所指的情形是，如果每一个政府按照自己的利益行事而没有协调，其结果是对大家都造成损害"。[①] 而且"在全球化的经济中，国家越来越不能有效地进行调整；对于全球的和移动的经济要素，尤其如此（投资、货币支付与货币政策，甚至人员流动）"。[②] 因此，欧盟和其他发达国家成员在过去的10多年（甚至在WTO成立之前）一直努力地促使在投资和竞争政策方面制定WTO规则。在1996年新加坡部长会议上，部长们决定建立两个工作组，分别检查和研究贸易与投资、贸易与竞争政策之间的交互关系。[③] 这次部长会议还决定设立一个政府采购透明度工作组，并指示货物贸易理事会检查可能的途径"简化海关程序，即通常所称的'贸易便利'问题"。[④]

然而，多数发展中国家成员对这些"新加坡议题"谈判的新的WTO规则表示强烈反对，因为它们担心：（1）这些议题的新规则将给它们带来组织和财政负担；（2）这些新规则将对国内社会和经济发展政策带来限制。[⑤] 此外，鉴于他们的谈判能力有限，许多发展中国家成员，除了多哈回合既定的繁重的议程之外，不能充分、有效地参与附加的"新加坡议题"谈判。[⑥]

结果是，虽然2001年《多哈部长宣言》表示这些新议题的谈判要到下一届部长会议，即坎昆部长会议之后才能启动，但是由于坎昆会议的失败，谈判并没

---

① See Report of the First Warwick Commission, The Multilateral Trade Regime: Which Way Forward? University of Warwick, UK, 2007, para. 129.

② Ibid, Report of the First Warwick Commission, para. 139.

③ See Ministerial Conference, Singapore Ministerial Declaration, adopted on 13 December 1996, WT/MIN(96)/DEC, dated 18 December 1996, para. 20.

④ Ibid., para. 21.

⑤ See Peter Van den Bossche, The Law and Policy of the World Trade Organizations, Text, Cases and Materials, Cambridge University Press, 2005, p. 705.

⑥ Ibid.

有如期举行。尽管如此，根据总理事会 2004 年 8 月 1 日通过的《多哈工作方案》，总理事会决定启动贸易便利问题的谈判，以满足发展中国家成员在这方面的需求和加强在这一领域的技术援助和能力建设。同时，总理事会还决定不启动其他三个“新加坡议题”的谈判（投资、竞争政策和政府采购透明度）。然而，在正在进行的多哈回合中停止对这些新议题谈判并不意味着将来不再发动此等谈判。

此外，一些民间团体和学者还一直建议就与贸易有关的人权议题启动谈判，至少在 WTO 框架内就与贸易有关的社会条款达成协议，即制定 WTO 规则将核心劳工标准与贸易挂钩，尽管《新加坡部长宣言》间接地排除了这种可能性。①

在 WTO 权力的扩大与成员主权权力的保留之间作出审慎和适当的平衡，现在是时候了，尽管这是一件困难的事情。在进行这种平衡的过程中，关键是国家主权原则和世界或人类事务日益增长的全球化之间的平衡。国家主权原则作为国际关系的基石，必须得到坚持和尊重，而无论国际社会发生什么变化或发生何种程度的变化。事实上，无论发达国家还是发展中国家，也不问国家大小，没有任何国家愿意放弃或牺牲其主权权力和利益。在这一原则下，国家在其领土内对合法使用武力享有最高的权威和垄断权力、调整跨国流动的能力、自由作出对外政策选择的权力和作为享有不受外来干涉之自由的独立实体而得到其他政府的承认的权力。②

但是，“主权的这些构成从来就不是绝对的，它们一起为世界秩序提供一个可预见的基础。今天，有意义的是，每一个这些构成——内部权威、边界控制、政策自主和不干涉——正在以前所未有的方式经受挑战”。③ 正如前联合国秘书长安南所观察到的，“我们的战后组织当初为国家间世界而建立，但现在我们却生活在一个全球的世界里”。④

---

① See Singapore Ministerial Declaration, para. 4.

② See Richard, N. Haass, Former Ambassador and Director of Policy Planning Staff, US Department of State, “Sovereignty: Existing Rights, Evolving Responsibilities”, Remarks at the School of Foreign Service and the Mortara Center for International Studies, Georgetown University, at 2 (Jan. 14, 2003).

③ Ibid.

④ Kofi Annan, Annual Report to the General Assembly, September 1999, as quoted in “State, Sovereignty, and International Governance” (Gerald Kreijen et al eds., 2002), p. 19.

很明显，在这个“全球的世界”里，国家，无论是单个的还是有限的参与者联合在一起，都不能解决所有国家都面对的一些核心难题。同样，没有任何私有部门能够处理诸如垄断和竞争难题之类的“市场失灵”问题。唯一适当的工具是多边体制，如WTO。“最终，真正要计较的是国家层面‘政策空间’的一些丢失和多边层面合作和法治的优势之间的平衡是正面的还是负面的。”①

二、发展中国家实质性融入WTO体制

长期以来，GATT/WTO一直承认贸易与发展之间的紧密联系以及这种联系的重要意义，并不断努力使发展中国家融入多边贸易体制和帮助它们从中受益：从20世纪60年代中期在1947年GATT中注入以“贸易与发展”为标题的第四部分，到1979年东京回合“授权条款”的实施；从乌拉圭回合几乎所有多边贸易协定都包含对发展中国家的特殊和区别待遇条款，紧接着WTO发动的对发展中国家特别是最不发达成员的贸易能力建设和技术援助措施以及对其产品进口的零关税和零配额市场准入，到仍在进行的多哈发展议程的启动。作为所有这些创造性努力的结果，目前，占WTO成员2/3的发展中国家参与WTO的广度和深度大大高于过去的GATT时代。在WTO多边贸易协定中，发展中国家成员一方面享受着比以前更多的权益；另一方面在市场准入、与贸易有关的投资和知识产权等领域承担着比以前更多的义务。此外，应该承认在WTO各种项目的支持下，发展中国家成员的贸易能力近年来得到了一定程度的增强。

然而，所有这些努力和成就并没有从实质上改变发展中国家成员在多边贸易体制中仍然脆弱的地位以及其分享贸易自由化利益和贸易增长的不平衡、经济和社会发展的不景气及贸易和法治能力的低下。广大发展中国家成员的这种不佳的情势，如果不能得到及时和有效的改善，则不仅会恶化其自身的稳定和发展，而且还威胁到发达国家成员的利益、WTO的基本结构，甚至全球化时代的整个世界经济。在这种背景下，2001年11月贸易部长们在多哈部长会议上发动了多哈发展议程，旨在充分响应所有WTO成员的需求，无论是发达的还是发展中的。WTO成员通过这一议程将发展问题和发展中国家的利益置于WTO工作的重心。与此同时，为促进发展中国家融入WTO，部长们还同意：

① See The Future of the WTO: Report by the Consultative Board to Director-General, para. 143.

(1)应对发展中国家在实施现行 WTO 各多边贸易协定中遇到的具体困难;(2)增强各项 WTO 多边贸易协定中的特殊与区别待遇条款;(3)增加并更好地协调各种与贸易有关的技术援助和能力建设活动。①

遗憾的是,时至今日,多哈回合在应对如下 3 个方面的问题上并无多大进展。

1. 大约有 100 个实施问题带到了多哈部长会议,虽然已有相当数量的实施问题得到了成功的处理(12 个标题下的 40 多个项目在多哈会议期间或之前得到解决),但仍有大量发展中国家成员提出的其他实施问题还没有得到满意的解决。对于一些未决的问题,《多哈宣言》决定通过多边谈判解决并如期列入了多哈回合的议程。对于其他未决的实施问题,部长们同意将由相关的 WTO 机构作为"优先事项"进行处理。由于多哈回合迄今不能圆满地拉下帷幕,所有未决的实施问题,包括被列入多边谈判的和指派到相关机构的,大都仍处于原有的状态。

2. 特殊与区别待遇条款的实施仍有许多期待。WTO 各协定中所有的特殊与区别待遇条款可以分为 6 种类型:(1)旨在增加发展中国家成员贸易机会的条款;(2)WTO 成员应保障发展中国家利益的条款;(3)允许发展中国家的承诺、行动和使用政策工具有一定的灵活性的条款;(4)有关发展中国家成员灵活的或更长的过渡期限的条款;(5)有关向发展中国家成员提供技术援助的条款;(6)有关最不发达国家成员特殊的优惠待遇的条款。② 在《多哈宣言》中,部长们承诺将对所有的特殊与区别待遇条款进行审查,使其得到增强并更为有效、更具有可操作性。具体地讲,《多哈宣言》责成贸易与发展委员会甄别出哪些特殊与区别待遇条款是强制性的,并考虑将那些目前还不具有约束力的特殊与区别待遇条款变成强制性之后的法律和实际含义。此外,该委员会还要考虑协助发展中国家尤其是最不发达国家最佳利用特殊与区别待遇的途径。③

依照《多哈特殊与区别待遇工作方案》,④发展中国家包括最不发达国家在

---

① See Peter Van den Bossche 2005, p. 694.

② See Committee on Trade and Development, Implementation of Special and Differential Treatment Provisions in WTO Agreements and Decisions, Note by the WTO Secretariat, WT/COMTD/W/77/Rev. 1, dated 21 September 2001, para. 3.

③ http://www.wto.org/english/tratop_e/devel_e/dev_special_differential_provisions_e.htm, visited on 11 August 2010.

④ Paragraph 44 of WT/MIN(01)/DEC/1.

贸易与发展委员会的特别会议上提出了88项涉及具体协定的建议，其中有38项（二类建议）移交到其他谈判小组和WTO机构考虑；在其余的由特别会议考虑的建议（一类建议）中，各成员于2003年就28项建议原则上达成了一致，尽管它们仍有待正式通过。① 此外，WTO成员在香港部长会议上通过了惠及最不发达国家的五项决定。② 对于二类建议，各谈判小组主席定期向总理事会报告，但报告显示所取得的进展十分有限。这主要是因为很多建议提出的问题已构成相关机构中正在进行的多边谈判的组成部分。至于监督机制的工作，讨论主要集中于监督机制的结构、范围和功能。虽然已有进展，但各成员仍然在一系列问题上存在分歧。③

3. 对发展中国家的与贸易有关的援助和贸易能力建设活动需要进一步增强和协调。贸易援助和能力建设是WTO发展议题的核心要素，旨在促进发展中国家特别是最不发达国家开发为实施WTO协定，并从中受益以及扩大其贸易所需的技能和基础设施。这些举措的成功依赖于在WTO成员的首都政府贸易、金融和发展官员之间创建更为紧密的合作关系。与此同时，匹配在国际和区域层面上政府间组织与其成员政府之间的紧密合作。WTO在其中的作用包括：(1)鼓励来自双边、区域和多边捐赠者的额外贸易援助资金，用以支持受益国家请求的与贸易有关的能力建设；(2)支持监督和评估这些举措的改进途径；(3)通过伙伴国家鼓励贸易主流进入国家发展战略。此外，WTO的"加强式融入框架"（Enhanced Integrated Framework）是最不发达国家获取贸易援助的主要机制。

贸易援助行动于2005年12月在中国香港特区部长会议上正式启动。次年2月WTO建立了一个专门的工作组，具体负责贸易援助的运作。该年7月专门工作组建议，贸易援助应重点放在甄别接受国的需要、回应捐赠者和作为捐赠者与发展中国家之间的桥梁。它还建议，WTO应建立一个监督机构，在各种不同的利益攸关者的报告基础上进行定期的全球审查。2007年WTO的贸易援助行动进入首期实施阶段。此外，WTO开始在以下3个层面上建立监督

---

① Annex C of JOB(03)/150/Rev. 2.

② Annex F of WT/MIN(05)/DEC.

③ WORLD TRADE ORGANIZATION, TN/CTD/25, 22 March 2010, Report by the Chairman of the Committee on Trade and Development to the Trade Negotiations Committee for the Purpose of the TNC Stocktaking Exercise.

贸易援助制度：(1)基于经合组织开展的工作，全球监督整体贸易援助流向；(2)监督单个捐赠者提供额外贸易援助的承诺；(3)监督发展中国家对贸易援助的需要是如何呈送给包括发展银行在内的国际捐赠共同体以及后者是如何满足这些需要的。①

上述情况清楚地表明，这些援助活动的扩展和深化及其加强才刚刚上道。鉴于发展中国家的贸易援助和能力建设的巨大需求以及这种需求既有长期的又有短期的，它们的贸易能力和这些援助行动都必须持久地得到增强，捐赠需要不断地得到增加，各种不同的援助和能力建设活动应得到进一步的强化。

三、区贸协定的繁殖对非歧视原则的侵蚀

区贸协定已经成为多边贸易体制中聚焦的一个热点议题。截至 2010 年 7 月 31 日，通知到 GATT/WTO 的区贸协定已达到约 474 项，已经生效的区贸协定的数量也在持续地增长。而且，许多正在谈判中的区贸协定预示着这一增长的趋势将进一步强劲。② 作为最惠国待遇这一基本原则最大的例外，区贸协定首次被允许是 1947 年 GATT 第 24 条的规定（建立自由贸易区和关税同盟协定及其二者的过渡安排），后来通过 1979 年的“授权条款”进一步扩展（延伸至发达国家与发展中国家之间以及发展中国家相互之间的优惠贸易协定），直到通过《服务贸易总协定》第 5 条的规定延伸至服务贸易的区域一体化。

自 1947 年 GATT 首次为区贸协定在多边贸易体制中提供特殊法律地位以来，有关区贸协定对 GATT/WTO 的冲击的争论从未间断，主要是在“营造物”论者和“障碍物”论者之间进行。值得注意的是，坎昆部长会议受挫之后，紧接着的多哈回合迟迟落不下帷幕，不断膨胀的区贸协定使越来越多的政治家、观察人士和学界相信这种趋势对于多边贸易体制绝对是弊多利少。③

从长远来看，区贸协定的日趋扩散势必威胁着最惠国待遇原则的实际和有效的适用空间。正如 WTO 总干事咨询小组报告中所担忧的：“GATT 成立近 50 年后，最惠国待遇不再是规则了；它几乎成了例外。当然，主要经济体之间的大

---

① 资料来源：http://www.wto.org/english/tratop_e/devel_e/a4t_e/aid4trade_e.htm, visited on 11 August 2010。

② 资料来源：http://www.wto.org/english/tratop_e/region_e/region_e.htm, visited on 13 August 2010。

③ 参见曾令良：《区域贸易协定的最新发展趋势及其对多哈发展议程的负面影响》，载《法学研究》2004 年第 5 期。

量贸易仍然是在最惠国待遇基础上进行的。然而,已被称为'意大利面碗'的各种关税同盟、共同市场、区域和双边自由贸易区、优惠和无尽的各种各样的贸易交易已达到了这样的临界点,即最惠国待遇是例外待遇。这一术语也许最好被界定为最不惠国待遇。这要紧吗?我们认为这深深地影响到WTO的未来。"①

诚然,这并不意味着区贸协定没有正面的意义。支持者通常列举了一些证明理由,诸如区贸协定能更快和更有效地促进贸易自由化,有利于区域稳定和社会安全,能更有效地帮助发展中国家的贸易和经济发展,能为多边贸易自由化积累经验。也许区贸易协定的最具有说服力的正面理由是那些优惠贸易协定符合且属于WTO发展政策和WTO协定中所规定的特殊与区别待遇的内容,除了作为最惠国待遇原则的例外之理由外。但是,在实践中,优惠贸易协定带来了一些新的问题:②

1. 多元的优惠贸易协定意味着多种优惠税率适用于多个贸易伙伴。而且,它们通常是在为实现最终的零关税或很低的优惠关税税率的不同时限的方案下实施的,从而使这些方案的管理变得复杂。此外,优惠的原产规则复杂且不一致。由于目前还没有形成协调一致的原产规则,而优惠安排甚至被排除在原产规则多边贸易谈判之外,产品的原产界定在实践中是武断的。

2. 虽然经济学家对于优惠贸易安排在多边层面的市场开放中是"营造物"还是"障碍物"的意见是分歧的,但是近年来的一些趋势并不总是正面或鼓舞人心的。参加优惠贸易协定带动了在投资和市场规制领域的政策革新。已有迹象表明,最新一代的优惠贸易协定不大关注关税问题,而是将重心放在对货物贸易和服务贸易的规制问题上。其结果是,各种贸易制度形成的复杂网络应运而生,从而潜在地损害国际贸易关系中的透明度和可预见性,并最终使实现多边贸易自由化变得越来越困难。不仅如此,大量富有技能和经验的谈判资源投入到优惠贸易协定中,对于发展中国家来说,尤其会影响在多边贸易体制中的精力和智慧的集中。

3. 优惠贸易协定增多引起的另一个不曾预见且重要的问题是一些特定的"非贸易"目标被注入贸易协定之中。除了相对雄心勃勃和一边倒的知识产权的条款之外,我们还注意到优惠贸易的施予者越来越倾向于要求受惠方作出实质性的劳工和环境保护的承诺,甚至要求限制使用资本控制,作为获取优惠待

---

① See Report by the Consultative Board to Director - General, para. 60.

② Ibid., para. 81 - 87.

遇的代价。

类似地，普惠制也不能逃脱对其实施中的缺陷的批评。第一，虽然普惠制是发达国家单方面给予的且为了发展的目的，但是，现实的情况是，受惠国往往要担负与贸易无关的一些义务作为接受普惠制的条件。因此，可以说，这种优惠已不再具有非对等性。第二，施惠国利益而不是受惠国利益决定普惠制的优惠产品范围和优惠差价。第三，对各种普惠制方案的影响进行的试验方法研究得出的结论是，发展中国家实际得到的利益微乎其微。第四，提供优惠的市场准入损害了发展中国家挺起腰杆应对其国内自身的保护主义压力的积极性和能力。第五，受益者过分依赖普惠制和以牺牲其工农业的多样性为代价——这种现象已经成为一种趋势。①

由于注意到了区贸协定对多边贸易制度的基础产生负面影响的可能性，WTO 成员决定建立区贸协定委员会作为负责审查区贸协定的单一机构，以增强对区贸易协定的审查和监督。该委员会审查区贸协定是为了两个目的：一是保证区贸协定的透明度；二是允许 WTO 成员评估此等协定是否符合相关的 WTO 规则。审查是在区贸协定缔约方提供的信息基础上进行的，要求有关的缔约方书面回答 WTO 成员提出的书面问题或在区贸协定委员会举行的会议上口头回答问题。待事实审查结束，WTO 秘书处就起草审查报告，然后进行协商。一旦报告获得区贸协定委员会的同意，就提交给相关的上级机构通过。

然而，自 1995 年以来，因难于取得协商一致，迄今没有通过任何审查报告。问题之一源于区贸协定一致性的断定与争端解决程序之间挂钩的可能性。此外，长期以来，对于涉及区贸协定的 WTO 规则的解释一直存在争议，而且还存在结构上的问题，或者缺乏 WTO 规则（如优惠原产规则），或者 WTO 规则与一些区贸易协定所含的规则之间存在差异。鉴于此，部长们在多哈会议上同意发动谈判旨在澄清和改进有关适用于区贸协定的现行 WTO 规定下的纪律和程序，同时适当兼顾这些协定的发展方面。② 遗憾的是，据最近贸易谈判委员会有关区贸协定制度性问题谈判小组主席提交的报告称：虽然该小组对于此等问题的基本重要性不存在争议，但是，在没有 WTO 成员通过的文本建议的情况下，

---

① See Report by the Consultative Board to Director - General, paras. 94 - 101.

② 资料来源：http://www.wto.org/english/tratop_e/region_e/regcom_e.htm, visited on 13 August 2010。

该小组不能取得任何进展并结束其工作。①

四、WTO 决策的民主、透明和效率的强化

WTO 作为一个“成员驱动”的组织和一个很大程度上的谈判机器，旨在运用多边协商一致作为其结束讨价还价和决策的基本手段，以谈判来解决全球贸易的各种挑战。如前所讨论的，多边贸易体制整体上运作良好。但是，近年来，WTO 给人的印象是其越来越不能有效地开展谈判（当前的多哈回合的一再拖延是最典型的例子）。② 除了效率问题之外，一些批评指向 WTO 运作的民主和透明度问题，认为 WTO 是在被一伙穿着灰色制服、神秘兮兮的人所操作，是这伙人在背后关着门主宰着所有 WTO 成员的未来。③

还有一些评论家指出，WTO 的“协商一致”决策制度使发展中国家成员站出来公开反对强大的欧盟、美国和其他富国代表团变得十分困难。WTO 的决策程序是通过“消极协商一致”（passive consensus）来运作的，任何 WTO 成员只要不公然反对某一立场，就视为赞同该立场，即使该成员的代表没有实际出席会议也是如此。这就导致有时重要的决定在没有充分的成员出席的情况下就获得通过。的确，《多哈宣言》就是在很多 WTO 成员缺席的情况下获得通过的，当时，会议按预定日程已经延迟了，有些小国代表团因事先购买了航班不得不按原定日程回国。消极协商一致制度还能使更为强大的国家利用威胁和施压来赢得反对代表团的反水，因为对这些代表团而言，它们只需要保持沉默，就能让有关的决定“协商一致”地顺利通过。有一项调查得出的结论是，发展中国家在 WTO 的谈判中所面对压力的整体画面才刚刚开始出现。调查发现，欠强大的国家经常觉得，它们知道有关的决定不符合它们的利益，但是不敢反对，且在压力之下只好表示支持。有时，压力是 WTO 自身更强大的谈判权力或谈判能力的直接结果，因为更富的国家能为谈判聚集更多、更强的资源。④

根据咨询小组的报告，通过协商一致取得结果变得越来越困难是有一些客观原因的，如 WTO 成员数量的增多、其谈判能力的增强、谈判议题的越来越复

---

① TN/RL/24, Negotiating Group on Rules, Report by the Chairman to the Trade Negotiations Committee for the purpose of the TNC stocktaking exercise, 22 March 2010, para. 18.

② See Report by the Consultative Board to Director-General, para. 270.

③ Ibid., para. 313.

④ Action Aid Aliance, WTO Democracy and Reform, http://www.Actionaid.org, visited on 30 September 2010.

杂和敏感、成员利益之间的差距扩大和成员之间的利益竞争增大。① 尽管如此，该报告认为，一方面，现行的组织结构和协商一致的运作方式无须进行大的改变；另一方面，如下一些小动作的改革是必要的：

咨询报告就决策方式和效率提出了两项建议：第一，它建议 WTO 成员通过对一些类型的决定进行区分的可能性，诸如纯粹的程序性问题，对取得协商一致相联系的问题作进一步的认真研究；第二，它"敦促 WTO 成员促使总理事会通过一项决定，阐明如果一个 WTO 成员准备阻止通过一项原本取得了广泛协商一致支持的措施，它只有以书面形式宣称，包括理由在内，有关事项对它具有至关重要的国家利益，才能阻止此等协商一致"。②

目前，部长会议每两年举行一届会议的间隔太长，这与其他主要的国际组织步伐上显得不大合拍。部长们应每年举行一届会议，并应要求总干事以书面形式每 6 个月向其提交报告。此外，应每 5 年举行一次 WTO 首脑会议。③

另外，为了使各成员的高级决策者能经常地在日内瓦，咨询小组还建议：应建立一个高级官员咨询机构，由总干事牵头和主持，每季度或每半年举行一次会议；其成员资格应有限定，由部分成员代表构成，实行轮流制；应设立基金保证发展中国家首都的高级官员能够与会；如有必要，该咨询机构可以完全或部分地在部长级层面上运作。④ 咨询小组进一步建议，总干事应在部长会议全会期间的谈判中发挥更大的作用，在不同区域集团和不同利益集团之间进行协调。⑤

在咨询小组的报告之外，不乏旨在增强 WTO 民主、透明度或效率的专家或学者的建议。有一种大胆的建议就是在 WTO 中设立议会机构，以弥补其民主缺陷。⑥ 有一些专家赞成设立一个仅由部分 WTO 成员组成的管理理事会或其他小型的委员会。还有些专家建议 WTO 的职权应延伸到国际经济的一般性调整，并担忧 WTO 缺乏足够的组织能力在未来有效地发挥作用。虽然这些建议无意将 WTO 变成一个"世界政府"，但是却强调：目前，一端是强硬和具有法律

① See Report by the Consultative Board, paras. 274 – 276.

② See Report by the Consultative Board to Director-General, paras. 288 – 289.

③ Ibid., paras. 317 – 32.

④ Ibid., paras. 321 – 327.

⑤ Ibid., paras. 332 and 336.

⑥ Debra P. Steger, "The Future of the WTO: The Case for Institutional Reform", *Journal of International Economic Law* 12(4), 2009, pp. 803 – 833.

约束力的争端解决机制，另一端是相对软弱、笨拙、政治性的规则制定和谈判机器，二者之间的不平衡显而易见。①

另有学者进一步建议注入加权表决制度作为协商一致规则的补充，即在不能取得协商一致的情况下，采用加权表决方式。他们认为，虽然目前的决策方式显示了成员之间的形式平等，但实际上仍是不平等的，因为这种方式没有考虑 WTO 成员的真正的政治和经济实力。他们还提出了加权表决的几种可选择的模式，包括按照对 WTO 的贡献、国内生产总值、市场开放度、人口等。他们认为这种新注入的方式或许能帮助克服贸易谈判和 WTO 日常事务中遇到的主要困难。②

加权表决模式得到了一些学者的支持。例如，有的学者辩称，如果不对 WTO 的表决程序进行外科手术，则多边贸易谈判就难有机会获得成功，并警告由占世界贸易不到 10% 的成员阻碍决策是很危险的。③

《首次沃维克报告》支持基于两种门槛的加权表决设想：国家的规模（确立世界贸易或全球范围的国内收入）和投票支持一项决定所需成员的最低数量。尽管该报告宣称这种结合的门槛方式可以保护大国和小国的利益，但还是放弃建议加权表决制度，而是决定支持临界量的想法。④

上述各种有关 WTO 组织和运作改革的建议，各有利弊，关键是如何作出适当的选择。无论采用何种具体措施，第一，改革必须在“成员驱动”下进行，即确保 WTO 和多边贸易谈判的整体运作由所有成员国来驱动，而不只是由部分或所谓“关键成员”来驱使。第二，改革应以规则为取向。最为紧迫的事项之一是研究修订《建立 WTO 协定》有关条款的可能性，旨在缩短部长会议举行全会的

---

① Claus-Dieter Ehlermann and Lothar Ehring, “Decision-Making in the World Trade Organization: Is the Consensus Practice of the World Trade Organization Adequate for Making, Revising and Implementing Rules on International Trade?” (2005) 8 *JIEL* 51; Debra P. Steger, The Struggle for Legitimacy in the WTO in Peace Through Trade: Building the WTO (Cameron May Ltd., London 2004); Marco CEJ Bronckers, “Better Rules for a New Millennium: A Warning Against Undemocratic Developments in the WTO”, (1999) 2 *JIEL* 547.

② Thomas Cottier and Satoko Takenoshita, Decision-Making and the Balance of Powers in WTO Negotiations: Towards Supplementary Weighted Voting, in Stefan Griller (ed), At the Crossroads: The World Trading System and the Doha Round (Vol. 8 Springer, Vienna 2008) 181.

③ Gary Clyde Hufbauer, “Inconsistency Between Diagnosis and Treatment” (2005) 8 *JIEL* 291, 296.

④ Warwick Report, pp. 29–32.

间歇期和增加全会的次数;建立贸易和与贸易有关的高级官员咨询委员会;增强总干事在部长会议全会和多边贸易谈判中的介入和不同利益和区域集团的协调;注入有关总干事定期向部长会议提交书面报告的条款;将决策事项分为两类,即实质性事项和程序性事项,对于后者的决定,实行简单多数通过制度,排除适用协商一致;要求意欲阻止通过一项本可以协商一致的成员提交书面声明,说明有关事项关系其"重大国家利益"的理由。第三,WTO 的主要机构应制定或完善各自的程序规则,旨在保证部长会议、总理事会、各分理事会和各委员会的会议之最大程度的透明度。第四,WTO 应继续增强和扩大其对公众、非政府组织和私立部门的开放。第五,慎重对待建立议会机构。WTO 是一个多边贸易体制,而不是一个综合性的国际组织或国际人权组织或国际环境保护组织。因此,似乎没有必要专门设立一个议会机构,以避免为促进 WTO 的民主给各成员带来额外的人力资源和财政负担。国际贸易调整的民主与正当性可以通过如下途径实现:各成员国内议会对各自贸易政策和谈判立场的民主监督和影响,从而最终影响多边贸易体制的整体治理。

五、争端解决机制的进一步完善

如前所述,WTO 的争端解决机制一般被认为是相当成功的,尤其是从解决大量的争端和日趋增多的案件和当事成员遵守裁决的相当正面印象的角度来看,更为重要的是它"提供了贸易商和其他市场参与者所需的'安全和可预见性'的必不可少的要素"。[①] 但是,考虑到(与 GATT 时期相比)WTO 争端解决机制在许多方面作出了重要改革,如每一程序都规定了明确的时限、改革了专家组组成的方式、创立了上诉机构和反向协商一致通过裁决,1994 年乌拉圭回合的部长会议决定在 1999 年 1 月 1 日前完成对争端解决规则和程序的审查。此等审查于 1997 年在争端解决机构中开始启动,此后截止日期延迟到 1999 年 7 月,但届时并没有达成协议。在 2001 年 11 月举行的多哈部长会议上,各成员同意谈判改进和澄清《争端解决规则和程序谅解书》,谈判以争端解决机构的特别会议方式进行,并计划最迟于 2003 年 5 月完成谈判。[②] 由于各成员对于修改建议存在分歧,当时只是就主席的建议文本达成了共识。2008 年 1 月主席通知

---

① See Report by the Consultative Board, para. 213.

② 资料来源:http://www. wto. org /english /tratop_e /dispu_e /dispu_e. htm, visited on 15 August 2010。

贸易谈判委员会各成员同意合并的法律文本草案作为特别会议进一步工作的基础。[①] 目前，正式的讨论和非正式的磋商仍在继续。

在过去的几年里，各成员递交了数以百计的建议。虽然具体的改革建议各种各样，但大都同意"没有强烈的政治意愿大幅度地改革该体制"，而改革不应对现行体制有"任何损害"，因为它已经具备许多有价值的要素。[②] 笔者无意也不可能对所有这些建议进行分析，而是选择对于改进争端解决机制本身和WTO的整体法治进步都具有重要意义的几点展开如下的探讨。

（一）建立司法审查机构的必要性

根据目前的情况，WTO法律只要求每一成员在一些贸易和与贸易有关的领域建立司法或独立审查机制，以保证国内贸易管理的透明度、公正性和合法性，但是没有在其自身的多边贸易层面作出类似的要求。从法治的角度来看，对于WTO这样一个重要的国际组织和自成一类的法律体系，这不能不说是一个严重的缺陷。尽管此等缺陷是其他国际组织诸如联合国及其专门性机构等所共有的，对WTO而言，这不能说是可以理解的借口，因为WTO的法律体系比联合国及其专门机构的法律体系的一体化程度要高。如果要对照，WTO在这方面应以欧盟为榜样，因为二者在法律体系方面都是典型的高度一体化，尽管一个是全球性的，另一个是区域的。

这种必要性，实质上取决于多边贸易体制管辖的广度和深度及其对WTO成员的贸易和与贸易有关政策主权的渗透和限制。为了保证部长会议、总理事会、各分理事会和各种委员会对特定贸易和贸易有关事项的决定与WTO协定相符和它们的权力不被滥用，必须建立适当的司法审查机制，为涉及WTO事务的所有利益方提供利用的方便。而且随着争端解决机构以裁决方式通过专家组或上诉机构的报告的日益增多，有必要建立适当的独立的司法机构审查这些裁决，以充分保障争端当事方的司法补救权利，因为专家和上诉机构的报告在争端解决机构中，在反向协商一致方式下，事实上是自动通过的。

司法审查机构可以由5位或7位法官组成，法官资格的选择程序可以与现在的上诉机构成员相同。特权的申诉者可以限定为WTO成员、部长会议和总理事会；货物贸易理事会、服务贸易理事会和与贸易有关知识产权协定理事会

---

① TN/DS/24, 22 March 2010, Special Session of the Dispute Settlement Body, Report by the Chairman to the Trade Negotiations Committee for the Purpose of the TNC Stocktaking Exercise.

② See Report by the Consultative Board, para. 254.

以及各多边贸易协定委员会可以是非特权申诉者,它们只能就被指控的问题或事项涉及自身的权能或权益的情况下才可以提出指控。这些机构同时也是各有关领域司法审查的对象。指控可以基于如下理由:违反《建立 WTO 协定》、违反各多边贸易协定、违反国际强行法、违反一般法律原则、滥用权力、缺乏权力或违反必要程序要求,等等。司法审查机关的裁决应是最终的裁定。

(二)加强裁决程序的透明度

对争端解决机制批评较多的是专家组和上诉机构的秘密程序。这种批评主要来自非政府组织、民间社会和专家学者。他们建议,至少专家组和上诉机构的部分程序应对公众开放,如口头程序。原上诉机构主席詹姆斯·巴克斯(James Bachus)也支持这一观点,认为专家组和上诉机构的口头程序可以对公众开放,但这种开放不适合合议程序,因为合议的会议经常涉及当事方的保密利益。[①] 咨询小组也基本同意这种建议,因为它"觉得现行的争端解决程序的保密程度可以被视为损害了作为一个组织的 WTO"。因此,它建议"事实上,专家组的第一阶段的听证程序和上诉机构的听证程序一般应对公众开放"。[②]

但是,保护秘密信息原则应得到遵守和维持,尤其是在审理程序关系到当事成员的商业秘密和国家安全秘密的情况下。因此,在专家组和上诉机构程序的开放和保密之间应有适当的平衡。一种解决这种平衡问题的途径为:一方面,允许专家组和上诉机构的听证程序一般情况下对公众开放;另一方面,专家组、上诉机构或争端当事方可以依个案决定哪些程序不对公众开放,如果这种决定有"很好的和充分的理由"予以证明。[③]

(三)加强对争端解决机构裁决的遵守

如前所述,WTO 成员遵守争端解决机构裁决的记录总体上是良好的。但是,近年来,随着越来越多的案件裁决进入遵守和执行阶段,WTO 成员和公众自然地将目光聚焦于"败诉方"对"胜诉方"是否给予了及时、充分和有效的补偿措施。很清楚,在 GATT/WTO 规则下,如果败诉方在规定的时限内没有遵守相关的裁决,则胜诉方就有机会要求采取"补偿措施"。但是,这种补充措施一

---

① James Bachus, Open Doors for Open Trade: Shining Light on WTO Dispute Settlement, Remarks to the National Foreign Trade Council, Mayflower Hotel, Washington D. C., January 29, 2004, p. 2. Accessed April 28, 2005. http://www.worldtradelaw.net/articles/bacchusopendoors.pdf.

② See Report by the Consultative Board, paras. 261 – 262.

③ See Report by the Consultative Board to Director-General, para. 263.

般不采用货币支付方式，而是要求败诉方采取额外的市场准入措施，纠正其没有履行 WTO 义务的错误。如果双方不能就这类补偿达成协议，则胜诉方可以采取措施中止对败诉方的有关义务，作为一种被称为“报复”或“交叉报复”的回应。①

实施报复或交叉报复绝不是没有问题的。首先，“报复本质上损抑 WTO 体制旨在一般促进而不是限制国际贸易的宗旨”，②因为胜诉方的报复和败诉方的违反措施都属于贸易限制性措施。其次，报复措施是否能有效和充分地代替补偿是很值得质疑的，尤其是在胜诉方是一个发展中国家成员而败诉方是一个强大的贸易伙伴的情况下。

另一个与充分和有效地遵守和补偿有关的问题是建议允许败诉方“买通”其义务，即货币补偿。第一，这种替代义务撤回或中止的货币补偿只对有实力“买通”的富国当事方有利，而置发展中国家特别是最不发达国家当事方于不利的地位。第二，这与 WTO 体制的贸易自由化而不是限制国际贸易的宗旨相悖。“买通”措施可以被描绘成“用货币购买贸易自由化义务”。第三，即使允许“买通”，还有一个“估价”问题，即如何用货币单位计算败诉方违反其义务所造成损害的“量”。第四，这会忽略有关第三方的权利，如果后者不能获得货币补偿。第五，这将损害“一个基于规则的制度为市场参与者的未来活动所确立的安全和可预见性目标”。③ 因此，在《争端解决规则和程序谅解书》的改革过程中，是否或何种程度上允许“买通”做法，应当十分谨慎。

（四）充分考虑发展中国家成员对特殊和区别待遇的关切和需要

在《争端解决规则和程序谅解书》的审查和后来特别会议的谈判期间，发展中国家，包括最不发达国家，提交了一系列提案旨在改革该谅解书中有关它们的特殊和区别权力和利益的规定。④ 这些提案可以粗略地分为 4 种类型，即有关实施特殊和区别待遇的一般性问题、利用争端解决机制的进入障碍、报复机制的不充分和不合适性、争端解决机制缺乏“发展导向”。⑤

---

① See Report by the Consultative Board to Director-General, paras. 237 – 238.

② Ibid., para. 240.

③ Ibid., paras. 242 – 243.

④ Sub-Sahara African countries alone or together with others have submitted five proposals with more than twenty issues, see Amin Alavi, “African Countries and the WTO Dispute Settlement Mechanism”, 25 (1) *Development Policy Review*, pp. 25 – 42, footnote 15 (2007).

⑤ See Amin Alavi, especially pp. 31 – 38.

1. 关于实施特殊和区别待遇的一般性问题。现行的《争端解决规则和程序谅解书》的附件不包括《部长宣言》和《部长决定》关于向最不发达国家提供区别和更为优惠待遇的规定。通过修订《争端解决规则和程序谅解书》,这两类文件应包括在该谅解书附件所指的"涵盖协定"之中。此外,有必要限制对特定的发展中国家提起指控的年度数量,以免发展中国家承担超负荷的指控。[①] 还有,考虑到 2/3 的 WTO 成员是发展中国家,争端解决机构的专家指示名单成员应更多地选自发展中国家,从而使 WTO 成员数量与争端解决机构专家名单数量基本上相称。

2. 利用争端解决机制的进入障碍。发展中国家,特别是最不发达国家,大约存在两类此等障碍:一类是正式立案之前;另一类是正式立案之后。一般都知道,发展中国家普遍缺乏厚实的贸易政策基础设施以使它们能充分应对 WTO 协定增长的数量和复杂性。它们缺乏利用争端解决机制和推动案件程序的法律技能和深度的知识。此外,不断增长的案件费用是最不发达国家难以承受的另一个负担。因此,非洲集团建议,WTO 应向发展中国家提供更为充分和有效的法律和专家援助。具体地说,法律援助应是全天候的,并且既包括咨询服务,又包括诉讼服务,以及允许私人律师参与政府代表团。另外,应对发展中国家免除或减少诉讼费用;当这些国家指控发达国家而胜诉时,后者应承担所有的费用。还有,鉴于最不发达国家的特殊经济困难,协商、调解或斡旋程序应在这些国家的首都而不是日内瓦进行。

3. 报复机制的不充分和不合适性。这方面的问题是,"大部分次撒哈拉非洲国家,作为国际贸易占有量微不足道的小国,难以实质性地报复其更强大的贸易伙伴,因为它们遭受的损失会超过任何可能的获取"。[②] 已有的经验表明,国家可以在很长时间内拖延遭受报复,因为它们可以援用《争端解决规则和程序谅解书》允许当事方选择请求对另一方的措施进行重审的规定;而对于这种重审持续多久,并没有任何时限的规定。而且并不清楚的是,当报复实际发生后,败诉方是否遵守了裁决。"非洲集团建议的主要点是,对一个在案件中败诉的国家(发达国家——笔者注)的报复权利应扩展到所有的成员,而不仅是胜诉方(所谓的'集体报复'——笔者注)。这一建议可以作为对《争端——谅解书》

---

① See TN/DS /W/29, No. 1, and TN/DS /W/57, No. 1 (both submitted by China).

② Amin Alavi 2007, p. 34.

的一般性修订来实施,或只是作为特殊和区别待遇适用于非洲/最不发达国家”。[①] 此外,发展中国家感觉在遵从《争端解决规则和程序谅解书》第22条有关“交叉报复”的“举证责任”方面有困难,从而建议应在该条增加第3款如下:

一个发展中国家,如果是一项指控的申诉方且最终是胜诉方,则其应有权请求授权实施中止减让或其他义务,无须举证。

4. 争端解决机制缺乏“发展导向”。对此,非洲集团主要的批评有两点:“一是争端解决机制呈现出造法趋势,二是该体制缺乏青睐发展的裁决”。[②] 欧盟曾建议设立一个常设的专家机构,取代现行的临时选择专家的制度。[③] 作为对这一建议的回应,非洲集团建议:“对专家组结构的任何修正应包括专家组的功能,而不仅仅是其组成。在这一方面,专家组的功能应限定于断定案件的事实事项,包括调查和评估一个案件可能影响发展中国家的所有相关的实施。实际的裁决应留给上诉机构,后者应重新命名为‘WTO法庭’”。[④] 该集团还建议,争端的任何当事方,抑或争端解决机制的自身机构,在争端的任何阶段应能将裁定或问题提交到总理事会决定。总之,所建议的争端解决机制的新结构将由3个部分和环节组成:专家组的事实调查、法庭的合议与裁决以及总理事会的建议/裁决/评估(如果争端任何当事方请求)。

这一新设计的优点是它“将增强争端解决过程中的政治作用,但无须回到GATT时期的外交取向模式,因为整个过程将以事实为基础,包括涉及有关问题的发展方面的事实。同时,这一建议寻求解决现行专家组对于争端当事方没有具体提出的那些与发展有关的问题无义务发表意见的状况”。[⑤] 但是,笔者担心,虽然所建议的争端解决机制的重组和功能重新定位将使争端解决机构负有义务在其裁决中包括发展成分,从而有利于发展中国家成员,但是这将给运作基本良好的现行争端解决机制带来较大改变。因此,恐怕其难以通过协商一致获得WTO成员的赞同。

综上所述,尽管WTO在推进国际贸易法治中独树一帜,发挥了主导作用,但是它也面临着前所未有的挑战。有的挑战源自WTO的外部,例如,全球化的

---

① Amin Alavi 2007, p. 34.

② Ibid., p. 35.

③ See TN/DS/W/1.

④ Amin Alavi 2007, p. 36.

⑤ Ibid., p. 36.

不断加快和深化必然要求多边贸易体制加快推进全球贸易化；全球金融危机，一方面严重影响国际贸易的增长，另一方面又要求多边贸易体制能更加有效地限制贸易保护主义和扩大国际贸易，从而为全球早日走出金融危机和经济复苏做出更大的贡献。

诚然，WTO 法治面临的挑战主要还是来自多边贸易体制本身，其中既有实质性领域的法治议题，也有程序性的法治考量，还有体制本身的运作方式。在一系列法治问题上，WTO 需要作出果断的抉择：是继续坚持现行组织框架，还是基本保持，但作适当调整？是增强 WTO 的规则取向，还是加强其政治或外交动力，抑或二者并进？是继续维持协商一致的决策方式，还是补充加权表决制度？是坚守现有阵地并对其进行加固和提高，还是适当拓展至其他贸易有关的领域？是限制区域协定的迅猛发展势头，任其对最惠国待遇基石的侵蚀，还是适当限制并加强对区贸协定的监督，最大限度地维护最惠国待遇原则的空间效力？是对发展中国家继续涂脂抹粉，还是助其健体强身？

无论 WTO 法治的挑战有多大、多复杂、多敏感，也不论这些挑战来自何方，应对这些挑战和促进 WTO 法治的进一步完善都必须坚持 3 项最基本的指导原则：一是“成员驱动”；二是“发展主导”；三是“合作共赢”。在“成员驱动”原则下，WTO 法治改革和完善的任何举措，一方面，必须以 WTO 成员的整体利益为根本目的；另一方面，必须在所有 WTO 成员的参与和同意下进行，坚决摒弃“强国”或“富国俱乐部”或所谓的“核心集团”驱动 WTO 的各项改革议程。在“发展主导”原则下，不仅正在行进的多哈回合必须始终紧扣“发展”这个主题，WTO 的各项法治改革也必须以“发展”为中心；任何偏离“发展”的措施将不仅损害广大发展中国家的利益，而且也会损害发达国家的利益，可谓“一荣俱荣、一损俱损”。在“合作共赢”原则下，WTO 的所有成员，无论大小、强弱、贫富，都应本着求同存异、平等互利、彼此包容的精神，在充分协商的前提下应对 WTO 法治所面临的各项挑战。最后，必须强调的是，WTO 法治的挑战是长期的，而其改革必然是持久的，既不可能一蹴而就，也不可能一劳永逸；当务之急是汇聚各种智慧和力量，力促多哈回合尽早拉下帷幕，实现多边贸易体制法治进步的阶段突破。

区域贸易协定的最新趋势及其对多哈发展议程的负面影响*

一、导论:区域贸易协定的强劲发展势头

自世界贸易组织(World Trade Organization,WTO)成立以来,以建立自由区(Free Trade Areas, FTAs)为基本内容的各种区域贸易协定(Regional Trade Agreements, RTAs)的数量一直呈上升趋势。一方面,WTO 多哈发展议程(Doha Development Agenda)因坎昆部长会议(the Cancun Ministerial Conference)失败而停滞不前;另一方面,区域贸易协定的谈判的发展势头迅猛而强劲,并呈现出如下新的特点。①

第一,区域贸易协定的数量急剧增加,超过了历史上的任何时期。根据相关资料的不完全统计,在 2001 年多哈发展议程启动后的两年内,就有 33 项区域贸易协定通知到 WTO,其中 21 项涉及货物贸易,13 项涉及服务贸易。仅 2003 年之内,就签署了 12 项区域贸易协定,已启动谈判的就有 9 项,另有 13 项区域贸易协定的建议。根据目前的发展势头,到 2007 年,预计生效的区

---

* 本文原载于《法学研究》2004 年第 5 期。

① Regional Trade Agreements Section, Trade Policies Review Division, WTO Secretariat, The Changing Landscape of RTAS, prepared for the Seminar on Regional Trade Agreement and the WTO, WTO Secretariat, Geneva, 14 November 2003, pp. 1 – 8.

域贸易协定的数量可能累计超过300项大关。

第二,世界上各个地区的国家普遍热衷于区域贸易协定的谈判与缔结。截至2003年10月,WTO共有成员146个,除了蒙古之外,其他所有WTO成员都参加了或正在谈判区域贸易协定。区域贸易协定不仅起源于欧洲,而且集中于欧洲。如今,虽然欧洲—地中海地区仍然是区域贸易协定最多的地方(目前正在生效的就有100多项),但是区域贸易协定谈判活动的中心正在发生新的变化,亚太地区正在成为区域贸易协定新的增长点。过去,像日本、韩国、中国、中国香港特别行政区、中国台湾地区、澳大利亚、新西兰、新加坡等国家和地区对于以最惠国待遇为基石的多边贸易自由化"情有独钟",如今也开始积极地寻求双边和区域自由贸易区的建立。

第三,区域贸易协定的内涵正在扩大。传统的区域贸易协定旨在对货物贸易的关税进行削减和取消以及非关税壁垒的禁止和限制,现在的区域贸易协定除了扩展到服务贸易的自由化之外,正在向投资规则、竞争规则、环境政策和劳工条款等与贸易直接或间接相关的领域迈进,一批新生代的区域贸易协定(new generation of RTAs)正在形成之中。

第四,区域贸易协定的类型正在悄然繁衍。一些在区域贸易协定方面已经积累了丰富经验且收获颇丰的国家或集团不安于现状,正在进行区域贸易协定类型上的新突破。首先,它们不再只是停留在自己所在的地区与相邻国家或与相邻地区国家之间建立自由贸易区或关税同盟,而是致力于跨地区、跨大陆、跨大洋的双边自由贸易区的建立,如美国与新加坡之间的自由贸易协定。其次,它们正在探索跨大陆、跨地区的超大型自由贸易区的建立,如正在拟建的美洲自由贸易区和欧洲—地中海自由贸易区。最后,它们正在有计划地将现行的低级别的区域贸易协定升级为一体化程度更高的区域体制。例如,欧盟2004年5月1日通过接纳10个东欧和地中海国家作为其新成员国的方式,使欧盟与这些国家之间的现行优惠贸易安排自然地演变为一个统一的大市场。虽然这种通过区域一体化组织接纳新成员国的方式使区域贸易协定的数量减少了(包括一些现行自由贸易区的合并),但是一体化程度却更高了,经济和政治上的影响力更大了。欧盟与77个非洲、加勒比海、太平洋国家之间存在近30年的《洛美协定》(Lome Agreement)以其率先在发达国家与发展中国家的贸易关系中实行普遍优惠制(General Preferential System, GPS)而闻名于世。如今,欧盟并不满足于现行的普惠制安排,已于2002年9月开始与这些发展中国家谈判包含自由贸易区在内的《经济伙伴协定》(Economic Partnership Agreement,EPA)来取代现行的《科托努协定》(Cotonou Agreement),计划于2008年完成。这将是一种典型的传统区域贸易协定的升级版。

由于近年来区域贸易协定的发展冲破了"疆土相邻"的天然纽带,现在和今后的区域贸易协定这个概念必须嵌入时代的新特征,或只是作为各种类型的双边、诸边和区域贸易协定①的一种简捷的表达符号或方式,否则,难以准确反映这种优惠贸易安排的现实和发展趋势。用"优惠贸易协定"(Preferential Trade Agreements, PTAs)来概括各种区域贸易协定将会更加准确,至少更具有包容性。

综上罗列的趋势充分表明,区域贸易协定正在形成各种连环套组成的复杂网络。尽管当今和未来的世界地图仍然是由形形色色图案和曲线标示的各国版图和各个大陆及大洋的天然界限,但是在各国政府、自然人和法人的心目中还必须时时牢记另一种布满各种区域贸易区的世界地图,至少当这些法律主体和国际行为者从事贸易、投资或其他跨境行为或不作为时,还不得不考虑这种无形的区域贸易协定地图。不然,轻则国家利益或个人或公司利益受损,重则要承担某种形式的法律责任。

二、区域贸易协定热潮的主要诱因

各种名目的区域贸易协定在世界各大洲迅速蔓延,必然有其深刻的诱因。

(一)经济利益的驱使

根据WTO《2003年世界贸易报告》的分析,区域贸易协定的缔结是受寻求更大市场准入的驱使,这种更大市场的准入在区域或双边水平上比较容易建构,尤其是在WTO成员之间缺乏在多边基础上进一步促进贸易自由化的意愿的情况下。于是,有的国家辩解,它之所以积极从事区域贸易协定的缔结,主要是为促进多边贸易体制下的全球贸易自由化提供竞争性的激励。例如,美国在坎昆部长会议之前,似乎已预料到此次会议的失败,提出了"竞争性自由化"概念(concept of competitive liberalization),一方面在多边贸易体制中敷衍,另一方

① 双边贸易协定可能包含有两个以上的国家,即当其中一个缔约方本身是一个区域贸易集团的时候。例如,欧共体(15个成员国)与土耳其之间的联系协定就是这种类型的双边区域贸易协定。中国与东盟国家之间缔结的《全面经济合作框架协定》也属于双边协定。诸边贸易协定是指其成员超过了两个以上国家,如北美自由贸易协定、南方共同体条约。凡是在一个地理区域内的双边贸易协定和诸边贸易协定都属于区域贸易协定。

面在双边轨道上积极促成与新加坡缔结自由贸易协定以及着手创建美洲贸易区。① 另有一些国家出于维护自身经贸利益而被区域贸易协定所吸引,即在以最惠国待遇原则为基石的多边贸易自由化受阻的情况下,把缔结区域贸易协定作为维护市场准入机会的一种变通手段。欠发达的国家或经济上的弱小国家尤其把区域贸易协定视为一种经济利益维护的必要,因为有关区域贸易协定的弱小成员比较容易获取来自更为发达成员的外国直接投资,低劳动成本的弱小国家尤其如此,如北美自由贸易区的墨西哥就是一个典型的例子。因此。区域贸易协定对国家而言,似乎可以起到某种"双锁功能"(dual locking function),即把竞争锁在外面,而把投资锁进里面。②

值得思考的是,根据一些经济学家的分析,从进口国的角度来看,自由贸易区并不一定会比多边贸易自由化带来更大的经贸利益,甚至会比后者带来的利益还要小。在以最惠国待遇为基本原则的多边贸易体制下,一个国家的贸易壁垒的任何削减将平等地有利于所有进口的竞争,从而来自某一个外国进口的任何增长将取代国内生产,而不取代来自其他国家的进口。但是,在自由贸易区的情况下,贸易壁垒的削减导致源于自由贸易区其他成员国的进口增长,不仅相对国内生产而言,而且相对源于非自由贸易区成员国的其他国家的进口而言。其结果是源于自由贸易区协定成员国进口的任何增长不取代国内生产,也不取代源于其他国家的进口。经济学家们将这种取代国内生产称为"贸易创造"(trade creation),因为它导致贸易的净增长;将取代源于其他国家进口称为"贸易转移"(trade diversion),因为它总体上不增加贸易,而是起到转移现行贸易的作用。贸易创造比贸易转移更有可能产生净经济利益。因此,对进口国而言,贸易转移与贸易创造相比,带来经济利益的可能性要小。③

(二)政治与安全政策的需要

与上述经贸利益的动因相比,区域贸易协定的政治与安全因素有着不同的特点。它不像经贸利益那样赤裸裸地见之于区域贸易协定的条款语言,而通常

---

① Swiss Institute for International Economics and Applied Economics Research, WTO News, No. 10, February 2004, English Edition.

② Regional Trade Agreements Section, Trade Policies Review Division, WTO Secretariat, The Changing Landscape of RTAS, prepared for the Seminar on Regional Trade Agreement and the WTO, WTO Secretariat, Geneva, 14 November 2003, p. 9

③ CBO (US Congressional Budget Office), Economic and Budget Issue Brief: The Pros and Cons of Pursuing Free-Trade Agreements, July 31, 2003, pp. 5 – 6.

要从这种协定可能涉及的经贸利益以外的其他因素中通过综合和交叉分析来捕捉,如协定谈判与缔结的历史背景、现实背景;协定谈判与缔结者在全球和本地区事务中所处的地位与作用;协定缔结者所在地区在全球战略中所处的地理位置以及自身的实力或国力,等等。

从政治与安全的角度来看,区域贸易协定的缔结者主要出于如下一些考虑:

首先,区域贸易协定是其缔结者维护自身和所在区域安全的需要。仅以中国与东盟国家建立自由贸易区为例。① 从战略上来讲,中国积极倡导与东盟建立自由贸易区是实施中国提出的"新安全概念"的重要组成部分,即提出多极世界和多边主义观以稀释美国在全球和区域事务中实行的单边主义政策。② 根据这一"新安全概念",中国特别强调多边主义和合作是促进亚洲和平的最佳途径。为此,中国积极主张东亚经济一体化建设,并将与东盟建立自由贸易区作为东亚区域一体化的样板。中国不是采取与各单个东盟成员国进行谈判建立的方式,而是采取将东盟10个成员国作为一个整体来推进自由贸易区的建设。如果单纯从经济利益考虑,中国与东盟各单个国家建立自由贸易区无疑更为有利,因为东盟的几个新成员国的经济相对落后,有的还属于最不发达国家的行列,中国与这些国家建立自由贸易区在经贸利益上显然缺乏互补性。中国承诺将东盟作为一个整体来建立自由贸易区,无疑更有助于东盟内部的整体凝聚力

---

① 20世纪90年代以前,中国与东盟国家作为一个整体之间还没有建立正式关系,虽然与大部分单个国家之间有正式的外交关系。1990年中国与新加坡建立正式外交关系之后(当时为最后一个与中国建立外交关系的东盟成员国),中国开始寻求把东盟国家作为一个整体进行合作的途径。1991年中国成为东盟的协商伙伴(Consultative Partner),1993年升格为完全对话伙伴(full Dialogue Partner),1997年开始双方形成"10+1非正式高峰会议"(亦称为"东盟+1非正式高峰会议")制度,2000年中国总理在"10+3高峰会议"(亦称为"东盟"+3高峰会议)上提出探讨双方之间建立自由贸易区的可能性。2001年高峰会议上中国总理正式提出建立自由贸易区的建议,2002年高峰会议期间中国与东盟签署《全面经济合作框架协定》(Framework Agreement on Comprehensive Economic Co-Operation Between the Association of South East Asian Nations and the People's Republic of China)。双方建立自由区是该框架协定最主要和最核心的内容,计划分两步走:中国首先与东盟的6个创始成员国(文莱、印度尼西亚、马来西亚、菲律宾、新加坡和泰国)于2010年以前建立自由贸易区,继而在2015年前完成与柬埔寨、老挝、缅甸和越南4个新成员国之间自由贸易区的建立。

② 中国的"新安全概念"由当时国家主席江泽民在1996年举行的上海合作组织会议上首次提出,被认为是中国外交的一个里程碑,其核心是:(1)和平共处五项原则;(2)互利经济交往;(3)对话促进信任;(4)和平解决争端。

以及与中国在整体上的有机连接,从而一方面保证东盟不对中国构成安全威胁;另一方面又可以在一定程度上遏制美国在东南亚地区的单边主义,从而为整个亚洲乃至世界和平与安全做出贡献。①

其次,从大国和强国的角度来看,区域贸易协定是它们建立地缘政治联盟的重要法律形式,从而争取其全球战略和地区政策得到更多国家和更大范围的支持。美国国会预算办公室不久前就美国寻求自由贸易协定的正反论证专门发表了一份研究简报,其中明确提出了区域贸易协定在政治和外交上给美国带来的利益。② 该简报以 1985 年美国与以色列缔结的自由贸易协定为例,认为该协定"对美国的价值几乎完全是出于外交政策的原因"。至于北美自由区协定,虽然墨西哥是美国一个相对较大的贸易伙伴,但是相当一部分美国政治家认为这个协定对美国的经济利益的影响微乎其微,主要是政治上能给这个邻国提供长期的政治与经济稳定。该简报还提到区域贸易协定有助于美国为弱小发展中国家提供经济与政治援助奠定法律基础。

由于外交与安全政策的需要,美国对待区域贸易协定的态度最近发生了明显的改变。美国迄今生效的自由贸易协定只有 3 个,即美国与以色列的自由贸易区协定、北美自由贸易区协定和美国与约旦自由贸易区协定。近两年来,美国先后同新加坡和智利签署了自由贸易区协定(有待批准),并分别与下列地区的国家正在或准备谈判建立自由贸易区协定:(1)与哥斯达黎加、萨尔瓦多、危地马拉、洪都拉斯、尼加拉瓜 5 国建立美国—中美洲自由贸易区;(2)与安提瓜、阿根廷、巴哈马、巴巴多斯、伯利兹、玻利维亚、巴西、多米尼加、多米尼加、厄瓜多尔、格林纳达、圭亚那、海地、牙买加、巴拿马、巴拉圭、秘鲁、乌拉圭、委内瑞拉等 30 多个国家(包括加拿大、墨西哥、智利和中美洲国家在内)建立美洲自由贸易区;(3)与博茨瓦纳、莱索托、纳米比亚、南非、斯威士兰 5 国建立美国—南非关税同盟自由贸易区;(4)美国与澳大利亚自由贸易区;(5)美国与摩洛哥自由贸易区;(6)美国与巴林自由贸易区。③ 从 2004 年开始,美国与有关国家谈判建

---

① Sheng Lijun, China-ASEAN Free Trade Area: Origins, Developments and Strategic Motivations, Institute of Southeast Asia Studies (ISEAS) Working Paper : International Politics & Security Issues Series No. 1(2003).

② CBO, The Pros and Cons of Pursuing Free-Trade Agreements, Economic and Budget Issue Brief, July 31, 2003, p. 8.

③ Ibld. , p. 3.

立自由贸易区的热情更是异乎寻常地高涨。①

最后,就广大的发展中国家,特别是那些弱小发展中国家和最不发达国家而言,它们积极建立和参加各种区域贸易协定,除了经济上希望获取更大的贸易进出口(尤其是出口)、更多的外国直接投资来振兴本国经济外,政治上的考虑无疑也是重要因素,有时甚至是一种迫不得已的唯一选择。从自愿的政治动因来看,弱小国家之间建立双边、诸边和区域自由贸易区和关税同盟,有利于有关国家国内和本地区的稳定和安全,同时便于在国际组织和体制中用一个集团的声音讲话,因为单个的弱小国家在国家舞台上的声音往往被大国、强国的"高调"所压制,或被忽略不计。从不自愿的政治动因来看,弱小国家要争取到优惠的贸易条件进入发达国家市场和获取后者的投资或经济援助,往往不得不答应发达国家倡议的区域贸易协定方式,尤其是不得不接受发达国家在有关区域贸易协定内外、前后提出的一些额外政治条件。随便研究任何一个有发展中国家,特别是有弱小国家和最不发达国家参加的区域贸易协定,都不难发现存在上述的政治因素。

(三)多边贸易体制的弊端

对当今各种双边、诸边和区域贸易协定的"泛滥",多边贸易体制难以逃脱其自身的责任。从某种意义上来讲,如今这些区域贸易协定对多边贸易体制产生的冲击是这种体制的"作茧自缚"。

首先,多边贸易体制从一开始就为区域贸易协定的繁殖埋下了"祸根"。在谈判缔结 1947 年关税及贸易总协定时,一些老牌发达国家如英国、法国,为了极力维护他们与其殖民地国家或海外领地之间既存的优惠贸易安排,同时排除其他国家从这些历史性优惠安排中获取利益,在多边贸易体制中承认这类优惠贸易安排作为最惠国待遇原则的一种例外合法存在。这就是 1947 年和 1994 年《关税及贸易总协定》第 24 条立法的主要背景。1979 年结束的东京回合,根据当时多边贸易体制成员之间的结构变化和经贸实力悬殊的现实,又制定了所谓的"授权条款",允许发达国家成员给予发展中国家成员在货物进口关税方面优惠待遇,尤其是允许发展中国家成员之间在货物贸易方面背离最惠国待遇原

① 美国贸易谈判代表办公室 2004 年 3 月 15 日宣布,美国与多米尼加完成关于后者融入中美洲自由贸易协定的谈判;3 月 26 日宣布,美国与巴拿马将于 4 月 24 日开始自由贸易协定的谈判;3 月 27 日宣布,美国与哥伦比亚将于 5 月 18 日启动自由贸易协定的谈判;4 月 2 日发布美国与摩洛哥自由贸易协定文本草案。参见 www. ustr. gov,最后访问日期:2004 年 4 月 4 日。

则，实行关税减免的优惠待遇。1994年结束的乌拉圭回合，一方面，继续承认关税及贸易总协定过去的这些既定规定和做法；另一方面，还将区域贸易协定的例外以“区域一体化”的名称扩大适用到新达成的《服务贸易总协定》之中。[①]考究1947年《关税及贸易总协定》的缔造者们的立法意图，恐怕当初谁也没有预见到一个原本作为多边贸易体制的例外情况，会在50多年后变成一个极为流行的国际现象，且大有不可遏制的发展态势。

其次，多边贸易体制对区域贸易协定的监管存在严重缺陷，形同虚设。虽然《关税及贸易总协定》第24条和《服务贸易总协定》第5条对于区域贸易协定从程序和实质要件上都作出了规定，但无论是过去的GATT，还是现在的WTO，对于区域贸易协定的监管一直是软弱且低效率的。参与区域贸易协定的WTO成员一般只是按照程序要求向WTO履行通知义务，至于所缔结的区域贸易协定的内容与实际运作是否符合实质要件（如透明度、内部贸易自由化的程度、与外部非缔约方之间贸易的中立性和壁垒水平），在多边贸易体制的半个多世纪中一直存在不同的解释，没有一个明确的结论。虽然WTO成立后于1996年在组织上对区域贸易协定的审查进行了改进，即成立区域贸易协定委员会（Committee on Regional Trade Agreements，CRTA）统一对所有区域贸易协定进行审查，但是这新设的专门机构在其4年的工作中成效甚微：尽管审查了已通知到WTO的180多项区域贸易协定（其中绝大多数源于GATT时期），但由于在一系列问题上存在政治和法律困难，[②]没有对任何一种区域贸易是否符合WTO规定作出最终的结论。正是由于GATT/WTO长期以来对于区域贸易协定这个“烫手的山芋”审而难决，无可奈何，才助长了几乎所有的WTO成员都在区域贸易协定的蹊径上“寻花问柳”“移情别恋”。

最后，多边贸易谈判越来越艰难，区域贸易谈判相对便利，WTO成员必然在贸易自由化的道路选择上扬优势，避劣势。人们一般都承认，促进全球贸易自由化和贸易秩序的公开、公正和公平的最佳选择是多边贸易体制。因为在多

---

① 参见《服务贸易总协定》第5条。

② 这些困难主要表现在：(1)区域贸易协定委员会对有关区域贸易协定是否符合WTO的决定与WTO争端解决机构裁决之间的连接；(2)有关区域贸易协定所涉及的WTO条款的解释；(3)有关区域贸易协定所涉及的领域在WTO中尚缺乏可供遵行的规则（如在原产优惠规则方面）。See Regional Trade Agreements Section, Trade Policies Review Division, WTO Secretariat, The Changing Landscape of RTAS, prepared for the Seminar on Regional Trade Agreement and the WTO, WTO Secretariat, Geneva, 14 November 2003, pp. 11 – 12.

边贸易体制的无条件、自动适用的最惠国待遇原则下,任何一项关税的减让、任何一项非关税壁垒的限制,任何一种透明、公正、公平贸易管制规则和制度的建立或完善,都会产生以点带面的扩散效果。然而,GATT/WTO 的实践充分证明:随着多边贸易体制成员在数量上越来越多,在成分上越来越复杂,如今要在一个特定的议题上形成协商一致越来越困难。与此同时,随着多边贸易体制一个回合接着一个回合地致力于全球贸易自由化,多边贸易谈判的议题的难度越来越大,政治敏锐性越来越强,从而使妥协的余地越来越小。[①] 目前,WTO 的多哈发展议程步履维艰,无疑是最现实、最直接和最充分的说明。

与之相对照,区域贸易协定所涉及的国家要少得多,彼此之间或者疆域相邻,或者经济互补性较强,或者有共同的政治与安全利益,或者有共同或相似的历史、文化、宗教传统,从而对谈判议题的确定、谈判内容的形成和最终协定的缔结比较容易达成共识。正是由于区域贸易协定的这些便利因素,使有些大国、强国参加的区域贸易协定中对于一些在多边贸易谈判中难以达成一致的领域制定了条款(如环境保护、投资自由化、竞争政策、劳工标准)。这进一步说明为何欧盟一贯是区域贸易协定的急先锋,而美国在区域贸易协定方面大有迎头赶上甚至超越欧盟的势头。

三、区域贸易协定对多哈发展议程的负面影响

区域贸易协定与多边贸易体制及全球贸易自由化的关系,一直是经济学、国际法学和国际政治学关心和探讨的重要问题。目前,至少有一点已经取得了较为广泛的共识,即区域贸易协定对于贸易自由化有利有弊。正因如此,在多哈举行的第四次部长会议上,WTO 成员的部长们承认,区域贸易协定在促进贸易自由化和推动经济发展中能起到重要作用,但是需要协调多边贸易体制与区域贸易体制之间的关系。虽然多哈部长宣言没有直白区域贸易协定对多边贸

---

① 美国国会预算办公室发布的一份简报中明确地表示这是美国寻求自由贸易协定的一个重要原因。该简报宣称:"近来美国寻求自由贸易协定的一个原因是,多边贸易谈判的进展变得越来越困难。GATT/WTO 的成员规模的与日俱增意味着在今后每一回合的谈判中更多的国家必须达成一致。新纳入的成员一般都是发展中国家,它们认为自身的利益与以前几个回合中占支配地位的美国和其他工业化国家的利益不同。此外,可以预见各国首先同意消除它们在政治上敏感最低的贸易壁垒(在早些回合中),把更加敏感的贸易壁垒留到后来的回合,从而使后来的回合更加困难。" See CBO (US Congressional Budget Office), Economic and Budget Issue Brief: The Pros and Cons of Pursuing Free-Trade Agreements, July 31, 2003, p. 7.

易体制及全球贸易自由化的负面影响，但是其强调二者之间需要协调的措辞无疑隐含着这种冲突存在的意思，而且1996年WTO成立的区域贸易协定委员会一直致力于二者之间的协调工作的事实更是一个充分的证明，尽管该委员会的工作目前困难重重，进展缓慢。

至于区域贸易协定对于多边贸易体制及其推动的全球贸易自由化到底是利多弊少，还是弊多利少这个更进一步、更具体的问题，则一直是国际社会颇有争议的问题，迄今没有一个统一的认识。

鉴于近期和未来区域贸易协定发展迅猛的势头和多哈回合陷入沼泽和前途未卜的处境，笔者以为，区域贸易协定对于正在进行的多哈发展议程带来的更多是负面影响。这种负面影响可以从谈判进程、发展主题和多边贸易协定实施3个方面进行论证分析：

（一）对多哈回合谈判进程的冲击

区域贸易协定对多哈谈判进程的影响，首先表现在坎昆部长会议失败的问题上。虽然我们不能将这次部长会议的失败都归因于区域贸易协定，但是这次会议准备不足，WTO的很多成员，尤其是像美国、欧盟等直接影响谈判进程的贸易大国和国家集团的精力分散无疑是一个重要的因素。

在WTO成立以来的共5次部长会议中，西雅图会议和坎昆会议均背上失败的名声。如果我们比较两次会议失败原因的异同，就不难发现区域贸易协定对最近一次会议产生的明显影响。

人们一般都认为，西雅图会议失败的原因有内部和外部两个方面。从WTO内部来分析，主要是发达国家成员和发展中国家成员在一些重要议题（如农业、纺织品、反倾销、与贸易有关的知识产权、贸易与环境、贸易与投资、贸易与竞争、贸易与社会条款等问题）上的分歧严重，而且会前在日内瓦就没有形成基本的共识，从而不可能在西雅图短短几天的部长级会议期间就能协商一致。从WTO外部来看，当时美国和其他一些国家的非政府组织对千年回合拟定的一些议题，包括对经济全球化的强烈反对所带来的巨大压力（曾爆发了10多万名非政府组织的代表在西雅图街上示威游行，使会议不能如期开幕）是其原因。

2003年9月坎昆会议的失败原因也可以概括为两个方面：一是发达国家成员与发展中国家成员在一些关键议题（如农业补贴、棉花补贴、非农业市场准入、“新加坡问题”）上的分歧在会议上难以达成妥协，会前也没有达成基本的共识。二是发达国家成员和一些重要或较大的发展中国家成员纷纷在坎昆会议之前投入大量的人力和物力探讨和从事自由贸易区协定的谈判与缔结工作。

尤其像美国、日本、韩国、中国这些分别在发达国家阵营、发展中国家阵营和WTO中举足轻重的成员,改变过去长期对多边贸易体制"忠贞不渝"的传统政策,开始仿效欧盟,"热衷"自由贸易区的建立。

可见,发达国家与发展中国家在多边贸易体制中的基本矛盾在会议之前和会议期间没有得到协调是两次部长会议失败的共同根本原因,这个基本矛盾无疑将贯穿于WTO的整个运作和全球贸易自由化的进程之中。而WTO成员"移情"区域贸易协定,正是坎昆会议失败的一个新的诱因。

更令人忧虑的是,已有明显的迹象表明:坎昆会议之后,一些有影响的WT0成员表示将把推进贸易自由化的希望寄托在自由贸易区的建立上,从而给多哈回合谈判能否如期完成增添了更多的疑虑。例如,美国和欧盟在坎昆会议后,纷纷表示将把重心投入到双边和区域贸易协定方面。美国贸易代表佐利克(R. Zoellick)公开抨击多边贸易体制,对WTO发展中国家成员发送威胁性的信息:美国将从多边前沿转移到通过双边和多边途径来打开发展中国家市场。① 不久前,联合国贸易与发展会议的一个会议同样表露出这种担心:"坎昆会议的挫折会削弱对多边主义的承诺,并使保护主义和党派利益有可乘之机。它还可能加速对单边主义、双边主义和区域主义的积极追求。"②

(二)对多哈回合"发展"主题的冲击

区域贸易协定的蓬勃发展对多哈回合谈判前景的威胁,必然直接冲击WTO这一首轮回合的"发展"这个主题。3年前,多哈部长会议正式将WTO成立后举行的第一轮多边贸易谈判的主题确定为"发展"问题,使广大的发展中国家原本对乌拉圭回合和WTO这个新成立的组织表示失望的心态迅速转变为希望。国际社会也对发达国家成员在新一轮谈判议程这一先决问题上作出的所谓"慷慨让步"表示赞许,同时为WTO能够积极应对"发展"问题而感到欣慰。然而,好景不长,本来就布满荆棘的多哈发展议程,半道上突然冒出了区域贸易协定这个"程咬金"。发展中国家之间在自愿基础上签订的区域贸易协定对发展中国家也许没有害处,甚至还有一定的好处,但是,由一些强大的发达国家倡

---

① See ActionAid International, Beyond Cancun: Key issues facing the multilateral trading system, December 2003, pp. 5 - 6.

② Review of Developments And Issues In The Post-Doha Work Programme of Particular Concern to Developing Countries : the Outcome of the fifth WTO Ministerial Conference, Chairperson ' s Summery, UNCTAD, Trade and Development Board, Fiftieth session, 6 - 17 October, 2003, Geneva, TD/B/50/L. 7.

导并参与的区域贸易协定对发展中国家而言,似乎是弊多利少。

首先,由于发展中国家在政治、军事、经济、贸易等方面的实力与发达国家之间存在巨大的悬殊,又由于双边、诸边和区域贸易协定涉及的国家少,发达国家通常利用其优势地位将在多边贸易谈判中不能实现的要价(因为多边贸易谈判涉及的发展中国家太多),通过这种“各个击破”的区域协定方式来如愿以偿。例如,欧盟目前正在根据《科托努协定》与该协定的77个非洲、加勒比海、太平洋国家谈判建立经济伙伴协定。有关资料显示,欧盟正试图将在坎昆会议受阻的“新加坡问题”(贸易与投资、贸易与竞争、社会条款等)纳入这一最大的区域贸易协定谈判之中。同样,在美洲自由贸易协定和美国—中美洲自由贸易以及美国和其他有关国家之间双边自由贸易协定的谈判中,美国也在设法使谈判对手接受投资、政府采购和竞争政策等被坎昆会议拒绝的这些议题。与此同时,美国正在双边贸易协定中推进更严格的知识产权保护规则,这似乎置多哈会议在药品准入方面达成的协定而不顾,而对于发展中国家关心的对农业的补贴和国内支持等问题尽量避而不谈。① 总之,在双边协定下,最强大的缔约方往往能从作为缔约对方的发展中国家那里得到比在多边贸易体制中更加优惠的一些条件。②

其次,由于发达国家在坎昆会议后对于发展中国家采取区域贸易协定这种“分而治之”的策略,从而分化和瓦解发展中国家在多边贸易谈判中为加强自身的讨价还价能力而建立的联盟。本来,这次坎昆会议上出现了一个可喜的现象,即发展中国家通过组建自身的联盟来加强在多边贸易谈判中的整体参与程度、同发达国家成员交涉的能力和对某些议题的影响力。巴西、中国、印度和南非牵头20多个发展中国家形成的“20国集团”就是这一新现象的标志。③ “20国集团”在坎昆会议上在农业问题上形成一个谈判联盟。这个联盟与过去发展

① See Oxfam International, From Cancun to Miami, Oxfam Briefing Note, November 2003.

② 中国内地与香港、澳门特别行政区缔结的《更紧密的经贸关系安排》(CEPA)无疑是一个例外。从CEPA的条款不难看出,它们更有利于香港和澳门特别行政区,这是因为:虽然中国香港、澳门特别行政区和中国分别是WTO的成员,虽然内地比香港和澳门特别行政区更强大,虽然CEPA实际上就是一种自由贸易协定,但是它们毕竟是在一个国家的前提下不同单独关税区之间的区域贸易协定。

③ “G20”形成于坎昆会议前夕。它包括阿根廷、玻利维亚、巴西、智利、中国、哥伦比亚、哥斯达黎加、古巴、厄瓜多尔、萨尔瓦多、危地马拉、印度、墨西哥、巴基斯坦、巴拉圭、秘鲁、菲律宾、南非、泰国和委内瑞拉。在坎昆会议上,埃及、尼日利亚和印度尼西亚加入,与此同时,萨尔瓦多退出。也有人将该集团称之为“21国集团”(G21)。

中国家成员的联盟不同:过去的发展中国家之间联盟的目的是确立或阻止多边谈判的议题,而“20 国集团”是针对多边贸易谈判的既定议题而建立的谈判联盟。在这个联盟中,尽管每个发展中国家成员在有关议题上的国家利益不尽相同,但是为了从整体上加强谈判实力,从而争取最佳的结果,它们求同存异,形成共同的谈判立场和建议。由于“20 国集团”形成的团队谈判实力,美国和欧盟发现它们在坎昆会议上以及后续的多哈发展议程中不得不与占世界人口一半以上的发展中国家联盟来进行势均力敌的讨价还价。然而,迫于美国的压力和诱惑,萨尔瓦多在坎昆会议上退出“20 国集团”。坎昆会议结束后的几周内,又有哥伦比亚、哥斯达黎加、厄瓜多尔、危地马拉和秘鲁 5 个拉美国家宣布退出该集团。所有这些国家都正在寻求与美国谈判建立自由贸易区协定。①

最后,美国和欧盟等发达国家或集团的兴趣转移,不仅使多哈发展议程大大延缓,甚至有可能使多哈回合拉下帷幕的时日变得不可预见。这对于广大的发展中国家,特别是弱小的发展中国家和最不发达国家,代价尤其巨大。例如,发展中国家在多哈回合中最为关切发达国家在反倾销、反补贴、农业出口补贴和国内支持、纺织品限制等方面的立法和实践,希望通过多边谈判使它们在这些领域中采取实际措施取消或限制对发展中国家的出口限制。然而,这些议题的多边谈判陷于僵局,在区域贸易协定谈判中又不包括在内。这种状况显然离多哈回合确定的“发展”主题越来越远,从而对广大的发展中国家越来越不利。虽然发展中国家通过区域贸易协定也可以获取发达国家的市场准入的优惠,但是这种市场准入由于建立在对等的一对一的基础上,其适用的产品和市场范围,与以最惠国待遇为基础的多边贸易协定相比,要小得多。

(三)对多边贸易制度的冲击

区域贸易协定异常昌盛,不仅直接威胁正在进行的多哈发展议程,而且对多哈发展议程的母体——多边贸易制度本身造成史无前例的冲击。

最惠国待遇是 GATT/WTO 最根本的原则。该原则在多边贸易制度中的基石地位在 GATT/WTO 争端解决机构中得到反复确认,已经成为 WTO 法理学的精髓。仅以近年来的 3 个案件的上诉报告为例。在“加拿大汽车”案②和“美

---

① Bernard Hoekman and Richard Newfarmer, After Cancun: Continuation or Collapse? Trade Note 13, December 17, 2003, note 4, p. 9.

② Appellate Body Report, Canada – Certain Measures Affecting the Automotive Industry, para. 69, WT/ DS139/ AB/ R, WT/DS142/ AB/ R, adopted 19 June 2000, DSR 2000 :VI, 2995.

国拨款法第211节”案①中,上诉机构以同样的文字强调:“像国民待遇义务一样,规定最惠国待遇义务长期以来一直是世界贸易制度的里程碑。50多年来,1994年GATT第一条规定的最惠国待遇义务一直是保证一个基于规则的全球货物贸易制度的核心和本质。”在最新发布的一份上诉机构报告中(2004年4月7日),该机构再次指出:“第一条第一款所含的最惠国待遇原则是‘GATT的里程碑’和‘WTO贸易制度的支柱之一’,这是确定无疑的。”②然而,如今最惠国待遇原则的这块基石,已经被各种双边的、诸边的和区域的优惠贸易协定侵蚀得千疮百孔。50多年前,区域贸易协定的数目极少,作为最惠国待遇原则的例外,倒也名副其实。现在,眼看区域贸易协定即将超过300项,且发展势头强劲,其实际地位和作用已经远远超出了当初作为“例外”的法律定位,而正在和将要成为一种极为普遍的国际贸易合作形式,至少是与多边贸易合作体制并驾齐驱了。

普遍优惠制原本是对发达国家给予发展中国家和发展中国家相互之间给予的一种非对等的优惠贸易制度,是多边贸易体制确立的一项具有时代进步意义的最惠国待遇原则的例外制度,同时也是区域贸易协定的重要组成部分。然而,实践证明,发达国家在实施这一制度的过程中,通常从自身的政治与经济贸易利益出发,偏离多边贸易制度对普惠制的条件,尤其是1979年“授权条款”所规定的“非歧视”和“普遍性”要求。不久前已完成上诉程序的“欧共体给予发展中国家关税优惠条件”案就是一个最新的事例。

该案的指控方为印度。③ 印度与欧共体之间争端的焦点是,后者给予12个发展中国家(主要是拉美国家)特别优惠的市场准入条件进入欧盟单一市场。欧共体的理由是这些国家在与毒品制造和绑架等犯罪作斗争过程中遇到许多的困难。印度认为,欧共体的这一措施违反了GATT第1条规定的最惠国待遇和1979年“授权条款”的非歧视要求。根据印度的主张,发达国家在给予发展中国家普遍优惠制待遇时同样要遵行非歧视原则,即不能在普惠制受益国的发

---

① Appellate Body Report, United States – Section 211 Omnibus Appropriations Act of 1998, para. 297, WT/ DS 176/ AB/ R, adopted I February 2002.

② Appellate Body Report, European Communities-Conditions for the Granting of Tariff Preferences to Developing Countries, para. 101, WT/DS246/AB/R, 7 April 2004.

③ 印度于2002年3月1日提交报告启动WTO争端解决程序(WT/DS 246);专家组于2003年12月1日发布报告;欧共体不服,提出上诉;上诉机构于2004年4月7日发布报告。截至本文完成之际,上诉机构报告仍然有待WTO争端解决机构的最后通过。

展中国家之间采取歧视待遇。专家组的报告基本上赞同印度的主张,认为欧共体实行的非平等特别待遇违反了 GATT 第 1 条规定的最惠国待遇条款,而且这种违反不能通过援引 1979 年"授权条款"而被证明为正当。根据专家组的报告,这种非平等的特别优惠待遇的受惠国只能是世界上的 49 个最不发达国家。① 根据 2004 年 4 月 7 日公布的上诉机构报告,虽然上诉机构推翻了专家组报告中有关"非歧视"和"授权条款"第 2(1)条关于"发展中国家"措辞的解释,②修改了专家组报告中有关举证责任的意见,③并且认为无须再就专家组关于欧共体有关《毒品安排》措施不符合 1994 年 GATT 第 1 条第 1 款的认定作出裁决,④但是总体上还是维持了专家组的基本结论。(1)1979 年的"授权条款"是 1994 年 GATT 第 1 条第 1 款的一个"例外";(2)"授权条款"不排除 1994 年 GATT 第 1 条第 1 款的适用性;(3)欧共体没有表明其"毒品安排"(Drug Arrangement)能根据"授权条款"第 2(1)条被证明为正当(尽管上诉机构的理

---

① Swiss Institute for International Economics and Applied Economic Research, WTO News, N. 10, February 2004.

② 《专家组报告》认为,"授权条款"脚注 3[针对"授权条款"第 2(1)条的解释]"非歧视"一词要求根据普惠制的相同关税优惠应没有区别地提供给所有发展中国家,除非是实施一个 priori 的限制(参见该案《专家组报告》第 7.161 段)。专家组报告同时认定,"授权条款"第 2(1)条的"发展中国家"一词应理解为"所有的"发展中国家,除非发达国家正在实施一项 prori 限制,在这种情况下,"发展中国家"可以指"少于所有的"发展中国家(参见《专家组报告》第 7.174 段)。上诉机构报告则认为,"授权条款"脚注 3 中的"非歧视"一词并不禁止发达国家成员对源于不同普惠制受益国的产品给予不同的关税,如果这种不同的关税待遇符合"授权条款"中其他所有的条件。但是,根据"非歧视"措辞,要求优惠待遇施惠国保证对所有相似处境的(all similarly-situated)普惠制受益国享受相同待遇(参见该案《上诉机构报告》第 173 段)。《上诉机构报告》还认定,"授权条款"第 2(1)条中的"发展中国家"一词不应被理解为"所有的"发展中国家,从而第 2(1)条并不禁止优惠待遇施惠国给予不同的次级分类的普惠制受益国(different sub-categories of GSP beneficiaries)以不同的关税优惠(参见该案《上诉机构报告》第 175 段)。

③ 专家组认为,本案的举证责任在共同体(应诉方)。上诉机构认为,"举证责任在坚持一项特定主张或一项特定辩护的肯定答案一方,不论是控告方还是被控方,这是大陆法、普通法和事实上多数法域所一般接受的证据规则"(见本案《上诉机构报告》第 87 段,又见 Appellate Body Report, US-Wool Shirts and Blouses, p. 14, DSR 1997:I, at 335)。据此,上诉机构认定本案的指控和被控双方都负有举证责任。

④ 笔者推定,上诉机构在这里似乎根据的是其一贯坚持的"司法节制"或"司法经济"原则(principle of judicial economy)。因为既然已经裁定 1979 年的"授权条款"并不排除 1994 年 GATT 第 1 条第 1 款的适用性和欧共体的有关措施违反了 1979 年"授权条款"的"非歧视"条件,那么共同体的此等措施同样违反了 1994 年 GATT 第一条第一款规定的"最惠国待遇"就不言而喻了。

由不同于专家组)。①

上述案例表明,发达国家在实施普惠制这种区域贸易协定的过程中,存在普遍的"再次侵蚀"或"二度侵蚀"最惠国待遇原则的做法。笔者之所以将这种现象称为最惠国待遇原则的"再次侵蚀"或"二度侵蚀",是因为1979年"授权条款"已经第一次将普惠制作为一种最惠国待遇的一种新的"例外"予以确认了。普惠制对最惠国待遇原则的两次侵蚀,既有相同之处,又有不同之点。二者不同的是:1979年"授权条款"是一种立法侵蚀,同时也是一种合法侵蚀,如同1994年GATT第24条确定自由贸易和关税同盟及其二者的过渡安排作为最惠国待遇原则的例外一样;而发达国家成员在实施普惠制过程中对最惠国待遇原则的侵蚀是一种执法侵蚀,其合法性有待WTO争端解决机构依个案进行裁定。根据上诉机构的认定,至少有一点肯定属于非法,即优惠待遇施惠国对于相同或类似处境的普惠制受益国给予不同的关税优惠待遇。二者相同点在于:无论从立法层面上的"例外"来分析,还是从执法层面上考察,普惠制的本质和实际效果都构成对最惠国待遇原则的侵蚀。

透明度是多边贸易制度的另一项重要的基本原则。然而,在区域贸易协定的缔结与实施过程中普遍存在"暗箱操作"现象。我们还是以普惠制为例。普惠制的具体运作完全由进口的发达国家自主进行。这样,发达国家在受惠的国家、产品、程度等方面可以单方面确定。实践已充分证明,美国和欧盟等发达国家或集团通常利用普惠制这个单方面控制的"暗器"向受惠的发展中国家施加各种附加的政治、军事和经济条件,甚至有时以撤销特定的普惠制相威胁,而发展中国家为了获取或保持对其出口的关税减免优惠(即使是有限的产品),也只好忍气吞声。可见,发达国家在普惠制实施过程中的不透明做法使发展中国家有一种"哑巴吃黄连"的感觉。不透明现象同样存在于其他各种区域贸易协定之中。可以推定,随着区域贸易协定的加速繁荣,贸易交往和合作中的"暗箱操作"必定会迅速蔓延,从而使多边贸易制度中倡导的透明度原则的实际效力和影响变得越来越小。

原产规则的协调与统一是多边贸易体制一直努力的方向,尽管WTO在这方面的工作比原计划已大大推迟。然而,各种区域贸易协定的运作却越来越偏离这一方向。我们知道,原产规则是自由贸易区的一个固有特点,它是自由贸

---

① Appellate Body Report, European Communities-Conditions for the Granting of Tariff Preferences to Developing Counties, para. 190, WT/DS 246/AB/R, 7 April 2004, p. 77.

易区内的进口成员确定有关货物是否有资格享受优惠待遇和防止“贸易转移”（非自由贸易区成员通过一个低关税的自由贸易区成员将货物出口到另一个维持高关税的自由贸易区成员）的基本手段。目前，除了欧共体、欧洲自由贸易区、中欧国家和波罗的海国家之间在原产规则方面建立了协调性的泛欧洲制度外，世界上各个区域贸易协定都有自己独立的原产规则。其结果是，一个国家参加了多少个区域贸易协定就会拥有多少个原产规则。而且根据有关研究，一般来说，优惠贸易机制中的原产规则要比非优惠原产规则更加严格；农产品和纺织品原产规则比其他部门产品原产规则更加严格。[①] 这样，一个国家的出口商在从事外贸出口过程中不得不对产品和相应的资料文件不断地做出调整，以满足各种不同的原产规则要求。原产规则日趋多样化，对于广大的发展中国家尤其不利，因为它们的出口产品主要集中于农产品和纺织品，而且他们适应各种不同原产规则的能力要比发达国家低得多。总之，区域贸易协定造成原产规则更加复杂化，大大增加了贸易成本，从根本上妨碍了多边贸易制度的根本任务——全球贸易自由化。

四、结　　论

综上分析，笔者就本文的主题概括出如下一些基本的认识：

第一，各种区域贸易协定的大量和快速繁殖是墨西哥坎昆部长会议前后的一个值得高度注意的现象。作为区域贸易协定“领头羊”的欧盟，并不满足于它在区域贸易协定数量上的绝对优势，而是试图在区域贸易协定的层次和范围上创新。美国这个长期被认为是多边贸易协定的“热血国家”和区域贸易协定的“冷眼国家”，近来对建立自由贸易区协定倍感兴趣，正在加速将其北美自由贸易区模式向东亚国家、中美洲国家、拉美国家和中非国家推进。日本、韩国和中国等东亚国家曾经在区域贸易协定方面一直享有“洁身自好”的美誉，如今看到区域贸易协定已大势所趋，也在紧锣密鼓地与东南亚国家联盟在亚太地区施展自由贸易区的魅力。

第二，导致这种异常现象的原因错综复杂，既有历史上的法律漏洞，又有现

---

① See Estevadeordal Antoni and Kati Suominen, “Rules of Origin : A World Map”, Preliminary Draft, April 2003. 转引自 Regional Trade Agreements Section, Trade Policies Review Division, WTO Secretariat, The Changing Landscape of RTAS, prepared for the Seminar on Regional Trade Agreement and the WTO, WTO Secretariat, Geneva, 14 November 2003, p. 10。

实的政治安全、外交策略和经贸利益等因素的考量。正是由于区域贸易协定形成与发展的复杂性,GATT/WTO 在如何保持区域贸易协定对促进贸易自由化的积极作用和限制其对多边贸易制度造成损害之间建立一种适当的审查与监控体制的企图,迄今不能如愿以偿。由此看来,区域贸易协定这个“烫手山芋”将会长期伴随着多边贸易体制。

第三,虽然坎昆会议失败的原因是多方面的,但是美国、欧盟和其他一些具有重大影响的 WTO 成员将相当一部分人力和物力分散到各种区域贸易协定的谈判与缔结之中,是重要的原因之一。尤其令人忧虑的是,美国和欧盟公开扬言,鉴于坎昆会议的失败和一些重大分歧(如农业问题、棉花问题、非农业市场准入问题、“新加坡问题”)无法解决,它们将把重心转移到建立区域贸易协定,以期实现他们在多边贸易体制中不能实现的目标。种种迹象表明,多哈发展议程的谈判如期结束的希望已经越来越渺茫,甚至有被无限期拖延的危险。

第四,尽管区域贸易协定对多边贸易制度及全球贸易自由化的利弊程度始终是一个没有确切答案的问题,但是区域贸易协定对目前正在进行的多哈发展议程已经、正在和将要产生的影响,从客观上来讲,主要是负面的。区域贸易协定的热度骤然上升和迅猛蔓延,表明一些具有代表性的 WTO 成员对多哈回合正在失去信心和耐心,从而直接威胁着 WTO 成立后首轮多边贸易谈判的前途,极大地伤害着广大发展中国家成员对多哈发展议程的热情和期待。从长远来看,全球范围内多层面、跨国界、跨地区、跨大洋的区域贸易协定网络的形成,实质上就是全球范围内多层面的歧视性贸易网络的建立。这就意味着区域贸易协定和最惠国待遇分别在多边贸易法律秩序中的“例外”和“基本原则”的法律定位,越来越变得只具有法律文字和理论上的意义,而现实却越来越反映的是二者的倒置趋势。

第五,面对多边主义和双边主义的双重挑战,中国作为多边贸易体制和区域贸易协定体制的后来者,不能只是韬光养晦,静观其变,而是要坚持“两条腿”走路的基本方针,主动参与和利用这种双向推进模式,并根据区域贸易协定和多边贸易体制发展的新变化,不断作出策略上的调整。一方面,中国应该通过积极履行义务、高质量和建设性的参与,在 WTO 及其多边谈判中尽早树立起全球贸易自由化的有力推动者的形象,提升自己在广大发展中国家成员中的“亲贫”地位,不断增强与发达国家成员合作与斗争的能力与水平。另一方面,既然区域贸易体制仍将是未来的一个发展趋势,而且其在国际贸易法律秩序中的合法地位不会发生根本性变化,中国应该确保与东盟国家之间的《全面经济合作框架协定》和中央与香港、澳门特别行政区之间《更紧密的经贸关系安排》的成功实施，并以此为实验，及时总结经验与教训，扩大视野，积极探索在与亚洲、太平洋地区和世界其他地区的国家之间谈判和缔结类似区域贸易协定的可能性。只有这样，中国才能在较短的时间内追赶全球主义和区域主义并进的发展态势，才能在两条基本的发展轨道上实现“双赢”的最佳目标。

区域贸易协定新趋势下《跨大西洋伙伴协定》的负面影响与中国的对策*

一、区域贸易协定的新近趋势

长期以来，关于区域贸易协定（regional trade agreements，RTAs）的利弊之争一直没有间断。支持者认为，区域贸易协定是促进全球贸易自由化的"营造物"，它能率先在特定区域内促进货物流动和资源配置，甚至实现服务自由化，从而加快组成自由贸易区内国家的经济和社会发展，提高区域内生活水平，而且还可以为多边贸易体制的全球贸易自由化目标提供基础和积累经验。然而，持否定说者认为区域贸易协定是全球贸易自由化的"阻碍物"，因为区域贸易协定违背多边贸易体制的最惠国待遇、透明度和可预见性等基本原则，并且区域贸易协定产生的效应是贸易转移，而不是贸易创造。

然而，理论上的长期争议并没有影响区域贸易协定持续和迅速发展。近年来，区域贸易协定在若干方面呈现出新的趋势和特征。①

第一，区域贸易协定已成为绝大多数国家商业政策

---

* 本文原载于《武汉大学学报》（哲学社会科学版）2015年第2期。

① Jo-Ann Crawford & Roberto V. Fiorentino, WTO Discussion Paper No. 8, The Changing Landscape of Regional Trade Agreements, Switzerland: Geneva, 2006, pp. 1－2, 16.

的核心,重心从多边贸易目标转向追寻优惠贸易安排。有些国家实行的是多边目标与区域目标并重,而更多国家则实行区域目标优先政策。尤其明显的是,一些过去青睐多边贸易自由化的国家越来越积极谈判缔结区域贸易协定。现在,除蒙古外的WTO成员都缔结了区域贸易协定。

第二,区域贸易协定的内容趋于复杂化。首先,很多新的区域贸易协定不再限于货物贸易的自由化,还包括服务贸易自由化。其次,规制的范围更广泛,超出了多边贸易体制的范畴,涉及广泛的经济政策及社会政策,如投资、能源、环境、劳工标准、企业社会责任等,有的甚至冠以“伙伴”的名称来界定彼此的关系,使区域贸易协定增添了政治或战略色彩。新近启动的《跨大西洋贸易与投资伙伴协定》(以下简称《跨大西洋伙伴协定》)谈判就是典型的例子。

日内瓦国际贸易和可持续发展中心新近发布的一份研究报告表明,应对气候变化和可持续发展战略已经或正在成为一些区域贸易协定谈判或准备谈判的议题和内容。新一代区域贸易协定的主要特点如下:在贸易规则中规定不同类型的义务免除条款,否则这些贸易规则将限制采取应对环境变化的国内或国际措施;为应对气候变化提供新的合作机制和方式,包括技术转让;增强气候友好货物和服务贸易,包括利用贸易和投资法直接鼓励清洁能源的发展。①

第三,发达国家与发展中国家间的相互优惠贸易协定增多,而一些发展中国家过去长期依赖的非对等的优惠协定减少。欧盟和美国近年来加快了与非加太和拉美国家缔结自由贸易区或伙伴协定的步伐,这些新型的协定实际上在逐步取代过去的优惠贸易协定。与此同时,发展中国家间的优惠贸易协定不断涌现,旨在加强南南贸易合作。

第四,除了区域内毗邻国家间的优惠贸易安排外,跨区域的优惠贸易安排也在迅速地形成之中。这意味着区域贸易协定已突破传统的地缘概念。新近缔结和正在启动谈判的自由贸易区协定绝大多数是属于跨地区国家之间的。这表明,在交通和通信日趋便利的当今世界和未来,地缘条件已经不是自由贸易区或区域一体化的必要纽带,共同的经贸利益和战略目标才是关键的决定因素。

---

① Gehring Markus, et al (2013), Climate Change and Sustainable Energy Measures in Regional Trade Agreements (RTAs): An Overview, ICTSD Programme on Global Economic Policy and Institutions, Executive Summary, Issue Paper, No. 3.

二、《跨大西洋伙伴协定》谈判的诱因

1995年欧美领导人就以建立跨大西洋经济和贸易伙伴关系达成共识。后来,双方因担心这一举动影响新建立的世界贸易组织的运行和2001年发起的多哈回合,故一直没有正式启动谈判。2011年11月欧美高峰会议上,双方最高领导人指示跨大西洋经济理事会成立一个就业与增长高级别工作组,其使命是“确定增加贸易与投资的政策和措施,以支持有利于相互的就业创造、经济增长和国际竞争力”。该工作组于2013年2月11日发布最终报告,得出结论:“一个应对广泛范围的双边贸易与投资问题,包括规制问题,有利于开发全球规则,并将提供最具有意义的相互利益。”

根据高级别工作组的上述建议,2013年7月8日,美国和欧盟正式启动《跨大西洋伙伴协定》的谈判。整个谈判计划将在两年内完成。该协定被认为是“美国与欧盟在大西洋联合打造的一艘巨型航母”,未来的欧美自贸区被称为“经济北约”。[①] 目前,欧美的国内生产总值约占全球的五成,贸易额约占3成。这项协定若达成,将会是全世界规模最大的自由贸易协定,预计分别为欧盟和美国带来1190亿欧元和950亿欧元的贸易收入。可以预见,该协定的缔结不仅会对大西洋两岸的贸易、投资和经济提供强劲的动力,而且对包括中国在内的全球经贸格局势必将产生深远影响。

欧盟和美国之所以热衷于彼此的伙伴协定谈判,有着深刻的政治和经济原因。以下分别从欧盟、美国和WTO的不同角度进行剖析。

就欧盟而言,通过区域经济一体化来实现区域内各国经济和社会发展并最终实现区域和平与安全,有着悠久的历史和丰富的经验。早在19世纪70年代,在欧洲大陆上就建立了世界近代史上的第一个区域经济一体化模式——德意志关税同盟。第二次世界大战后,为了经济复苏和持久和平,欧洲国家先后建立了多个以自由贸易区或关税同盟为基础的区域一体化组织。除了建立欧洲统一大市场外,欧盟还极力推动与其他邻国、地中海国家、欧盟成员国的海外领土和其他有关国家建立广泛的自由贸易区(有的以联系协定的方式建立)。根据有关统计,迄今欧盟与世界上30多个国家签署了自由贸易区协定,与70多个非加太国家缔结了伙伴关系协定。目前,欧盟正在与东盟国家(与各成员

---

① 倪月菊:《美欧谈判构建全球最大贸易区:“经济北约”重塑国际贸易格局》,中国社科院世经政所IGI(国际问题研究)系列讨论稿,2013年。

国单独谈判,其中与新加坡已签署自贸区协定)、加拿大、海湾合作组织理事会、俄罗斯、日本、南方共同市场和美国举行自由贸易协定谈判。

半个多世纪以来,欧盟通过自身的一体化建设和持续对外推行和拓展自由贸易区建设所带来的利益是显著的。在经济上,欧盟不仅较快地实现了战后经济复苏,而且实现了经济和社会的可持续发展。在政治上,欧盟一方面促进了共同外交与安全政策及防务政策的巩固;另一方面在国际层面上,尤其是在发展中国家面前树立了最大的贸易施惠者和经济援助者形象。

从美国的角度来看,从西奥多·罗斯福政府开始,美国一直国际贸易领域的引领者。自1985年美国与以色列缔结了第一个自由贸易协定以来,其先后与加拿大(1988年)、墨西哥(1994年)、约旦(2001年)、澳大利亚(2004年)、智利(2004年)、新加坡(2004年)、巴林(2006年)、摩洛哥(2006年)、阿曼(2006年)、中美洲国家(多米尼加、哥斯达黎加、厄瓜多尔、危地马拉、洪都拉斯、尼加拉瓜)(2005年)、巴拿马(2011年)、哥伦比亚(2011年)等缔结了自由贸易协定。目前,美国与其他国家(地区)正在谈判或拟建的自由贸易区有美洲国家自由贸易区(包括所有的西半球国家)、美国中东自由贸易区(包括中东的大部分国家)、跨大西洋自由贸易区(美国与欧盟)、美国与泰国自由贸易区、美国与新西兰自由贸易区、美国与印度尼西亚自由贸易区、美国与肯尼亚自由贸易区、美国与科威特自由贸易区、美国与马来西亚自由贸易区、美国与毛里求斯自由贸易区、美国与莫赞比克自由贸易区、美国与阿联酋自由贸易区、美国与南非关税同盟自由贸易区(包括南非、博茨瓦纳、莱索托、斯威士兰和纳米比亚)、美国与厄瓜多尔自由区、美国卡塔尔自由贸易区以及美国与中国台湾地区自由贸易区。

美国长期热衷于同其他国家或区域经济体签署自由贸易区协定的目的同样是显而易见的。首先,它可以通过这种途径逐步实现双边贸易自由化的价值和利益取向。尤其在多边贸易自由化道路不畅、受阻或行进缓慢的情况下,通过众多复合的双边自由贸易协定的累积,可以作为多边贸易自由化途径的替代或至少是弥补。其次,与其他国家(地区)签署自由贸易区协定可以长期和持续地保持美国产品和服务在世界各国的传统市场,同时又可以开辟稳定的新兴市场。反过来,它又可以保障本国的生产所需的原材料和人民的消费所需。最后,在政治上,美国通过自由贸易区协定可以增强其与传统盟友之间的关系,巩固其在美洲后院的安全与稳定,增强其在亚太地区和非洲的影响。

长期以来,欧美各自为政,在全球范围内有选择地建立自由贸易区。如今,这两大经济贸易巨头为何启动跨大西洋自由贸易的谈判呢?

第一,摆脱金融危机,复苏经济增长是直接的诱因。2008~2009年,美国经历了自20世纪30年代以来最严重的金融危机和经济衰退。这场危机对美国经济实力和全球地位带来了严重影响。美国经济出现负增长,经济实力受到一定削弱,失业率达到了危机前的两倍。近年来,虽然美国采取了大规模的金融机构援救措施和经济刺激措施,及时地遏制了危机的蔓延和恶化,并在中国等新兴市场经济体强劲增长的带动下逐步复苏和恢复增长,但是美国经济并没有完全走出困境。[①] 在这种情况下,美国积极推动建立跨大西洋自由贸易区,为拉动美国经济快速增长搭建新的平台。

始于美国的金融危机强烈地冲击着欧盟。首当其冲的是对欧洲银行系统和金融体系的侵蚀。接着,随着危机的进一步蔓延,欧盟的实体经济也遭受不同程度的影响。进入2010年,又爆发了新的主权债务危机。欧盟及欧元区近3年经济低迷,甚至出现负增长。失业率居高不下,2010年和2011年,平均失业率为9.7%;2012年12月,欧盟失业率上升到10.7%。危机还使欧盟内部成员国之间发展不平衡进一步加剧。人口老龄化问题严重且呈加速态势,势必加大欧盟财政负担。[②] 在这种形势下,欧盟除了在内部制订新的经济发展目标("欧洲2020战略")、进行政治体制改革、强化金融监管、深化经济治理外,拓展对外贸易发展空间势在必行,而启动全球最大的自由贸易区协定谈判无疑是明智的举措。

第二,促进欧美与新兴经济体国家(中国、印度等国)的竞争力是长远的战略考虑。根据国际货币基金组织的统计,欧盟27个成员国(现为28个)20世纪80年代占全球GDP总量的34.1%下降到2011年的25%。在出口方面,欧盟在20世纪80年代占全球出口总量的22.7%,到2011年下降到13.9%。美国在全球GDP和出口中所占比重也一直在持续下降。建立跨大西洋自由贸易区有可能逆转这种下滑趋势。它可以通过改善彼此进入对方市场和消费者的条件,并

① 张斌:《全球金融危机冲击下的美国经济》,载中国国际问题研究院网:http://www.ciis.org.cn/chinese/2010-05/07/content_3747318.htm。

② 国务院发展研究中心"世界经济趋势与格局"课题组(2013):《欧盟经济现状与前景》,载http://www.cet.com.cn/wzsy/gysd/857593.shtml。

减少彼此贸易和在对方投资的费用来扩大经济规模,至少可以减缓竞争力的下降。[①] 单就欧盟而言,它积极寻求与美国谈判跨大西洋自由贸易区还有另一个重要的原因。近年来,美国一直致力于建立一个跨太平洋伙伴关系(Trans-Pacific Partnership,TPP)。目前,美国正在与11个亚太地区国家举行《跨太平洋贸易与投资伙伴协定》的谈判。可以想象,如果这一协定得以缔结,这一地区的贸易与投资将在优惠的条件下进入美国市场,这无疑将对欧洲向美国的出口贸易与投资在竞争中处于不利的境地。因此,建立跨大西洋自由贸易区对欧盟而言势在必行。

第三,多哈回合停滞不前是重要的外因。WTO由3大支柱构成:一是监督现行的多边贸易协定及诸边贸易协定的执行;二是提供独特的争端解决机制;三是组织和主持多边贸易谈判。自1995年WTO成立以来,尽管前两个支柱一直运行正常,但第三个支柱却步履维艰,而正是这个支柱可以推动贸易体系的发展,促进新规则和协议的诞生。正如新当选的WTO总干事阿泽维多最近在接受采访时指出的,"多边贸易体系正在经历一个困难的时期。多边贸易体系和WTO的发展陷入了严重的停滞之中,且各成员还没有找到克服困难的办法。考虑到国际贸易和全球经济刚刚经历过2008年的金融危机,还充满不确定性,多边贸易的瘫痪就更令人担忧"。[②] 在这种情况下,美国和欧盟两大经济贸易体将热情和智力资源从多边贸易谈判转移到跨大西洋自由贸易区的谈判上,可谓"另辟蹊径"或"绕行发展"。

三、《跨大西洋伙伴协定》谈判的目标

根据高级别工作组的最终报告,欧美谈判的主要要目标和内容涉及(但不限于)5个方面:第一,取消货物贸易的传统壁垒,如关税和关税配额;第二,取消、减少或防止货物贸易、服务和投资领域的各种壁垒;第三,增强规章和标准的一致性;第四,取消、减少或防止不必要的各种非关税"边界内障碍"(behind-border obstacles);第五,加强就共同关心的有关全球问题规则和原则之开发,包

---

① Stormy-Annika Mildner & Claudia Schmucker (2013), Trade Agreement with Side-Effects? European Union and United States to Negotiate Transatlantic Trade and Investment Partnership, http://www.swp-berlin.org/fileadmin/contents/products/comments/2013C18_mdn_schmucker.pdf.

② 国际贸易和可持续发展中心:《阿泽维多访谈录:桥》,2013年,第1页。

括为实现共享的全球经济目标之合作。①

《跨大西洋伙伴协定》谈判的总体目标可以分别从内部和外部两个层面进行综合分析。

(一)《跨大西洋伙伴协定》的内置目标

毋庸置疑,谈判的首要目标,也是最直接的目标,是实现大西洋两岸的贸易和投资自由化,以此推动该区域的经济和社会发展。为实现这一目标,谈判着力于如下关键领域或事项的特定目标。

1. 零关税和高峰关税的削减

要在欧美建立没有关税壁垒的跨大西洋自由贸易区,首要目标是通过"一揽子"的方式消除所有关税。有研究表明,在优惠基础上双边取消关税可以刺激贸易增长,从而促进经济增长和就业率提升。② 作为长期引领多边贸易体制的主要成员,美国和欧盟的工业品关税经过半个多世纪数轮谈判已降到很低的水平,平均为5%～7%(另有统计为3%～5%)。可以说,工业品的关税早已不是双方贸易的障碍,但农产品关税则是另一番情景。由于农产品贸易直到乌拉圭回合才纳入多边贸易的规制中,欧美的农产品关税一直维持在高水平上,甚至处于税率高峰。例如,在欧盟,高峰关税尤其体现在农产品方面(高达205%)。在美国,高峰关税主要体现在纺织品(42%)与服装(32%)、皮革和鞋类(56%)等产品方面。此外,欧美双方对于化工品、运输设备和药品都维持着高峰关税。这些高峰关税的削减也是谈判的一个重点。关税减让之所以是《跨大西洋伙伴协定》谈判的主要目标,还有以下重要原因。③

第一,跨大西洋贸易相当大的部分是以货物内公司贸易为特征的。即使很低的关税也能对消费和生产产生抑制效果。由于很多的欧美公司的加工依赖进口的输入品(如化工和塑料制品),很多货物供应链中的低关税仍然可以累积

① High Level Working Group on Jobs and Growth, Final Report of the U. S. – EU High Level Working Group on Jobs and Growth, 2013, p. 20, http://iipdigital.usembassy.gov/st/english/texttrans/2013/02/20130213142506.html.

② Transatlantic Task Force on Trade and Investment, A New Era for Transatlantic Trade Leadership-A Report from the Transatlantic Task Force on Trade and Investment, 2012, http:///www.gmfus.org/archives/a-new-era-for-transatlantic-trade-leadership/.

③ High Level Working Group on Jobs and Growth, Final Report of the U. S. – EU High Level Working Group on Jobs and Growth, 2013, p. 20, http://iipdigital.usembassy.gov/st/english/texttrans/2013/02/20130213142506.html.

起来构成很大的贸易壁垒。因此,关税不仅影响一国境内消费或用于生产之产品的成本,而且在实践中构成公司间货物贸易的一种税负。因此,关税降低了那些依赖进口货物加工并再出口最终产品之公司的竞争力。例如,沃尔沃轿车有40余个零部件供应商,其中大部分是欧洲公司。对公司间零部件贸易的关税并没有效地保护欧洲公司的竞争力,反而增加了生产的成本。

第二,从操作层面来看,取消关税比起其他贸易形式在政治上可能要容易一些。与各种无形的非关税贸易壁垒相比,关税是一种有形的贸易壁垒,具有透明度,便于取消或削减。而且通过谈判取消关税有助于为其他领域的谈判提供动力。

第三,跨大西洋自由区的零关税对于欧美经济具有巨大的福利潜能。鉴于欧美大规模和高程度的公司内贸易或工业间贸易,跨大西洋经济可以从取消关税中获得巨大利益。根据最近一项研究,估计关税取消将为欧盟带来0.3%~0.5%的动态GDP,给美国带来1.0%~1.3%动态GDP;相应的福利收益,欧盟为58亿~86亿美元,美国为59亿~82亿美元。这比欧盟和美国从其他优惠贸易协定所产生的实际收益都要大。①

2. 非关税壁垒或规制壁垒的减少

削减非关税壁垒或规制壁垒,亦称"边界内障碍",无疑是《跨大西洋伙伴协定》谈判的第二大关键目标。非关税壁垒一直被认为是贸易自由化的主要障碍之一,尤其是在实施零关税或关税削减到很低的水平之后,非关税措施便成为最主要的障碍。原因如下:(1)非关税壁垒大都属于贸易进口国或投资所在地国有关货物生产、流通和公司设立与经营的限制措施;(2)非关税壁垒数量众多,少则数以百计,多则数以千计甚至万计;(3)非关税壁垒种类繁多,而且不断出现新的非关税壁垒措施;(4)非关税壁垒具有灵和性或随意性,有关的权能机构在实际操作中有相当大的自由酌处权;(5)关税壁垒大都缺乏透明度。理论和实践都证明,削减非关税壁垒能起到促进贸易、发展经济和扩大就业的积极作用。因此,近半个多世纪以来,削减非关税壁垒一直是多边贸易谈判的重点议题和目标。已有研究断言,就跨大西洋自由贸易区而言,如果双方的非关税壁垒减少50%,则可以使欧盟的GDP增长0.7%,美国的GDP增长0.3%,给欧

---

① High Level Working Group on Jobs and Growth, Final Report of the U. S. - EU High Level Working Group on Jobs and Growth, 2013, p. 20, http://iipdigital.usembassy.gov/st/english/texttrans/2013/02/20130213142506.html.

盟带来的福利收益大约为122亿欧元,美国为53亿美元。① 与多边贸易谈判相比,削减特定部门的歧视性和不必要的非关税壁垒措施在双边谈判中相对要容易一些。欧美舆论和有关界别大都看好欧美之间的非关税壁垒谈判,乐观其成,因为双边的价值观和取消非关税壁垒所带来的巨大商业利益是共同的。为此,有关的欧盟智囊机构建议:为了使不同部门的非关税壁垒的削减具有针对性,取得最佳的效果,应该允许不同领域的商业集团和其他私人利益攸关者实质性地加入谈判过程,因为它们在各自的商务活动中对各种非关税壁垒措施对贸易和投资产生的负面影响有直接和亲身的体验。这就是所谓的利益攸关者驱动的"自下而上"谈判。

值得关注的是,与取消关税谈判相比,欧美之间取消、削减或防止各种非关税壁垒的谈判要敏感和困难得多。这是因为很多的"边界内障碍"涉及国家的产业政策和社会政策,甚至与民族的文化、宗教和传统密切关联,具有很强的政治敏锐性。在《跨大西洋伙伴协定》谈判中,特别敏感的非关税壁垒领域主要有视听部门、食品标准(特别是转基因食品)、政府采购、航空运输等。

3. 促进欧美服务贸易自由化是《跨大西洋伙伴协定》谈判的第三大关键目标

无论是全球层面,还是跨大西洋层面,服务贸易在整个贸易和经济发展中的重要性日益提升。目前,服务业在美国GDP占76.8%,在欧盟占73.1%。然而,与货物贸易相比,服务贸易的开放程度要低得多。虽然跨大西洋服务贸易自由化能带来多大的潜在收益尚不确定,但是服务贸易壁垒的特点十分突出,主要表现在市场规章方面。有关研究估计,欧盟和美国服务行业中有超过20%隶属于生产市场的规章支配,这严重阻碍了国际服务贸易,而且这仅是指国际服务贸易一种限制形式。在欧盟,服务业规章限制水平最高的是电力部门,其次分别是机械租赁、分销、商业服务、运输和仓储、金融服务业。在美国,规章限制水平总体上略低于欧盟,限制水平高的部门主要是金融服务、分销、电子、邮政和电信。

欧盟和美国在服务业广泛存在的贸易壁垒和一些服务领域竞争的缺失,为双方谈判削减规章壁垒以促进服务贸易自由化提供了较大的空间。有关的研究机构建议,服务贸易壁垒削减谈判应包括所有的服务提供方式,谈判过程应

---

① Ecorys, Non Tariff Measures in EU-US Trade and Investment: An Economic Analysis, 2009, http://trade.ec.europa.eu/doclib/docs/2009/december/tra-doc_245623.pdf.

仿照上述非关税壁垒的“自下而上”模式,允许服务贸易行业的利益攸关者参与其中。鉴于服务贸易行业的广泛性和特殊性,可以采用 WTO 的规制方法,首先谈判缔结服务贸易框架协议,类似于《服务贸易总协定》,适用于所有的服务部门,然后就特定的服务部门谈判专门的协议。但是,具体的服务贸易承诺表应采用“否定清单”(negative listing)方法,而不是 WTO《服务贸易总协定》的“正面清单”(positive listing)方法。① 负面清单的好处在于,它从一开始就设定市场应该是开放的,并自动地对新出现的服务贸易部门或活动开放,除非明确地设置某种壁垒。②

除了上述 3 大目标之外,在投资促进与保护、知识产权保护、竞争政策、环境保护、企业社会责任等领域谈判和缔结包含高标准的协定或条款,也是《欧美伙伴协定》谈判的延伸目标。

(二)《跨大西洋伙伴协定》的“溢出”目标

《跨大西洋伙伴协定》谈判除了上述本位目标之外,还有更深远的战略用意,即“溢出”目标。欧美通过建立跨大西洋自由贸易区可以聚合经济和政治能量,为设立全球贸易、投资和竞争等领域的新标准提供试验,或树立新标杆。实际上,通过区域或双边优惠贸易协定(如优惠贸易协定、自由贸易协定和关税同盟协定)确立新规则已有很多的先例。例如,欧盟率先在内部实行服务部门的自由化,并最终将这种自由化引入到 GATT 的乌拉圭回合。因此,跨大西洋自由贸易区谈判的延伸目标是,为 WTO 的多边贸易谈判施制定的新的规则施加影响。

如上所述,全球经济危机和欧洲债券危机给欧美经济和对外贸易带来了巨大的负面影响。尽管如此,美国和欧盟仍然是世界经济、贸易领域的两大巨人,它们在货物贸易、服务贸易、技术与革新、专利与商标、多国企业等方面长期所积累的硬实力和软实力,再加上长期的政治和军事力量,足以使美国和欧盟在全球贸易与投资领域的政策与规则制定方面仍然处于举足轻重的地位。在多

---

① 根据 WTO《服务贸易总协定》承诺表的正面清单,成员将自己承诺提供市场准入和国民待遇的所有服务部门或活动明确地列入承诺表中,没有列入的不属于开放的范畴。负面清单通常在优惠贸易协定中使用,缔约方承诺除了明确列出不给予市场准入或维持歧视性限制的部门或活动之外,对其他所有的部门或活动都提供市场准入和国民待遇。

② High Level Working Group on Jobs and Growth, Final Report of the U. S. – EU High Level Working Group on Jobs and Growth, 2013, p. 24, http://iipdigital.usembassy.gov/st/english/texttrans/2013/02/20130213142506.html.

哈回合受阻的情况下,它们希冀通过跨大西洋自由贸易区这个新搭建的贸易和规制平台,在市场准入、投资环境、农产品贸易、知识产权保护、竞争政策、环境政策、劳工标准,甚至人权保护等领域提升现行的规制水平或制定新的标准,并最终促使它们转化成为 WTO 的多边规则和制度。

四、《跨大西洋伙伴协定》的负面影响与中国的对策

第一,《跨大西洋伙伴协定》创立的跨大西洋自由贸易区给全球贸易带来的结果势必是贸易转移大于贸易创造。长期以来,经贸学界对区域贸易协定贸易带来的效果是贸易创造还是贸易转移一直存有争议。笔者以为,区域贸易协定对于贸易的创造或促进作用取决于两个前提条件:一是多边贸易体制所推动的全球贸易自由化处于主导地位,而区域贸易协定所建立的自由贸易区处于辅助和补充地位,因为多边贸易体制所确立的最惠国待遇原则在适用的对象、空间和范围上都有普遍性;二是受多边贸易规则规制的贸易额占全球贸易总量的绝对优势,而区域贸易规则所管辖的贸易量相对较小(尽管数量相当大)。欧美是全球最大的两个经济贸易实体,彼此建立自由贸易区无疑会促进大西洋两岸间贸易的增长,继而带来投资与就业增长和经济发展。但这种增长势必以牺牲区域外的其他国家对大西洋两岸出口增长为代价,因为广大的第三国不能享受大西洋自由贸易区内的各种关税和非关税出口的相对减少。因此,《跨大西洋伙伴协定》对全球贸易所造成的影响很难说是一种贸易创造,更多或更可能的结果是一种贸易转移,即欧美与其他国家之间的贸易相当大的部分转移为大西洋自由贸易区内的贸易。

第二,《跨大西洋伙伴协定》将使其他国家与欧美分别与其他国家或地区建立的自由贸易区的实际作用贬值。如前所述,欧盟和美国在大西洋自由贸易区之外已经或正在与非洲、加勒比海、太平洋、拉美、中东、东亚和东欧地区的许多国家签订了双边自由贸易区的协定。但是,这些双边协定分别是第三国同欧盟或美国单独缔结的,它们与跨大西洋自由贸易区没有直接的挂钩,只能享受欧美当中的一方的优惠,而不能享受欧美当中的另一方的优惠。例如,土耳其与欧盟建立自由贸易区[甚至关税同盟,但由于没有与美国建立此等关系,在美国市场就无法享受欧盟产品所得到的优惠待遇。同样地,非洲、加勒比海、太平洋国家与欧盟缔结了《科托努协定》(后《洛美协定》)],但因没有与美国签订类似的协定而不能在美国享受欧盟产品那样的特权。反过来,新加坡、澳大利亚、巴

林和中美洲国家分别与美国缔结了双边自由贸易区协定,但它们没有与欧盟缔结同样的协定,因而不能在欧盟市场获得美国产品所享受的优惠待遇。总之,从长远来看,《跨大西洋伙伴协定》的生效,势必使那些只与大西洋两岸之一方缔结的双边自由贸易区协定的实际价值贬低,即产生"跨大西洋自由贸易区吞并其他双边协定"(TAFTA swallows bilaterals)的影响。①

第三,《跨大西洋伙伴协定》势必对WTO有关区域贸易协定的实质条件构成挑战。多边贸易体制的核心原则是最惠国待遇,而《跨大西洋伙伴协定》是一种区域贸易协定,本质上与最惠国待遇原则是相悖的。虽然GATT第24条和GATS第5条分别规定了区域贸易协定可以是这一核心原则的例外,但同时又明确定规定了一些条件。例如,GATT第24条第8款规定自由贸易区和关税同盟内的关税免除应覆盖"实质上所有的贸易",其对外关税不得高于此等协定缔结之前的水平。GATS第5条规定服务部门的经济一体化应具有"实质性的部门覆盖"(substantial sectoral coverage)。然而,正在进行的《跨大西洋伙伴协定》谈判最终是否包括农业贸易和与农业有关的服务贸易,尚不确定。在欧盟内部,补贴和价格控制是共同农业政策的核心,反对将农业纳入跨大西洋自由贸易区的呼声居高不下。例如,德国联邦议院绿党领导人就主张将农业排斥在大西洋自由贸易区之外。欧洲议会在2013年5月23日通过一项决议,请求将视听部门排斥在贸易谈判之外。不难预料,如果《跨大西洋伙伴协定》最终不包括农业和视听部门,由此而建立的自由贸易区很难说是符合上述WTO关于区域贸易协定的实质要件。这势必使WTO在区域贸易协定是否符合WTO之审查方面增添新的考验和挑战。

第四,《跨大西洋伙伴协定》将使本来就复杂的原产地规则更复杂,从而对贸易构成新障碍。产品的原产地是优惠市场准入(关税减免)的关键,只有自由贸易协定的缔约方境内生产的产品才能享受这种优惠待遇,其目的是防止非缔约方从这种优惠待遇中获取利益。在原则地规则方面,各国或地区除了制定普通关税的原产地规则外,每一项区域贸易协定都有自己的优惠原产地规则。当今世界的优惠原产地规则至少有500多种。原产地规则的这种"意大利面碗现象"(spaghetti bowl effect)尤其不利于中小企业,增加了它们出口贸易的成本②,

---

① Rolf J. Langhammer, Why a Market Place Must Not Discriminate: The Case Against a US-EU Free Trade Agreement, Keil Working Papers, No. 1407, 2008, p. 15.

② 国际贸易和可持续发展中心:《阿泽维多访谈录:桥》,2013年,第1页。

因为它们不得不根据不同的自由贸易区标准和要求制造产品和准备不同的原产证明材料。《跨大西洋伙伴协定》谈判必然要为大西洋自由贸易区制定专门的优惠原产规则,这无疑是给本来就繁多的原则规地增添新赘,有悖贸易自由化的宗旨。

第五,《跨大西洋伙伴协定》谈判势必使停滞不前的多哈回合无限期的延长。国际社会,尤其是广大的发展中国家对于多哈回合寄予厚望,因为它确立了“发展议程”。对此,发展中国家理解为多哈回合将重点关注发展中国家的发展问题,着重完善已有的多边贸易规则,使它们能获得更多和更实质的优惠待遇。发达国家同意将发展作为多边贸易重点谈判的议题,是想换取发展中国家支持“新加坡议题”(投资、竞争、环境、劳工标准)的必要代价。发达国家与发展中国家对多哈发展议题理解的分歧和不同的期待,加上欧美之间和发展中国家之间在农业补贴、市场准入和规制壁垒等问题上的矛盾,致使多哈回合陷入僵局。在这种情形下,欧美对于多边贸易谈判的态度由积极转为消极,将人力和智力资源从多边贸易谈判转移到跨大西洋自由贸易区谈判,这无疑将影响多哈回合的推进。尤其值得注意的是,《跨大西洋伙伴协定》谈判除了关税、非关税壁垒和服务贸易等议题外,还列入了一些所谓的“贸易追加”议题,如“卫生和动植物检疫标准追加”“贸易技术壁垒追加”和“新加坡议题”,从而继续引领多边贸易谈判朝着有利于自身的方向发展。然而,这种“迂回”策略在多哈谈判中未必行得通,因为这并没有解决发展中国家和发达国家之间原有的重大分歧。因此,欧美通过《跨大西洋伙伴协定》为多哈回合施压的做法,很有可能继续拖延多边贸易谈判的顺利完成。

第六,《跨大西洋伙伴协定》势必影响中国对大西洋两岸的贸易与投资。近年来,受经济危机和金融危机的影响,中国与欧盟和美国的贸易与投资都呈现出下降的趋势,尽管二者仍然是或将继续是中国的主要出口市场和投资目的地。如前所述,大西洋自由贸易区的建立必将带来贸易转移的效果,而这种贸易转移的最大受害者必然是中国,因为中国对外贸易的规模、总量排在前两位的一直是欧盟和美国。跨大西洋自由贸易区的建立势必挤占或取代相当部分的中国对欧美的出口份额。可以肯定地讲,在广大的第三国之中,受跨大西洋自由贸易区负面影响最大的无疑是中国,因为中国对欧美贸易比重最大,所受不利影响必然最大,所谓“树大招风”。更值得注意的是,中国如果不适当调整甚至改变现行的对外贸发展战略和对外合作途径,就很难弥补或克服跨大西洋自由贸易区所带来的影响。理由如下:(1)中国不是大西洋自由贸易区的国家,无法享受该自由贸易区的各种贸易与投资的优惠待遇,因为这种优惠待遇具有排他性,自由贸易区国家与非自由贸易区国家之间的贸易无法自动适用多边贸易体制中的最惠国待遇原则;(2)中国与欧盟没有缔结自由贸易区协定,因而无法通过中欧双边的优惠贸易安排在一定程度上抵销或至少减少大西洋自由贸易区给中国对欧盟贸易带来的消极影响;(3)中国没有参加《跨太平洋伙伴协定》TPP的谈判,也没有与美国缔结自由贸易区协定,因而无法通过中美双边自由贸易安排和跨太平洋自由贸易区来抵消跨大西洋自由贸易区对中国对美贸易的负面影响。

由此可见,中国对外贸易和投资正面临着跨太平洋和跨大西洋两大自由贸易区和欧美分别引领的各种其他双边自由贸易区的夹击和重重包围之中。近年来,虽然我国与有关国家签订了一些自由贸易区协定,并正在谈判或启动另一些自由贸易区的谈判。但是,在跨大西洋和跨太平洋两大自由贸易区咄咄逼人的情势下,中国应及时采取相应的对策。从近期来看,中国必须加快已经启动的自由贸易区谈判的步伐,并积极拓展与其他国家建立自由贸易区的空间。从长远着眼,中国应从3个层面着手研究缓解上述两大自由贸易区的压力:(1)与欧盟谈判签订双边自由区协定;(2)与美国谈判签订双边自由区协定;(3)积极推动多哈回合的谈判进程,促其尽早拉下帷幕。当然,无论是哪一个层面的应对策略,要付诸行动并最终变成现实,势必困难重重,任重道远,因为无论是欧盟和美国,在贸易和投资领域,它们在很大程度上都把中国看作主要的竞争对手,甚至威胁,而非合作伙伴。

五、结　论

近年来,区域贸易协定的迅猛发展不仅是数量的急剧增加,更重要的是其内容更加丰富,范围更加广泛,目标更加多样化。除了取消和削减关税和非关税壁垒以实现贸易自由化这一核心内容和传统的目标之外,还延伸到投资便利、环境保护、竞争政策、社会条款等与贸易有关的领域。

区域贸易协定的迅速繁殖有多方面的诱因,多边贸易体制允许其作为最惠国待遇原则的例外,为区域贸易协定蓬勃发展提供了法律依据。虽然WTO建立了区域贸易协定的审查机构,但却无所作为,这促使了区域贸易协定"肆无忌惮"的滋生。多哈回合陷入僵局且前程未仆,促使欧美等WTO成员转移谈判平台,将重心转向缔结区域贸易协定。近年来爆发的经济危机和金融危机迫使欧美借助建立贸易与投资伙伴关系,拉动经济发展、贸易和就业的增长。中国、印度、巴西等新兴经济体的崛起驱使跨大西洋自由贸易区谈判的启动,欧美以此平衡这些新型经济体在世界经贸领域的影响和竞争力。

《跨大西洋伙伴协定》的缔结固然能为欧美摆脱金融危机的影响,促进区域内贸易与就业增长、投资便利和社会福利带来积极的效果。但是,从全球范围和长远着眼,其负面影响不可忽视。它更多的是带来贸易转移而不是贸易创造的效果,它增添了区域贸易协定"意大利面碗"现象侵蚀最惠国待遇原则,它使本来复杂的优惠原产地规则变得更加复杂化,从而加重了中小企业的对外贸易的成本。更重要的是,它势必延误多哈回合的多边贸易谈判走出困境。

《跨大西洋伙伴协定》势必对中国的对外贸易产生不利影响。跨大西洋自由贸易区、跨太平洋自由贸易区和欧美各自分别牵头与欧洲、拉美、非洲、亚洲有关国家谈判建立的众多双边自由贸易区,势必对中国形成夹击和重重包围的态势。为了突破这种"夹击"和"包围",我国一方面应继续积极推动多哈回合的多边贸易谈判;另一方面要加快和扩大与有关国家和地区谈判签订自由贸易区协定的步伐。此外,中国还应积极探讨加入《跨太平洋伙伴协定》谈判的可能性,尽早加入这一新兴的区域一体化体制。

第三编　欧　盟　法

欧洲共同体与国际法上的承认*

国际法上的承认制度,可谓由来已久。然而,对于国际组织是否可构成承认的主体和对象的问题,迄今为止,研究不够。20 世纪以来,尤其是第二次世界大战之后,各种类型的国际组织应运而生,发展迅猛。它们既是现代国际关系重要的参与者,又是现代国际关系重要的调整者。当今国际社会的各个领域,均与国际组织有关。它们的兴起及其各种活动越来越深刻地影响着国际法的发展,也不可避免地冲击着国际法上的承认制度。国际组织本身的承认问题是客观的国际现实,国际法学界应该予以足够的重视。

欧洲共同体是一种新型的区域性国际组织。本文试以欧洲共同体为缩影,分别就其在国际法律秩序中消极承认与积极承认等问题做些探讨,以重新认识现行的国际承认制度。

一、欧洲共同体是国际承认的对象

欧洲共同体作为国际法上的承认对象,就是指主权国家(主要是其非成员国)或其他国际法主体对它的承认。一般来说,对欧洲共同体的承认,是确认这一区域性国际组织的客观存在及具有国际法上的人格,同时表示承认者愿意与之交往。

---

* 本文原载于《法学评论》1998 年第 4 期。

对于欧洲共同体的承认,国际上也存在构成说和宣告说的实践。构成说认为,欧洲共同体只有通过现有国家或其他国际法主体的承认才能取得国际法律人格,苏联以及一些东欧国家在很长一段时间内,对欧洲共同体采取拒不承认的态度,即这种理论的反映。宣告说主张,某种国际实体只要具备国际法所要求的构成国际组织的要件,就当然具有国际法上的人格和被承认的资格。当今世界上绝大多数国家和国际组织同欧洲共同体建立了程度不同的外交关系,这似乎是宣告说的实践。

应该认为,欧洲共同体只要具备了国际法规定的要件,就有被承认的资格。这些要件就是欧洲共同体在国际法上是否具备一个国际组织的基本特征:(1)参加者是国家;(2)组织的建立是以成员国间的正式协议为基础的;(3)组织的基本权力由成员国授予;(4)成员国之间主权平等。[①] 综观欧洲共同体的成立与发展的全过程,均符合上述基本特征。可见,它同其他国际组织一样,应当被视为国际法上的承认对象。

诚然,欧洲共同体如同其他国际法上的承认对象一样,即使具备了上述国际组织的基本要件,承认者也并无义务予以承认。承认者在决定承认或不承认欧洲共同体时,往往要考虑自身的对外政策和利益关系。从这个意义上来讲,对于欧洲共同体的承认是一种政治行为。

从国际实践来考察,对欧洲共同体的承认,主要采用的是默示方式,即派任外交使团、[②]缔结双边条约[③]或采取其他实际行动,一般不采取宣言、声明或照会等明示的方式。就对欧洲共同体的"不承认"而言,一般则用明示的方式,苏联和东欧国家[④]就是如此。1963 年苏联外贸部长曾拒绝接受荷兰驻莫斯科大使提交的有关欧洲经济共同体的基本文件。1971 年,国际小麦会议上,苏联代表团团长曾发表正式声明:苏联与欧洲经济共同体同时参加国际小麦会议这一事实,并不意味着前者对后者的承认;苏联作出的任何承诺只对单个的国家,而

① 参见梁西:《现代国际组织》,武汉大学出版社 1984 年版,第 4~5 页。

② 截至 1984 年元月,非成员国在欧洲共同体设立的外交团不下 125 个(不包括其他国际组织的代表团)。参见《欧洲共同体公报》,1984 年,第 1 号,第 54 页。

③ 迄今为止,绝大多数国家或国家集团和一些影响较大的国际组织,均与欧洲共同体缔结了双边条约。其内容十分广泛,除组织活动协调方面外,大量涉及的是经贸领域。

④ 南斯拉夫于 1978 年在布鲁塞尔设立的常驻使团,不属此类。罗马尼亚的情形则较为特殊,1980 年它与欧洲经济共同体缔结了两项协定,并共同设立了一个管理其执行的机构,但并未在布鲁塞尔设立常驻使团。

不是对欧洲经济共同体的成员国。从法律角度来看,此等声明是对欧洲共同体的国际存在的不承认;从政治角度着眼,则是对欧洲共同体的敌视。

值得注意的是,自1978年以来,经济互助委员会及其成员国与欧洲经济共同体先后在布鲁塞尔、莫斯科和日内瓦等地举行过多次会谈,但均无重大结果。此外,一些东欧国家与欧洲共同体还缔结了双边贸易协定。这些事实说明,双方关系已有缓和和改善的局势。但是,这并不足以证明苏联等国家转变了对欧洲共同体的原则立场。甚至谈判及缔约行为也并不等于承认,至多只是一种事实的承认。苏联及其盟国对欧洲共同体由完全不承认转向事实承认在另一国际场合得到了进一步证实。在1982年海洋法公约会议上,尽管苏联发表声明,拒绝欧洲共同体成为该公约的正式缔约方,但却主张后者可发表单方面的声明表示愿意接受该公约有关的权利义务。由此可见,在欧洲共同体的承认方式上,亦存在法律上的承认和事实上的承认之分。

承认是有法律效果的。就欧洲共同体而言,这种效果可大致概括为如下几个方面:(1)承认者承认欧洲共同体的国际人格;(2)承认它依其基本文件所享有的一切明示的或隐含的立法、决策、行政、司法权及其效力;(3)承认欧洲共同体及其外交代表的特权与豁免;(4)承认者或加入欧洲共同体,或与之建立正常的外交关系,等等。另外,如同对其他国际法上的承认对象一样,对欧洲共同体的承认在法律上具有溯及既往的性质。

从不承认的情况来看,其效果未必截然相反。不承认者主观上虽拒绝上述效果,但客观上则不可能在国际范围内完全否定欧洲共同体的国际权利能力和行为能力。更重要的是,欧洲共同体享有权力的范围很大,涉及的领域很广,不可避免地会影响不承认者的利益。例如,欧洲共同体建立了一整套对外贸易的法律制度和一系列有关竞争、运输、环保等方面的法规,成员国在这些领域则相应地受到约束。这些一体化制度与法规不仅在“欧洲共同体领土”内具有自动执行性质,而且还具有隐含的域外效力。因此,即使不承认者直接与欧洲共同体各成员国个别建立经贸关系,也难于逃脱这些法律制度和法规的制约,除非协议中载有免除待遇条款。可见,对于像欧洲共同体这样一体化程度极高的国际组织,给不承认音带来的不利影响,不可忽而不见。这一点在一定程度上也说明了绝大多数国家承认欧洲共同体的根本原因。

二、欧洲共同体是国际承认的主体

欧洲共同体作为国际法上的承认主体,就是指它对公认的国际法上的承认对象的承认,在此场合中,是欧洲共同体确认其他国际法主体或事物的客观存在和愿意与之交往。

国际组织是否拥有承认资格的问题,学术界很少提及。长期以来,承认被看作国家的主权行为,国际组织不拥有主权,因而它们不具有承认的行为能力和权利能力。另一种解释是,国际组织是否享有承认的资格,应视其基本文件而定,国际组织的基本文件一般对此无明文规定,从而只能得出否定的结论。

的确,国际组织不是一种主权的实体,其国际法律地位不可与国家相提并论。但是,如果将当今的国际承认完全归属于主权行为,则未免过于片面。国际组织的各种能力与权利固然不能超越其基本文件的规定,但是,国际组织在实践中可能从其基本文件引申出某些"隐含的权利",承认即可解释为其中的一种。因此,国际组织的承认资格以及它们对国家承认决定的影响,应进一步从实践中发掘新的解释。

首先,开放性的国际组织均有接纳成员国的权利。虽然接纳并不等于有关国际组织的成员国对被接纳国的集体承认,但是,接纳是否被视为是该组织对新成员国的默示承认,似乎值得考虑。

其次,一些较有影响的国际组织,如联合国,不仅接受其会员国的常驻使团,还接受非会员国、其他国际组织、民族解放运动组织等派任的常设或临时观察团。此等接受行为,似乎也可构成该国际组织对派遣者的承认。

最后,国际组织的决议,尤其是联合国所作出的承认与否的决定,起着颇大的作用,特别对于不承认而言,则更是如此。例如,1965 年 11 月 11 日,少数人政府统治下的南罗得西亚宣布"独立",联合国大会于同日、安理会于次日以压倒多数通过决议,号召所有国家不予承认。结果,该"独立"未为任何国家所承认。1976 年 12 月 26 日南非宣布所谓特兰斯凯"独立"以反对南非人民的民族自决,联合国大会于当日通过决议,宣布特兰斯凯的"独立"为非法。

综上所述,充分证明国际组织亦有积极的承认行为。与国家的此等行为相比,所不同的是表现方式,即国际组织一般采用默示的方式,较少采用明示的方式。

在积极承认方面,欧洲共同体也是如此。不过,在承认的方式上,具有一些不同于其他国际组织的特征。就默示方式而言,欧洲共同体还向第三国和其他影响较大、关系密切的国际组织派任常驻使团或观察团,[①]或与之缔结条约。[②]就明示方式而也有采取“声明”形式的实例。

1983 年塞浦路斯境内的土耳其族宣布建立一个“北塞浦路斯土耳其共和国”。对此,欧洲共同体曾先后通过两种途径作出强烈反应。首先,欧洲共同体的 10 个成员国于 1983 年 11 月 16 日发表联合声明:“十成员国对‘北塞浦路斯共和国独立声明’深表关切。它们拒绝这一违反联合国一系列决议的声明。十成员国再次确认,无条件地支持塞浦路斯共和国的独立、主权、领土完整和统一。它们一直认为,基普里亚努政府是塞浦路斯共和国唯一合法政府。它们呼吁所有利益方对引起该地区骚乱情势的行为,不予承认。”[③]接着,欧洲共同体委员会于当日发表了一个单独声明:“塞浦路斯境内土耳其族单方面发表的独立宣言,欧洲共同体委员会深表遗憾并拒绝承认。塞浦路斯政府是唯一合法代表,亦是欧洲共同体承认的唯一代表。欧洲共同体委员会十分担忧塞浦路斯共和国与欧洲共同体之间联系协定的执行,呼吁有关利益方重新考虑其所作的决定。”[④]

毫无疑问,上述第一个声明是成员国在欧洲共同体政治合作的范围内作出的集体不承认。值得关注的是,该声明明确指出,北塞浦路斯共和国的“独立”违背联合国的一系列决议。这进一步说明,像联合国这样的全球性政治组织,其决议对于国家的集体承认决定具有举足轻重的作用。第二个声明虽然在名义上是欧洲共同体的执行机关作出的,但实际上它是欧洲共同体整个组织的行为表示,因为委员会既是对内的执行机关,也是对外的代表机关,它是代表欧洲共同体作出这一声明的;而且声明还特别强调了欧洲共同体明示承认的对象。另外,值得注意的是,委员会声明中所陈述的理由与成员国联合声明不同,前者所注重的是它与塞浦路斯的联系的协定的执行。可见,欧洲共同体更多的是从其利益关系上来考虑承认问题的。

欧洲共同体在塞浦路斯问题上表示的明确立场,是它首次以正式声明形式

---

① 派遣的使团数目比接受的使团数目要少,据一位西方学者 1984 年的统计,当时共同 12 个,其中 8 个是派驻第三国的,4 个是派驻其他国际组织的。在若干国际组织总部或活动集中的地位,往往设立一个使团。参见《欧洲一体化中的法律问题》(英文版)1984 年第 1 期,第 24 ~25 页。

② 参见 J. 格劳克斯和 P. 马尼恩合著的《国际秩序中的欧洲共同体》(英文版),1984 年版,第 27 页。

③ 同上。

④ 同上。

不承认一个非法的国家。这一行动不能不说是现代国际组织在国际法承认制度中的新动向,它对于重新认识国际组织在承认制度中的作用和地位,具有需要的意义。但是,综观欧洲共同体积极承认的一般实践,这似乎又是一个特殊的例子。究其原因,也许是塞浦路斯与欧洲共同体及其个别成员国有着特殊的利益关系。20 世纪 60 年代以前,该国一直是英属殖民地,1960 年宣布独立后不久,又正式加入英联邦。由此可见,欧洲共同体的这一外交举动是事出有因的。

三、几点规律性的认识

综上所述,可得出如下几点规律性的认识:

1. 传统国际法上关于承认的理论已不能全面反映现代国际承认制度的实践。就承认的对象而论,除国家、政府、叛乱团体、交战团体、民族解放运动组织、条约、领土地位等外,国际组织也是国际法承认的重要对象。

2. 就承认的主体而言,并非是非国家莫属。虽然承认行为主要是国家作出的,但像国际组织这样的非主权性实体,同样具备此等资格。承认,可以说是一种国际法主体的国际行为能力和权利能力的体现。

3. 国际组织不仅可作为积极的和消极的承认者,它们的有关决议和决定,对于其成员国甚至非成员国的承认与不承认具有重大影响,虽然这并不等于其成员国的集体承认或不承认。这种影响是间接的,但又是重要的。

4. 国际组织的承认,在方式上具有自身的特点。无论作为积极的承认者,或作为消极的承认者,它们主要是运用默示的方式,即接纳新成员国、接受外交使团与观察团、作出决议与号召等,而极少采用声明、照会、宣言等明示的方式。

5. 欧洲共同体是一种一体化程度极高的国际组织。在国际承认制度中,它拥有特殊的地位与作用。它在承认的方式上更近似国家的形式。当它作为被承认者时,承认者往往除采用派任常驻使团、申请加入形式外,还采用缔约、建立共同机构等默示方式;不承认者则往往利用各种国际场合发表拒绝声明的明示方式。当它作为承认者时,它既有默示方式的实践,也有明示方式的实例。它的默示方式不仅包括接纳成员国、接受外交使团,还有积极派驻使团和缔结条约;它的明示方式是发表正式声明,不过,迄今为止,此等声明只出现在不承认的场合。

总之,承认作为一种国际现象,是国际法主体的权利能力和行为能力的体现。凡国际法主体者,均应被视为积极的承认者和消极的承认者。国际组织是国际法主体,自然属于此列。当然,国际组织毕竟是一种派生的国际法主体,就承认而言,其行为能力和权利能力是有限的。但是,我们不能因此否定或忽略国际组织对现代国际承认制度发展的作用与影响。鉴于现代国际关系的实践,我们有必要重新认识传统国际法上的承认理论,有必要加强对现代国际组织承认理论的研究。国际法上的承认概念有待更新,其定义似乎应该是:国家或其他国际法主体,以一定形式确认某种国际实体或事物在国际法上的存在,从而肯定这一存在所产生的政治和法律效果。

欧洲共同体对外关系与西欧一体化*

一、欧洲共同体对外关系与理想的欧洲联合

(一)欧洲共同体对外关系与历史的借鉴

欧共体是一种区域内国家联合的法律形式。欧共体对外关系制度是这种联合的组成部分。然而,国家联合并不限于欧共体一种形式,欧共体也不是国家联合的首次实践,甚至欧共体本身也不是西欧诸国理想中的国家联合形态。

人类社会自从有了国家,就有国家间的联合。在古代和中世纪就已出现了若干诸侯国联合以对付一个共同的敌国。从近代的欧洲几场大战到20世纪的两次世界大战,国家组成战时同盟的现象屡见不鲜。不过,这些联合一般都是临时性的对外关系的联合。

人类社会有组织地建立国家间的长期联合则发轫于欧洲。从1815年的维也纳会议开始到第一次世界大战的爆发,欧洲出现了一个"欧洲协作"时期,持续了整整一个世纪。虽然这种联合没有定型的常设机构,但在国家间已初步形成一种比较连续和稳定的协商制度。这种制度为后来国家间的组织化联合提供了有益的经验。

欧洲不仅是国家间政治联合的发源地,而且是国家间经济联合的创始地。为了加强德意志各诸侯国的经

---

* 本文原载于《武汉大学学报》(社会科学版)1992年第5期。

济实力和彼此间更紧密的联系,德国曾于1828年着手组织德意志关税同盟,1834年初获成果,1871年终于实现了德意志帝国的统一。此外,1867年奥地利与匈牙利也形成了关税同盟。第二次世界大战之后,荷兰、比利时、卢森堡也组建了3国关税同盟。这些经济性的同盟对于西欧六国创建以关税同盟为基础的欧共体及一体化的对外关系制度无疑产生了重大影响。

(二)欧洲共同体对外关系与“欧洲合众国”的设想

欧共体的形成与发展一直受着欧洲和平主义和联邦主义思潮的影响。早在1849年,维克托·雨果就曾提出建立“欧洲合众国”的设想。第二次世界大战使欧洲遭到史无前例的洗劫。欧洲的政治家和思想家们试图在战后国际秩序中建立一种较稳定的欧洲秩序,以便重整欧洲各国经济和消除战争根源。1946年9月英国首相丘吉尔在瑞士苏黎世大学发表演讲,建议创建一个欧洲家庭,这个家庭就是“欧洲合众国”。这个合众国的第一步是在法国和德国两个宿敌之间建立伙伴关系。

可以设想,如果“欧洲合众国”得以实现,西欧各国对外关系的体制就不是欧共体这个形式了。理想的“欧洲合众国”的对外关系可能是一种联邦体制的对外关系,各国在政治、军事、经济、科技、文化等诸方面的对外关系可能完全由统一的权力机构行使,而各国自身则可能失去主权意义上的外交权。显然,这种理想化的“欧洲合众国”是不切实际的,很难为西欧各国所接受。然而,丘吉尔关于法国和德国化敌为友的观点,的确为西欧国家的战后联合提供了重要启示,为欧共体及其对外关系体制的形成奠定了思想基础。

二、欧洲共同体对外关系与现实的欧洲一体化运动

第一,“马歇尔计划”的推动作用。美国出于本身对外关系战略的需要,对战后西欧的格局表示出极大的兴趣。1947年6月美国国务卿乔治·马歇尔在哈佛大学发表演说,提出重建欧洲经济的计划,即著名的“马歇尔计划”。其核心是美国对欧洲的经济援助将是“一揽子”式的,欧洲国家必须以联合的方式予以接受。西欧各国为了度过战后最困难的时期,尽快恢复经济,纷纷表示响应,并于1948年建立了欧洲经济合作组织来实施“马歇尔计划”。包括欧共体成员国在内的欧洲经济合作组织是西欧一体化运动的一个重要的组织步骤。它为后来6国组建更为紧密的联合体创立了范例。

第二,“舒曼计划”的实现。在实施“马歇尔计划”的同时,法国为了摆脱美

国对欧洲的控制,一直设想建立一种更高级的区域一体化联合体。1950 年 5 月法国外长罗贝尔、舒曼发表了一项关于法国和联邦德国煤炭和钢铁生产的联营计划,由一个共同的高级机构管理,并邀请意大利、比利时、荷兰、卢森堡四国参加。这项"舒曼计划"宣称:"一个联合的欧洲是世界和平所必不可少的","欧洲国家的联合需要消除法国和德国之间长达一个世纪的敌对关系"。1951 年 4 月上述六国在巴黎签订了建立欧洲煤钢共同体条约。1952 年 7 月条约正式生效,煤钢共同体正式成立。与此同时,6 国在煤钢领域开始形成统一的对外关系制度。

第三,防务共同体和政治共同体的破产对欧共体对外关系的影响。在煤钢共同体组建的过程中,6 国已着手进行防务和政治领域的一体化设计,即建立欧洲防务共同体和欧洲政治共同体。其核心是建立统一的"欧洲军"和统一的外交政策,像煤钢共同体那样由所谓"超国家"的机构负责统率和管理。其目的是联合对付东欧及远东的社会主义阵营。后来,由于六国内部的分歧(主要是法国的反对)和国际关系的变化(斯大林逝世和朝鲜战争结束),这两个共同体条约虽经签署,但却未能得到所有成员国议会的批准。因此,六国在防务和政治上的一体化体制未能实现。这表明在主权林立的国际社会中,国家间在最敏感的政治与军事领域建立"超国家"的一体化体制,未免有些过于理想化,而现实可行的一体化运动也许应从经济领域的一个部门逐步进入另一个部门。

第四,3 个共同体章程为欧共体对外关系规定了基本框架。防务和政治共同体的失败使 6 个西欧国家认识到经济一体化应先行于政治一体化。比利时、荷兰、卢森堡三国根据它们业已建立的关税同盟的经验,首先提出通过建立共同市场以及共同能源和交通政策实现经济一体化。这一建议受到其他 3 国的响应,经过紧张的筹备,原子能共同体和经济共同体于 1958 年 1 月 1 日正式成立。至此,欧共体对外关系的职权及其领域,经 3 个共同体章程的明文规定,已经基本形成。

第五,《合并条约》的生效标志着欧共体对外关系体制的统一。虽然到了 20 世纪 50 年代末,3 个共体已建立了统一的议会和司法机关,但起核心作用的决策/立法和执行机关仍然分立运作。这种组织上的分立状态不仅有碍于内部经济一体化运动的进程,而且不利于 3 个共同体对外关系的协调发展。于是,6 国于 1965 年签署了《合并条约》,将 3 个共同体的理事会和执委会统一起来。该条约于 1967 年生效,是欧共体一体化运动的一个重要里程碑。从此,欧共体的对外关系在一体化的立法/决策、执行、议会和司法的轨道上得到了迅速发展。

三、一体化的扩大与欧洲共同体对外关系的发展

(一)一体化空间的扩大与欧共体对外关系

欧共体的对外关系制度是一种集团式的制度。这种制度使各成员国在国际政治和经济关系中的凝聚力不断增强。这种制度也吸引着其外围的西欧国家。其中,英国的态度变化最具有戏剧性。煤钢共同体成立之初,英国拒绝参加。当原子能共同体和经济共同体建立之后,它又另起炉灶,组建了欧洲自由贸易联盟。然而,英国还是敌不过欧共体。从 20 世纪 60 年代初开始,它又开始寻求加入欧共体的途径。经过长达 10 年的交涉与谈判,英国、爱尔兰、丹麦于 1973 年如愿以偿。这是欧共体第一次空间的扩大。这次扩大一方面扩展了欧共体的势力范围;另一方面也削弱了欧洲自由贸易联盟的影响。

20 世纪 80 年代,希腊、西班牙和葡萄牙相继加入欧共体。现在,欧共体的空间已包括欧洲 12 个国家的 226 万平方公里。1990 年 10 月两个德国统一,欧共体的空间又随之延伸到原来的东德。它已成为世界上首屈一指的贸易集团,在国际经济事务中与美、日形成三足鼎立之势,在国际政治事务中成为重要的一极力量。

欧共体还存在空间继续扩大的趋势。近年来,一些仍留在欧洲自由贸易联盟内的国家和地中海国家纷纷申请加入欧共体。不过,近期内还不易实现。已有迹象表明,欧共体在 1992 年年底实现统一大市场之前,不可能考虑其空间的扩大问题。而且与这些国家的谈判,将步履维艰,因为其中有的国家在政治上仍处于永久中立国地位,有的国家或政局不稳或经济水平较低。一旦接纳这些国家,则有可能障碍欧共体经济一体化和走向政治一体化的进程。

(二)一体化领域的扩大与欧共体对外关系的演变

欧共体对外关系制度的核心是统一的对外贸易制度,即以关税同盟为基础的共同商业政策,其中包括制定统一的海关税则、普惠制和贸易保护措施。自 20 世纪 70 年代开始,随着内部一体化的扩展,欧共体在"平行发展权"原则的推动下,逐步在农业、渔业、交通、竞争、环境和科技等领域实行共同的对外关系制度。在这些领域中,欧共体不仅制定了大量的统一法规,而且还与第三国缔结了各种协定,其中有的协定是以欧共体及其成员国联合参加的方式缔结的。

这些说明欧共体对外关系权一方面在不断扩大,另一方面又局限于经济领域,而且在经济领域中成员国仍保留着相当部分的主权权利。

政治上的外交权一直由各成员国拥有。但是,由于政治外交与经济外交的互补性,成员国认识到有必要在彼此间建立一种政治合作机制,以便成员国的外交政策与欧共体的对外政策交相呼应,协调发展。于是,成员国自20世纪70年代开始建立了"欧洲政治合作"制度。这一制度纯属政府间性质,不含有欧共体那样的"超国家"因素。尽管如此,欧共体和"欧洲政治合作"之间存在日益加强的交互关系。在实践中,不仅执行委员会的代表出席政治协商的各种会议,而且欧共体的一些其体对外政策和措施往往以"欧洲政治合作"中达成的决议为依据。虽然1987年生效的《单一欧洲法》并未改变"欧洲政治合作"的政府间性质,但是它已将这种体制由国家的"自愿"上升为国家的"法律义务",而且还将欧共体与"欧洲政治合作"之间既存的协调关系进一步法律化了。《单一欧洲法》的问世,是欧共体一体化向纵横发展的又一重要标志。

四、欧洲共同体对外关系发展中的阻力与突破

欧共体对外关系的发展,其速度是惊人的。然而,与其内部一体化的演变相比,则又相对缓慢。由于欧共体的对外关系是成员国主权最敏感的领域,它必然面临来自成员国政府的阻力。又由于对外关系的对象是第三国和国际组织,它又必然受到外部因素的影响。

十分明显,成员国在容许欧共体拥有广泛对外关系权的同时,并不容许过分损抑其国家主权。在实践中,一旦它们认为欧共体对外关系的发展过于损抑它们的主权时,就会采取牵制措施。20世纪60年代中期爆发的"卢森堡危机"曾产生过20余年的后遗症。自这次危机之后,欧共体的重大决策由原来的多数表决制改为全体通过或协商一致。这种变化的意义不在于表决程序本身,而是在于给欧共体内部市场建设和对外关系的决策增加了阻力。直到1987年的《单一欧洲法》才又从法律上恢复和改进了原来的表决制度。在欧共体的缔约实践中,成员国尽可能使谈判中的协定以"混合"形式缔结,而且借助理事会的决策权干预执行委员会的谈判过程。20世纪70年代,在欧共体对外关系权方面曾产生过一系列争端。这些争端实质上是欧共体与成员国、理事会与执行委员会之间的权力争夺战。由于欧共体章程确立了严密的司法审查制度和赋予欧共体法院广泛而又独立的司法权,才使欧共体对外关系权得以"柳暗花明"。

慑于欧共体法院的司法权威，成员国在缔结《单一欧洲法》时，往往明确排斥该司法机关介入“欧洲政治合作”中的争端。

从外部因素来看，欧共体对外关系权的效用在一定程度上取决于第三国和其他国际法主体的承认。虽然这种承认与否丝毫不影响欧共体的国际人格和对外关系权的存在，但是却会妨碍这种权力在国际关系中的运用。在 20 世纪 80 年代末以前，苏联及其盟国拒不承认欧共体，曾迫使欧共体不得不授权成员国继续单独保持与这些国家的经贸关系。虽然在 20 世纪 80 年代初欧共体与其中个别国家直接建立了一定的经贸关系，但仍局限于单项商品的贸易协定。第三国的不承认不仅阻碍了欧共体与这些国家的双边关系，而且还使它参加某些多边条约的设想化为乌有。这种状况直到“冷战”结束后才有所改观。另外，由于许多国际组织的建立先于欧共体，而且按章程规定，其接纳对象限于主权国家，这就限制着欧共体在其他国际组织中的参与权利。不过，通过它自身的不懈努力和广大第三国的谅解，欧共体除以观察员身份参加某些组织的活动外，还在若干组织中取得“事实成员”或“混合成员”的地位。

五、若干规律性的认识

从上述欧共体对外关系的发展轨迹中，可以得出如下一些规律性的认识。

第一，在欧洲乃至世界历史上，尚未出现过像欧共体这种政府间一体化的联合体。无论是 19 世纪前的“欧洲协作”还是 20 世纪中的各种合作体制，均未超出过政府间的水平。虽然从本质上来讲，欧共体也是以政府间的协议为基础的，但是它在体制和运作上已带有一定的超国家因素。尤其重要的是，欧共体将一向属于国家主权的对外关系权，已部分地纳入其职能范围之内。这无疑是现代国际关系中一种新的区域集团化现象。

第二，欧共体能够形成一体化程度极高的合作制度是各种错综复杂的因素促成的。在欧洲历史上很少有过较长的安宁时期。即使在“欧洲协作”期间，也不乏政治危机和战争的危险。欧洲诸国曾尝试通过国际法建立政治合作机制，然而这种机制结构松散，很难产生有影响的实际效用。在前一场战争废墟上建立起来的机制，往往又被另一场战争的火药所摧毁。历史是教训，也是经验。在第二次世界大战和平思潮的影响下，欧洲又重新寻求康复的合作之路。他们认识到，除在全球范围内建立集体安全体制外，还有必要在欧洲地域内形成某种富有成效的国际合作制度。只有在这种双重和平保障的环境里，欧洲才有真正的安全，才能共同发展。于是，欧洲国家首先从煤钢领域着手，将一体化合作制度由个别经济部门逐步扩展到整个经济领域，进而从经济领域逐步向政治领域延伸。

第三，欧共体的一体化，并非一帆风顺。煤钢共同体成立之后，成员国曾试图建立政治和防务共同体，实践证明这是急于求成、欲速则不达的设想。迄今为止，政治联盟仍未建成。在建立关税同盟的过渡时期中，成员国之间的利益冲突曾使欧共体面临过危机。当内部结构和内部市场的建设日趋完善，欧共体的重心转向对外关系时，成员国出自主权的敏感，曾多方对欧共体的对外关系权予以牵制。

与此同时，欧共体对外关系的实践还要受到国际政治和国际法的制约。从国际政治来看，欧共体作为多极社会的一种力量，必然要受他种政治力量的制约。从国际法来看，许多原则、规则和制度一向是针对国家间关系的，欧共体进入这种法律秩序还需要经历一个对国际法的适应过程。在此过程中不乏政治因素的影响。

第四，欧共体的对外关系制度具有明显的阶段性。应该肯定，任何国家或国际组织的对外关系制度都不可能是一成不变的，在实践中都会根据国情或国际关系的需要不断调整和完善。不过，这种制度的自我完善，通常并不涉及一个国际法主体的整个对外关系权的变化。而欧共体的情形则有所不同，它的权力扩大，就意味着各成员国权力的相对缩小，虽然这并不影响成员国的国际法主体地位。欧共体对外关系权的形成和发展阶段，可以概括为以下几方面：20世纪50年代是对外关系制度的设计与确立时期；20世纪60年代是对外关系组织体制的一体化时期和关税同盟的过渡时期；20世纪70年代是以共同商业政策为中心逐步向其他经济及社会领域延伸的时期；20世纪80年代是欧共体对外关系制度与“欧洲政治合作”的交互关系逐步正规化的时期；进入20世纪90年代，随着统一大市场的建立，欧共体将面临经济联盟、货币联盟和政治联盟能否实现的严峻考验。

第五，欧共体这种具有超国家因素的一体化模式表明：在特定地区内的若干国家，凭借它们疆域相邻以及政治、经济、民族、历史、语言、文化上的密切联系和共同意识，不仅有可能建立一体化的国际组织，而且还有可能赋予此等组织以广泛的对外关系权力。实践证明，这种具有超国家因素的组织虽然会使成员国某些具体的对外关系权受到限制，但并不损抑成员国主权的完整性。此外，这种高度一体化的组织体制，不仅加强了成员国之间资源、人力、智力等综合国力的合理分配与利用,从而给经济发展带来实惠,而且还加强了地区内国家间政治上的凝聚力,从而有助于实现地区的和平与安全。虽然它在地理上具有局限性,但毕竟是全球性和平与发展的有机组成部分。

《里斯本条约》后欧盟对外关系权能的变化

——以法律为视角*

一、导语:欧盟对外关系权能的界定及其沿革

鉴于欧盟对外关系权能的诸多特殊性,有必要对其概念进行初步界定,而这种界定离不开厘清对外关系及其权能与外交关系及其权能这两组既有区别,又有密切联系的基本概念。

总体上讲,对外关系和外交关系分别是国际法主体或国际行为体(主要是国家)之间相互交往、相互合作(有时伴有斗争)、相互作用关系的广义和狭义概念。作为广义的对外关系,它包括国际法主体之间关系的所有领域,诸如政治、外交、安全、军事、经济贸易、科学技术、文化教育、环境、能源、人权、法治和其他社会领域。作为狭义的外交关系,它是对外关系的组成部分甚至是其首要的方面,通常是指国际法主体之间通过一定的法律形式(如签订条约、发表建交公报或声明、外交照会、换文等)而建立的正式交往关系。由于外交关系是一种通过法律形式表现的正式交往,所以它通常在国际法主体之间产生一定的政治和法律后果,如签订条约、互设常驻外交代表机构。而对外关系不一定产生法律后

---

* 本文原载于《湘潭大学学报》(哲学社会科学版)2011 年第 2 期。

果,它可以通过国际法主体的代表在本土、区域或多边会议或机制中单边的行为得以表现和实现,如出席会议、参与国际组织活动、在国际机制中发表演讲、就外国或国际事件发表声明。

所谓对外关系权能,是指一个国际法主体的内部最高法(如一个国家的宪法或一个国际组织的章程)赋予该主体的特定机关和部门制定和实施对外政策、开展对外交往活动的职务和能力。所谓外交关系权能,是指一个国际法主体的最高法赋予该主体的特定机关和部门专门从事外交关系政策的制定与实施和开展该主体与其他国际法主体之间外交关系活动的职务和能力。

作为一种自成一类的国际组织,欧盟的对外关系权能(而非外交关系权能),[①]随着其一体化进程的拓展和深化,一直在不断地演进。欧盟的对外关系权能始于单一的煤钢领域,在《单一欧洲文件》之前,主要集中于共同商业政策领域以及与第三国建立联系协定的关系。此外,《罗马条约》还明确规定委员会应维持与联合国的适当关系和保持欧共体与欧洲委员会和经济合作与发展组织的密切联系。

从20世纪70年代开始,欧盟的对外关系权能在以下4个方面取得了具有深远意义的突破性发展:一是欧洲法院确立了"平行发展"的隐含权能原则,将欧盟对外关系权能扩展到所有的欧共体对内共同政策领域;二是欧洲法院确立了"混合协定的"缔结权能,即在欧共体和成员国分享权能领域共同与有关第三国或国际组织缔结有关的国际协定;三是在欧共体框架外建立了与欧共体有密切联系的"欧洲政治合作"体制(共同外交与安全政策的前身);四是以委员会的名义逐步向第三国首都和有关的国际组织的总部派遣常驻对外使团。

20世纪80年代中期的《单一欧洲文件》,一方面,将环境保护和科技合作等纳入欧共体的共同政策范畴;另一方面,也从机制上正式将"欧洲政治合作"融入欧共体的运作之中。

从1992年的《欧洲联盟条约》(以下简称《欧盟条约》)到2006年《尼斯条约》合并文本,是欧盟对外关系权能进一步系统化和规范化的时期。其主要标志如下:

---

① 之所以采用欧盟对外关系权能而不是外交关系权能概念,主要是基于如下考虑:(1)欧盟的基本条约,如《尼斯条约》和目前的《里斯本条约》,均采用对外关系概念;(2)欧盟的有关文件、欧洲法院的有关判决和欧盟法学者的有关著述,多用欧盟对外关系的表述;(3)欧盟与第三国和国际组织的关系涉及政治、安全、外交、经济贸易、科学技术、文化教育、民主法治、人权等广泛的领域。

第一,确立了“三个支柱”的对外关系权能,即欧共体、共同外交与安全政策和警察与刑事司法合作。在“三个支柱”中,欧盟的对外关系权能的重心在欧共体。欧共体在对外关系领域的自主立法、司法裁决、与第三国缔结协定、参与国际组织活动和国际争端解决程序大都属于欧共体的范畴。

第二,通过《欧盟条约》序言和“共同条款”明确了欧盟对外关系的目标和任务,即“决心实施共同外交与安全政策,包括逐步形成共同防务政策……从而增强欧洲身份及其独立,以促进欧洲和世界的和平、安全和进步”。为此,“欧盟尤其应在对外关系、安全、经济与发展政策领域保证其各种对外关系活动作为整体的一致性”。①

第三,除了隐含的对外关系权能领域之外,明确建立了欧盟对外关系权能的主要领域,即第一支柱中的共同商业政策、发展合作和经济、财政与技术援助合作;②第二支柱中的共同外交与安全政策包括防务政策的共同目标、战略、指导原则、立场和行动的制定与实施;③第三支柱警察与刑事司法合作领域中的国际合作。④

第四,进一步完善了欧盟各主要机关,如欧洲理事会、部长理事会、委员会、欧洲议会、欧洲法院,在不同的对外关系领域所享有的不同权能,以及在不同的对外关系领域所采取的不同法律形式的措施。

第五,进一步完善了欧盟在对外关系领域的专属权能和与成员国一道的共享权能,后者主要表现为“混合协定”和国际组织中(如 WTO)的“双重成员资格”。

2009 年 12 月 1 日生效的《里斯本条约》,在欧盟对外关系及其权能方面,既继续承袭了原有的基本条约的规定和欧盟的实践,又在原有的基础上取得了多方面的发展。

---

① See 2006 consolidated versions of the Treaty on European Union and of the Treaty establishing the European Union, preamble, arts. 2 and 3.

② See consolidated version of the Treaty Establishing the European Community, title IX, title XX and title XXI.

③ Ibid., title V.

④ Ibid., title VI, art. 37.

二、《里斯本条约》后欧盟对外关系权能的变化

（一）从模糊变为明确的法律人格

自 1992 年建立《马斯特里赫特条约》到《里斯本条约》问世之前的 17 年间，欧盟的法律人格尤其是国际法律人格，一直是颇受质疑和争议的问题。否定说认为，从《马斯特里赫特条约》到《阿姆斯特丹条约》再到《尼斯条约》，虽然欧盟基本条约几经修订，但是都没有明确规定欧盟的法律人格。相反，这些条约都无一例外地明确确认欧洲共同体（以下简称欧共体）的法律人格。肯定说认为，欧盟自成立之日起，就当然地具有法律人格，不论其基本条约是否作出了此等资格的明确规定。这种法律人格隐含在欧盟基本条约有关欧盟宗旨和职权的条款之中，因为不可以想象：一个没有法律人格的实体能为实现其各项宗旨卓有成效地履行基本条约赋予的职权。应当说，肯定说所基于的"法律人格隐含论"，无论是在一般国际法上还是在欧盟法中，都是有明确的司法判决或司法意见作为依据的。

国际法院早在 1949 年著名的"联合国损害赔偿案"中就明确地指出，一个国际组织，只要依照国际法而建立（两个或两个以上的国家间协议），并依照此协议设立了自己的机关和确定了自己的宗旨，且具有独立于其成员国行事的能力，就是一个法律人格者。国际组织的国际法律人格甚至可以超出其章程明确规定的范围，行使为履行其职权所必要的那些权力。①

欧洲法院在 1970 年的"欧洲公路运输协定案"②（该法院受理的首例关于欧共体对外关系权能的案件）中也明确提出，"本共同体在本条约确定的各项宗旨的整个领域享有与第三国建立契约联系的能力。这种权力不仅仅来源于本条约的明示授权，同样地还可以来自本条约的其他条款和本共同体机构在那些条款的框架内所制定的措施"。

从欧盟过去 17 年对外关系的实践来看，似乎很难就上述肯定说和否定说得出二者必居其一的结论。一方面，欧盟同第三国和其他国际组织缔结的双边协定和欧盟参加的多边条约中的绝大多数协定都是以欧共体冠名的，而且欧盟

---

① Reparation for Injuries Suffered in the Service of the United Nations, advisory opinion of 11 November 1949, ICJ Report 1949, 174 et seq.

② Judgment of the Court of 31 March 1971, Commission of the European Communities v Council of the European Communities, European Agreement on Road Transport, Case 22 - 70, ECR 1971, 263.

在一些国际组织中的成员资格和国际争端解决程序中的当事方或第三方资格（如 WTO 及其争端解决机制）也都是以欧共体的身份获取的。另一方面，在共同外交与安全政策和警察与刑事司法合作两个支柱领域，同样也有以欧盟名义同第三国或国际组织缔结的协定，尽管数量有限。根据《尼斯条约》第 23 条和第 38 条的规定，理事会可以授权轮值主席国在第二和第三支柱领域与第三国或国际组织缔结国际协定。例如，2001 年欧盟与马其顿共和国就欧盟观察团缔结的协定；2003 年欧盟与罗马尼亚就罗马尼亚参加欧盟驻马其顿共和国的部队缔结的协定；2003 年欧盟与瑞士就瑞士参加欧盟驻波黑警察团缔结的协定；2003 年欧盟与美国就引渡和相互司法协助缔结的协定。此外，欧盟在第三国首都和一些国际组织总部的常驻代表团都是以欧盟委员会的名义设立的。

《里斯本条约》明确规定欧盟享有法律人格，①从而结束了此等人格长期处于模棱两可的状态。据此，欧盟法学界和国际法学界由此引起的争论可以休矣。值得注意和观察的是，《欧盟运作条约》第 335 条继续保留了原《欧共体条约》第 282 条关于法律人格的规定，所不同的是，此等人格的主体由原来的“欧共体”改为现在的“欧盟”。据此，可以推定，自《里斯本条约》生效之日起，欧共体的法律人格由欧盟取代。这可以从经《里斯本条约》修订的《欧盟条约》第 1 条的规定中得到进一步的证明：“本联盟应取代和继承欧洲共同体。”

（二）从“三个支柱”结构到统一的对外关系框架

如前所述，在过去的 17 年间，欧盟的对外关系的建构分布在欧盟的“三个支柱”，即欧共体、共同外交与安全政策和警察与刑事司法合作。各个支柱的对外关系有其自己特定的宗旨、原则、法律依据、法律形式和活动程序。虽然“三个支柱”的对外关系权能是在统一的组织结构中运作，且每一个对外关系机关分别担当不同的角色，但是“三个支柱”的对外关系分离运行，没有形成一体化的宗旨和原则，法律依据分散在两个基本条约的多个篇章和条款之中，给人一种“三色拼盘”的印象。新的《欧盟条约》和《欧盟运作条约》为构建统一的欧盟对外关系框架实现了一定的飞跃。

第一，新的《欧盟条约》第五篇第一章以“欧盟对外行动的一般规定”为题，专门、系统地规定了欧盟对外关系的基本原则和目标。依照新的《欧盟条约》第 21（1）条，欧盟在国际层面的行动应受如下基本原则的支配并应积极推行这些

---

① See 2008 consolidated version of the Treaty on the European Union, Art. 47; consolidated version of the Treaty on the Functioning of the European Union, art.

原则，即"民主、法治、人权与基本自由的普遍性和不可分割性、尊重人类尊严、平等与团结原则和尊重《联合国宪章》与国际法的各项原则"以及促进多边解决共同难题。紧接着，又规定"欧盟应确定和寻求共同政策和共同行动，并应在所有的国际关系领域以高度合作方式开展工作"，以实现如下一系列目标：①

1. 保障欧盟的各种价值、基本利益、安全、独立和完整；

2. 加强和支持民主、法治、人权和国际法原则；

3. 依照《联合国宪章》的宗旨和原则、《赫尔辛基最后文件》的原则和《巴黎宪章》的目标，包括有关对外边界在内的维持和平、防止冲突和增强国际安全；

4. 促进发展中国家的可持续经济、社会和环境发展，并以消除贫困为首要目标；

5. 激励所有国家融入世界经济，包括通过逐步取消国际贸易的各种限制；

6. 帮助开发国际措施以保持与改进环境质量和全球自然资源的可持续利用，从而确保可持续发展；

7. 协助各地居民、各个国家和地区应对各种自然或人为灾害；

8. 促进建立一种以更加强化的多边合作和全球良治为基础的国际制度。

新的《欧盟条约》还特别强调欧盟对外关系整体上的协调、合作和一致性，要求欧盟在开发和实施各种不同领域的对外行动中应遵守上述各项原则和追求上述各项目标；②应保证对外行动的不同领域之间以及这些领域与其他各政策之间的一致性，并责成理事会和委员会，在欧盟外交事务和安全政策高级代表的协助下，保证这种一致性，且为之合作。③

第二，系统确立了欧盟对外关系权能的基本范畴或对外关系的主要领域。《欧盟运作条约》第五部分从第二篇到第七篇依次分别规定了共同商业政策、与第三国合作和人道主义援助（其中包括发展合作、与第三国的经济、财政和技术合作和人道主义援助三个方面）、限制措施（与第三国经济和金融关系的完全和部分中断或减少）、国际协定（类型、谈判与缔结）、与国际组织和第三国的关系、欧盟代表团和团结条款（欧盟及其成员国以团结的精神共同防止和打击恐怖主义，保护民主机构和普通百姓不受恐怖主义攻击和威胁）。

此外，新的《欧盟条约》第五篇第二章系统地规定并强化了共同外交与安全

---

① 2008 consolidated version of the Treaty on the European Union, art. 21(2).

② Ibid., art. 3 (1).

③ Ibid., art. 3(2).

政策。首先,新的《欧盟条约》第 23 条强调共同外交与安全政策与欧盟整个对外关系的融合,明确规定前者必须在后者的原则指导下进行,并且必须致力于实现后者的各项宗旨。其次,通过修订原《欧盟条约》第 11 条,新《欧盟条约》第 24 条明确规定欧盟的共同外交与政策权能包括逐步形成共同防务政策,直至形成共同防务。再次,突出了欧盟在共同外交与安全政策领域采取行动的主要法律形式是“决定”,即除了保留原来的“一般指导原则”(general guidelines)和加强成员国之间在这一政策领域的“系统合作”(systematic cooperation)之外,欧盟在这一共同政策领域的行动和立场必须以“决定”方式界定,且此等“决定”的实施安排也必须以“决定”为之(新《欧盟条约》第 25 条)。最后,新的《欧盟条约》还通过修订或增补其他一系列条款强化新设立的外交事务与安全政策高级代表在这一政策领域的职权(第 27 条)和各成员国在第三国的外交和领事机构对欧盟公民权的保护(第 35 条)。

第三,明确规定了欧盟对外关系权能的类型和范围。原来的欧盟条约,虽然几经修正,但都没有明确规定欧盟对关系权能的范围和类型。新的《欧盟运作条约》在过去数十年欧盟法院判例法的基础上,承袭了《欧洲宪法条约》的做法,[①]在其第一篇中系统规定了欧盟权能的类型和范围,根据“平行发展”原则,[②]这些类型和范围同样适用于欧盟的对外关系领域。

1. 专属权能

根据《欧盟运作条约》第 3 条的规定,欧盟的专属权能包括的领域如下:(1)关税同盟;(2)内部市场运作所必要的竞争政策的确立;(3)其货币为欧元的成员国之货币政策;(4)共同渔业政策下的海洋生物资源的保护;(5)共同商业政策。此外,如果欧盟立法文件中明确规定国际协定由欧盟缔结或欧盟行使内部权能所必要或此等缔结会影响共同规则及其范围的调整,欧盟的国际协定缔结权能也是专属的。

2. 分享权能

根据《欧盟运作条约》第 4 条的规定,欧盟与成员国分享的权能领域主要有:(1)内部市场;(2)欧盟基本条约规定的社会政策;(3)经济、社会和领土的凝聚;(4)农业和渔业(海洋生物资源维护不在其内);(5)环境;(6)消费者保

---

① 曾令良:《欧洲联盟法总论——以〈欧洲宪法条约〉为新视角》,武汉大学出版社 2007 年版,第 63 ~ 71 页。

② 曾令良:《欧洲共同体与现代国际法》,武汉大学出版社 1992 年版,第 61 ~ 64 页。

护;(7)交通运输;(8)跨欧网络;(9)能源;(10)自由、安全与正义领域;(11)公共健康事项中的共同关切。此外,该条还明确规定,在研究、技术开发和空间领域,一方面,欧盟应享有开展各项活动尤其是确立和实施各种计划的权能;另一方面,此等权能的行使不应妨碍各成员国行使其权能。类似地,在对外发展合作与人道主义援助领域,一方面,欧盟应享有开展各项活动和采取共同政策的权能;另一方面,此等权能的行使不应阻止各成员国行使其权能。这些规定意味着欧盟与其成员国在这些领域的权能属于“并存”的性质。

3. 协调和补充权能

在欧盟框架内,成员国之间应协调其经济政策。为此,理事会可以采取适当措施,尤其是一般性的指南。类似地,欧盟还应采取措施协调成员国的就业政策和社会政策(新《欧盟运作条约》第5条)。此外,欧盟还应在欧洲层面上采取行动支持、协调和补充各成员国在下列领域的行动:(1)保护和改善公共健康;(2)工业;(3)文化;(4)旅游;(5)教育、职业培训、青年与体育;(6)公民保护;(7)行政合作。

(三)增强和完善对外关系机关体系

在原来的基本条约框架下,欧盟的对外关系机关主要是理事会和委员会,尽管欧洲议会和欧洲理事会在各自的职权范围内也行使一定的对外关系权能。在新的《欧盟条约》和《欧盟运作条约》框架下,欧盟的对外关系机关体系得到了明显的增强和进一步的完善,使欧盟在国际关系中区别于其成员国的独立身份和地位更加突出,主要表现在以下几个方面:

第一,设立欧洲理事会常任主席,作为欧盟对外行动的形象和代表。在《里斯本条约》之前,欧洲理事会的主席由各成员国首脑轮流担任,任期为6个月。根据新《欧盟条约》第15(5)条的规定,欧洲理事会主席应由选举产生,任期两年半,可以连任一届。由于欧洲理事会主席是常任的,所以被媒体称为欧盟的“总统”。根据该条约第15(6)条的规定,这个“总统”的对内职权主要有以下几个方面:(1)主持欧洲理事会会议和驱动其工作;(2)保证欧洲理事会工作的筹备和继续与欧盟委员会主席的合作,并在一般事务理事会工作的基础上进行;(3)努力在欧洲理事会中提供凝聚力和协商一致的便利;(4)每次欧洲理事会会议后负责向欧洲议会报告。其对外职权是,在不妨碍欧盟外交事务和安全政策高级代表的职权的情况下,以自己的层次和能力在涉及共同外交与安全政策的问题上对外代表欧盟。为此,有评论认为,欧洲理事会常任主席的职位更多地表现为形象而不是实权。

第二,设立外交事务与安全政策高级代表职位和欧洲对外行动署,作为欧盟对外关系事实上的"外交部部长"和"外交部"。虽然欧盟在《里斯本条约》之前曾经设有共同外交与安全政策代表职位,但是该职位是由理事会的秘书长兼任的。[①] 而且其职权主要是在共同外交与安全政策领域"协助"理事会形成、准备和实施各项决策;在对外行动方面,只有在理事会轮值主席请求的情况下,才能代表理事会与第三国进行对话。[②] 根据新《欧盟条约》的规定,"欧盟共同外交与安全政策代表"的名称改为"欧盟外交事务与安全政策代表"。虽然称谓的改变只是微小的调整,但是含义却很深远,预示着这个职务不再只是限于"共同外交与安全政策"这一个领域,而是扩展到整个欧盟的对外事务。而且这一职位还兼任欧盟委员会的副主席,从而成为欧盟"内阁"的副首长。除了参与欧盟委员会的工作和协调对外行动外[新《欧盟条约》第18(4)条],他还参加欧洲理事会的工作[第15(2)条],在理事会的指示下负责共同外交与安全政策包括共同防务领域的建议和决策的实施[第18(2)条、第27(1)条]、主持外交事务理事会[第18(3)条]、在共同外交与安全政策领域对外代表欧盟与第三国开展对话和出席国际组织或国际会议[第27(2)条]。为了协助外交事务与安全政策高级代表充分地履行其职权,新的《欧盟条约》还专门规定设立一个欧洲对外行动署,组成人员分别从理事会和委员会的总秘书处和成员国的外交部门中选任[第27(3)条]。该机构实际上就是欧盟的"外交部"。所以,欧盟外交事务与安全政策代表,无论是从职位的名称和地位来看,还是从实际职权来看,都可谓实权多于形象,被媒体和公众称为欧盟的"外长"。

第三,对外关系职权更加集中、分工更加明确、合作更为缜密。欧盟通过《里斯本条约》不仅增设了对外关系机关和增强了对外关系权能,更重要的是,使欧盟的对外关系职权更加集中,尤其是对外代表权更加集中于欧盟外交事务和安全政策高级代表和外交日常事务集中于新设立的欧洲对外行动署。虽然在原来的《欧盟条约》框架下,欧洲理事会、委员会和欧洲议会各自在欧盟的对外关系领域都有比较明确的分工,并在彼此之间建立了比较稳定的合作程序,但是新的《欧盟条约》和《欧盟运作条约》通过修订和调整原来的基本条约条款和增添新的条款,使各主要对外关系机关的职权更为确定,相互间的合作与制衡程序更为缜密。

---

① See Consolidated Version of Nice Treaty, art. 18(3).

② Ibid., art. 26.

（四）统一和系统规定欧盟缔结国际协定的权能和程序

在《尼斯条约》及其以前的基本条约中，有关缔结国际协定的权能和程序的规定是分散的，而且主要是针对欧共体的。其中，欧共体行使缔约权的法律依据和涉及的领域或事项主要有：(1)《欧共体条约》第133(1)条下的共同商业政策；(2)《欧共体条约》第177条下的发展合作协定；(3)《欧共体条约》第310条下的联系协定；(4)《欧共体条约》第308条下的隐含权，即为实现欧共体宗旨所必要的国际协定，尽管《欧共体条约》没有明示授权；(5)《欧共体条约》第300条下的各种国际协定的缔约程序，即由委员会负责谈判（或经理事会授权，或单独或与成员国代表一起），经与欧洲议会协商或须获取其同意，由理事会缔结（或与成员国一起）。原来的《欧盟条约》并没有明确地规定欧盟的一般缔约权，只是分别在第24条和第38条中授权理事会轮值主席可以代表理事会与第三国或国际组织在共同外交与安全政策和警察与刑事司法合作领域缔结国际协定。

与先前的欧盟基本条约不同，新的《欧盟运作条约》在第五部分"欧盟对外行动"中专辟第五篇统一、系统规定欧盟的国际协定的缔结权能和相应的程序。首先，该篇第216条规定，作为一般原则，欧盟不仅享有明示的缔结国际协定的权能，而且在欧盟各项政策的框架内，享有为实现欧盟宗旨所"必要的"其他国际协定缔结权，即隐含缔约权。而且欧盟缔结的国际协定既约束欧盟各机构，又约束各成员国。最引人注目是，该篇第218条通过修订原《欧盟条约》，更加系统和具体地规定了欧盟缔结国际协定的程序和各有关机构相应的权能。其要点如下：

1. 理事会授权启动谈判并根据谈判议题任命欧盟谈判者或欧盟谈判团队的负责人。

2. 欧盟委员会或外交事务与安全政策高级代表（在共同外交与安全政策领域或谈判主要涉及这一领域）负责向理事会提交有关的谈判建议。

3. 理事会以特定多数方式通过决定授权签署有关的协定，但与候选成员国准备加入欧盟的联系协定和欧盟加入《欧洲人权公约》必须以全体一致同意方式决定。

4. 欧洲议会对于如下特定的国际协定享有同意权：(1)联系协定；(2)欧盟加入《欧洲人权公约》的协定；(3)为组织合作程序而建立特定的组织框架的协定；(4)对欧盟有重要预算负担的协定；(5)普通立法程序或须经欧洲议会同意的特别立法程序所涉领域的协定。

（五）明确欧盟与其他国际组织的合作关系和欧盟对外常驻代表团代表欧盟的地位

在以前的欧盟基本条约中，欧共体而不是欧盟被明确保持与其他国际组织之间的关系和开展与其他国际组织之间的合作，而且这种合作关系被指定由欧盟委员会具体负责。① 不仅如此，这些条款位于原《欧共体条约》第六部分的“一般与最后规定”之中。与之相对照，新的《欧盟运作条约》在第五部分的“欧盟对外行动”中专门以第六篇的方式对“欧盟与国际组织和第三国关系以及欧盟代表团”予以明确规定，从而突出其重要性和构成欧盟对外关系的组成部分。其中第220条规定，外交事务与安全政策高级代表和欧盟委员会具体负责实施欧盟与联合国及其专门机构、欧洲委员会、欧洲安全与合作组织、经合组织和其他国际组织建立关系和维持合作。此外，第221条还明确规定，欧盟在第三国或国际组织的代表团代表欧盟，并直接受欧盟外交事务与安全政策高级代表的领导。这与过去的实践有很多的不同，原来的欧盟驻第三国和国际组织的代表团是以欧盟委员会的名义且直接接受后者的领导。

三、欧盟对外关系权能的调整对第三国或其他国际组织的可能影响

综上所述，足见欧盟的对外关系权能在《里斯本条约》的作用下发生了较大和重要的变化。这些变化既有实质领域的增强或增补，也有程序性的调整或强化。这些变化给我们留下的深刻影响是：随着欧盟一体化的不断扩大和深化，欧盟比以前任何时期都更加重视其对外关系的开展和权能的完善与加强；通过新的《欧盟条约》和《欧盟运作条约》明确规定欧盟的法律人格和集约式系统规定欧盟对外行动的主要机构、基本内容、构成层面、权能范围和程序要求，充分体现了欧盟在对外行动领域的法治更趋于完善。其中，欧盟法律人格的确立、欧洲理事会常任主席的设立、外交事务与安全政策高级代表及其职权、欧洲对外行动署的设立、国际协定缔结权能和程序的系统化、欧盟在第三国和国际组织常驻代表团的代表性地位的确立，都是欧盟对外关系权能最新的重大发展。

既然《里斯本条约》明确赋予欧盟而不是欧共体以法律人格和对外关系的内容都是以欧盟而不再以欧共体为行为体，那么欧盟对外行动的名义必须相应地作出更改。在缔约方面，在欧盟基本条约的范畴内，所有领域的国际协定，无

---

① See Consolidated Version of Nice Treaty, arts 302 – 304.

论是基于明示权,还是基于隐含权,都不应再按照三个不同“支柱”分别以欧共体和欧盟的名义谈判与缔结,而是应统一以欧盟的名义与第三国或国际组织谈判与缔结。在常驻使团方面,过去以欧盟委员会名义派驻第三国首都或国际组织总部的常设代表团应更名为“欧盟常驻某国或某国际组织代表团”。在参与国际组织的活动方面,无论是正式的成员资格还是观察员地位,或是临时参加活动,都应统一使用欧盟名称。在参与国际争端解决机制或程序方面,无论是作为有关案件的当事方(申诉者或被诉者),还是作为有关案件的第三方,也都必须以欧盟的名义,而不是以欧共体的名义。

一般来说,欧盟对外关系权能的调整、变化和发展,本质上属于其内部宪政和法治的事情。但是,欧盟对外行动必须以国际关系为背景,以国际社会为舞台,以广大第三国和国际组织为伙伴或对象。所以,其对外关系的任何变化、调整和发展不可避免地会影响第三国和其他国际组织。这种影响的可能性主要表现在如下几个方面:

首先,广大的第三国和国际组织必须全面认知、理解和掌握新的《欧盟条约》和《欧盟运作条约》,尤其是有关对外关系的机关、职权、程序和领域之条款的修订、调整和补充,以及《里斯本条约》之后欧盟在对外关系实践的变化。

其次,广大的第三国和国际组织必须尽快熟悉在国际层面代表欧盟的新“总统”和新的“外交部部长”。第三国和国际组织需要了解的不仅是这两个新的欧盟职位的权能,还有他们个人的办事风格、信仰、品质等,做到“心中有数”,以便在与之打交道过程中“应对自如”。

再次,就欧盟对外关系权能的调整而言,最大的变化之一是新的欧盟外交事务与安全政策高级代表的设立及其权能的凸显和欧盟委员会对外关系权能的相对缩小。其中最突出的例子是,过去国际协定的谈判权能由欧盟委员会独享,如今根据谈判的领域或事项,必须由委员会和高级代表分享;过去欧盟在第三国和国际组织的常驻代表团由欧盟委员会派遣,现在改由高级代表负责。因此,广大的第三国和国际组织必须适应欧盟这两大主要对外关系机关之间权能的调整和变化,如常驻代表团驻地、来往信函和文件名称的更换。

最后,有关的国际组织势必需要启动其章程有关条款的修订程序,适时地将原来以“欧洲共同体”身份获取的成员资格或观察员资格改为“欧洲联盟”。类似地,有关的国际争端解决机制在案件的注册或登记、审理程序、卷宗和文书档案中,遇有欧盟作为案件当事方或第三方时,必须将原来的“欧洲共同体”改为“欧洲联盟”。例如,世界贸易组织(World Trade Organization,WTO)就是一个典型的例子。《里斯本条约》生效之后，过去“欧洲共同体”在 WTO 中的成员资格和 WTO 争端机制的参与资格都应由“欧洲联盟”所替代。

值得注意的是，迄今为止，虽然 WTO 争端解决机制中涉及欧盟的案件已将申诉者、被诉者或第三者的名称改为“欧盟”，但《建立 WTO 协定》有关成员资格的相关规定还没有作出相应的更改。类似地，尽管欧盟委员会常驻第三国或国际组织的代表团名称已经改为“欧盟”，但这些代表团网站的有关内容仍保持着原样。也许，这些名称和内容的完全转换还尚需时日，但终归是迟早的事情。

欧洲政治合作与欧洲共同体*

欧洲政治合作(European Political Cooperation)是当代国际关系中一种新型的集团外交体制。它的形成与发展不仅加强了战后西欧国家间的凝聚力,而且对当今多极的国际关系产生了越来越深刻的影响。

欧洲政治合作与欧训共同体是西欧一体化运动中的两种主要法律模式。前者的运作仍停留在政府间水平上,后者则具有越来越明显的超国家因素。但是,二者的组成分子自始至终保持一致。这种基本成分的一致性构成彼此在组织上和具体活动中交互关系的基础。现在,欧洲政治合作和欧洲共同体有如一辆“双驾马车”,以越来越协调的步伐驰骋在各种外交疆场。

一、欧洲政治合作的形成与发展

戴高乐于1958年在法国重新执政后,主张独立外交政策。依他看来,当时的欧洲一体化模式具有超国家性质,前程未卜,其结果会加剧欧洲对美国的依赖关系。他坚信,法国只有在欧洲主权国家间合作中重新赢得强权地位。基于这一出发点,法国政府于20世纪60年代发起倡议,在欧共体之外创建一种新型的协商体制,称为“国家间联盟”,以区别于欧洲经济共同体条约中“人民间联盟”的概念。该联盟的宗旨是,在6个欧共体成

---

* 本文原载于《武汉大学学报》(社会科学版)1991年第3期。

员国间建立共同的外交和防务政策，并在科学和人权领域展开合作。根据这一建议，联盟的总部设在巴黎，而不是布鲁塞尔。建议一出，便遭到荷兰、比利时等较小国家的反对。它们认为，这一计划是对准北约组织和欧共体的"定时炸弹"，势必损抑欧共体为中小成员国提供的组织保护和北约军事体系。它们还认为法国拒绝英国加入欧共体的行动是蓄意形成"法—德理事会"。随后，法国采取了一连串抵制当时仍为脆弱的欧共体的行功，并退出北约军事体系。

20 世纪 60 年代末，蓬皮杜执政法国，表示愿意接受英国加入欧共体。6 国首脑于海牙举行最高会晤，并发表了一项公报：确信欧共体的政治目标，责成六国外长在成员国扩大的前提下研究实现欧洲政治联合的最佳途径。尔后，成员国外长会议决定，成立一个由比利时外交部政治司司长大韦格伦主持、由各国外交部代表组成的委员会，责成其作出研究报告。该报告于 1970 年在卢森堡外长会议上通过，成为欧洲政治合作的第一个正式文件。报告表达了通过外交政策的合作，逐渐实现政治联合的愿望。此等合作的核心是在重大国际问题上取得彼此间更好的理解，通过协调观点、联合立场，增强共同目标感，并尽可能采取一致的外交行动。

两年后，6 国在巴黎举行最高会议，确立在 1980 年以前实现"欧洲联盟"的目标。为此，首脑们达成协议，再次责成外长会议研讨改进政治合作方法的报告。1973 年 7 月外长会议正式通过了《哥本哈根报告》。其主要内容是，从组织上加强欧洲政治合作及欧共体机构参入协商的地位。次年，比利时外长准备了另一份"欧洲联盟蓝图"，其核心是将政治合作的"自愿性质"上升为"法律义务"。但是，该报告过于激进，未被采纳。

20 世纪 70 年代末，欧共体内外的情势促进了欧洲政治合作的发展。在内部，欧洲议会于 1979 年首次实行直接普选，该机关要求加强其在欧共体和政治合作中的地位的呼声陡起。在外部，对于苏联侵略阿富汗的事件，六国未能及时达成一致的立场。在上述背景下，外长会议于 1981 年 10 月通过了《伦敦报告》，旨在改进协商程序，其中包括召开紧急会议和进一步加强欧共体执委会和部长理事会的协商地位。1983 年根据德、意外长的联合倡议，首脑们又在斯图加特发表了《欧洲联盟庄严宣言》，重申政治合作的重要性和必要性，并正式认可欧洲议会参入政治合作事项的辩论权利。

1984 年 2 月欧洲议会自行通过了一项《欧洲联盟条约草案》，其中特别强调政治与安全领域的共同行动概念以及政治合作与欧共体合二为一的构想。虽然该草案最终未形成正式条约，但为两年后《单一欧洲法》的诞生起着不可低估的鼓动作用。

根据各国的建议、各种会议的报告和欧共体主要机关的方案,成员国首脑于1985年在米兰举行会议,决定于当年秋季召开政府间会议,具体修改《罗马条约》和起草《欧洲政治合作与安全条约》。政府间会议于同于9月在卢森堡正式举行。经过反复协商,最后接受执委会的提案,将政治合作条约与欧共体的修正条约融为一体,冠以《单一欧洲法》(Single European Act)的名称。该条约经各成员国签署与批准,于1987年7月1日生效。《单一欧洲法》的问世,不仅确立了经济上于1992年实现统一大市场的目标,而且结束了政治合作机制长达近20年之久的"无法可依"的状态。更重要的是,它首次将政治合作与欧共体的交互关系予以法典化。在欧洲一体化进程中,该法不失为一个重要的里程碑。

二、欧洲政治合作的运作机制

《单一欧洲法》为欧洲政治合作设立了常设秘书处。尽管如此,欧洲政治合作并不是严格法律意义上的国际组织。不过,它在实践中已形成了准国际组织的若干特点。

它的最高决策论坛是成员国间的首脑会议。这种最高级的会晤是定期的。首脑会议商讨的事项不只是政治合作的内容,还涉及欧共体所辖领域和其他共同关心的国际问题。首脑会议每年至少举行两次,就政治合作和欧共体的发展作成战略性的指导原则。可见,首脑会议不仅是政治合作的最高决策者,也是欧共体实际上的决策者,尽管它并不是后者组织章程规定的正宗机构。

外长会议是这一机制的核心角色,其主席职务由欧共体部长理事会主席国担任。在实践中,外长会议的代表往往是部长理事会的成员。但是,在早期的活动中,两种体制的会议通常异地异时举行。随着时间的推移和各成员国政府人事的变动,分立气氛逐渐淡化。后来两种会议经常在布鲁塞尔或卢森堡相伴而行。这一惯例业经《单一欧洲法》认可。该法第30(3)条规定:"各国外交部部长和执委会的一员在欧洲政治合作体制中,每年至少开会4次。他们亦可在欧共体部长理事会会议中讨论政治合作的外交政策事项。"

由各成员国外交部政治司负责人组成的政治委员会是另一重要的临时机构。其主要职能是筹备外长会议。为此,它设立了各种专家小组,具体研究对外政策的事项。在每年联合国大会常会和安理会会议期间,其活动更为频繁。

另一准机构是各成员国驻第三国或国际组织总部大使和欧共体执委会常驻代表团团长间的定期协商会议。此等会议由部长理事会主席团大使主持,并行使共同发言人的权力。这种域外代表机构间会议在应付国际突发情势方面尤为重要。

政治合作的行政工作曾长期由外长会议主席国负责。为了减轻日益增多的负担,外长会议于1981年达成协议,由现任和前任主席国协作运筹。成员国在常设秘书处问题上一直存在分歧。法国历来主张该机构应设在巴黎,其他成员国则坚持设在布鲁塞尔。最后,法国作出让步,《单一欧洲法》正式规定秘书处设在布鲁塞尔,便于政治合作与欧共体间的行政协调。

在决策程序上,政治合作并未沿袭欧共体的多数表决制,而一直采用传统外交会议的全体一致原则。《单一欧洲法》谈判期间,意大利代表建议确立"尊重多数的协商一致原则",但遭到希腊等一些成员国的反对。该法第30(3)条最终的措辞是:"尽可能不阻挠协商一致和联合行动的形成。"显然,这是一种妥协的方案,既确保了协商一致的主旨,又暗示成员国可行使反对和保留意见的权利。不久前召开的第42届欧共体首脑会议体现了上述表决方案。此次会议的两个主要决议,即《欧洲经济货币联盟》和《劳动者基本社会权利共同宪章》,由于英国反对,只形成11国决议。这是首脑会议首次在有成员国投反对票的情况下通过的决议。

三、欧洲政治合作的内容与方式

无论从先前的一系列政治决议与报告中考察,还是从新近的《单一欧洲法》中分析,均无政治合作内容和方式的详细规定。因此,我们只能从其长期的实践中进行总结。

首先,从总体上来看,欧洲政治合作只涉及成员国与第三国和其他国际组织间的外交政策,成员国间的外交事务不在其内。其次,外交政策中的经济与货币领域属于欧共体事项,一般亦被排斥在政治合作之外。不过,由于政治与经济的相互依存与制约关系,二者有时难以截然分开。另外,某些与个别成员国有特殊利害关系的外交政策亦不列入此等合作的议程。例如,东柏林问题以及法国和英国在联合国安理会的表决问题,就是如此。还有,某些第三国或第三国集团与十二国或欧共体关系紧密,彼此间的外交关系无须在政治合作中商讨,如对欧洲自由贸易联盟国家的外交政策就不在其列。最后,各成员国的防务政策不构成政治合作的内容。虽然多数成员国曾试图将其纳入此等体系，但遭到法国和爱尔兰的反对，因为前者是北约的“半成员国”，后者是该军事组织的非成员国。不过，自赫尔辛基欧安会以来，欧洲安全问题一直被列入政治合作的议程。《单一欧洲法》表明，成员国家承诺将国际安全的政治与经济方面的立场作为协调事项[第30(6)条]。

政治合作的内容自始至终处在演变之中。除了上述若干例外，它的内容几乎遍及外交领域的各个方面，尤其以针对国际突发事件的对策合作为其主要特征。从其全球性外交合作来看，主要集中于联合国。自20世纪70年代以来的每届联合国大会例会期间，外长会议主席国大使频繁召集其他成员国驻联合同大使进行即席协商，对国际重大问题形成一致的立场，并由主席国常驻代表用“一个声音”讲话。当联合国大会决议付诸表决时，12国尽可能趋向一致。据有关统计，自1974年以来，相同投票率一直保持在80%～84%。在区域性外交合作方面，最重要的莫过于成员国在历次欧洲安全会上所采取的共同立场。成员国对中东局势、中美洲冲突、印度支那战争以及最近的海湾局势，均在政治合作体制中实施联合的行动。至于针对第三国的突发事件所采取的共同措施，更是不胜枚举。

交换信息是国家间外交网络的基本方式。欧洲政治合作亦不例外。一般认为，这种“俱乐部气氛”能起到鼓励外交观点的公开和减少隔阂的作用。在实践中，成员国除在各种等级会议期间即席交流信息外，还建立了一种特殊的直接电讯系统，以便在成员国之间、成员国与其驻外使团之间、驻外使团相互之间以及它们与外长会议主席国之间进行经常性联络和信息传递。

在交换信息的基础上，成员国就有关事项进行协商。协商程序十分重要，直接关系到具体集团外交政策的成败。协商贯穿于政治合作的始终。当今国际情势错综复杂，各国利害关系不尽一致，协商程序往往形成讨价还价的拉锯战。实践证明，政治合作有时因协商不及时而失去其应有的集体外交的效果。一旦协调成功，欧洲政治合作即对外采取如下两种共同行动的方式：

1. 集体声明或宣言。这是政治合作协商一致的最常见方式。此等声明或宣言显示12国对国际情势或第三国的特定事件的共同反应。其内容一般是承认或拒绝承认新国家、新政府或某一情势，谴责或声援地区冲突的某一方或第三国的特定行为。此等宣言不具有法律拘束力，只是表示成员国的共同政治倾向。但是，它们对于成员国和国际社会在政治和道义上的感召力，则不可低估。

2. 集体决议。决议是政治合作的另一方式。此等决议不仅对成员国具有约束力,而且会对第三国的权益产生直接的影响。决议的内容与措辞比上述声明更为具体和严谨。它或者直接授权外长会议主席国向国际会议、第三国或特定地区派遣特别使团,与有关对方进行谈判,或者作出对第三国实施共同经济援助或制裁的决定。例如,12 国曾先后对葡萄牙、印度支那难民和波兰等采取集体无偿支援,亦曾先后对南非、伊朗、阿根廷和苏联等国实行集体贸易禁运、中止贸易协定或限制进口等措施。

四、欧洲政治合作与欧洲共同体的交互关系

如前所述,欧共体部长理事会、执行委员会和欧洲议会等机关均在不同程度上介入欧洲政治合作。其中执行委员会和欧洲议会的地位得到加强,更富有意义。《单一欧洲法》除了确认“执行委员会与欧洲政治合作之各种程序的全面联系”外,还特别强调 12 国和执行委员会“得通过彼此协助和交换信息,加强各自派驻第三国归国际组织代表机构间的合作”。而且为保证两种体制的对外政策的协调一致,“理事会主席国和执行委员会各在其权能范围内负有特别责任”。这些规定说明,执行委员会已实际成为欧洲政治合作机制的组成部分,使政治合作与欧共体紧密地联系起来了。

欧洲议会的干预权能是二者组织上交互关系的又一标志。长期以来,成员国外长同欧洲议会政治委员会成员间建立了定期对话制度。议员们可就政治合作问题提出质询,并由外长会议主席作口头或书面答复。而且外长会议主席代表政治合作体制,执行委员会代表欧共体,得分别就“欧洲联盟”进程向欧洲议会递交年度报告。此外,欧洲议会还经常自发地讨论政治合作事项,并发表有关的决议。虽然欧洲议会在政治合作中的地位不如它在欧共体的地位,其决议不具有法律拘束力,但一个国际议会机关能介入政府间的外交合作,实属少见。

需要指出的是,欧共体法院自始至终被排斥于欧洲政治合作体制之外。在过去的几十年间,欧共体对外关系权的纵横发展,在很大程度上是由于该司法机关判例法推动的结果。对于欧共体法院一贯的积极举动,成员国一直怀有顾虑:如果这种司法活跃气氛感染到政治合作领域,则势必结成员国对外关系主权带来更大的损抑。为此,《单一欧洲法》第 31 条特别强调:凡是政治合作事项,不隶属该机关的司法管辖。可以预见,有关政治合作领域的争端,成员国仍将诉诸国际法上的一般和平解决方法。

欧洲政治合作与欧共体的交互关系,从根本上来讲,是两种体制对外政策的协调一致。这里,仅以经济制裁措施为例,展示其演进过程。

早在20世纪60年代后期,联合国安理会曾先后作出有选择地和全面地制裁南罗得西亚的决定。当时,欧洲政治合作尚未正式形成。成员国根据联合国宪章的有关义务和欧共体章程的有失免除条款,各自以国内措施予以实施。为此,欧洲议会有关议员曾提出质询。部长理事会在答复中指出:此等制裁措施的目的是维护国际和平与安全,不属于《经济共同体条约》第113条共同商业政策范畴,欧共体无权利亦无义务实施安理会的决定,应由作为联合国会员国的各个欧共体成员国以国内措施为之。

20世纪70年代末,伊朗发生扣留美国人质事件。欧共体及其成员国作出了有别于上例的反映。首先,由当时的9个成员国联合发表声明,谴责这一行动违反国际法。后来,联合国安理会对伊朗的制裁决定因苏联否决未获通过。美国单独采取制裁行动,并呼吁其盟国加入这一行动。在这一国际背景下,外长们在部长理事会中展开两次讨论,其间均未邀请执委会参加。但是,有关制裁的决定指出:成员国的具体措施应通知执行委员会。在这一行动中,执行委员会的作用纯属技术和行政性协助,制裁措施仍以各成员国的名义进行。

1981年12月,波兰根据国内情势实行戒严。对此,外长会议发表了一项联合声明,其中建议对苏联采取经济措施。部长理事会随即作出决定,责成常驻代表委员会和执委会具体研究对苏的贸易政策。最后,根据欧共体决策程序,作成了削减苏联进口产品的条例。该条例的酝酿和颁布是两个体制间对外政策交互影响的成熟标志,即率先在政治合作中形成指导性决议,再由欧共体以适当方式予以实施。此后,大凡涉及政治因素的欧共体对外经济政策,不论其形成过程还是其具体内容,均仿效上述模式。

五、结　语

欧洲政治合作,是现代集团外交体系中处于不断演进的一种新型模式。它由法国外交政策的变化为契机,以首脑会议的宣言和外长会议的报告为其活动的基本方式,发展到以国际条约为其法律渊源。虽然12国间的此等合作仍属政府间水平,但是《单一欧洲法》的诞生无不是该合作体制质变的重要标志。

欧洲政治合作,是一种"即席外交合作"或称"临时外交合作"。它并不是制定或协调一般性外交政策,只是针对国际突发事件协调十二国的立场与行动。而且它的合作内容基本上排斥了12国间的政治关系。这与其他若干国家间的外交合作体制有重要的区别。值得注意的是,它的这一特点与欧共体对外关系的概念完全一致。由此可见,欧洲政治合作如同欧共体一样,是西欧一体化运动的组成部分,二者只是程度不同而已。

欧洲政治合作与欧共体,虽然长期分立运作,但二者的成员自始至终保持一致。这种资格的一致性业经《单一欧洲法》正确认可。可以预料,将来申请加入欧共体的国家不单是要接受欧共体一系列章程的义务,还得同时接受政治合作的义务。后者对于正在申请加入的瑞士和奥地利而言,是对他们永久中立国地位的严峻考验。

欧洲政治合作与欧共体的协调关系,始以组织机构的介入为标志,逐步发展到对外政策的交相呼应。种种迹象表明:成员国在政治合作中达成的共同对外政策在很大程度上依赖着欧共体的涉外措施予以实施,后者涉及政治因素的对外政策又受前者的制约。在欧洲联盟实现以前,二者一方面分立演进;另一方面彼此的协调关系也会越来越密切。

欧洲政治合作尚未形成严密的组织结构,本质上仍属一种政府间外交政策的定期磋商制度。最近,由法国和德国联合倡议,已将“政治联盟”列入成员国首脑会议的议程,欧共体各主要机关亦为之呼应。但是,英国对此反应冷淡。欧洲政治合作的未来发展,将为国际社会密切关注。统一后的德国及其发展、东欧局势的巨变、苏欧关系的演化,无疑均将对欧洲“政治联盟”产生深刻影响。整个欧洲的格局,尚在变动之中。欧洲将走向何处?这似乎仍然是一个早已提出而至今尚无确切答案的问题。

论欧共体法与成员国法的关系*

一、导语:命题的界定

本文的命题采用“欧共体法”而不是“欧盟法”,是有特殊界定的。现行的欧盟由欧洲经济共同体(以下简称欧共体)、共同外交与安全政策和司法与内务合作“三大支柱”构成。其中,第一支柱具有诸多的“超国家”因素,第二支柱和第三支柱属于政府间水平的。成员国法律与欧盟在第二支柱和第三支柱领域的法律之关系所适用的原则,与它们处理国内法与一般国际法的关系所适用的原则基本上是一样的。而作为具有“超国家”因素的欧共体,其法律是欧盟法律秩序中形成最早、发展最快、体系最完善、一体化程度最高、判例法最丰富、个性特征最突出的部分。系统研究欧盟的第一支柱法与成员国的关系,其理论和实践的重要性无论作何种高度的估计都不过分。

如同一般国际法与国内法一样,欧共体法与成员国法的关系主要涉及两个方面的问题:首先,欧共体法在各成员国的法律秩序中是否具有直接的效力和直接的适用性?其次,当欧共体法与成员国法发生抵触时,何者优先?遗憾的是,欧共体的基本条约对于这两大关系问题并未作出一般性的规定,只是规定了某种欧共体法律渊源的直接适用性。幸好欧共体基本条约赋予欧洲

---

* 本文原载于《法学论坛》2003年第1期。

法院享有统一的解释权。正是这一司法机关充分发挥其权威的欧共体法解释权，在实践中确立了欧共体法的直接效力和优先于成员国法的两大基本原则。这两项判例法原则实质上是欧共体法的基本特征，自 20 世纪 60 年代以来一直指导着欧共体法与成员国法的关系。下文将结合欧洲法院的判例，分别阐述直接效力原则和优先原则。

二、欧共体法的直接效力原则

（一）直接适用与直接效力：两个概念的联系与区别

“直接适用”（direct applicability）和“直接效力”（direct effect）这两个概念在法律文字中（立法文件、判例、著述等）很容易混淆，甚至经常交替使用。这两个概念的混乱在欧共体法中同样十分突出。姑且不论欧共体法的著述，仅就欧洲法院的司法判例而言，该法院经常不加区别地交替使用“直接效力”和“直接适用”两种措辞。

然而，必须明确的是，“直接适用”是欧共体基本条约中所采用的一个术语，而“直接效力”则是欧洲法院在其判例中惯用的表达方式。在欧共体法中，“直接适用”概念被用来说明其条例（regulation）这一立法形式在各成员国运作的途径。因此，《欧洲经济共同体条约》（以下简称《欧共体条约》）第 249 条（原第 189 条）明文规定，条例应在“所有成员国内直接适用”。这就意味着，欧共体以条例形式的立法在各成员国自动适用，不需要经过国内立法机关的批准、核准、确认、接受等转化手续。换言之，条例一经欧共体立法机关通过，就自动成为各成员国法的组成部分，直接约束成员国的国家机关或政府机构和司法机关。

既然欧共体条约只是在条例的情况下使用“直接适用”术语，那么欧共体条约本身和欧共体法的其他渊源（如指令、决定）是否也可以在成员国直接适用呢？要回答这一问题，一个重要的前提是必须区别基本条约使用的“直接适用”概念和欧洲法院判例中使用的“直接效力”概念。“直接效力”的含义：某些欧共体基本条约的条文和欧共体的立法，就赋予个人以权利和在某些情况下课加义务而言，可以在成员国产生直接的效力，即直接由国内法院执行。从严格的意义上来讲，“直接适用”和“直接效力”分别涉及欧共体法与成员国法关系中两个不同的方面，尽管这两个方面密切相关。“直接适用”针对的是一项欧共体法，如条例，在各成员国操作（产生效力）的方式；而“直接效力”则说明一项欧共体法在成员国正式生效后的效力（尤其是针对个人的权利和义务而言）。

根据以上的区分,英国的托斯(Toth)教授认为,"直接适用"术语应该只应用于欧共体的条例。至于欧共体的基本条约,使用这一概念并不合适。欧共体的基本条约作为一种国际法的文件,在其正式生效之前需要批准。在未批准之前,它既不能直接适用,也不能间接适用;在批准和生效之后,它就构成成员国法律体系的组成部分,从而约束或适用于各成员国(依照一般国法)和相应的国内机关(依照其本国法)。而且只有在欧共体基本条约被批准和生效后,欧洲法院才能够确认其某些条文在成员国与其法律主体(主要是个人)之间的法律关系中产生直接的效力。至于欧共体的指令(包括以成员国为对象的决定),它们根本不可能"直接适用",因为它们在任何情况下都需要成员国进一步的实施或转化措施来成为成员国法的组成部分。如果它们得到适当的实施,则它们只有通过此等国内措施才可能与个人发生接触;如果它们未得到正确的实施或未在规定的期限内实施,则它们有可能对个人在权利方面产生"直接效力"。不过,在后者的情况下,"直接效力"的法律基础不是有关指令或决定的"直接适用",而是有关成员国没有履行欧共体条约的义务。①

在欧共体法中,"直接适用"和"直接效力"二者的联系与区别可概括为如下几个方面:(1)欧共体条约的某些条文可以具有直接效力,而不引起它们是否可以直接适用的问题;(2)欧共体条例的定义本身表明,条例总是具有直接适用性质,从而其结果是产生直接效力;(3)欧共体的指令和以成员国为对象的决定的定义本身表明,它们在任何时候都不能直接适用,尽管它们有可能产生直接效力,但是此等直接效力的法律基础与条例的直接效力截然不同;(4)一项基本条约、条例、指令或决定的规定是否产生直接效力的问题,总是属于司法解释的事项,并在具体案件中取决于有关规定的性质、总的结构和措辞。②

(二)欧共体基本条约条文的直接效力

如前所述,直接效力是欧洲法院为确定欧共体法在成员国法律秩序中的效力而开发的一个新概念。这一新概念意味着:基本条约、机构立法以及欧共体缔结的国际协定的某些条文,可能在成员国产生不需要任何转化措施的法律效力,个人可以直接在本国法院援引这些条文来维护其权利,或国内法院直接援引这些条文来维护有关个人的权利。如果这些条文的直接效力是在个人与成员国之间的法律关系中产生,则理论上称为"纵向直接效力"(vertical direct

---

① A. G. Toth, The Oxford Encyclopedia of European Community Law, Vol. 1, 1990. 162 - 163.

② Ibid.

effect)；如果是在个人相互之间的法律关系中产生，则称为“横向直接效力”(horizontal direct effect)。

欧共体基本条约是否对个人的权利产生可执行的直接效力问题，首次出现于1962年著名的“范根与路斯案”。[①] 范根与路斯是荷兰的一家公司。它从德国进口一种化学产品，由于商品目录重新分类的结果，该产品在入关时所征收的进口税率高于该产品在《欧共体条约》生效之前的税率。该公司在荷兰一法庭指控这种关税的增高违反了《欧共体条约》原第12条(现第25条)的“冻结条款”。[②] 荷兰的当事法庭根据该条约原第177条(现第234条)的程序请求欧洲法院初步裁决两个问题，其中之一是“该条约第12条是否在国内法中具有直接的适用性，从而成员国的国民可以此条文为基础来主张国内法院必须予以保护的权利”。当时，有3个成员国政府介入这一案件，三国政府均认为：第12条只对各成员国产生国际义务，不对个人产生直接的效力。

欧洲法院在确立了其对该案的管辖权之后，认为上述问题的答复应从《欧共体条约》有关条文的“精神、总的结构和措辞”来分析。法院指出，既然欧共体的宗旨是建立一个与私人公民有直接关系的共同市场，该条约就不只是缔约国之间的一整套相互义务。与一般的国际条约不同，《欧共体条约》所建立的是一个构成“国际法中一种新型法律秩序”的共同体。为此，成员国已限制其主权权利，尽管是在有限的领域。在这个新的法律秩序中，其主体不仅是成员国，而且包括其国民。因此，欧共体法不仅对个人创立义务，而且赋予个人权利。这些权利不局限于基本条约明文规定的地方，还由于基本条约以明确的方式对个人以及成员国和欧共体机构所规定的义务。然后，欧洲法院将第12条置于“关税同盟”条款的上下文中进行结构分析，并得出结论：第12条“所含的是一种明确和无条件的禁止。它不是一种积极的义务，而是一种消极的义务。正是这一禁止的性质使它在成员国和其主体之间的法律关系中产生直接效力”。

“范根与路斯案”似乎表明：欧洲法院只是认为《欧共体条约》中有关禁止性或不作为式的条款才产生直接效力。然而，后来的判例却不以为然。《欧共体条约》有关“积极义务”或“作为式义务”的条款也可以产生直接效力，如关于取消既有的国内限制或歧视的规定或关于限令废弃或修改与欧共体法相抵触

① Van Gend & Loos, Case 26/62[1963]ECR 1.

② 根据该条的规定，自该条约生效之日起，禁止各成员国实施新的关税或具有同等效果的收费，并禁止增加现行的关税税率。

之国内法的规定。不过,这种直接效力往往有一个前提条件,即有关条款明文规定积极义务必须履行的期限,如过渡时期、某年、某月、某日。一旦期限结束,则个人可以在本国法院依照欧共体条约的某项条款指控成员国政府违反欧共体条约义务的行为。

关于《欧共体条约》条文的直接效力问题,欧洲法院已形成了大量的判例。我们从这些判例中可以得出两方面的基本认识。一方面,并非欧共体条约的所有条款均具有直接的效力。法院在认定特定条款是否具有此等效力的过程中已形成了一些重要的标准:(1)条款必须明确无误;(2)条款必须是无条件的,即不给成员国或欧共体机构留存酌量的余地;(3)如有期限规定,直接效力必须是在期限结束之后,等等。另一方面,经法院判例确立,有一大批《欧共体条约》的条款具有直接效力。这些条款多为涉及货物与人员流动自由、竞争法、禁止性别与国籍歧视等领域的基本原则。

"范根与路斯案"中的直接效力原则针对的是成员国政府机关(荷兰海关)与个人之间的关系,即纵向的直接效力。那么,《欧共体条约》的条文能否产生横向的直接效力呢?回答是肯定的。即使《欧共体条约》条文的义务是以国家为对象的,个人仍然可以在国内法院直接援引此等条款指控另一个人,这在"蒂芙里妮案"①中得到证实。

蒂芙里妮是一家比利时航空公司雇用的一名空姐。她根据《欧共体条约》原第 119 条(现为第 141 条)②在本国法院起诉这家航空公司。其主要指控为:该航空公司男性工作人员的工资比女性工作人员高,尽管都是执行同样的任务,航空公司的这种工资制度违反了《欧共体条约》第 119 条男女同工同酬原则。当事法院请求欧洲法院初步裁决的问题是,第 119 条是否具有直接效力以及在何种情况下具有直接效力。该航空公司曾经辩驳道:当时欧洲法院认可欧共体条约中有直接效力的条款涉及的是国家与其法律主体之间的关系,而第 119 条主要是针对个人之间的关系,所以第 119 条不产生直接效力。欧洲法院否定了航空公司的观点,并得出如下结论:"禁止男女之间的歧视不仅适用于政府机构的行为,而且延伸到旨在集体地规定劳动报酬的所有协议以及个人之间的合同。"

---

① Defrenne v. Sabena(No. 2), Case 43 75[1976]ECR 455.

② 该条规定,每一成员国应在过渡时期的第一阶段期间保证并在随后维持男女同工同酬的原则。

除了男女同工同酬的规定之外，欧洲法院还将横向的直接效力原则适用到《欧共体条约》的其他一些条款，如在雇用工人和提供服务方面禁止国籍歧视；在进口货物方面禁止数量限制和具有同等效果的措施；竞争规则，等等。

（三）欧盟机构立法的直接效力

在欧共体法中，不仅《欧共体条约》的条文在成员国具有直接效力，而且欧共体第二级法律渊源或其特定的条款也可以产生同等的效力。

1. 条例的直接效力

在欧共体机构的立法中，条例的直接效力不构成争议。与上述欧共体条约的条款一样，条例的直接效力既可以体现在纵向的法律关系上，也可以适用于横向的法律关系。那么，条例的直接效力的根据何在呢？正如欧洲法院在一系列案件中所指出的，条例的直接效力的依据是其自身的性质。《欧共体条约》第249条明确规定，条例“具有一般的适用性……整体的约束力和直接的适用性”。换言之，条例一经颁布，就可以立即产生法律效力，无须成员国进一步的转化措施。可见，条例的直接效力根源于其自身的直接适用性质。

2. 指令的直接效力问题

在3种具有约束力的立法文件中，指令的直接效力最富有争议。究其原因，《欧共体条约》第249条没有将指令确定为“直接适用”的法律渊源。指令是向成员国发布的，作为指令发布对象的成员国在实施指令的过程中享有一定的酌定权。可见，从当初欧共体缔造者的意图来看，指令与条例不同，不产生直接效力。然而，经过长时期的争论之后，欧洲法院在有关案件中确认：指令在一定的情况下也可以产生直接效力。该法院强调，第249条只规定条例具有直接适用性这一事实并不意味着其他具有约束力的法律不具有此等效力。法院反复重申道：“如果原则上排斥有关人员可以援引指令创设义务的可能性，这就与第249条赋予指令以约束力不相称。尤其是当欧共体机构已通过指令对成员国规定从事特定行为的义务时，如果个人在其国内法院被阻止援引指令以及如果国内法院被阻止将指令作为要素予以考虑，则这种法律的适用效力将被削弱……”①在这一前提下，欧洲法院进一步确认：个人可以在国内法院援引指令的规定来维护其直接从指令中产生的权利，并使当事法院裁决有关国内机关在选择实施指令的方式与方法过程中是否超出了指令所限定的条件。一言以蔽

① Case 41 74 Van Duyn[1974]ECR 1337.

之，指令也可以在各成员国产生纵向的直接效力。

然而，必须明确的是，指令的直接效力必须视具体情况而定。欧洲法院认为，对于指令的直接效力问题，有必要考究其规定的性质、总的结构和措辞是否在成员国与个人之间的关系方面产生直接效力。更重要的是，指令的直接效力依据与条例不同，即指令的直接效力不是其自身的直接适用性，而是有关成员国没有在指令规定的时限内正确地履行实施有关指令的义务。换言之，指令的直接效力只有在有关指令规定的实施时限结束之后才能产生。如果指令规定的时限没有结束，成员国仍有时间来履行其实施指令的义务，此时的指令不能产生直接效力。

接下来的问题是，指令是否也同基本条约和条例一样，可以在个人与个人之间的法律关系中产生直接效力（横向的直接效力），尤其是指令能否也对个人产生义务？长期以来，欧共体法专家们在这一焦点问题上争论不休，已形成了平分秋色的两派主张。反对指令具有横向直接效力者认为，指令不像条例那样被要求公布（原第 191 条，现为第 254 条），尤其是指令中的义务只针对成员国，不针对个人。赞成指令具有横向直接效力者则辩护道，虽然指令未被要求公布，但是事实上一直是公布的；既然《欧共体条约》的条文（同样是以成员国为对象，其义务同样是针对成员国）被认定具有横向直接效力，如果排斥指令的同等效力，那么这不仅不正常，而且可能损抑欧共体法的适用效果。①

对于这一棘手的问题，欧洲法院曾经尽可能回避。直到 1984 年，其才在一宗有关男女平等待遇的案件②中表明了司法立场。在该案中，马歇尔女士指控英国一地方卫生机构关于男女职工不同的退休年龄的硬性规定（男为 65 岁，女为 60 岁）是歧视性的，从而违反了欧共体关于平等待遇的第 76207 号指令。英国的上诉法院请求欧洲法院初步裁决如下两个问题：（1）男女不同退休年龄之做法是否违反了第 76207 号指令？（2）如果违反了，马歇尔女士能否在本案的情况下援引第 76207 号指令？该案一个重要的情形是，被指控的地区卫生机构虽然是一个“公共”机构，但是其操作又是以私人雇主身份进行的。在审理中，欧洲法院赞同该案总顾问的结论：（1）不同退休年龄的强制性做法违反了第 76207 号指令；（2）个人可以援引该指令指控诸如此类卫生机构的公共机构。

---

① Josephine Steiner. *Textbook on EEC Law*, 1992,32.

② Marshall v. Southampton & South West Hampshire Area Health Authority, Case 152 84[1986] ECR 723.

法院还进一步强调："如果一个被卷入法律程序的个人不能够根据一项指令来指控有关国家，他可以如此（意指可以指控此类公共机构——笔者注），而不论后者是雇主的身份还是公共机构的身份。"另外，法院明确提出，既然一项指令只对其发布的"每一成员国"有约束力，那么指令本身不可以对个人设立义务，指令的条款也就不可以被援引来指控此等个人。至此，指令的横向直接效力问题终于得到明确的司法意见。该案的裁决表明，欧洲法院实际上是通过否定指令的横向直接效力来加强指令的横向直接效力。

3. 决定的直接效力问题

根据《欧共体条约》第 249 条的规定，决定既可以向成员国作出，也可以向个人作出。由于以个人为对象的决定直接涉及有关个人的权利义务，其直接效力也是不言而喻的。然而，以成员国（一个或集体）为对象的决定之直接效力问题则是值得探讨的问题。虽然决定在某些方面不同于指令，但是向成员国发布的决定如同指令一样，通常需要成员国的实施措施转化才能对个人适用。在很长时期内，以成员国为对象的决定在没有相应的国内实施措施的情况下，能否产生直接效力的问题一直不明朗。欧洲法院从 20 世纪 70 年代开始才在一系列相关案件中解决这一问题。概括地讲，以成员国为对象的决定之直接效力与上述指令的情形是一致的，即一方面，此等决定在一定的条件下可以产生纵向的直接效力；另一方面，此等决定不可以产生横向的直接效力。

4. 国际协定的直接效力

在欧共体的法律体系中，有 3 种类型的国际协定可以在欧洲法院援引，并有可能被判定具有直接效力：第一种协定是欧共体在其缔约权能范围内缔结的协定（纯欧共体型协定）；第二种是欧共体与其成员国一起缔结的协定（混合协定）；[①]第三种是某些欧共体成立之前业已存在的、经欧洲法院认定为由欧共体继承的国际协定，如原来的关税及贸易总协定。

无论是哪一种类型的国际协定，《欧共体条约》并未明确规定其直接效力，而是由欧洲法院的裁决来确定。例如，欧洲法院曾经涉及一宗有关《雅温达公约》条文的直接效力争端案。该公约有关条文规定（与《欧共体条约》原第 12 条的规定类似），欧共体各成员国从该公约的联系缔约国进口的货物，享受逐步取消关税和具有同等效果的收费待遇。如前所述，欧洲法院已在其他有关案件

① 曾令良：《欧洲共同体与现代国际法》，武汉大学出版社 1992 年版，第 152～160 页。

中裁定《欧共体条约》原第 12 条具有直接效力。欧洲法院在审理此案时发现,该公约的背景是作为欧共体与前殖民地缔结的特别联系协定的继承条约。法院还注意到,公约关于禁止对这些联系缔约国的产品收取相当于进口税效果的费用是不附带任何明示或默示保留的。尽管公约规定联系国一方可以在这一方面享有单方面的协商请求权,这种双方义务的不平衡是欧共体联系协定的一个共同点,从而并不妨碍该公约的上述规定在成员国与个人之间的关系中产生直接效力。①

国际协定的国内效力通常是一国自由决定的事项,也是国家主权较为敏感的问题之一。因此,欧洲法院关于国际协定直接效力的裁决有时难免受政治气候的影响。20 世纪 80 年代初,它曾被请求裁决欧共体与葡萄牙缔结的《自由贸易协定》第 14(2)条的直接效力问题。该条款涉及禁止和取消对进口实行具有与数量限制相同效果的措施。案件是由英国进口葡萄牙制造的唱片而引起的。问题的关键是,唱片的版权所有者英国的波利多尔(Polydor)能否运用其版权来阻止葡萄牙制造的唱片的进口?英国上诉法院就该案两个主要问题请求欧洲法院初步裁决:(1)执行英国版权来阻止唱片进口是否构成欧葡《自由贸易协定》第 14(2)条的具有与数量限制相等效果的措施?(2)如果上述问题的答复是肯定的,则该协定第 14(2)条是否具有直接效力?

欧洲法院对于第一个问题作出了否定答复,并以第一个问题的否定答复为由认为它不适合对第二个问题作出答复。② 然而,真正的内幕是,除了诉讼当事方外,欧共体委员会和成员国政府都介入了这一问题,并分别在书面和口头陈述中表示反对国际协定在国内的直接效力。尤其引人注目的是,一向以"欧共体法卫士"著称的委员会这次谨小慎微。它认为直接效力概念不能适用于欧共体的对外关系,其主要理由如下:(1)国际协定与欧共体基本条约和机构立法具有不同的性质和目的;(2)诸如自由贸易协定这样的条约,其中的相互利益的平衡需要维持。③

事有凑巧!不久,欧洲法院又涉及一起关于欧葡《自由贸易协定》条文的直接效力争端案。这次是关于该协定第 21(1)条禁止对任何一缔约方的紧急进口实行歧视性税收的规定。这一规定与《欧共体条约》原第 95 条的规定类似。

---

① Bresciani, Case 87 75[1976] ECR 139 - 241.

② Polydor, Case 270 80[1982] ECR 329.

③ Jean-Victor Louis, *The Community Legal order*, second edition, 1990. 128.

在受理这一案件时,欧洲法院又遇到一些成员国政府的压力。它们在提交的陈述中反对将欧共体范围内的直接效力标准适用于欧共体缔结的国际协定。有趣的是,欧洲法院这次似乎没有受政治因素的影响,其结论是该协定的性质和总的结构原则上不排除直接效力的可能性。然后,法院裁定,该协定第 21 条的义务是无条件的(unconditional)和确定的(precise),从而具有直接效力。①

上述两案涉及的是同一国际协定,有关条文均与欧共体基本条约相应条文(已被确认为有直接效力)的措辞类似,而欧洲法院的裁决却不一致。根据英国的欧共体法教授哈德雷(Hartly)分析,欧洲法院的这种不一致源于两方面因素之间的冲突:一方面,欧洲法院在主观上想为执行国际协定提供一种有效的途径;另一方面,它在客观上又缺乏如此作为所依赖的坚实的法律基础。②

尽管如此,经过多年的判例积累,欧洲法院在 1987 年的一项裁决中概括了其判断国际协定的直接效力所遵循的原则和标准,即"欧共体与非成员国缔结协定之条款必须被视为具有直接的适用性,如果在考察协定本身的措辞、目标和性质的同时,有关条款含有清楚和确定的义务,而且该义务在其实施和效果方面不需要通过任何后续措施"。③ 综观欧洲法院后来在这一方面的判例,它基本上是依照上述原则和标准行事的。由于欧共体与特定国家缔结的联系协定的许多条款与欧共体条约的有关规定类似甚至雷同,绝大部分国际协定的条款被认定为具有直接效力的往往是那种准成员国式协定。相比之下,其他国际协定的条款是很难取得直接效力地位的。例如,欧洲法院曾在 1972 年涉及关税及贸易总协定的联合案件中否定了该总协定条文的直接效力。④

三、欧共体法的优先原则

(一)欧共体法优先的必要性和重要性

《欧共体条约》涉及广泛的范围,欧洲法院又在如此广泛的范围内延伸适用直接效力原则,而这些欧共体法调整的领域通常是各成员国国内法管辖的范畴,这就不可避免地产生了欧共体法与成员国法之间的抵触。在这种情况下,哪一种法优先呢?如何解决这一冲突,既关系到欧共体法的前途,又牵连到各

---

① Kupferberg, Case 104 81[982] ECR 3641.

② 8 *European Law Review*, 1983. 383.

③ Demirel, Case 12 86[1987] ECR 3752.

④ Joint Cases 21 – 24 72[1972] ECR 1219.

成员国法的效力甚至宪法问题。然而,也许是“优先”问题的过于重要和敏感,《欧共体条约》对此并未作出明确规定。

那么,欧共体法与成员国法的抵触,是否可以比照一般国际法与国内法之间的冲突解决办法来处理呢?必须指出的是,对于国际法和国内法何者优先的问题,国际法并无统一的规定,通常由各国作为国内法事项予以处理。在实践中,虽然各国的做法并不一致,但是大多通过宪法来确定。尽管如此,各国宪法对“优先”的规定又不尽相同,有的采用一元论,有的采用二元论。在采用一元论的国家中,国际法(主要指条约)从其批准时起就自动被接受为国内法,无须进一步的转换措施;在二元论的国家中,国际法只有通过国内立法的转化才能作为国内法的组成部分而具有国内法效力。在欧共体中,有的成员国是一元论制,如法国;而多数成员国是二元论制,如德国、意大利、英国。即使是同一类型的成员国,其具体做法也不相同。因此,在各成员国对于“优先”问题的处理存在差异的情况下,如果让各成员国法院适用本国法来解决欧共体法与成员国法的冲突问题,则欧共体法在各成员国的统一效力和统一适用就会成为空话。其后果不仅会削弱欧共体法对整个经济一体化的保证作用,而且会动摇成员国之间凝聚力与联合的根基。因此,不可将成员国关于一般国际法与国内法关系的传统做法照搬到欧共体法与成员国法的关系之中。

在没有基本条约的明文规定作依据的情况下,欧共体法的优先问题在实践中由欧洲法院和成员国法院(在欧洲法院的协助下)来处理。事实证明,欧洲法院在确立欧共体法优先原则的过程中发挥至关重要的作用。

(二)优先原则的确立

欧共体法优先于成员国法的原则首次确立于1964年的“柯斯塔案”。[①] 该案的原告为一个名叫柯斯塔的自然人,被告为意大利一家国有电力公司。当电力公司向柯斯塔收取电费时(1925里纳,当时约合1.10英镑),后者拒付,并以该电力公司的建立违反了欧共体法为由向米兰法院起诉。该电力公司是根据意大利一项关于电力供给国有化法令而设立的,这项国有化法令在时间上晚于《欧共体条约》以及意大利有关转化欧共体条约为国内法的立法。米兰当事法院请求欧洲法院初步裁决的问题之一就是上述诸项法律何者优先的问题。当事法院同时请求意大利宪法法院就同一问题作出裁定。在审理过程中,意大利

---

① Costa v. ENEL, Case 6 64[1964]CMLR 425.

政府在其陈述中认为,当事法院的请求完全不应接受,因为当事法院作为意大利的司法机关负有义务适用国有化法律,更何况该法律在时间上晚于有关欧共体的法律。意大利宪法法院的裁定亦持同样的观点。

欧洲法院首先强调欧共体法律秩序的显著特点。它列举了欧共体无限定的期限、对内对外的职权和成员国通过转让主权创立了"一种既约束其国民又约束其自身的法律体系"。然后,欧洲法院进一步考察欧共体条约的措辞与精神,认为不可能容许"各国以其单方面的和后续的措施优先于它们在对等的基础上所接受的法律制度"。法院还指出,欧共体法的优先地位可从《欧共体条约》原第189条关于条例在所有成员国的约束力和直接适用的规定中得到证实。法院注意到,"这一不附带任何保留的条款(意指该条约原第189条——笔者注)将会毫无意义,如果一个国家可以单方面用一种立法措施之手段来取消其效力"。最后,欧洲法院得出如下结论:"综上考察表明,根源于欧共体条约的法——一种独立的法律渊源,因其特殊性和原始性,不可能被国内法律规定所推翻。"值得一提的是,欧洲法院是以《欧共体条约》为基础的,而不是根据成员国宪法来确立欧共体法的优先地位。因此,在欧共体法与国内法的关系方面无须援引成员国有关调整国际法与国内法关系的宪法规定。

欧洲法院关于欧共体法优先的裁决通常直接指向成员国法院。因此,正如它在另一裁决中所指出的,在欧共体法优先的原则下,"每一个国内法院必须在其管辖范围内完全适用欧共体法和该法赋予个人的各项权利,并且必须将任何与该法相抵触的国内法规定置之不理,而不论此等规定是先于或是后于欧共体规则"。① 可见,欧共体法的优先地位是绝对和无条件的。

欧洲法院的判例还表明,欧共体法的优先不仅适用于欧共体基本条约的规定,而且包括欧共体的立法,更重要的是,其还适用于欧共体与第三国缔结的国际协定。仅以后者为例,欧洲法院曾在一宗有关《欧洲陆路交通协定》缔结权的案件②中指出,一旦欧共体为实施一项共同政策制定共同规则,则各成员国不再有权利,无论是单个的还是集体的,对非成员国订立影响这些共同规则的契约义务。而且一旦欧共体为一项共同政策缔结条约,这就排除了各成员国方面的并存权之可能性。

总之,从欧洲法院的立场来看,一切形式的欧共体法优先于一切与之相冲

① Simmenthal Case, Case 106 77[1978]ECR 629.

② ERTA Case, Case 22 70[1971]ECR 263.

突的国内法，而不论后者在时间上是先于或后于欧共体法。

（三）各成员国的反应

尽管在20世纪70年代以前，某些成员国的司法机关（如意大利宪法法院和德国宪法法院）曾不大愿意甚至拒绝接受欧共体法的优先地位，但由于欧洲法院始终如一的立场，后来各成员国法院对于这一原则似乎已不再产生怀疑，如果它们认为有关的欧共体法具有直接效力。

在有些成员国（如荷兰和卢森堡）中，其宪法（如1983年荷兰《宪法》第94条）或判例早已规定了国际法优于国内法，所以欧共体法优先被认为是当然的事。

在另一些成员国，优先原则的接受经历了一个演变过程。比利时一直是一个二元论制的国家，在该国中，国际条约与国内立法的地位相当，一旦发生抵触，国内法院采用后法优于前法的原则。1971年在欧洲法院裁决的影响下，最高（上诉）法院（Court of Cassation）终于改变了该国的传统原则。这种改变是因一起涉及欧共体法和国内立法的诉讼而引起的。《欧共体条约》生效之后，比利时政府曾对牛奶制品的进口制定了新的特别关税政策，结果被欧洲法院裁定为违反了《欧共体条约》第12条。随后，比利时国会于1968年一方面废止了上述政府的特别关税令，另一方面又通过了一项立法，后者实际上确认了原政府令的效力。一家比利时公司在一法院提出起诉，要求退还其支付的有关关税。当事法院驳回了诉讼，但是上诉法院接受了原告的上诉，并裁定比利时1968年的立法不能阻止该上诉法院在本案中适用欧共体法。比利时政府又不服上诉法院的裁决，再次上诉到比利时最高（上诉）法院。在总顾问的意见影响下，最高（上诉）法院作出了支持一般国际法，尤其是欧共体法优先于比利时立法的如下裁决："国内法的一项规定和在国内法律体系中具有直接效力之国际法规定之间存在冲突时，条约的规定必须优先。后者的优先是国际条约所造之法律的本质所在。""在本案中，当国内法的规定与欧共体法的规定之间存在冲突时，这尤其适用。创立欧共体法的各基本条约已建立了一种新的法律秩序，各成员国为此在基本条约所确立的领域限制行使其主权。"①

上述裁决措辞与欧洲法院在"柯斯塔案"中的表述相似，这标志着比利时已转变其"后法优与前法"的传统立场。从此，比利时各级司法机关在许多涉及两法冲突的裁决中均确认了欧共体法的优先地位。

---

① Jean-Victor Louis, *The Community Legal order*, second edition, 1990. 128.

在德国,其宪法法院对于欧共体法的优先地位也经历了一个认识和适应的过程。该法院在1971年6月的一项裁决中明确地将欧共体法定位为高于国内的普通立法,并指出由德国的普通法院在具体案件中决定可适用的法律,如果适用欧共体法,就给予该法以优先的地位。然而,对于欧共体法与德国宪法的关系问题,德国宪法法院的立场则有一个明显的转变过程。在20世纪70年代初期,其认为:如果欧共体法与德国宪法的基本人权条款之间存在冲突,则德国宪法优先。其理由是,当时的欧共体仍缺乏一个经直接普选产生且享有立法权的民主性议会,而且欧共体没有基本人权法典。20世纪80年代初,德国宪法法院又指出,任何涉及欧共体法的合宪性指控只能以指控德国批准《欧共体条约》之立法的形式提出,从而尽量避免德国宪法与欧共体法的直接冲突问题。1986年它进一步宣称:由于欧共体法自身对于基本人权的有效保护已有保证,欧洲法院对《欧共体条约》原第177条作出的裁决不受审查。虽然德国宪法法院在这里并没有直言欧共体法优先,但是它已事实上接受了这一原则。

在意大利,其宪法法院的态度转变富有一定的戏剧性。如前所述,欧共体法与成员国法的优先问题首起于意大利。该国宪法法院在"柯斯塔案"中明确地坚持二元论,并裁定该国批准欧共体条约的立法不得优于该国的其他普通法。1973年它曾在一项判决中含蓄地承认欧共体条例优先于时间在后的国内法。但是,1975年它又决定:意大利立法与欧共体条例之间的冲突产生有关立法的合宪性问题应由初审法官向宪法法院请求裁决。直到1984年,该法院才遵循欧洲法院的有关裁决,并重新决定:今后初审法院无须请求宪法法院,可以自行决定不适用与具有直接适用性之欧共体法相抵触的国内立法。然而,对于涉及意大利法律制度的基本原则和基本人权的冲突,仍应由宪法法院来审查。

在法国,与行政法院相比,普通法院更乐于接受欧共体法的优先地位。就普通法院而言,其涉及欧共体法优先的典型案例是1975年最高(上诉)法院的一项裁决。一家法国可溶咖啡制造商从荷兰进口的咖啡蒸馏品的税收高于直接进口到法国的绿咖啡。这一歧视性征税违反了《欧共体条约》原第95条。该制造商起诉征税机关,请求退还被错征的税额。初审法院和巴黎上诉法院均裁定原告胜诉,因为法国《宪法》第55条规定条约优于国内立法。最后,最高(上诉)法院驳回了被告的上诉,裁定:"1957年3月25日的条约,依照上述宪法规定,具有高于法规的权威;它创立了一种特别的法律制度并与各成员国法律体系融为一体。由于其特殊性质,它创立的这种法律制度对成员国的国民具有直接的适用性并约束它们的法院。因此,上诉法院的裁决是正确的,并未超越其管辖权，即将《欧共体条约》第 95 条而不是《海关法典》第 265 条适用于本案，尽管后者在日期上居后。”[①]虽然法国的上诉法院和最高（上诉）法院所依据的是本国的宪法规定，但是它们毕竟正式承认了欧共体法优先于时间在后的国内立法。

与此相反，法国的最高行政法院（Conseil d' Etat）则长期反对欧共体法优先于时间在后的国内立法。直到 1989 年 10 月，在法国宪法理事会的影响下，最高行政法院才在一项裁决中最终承认国际条约优先于国内立法，尽管后者的时间在后。不过，这一裁决并没有将《欧共体条约》视为特殊的条约，而是将它与一般国际条约相提并论。

至于后来几次加入的成员国，除英国外，其他成员国尚未出现欧共体法与国内法冲突的案例。作为一个二元论制且无成文宪法的国家，欧共体法在英国的地位应以《1972 年欧洲共同体法案》（European Community Act 1972）为依据。但是，该法案只是明文规定了欧共体法在英国的直接适用性，并未规定它在英国的优先地位。早期的英国判例对优先问题的态度不明朗。德林勋爵（Lord Denning）曾在上诉法院的两项判决中指出，欧共体条约“与任何法规具有同等效力，当我们加入欧共体之后，我们的议会颁布法令要求我们应受欧洲法院确定的那些原则的约束……第二项原则就是欧共体法优先”。然而，上述意见并未完全解决欧共体法在英国的优先问题。例如，在 1979 年的一宗案件中，上诉法院裁决《欧共体条约》原第 119 条优先于英国的《同工同酬法》（Equal Pay Act）和《性别歧视法》（Sex Discrimination Act），其中前者是在英国加入欧共体之前制定的，后者是后来颁布的。然而，在同一判决中，德林勋爵发表了下述意见：“如果我们的议会蓄意通过一项法案旨在否定《欧共体条约》或其中的任何条文或有意识地不与它一致并以明确的措辞表示之，那么我们应该认为遵守我们议会的法律是我们法院的职责。”这一观点亦得到了英国上议院的赞成。[②]

欧盟首脑会议作出决定，将从 2004 年 5 月开始接纳东欧和地中海 10 个国家加入欧盟。可以预料，欧共体法与这些新成员国的国内法之间的关系势必成为法律学界和实务界关注的一个焦点。虽然目前尚无法断定欧共体法将会给这些新成员国的法律制度产生何种影响，但是有一点是肯定的，即这些国家加入欧盟之后，在处理欧盟法与国内法的关系上，必须有别于处理一般国际法与国内法关系的实践。

---

① Jean-Victor Louis, *The Community Legal order*, second edition, 1990. 128.

② Ibid.

欧洲联盟治理结构的多元性及其对中国和平发展的影响*

导论:欧盟治理结构的界定

一个时期以来,治理或治理结构在国内外政治学、国际关系学、经济学和法学界是一个时尚的概念,使用率很高(尤其是在政治学和经济学领域①),如国家治理(结构)、公司治理(结构)、全球治理(结构)等,也一直是学界和政治家及其智囊们探讨的热门话题。这一颇为流行的概念主要是用来描述或分析一个特定的社会(国家、国际社会或区域社会)或特定的实体(如国际组织、公司、法人团体)的统治或管理或经营模式。② 任何治理模式的选择,其最终目标应该是实现一个社会或实体的法治和良治。

治理在欧盟有其特定的含义。根据欧盟委员会2001 年发布的《欧洲治理白皮书》,它是指"在欧洲层面

---

* 本文原载于《欧洲研究》2008 年第 3 期。

① See Simon J. Bulmer, "New Institutionalism, The Single Market and EU Governance", Arena Working Papers, WP 97/25, p. 2, http://www. aera. uio. no/publications/wp97_25. htm,最后访问日期:2007 年 3 月 13 日。

② 一位著名的政治学家认为,治理概念并不确定,在当代社会科学中至少有以下六种不同的含义:(1)最低限度(或标准)国家;(2)公司治理;(3)新型公共管理;(4)良(善)治;(5)社会控制系统;(6)自我组织网络。See R. Rhodes, "The New Governance: Governing Without Government", Political Studies, Vol. 44, 1996, p. 625.

上影响权力行使方式的各种规则、程序和行为,尤其是在涉及公开、参与、责任、效力和连贯性的方面"。这些是良治的五个基本方面或原则,以增强欧盟基本条约确立的从属性原则(又译为辅从性原则)和相称性原则(又译为比例性原则)。①

欧盟的治理结构,从1957年3月25日两个《罗马条约》签署时算起,已经整整50周年。它一开始就以独具一格的模式吸引着国际社会,并随着其一体化领域的拓展和深化而不断得到完善和创新。然而,对于欧盟治理结构的定性,却一直存在争议。其中最为普遍的观点认为,欧盟是一种典型的超国家治理,而与之相对的是一种保守的观点,即认为欧盟本质上仍然是一种政府间治理或国家间治理模式,尽管在特定领域或事项上具有某些超国家的因素。

这里需要特别指出的是,有的学者并不刻意在国家间治理和"超国家"治理之间进行划分,而是将二者都界定为"超国家"治理,因为二者都属于国家决策的范畴。耶鲁大学法学院一位教授最近撰文指出:"国际决策可以通过政府对政府谈判和以条约形式的契约交换特定承诺的方式得以实现。此外,政府可以通过相互承认彼此的国内规则协调政策。但是,当民族国家同意的不是特定的实质结果,而是决定程序,它们就创立了全球决策或超国家治理体制。"②还有一些学者将全球市场经济和一系列国际规范体系的出现作为某种程度的"超国家"治理的典型例子,如世界贸易组织的贸易自由化工作、世界卫生组织的全球健康决策、国际标准化组织从事的标准设置、经济合作与发展组织化学制品集团开发的检测议定书和风险评估方法,等等。③ 因此,从这个意义上来讲,"超国家"治理在当今世界上并非欧盟所独有,只是其"超国家"治理的程度和范围要比其他全球治理体制高得多和广泛得多。

此外,对于欧盟治理结构的界定还先后出现了准联邦治理结构、功能联邦治理结构、新组织主义等理论或学说。

对欧盟治理结构的这些学术界定,一方面都有其一定的合理性,另一方面又都存在明显的局限性。"超国家"治理说如果适用于欧盟的第一支柱——欧

---

① 资料来源:http://ec.europa.eu/governance/governance/index en.htm,最后访问日期:2007年3月15日。

② Daniel C. Esty, "Good Governance at the Supranational Scale: Globalizing Administrative Law", *The Yale Law Journal*, Vol. 115, 2006, p. 1499.

③ Ibid.

洲共同体,尤其是欧洲煤钢共同体事务,也许在很大程度上是贴切的。但是,如果将它适用于欧盟的第二支柱和第三支柱,即共同外交与安全政策及防务政策和警察与刑事司法合作,则难免牵强了,因为这两个新的一体化领域的治理是建立在传统的政府间水平的基础上的。同样地,国家间或政府间治理说,固然可以描述欧盟的第二支柱和第三支柱的运作,但却难以说明欧盟第一支柱的诸多超国家治理特点。在欧盟的治理过程中,在组织结构和欧盟机构之间以及与成员国之间在权力划分等方面,的确引入了一些联邦国家的治理理念、原则或做法,如从属性原则、专属权能原则、分享权能原则的确立和适用。然而,如果准联邦是联邦体的一种过渡治理结构,则显然不是欧盟的性质,因为欧盟的设计者们从来就没有将欧盟的终极目标确立为一个欧洲联邦,尽管近代欧洲曾有所谓"欧洲合众国"的理论构想。至于功能联邦论,其优点在于它指出了欧盟与经济、社会、科技等领域存在的大量专门性国际治理体制的共性,而其缺陷在于它不能从理论上彰显欧盟治理的特殊性。

本文将首先从法律角度,尤其是从国际组织法和比较法的角度,以多元性作为立论的逻辑起点和终点,阐述欧盟的治理结构。笔者拟从欧盟主要机构的设置和组成方面入手,阐述欧盟治理的多元建构;接着探讨欧盟各种主要机构之间的权力配置,从而透视出欧盟在法律和政策制定这一核心治理权力要素上所体现的多元性;然后通过揭示欧盟立法/决策的复杂程序和过程,展现欧盟各主要政治和社会力量或欧盟法律主体在欧盟法律体系形成与完善中的地位与作用;再解析欧盟的立法与政策在欧盟和各成员国的双层实施机制,以及欧盟主要机构、成员国政府、自然人、法人和其他民间社会团体在保证和监督欧盟法律和政策实施方面所凸显的多元力量。笔者将分别概括欧盟委员会发布的《欧洲治理白皮书》和新近签署的《里斯本条约》在改进现行欧洲治理结构方面的一些主要措施。此外,笔者试图从务实和政策的角度粗略评估或预测欧盟的多元治理结构给中国实施和平发展战略,尤其是中欧关系产生的影响,并提出中国应该采取的对应措施。最后围绕本文的主题和论述得出一些初步的结论。

一、欧盟的多元治理结构

(一)组织体制上的多元性

欧盟治理结构的多元性首先表现在它的主要机构的设置上。虽然国际组织[①]的主要机构的多寡在国际法上并没有一定之规,完全取决于有关组织的成员国依据该组织的宗旨和职能的实际需要而定,但是,绝大多数的国际组织的主要机构均由审议与决策机构、执行机构、行政管理机构构成。另外,有一些国际组织还设有司法机构或争端解决机构。欧盟不仅拥有上述这些主要机构,还另设欧洲议会作为其主要机构。而且从《马斯特里赫特条约》开始,过去作为欧共体专门机构的审计院也提升为欧盟的主要机构。可见,欧盟在组织体制上突破了一般国际组织的决策机构—执行机构—管理机构的"三驾马车"基本模式,而是在国际治理中创立了由立法/决策机构—议会机构—执行机构—司法机构—审计机构构成的"五驾马车"核心治理结构。

欧盟在组织体制上的创新不仅表现在主要机构的设置数量上,更重要的是体现在其主要机构在组成上的多元性。在其他国际组织中,除了秘书处和司法机构外,最重要的审议、决策和执行机构均由成员国代表组成。在欧盟的5大机构中,唯有欧盟理事会的构成严格遵行国家代表原则,欧盟委员会、欧洲议会、欧洲法院和审计院4个主要机构都由非国家或政府的代表构成,其中每一个非国家或政府代表组成的主要机构在成员的资格上又各有自己的特点。可见,欧盟主要机构的组成集合了国家或政府代表、欧盟公民代表以及政治、经济、社会、法律各界精英代表等多层政治与社会力量。[②]

(二)立法/决策权力配置上的多元性

欧盟权力的划分与行使在当今国际体制中也是自成一类。首先,欧盟的立法/决策权力的配置既不同于其他国际组织,也不同于现代民主国家。欧盟之所以不同于国际组织,是因为其机构行使着成员国转让的主权权力,而且有些领域的权力甚至是专属性的(如在共同商业政策领域),完全取代了成员国的权力。欧盟之所以不同于现代民主国家,是因为其立法和执行权能不是由单一的机构行使,而且其主要机构还身兼立法和执行两大职能。欧盟的立法权部分地

---

① 这里所指的国际组织仅限于政府间组织,不包括国际民间组织或非政府间组织。

② 也许,混合代表原则并不是欧盟的独创。例如,在国际劳工组织的大会机构中,每一个成员国的代表团由4人组成,其中政府代表限定为2名,另2名分别由劳资双方各派代表1名。不过,这似乎是国家代表原则的一种辅助,因为劳资双方的代表在国际劳工组织中并未形成独立的代表机构,而且其人选由成员国政府与有关行业组织和工会协商产生。也有个别国际组织设有议会机构(如欧洲委员会)。但是,其他国际组织的议会机构由成员国国内议会机构的代表组成,而欧洲议会机构的议员自1979年以来一直是通过直接普选产生。参见曾令良:《欧洲共同体与现代国际法》,武汉大学出版社1992年版,第25～26页。

由理事会独立行使，部分必须与欧洲议会分享，欧盟委员会在一些领域也享有独立的行政法规的制定权。

欧盟的执行权能总体上在各成员国和欧盟两个层面上构建。就成员国层面而言，欧盟的立法/决策的执行由各成员国的联邦（中央）政府和各级地方政府负责。从欧盟机构的角度考察，虽然欧共体框架中的执行权能主要是由欧盟委员会掌管，但是通常是在理事会的授权下进行的，后者又通过设立专门委员会的方式协助（实际上是监督）欧盟委员会执行欧盟的立法/决策。而且在共同外交与安全政策和警察与刑事司法合作领域，欧盟层面的执行权主要由理事会拥有。更重要的是，欧盟机构执行权的有效行使在很大程度上有赖于它们与成员国之间的积极合作。所以，在欧盟的治理结构中，不存在单一的立法机构和单一的执行机构。①

欧盟司法权的设置在当今全球治理中别具一格。尽管其他一些国际组织中也设有司法机构，但是迄今还没有任何一个国际司法机构像欧洲法院这样拥有广泛的管辖权并发挥如此重大的作用。在管辖权方面，欧洲法院集多种司法职能于一身。它既行使普通法院的管辖权，又行使类似于一些国家的宪法法院和行政法院的管辖权；它既是特定领域的初审法院和终审法院，又是另一些领域或事项的上诉法院；它不仅处理成员国之间的争端，而且对成员国与欧盟机构之间、欧盟各个机构之间、个人与成员国之间、个人与欧盟机构之间以及个人相互之间的特定诉讼行使管辖权。另外，它还在欧共体与第三国或其他国际组织缔结国际协定方面享有咨询管辖权。

在欧共体的管辖权中，初步裁决权最富有个性。这一职权的要点是，应成员国法院或裁决机构的请求，欧洲法院对欧共体法的解释和欧共体法的有效性问题作出初步裁定，然后由相关的成员国法院根据这一裁定对具体案件的实质争端作出判决。尤其值得注意的是，欧洲法院的其他管辖权均直接由成员国政府、欧共体机构或个人作为诉讼主体，唯有初步裁决的请求只能由成员国的司法机构提出。

半个多世纪以来，欧洲法院利用其广泛的管辖权解决了数以千计的各种涉及欧盟的法律争端，为欧盟共同市场的建立和完善提供了司法保障。更重要的是，它还充分利用欧盟基本法律文件赋予的法律解释权，为推动欧盟法律体系

---

① See Jo Shaw, *Law of the European Union*（Second Edition）, London: Macmillan, 1996, p. 107.

的完善和法治进程做出了创造性的贡献。欧盟法中的一些重要的原则都是欧洲法院在欧盟法没有明文规定的情况下通过大胆而合理的司法解释确立的,如直接效力原则、优先原则、相称性原则、平行发展原则。

(三)立法/决策程序上的多元性

欧盟在立法/决策程序或过程中的多样性,首先体现在三个支柱领域分别实行不同的立法/决策程序。概括地讲,在第一支柱领域中,欧盟的立法/决策程序处于超国家治理的水平,在第二支柱和第三支柱领域中,欧盟的立法/决策过程基本上属于政府间治理的层次。

毫无疑问,欧共体立法/决策程序因其超国家的设计与运作而最具有代表性。更重要的是,这一领域现行的立法程序因涉及的事项不同而又有多种形式。据欧盟委员会的一份报告披露,从欧盟的基本条约的规定中可以辨识出22种不同的立法程序。[①] 由此可见,欧盟的立法程序十分的复杂。尽管如此,协商程序(或一读程序)、合作程序(或二读程序)、同意程序和共同决定程序是欧盟立法的4种基本模式。

在"协商程序"下,欧盟的立法措施遵循的基本步骤如下:(1)欧盟委员会提出立法提案并递交到理事会;(2)理事会收到提案后与欧洲议会和/或经社委员会和/或区域委员会协商(或在有关情况下与欧洲中央银行协商);(3)理事会以简单多数或特定多数或全体一致同意的方式通过有关立法。虽然在协商程序中欧洲议会或其他有关机构(如经社委员会、区域委员会和欧洲中央银行)的意见不具有约束力,但是,凡是《欧洲经济共同体条约》(以下简称《欧共体条约》)有明文规定的地方,欧洲议会和其他机构的协商权构成欧盟立法"必不可少的程序要求"。

"合作程序"的目的是增强欧洲议会在欧共体立法过程中的影响,但并不给予它真正的共同立法权。因此,合作程序实际上是一种更为缜密的协商程序,即欧洲议会对于有关的法案在原有的协商程序的基础上享有二读的权力。目前,合作立法程序主要适用于如下领域或事项:消除基于国籍的歧视、共同运输政策、保证经济政策更加紧密协调、平等进入金融机构、货币发放、工人健康与安全、欧洲社会基金运作的实施性决定,等等。

"同意程序"是通过《单一欧洲文件》确立的一个新程序。当时,这一程序

① See Jo Shaw, *Law of the European Union*, p. 143.

仅适用于两个方面的决定：一是接纳新的欧共体成员国；二是欧共体与第三国缔结联系协定。通过《马斯特里赫特条约》修订的《欧共体条约》又将这一程序的适用扩展到其他一系列事项，如联盟公民权的行使方式，欧洲中央银行具体职责的确定，欧洲中央银行体系议定书的修订，结构基金（Structural Fund）的任务、优先目标和结构设立聚合基金（Cohesion Fund），①欧洲议会直接选举的程序，特定领域国际协定的缔结，等等。"同意程序"意味着凡是属于这一程序的事项，没有欧洲议会的同意，就不可能形成有约束力的立法文件。因此，这一程序实际上构成欧洲议会的否决权。

"共同决定程序"是《欧共体条约》对原有的立法程序进行修订的一个重要举措，它使欧洲议会在特定事项上真正与理事会共同行使立法与决策权。这一新程序的实质意义在于，它使理事会与欧洲议会之间，在一些领域的立法方面形成一种相互影响和相互作用的关系，这种关系似乎可与某些国家议会两院之间的关系相比拟。根据有关统计，《欧共体条约》共有 14 处规定适用"共同决定程序"：工人自由流动的措施；经营权利一般计划实施的指令；工人流动自由之例外的协调；相互承认文凭的指令；自我雇用者的法律协调；服务自由；完善内部市场建设的协调；同等国内措施（未经协调）的承认；教育、职业培训和青年的鼓励措施；文化的激励措施；公共健康的激励措施；消费者保护的具体行动；研究与发展的多年度框架；环境的一般行动计划。②

（四）立法/决策在实施与监督上的多元性

在任何一种治理结构中，法律与政策的实施总是至关重要的，因为任何社会的法律或政策无论是多么的完善，制定的水平无论有多高，如果得不到有效的实施，则其价值就无法体现，其作用就得不到发挥。但是，尽管欧盟治理结构的一体化程度很高，具有诸多的所谓"超国家"因素，它毕竟还不可能与国家治理结构同日而语。如同其他政府间治理结构一样，欧盟总体上缺乏像国家那样的手段和资源来实施其法律和政策。例如，欧盟没有自己的警察、税务、海关和

---

① See"Consolidated Version of Treatyon European Union and of Treaty Establishing European Community", Article161. 欧盟设立的结构基金和聚合基金主要用于两个相互联系的目的：一是扶持欧洲较落后的地区，二是支持欧洲基础设施的一体化，尤其是在交通领域。目前实施的计划是从 2007 年 1 月 1 日到 2013 年 12 月 31 日，其中 2770 亿欧元预算为结构基金，700 亿欧元预算为聚合基金，载维基百科，http://en. wikipedia. org/wiki/Structural Funds and Cohesion Funds，最后访问日期：2008 年 4 月 30 日。

② See Jo Shaw, op. cit. , p. 153.

其他相关的机构或部门来执行如征收关税以及实施共同农业政策、渔业政策、工业政策、竞争政策、运输政策、社会政策、能源政策、科技政策、外交与安全政策等领域的具体措施。因此,除个别领域(如共同竞争政策)外,欧盟法律与政策的实施主要还是依靠各成员国的各级国家机关和政府部门。

那么,欧盟是如何利用并保证各成员国的机关或机构来有效实施其法律和政策呢?首先,它依靠各成员国忠诚履行欧盟的一般义务,主要法律依据是《欧盟条约》第10条。其次,欧盟机构的单个立法文件(如条例、指令、决定)为成员国的实施和执行规定了详细的程序和要求。通过上述途径来实施欧盟法被一些欧盟法学者称为"间接实施"或"间接执行"。[①] 近年来,欧盟委员会开始注重激励欧盟法律与政策实施方面的纵向合作(欧盟与成员国之间)和横向合作(成员国之间),强调欧盟与成员国之间和成员国之间应交流有关实施欧盟法的信息。

为保证成员国有效实施欧盟制定的法律和政策,欧盟从一开始就建立了颇为完备的监督机制。《欧共体条约》第226条专门规定了欧盟委员会监督成员国实施欧共体法的程序,而第227条则为成员国之间的相互监督规定了类似的程序。根据《欧共体条约》这两条的规定,欧盟委员会或/和任何成员国可以将不实施或没有合法、有效、适当实施欧共体法的有关成员国作为被告起诉到欧洲法院。通过欧盟司法程序保证欧盟法实施的这种方式被称为"直接实施或执行"。此外,个人(自然人和法人)还可以利用欧洲法院的初步裁决管辖权来间接监督成员国实施欧共体法。

最后,值得指出的是,如果司法审查制度在国家治理中早已司空见惯,那么它在国际治理结构中则极为鲜见。然而,欧盟是一个例外,它为欧盟机构行为(作为和不作为)而建立的司法审查制度,其健全与完善程度丝毫不亚于一个国家的司法审查制度。在欧盟,不仅欧盟主要机构和成员国是司法审查诉讼的完全的主体,个人对于欧盟特定的行为,在满足一定的条件下,也可以向欧洲法院起诉欧盟机构。

---

① Dainith, "European Community Law and the Redistribution of Regulatory Power in the United Kingdom", 1 *ELJ* 134, 1995.

二、《欧洲治理白皮书》的“更好规制”战略①

欧盟委员会于2001年发布了《欧洲治理白皮书》。与此同时，还启动了一项被称为“更好规制”（better regulation）的战略。该战略构成改进欧盟治理结构的重要实质内容，旨在根据欧盟的相称性原则，简化和改进现行规章，更好地制定新的规章和加强规章的遵守与效力。这一战略的实施基于以下三条关键的行动路线：（1）在欧盟层面促进更好规制工具的设计和使用，主要是简化和减少行政负担和影响的评估；（2）与各成员国密切配合，保证各项更好规制的原则在整个欧盟得以一致适用；（3）在欧盟和国内两个层面加强各种利益相关者与所有规章制定者之间的建设性对话。为此，欧盟委员会着重采取了以下一些行动。

第一，欧盟委员会确立了民间社会参与欧盟法律制定的建议和逐步实施的行动方案。具体措施包括以下几方面：2001年前欧盟委员会完成制定协商的最低标准并在一项行为准则中予以公布，从2002年起在一些部门开发更为广泛的伙伴安排；经济与社会委员会在欧盟政策的前期检查方面应发挥更大的作用，如准备调研报告等；各成员国应检讨和改进欧盟政策的协商程序；理事会和欧洲议会应审查它们与市民社会之间的关系，并于2004年以前在建立最低协商标准的基础上，确立协商的一般参考框架。

第二，作为《欧洲治理白皮书》的组成部分，欧盟委员会还作出了一个有关欧盟政策评估的建议报告，主要是提出促进欧盟立法的质量、效率和简化的途径和方法。其中，特别提倡创建“一个更为浓郁的评估与反馈文化”，以保证法案不至于规制过头和决定在适当的层面上做出和实施。经过数年努力，欧盟委员会于2005年6月15日通过了一项《新的欧盟委员会影响评估指南》。

第三，欧盟委员会提出专门报告，列出在欧盟政策形成和运作中利用的专家的建议。为落实《欧洲治理白皮书》在这方面的规定，欧盟委员会于2002年

---

① “Governance in the European Union: A White Paper”, http://ec. europa. eu/governance/better regulation/index en. htm; http://ec. europa. eu/governance/governance eu/civil society en. htm; http://ec. europa. eu/governance/governance eu/policies en. htm; http://ec. europa. eu/governance/governance eu/experitiseen. htm; http://ec. europa. eu/governance/governance/decentral en. htm; http://ec. europa. eu/governance/governance/nat policies en. htm; http://ec. europa. eu/governance/governance eu/comm law en. htm; http://ec. europa. eu/governance/governance eu/geo decentral en. htm，最后访问日期：2007年3月22日。

12月以通告的形式对其各部门获取和利用外部专家意见作为协商程序的组成部分厘定了指南。

第四，欧盟委员会就建立规章制定机构框架提出专门建议，以使欧盟立法去集中化。为此，《欧洲治理白皮书》就欧盟层面设立规章制定机构确立了如下条件："……必须遵守机构①间权力平衡和不损害其相应的作用和权力。"2002年12月，欧盟委员会发布通告，就设立新的规章制定机构规定了具体的标准。

第五，《欧洲治理白皮书》还规定利用公开协调方式促进特定的成员国政策之间的融合。但是，这种公开协调方式不得削弱《欧共体条约》中共同目标的实现或欧盟机构的政治责任，而且如果有可能通过欧共体方式采取立法行动，则不得使用。此外，这种公开协调方式必须用来实现确定的欧共体目标，并应建立定期向欧洲议会报告的机制。最后，欧盟委员会应深入参与，并发挥协调作用。

此外，《欧洲治理白皮书》还就欧盟立法/决策在地理上的去集中化确立了专门的行动要点，其目的是增强国家、地区和地方决策者们参与欧盟标准和政策的制定与适用。与此同时，《欧洲治理白皮书》就加强欧共体法（特别是指令形式的立法）在各成员国的适用提出了一些具体措施。

2006年11月欧盟委员会就"更好规制"战略的实施进行了检查，结果表明已经取得了实质性的进步，并同时制订了进一步推进的计划。

三、《里斯本条约》对欧盟治理结构的改革

虽然《欧洲宪法条约》及其欧盟治理结构的改革蓝图宣告破产，但是欧盟成员国新近签署的《里斯本条约》②总体上吸收了《欧洲宪法条约》有关欧盟治理结构的内容。即在保持欧盟现行的组织框架、职权分配和运作程序的基础上，对欧盟部分主要机构的地位、作用、组成、产生方式等进行适当改革，以提高欧盟的民主性，增进欧盟的运作效率和强化欧盟的一体化程度。

第一，作为提高欧盟民主性的一个标志，《里斯本条约》进一步巩固和提升

---

① 意指欧盟条约中确立的主要机构和专门机构。——笔者注

② 又称为《改革条约》，正式名称为《修改〈欧洲联盟条约〉和〈欧洲共同体条约〉之里斯本条约》，于2007年12月13日在葡萄牙里斯本首脑会议上签署，计划于2009年1月1日生效（如果得到所有欧盟成员国的批准）。虽然《里斯本条约》的名称和内容删除了原《欧洲宪法条约》中与"宪法"有关的术语、措辞、标志或象征，但是承袭了后者大部分的改革规定。

了欧洲议会在欧盟治理结构中的地位与作用。在确立欧洲议会的职权时，明确规定“应与理事会一起共同行使立法和预算职能”，[①]并且将欧洲议会的其他职能，如“政治控制”“协商”和“选举欧盟委员会主席”等，置于其“立法和预算”职能之后。而且欧洲议会在预算方面的权能得到进一步加强，它不仅对非强制性预算具有决定权，而且对于强制性预算项目也有更大的干预权力。《里斯本条约》的生效意味着今后的欧洲议会是一个与理事会并驾齐驱的立法机构，这与它过去和现在先后纯属协商机构和只是部分地行使立法权的地位形成鲜明的对照。

第二，《里斯本条约》明确地将欧洲理事会列为欧盟组织结构的组成机构。[②] 虽然欧洲理事会作为欧盟的最高决策机构早已是一种事实，但是过去和现行的欧盟基本条约并没有将它列为欧共体/欧盟组织框架内的一个主要机构，甚至并没有将它视为一种正式的机构。例如，《欧盟条约》第 4 条对于欧洲理事会的组成是这样表述的：“欧洲理事会应将成员国国家元首或政府首脑和委员会主席召集在一起（bring together），他们应得到成员国外交部部长和委员会的一位委员的协助……”从上述措辞可以看出，《欧盟条约》并没有直接使用“组成”（consist of）一词，这实际上是将欧洲理事会继续视为一种定期的首脑会议。而且外交部部长和委员会委员所要协助的是“他们”（首脑们），而不是作为机构的欧洲理事会。《里斯本条约》的相应规定则有显著的区别，即“欧洲理事会应由成员国国家元首或政府首脑组成（consist of），连同其主席和欧盟委员会主席一起”，而且“本联盟外交与安全政策高级代表应参与其工作”。[③] 在这里，尽管欧洲理事会的成员基本上还是成员国的首脑（也略有变化，如其主席单列为成员；欧盟外交与安全政策高级代表取代成员国外长参加等），但是他们是以欧盟的一个机构组成人员的身份行使职权，而不再是以首脑会议的被召集者身份参与欧洲理事会的活动。

第三，《里斯本条约》变革欧洲理事会主席的产生方式，增强了欧盟的独立身份。根据现行的《欧盟条约》及其实践，欧洲理事会并没有自己独立的主席，而是由各成员国首脑每半年轮流担任，当值的成员国是欧洲理事会的轮值主席国。这是一种典型的国家间或政府间治理体制，其最大的好处是淋漓尽致地体

---

① 参见经《里斯本条约》写入的新《欧洲联盟条约》第 9A 条。

② 参见经《里斯本条约》修改和写入的新《欧洲联盟条约》第 9 条、第 9A(2) 条、第 9B 条。

③ 参见经《里斯本条约》写入的新《欧洲联盟条约》第 9B(2) 条。

现了国家主权平等，而与之相随的最大弊端是不利于一种国际体制的有效运作。《里斯本条约》规定："欧洲理事会应以特定多数方式选举其主席，任期为两年半，可连任一次。在发生妨碍或严重渎职的情况下，欧洲理事会可以依照同样的程序终止他或她的任期。"①而且《里斯本条约》还规定："欧洲理事会主席不应担任国内职务。"②上述规定对于欧盟的组织建设具有深远的意义：欧洲理事会主席，如同欧洲议会议长、欧盟委员会主席和欧洲法院院长一样，也必须经过选举产生，有特定的任期且必须是专任。遗憾的是，《里斯本条约》并没有对欧洲理事会主席候选人的个人资格与条件作出明确、具体的规定。

第四，虽然《里斯本条约》没有沿用《欧洲宪法条约》中新设置的欧盟外长职位，但是有关欧盟外交与安全政策高级代表的设立以及产生和职能的规定，从效果上来讲，增添了欧盟治理机构的"超国家"元素。根据《里斯本条约》的规定，欧盟外长必须是欧盟委员会的一名副主席，由欧洲理事会与欧盟委员会主席达成协议后，以特定多数方式作出决定。外长的主要职责是具体负责欧盟共同外交与安全政策以及防务政策的实施。为了有效地履行其职责并保证相关的欧盟机构积极协调与配合，理事会的外交事务理事会将由该外交与安全政策高级代表主持，取代现行的理事会组成人员的轮流制；而且作为欧盟委员会的副主席，他在委员会中负责对外关系，以保证欧盟所有的对外政策与行动的协调。③ 可见，欧盟外交与安全政策高级代表在欧洲理事会、欧盟理事会和委员会 3 个主要决策、立法与执行机构中均具有重要的地位和作用。

第五，《里斯本条约》对于现行的欧盟司法的适当改革基本上沿袭了《欧洲宪法条约》的设计。④ 它明确采用了"欧洲联盟法院"名称，以取代现行的欧洲共同体法院的称谓。但是，这里的"欧洲联盟法院"并不是对某一个司法机构的具体冠名，而是对《里斯本条约》中设计的欧盟司法机构体系的总称。欧洲联盟法院由欧洲法院、一般法院和专门性法院组成。从《里斯本条约》有关欧盟法院的组成、职权和程序等事项的规定来看，其设计的欧洲法院与现行的欧洲法院基本相同，一般法院则类似于现行的初审法院，至于专门性法院，只有现行的欧洲公务员法庭可归属于其中。值得指出的是，《里斯本条约》中的"专门性法

① 参见经《里斯本条约》写入的新《欧洲联盟条约》第 9B(5) 条。
② 参见经《里斯本条约》写入的新《欧洲联盟条约》第 9B(6) 条。
③ 参见经《里斯本条约》写入的新《欧洲联盟条约》第 9E 条。
④ 参见经《里斯本条约》写入的新《欧洲联盟条约》第 9F 条。

院”的英文采用的是复数形式，这说明它并不是一个特定法院的具体名称，而是指欧盟可根据实际需要建立两个或几个专门法院。需要注意的是，该条约没有像《欧洲宪法条约》那样进一步明确规定各司法机构彼此之间的梯级结构，但是这似乎并不影响它们在实际运作中存在这种关系。

第六，《里斯本条约》还增强了成员国国内议会在欧盟治理中的影响力。例如，在接纳欧盟新的成员国申请、《欧盟条约》的修订和欧盟各机构的工作以及立法方面，各成员国国内议会享有更大的话语权（新的第33条取代现行的第48条，新的第34条取代现行的第49条）。更有甚者，国内议会对于欧盟内务司法合作方面的进一步措施享有否决权（新的第69d条）。

四、欧盟的多元治理结构对中国和平发展的影响

自1975年中欧建交以来，双边关系虽有过起伏，但整体发展良好，特别是2001年中欧建立全面伙伴关系以后，双方在政治、经济、科技、文化、教育、卫生、法制等领域的交往日益密切，合作不断深化，中欧关系进入了历史的最好时期。与此同时，我们应该清醒地认识到，中欧之间政治和经济领域仍然存在一些分歧和潜在的摩擦。这些分歧或摩擦，一方面，是“由于历史传统、政治制度和经济发展阶段的差异”造成的；①另一方面，欧盟治理结构的多元性也是不可忽略的因素。可以预见，随着双方关系的不断推进和中欧在国际和地区事务中的地位和作用的持续增强，欧盟治理结构的多元性势必对我国和平发展战略的实施产生越来越大的影响。这种影响尤其表现在政治、经贸、法治和人权领域。

（一）政治领域

中国将恪守一个中国原则作为中欧关系政治基础的重要组成部分。欧盟及其成员国也明确表示恪守这一基本原则。但是，欧洲议会的部分议员和党团、一些成员国的国内议会议员和一些利益集团在这个问题上经常会提出一些具有反华性质的提案，如主张向中国台湾地区出售武器和用于军事目的的设备和技术。

中国一直希望欧盟尽早解除对华军售禁令，为拓宽中欧军事工业和军事技术合作扫清障碍。尽管有部分成员国元首或首脑作出了承诺，但仍有一些成员国反对。虽然欧盟最近“确认愿在2004年中欧领导人会晤联合声明以及此后

---

① 参见《中国对欧盟政策文件》，载中华人民共和国外交部，http://www.fmprc.gov.cn/chn/wjb/zzjg/xos/gjlb/EropeanUnion/smgb/t27700，最后访问日期：2007年3月25日。

的欧盟首脑理事会的结论的基础上,向解除禁令的目标推进工作",[①]但前景并不乐观,因为阻力同样来自欧洲议会、一些成员国的议会、部分国内和跨欧政党以及民间团体。

中国虽然先后收回了香港特别行政区和澳门特别行政区,但由于这两个特别行政区历史上曾经是欧盟成员国的殖民地,欧盟仍然高度关注香港特别行政区和澳门特别行政区的自治问题。例如,欧盟的官方和民间势力一直在干预我国香港特区有关安全立法。

(二)人权领域

人权是欧盟的多元治理结构对中国和平发展影响最大和最直接的领域。近年来,欧盟各种政治和社会力量认为中国的人权状况虽有改善,但与所谓的国际标准相去甚远。欧盟对中国人权施加影响的主要事项有以下几类:(1)希望中国减少死刑的范围和数量,直至取消死刑,增强执行死刑的透明度;(2)认为劳动改造这种服刑和再教育方式违反人权,应予以废止;(3)认为西藏和新疆地区少数民族的宗教权利和文化权利没有得到充分尊重;(4)公民的言论、宗教和结社自由没有得到应有的保障;(5)虽然签署了《联合国公民和政治权利国际公约》并承诺尽早批准,但一直没有给出明确的批准时间。[②] 目前,人权问题不仅是中欧政治对话框架的主要议题之一,而且是1995年建立的人权对话机制的专门议题(每年两轮)。尽管人权对话是官方之间的或是由官方召集学界和市民社会参与的,但是对于中国人权问题施加压力的,主要是欧洲议会和欧盟各种人权组织和跨欧党团等社会和民间力量。

(三)法治领域

"支持中国向一个以法治和尊重人权为基础的开放的社会过渡",[③]是欧盟对华基本政策的主要目标之一。为此,近年来,欧盟积极在中国开展法官、检察官和律师培训等法律和司法项目,筹建欧洲法学院项目,赋予基层公民更多民

---

① 《第九次中欧领导人会晤联合声明》(2006年9月9日),载中华人民共和国外交部,http://www.fmprc.gov.cn/chn/wjb/zzjg/xos/gjlb/EuropeanUnion/smgb/t271095,最后访问日期:2007年3月26日。

② Commission Policy Paper for Transmission to the Council and the European Parliament, "A Maturing Partnership-Shared Interests and Challenges in EU-China Relations" (Updating the European Commission's Communications on EU-China Relations of 1998 and 2001), Brussels, 10.09.2003, COM (2003)533.

③ Ibid., Note 17.

主权利项目和发展社会与经济权利项目。欧盟一方面，肯定中国近年来在建立法治国家和促进法制完善方面的成就；另一方面，又认为中国现实中仍然不是一个完善的法治社会。在欧盟对华政策文件中，扩大以直接选举为核心的民主建设（乡镇以上）、增强"草根组织"建设（非政府组织和市民社会建设）、工人权利保障、司法公正等，将是欧盟对华政策新的行动要点。[①] 所有这些政策及其要点的形成无不是欧盟各种政治和社会力量的反映。

（四）经贸领域

中欧关系的建立发端于经贸，如今双边关系发展最为迅猛的仍然是这一领域。从2002年起，中国成为欧盟的第二大贸易伙伴（仅次于美国），而从2004年起，欧盟则成为中国的第一大贸易伙伴。随着双边贸易和投资的扩大，经贸争端也相应地多了起来。目前和未来双边经贸关系的主要争端如下：（1）贸易逆差问题；（2）反倾销、反补贴问题；（3）特殊保障措施问题；（4）知识产权保护问题；（5）中国的市场经济地位问题；（6）欧洲公司在中国市场准入的环境问题，等等。

中欧经贸纠纷的原因错综复杂，但是，欧盟方面的贸易保护主义政策和对中国及其企业、商人的某些歧视、误解和偏见是其中的重要因素。例如，据世界贸易组织的统计，中国已连续12年成为遭受反倾销诉讼最多的国家，其中要数欧盟发起的最多。中国出口遭受技术贸易壁垒也是来自欧盟的最多。中国加入世界贸易组织后率先对中国产品采取特殊保障措施的还是欧盟。欧盟针对中国出口采取的这些保护主义措施有很多是不公平的，而这些不公平的歧视性待遇，从根本上来讲，又源于欧盟不承认中国的完全市场经济地位。

也许有人认为，欧盟不承认中国的完全市场经济地位以及由此对中国产生的贸易歧视待遇问题，似乎与欧盟的多元治理结构没有太大的联系，因为欧盟在对贸易政策和立法方面享有专属权能。其实不然。欧盟对外贸易专属权的行使本身就包含多元政治和社会力量的互动和制约。无论是欧盟的贸易立法或行政措施，还是对外谈判贸易协定，最终的决定权属于理事会，而理事会是各成员国政府的代表，因此无法推定这些代表在理事会做出决定时不顾及本国政府、产业和相关利益集团的意愿。此外，尽管欧洲议会和经社委员会在这一领域的立法和决策仅享有协商权，但是它们毕竟是欧盟公民和经济社会各界的代

---

① See Commission Policy Paper for Transmission to the Council and the European Parliament, "A Maturing Partnership-Shared Interests and Challenges in EU-China Relations", Note 17.

表,其意见在欧盟贸易立法和决策中的影响作用就不言而喻了。欧盟承认中国的完全市场经济地位,远不是一个单纯的经贸技术和法律事项,还涉及欧盟治理结构中多元的政治和社会因素。

为此,中国应尽早制定应对策略,高度重视对欧盟治理结构的调查与研究工作,及时、持续跟踪欧盟治理改革的动向,尤其是要就那些对中国政治利益和经贸权益可能产生直接和重要影响的立法和政策,在草案形成之前和形成过程中,有针对性地对欧盟的决策者和相关利益集团多做一些外交和公关工作。对于已经生效和正在实施的对中国具有重大负面影响的欧盟立法和政策,如在反倾销、反补贴和保障措施立法和实践中的“中国的完全市场经济地位”问题,应通过官方和民间以及其他途径,据理力争,使这些立法和措施能尽早被废止和修改,将中国可能遭受的利益损失减少到最低程度。此外,在国内应进一步加强中国企事业法人和自然人对欧盟的多元治理结构的认识,有关部门应制订欧盟治理结构和法律政策培训计划,重点培训中国参与对欧盟经贸关系的各级政府官员、行业协会组织代表、企事业法人代表和高层管理人员及主要业务人员。最后,我国政府在规范管理的同时,应像重视行业协会建设一样,扶植我国在人权、环境和其他社会领域的非政府组织或民间团体的建设,因为这些非官方的“草根组织”在应对欧盟多元治理结构对我国的影响方面能够发挥不可替代的重要作用。

结　论

总之,现行的欧盟治理结构,既不能简单地界定为一种超国家治理,也不能简单地描述为属于政府间治理的一般范畴。它是一种融超国家治理和政府间治理于一体的多元治理结构或混合型治理结构。大致来说,作为欧盟基础的第一支柱,欧共体的治理结构具有明显的“超国家”色彩,而作为欧盟后来新开发的第二支柱和第三支柱,共同外交与安全政策及防务政策和警察与刑事司法合作的构建与实施,无疑仍然属于国家间或政府间治理的模式——尽管欧盟在组织体制上早就实现了一体化。虽然新近问世的《里斯本条约》进一步在法律基础、组织结构、立法/决策权分配和运作程序上进行了改革,以提高欧盟治理的民主性、效率和融合,但是欧盟治理中“超国家”板块和政府间板块的划分基本上依然如故。

欧盟治理结构的多元性不仅是各种政策领域一体化程度参差不齐的体现,

而且更具体地表现在其立法/决策、执行和司法权力的配置上。欧盟的设计者将欧盟的立法/决策、执行和司法3大权力，根据从属性原则在欧盟和成员国之间进行划分并建立相应的互动关系。其结果是，在《欧盟条约》规定的范畴内，既有特定的欧盟专属权能，又有更多的欧盟与成员国一起分享的权能，还有一些属于成员国可以在一定条件下彼此建立更为紧密的治理关系的酌处权能。

欧盟治理结构的多元性更集中和更直接地包含在欧盟层面的立法/决策、执行和司法权力的行使者、行使方式和监督保障机制之中。如果理事会是过去欧盟立法和政策的最终决定机构，那么现在欧洲议会无疑也是欧盟立法和政策最终决定者的组成部分。这就意味着，欧盟的立法/决策由成员国的意志协调取向已经转换为由成员国的意志协调与欧洲公民意志共同取向。尽管欧盟的治理结构并非尽如人意，而且还不断面临着欧盟内外的各种挑战，但是毫无疑问，欧盟的多元治理模式在迄今为止的全球治理结构中称得上是一种极富个性的模式。

虽然欧盟和中国是两种性质截然不同的实体，但是双方在促进内部经济社会发展中面临着一些类似的问题，并且对解决这些问题持有类似的主张，如竞争政策、内部市场对话、地区性政策和贸易政策。①

① 参见欧盟委员会驻华代表团：《欧盟—中国交流对话》，载 http://www.delchn.cec.eu.int/cn/eu and china/Sectoral-Dialogues.htm，最后访问日期：2007年3月26日。

从欧共体看21世纪区域一体化对多边贸易体制的影响*

一、引论:国际贸易自由化的两种法律形式

50年前,为尽快医治战争创伤,推动全球贸易自由化,振兴全球经济,并从经济基础上避免世界大战再度爆发,各国通过国际法律的程序和形式,建立了以关税及贸易总协定(General Agreement on Tariff and Trade, GATT)为标志的多边贸易体制。几乎与此同时,疆域相邻、政治制度相同、经济水平相近、文化和宗教同源的欧洲国家,为加速民族经济的复苏和人民生活水平的提高,同样以国际法律的形式开辟了区域一体化的道路。

20世纪后半叶是一个多边贸易体制不断完善的时代。如今,多边贸易体制已经从过去的"临时适用"转变为一种持久的体制,从过去的"事实上的国际组织"演变为一个常设的国际组织,从最初的一项协定和20余项关税减让表发展为由数以百计的法律文件构成的庞大法律体系,从过去局限于调整不完全的货物贸易发展为全面调整货物贸易和服务贸易以及与贸易相关的投资、知识产权等领域。1999年年底召开的西雅图部长会议已表明:在新的"千年回合"中,贸易与环境、贸易与竞争、贸易与发展、贸易与劳工标准必将成为21世

---

* 本文原载于《武汉大学学报》(人文社会科学版)2000年第53期,第二作者为陈卫东。

纪世界贸易组织活动的焦点。

20 世纪后半叶更是一个区域一体化的时代。区域一体化运动于 20 世纪 40 年代末、50 年代初发端于欧洲,在 60 年代、70 年代扩展到拉丁美洲、东南亚和非洲。从 80 年代后期起,兴起了全球范围的第二次区域一体化浪潮。

纵观 50 年来的区域一体化进程,如下发展趋势更值得重视:第一,区域一体化的数量不断增长和参与的国家或地区越来越多。目前,通知 GATT/WTO 的各种区域贸易协定数以百计,平均每一个 GATT/WTO 成员至少参加了一项区域一体化协定。第二,区域一体化的形式多种、一体化程度各异,形成了由低级到高级的梯级结构。第三,区域一体化的领域从单一的部门朝着广泛的经济领域发展。除了货物贸易外,服务贸易、投资、竞争、工业、农业、环境、社会保障、科技等领域或部门的共同政策或政策的协调成为区域一体化追寻的新目标。第四,区域一体化的组织化现象日益突出。现在,绝大多数区域一体化安排不仅以国际协定的法律形式予以确立,而且还建立相应的国际组织或机制的法律形式予以保障。上述发展趋势表明"区域主义正在开始产生其自身的活力:区域一体化越来越被视为不可避免,因为现行的各种安排正在逼迫非成员国从一体化市场中分离出来"。①

长期以来,区域一体化对多边贸易机制或全球贸易自由化的影响一直是一个有争议的问题。区域一体化鼓吹者认为,区域一体化的最基本的目标是通过建立自由贸易区实现贸易自由化,这与多边贸易体制的基本目标是一致的,区别只是贸易自由化的地理范围,而且区域一体化无不将实现全球贸易自由化作为其最高宗旨。在全球贸易一体化不可能在短时期内实现的情况下,区域一体化是一种务实的选择,并可以为全球贸易自由化积累经验,因此,区域一体化是全球贸易自由化的"营造物"(building-blocks)。区域一体化反对者或怀疑论者认为,区域一体化是一种新型的集团式贸易保护主义,与传统的单边贸易保护主义相比,其方式更为隐蔽(因为有合法的外衣),因而其对全球贸易自由化的危害性更大。随着区域一体化的繁衍及其重要性和活力的与日俱增,多边贸易体制势必走向崩溃,甚至全球经济与政治稳定将受到威胁,因此,区域一体化是全球贸易自由化的"阻碍物"(stumbling-blocks)。

必须承认,过去的 50 年是区域一体化与多边贸易体制并行发展、相互制动

---

① Preusse Heinz G., "Regional Integration in the Nineties", *Journal of World Trade*, 1994, 28 (4).

的时代。在各种区域一体化组织中,欧共体最具有代表性,其一体化程度最高,发展速度最快,组织最严密,法律制度最健全,影响最大。

二、典型透视:欧共体与GATT/WTO的法律关系

(一)GATT/WTO对欧共体的包容与优待

从时间上来看,GATT的问世要比欧共体早得多。而欧共体的成员国在创建或加入共同体之前均已是GATT的缔约方。欧共体建立后,一方面,其成员国继续保持各自在GATT中的缔约方地位;另一方面,根据《建立欧洲共同体条约》第113条和第228条等条文的规定,欧共体在GATT体制中逐步取代其成员国并发展为GATT的一种"事实成员",而各成员国只不过是一种"法律形式上的成员"。①

首先,自1960年狄龙回合谈判以来,均由欧共体委员会代表欧共体成员国与其他缔约方举行多边或双边谈判。其次,自"肯尼迪回合"以来,历次回合产生的多边协定,绝大多数由欧共体单独签字和缔结,只有个别协定(如东京回合的技术性壁垒协定和航空器贸易协定)由欧共体与其成员国一起以混合缔约方的形式缔结。再次,除了个别机构之外(如预算委员会),欧共体几乎参加了所有GATT机构的活动,如以共同体名义行使其成员国在这些机构的几乎所有权利。最后,凡涉及欧共体成员国的争端,不论其是出诉方还是被诉方,在1974年以前绝大多数将欧共体作为争端方,此后均由欧共体作为争端方。②

欧共体及其成员国在GATT中的地位是极为特殊的。虽然欧共体自始至终没有成为GATT的正式成员,但是它实际上在绝大部分领域和活动中取代了它的成员国;作为其成员国代表出现在GATT的欧共体既不是其成员国的简单相加之和,也不是在总协定中增加了一个普通的新成员。尽管各成员国并没有因为欧共体取得了大部分权利而动摇它们的正式成员地位,然而这种法律地位毕竟是"有其名而无其实"。欧共体及其成员国与GATT30多年形成的这种特殊法律关系为国际社会在20世纪90年代确认它们在WTO中的双重法律地位奠定了基础。

欧共体在事实上取代其成员国参加GATT活动35年之后,利用WTO取代GATT的契机,终于取得了该组织的正式成员资格。这一转变具有特别重要的

---

① 曾令良:《欧洲共同体与现代国际法》,武汉大学出版社1992年版,第260页。

② 同上。

意义。

首先,这意味着欧共体结束了它在多边贸易体制中长期处于一种“事实成员”的状态,在 WTO 中,从一开始它就在法律上被看作一个与其成员国一样拥有自身权利的实体,以与其他正式成员平起平坐的身份全面参与这一新型组织的活动。另外,它的 15 个成员国并不因为欧共体创始成员地位的取得而丧失它们在 WTO 的正式成员地位。

其次,这标志着当代国际组织法的理论与实践的一种最新发展。尽管在 WTO 这一政府间组织中还有其他单独关税区域也是正式成员,但是二者是不同性质的非主权实体:欧共体是由若干个主权国家组成的区域一体化组织,单独关税区域(领土)是一种历史造成的特别行政区域,并且是一个主权国家领土的组成部分。更重要的是,欧共体和其成员国在 WTO 中的双重正式成员资格,开创了一个政府间国际组织与其成员国同时成为另一个政府间国际组织正式成员的先河。

综上所述,足见 GATT/WTO 对欧共体的包容远远超出了其有关条款的规定[如 GATT 第 24 条及《服务贸易总协定》(General Agreement on Trade in Services,GATS)第 5 条],也大大超过了其对其他区域一体化安排的宽容。众所周知,多边贸易体制对区域一体化的包容是允许它们作为合法的例外予以建立和发展,即背离非歧视原则,在区域一体化安排中实行贸易优惠原则。然而,在几十年的实践中,欧共体可谓是“步步为营”,一方面,充分在多边贸易体制外围加速区域一体化的纵横发展;另一方面,在多边贸易体制框架内逐步在成员资格、缔约资格及活动与决策权等领域获取特权。

(二)GATT/WTO 对欧共体的审议与监督

GATT/WTO 在确认区域一体化的合法地位的同时,也明确地规定了对后者进行审议与监督的两种程序。第一种程序是专门针对区域贸易集团的审议,第二种程序是以所有 WTO 成员为对象的贸易政策审查机制。这两种审议有很大的不同,但又互为补充,对于敦促欧共体履行透明度要求和确保其遵守 GATT/WTO 规则具有积极意义。

1. GATT/WTO 对欧共体的专门审议

GATT 有关区域贸易集团的法律规定,主要是 1947 年 GATT 第 24 条。第 24 条中规定的区域贸易集团形式包括 4 种:关税同盟、自由贸易区、临时协议(分别见第 5 ~ 9 款)和不符合第 5 ~ 9 款标准的拟议(proposals)。如前所述,欧共体是区贸集团的典型。自 20 世纪七八十年代以来欧共体的一体化不断扩展,向外辐射达100多个国家,形成了3个层次的自由贸易区特惠制模式。1947年GATT在允许区域贸易集团成为多边贸易体制例外的同时,也规定了一些规范标准,为了引导缔约方的区域贸易集团实践符合这些标准,GATT又在实践中形成了工作组审议。其基本程序如下:

GATT在收到某一区贸集团的成立通知后,成立一个工作组,其职责是根据GATT的有关法律规定(主要是GATT第24条),对通知的区贸集团进行审查和评估,并向理事会提交审查报告。工作组的成员资格是开放的,受审查的区贸集团协议缔约方可以是工作组成员并享有与其他代表同样的地位。工作组报告由理事会通过。在缔约方全体采取联合行动,要就该项区贸集团协议是否符合第24条规定作出最终决定时;或者经审查,临时协议中的计划和时间表不可能导致关税同盟或自由贸易区的建立,缔约方全体建议临时协议成员修改时,工作组报告将作为依据。①

1951年《欧洲煤钢共同体条约》在巴黎签署之后,即通知GATT进行审议。由于该条约只涉及两项主要产品(而非"实质上所有贸易"),GATT认为它不符合1947年GATT第24条的规定。尽管如此,GATT于1952年11月由缔约方全体根据第25条的规定对煤钢共同体作出了免责决定。

《罗马条约》签署后,鉴于该条约对GATT的重要性,缔约方全体于1957年10月任命了一个由所有缔约方代表组成的委员会来审查《欧洲经济共同体条约》和《原子能共同体条约》的合法性。

此后,对于1973年丹麦、爱尔兰和英国加入欧共体,1981年希腊加入欧共体,1986年西班牙、葡萄牙加入欧共体3次"扩大协定",GATT均成立相关工作组进行了审议。

另外,欧共体与其海外国家和领地间建立优惠贸易制度的联系协定,以及20世纪六七十年代欧共体与更广泛的第三国建立的其他种种优惠贸易安排,往往与总协定有关规定不一致,如缺乏在合理期间内建立关税同盟或自由贸易区的时间表,或缺乏对区内实质上所有贸易取消贸易障碍的目标等。但考虑到有关的历史与经济因素,总协定没有采取行动,而是表现了再度的"务实"和"宽容"。

虽然GATT一直保持着对欧共体的审议,但是成效甚微。首先,这些审议存在"先天不足",即缺乏坚实的法律基础。其次,审议工作组主要由利益相悖

① WTO, *Regionalism and the World Trading System*, Geneva: Geneva Press, 1995, p. 10.

的欧共体成员国与第三国组成,且两方享有平等的地位,加之缺乏严格的行动原则和标准,导致大部分审议无法得出一致性结论。最后,审议的结论无论是肯定还是否定,面对欧共体成立或扩大的既成事实,已无多大意义。如果GATT坚持对欧共体的成立或扩大作出否定结论,则很可能会引起欧共体成员国的反对,甚至导致它们退出GATT从而影响后者的稳定性和普遍性。面对经济实力较强的欧共体,GATT只能放弃法律标准,对其采取事实上的默认。尽管如此,GATT对欧共体保持审查状态本身具有积极的意义,这可以持久地监督欧共体的发展走向。同时,增加其形成和发展的透明度,充分分析欧共体对多边贸易体制的现实和潜在的影响。

在乌拉圭回合最后文件中,《1994年GATT关于解释第24条的谅解》第7条至第11条和《服务贸易总协定》第5条第7款,在GATT几十年实践的基础上,以协定的形式将WTO对区贸集团的审议机制确定下来,并作了进一步澄清与解释。然而,该审议机制仍存在一些问题。如程序上尚无严格的规则可循,审议机构和审议标准不统一,等等。为了尽快完善审议机制,在1996年2月6日举行的WTO总理事会上决定成立"区域贸易协定委员会"(the Committee on Regional Trade Agreements,CRTA)。它的成立对于加强WTO对区贸集团的监督,具有重要意义。例如,在WTO框架下,原来有3个机构(货物贸易理事会、服务贸易理事会、贸易与发展委员会)都可设立工作组对区贸集团是否与WTO相关规则的一致性予以审议,审议机构分散,效率低下,且彼此不协调。总理事会撤销各单个工作组,设立统一的审议机构,有利于提高审议工作效率,也有利于审议程序和标准的统一与协调。目前,已有68个区域贸易协定在接受CRTA的审议。这些协定包括欧共体1995年扩大协定和欧共体与各中东欧国家的双边自由贸易协定("欧洲协定")。

2. WTO贸易政策审查机制与欧共体

WTO的贸易政策审查机制(Trade Policy Review Mechanism,TPRM)溯源于1979年东京回合达成的《关于通知、磋商、争端解决和监督的谅解》,并正式创建于乌拉圭回合。建立TPRM的目的如下:(1)改善WTO成员对多边贸易体制的规则、纪律以及承诺的遵守;(2)加强对WTO成员贸易政策和措施的理解,提高国际贸易透明度;(3)在WTO框架内,对各成员的贸易政策和实践及其对多边贸易体制运作的影响进行定期集中和评估。TPRM与WTO对区域贸易集团的审议机制相比,既有类似,也有不同。类似之处在于:它们都有审议的法律基础;审议机构都由技术部门和审议部门构成;程序都不很严格;有关审议部门都无权作出有法律约束力的决定等。不同之处在于:(1)TPRM的审议是针对一个成员方的(不论该成员是国家,还是单独关税领土或区域贸易集团),而后者是专门针对各种区域贸易协定的;(2)TPRM的审议是定期的、轮流的,而后者主要是审议某一区域贸易集团赖以成立的协议,而成立后的定期审议制度尚未建立;(3)TPRM中成员方定期报告有统一格式,而后者的定期报告的统一格式尚待形成。

早在乌拉圭回合最后文件签署前的1991年和1993年,GATT秘书处就曾先后两次撰写了一份关于欧共体贸易政策和实践的报告。欧共体委员会也提供了一份报告,并由GATT理事会举行会议审查上述报告,会议记录和理事会主席的结论性评论由秘书处出版。WTO成立后,TPRM又于1995年和1997年两次对欧共体进行评审,并于1996年和1998年出版了各方报告和审议会议记录。①

目前,TPRM存在很大的局限性,例如,"鉴定"(appreciation)和"评估"(evaluation)并无法律约束力;对报告的分析广度有余,深度不足;其结论不能作为解决贸易争端的基础。然而,TPRM在促进欧共体履行透明度要求,评估欧共体对多边贸易体制的影响,维护中小国家的贸易利益等方面,正在发挥其应有的作用。

(三)GATT/WTO规则在欧共体法律体系中的地位及适用

1. GATT/WTO规则在欧共体法中的地位

在国际法上,只有主权国家才享有缔结条约的完全权能,而且条约在国内法律体系的地位,也完全由各国自行决定。然而,欧共体成员国根据基础条约的有关条款在一些领域已将条约缔结权让渡给欧共体,欧洲法院更是充分利用其判例来促成了这一让渡的实现。而且在欧洲法院的推动下,欧共体缔结国际条约的权力涵盖越来越多的部门。

从严格的法律意义上来讲,GATT不是欧共体作为缔约主体缔结或参加的一项国际条约。GATT的规则之所以能够在欧共体适用,其法律依据首先在于《欧共体条约》第234条的规定,即它是一项对欧共体所有成员在共同体创立之前即已生效的国际条约,其效力不受《欧共体条约》的影响。然而,GATT又不是一项一般的欧共体成员国与非成员国的先共同体协定而仅对有关的欧共体

---

① Qu Reshi Asif H., *The World Trade Organization—Implementing International Trade Norms*, Manchester: Manchester University, 1996, pp. 173 - 189.

成员国继续有约束力,其约束力在欧共体法中继续,并且及于欧共体机构。

多边贸易体制规则在欧共体法中的地位有着较为坚固的法律基础,它是基于实施共同商业政策的目的,通过成员国让渡给欧共体对外贸易的决策权和执行权,由欧共体经条约确定[ECT 第 113 条、第 228 条第 7 款、第 228(T)条、第 229 条],并由欧洲法院加以明确的。在 1972 年"国际水果公司联合案"中,法院提出:"鉴于根据欧共体条约,成员国在 GATT 所调整领域先前所行使的权力由欧共体接替行使。"因此,在欧共体建设和过渡期中,GATT 就对共同体具有了法律约束力。在 1981 年的第 290—291/81 号联合案中,法院再次肯定,"自 1968 年 7 月 1 日共同海关关税生效之日起,欧共体取代其成员国履行他们在 GATT 中的义务",GATT 法就成为"共同体法的组成部分",其效力不仅优于共同体成员国法,而且也在共同体第二级法律之上,而不论何者居先。

2. GATT/WTO 规则在欧共体的适用

(1)欧共体的立法活动

从欧共体对外贸易法律制度的立法实践来考察,GATT 规则在欧共体法律体系中基本上是得到尊重和贯彻的。欧共体关税法、共同进出口制度、反倾销法、反补贴法等重要立法,通常均明示承认 GATT 规则作为欧共体法的组成部分之约束力,承诺制定相应的规则以履行 GATT 规则的义务。事实上,欧共体在该领域的许多自主立法的制定、修正或重新制定很大程度上源于履行 GATT 义务之需要。例如,为履行 GATT 1979 年东京回合的海关估价守则,理事会以第 1224/80 号条例取代了 1968 年第 802/68 号条例。欧共体最初的反倾销与反补贴条例——第 459/683 号条例就是以 GATT 1967 年反倾销守则为蓝本而制定的;1979 年年底为履行 GATT 1979 年反倾销守则与反补贴守则,该条例又被第 3017/79 号条例所取代。

伴随着欧共体对乌拉圭回合谈判最后文件的签署和批准,欧共体进行了下列立法行动:①通过大量的理事会条例、决定和指令,承认部分 WTO 规则继续生效,理由是这部分规则并不要求变动现存的欧共体法;②制定新的立法,如关于装船前检验、倾销、补贴和保障措施等;③对现存共同体法进行修正,如共同体关税税则以及有关纺织品、农业和知识产权的立法,等等。①

---

① Qu Reshi Asif H., *The World Trade Organization—Implementing International Trade Norms*, Manchester: Manchester University, 1996, pp. 173 - 189.

(2)欧共体的司法活动

从理论上来讲,既然欧共体明确承认GATT为其法律的组成部分,多边贸易体制规则就不仅可以通过GATT/WTO争端解决机构来保障实施,而且可以由欧共体机构、成员国和个人通过欧洲法院得以实施。然而,欧洲法院的相关实践并不完全如此。

在“国际水果公司案”中,欧洲法院认为,当个人在国内法院中指控某一欧共体法令的非法性,诉由是该法令与某一国际协定的条款相悖时,欧共体是否对该共同体法令进行审查,取决于此项国际协定的相关条款能否赋予个人在国内法院以其为依据的能力,即是否具有所谓的“直接适用性”或“直接效力”。法院否认GATT条款具有直接效力。其依据是众所周知的GATT的特性:实体法的模糊性及存在诸多例外;程序上的灵活性和务实性等。

1993年德国政府针对理事会于1993年2月制定的第404/93号条例(香蕉进口机制)向欧洲法院起诉。该案的关键在于:首先,它是基于GATT的一项规则主张欧共体的一项立法无效;其次,它是由欧共体一成员国向欧洲法院直接提起的;最后,GATT专家组报告已作出结论,该进口机制违反了GATT规则。但是,由于该报告未为缔约方全体通过,不具有法律约束力。

欧洲法院首先重申了GATT规则对共同体有约束力,接着,它引用在“国际水果公司案”中对GATT体制的分析并作出结论:首先,国际水果公司的判例也适用于个人直接向欧洲法院提起的诉讼,即GATT在欧共体法的适用是一个单一的概念,它不受由哪一个法院来处理的影响;其次,在欧共体法中,在实施国际义务时,成员国不具有特殊地位,而是与个人一样服从同样的规则;最后,除了在“国际水果公司案”中论述的理由外,欧洲法院进一步明确:GATT规则之所以不具有直接适用性,是因为它不具有“无条件性”。但是,在判决的第111段中,法院作了但书,即在下列条件下,GATT规则将保持可适用性:“共同体打算实施GATT框架内的某项特定义务;抑或共同体法令明确地提及GATT的某些特定的条款。”

总之,“香蕉判决”(the banana judgement)表明,GATT规则是“无法适用的”。尽管欧洲法院承认在某些情形下援用GATT条款的可能性,但“某些情形”是非常含糊的,也很难成为“可适用的”。

尽管第三国政府和很多学者包括欧共体学者对上述“香蕉判决”提出诸多质疑,但是欧共体仍坚持上述“香蕉判决”的观点。其深层的政策考虑似乎是:首先,作为欧共体的重要贸易竞争对手的美国、日本等国家也并未在国内法中确定 GATT 规则的直接适用性,而且欧共体各成员国对于国际法如何在国内适用,立场也各不相同。为了一致、对等的对外贸易政策的需要,不应承认 GATT 规则的直接适用性。其次,如果承认 GATT 规则的直接效力,则个人和成员国可直接援用 GATT 规则挑战共同体有关权力机构的立法权威,这将使共同体陷于失去保障其共同利益的“安全阀”的危险境地。最后,一旦欧洲法院承认了 GATT 规则的直接效力,就会面临解决 GATT 的专家组报告在欧共体法中的效力的问题,而欧共体法院是绝不会容忍置身于某一国际司法体制之下的,而且,欧共体也不愿轻易地承担起“切实履行”GATT 争端解决机构有关决定的义务。

尽管乌拉圭回合之后,新生的 WTO 与 GATT 相比,无论在规则的明确化、系统化上,还是在组织化建设上,均取得了长足的进步;也尽管欧共体成为 WTO 的正式成员方,但鉴于欧共体的上述立场,可以预见,欧共体在近期内将不会承认 GATT/WTO 规则的“直接效力”。直到现在,欧洲法院对这一问题也尚未采取任何行动。

三、展望:21 世纪区域一体化对多边贸易体制的影响及对策

对于新世纪的国际秩序,人类满怀憧憬和希望,同时也不乏忧虑和迷惘。然而,至少就未来的国际贸易法律秩序而言,人们不难预测。21 世纪仍将是以 WTO 为核心的多边贸易体制和以欧共体为代表的区域贸易一体化体制并行发展、交互作用的世纪;围绕区域一体化是多边贸易体制及全球贸易自由化的“营造物”还是“阻碍物”的争论,势必贯穿于整个新的世纪之中。

如同 20 世纪后 50 年的情形一样,任何人都不可轻易地断言区域一体化在 21 世纪给多边贸易体制带来的影响将是绝对的积极或是绝对的消极。其实,作为典型透视,欧共体与 GATT/WTO 的关系已经表明:区域一体化对于全球贸易自由化既会发挥积极作用,又会产生消极影响。

区域一体化的积极作用至少表现在以下方面:首先,多边贸易体制由于其成员的数量众多、成分复杂、经济实力悬殊、利益要求差别大,要在经贸关系的各个领域达成协商一致的多边协定十分困难。相比之下,区域一体化因其成员的数量少,经济实力相当或经贸利益互补性强,要在特定的经贸领域形成协调的意志相对容易,所以国际贸易自由化在区域范围内的推进要比在多边体制下推进更快。其次,当区域一体化发展到一定程度时,就会在其成员之间形成一股强大的凝聚力,并在多边贸易体系中成为抗衡经贸超级大国的区域贸易集团,从而防止和避免21世纪的多边贸易体制成为超级大国称霸的工具。最后,21世纪的发展中国家与发达国家的不平衡现象仍将十分突出,如何促进和加快发展中国家特别是最不发达国家的发展,仍将是各国政府、各种国际体制和人类面临的最棘手的问题。从法律和政策的角度来看,继续坚持和切实贯彻对发展中国家的优惠待遇和对最不发达国家的特别优惠待遇仍然是解决这一难题最重要的基本原则。实践证明,多边贸易体制在实施这一原则方面显得“雷声大、雨点小”,而以欧共体为代表的区域一体化组织却有较为显著的成就。可以断定:各种区域一体化组织,特别是发达国家或区域贸易集团与发展中国家之间的优惠贸易安排和特别优惠措施,将是解决发展问题的重要途径之一。

区域一体化对多边贸易体制及全球贸易自由化的消极影响也是毋庸争辩的事实,而且这种负面影响将长期存在于新的千年之中。首先,区域一体化毕竟是一种背离非歧视原则的安排,区域一体化的发展,无论是数量上的增加,还是一体化的领域的扩展,势必导致非歧视原则的适用空间逐步缩小。区域一体化内部成员的贸易优惠安排,原本作为多边贸易制度的一种例外,就会演变成实际上普遍适用的原则;非歧视原则,一直作为全球贸易秩序的基石,反而会变成贸易优惠原则的一种实际上的“例外”。其次,随着区域一体化的膨胀,21世纪的贸易保护主义势必呈现出两种新的发展趋势:一是随着区域一体化在全球范围内的持续增多,贸易保护主义从过去由个别国家的单个和分散的方式转向集中和集团的方式;二是随着区域间或同区域内不同贸易集团之间各种层次的区域一体化的出现,势必形成一种全球贸易保护主义的“网络”。

21世纪的区域一体化对于全球贸易自由化的影响无疑是利弊并存,关键是要研究如何扬其利、避其弊这一重大的课题。笔者以为:第一,应加强WTO体制对区域一体化审议的力度,从根本上改变过去工作组审议和现行的区贸协定委员会审议“审而不决、决而无果”的局面,尽快树立起WTO对区域一体化审议的权威和信心。第二,WTO应在新的“千年回合”中建立统一的区域一体化审议规则和程序,改变目前不同的区域贸易安排分别依照不同的协定或规定(如GATT第24条程序、GATT第四部分程序、1979年东京回合“授权条款程序”、GATS第5条程序等)进行审议的混乱状态,提高审议速度、效率和质量。第三,WTO应尽快研究和制定界定区域一体化是否阻碍多边贸易体制的一般标准,以便及时断定拟议中的或已通知WTO的区域一体化安排是否符合多边贸易规则。第四,尤其重要的是,应在新的回合中修订WTO协定,明确规定WTO规则的效力应优先于各成员方的国内措施和其相互间达成的各种区域贸易协定。

必须强调的是,无论多边贸易体制的不断完善对于推进21世纪全球贸易自由化至关重要,各种区域一体化的继续发展仍是多边贸易体制实现其宗旨的必要补充。同样必须明确的是,无论区域一体化在21世纪的纵横发展是何等的迅猛,是何等的富有活力,都必须自始至终在多边贸易法律框架下运作。因此,我们必须坚信:无论全球贸易自由化的道路在21世纪是多么的崎岖曲折,我们都应该把多边贸易体制视为实现全球贸易自由化目标的"主干道"来建设,而把各种区域一体化视为相伴而行的"支流"予以引导和扶植。

欧共体及其成员国在WTO中的双重地位及其对中国的影响*

一、引言：为何中国加入WTO的双边谈判对象之一是欧共体而不是其各成员国？

欧共体①与美国、日本、加拿大一起，被称为WTO（世界贸易组织，World Trade Organization）的“四巨头”。我们至今还记忆犹新：乌拉圭回合迟迟不能拉下帷幕的原因之一就是欧共体与美国难以就农产品补贴问题达成协议。我们也注意到：无论是过去的GATT（关税及贸易总协定，General Agreement on Tariffs and Trade），还是现在的WTO，受理和解决贸易争端最多的是美国和欧共体。我们同样十分关注：最近欧共体与美

---

* 本文原载于《法学评论》1999年第2期。

① 虽然人们现在已经普遍地将“欧洲共同体”或“欧共体”称为“欧洲联盟”或“欧盟”，但是这两个名称具有不同的含义。从严格的法律意义上来讲，尽管欧盟在组织结构上实现了一体化，原来的3个共同体各自依然是独立的法律人格者，而欧盟并不具有法律人格。欧盟是在3个共同体的基础上建立起来的，但它并不能取代3个共同体，3个共同体是欧盟“三大支柱”之一（另两个支柱分别是共同的外交与安全政策和司法与民政合作）。因此，《建立世界贸易组织协定》明文规定享有正式成员资格的是“欧洲共同体”（英文用的是复数形式“European Communities”，意指3个共同体，而不仅是指已取代原来“欧洲经济共同体”名称的“欧洲共同体”，后者的英文用的是单数形式“European Community”），而不是“欧洲联盟”。所以，我们在阐述欧共体的对外经贸关系包括它与世贸组织的关系时，不可用欧盟作替代。

国之间爆发的“香蕉贸易战”及其事态的发展。我们更加深刻地体会到:在中国加入 WTO 的过程中,欧共体一直是关键的谈判对手之一,可以肯定地说,如果中国与欧共体不能达成协议,中国加入 WTO 就不大可能。

为什么在多边贸易体制中,欧共体的地位如此之高,作用如此之大呢？不同学科的学者从不同的角度会对这一问题作出不尽一致的答复。从政治和经济上考察,欧共体在 WTO 的地位与作用取决于它在整个国际经贸关系中与美、日(或加拿大)已形成三(或四)足鼎立的政治与经济力量以及世界各国对这种力量的认可。然而,从法律的角度来看,欧共体的这种地位分别是由两种既有区别,又有密切联系的法律体系所决定的,即独特的欧洲共同体法和一般国际法。

从欧共体法这一方面来看,如果欧共体条约不确立欧共体的法律人格,不确立其对外经贸关系权以及它的司法机关不确认这种权利的专属性,欧共体就不可能在 WTO 体系中与主权国家的成员平起平坐,甚至在特定的事项上发挥着超过后者的作用。从一般国际法的角度来分析,如果有关的国际条约不确认或世界各国作为整体的国际社会不认可欧共体时而取代其成员国,时而与其成员国联合参与国际事务和国际法律关系的做法,欧共体的特殊法律人格就很难具有实际的意义。归根结底,欧共体在 WTO 体制中的特殊地位,是作为其成员国和非成员国的主权国家赋予给它的。所以,一方面,其成员国允许欧共体代表他们与中国谈判和缔结贸易与经济合作协定包括中国加入 WTO 的有关事项;另一方面,包括中国在内的广大第三国毫无疑问地接受这种替代的事实和做法。

二、欧共体与 GATT 的特殊关系

在系统阐述欧共体及其成员国在 WTO 的法律地位之前,有必要首先扼要说明它们曾经与 GATT 之间形成的特殊法律关系,因为从某种意义上来讲,由于 WTO 是 GATT 的继承者,欧共体及其成员国与 WTO 的关系必然是它们与 GATT 之间关系的继续与发展。

我们知道,GATT 于 1948 年临时适用并作为事实上的国际组织到 1994 年年底。在时间上,GATT 的问世要比欧共体早得多。在欧共体建立之前,其成员国均已成为 GATT 的缔约国。欧共体建立之后,一方面其成员国继续保持各自在 GATT 中的缔约国地位;另一方面根据欧共体条约第 113 条和第 228 条等

条文的规定,欧共体在 GATT 体制中逐步取代其成员国并发展为 GATT 的一种“事实成员”,而各成员国只不过一种“法律形式上的成员”。①

从欧共体的情况来看,首先,从 20 世纪 60 年代初开始的 GATT 历次“回合”中,均由欧共体委员会代表欧共体成员与 GATT 其他成员举行多边或双边谈判。其次,自“肯尼迪回合”以来,多边回合产生的多边协定,绝大多数由欧共体单独来签字和缔结,只有个别协定(如东京回合的“技术性贸易壁垒协定”和“航空器贸易协定”)由欧共体与其成员国一道以混合缔约方的形式缔结。② 再次,除了个别机构之外(如预算委员会),欧共体几乎参加了所有 GATT 机构的活动并参与以协商一致方式进行的各种决策。最后,凡是涉及欧共体成员国的争端,不问其是原告还是被告,在 1974 年以前绝大多数将欧共体作为争端方,此后均由欧共体作为争端方。

从欧共体成员国方面来考察,它们作为 GATT 的正式成员主要表现在以下几个方面:首先是参与特定事项的决策,如接纳新成员、成员义务的豁免等事项。由于这类事项的决定必须实行表决,而欧共体因不是正式成员不能参与投票,只能由各成员国行使投票权。其次是全面参与预算委员会的工作,因为 GATT 的会费一直是由欧共体各成员国来承担。此外,如上所述,成员国与欧共体一起作为联合的缔约方参与多边回合中达成的有关协议,因为这种协定所规定的事项一部分属于欧共体管辖,一部分仍然属于各成员国国内管辖。

综上所述,欧共体及其成员国在 GATT 中的地位极为特殊。虽然欧共体自始至终没有成为 GATT 的正式成员,但是它实际上在绝大部分领域和活动中取代了它的成员国;尽管各成员国并没有因为欧共体夺取了大部分权利而动摇它们的正式成员地位,然而这种法律地位毕竟是“有其名而无其实”。欧共体及其成员国与 GATT30 多年间形成的这种特殊法律关系为国际社会确认它们在 WTO 中的双重法律地位奠定了基础。

---

① 参见曾令良:《欧洲共同体与现代国际法》,武汉大学出版社 1992 年版,第 260 页。

② “混合协定”(mixed agreements)是欧共体给现代条约法的理论与实践带来的一道特殊的“风景线”。虽然在此之前已有“混合协定”的做法,如苏联曾经与其乌克兰、白俄罗斯一道缔结《联合国宪章》,但是这是由一个主权国家与其成员邦一起参与国际条约产生的结果,而欧共体给国际社会带来的“混合协定”是一个国际组织与其成员国联合缔约的结果。参见 D. O' Keefee and H. G. Schermers(eds),Mixed Ag reements,1983;曾令良:《欧洲共同体与现代国际法》,武汉大学出版社 1992 年版,第 154 ~ 156 页。

三、欧共体及其成员国在WTO中的双重法律地位

(一)第1/94号意见与欧共体及其成员国缔结WTO协定的权能

在1994年4月15日《乌拉圭回合最后文件》签署的前夕,欧盟委员会根据《欧共体条约》第228(6)条,请求欧共体法院就欧共体及其成员国缔结WTO协定的权能问题发表咨询意见,①即欧共体能否按照《欧共体条约》第113条(共同商业政策)专属地缔结《乌拉圭回合最后文件》所包括的并构成WTO协定附件组成部分的有关多边协定,或是否应结合欧共体条约第100a条(协调规定)和/或第235条(为实现共同体目标的需要)来缔结。这些协定分别涉及乌拉圭回合达成的有关货物贸易的多边协定、服务贸易总协定和与贸易有关的知识产权协定。由于委员会请求的问题牵涉欧共体及其成员国在WTO"一揽子"多边协定中的缔约权,先后有欧盟理事会、欧洲议会和8个成员国参与这一司法咨询程序,这在第三方参与欧共体法院诉讼和咨询程序的数目方面创下了历史纪录。

1. 关于货物贸易多边协定的缔结权

从总体上来看,委员会和参与咨询程序的理事会及有关成员国均不怀疑乌拉圭回合关于货物贸易多边协定属于《欧共体条约》第113条共同商业政策的范围,从而应由欧共体排他地予以缔结。此外,理事会和成员国也认可欧共体的排他权适用于有关原子能产品的贸易,因为《欧共体条约》第232(2)条规定,"本条约的各项规定不应损害欧洲原子能共同体条约的规定",而《欧洲原子能共同体条约》并没有专门涉及对外贸易的规定,这就没有理由阻止欧共体根据《欧共体条约》第113条将排他的协定缔结权延伸到原子能产品。但是,在一些具体领域方面,委员会和其他参与者之间存在分歧。

例如,理事会和有关成员国认为欧共体的排他缔约权不应包括《欧洲煤钢共同体条约》所涉及的产品,因为该条约第71条规定:"成员国政府对于贸易政策的管辖权不受本条约实施的影响……"而且《欧共体条约》第232(1)条规定欧共体条约不妨碍煤钢共同体条约的各项规定。

然而,欧共体法院认为,煤钢共同体条约早于《欧共体条约》,其第71条规定的各成员国保留国际协定缔结权只能适用于煤钢产品,而欧共体根据《欧共

---

① Request of 6 April 1994, OJ 1994 C 218, p. 20; see also [1995] 1 C. M. L. R. 205.

体条约》第 113 条对于一般性国际协定享有排他缔结权，即包括煤钢产品在内的所有货物。因此，当特定的产品包含在一项具有更为广泛适用性的多边贸易协定的情况下，欧共体享有专属的缔约权。

又如，理事会和英国坚决主张，乌拉圭回合的《农产品协定》和《实施动植物卫生检疫措施协定》的缔结应以《欧共体条约》第 43 条为基础而不是第 113 条，因为这两项协定不仅涉及农产品国际贸易的商业措施，而且还涉及欧共体农业市场组织的内部规则，而后者是欧共体和成员国分享权力的事项。欧洲法院则不以为然，其认为第 43 条的根本目的是实现共同农业政策，而《农产品协定》和《动植物卫生检疫措施协定》的目标是在世界范围内建立“一个公平和市场导向的农产品贸易制度”以及“规则和纪律的多边框架，以指导动植物卫生检疫措施的制定、采用和实施，从而使其对贸易的消极作用降到最小程度”。所以，这两项协定只能根据第 113 条由欧共体来缔结。

值得一提的是，荷兰还坚持乌拉圭回合的《技术性贸易壁垒协定》，像东京回合的《技术性贸易壁垒协定》一样，应由欧共体和成员国联合缔结，因为欧共体在这一方面尚未完全实现一体化，各成员国仍然保留一定的权力。欧洲法院认为这种辩解不能被接受，因为该协定的唯一目标是确保技术规章和合格评定程序的制定、采用或实施不应对国际贸易造成不必要的障碍，而这种目标恰恰属于共同商业政策的范畴。

为此，欧共体法院认定：欧共体根据《欧共体条约》第 113 条对于乌拉圭回合涉及货物贸易的各项多边协定享有专属缔结权。

2. 关于《服务贸易总协定》的缔结权

《服务贸易总协定》(General Agreement on Trade in Service, GATS)的缔约权是委员会与理事会、欧洲议会和 8 个参与程序的成员国之间争论最激烈的问题之一。为此，欧共体法院采取了一种与上述推理完全不同的方法。

首先，欧共体法院考虑是否能从总体上将服务贸易纳入第 113 条的共同商业政策。通过重温其第 1/75 号意见和第 1/78 号意见，它认定原则上没有任何理由将服务排斥在共同商业政策的范围之外，因为尽管第 113 条没有明文规定服务贸易，但是该条的列举不是穷尽的，而且服务贸易在世界经济中所起的作用与第 113 条制定时相比已发生了重大变化。但是，法院又认为，这并不意味着第 113 条可以覆盖整个 GATS。

其次，法院将欧共体条约的体系与 GATS 对服务贸易的界定结合起来进行具体分析。GATS 第 1(2)条把服务贸易定义为如下 4 种形式：(1)从一成员境内向任何其他成员境内提供服务，即不涉及人员流动的跨境服务；(2)在一成员境内向任何其他的服务消费者提供服务，即需要消费者进入服务提供者所在的WTO成员方领土上的外国消费服务；(3)一成员的服务提供者在任何其他成员境内以商业存在提供服务，即建立子公司和分支机构等商业存在的服务；(4)一成员的服务提供者在任何其他成员境内以自然人的存在提供服务。依欧共体法院看来，只有第一种形式的服务(不涉及人员流动的跨境服务)与货物贸易类似，从而属于第113条的范围；其他3种形式的服务均要涉及人员的流动，而在《欧共体条约》的体系中人员流动不属于第113条共同商业政策范畴。法院还单独分析了运输在《欧共体条约》中的位置是第四编，而共同商业政策是第七编，所以运输服务的国际协定不属于欧共体的专属权能。

3.《关于与贸易有关的知识产权协定》的缔结权

欧盟委员会在其咨询请求中主张欧共体根据第113条享有缔结《与贸易有关的知识产权协定》(Agreement on Trade-Related Aspects of Intellectual Property Rights，TRIPs)的排他权力，因为协定有关知识产权的各项规则与货物贸易和服务贸易有着密切的联系。首先，欧共体法院注意到TRIPs第三部分中的第四节是关于知识产权执行手段的规定，其中制定了在边境适用之措施的具体规则。这一节的规定与欧共体理事会第3842/86号条例的规定极为类似，即制定一系列措施来禁止假冒商品的放行和自由流通。正是由于该条例涉及禁止假冒商品的发放和自由流通，故它当时是以第113条为基础的，因为这种禁止与海关在欧共体对外关口处采取必要的措施密不可分。所以法院认定，既然这类措施可以由欧共体机构基于第113条自主地采取，那么有关这类事项的国际协定就只能由欧共体来缔结。

然而，至于TRIPs其他事项的规定，法院断然驳回了委员会的申辩。法院的主要理由如下：

第一，虽然知识产权与货物贸易之间有一定的联系(知识产权使此等权利拥有者能阻止第三方从事一定的行为，如禁止使用一种商标、禁止制造一种产品、禁止复制某种外观设计或图书或光盘或磁带等无疑会对贸易产生影响)，但是知识产权并不是只对国际贸易产生影响，它们还对内部贸易产生同样的甚至更大的影响。

第二，TRIPs的首要目标是在世界范围内加强和协调知识产权的保护，尽管促进贸易的自由化也是TRIPs所期望的一个目的。

第三，在知识产权领域的内部立法方面，欧共体依据《欧共体条约》第100

条和第 100a 条享有协调国内法的权能,并且可以利用第 235 条作为基础在国内法确立的知识产权上附加新的知识产权(如理事会第 40/94 号条例确立的欧共体商标)。但是,这些立法措施所需要的程序和表决方式与第 113 条所适用的不同:前者或要经过理事会的全体一致通过(第 100 条和第 235 条)或必须按照与欧洲议会协商(第 100 条和第 235 条),甚至联合决定程序(第 100a 条)为之,后者只需经理事会特定多数通过即可,而且与欧洲议会协商不是必须经过的程序。如果承认欧共体具有排他权力与非成员国缔结协定来协调知识产权的保护,并同时在欧共体内取得这种协调,则欧共体机构就会逃避它们本来应该遵循的有关立法程序和表决的内部制约规则。

最后,还需要指出的是,在欧共体法院驳回委员会主张欧共体根据第 113 条享有缔结 GATS 和 TRIPs 的排他权的情况下,委员会还进一步援引隐含权的理论和实践作为第 113 条的替代来主张欧共体对这两项协定的专属缔结权。对于这种替代申辩,欧共体法院同样予以拒绝。

(二)欧共体及其成员国与 WTO 的组织结构

1. 成员资格

《建立世界贸易组织协定》第 11 条明确规定:"凡是在本协定生效之日已是 1947 年关税及贸易总协定的缔约方和欧洲共同体,接受本协定和各项多边协定,并在 1994 年关税及贸易总协定中附有承诺和减让表以及在服务贸易总协定中附有具体承诺表者,均为 WTO 的创始成员。"这一规定具有特别重要的意义。

首先,这意味着欧共体结束了它在 GATT 体制中长期处于一种"事实成员"的状态,从一开始就以与其他正式成员平起平坐的身份全面参与这一新型组织的活动。另外,它的 15 个成员国并不因为欧共体创始成员地位的取得而丧失它们在 WTO 的正式成员地位。

其次,这标志着当代国际组织法的理论与实践的一种最新发展。尽管在 WTO 这一政府间组织中除了欧共体之外还有其他单独关税区域也是正式成员,但是二者是不同性质的非主权实体:欧共体是由若干个主权国家组成的区域一体化组织;单独关税区域(领土)是一种历史造成的特别行政区域,并且是一个主权国家领土的组成部分。更重要的是,上述规定开创了一个政府间国际组织与其成员国同时成为另一个政府间国际组织正式成员的先河。尽管在此之前欧共体已在某些国际商品协定的管理机构中享有正式成员的地位,但是这种管理机构是否为一种正式的国际组织迄今存在争议,而且它们的活动范围与实际影响远不如 WTO 这个“经济联合国”重要。

2. 投票权

欧共体及其成员国在 WTO 的双重成员地位对 WTO 的决策程序产生了重要影响。

根据《建立世界贸易组织协定》第 9 条的规定，WTO 应继续过去 GATT 一贯采用的协商一致方式来进行决策。按照协商一致，如果出席作出有关决定的会议成员都没有正式反对拟定的决定，则该决定应被认为经协商一致通过。可见，协商一致是 WTO 的基本决策方式。①

但是，第 9 条进一步规定，当 WTO 不能以协商一致作出决定时，有关事项就以投票的方式决定。而且，WTO 协定第 9 条、第 10 条和第 12 条还规定 WTO 在一些特定事项上也必须以投票的方式决策，如 WTO 协定和多边贸易协定的解释与修订、成员义务的豁免、接纳新成员等事项的决定。可以预料：在必须进行投票的情况下，由于欧共体及其 15 个成员国都是正式成员，这势必产生“双重投票权”现象，从而造成成员之间投票权的不平等。为此，WTO 协定第 9 条专门规定：“在部长理事会和总理事会会议上，WTO 的每一成员享有一个投票权。当欧洲共同体投票时，其票数应与参加欧共体的成员国数目相等。”而且在任何情况下，欧共体及其成员国的票数不得超过欧共体成员国的数目。这种特殊的规定从组织法的角度杜绝了“双重投票权”的发生。②

四、欧共体及其成员国在 WTO 中的双重地位对中国的影响

综上所述，我们可以看出欧共体及其成员国在 WTO 中的法律地位极为特殊。一方面，在 WTO 的组织方面，欧共体及其成员国是各自独立的正式成员，即双重成员资格。另一方面，它们在 WTO 的决策中又必须以联合成员的身份

---

① 参见曾令良：《世界贸易组织法》，武汉大学出版社 1996 年版，第 91 页。

② 可以推定，WTO 的这些规定是在先前的一些国际商品协定组织的做法之基础上发展而来的。例如，在国际食糖组织（International Sugar Organization，ISO）中，一方面明文规定欧共体不享有投票权；另一方面又允许它以其成员国集体的名义参与投票。在后者的情况下，各成员国就不再有单独的投票权。在国际小麦理事会（International Wheat Council，IWC）中，欧共体及其成员国的投票权直接分配给欧共体，成员国不享有投票权，尽管成员国和欧共体是国际小麦协定的混合缔约方。参见 Participation of the European Communities in the World Trade Organization, in Stratos V. Konstadinidis(ed.), The Legal Regulation of the European Community's External Relations after the Completion of the Internal Market, Dartmouth, 1996, pp. 84 – 85；曾令良：《欧洲共同体与现代国际法》，武汉大学出版社 1992 年版，第 272 ~ 276 页。

行事,而且由欧共体参与绝大多数 WTO 的活动。就 WTO 的一系列多边贸易协定的缔结而言,根据欧共体法院的咨询意见,除了《服务贸易总协定》和《与贸易有关的知识产权协定》应由欧共体与其成员国以混合缔约方的身份缔结之外,其他各多边贸易协定由欧共体行使排他的缔结权。从表面上来看,欧共体及其成员国在 WTO 中的法律地位以及各自的权利义务似乎泾渭分明,其实不然,它们在 WTO 中的这种特殊现象可能会给 WTO 中的其他成员产生重要影响。作为正在准备加入 WTO 的中国,这种潜在的影响也同样存在。

首先,在中国加入 WTO 的谈判方面,中国与欧共体的双边谈判不仅要直接与欧共体的谈判代表交涉,而且要考虑到欧盟成员国的立场。至于在哪些领域或事项上需要顾及欧共体双方的权益,一方面,欧方谈判代表必须胸有成竹;另一方面,中方代表也要心中有数,从而尽可能在谈判中避免不必要的不信任感和时间延误。

众所周知,中国加入 WTO 的谈判是一种双重模式:一是中国与 WTO 成员之间的多边谈判,谈判的内容集中于加入文件的形成;二是中国与单个 WTO 成员之间的双边谈判,谈判的事项集中于市场准入、非关税措施、服务贸易、知识产权等双边问题,为这些成员国最终签署中国加入 WTO 的多边议定书打下基础。就双边谈判而言,中国能否加入以及何时加入 WTO,在很大程度上取决于中欧的双边谈判进展和结果。

虽然中欧关系进入了历史上最好的时期,中欧关于中国加入 WTO 的谈判取得了较大的进展,但是双方至少在关税减让的幅度、保留国家贸易的领域与范围、投资措施、技术性贸易壁垒、保障措施、反倾销、服务贸易的市场准入等领域还存在一定的分歧,其中有些领域的争议较大。根据欧共体法院第 1/94 号意见,上述有分歧的领域,除了服务贸易外,无疑应在中国与欧共体之间通过谈判解决。至于服务贸易,则应由中国与欧共体及其成员国之间进行谈判(甚至主要应该是以欧共体成员国作为谈判对手)。然而,在实践中,所有的谈判均在中国和欧共体之间展开,欧共体成员国并没有介入。这就势必产生如下问题:欧共体的代表能否代替其成员国与中国磋商服务贸易的准入并就此达成协议?或者欧共体成员国是否认可欧共体与中国就服务贸易达成的双边协议的效力?上述问题不仅欧方应该事先予以明确,中国也应主动弄清楚,从而保证经过谈判达成的成果不会因欧共体与其成员国之间的联权划分而受到损害。当然,无论如何,欧共体决不可以其内部权能问题为由推翻已经达成的协议。①

其次,即使中国加入了 WTO,将如同其他 WTO 成员一样,也有可能遇到欧共体及其成员国在 WTO 中的双重法律地位所带来的问题。这种问题极有可能发生在 WTO 的争端解决机制之内。乌拉圭回合建立的 WTO 争端解决机制是一种一体化的机制,即《关于争端解决规则和程序谅解书》不仅适用于涉及 WTO 协定的争端解决,而且适用于 WTO 协定的附件一中各项货物贸易协定、服务贸易协定和与贸易有关的知识产权协定,并且还延伸适用于附件四所含的各项诸边贸易协定。这种统一的争端解决机制就欧共体及其成员国与其他 WTO 成员之间的法律关系来看,至少存在如下一些疑问:

第一,当有关争端涉及欧共体及其成员国作为混合缔约方的协定(如服务贸易总协定、与贸易有关的知识产权协定)时,欧方究竟由谁作为有关争端的申诉方或被诉者,即是由欧共体独立作为申诉方或被诉者,还是由成员国来作为申诉者或被诉者,或由双方作为联合的申诉者或被诉者?

第二,当有关争端涉及欧共体及其成员国作为混合缔约方的协定且 WTO 争端解决机构裁定欧共体及其成员国败诉时,作为申诉方的有关 WTO 成员应要求谁来作出补偿?

第三,即使有关争端涉及的是欧共体排他权能的协定(如有关的货物贸易协定),如果争端解决机构的裁决授权有关的受害成员不仅可以采取相同领域内的报复措施,而且可以采取不同领域的交叉报复措施,那么受害成员能否对于欧共体严重违反货物贸易协定的行为在服务贸易领域或知识产权领域(这两个领域仍主要属于欧共体各成员国管辖)实施交叉报复?同样地,受害成员能否对于某个(些)欧共体成员国严重违反服务贸易协定和知识产权协定的行为在货物贸易方面对欧共体实施交叉报复?从另一个角度来思考,也存在同样的问题,即当争端解决机构授权欧共体可以对有关 WTO 成员采取交叉报复时,欧共体能否在服务贸易和知识产权方面实施交叉报复以补救它在货物贸易方面遭受的损害?或者其成员国能否在货物贸易方面实施交叉报复来补救其在服务贸易和知识产权方面受到的损失?

诚然,上述这些问题仍然是一些假设和预料。WTO 成立的时间还不到 3 年,而且像服务贸易这样的新领域是过去 GATT 不曾涉猎的,乌拉圭回合关于

---

① 根据《欧洲联盟条约》第 C(2)条及第 J.1(4)条和《欧洲共同体条约》第 5 条的规定,欧共体及其成员国有责任保证在国际平面上从事对外关系过程中的合作与一致。

新领域的协定也只是框架性的,有待WTO在日常工作中在具体的服务部门组织谈判和达成专门的协定。所以,迄今为止,WTO受理和解决的争端限于货物贸易及其相关的事项,而这些事项在欧盟体制中属于欧共体排他管辖的领域。

但是,我们不能忽视上述假设和预料的问题将会实际发生的可能性。既然如此,为了防患于未然,欧共体及其成员国、WTO及其成员和包括中国在内的意欲加入WTO的国家以及中外法学界都应积极研究当今贸易体制的区域主义(regionalism)给全球主义(globalism)带来的一系列新问题。

笔者以为,一个较好的解决上述诸种问题的途径是由欧盟发表一项声明。这项声明或由欧盟根据自己的议事规则自主地作出,或者由WTO部长会议或由其授权WTO总理事会就此通过一项决议,敦促欧盟向WTO秘书处提交一份声明。声明的内容除了说明欧方在服务贸易和知识产权方面的争端由谁来作为申诉者和被诉者外,最好还能列出一个权利义务(管辖权)清单,表明有关混合协定中哪些事项属于欧共体管辖,哪些属于欧共体成员国管辖。① 此外,声明还应就各自管辖的领域涉及交叉报复问题作出明确的承诺。

总之,虽然欧共体和它的成员国各自具有独立的成员资格,但是它们不能像其他WTO成员一样在WTO中具有完全的权利能力和行为能力。因为当WTO的有关事项或活动属于欧共体排他管辖范围时,只能由欧共体参与;当有关事项或活动属于成员国排他管辖时(如WTO的经费与预算),只能由欧共体成员国参与。同样地,当有关事项或活动既涉及欧共体的权能又涉及其成员国的权能时,应有双方联合参与(或彼此间已达成协议并已通知WTO和其他成员,由一方全权代表双方参与)。无论如何,欧共体及其成员国不可能彼此独立地参与WTO的一切活动,更不能因彼此间的联权划分问题而影响WTO机制的正常运作以及其他成员在这一机制中所享有的权益。

---

① 在通常情况下,欧共体不愿意接受"权利清单"的做法。其理由为:根据1986年《维也纳条约法公约》,国际组织的职权依其"组织文件"和"实践"决定,欧共体无义务向其他国家列出"权利清单"。欧共体还辩解道:由于它是一个权能不断演进的一体化组织,不可能就某项混合协定提供一劳永逸的"权利清单",因为此时的"权利清单"在彼时可能变得不适用。尽管如此,当其他国家坚持其立场时,欧共体为了不失去参加有关条约和国际体制的机会,就会作出让步。欧共体参加《联合国海洋法公约》就是一个典型的例子。该公约附件9第2条规定:"国际组织在签署时,必须作出声明,列出由其成员国的签署国移交给它的涉及本公约事项的职权及其性质与范围。"根据这一规定,欧共体于1984年12月7日签署海洋法公约时提交了一份书面"权利清单"声明。参见The UN:Bulletin of the Law of the SEA(2.1985),No.4,p.16 - 19;曾令良:《欧洲共同体与现代国际法》,武汉大学出版社1992年版,第173~174页。

中欧关系中的非市场经济问题

——纯粹技术性问题或远非如此*

一、引　　言

伴随着中国经济20余年的高速发展和出口贸易的不断增加，中国出口产品日益频繁地遭受进口国或经济实体的各种贸易救济手段或措施的障碍，其中尤以反倾销调查及措施最为普遍，其中欧盟更是对华反倾销的急先锋。① 在中国申请加入世界贸易组织之际，以欧盟、美国、加拿大和日本为代表的贸易大国拒绝给予中国在反倾销法律程序中享受所谓的“市场经济地位”的待遇，在《中国加入WTO议定书》中列入了持续15年的

---

* 本文原载于《中国欧洲学会欧洲法律研究会2008年年会论文集》，原文为英文版，第二作者为张英。

① 从2000～2004年，欧盟共发起124件反倾销调查，其中23件针对中国，占总数18.5%。仅2006年就有12件针对中国了；自2007年下半年以来，又一个对华反倾销调查浪潮兴起，截至2008年2月已有9例。载http://www.cacs.gov.cn/cacs/news/xiangguanshow.aspx?articleId=28894；http://business.sohu.com/20070402/n249149604.shtml；http://www.bx.yfzs.gov.cn/gb/info/wtoyfz/LTXX/2008-02/25/0914221115.html。

“确定补贴和倾销时的价格可比性”条款,即非市场经济条款。① 该条款实际上就是通过国际协定来进一步确认欧盟、美国和其他一些成员将中国视为非市场经济国家的国内法规定和做法,本质上是一种不符合世界贸易组织(World Trade Organization,WTO)规则的歧视性的待遇。

为弥补中国在入世谈判中所遭受的这一损失,中国“入世”后积极开展外交努力,试图通过两种新的策略和举措进行弥补:一是积极地域其他 WTO 成员谈判和缔结区域贸易协定;二是通过双边外交途径力争其他 WTO 成员承认中国的完全市场经济地位。② 就第二种举措而言,到目前为止,已经有大约 50% 的 WTO 成员承认中国的市场经济地位,其中绝大多数属于发展中国家成员,亦有相当一些发达国家成员,如新西兰、挪威、澳大利亚和瑞士。③ 然而,令人遗憾的是,欧盟、美国、加拿大和日本等最具影响的 WTO 成员继续将中国列入非市场经济国家名单。

近年来,关于中国的完全市场经济地位问题,中外学术界已经展开了较为广泛的讨论。本文不打算重述及评判目前学界的各种观点和看法,而是尝试着从一个新的视角探讨这一棘手而又非常现实的问题,即从宏观政治、经济和规则取向相结合的角度展开分析。采用这种方法的动因是,笔者不赞成欧盟官方和一些学者的如下观点:中国完全的市场经济地位是针对中国出口产品反倾销调查中的一个纯技术性事项。与此相反,笔者认为,欧盟视中国为非市场经济国家,除了在反倾销调查中在计算有关进口产品正常价值与出口价格之间的差额过程中的技术目的外,还具有深刻的一般政治和经济上考虑。笔者的这一推定可以从以下几个方面得到印证:首先从非市场经济概念的起源和演化解释这一概念本身的政治隐含,其次具体探讨欧盟不情愿承认中国市场经济地位的各种非技术性原因,最后评估 WTO 其他成员之间在中国的市场经济地位问题上

---

① See Protocol on the Accession of the People's Republic of China, Art. 15. As for detailed and critical comments, see Zeng Lingliang, "The Legal Effectiveness and Appropriateness of Transitional Product-Specific Safeguard Mechanism Against China" in Henry Gao and Donald Lewis (eds.), China's Participation of the WTO, Cameron May, 2005.

② "China so far has notified nine regional trade agreements (with six different partners) to the WTO", http://www.wto.org/english/tratop_e/region_e/a_z_e.xls, detailed comments see Francis, Snyder, "China, Regional Agreements and WTO Law", Journal of World Trade, 43, 1, February 2009.

③ 根据中国经贸部数据,截至 2008 年 2 月 27 日,全球已有 77 个国家承认了中国完全市场经济地位。载 http://english.people.com.cn/90001/90776/90883/6363589.html。

的不同政策和立场所具有非技术性含义和所产生的非技术性效果。

二、从非市场经济概念起源看其特定的政治含义

自中国于2003年首次请求欧盟正式承认中国完全的市场经济地位以来,① 欧盟的官员及发言人曾多次就其未能接受中国政府的请求作出解释。依照其观点,欧盟不能承认中国的完全市场经济地位仅是反倾销调查程序中的一个技术性问题(如何确定中国进口产品正常价值)。② 从表面上来看,该解释似乎无可非议。但是,如果综合分析如下各种因素,欧盟的解释难免会有很大的疑问。首先我们可以从"非市场经济"概念本身的产生与发展的历史背景中突破欧盟的解释。

在WTO成员中,欧盟最早在其内部法(internal law)中将非市场经济作为一个与市场经济相对应的法律概念适用于反倾销立法之中。这就是理事会第1681/79号条例,该条例第3(2)(c)条规定如下:

在涉及来自非市场经济国家的产品,尤其是在涉及理事会第2532/78号条例和第925/79号条例的适用时,正常价值应依照如下标准以合适和合理的方式确定:

(aa)同类产品在市场经济第三国(market economy third country)的实际销售价格;

(i)该第三国国内消费价格;或

(ii)包括欧共体在内的其他国家;

(bb)市场经济第三国同类产品的构成价格;或

(cc)若上述(aa)规定的价格及(bb)规定的构成价值不能提供一个合理的标准,欧共体的支付价格或可支付价格,如有必要,可作适当调整以包括合理的利润额度。

---

① China lodged its request for Market Economy Status (MES) in June 2003 and provided supporting documentation in September 2003. Additional information was submitted in the course of 2004. The Commission undertook to provide the Chinese authorities with a preliminary assessment of their MES request by the end of June 2004, http://trade.ec.europa.eu/doclib/docs/2004/june/tradoc_117795.pdf.

② Mathieu Rémond, "The EU's refusal to grant China 'Market Economy Status' (MES)", AEJ (2007) 5:345-356.

正如著名欧盟法专家斯奈德教授所系统且深入分析的那样,非市场经济地位概念的产生根植于"冷战"的特定政治环境。① 该法律概念"部分地是在一个全球法律多元主义的世界里通过不同场地之间的各种关系得以开发的……最重要的场地是美国、GATT、以苏联为首的中欧和东欧国家集团和中国"。②

众所周知,第二次世界大战后全球进入两大阵营"冷战"的格局:一个是以美国为首资本主义阵营;另一个是以苏联为首的社会主义阵营。前者为实行市场经济的国家,后者为实行国家对外贸易的计划经济国家,它们在经济上相互封锁,在政治上相互孤立且采取敌视立场。当时草拟的《国际贸易组织(ITO)宪章》曾专门有一节题为"通过完全国家垄断进口贸易的贸易扩大"(Expansion of Trade by Complete State Monopolies of Import Trade),规定实行国营贸易的成员国应从其他成员国进口货物的最低数量标准。由于国际贸易组织流产,加之当时唯一的对象——苏联没有成为 GATT 缔约方,有关国营贸易国家这一特殊规定最终从 1949 年 GATT 中删除了。结果,以自由贸易为取向的 GATT,作为一种临时的多边贸易协定而设计,其所有的创始缔约方都是市场经济实体。

在此情形下,GATT 第 6 条在涉及反倾销和反补贴措施方面(其措辞一直保持至今),并没有就市场经济国家和国营贸易国家作出区分,更没有涉及"非市场经济国家"这个概念。GATT 第 6 条第 1 款规定的是确定出口产品原产地的正常价值的 3 个统一标准:(1)出口国类似产品的国内价格——在没有该国内价格时;(2)出口到第三国的类似最高比较价格;(3)原产地国家的构成价格,即生产成本加上合理的销售成本和利润。

从 20 世纪 50 年代开始,不仅每一个阵营中的国家间贸易不断增长,而且这种贸易增长也发生在两大阵营之间。与此同时,原本属于西方阵营的捷克在加入 GATT 之际突然转向东方阵营。这种经济与政治的变化促使美国和欧共体重新考虑 GATT 第 6 条的适当性和它们各自有关来自东欧国家进口的反倾销法律。作为强烈的美国声音的回应,GATT 在 1954 ~ 1955 年的审查大会上对 GATT 第 6 条第 1 款增加了一项解释性说明(著名的"1955 年解释性说明")。

---

① See generally Francis Snyder, "The Origins of the 'Nonmarket Economy': Ideas, Pluralism and Power in EC Anti-dumping Law about China", *European Law Journal*, Vol. 7, No. 4, 2001, pp. 369 - 434.

② Ibid., p. 374.

其措辞如下：

……当进口来自一个存在完全或实质上完全垄断贸易的国家，且所有国内价格均由国家制定，则在按照第1款进行价格比较时将会出现困难，并且在这种情况下，进口缔约方可认为有必要考虑这样的可能性，即此等国家的国内售价并不总是合适的。①

由于这个解释性说明的法律地位曾引起质疑，②有关它在反倾销和反补贴措施的国际法律调整变革中的意义或影响也莫衷一是。笔者看来，至少以下几点不可忽视：

第一，虽然该解释性说明没有直接使用"非市场经济"的概念，但它毕竟首次在国际文件中创立了"对其贸易实行完全的或实质上完全的垄断并由所有国内价格均由国家制定的国家"新概念。因此，它为进口国家在确定来自非市场经济国家被指控为倾销产品的正常价值方面是用不同的方法打开了一扇法律的窗户。

第二，尽管如此，该解释性说明并不意味着GATT第6条第1款完全被排斥适用于来自国营贸易国家的被指控为倾销的产品。③ 它只是表明在针对国营贸易国家进口产品进行反倾销调查程序中，该国国内价格的适用会对确定该进口产品的正常价值造成"特殊困难"（Special difficulties）和"并不总是合适的"（may not always be appropriate）。因此，适用被指控的非市场经济国家同类产品的国内价格的可能性仍然存在。

第三，令人遗憾的是，虽然它预计到这种"特殊困难"和不合适性以及"必要"考虑的"可能性"，该解释性说明对于如何解决此等"特殊困难"却没有进一步的规定。这就给进口国家通过国内立法或行政措施确立自己的标准留下了自由裁量权，以断定来自非市场经济国家被指控为倾销产品的正常价值。从此，选择第三国同类产品的国内价格作为国营贸易国家制造之产品的正常价值

---

① 这一补充规定已由乌拉圭回合中达成的《反倾销协议》所认可。

② See generally Francis Snyder, "The Origins of the 'Nonmarket Economy': Ideas, Pluralism and Power in EC Anti-dumping Law about China", *European Law Journal*, Vol. 7, No. 4, 2001, p. 383.

③ Silke Melanie Trommer, "Special Market Economy: Undermining the Principles of the WTO?", *Chinese Journal of International Law*, Vol. 6, No. 3, 2007, p. 591.

逐步成为一种常见的做法,尤其是美国和欧盟。①

从20世纪50年代末开始,另一个重要的政治诱因进一步促使在反倾销调查中对国营贸易国家实行歧视待遇的常规化。这个诱因就是先后有几个东欧国家(波兰、罗马尼亚、匈牙利等国家)申请加入GATT。结果,波兰加入GATT工作组报告中采用了一种不同的方式,其被称为"波兰模式"(Poland Model),并且被其他几个工作组报告所仿效。②"波兰模式"的实质就是"为进口国家提供不使用出口的国营贸易国家价格的可能性","它允许正常价值的构成",从而"极大地增加了行政自由裁量权的范围"。③

"波兰模式"在进口国反倾销/反补贴调查和裁决方面对国营贸易国家采用歧视方法的沿革产生了深远的影响。它在多边贸易体制中设立了一个先例,即通过国营贸易国家与其他缔约方之间的加入议定书来对国营贸易国家采取不同的标准,从而使先前的美国单方面做法和1955年解释性说明变成双边甚至多边的承诺。耐人寻味的是,"波兰模式"在其后近30年间一直没有再次被使用到《中国加入WTO议定书》。④ 该议定书在这一特定事项上的不公正性是很明显的,因为当今的中国无论如何不可能被识别为一个国营贸易国家或"一个对其贸易完全或实质上完全垄断的国家",尽管其市场经济或许不完善,甚至被一些贸易伙伴所质疑。

虽然欧共体反倾销立法和执行过程中对于非市场经济国家的不同待遇要比美国和GATT要晚得多,但是欧盟在这一方面同样也脱离不了"冷战"的政治背景。这不仅是因为欧共体开始在其反倾销立法(包括早期的修订)设立非市场经济国家的特殊规定是出于"冷战"时代,更重要的是,这些特殊规定一直是

---

① The first antidumping investigation concerning a state-trading economy county by the U. S. was in 1960, that is, Bicycles From Czechoslovakia, 25 *Federal Register* (1960), p. 6657, quoted from Snyder, p. 384, See also Cary Horlickand Shannon Shuman, "Non-Market Economy Trade and U. S. Antidumping /Countervailing Duty Law", 18 *International Lawyer* 4 (Fall), 1984, p. 815.

② The Report of Working Party on Accession of Poland was adopted in 26 June 1967; the Report of Working Party on Accession of Romania was adopted in 6 October 1971; the Report of Working Party on Accession of Hungary was adopted on 30 July 1973. See detailed comparative analysis in Snyder, pp. 393 - 394, footnotes 126 - 131.

③ See Accession of Poland, Report of the working Party adopted on 26 1967 (L/2806), in GATT, BISD, 15th Supplement (Geneva, April 1968), 109 at 111, para 13. See also the critical comments, Snyder, pp. 392 - 393.

④ 参见《中华人民共和国加入WTO议定书》第15段(WT/L/432)。

在“冷战”的大气候下沿着美国和GATT在这一特定事项上的立法或做法所确立的路线而发展的。

综上追溯对非市场经济国家(尤以中国为最大的目标)实行歧视性待遇的起源和沿革,不难得出结论:虽然这些国家在任何意义上不再是半个多世纪前的国营贸易国家或计划经济国家,但是对这些所谓的非市场经济国家的歧视待遇制度并没有实质性的改变,而是基本上维持原状。[①] 所以,除了技术因素外,我们难免要联想:“冷战”也许在政治领域已经结束,但它在国际贸易关系(包括中欧贸易关系)中的阴影依然存在。

三、欧洲拒绝承认中国完全市场经济地位之非技术性诱因

为了论证其不愿承认中国完全的市场经济地位的技术性质,欧盟近年来分别采取了两个相互关联的步骤,以示对中国的此等请求的友好和积极姿态:一是凡是涉及对华反倾销指控,不再一律按非市场国家标准对待,而是依个案具体处理;[②]二是对中国市场经济国家的请求设立专门的评估标准,[③]迄今已按此

---

① See the Swedish National Board of Trade, p. 11.

② 欧盟通过对其反倾销条例的两次修订,在市场经济国家和非市场国家之外注入了一种被称为“特殊经济国家”(special economy countries),列入其中的有:哈萨克斯坦、中国、俄罗斯、越南和在发起反倾销调查时已成为WTO成员的任何其他非市场经济体。据此,如果反倾销调查涉及来自这些新类型国家的进口,涉案的单个出口商有机会成功申请到享受市场经济待遇,如果该出口商符合《欧共体基本反倾销条例》第2条第7款第(b)项规定的标准和程序。See Council Regulation (EC) No 905/98 amending Regulation (EC) No 384/96, OJ L 128, 18, and Council Regulation (EC) No 2238/2000 amending Regulation (EC) 384/96, OJ L257, 2. See more detailed analysisin Silke Melanie Tommer, “Special Market Economy: Undermining the principles of the WTO?”, Chinese JIL, Vol. 6, No 3, November 2007, pp. 565 – 599, at 571.

③ 欧盟理事会第384/96号条例第2(7)(c)条规定了5项标准:(1)企业所做出的有关价格、成本(如原材料、技术和劳动力的成本)投入、生产、销售和投资决定是根据市场信息,反映了市场的供求关系,并且不存在国家的实质性干预,主要投入品的成本真实地反映了市场价值;(2)企业有一套清晰的基本财务记录,它按照国际会计标准被独立地审计以及适用于所有领域;(3)企业生产成本与财务状况没有由于以前非市场经济体制而遭到严重扭曲,特别是有关资产折旧,其他销账、易货贸易以及以债务补偿方式进行支付等方面;(4)有关企业接受破产法和财产法管辖,这些法律保证了厂商生产、经营的确定性和稳定性;(5)货币兑换按照市场汇率。参见理事会第384/96号条例,OJ6.3.96 L56/1。

等标准进行了两次评估。①

无论欧盟怎样强调其不承认中国完全市场经济地位的做法是技术性的,②只要结合其他一些紧密相关的事件和因素,其中的非技术诱因是不难推定的。

1. 欧盟给予中国特殊市场经济地位,以笔者所见,并非是其通往承认中国完全市场经济地位道路上的一个进步举措,而实质上是在反倾销调查中继续视中国为非市场经济国家这种歧视待遇的加强。

欧洲反倾销法并没有针对"非市场经济"的概念作出具体的界定,而是列举非市场经济国家的名单,并将这些国家分为3种类型。第一类是处于实质性改革的国家,其某些公司的市场经济因素占主导地位。③ 目前,中国、越南、哈萨克斯坦属于这一类国家。第二类是在反倾销调查启动之日已经是WTO成员的非市场经济国家。该类国家主要包括阿尔巴尼亚、亚美尼亚、阿塞拜疆、格鲁吉亚、吉尔吉斯斯坦、摩尔多瓦和蒙古。第三类是其他非市场经济国家,列入名单的有白俄罗斯、朝鲜、塔吉克斯坦、土库曼斯坦、乌兹别克斯坦。前两类国家的公司可以申请"市场经济待遇"或"特殊市场经济待遇"。换言之,它们被指控为倾销的出口产品的正常价值将有可能根据其国家同类产品的国内价格来计算。④

从表面来看,这种对中国市场经济地位的有限或有条件的承认似乎比完全不承认要好,因为这至少使有一些中国的出口公司在反倾销调查中有可能获得与市场经济国家出口公司一样的待遇。"作为以一种主要的利益,出口商接受的是一种基于出口市场的国内价格而征收的单个反倾销税,而不是对整个国家

---

① 中国于2003年6月首次向欧盟提出承认完全市场经济地位的请求。2004年6月,欧盟委员会发表其否定评估报告,认为:虽然已取得"重大进步",但直至当时它仍然决定还不能为反倾销的目的给予中国市场经济地位。See HKTDC, Business Alert - EU, Issue 20, 2006 (29 September). http://gbcode.hktdc.com/gb/www.hktdc.com/alert/eu0620e.htm. 2007年6月欧盟向中国递交了关于中国迈向市场经济地位前进的最近评估报告。其中认为,中国仅符合市场经济地位5个技术标准中的一个,并就中国朝着其他4个标准前进提出了建议步骤。See EU business, China - EU trade - background note, 12 June 2007. http://www.eubusiness.com/Trade/china-eu-trade.

② 欧盟委员会在其最近向中国递交的评估报告中再次强调:"本评估是在一个特定的背景下的一项技术性操作:市场经济地位只是涉及反倾销调查的一些做法方面。这并不是对中国的经济做出断定。"http://www.eubusiness.com/Trade/china-eu-trade.

③ See Council Regulation (EC) No 905/98, OJ 30. 4. 98 L128/18. & Council Regulation (EC) No 2238/2000 OJ L257, 2.

④ See the Swedish National Board of Trade, pp. 12 - 13.

计算的剩余反倾销税。这种单个反倾销税一般要低于依照'替代国'或甚至最佳可获信息做法而确定的剩余反倾销税。"①

但是,就本质上而言,所谓的"有条件的市场经济待遇"分类并没有改变欧盟对中国在反倾销问题上的歧视性质和政治及意识形态的偏见。

首先,这种新的划分并没有总体上改变包括中国在内的这些所谓特殊市场经济国家的非市场经济地位。只有那些单个的公司在个案的情况下才会有机会获得市场经济待遇来计算其出口产品的正常价值。这进一步意味着,即使是同一个公司,在不同的反倾销程序中也会受到不同的对待。

其次,这种新的划分是一种对中国市场经济地位的有条件承认,因为此等单个给予特殊市场经济待遇的做法绝不是自动的,只有那些申请此等待遇并证明其运作和管理符合市场经济条件的公司才有可能享受所谓的特殊市场经济地位。

最后,这种新的划分实际上使非市场经济国家的公司承担更高的成本和负担,使有关的反倾销程序更加耗时。有一位观察者指出:"在特殊市场经济的情况下,处于调查中的这种国家的出口商要满足好几种额外的程序要求,如果它们想要获取相同待遇。"②例如,企业须填写和提交专门的特殊市场经济待遇申请表格,其中欧盟按照其规定的市场经济五个标准设计了各种复杂的问题,企业须结合其经营和管理状况就此作出详细的陈述。③ 有些企业因无法提供欧盟当局要求的各类详尽的财务数据及其他运营资料,而遭到欧盟当局拒绝其申请。④ 在此情形下,将会选择一个类比国家来计算其出口的正常价值,这就意味着它们不得不就欧盟选择的类比国家准备额外的陈述资料和信息。因此,"不仅与市场经济的出口商相比,而且甚至与来自传统的非市场经济国家的出口商相比,这些出口商要满足更复杂的程序要求"。⑤

2. 担心中国对欧盟日益增多的出口威胁是迫使欧盟拒绝承认中国完全市场经济地位的另一重要因素。

中国和欧盟已经成为全球最大的两个市场。2006 年中国成为欧盟第二大

---

① Silke Melanie Trommer, Special Market Economy, p. 571.

② Trommers, Special Market Economies, p. 576.

③ See Trommers, Special Market Economies, p. 576.

④ See Stephen Green, China's quest for market economy status, Chatham House Briefing Note, May 2004, p. 5. http://www.chathamhouse.org.uk/files/3168_bnmay04.pdf.

⑤ Trommers, Special Market Economies, p. 577.

贸易伙伴,欧盟则是中国的第一大贸易伙伴。然而,在过去的20多年间,中欧贸易关系平衡发生了戏剧性的变化。[①] 欧盟在一份官方文件中指出:"尽管欧洲公司从中国经济持续增长中获益,但它们在中国却一直面临严重的市场准入壁垒。中欧贸易关系是否还是一种互惠关系,这日益成为一个严峻的话题。"[②]在此形势下,欧盟将中欧关系定位为一种"竞争与伙伴"的双重关系。[③]

欧盟目前对华贸易政策的重中之重无疑是双方贸易关系的再次平衡以及欧洲企业在中国更大的市场准入和知识产权法的加强。在最近的中欧经济高峰会议上,欧盟委员会主席巴罗佐谈到中欧关系时指出,虽然他本人"想引导欧洲公民正面看待中国,而绝不是一种威胁,但是不断增长的中欧贸易赤字,增加了欧盟公民对全球化的焦虑,并越来越成为一个政治问题。的确,正在出现一种危险,即欧洲人开始视中国经济崛起为一种威胁"。[④] 与此同时,曼得尔森在该峰会上进一步列举了当前中欧贸易关系中的几个感到失望的问题:"令人沮丧,因为中国的市场准入壁垒,欧洲企业在中国每天损失大约5500万欧元的贸易机会……令人沮丧,欧洲与中国如此巨大的贸易逆差。令人沮丧,欧洲销售给只有750万人口居住的瑞士的货物仍然多于销售给有13亿人居住的中国。令人沮丧的是,尽管知识产权的立法工作已经到位,国务院也付出了努力,在中国经营的欧洲企业仍然面临知识产权盗窃的严重问题。"[⑤]

为了消除欧洲公司和公民持有的这些"沮丧"和"担忧",甚至"威胁"观点,首先,为达到中欧贸易关系在真正互惠基础上的再次平衡,欧盟势必在外部和内部平行地采取相应的对策。

在外部,欧盟分别采取了如下一些双边和多边措施。在双边方面,年度中欧峰会、定期中欧经济峰会和各种定期或不定期的中欧高级贸易官员的会晤和

---

① 根据Eurostat提供的数据,2007年中国出口欧盟产品总计约为2310亿欧元,进口欧盟产品总计约为710亿欧元,中欧贸易收支为1590亿欧元。http://www.euchinawto.org/index.php?option=com_content&task=view&id=139&Itemid=65&lang=zh_CN.

② Commission Working Document Accompanying COM (2006) 631 final: Closer Partners, Growing Responsibilities—A Policy paper on EU-china trade and investment: Competition and Partnership, p. 15. http://trade.ec.europa.eu/doclib/docs/2006/october/tradoc_130791.pdf.

③ Ibid.

④ José Manuel Barroso, President of the European Commission, The EU and China: shaping the future together, speech at Chinese Communist Party Central School, , Beijing, 27 November 2007.

⑤ Peter Mandelson, Growing trade, shared challenges, EU-China Business Summit, Beijing, 27 November 2007.

对话等,都是经常使用的方式。当然,正在进行的中欧伙伴合作协定的谈判是应对贸易平衡和市场准入等问题最直接的交涉平台。与此同时,在多边方面,欧盟将继续利用 WTO,尤其是当前的多哈回合和 WTO 争端解决机制,来获取最大的贸易利益和中国市场份额。例如,最近,欧盟针对中国有关金融信息服务和外国金融信息提供的措施在 WTO 正式提出指控。①

在其内部,不难推定,欧盟将继续针对中国出口产品充分甚至更加严格地利用现行的单边贸易补救措施,以最大限度地保护其相关产业。在其贸易补救措施中,最常用和最有效的措施之一就是针对中国的特殊反倾销/反补贴机制(另一个也许是针对中国的特殊保障措施)。其中的原因不难从法律和实际角度来分析得出。从法律角度来看,欧盟坚持对中国实施歧视性的反倾销程序并不存在任何法律上的危险。换言之,它对于中国至少在 2016 年以前,无论是哪一种途径,对其措施的合法性可能提出的指控并不感到有任何的担心,因为这种歧视性措施已经在《中国加入 WTO 议定书》中明确授权了。② 从实际角度来看,既然这种歧视性的反倾销机制的合法性还不能被成功地被挑战,而实践证明在一定程度上是最有力和最有效的手段限制或减缓中国对欧出口的增长数量,对欧盟而言,就没有更有说服力的理由至少在 2016 年以前取消这一灰色贸易保护措施。否则,欧盟就必定会在其内部被指责是愚蠢的官僚机构。因此,依笔者看来,中国要在此前获得欧盟承认中国的完全市场经济地位的前景不容乐观。正如一位西方评论者所观察的,“欧盟的考量似乎会更多地掺和政治因素。因此,有迹象表明,欧盟有可能将市场经济地位问题作为一个杠杆,以此获得中国在其他领域的让步,尽管这些领域不直接与该问题相关,但对于增进中国深入的经济改革和确保获得更好的市场准入具有意义”。③

3. 欧盟固守其关于中国市场经济地位之特殊标准,不排除其旨在将该问题作为与中国施压的一个筹码,迫使中国满足其贸易和经济领域意外的其他

---

① Dispute DS372, China — Measures Affecting Financial Information Services and Foreign Financial Information Suppliers. http://www.wto.org/english/tratop_e/dispu_e/cases_e/ds372_e.htm.

② See Section 15. Price Comparability in Determining Subsidies and Dumping, Protocol on Accession of the People's Republic of China. http://docsonline.wto.org/DDFDocuments/t/WT/L/432.doc.

③ Mathieu Rémond, "The EU's refusal to grant China 'Market Economy Status' (MES)", AEJ (2007) at 346.

企图。

除了贸易赤字、市场准入和知识产权之外,欧盟一直关注中国的民主、人权、法治和良政等事项。尽管这些事项与欧盟的出口、投资和产业利益没有直接的关联。但欧盟在其内部的一体化和对外关系中一直十分重视。虽然欧盟从来没有将其对中国市场经济地位的评估语与这些高度政治敏感的问题挂钩,但谁也不能确定欧盟官员在决定是否承认中国完全的市场经济地位过程中不将这些关切铭记在脑海里。作为一种常用的外交技巧,国际行为者在各种双边或多边场合,总是将其在某一领域的优势地位充分地运用到其处于劣势地位的其他领域,或其企图推行他们认为应该支配社会的特定价值或标准的领域。

欧洲既有其荣耀的文明史,也有两次世界大战的惨痛历史印迹,这在很大程度上促使欧洲近半个多世纪以来一直成为在国家、区域和全球范围内推动民主、人权、法权和良政的先驱力量。欧盟自 1992 年"三个支柱"形成以来,逐步明确地将民主、人权、法治和良政作为其核心价值予以尊重和促进。欧盟成员国不仅在现行的欧盟基本条约的序言中确认它们受"自由、民主和尊重人权与基本自由和法治原则"的约束,①而且将这些原则设定欧盟的基础。② 值得进一步关注的是,最近的《里斯本条约》通过以下改进更加重视这些基础。首先,该条约将关键词"原则"改为"价值"来界定这些基础。③ 其次,它通过加入一个新的第 1a 条来取代现行《欧盟条约》第 6.1 条的内容(作了一些修改)的方式,提升这些基础内容在基本条约结构中的地位。④ 还有,它利用第 6 条的如下规定进一步加强欧盟尊重人权和基本自由的约束:(1)"本联盟承认……2007 年 12 月 12 日通过的《欧洲联盟基本权利宪章》中确立的各项权利、自由和原则,它们应具有与基本条约一样的法律价值";(2)"本联盟应加入《欧洲保护人权和基本自由公约》";(3)"《欧洲保护人权和基本自由公约》所保障的和源自成员国共有的宪法传统的基本权利,应构成本联盟法的一般原则"。⑤

在对外关系方面,"民主与人权"规定已经成为欧盟与一系列第三国之间新型的伙伴与合作协定中必不可少的范式条款,如欧盟及其成员国与非加太国家

---

① See Consolidated Version of the Treaty on European Union, Preamble.

② See Consolidated Version of the Treaty on European Union, Article 6.1.

③ See Treaty of Lisbon, Article 1.3.

④ Cf. Consolidated Version of the Treaty on European Union, Article 6.1 and Treaty of Lisbon, Article 1.3.

⑤ See Treaty of Lisbon, Article 1.8.

缔结的《第四洛美协定》和《科托努伙伴协定》、[①]欧盟与独联体国家之间的伙伴与合作协定。[②] 可以预见,欧盟在正在进行的《中欧伙伴与合作协定》谈判中会力图注入这一范式条款,并将其给予中国完全的市场经济地位作为事项这一目标的交涉筹码。最近,欧洲议会关于"3·14"群体性事件的态度,有可能进一步增强欧盟在这个问题上的决心。

4. 欧盟针对中国、俄罗斯和乌克兰在市场经济地位问题上的不同态度暴露其了明显的政治和意识形态上的偏见。

笔者以为,中国政府努力争取欧盟和其他贸易伙伴承认其完全的市场经济地位的标志性意义远远大于实际的经贸利益,既然中国产品遭受贸易伙伴的反倾销措施在整个出口中的比例很小(如 2003 年仅占出口产品的 0.5%)。更主要的是,中国将这一事项视为关系主权平等的问题和检验欧盟和其他发达的贸易伙伴是否客观和公正地对待中国经济改革和社会主义市场经济建设成就的试金石。

然而,欧盟和美国不给予中国完全市场经济地位的承认,反而承认俄罗斯[③]和乌克兰[④]的同样请求,这的确令中国不快。众所周知,中国开始实行经济改革要比俄、乌两国早得多,而且中国建设市场经济的成就和市场准入的程度都比

① See Treaty of Lisbon, Article 1.8.

② See particularly the PCAs between the EC and its Member States with Georgia, Article 71; with Uzbekistan, Article68; with Azerbaijan, Article 71; and with Armenia, Article 68.

http://ec.europa.eu/external_relations/ceeca/pca/pca_georgia.pdf;

http://ec.europa.eu/external_relations/ceeca/pca/pca_uzbekistan.pdf;

http://ec.europa.eu/external_relations/ceeca/pca/pca_azerbaijan.pdf;

http://ec.europa.eu/external_relations/ceeca/pca/pca_armenia.pdf.

③ China-Market economy status in trade defence investigations-Brussels, 28 June 2004. http://trade.ec.europa.eu/doclib/docs/2004/june/tradoc_117795.pdf.

④ 2005 年 12 月 1 日,英国首相布莱尔(当时英国是欧洲理事会的轮值主席国)在欧乌峰会上宣布,欧盟承认乌克兰为市场经济国家。载 http://www.rferl.org/featuresarticle/2005/12/be95f42f-e930-4f68-8ebc-f8d6afe21b23.html。根据 2006 年 2 月 16 日乌克兰大众媒体报道,美国商务部副部长大卫·萨普森先生在基辅与乌政府代表商讨双边贸易和投资关系宣布,乌克兰已经是一个市场经济国家。该承认从 2006 年 2 月 1 日起生效。载 http://www.rferl.org/featuresarticle/2005/12/be95f42f-e930-4f68-8ebc-f8d6afe21b23.html。

这两个国家要大。[1] 中国早在20世纪80年代中期就开始谈判加入GATT/WTO,并已成为该多边贸易体制成员7年多,而该体制正是以市场经济作为其基础和取向而著称。反观俄罗斯和乌克兰,前者直到1993年才申请加入WTO,而且迄今还没有完成加入谈判;[2]后者于1993年11月申请加入WTO,直到2008年5月16日才如愿以偿。[3]

从上述简要比较中我们难免会有这样的印象:欧盟,当然还包括美国,在市场经济地位问题上对中国和俄罗斯、乌克兰适用了双重标准。很明显,欧盟"在其评估中"对中国要比对俄罗斯和乌克兰"要苛刻得多"。[4] 欧盟对市场经济的评估和承认的这种双重标准,无论如何,难以使欧盟所谓的"纯技术性考虑"的辩解自圆其说。欧盟这些不同的决定只能从政治甚至意识形态方面寻找其逻辑解释。

对欧盟来讲,是否以及何时承认中国、俄罗斯和乌克兰的市场经济地位是一种政治战略决策。俄罗斯对欧盟出口主要是天然气和原材料,对欧盟的工业是一种互补和支持,而不是竞争,而"中国的出口更加多元和集中于制造的产品,对欧盟公司构成更大的威胁"。[5] 还有,欧盟十分关切俄罗斯和乌克兰所扮演的重要地缘政治角色,尤其是在东盟和巴尔干地区。

乌克兰颇为容易和迅速地获得欧盟对其市场经济地位的承认,除了上述与俄罗斯类似的出口特点外,恐怕还有更明显的政治和意识形态取向。众所周

---

① 根据一项关于中国市场经济发展的研究显示,中国在2003年的市场化水平已达到73.8%,大大超过了市场经济60%的"临界水平"。该研究使用的是欧洲和美国在反倾销和《国际经济自由索引》(International Economic Freedom Index)中采用的市场经济标准。载 http://www.chinadaily.com.cn/english/doc/2005-08/19/content_470566。

② 俄罗斯与1993年6月提出申请加入GATT,其申请于1995年转由WTO受理。载 http://www.wto.org/english/thewto_e/acc_e/a1_russie_e.htm。

③ 资料来源:http://www.wto.org/english/thewto_e/countries_e/ukraine_e.htm。

④ See Mathieu Rémond, p. 348 and p. 354.

⑤ Stephen Green, "China's Quest for Market Economy Status", China brief, Vol. 4, No. 16, 5 August 2004, p. 4, quoted from Mathieu Rémond, p. 354.

知，乌克兰从2004年11月下旬到2005年1月发生的"橙色革命"①一直是得到欧盟和美国支持的，它们十分欣赏尤先科政权所采取的一系列亲西方的政策，如私有化计划、及时宣布申请加入北约和欧盟。值得进一步注意的是，乌克兰从一开始就被列入欧盟的"欧洲邦邻政策"（European Neighborhood Policy，ENP）的参与国家之一，②而这种地位只有特定的欧盟邻国才能享有。

四、WTO成员关于中国完全市场经济地位的不同立场之非技术性隐含

如前所述，中国为获取国际社会承认其完全市场经济地位，积极开展了多层面的外交活动。迄今为止，大约有50%的WTO成员方对中国政府的请求给予了积极的回应，而另有50%仍然持否定态度。这种"一半对一半"的现象本身就说明承认中国的完全市场经济地位绝不是一个单纯的技术事项，虽然这个概念适用于反倾销调查的特定技术情形之中，即用于确定被控进口产品的正常价值。恰恰相反，这是一种政治决定，是对中国和欧盟的其他有关贸易伙伴的预先政治判断，而且也产生了相应的政治影响。

---

① "橙色革命"是指2004年11月下旬至2005年1月围绕乌克兰总统大选过程中由于严重贪污、影响选民和直接进行选举舞弊所导致的在乌克兰全国所发生的一系列抗议和政治事件。在2004年10月31日的乌克兰总统大选中由于没有任何候选人达到法律规定的50%的多数，因此在同年11月21日在得票最多的两名候选人维克托·尤先科和维克托·亚努科维奇之间举行重选。但是众多乌克兰国内外观察员报道说官方宣布的亚努科维奇获胜的结果是舞弊导致的，同时这也是公众普遍感觉到的。这个选举舞弊导致了这场抗议。尤先科的选举活动中使用橙色作为其代表色，因此这场运动使用橙色作为抗议的颜色。迫于这些抗议运动，乌克兰最高法院宣布这次重选的结果无效，并规定在同年12月26日重选。乌克兰国内和国际的观察员均确认重选基本上没有任何问题。尤先科在这次重选中明显以52%的结果获胜。亚努科维奇获44%。2005年1月23日尤先科入职，标志着"橙色革命"的最终胜利。载 http://en. wikipedia. org/wiki/Orange_Revolution。

② 欧盟于2004年制定了一项睦邻政策，以此加强同所有邻国的关系，为和平、稳定和繁荣的目标而共同努力。此项政策只在近邻国家中实施，欧盟希望与近邻国家保持特殊关系，与它们分享伟大目标。欧盟已经同邻国签署了一些合作协议，每项协议都有一个部长级联合委员会负责后续工作。然后，欧盟委员会和欧盟各成员国进一步制定符合每个成员国与其邻国希望和需要的行动计划。此项行动计划详细阐述需要开展的合作行动，如果必要，考虑一项政治或经济的改革规划，尤其是短期的和中期的，并最后确定补贴给每个项目的资金。这些项目以联合委员会以及不同小组委员会的方式由相关国家和欧盟共同管理。欧盟的睦邻政策旨在同邻国缔结一个密切的和互信的政治对话，并促进伙伴国家之间的经济一体化。欧盟近邻中有两种类型的国家：(1)申请入盟候选国：这些国家为到时候能加入欧盟而遵循一个特殊程序；(2)欧盟的"邻居"国家。2004年制定的睦邻政策针对没有进入入盟程序的欧盟直接邻居（阿尔及利亚、亚美尼亚、阿塞拜疆、白俄罗斯、埃及、格鲁吉亚、以色列、约旦、黎巴嫩、利比亚、摩尔多瓦、摩洛哥、巴勒斯坦领土、叙利亚、突尼斯和乌克兰）。载 http://www. ambafrance-cn. org/spip. php? article5130 2008－8－31。

从中国政府的角度来看,其从来就不将这种承认视为一种纯粹技术问题。中国“入世”之后,很快就意识到在其《加入议定书》中作出特那些特殊或额外承诺(包括在反倾销和反补领域接受为期15年的歧视性待遇)使其利益蒙受了很大的损失。于是,通过双边途径争取WTO成员承认中国的市场经济地位成为中国外交的一个新议程。2003年5月22日中国商务部部长致信欧盟委员会贸易委员,首次请求欧盟承认中国的完全市场经济地位。与此同时,中国政府向其他WTO成员作出了类似的努力。2004年4月14日新西兰成为给予中国完全市场经济地位的首个发达国家。① 据称,中国抛出的最有吸引力的诱饵是中国将与承认中国市场经济地位的国家谈判缔结自由贸易区协定。② 2008年4月7日新西兰成为第一个与中国签订自由贸易区协定的发达国家。③ 在此之前,中国已成功地与东盟国家、智利和巴基斯坦先后缔结自由贸易区协定,并都事先获得这些国家对中国完全市场经济地位的承认。此外,越来越多的国家(目前为止大约30个)已经开始,或者正准备同中国进行签订自由贸易区协定的谈判。这意味着它们已经承认或者准备承认中国的完全市场经济地位。另外,中国还把这种承认视为它与一些准备加入WTO的国家进行双边谈判的一种先决条件。最后,值得注意的是,近年来关于承认中国市场经济地位的话题不仅是中国与欧盟和有关国家之间部长级或高级对话的核心议程之一,还是中国与欧盟和有关贸易伙伴之间定期举行的峰会的重要议题。

其实,欧盟及其他有关贸易伙伴给予中国非市场经济待遇而带来经贸利益的负面影响并不是中国政府的主要关切,至少不是唯一的主要关切。在中国政府看来,该问题之政治意义超过了其经济意义。对中国政府而言,该问题直接影响了中国在国际社会的形象,关系到欧盟和其他主要经贸大国能否正确对待中国改革开放以来所取得的成就,尤其是关系到它们能否将中国的社会主义市场经济与资本主义国家的市场经济真正地平等对待,或者在给予这种市场经济

---

① 资料来源:http://www.peopledaily.co.jp/GB/jingji/1045/2607626.html. Visited on 21 April 2008。

② 同上。

③ 在签字仪式上,中国的温家宝总理向新西兰总理克拉克称赞道,新西兰在与中国的经贸关系上拥有“四个第一”的头衔,即第一个完成中国入世双边谈判的国家、第一个承认中国完全市场经济地位的国家、第一个与中国展开自贸区谈判的发达国家、第一个与中国达成自贸协定的发达国家。载 http://news.xinhuanet.com/newscenter/2008-04/07/content_7935268.htm. Visited on 21 April 2008。

地位时意识形态的偏见是否仍在起着关键作用。

欧盟当局多次宣称其不愿承认中国的市场经济地位只是反倾销调查中的一种技术性问题,而无关对中国经济制度的总体评估。如果再作进一步的分析,这种辩解其实是难以自圆其说的。

首先,欧盟有关市场经济的"五个标准"评定方法,一方面可以说是经济和技术性的,另一方面又难免带有政治色彩,尽管这些标准的适用是以单个的中国公司而不是中国公司的整体为基础的。由于这"五个标准"缺乏详细的可操作性规则,在评价中国企业有关价格、成本和原材料供应方面"是否存在明显的政府干预"时必然会带有各种主观因素,其中意识形态的偏见难免包含其中。而且,人民币汇率是否取决于市场,这直接涉及中国的外汇政策,完全超出了有关公司本身的能力范围。因此,欧盟所谓的运用"五个标准"进行单个公司评估表面上是一个技术性问题,但本质上是一种政治判断,因为这牵涉到中国的宏观经济政策。

其次,一旦某个中国企业不能充分有效地证明对其应适用市场经济待遇,其被控的产品会因此被作为来自于非市场经济的原产地来对待,欧盟当局采用一个"类似国家"同类产品的国内价格或出口价格作为从中国企业进口产品的正常价值。这种所谓"类似国家"选择具有很大的随意性,因为欧盟在这方面并没有一个既定的标准。在此情形下,怎么能保证欧盟官员在选择"类似国家"的过程中只考虑技术性因素而不会掺入政治性因素呢?"实践中,迫于国内产业游说的压力,欧盟官员可以在针对非市场经济国家的调查中选择他们认为适当的任何价格体系……他们经常选择那些价格相对较高的'类似国家',而根本不考虑它们的实际发展水平、所生产货物的质量以及相关产品的优势和劣势。"① 这就是为何发达国家(美国、日本等国)或者高成本的发展中国家(如印度)的价格会经常被欧盟官员作为中国产品的替代国价格,为何中国企业在反倾销调查程序中难以获胜之原因所在。

从那些已给予中国完全市场经济地位的国家的实践来看,其决策选择也并非纯粹是基于某种技术上或经济利益层面的考量。对其中有一些国家而言,从其经贸利益来看这个问题可能并不那么重要,因为它们国内市场缺乏从中国进口的某些产品,或者其国内没有相似或具有竞争关系的产业,因此没有必要运

① Mathieu Rémond, p. 347.

用反倾销措施来对付中国产品，更没有必要针对中国在这个方面采取轻视性待遇了。而对其中的另一些国家来说，尽管该问题对保护其本国产业有一定意义，但它们还有更为重要的政治与外交政策的考虑，如希望能建立更长久的双边战略伙伴关系，或者欲增强贸易领域以外的其他双边合作或在多边机制中的合作。

对于这些国家给予中国完全市场经济地位，我们还可以从中进一步揭示两点更深层的政治隐含。首先，它们在这个问题上与主要经贸大国持相反的立场，这本身就表明国际上并不存在统一的或唯一的市场经济标准，而主要是一种自我判断，从而必定要受到决定做出者的政治意愿或其外交政策的影响。其次，这些国家对于中国的请求肯定的回应表明了它们从政治和法律上认可中国30多年来实行"改革开放"政策所取得的成就。

可见，WTO成员在中国完全市场经济地位问题上所产生的分歧和所持的不同立场的实际效果绝不仅是技术上的，甚至不局限于经贸利益（如其中的进口和出口、投资及其利润），而且如上文所述，其还会对中国与这些贸易伙伴之间的长期关系或战略伙伴关系产生政治影响。正如本文第一作者在另一场合所预见的，承认中国完全的市场经济地位无疑是正在进行的《中—欧盟伙伴合作协定》谈判中的关键和棘手的问题之一，同时也是决定这一新的框架协定命运的关键因素之一。①

五、结　　论

从以上多角度的分析不难得出结论：欧盟是否承认或何时或如何承认中国完全市场经济地位不是一个纯粹的技术事项或问题。这并不像欧盟官员在不同场合反复澄清或强调的那样简单和直截了当，在其所谓的技术性观点和辩解背后，还有着更为复杂的背景、诱因和含义。

尽管可以说非市场经济这个概念只被技术性地用于反倾销和反补贴调查程序中，但因其起源于"冷战"时代共产主义和资本主义之间的地缘政治区别，

---

① See Zeng Lingliang, "A Preliminary Perspective of Negotiations of EU-China PCA: A New Bottle Carrying Old Wine or New Wine or Both?", Jean Monnet Seminar Series, University of Macau, 14 March 2008.; European Law Journal, 15:1, 2009。中文版的标题和内容略有修改，参见曾令良：《〈中欧伙伴与合作协定〉谈判：问题、建议与展望》，载《中国社会科学》2009年第2期。

导致它无法摆脱固有的歧视特性。① 由于“非市场经济”这个概念在GATT/WTO中一直缺乏明确和完善的规定，使发达国家在这一方面有很大的自由裁量空间来制定国内法或与目标国家签署专门协定，其行政当局在反倾销调查中，尤其是在选择“类似国家”以确定来自像中国这样的非市场经济国家产品的正常价值方面，也享有很大的酌处权力。由于反倾销程序中这种自由裁量权使用时不能排除政治考虑，非市场经济国家的出口公司与那些市场经济国家的同行相比更容易受到指控，而且最终也最容易败诉。毫无疑问，中国出口商一直是最大的受害者，因为中国仍然被主要的经贸大国（集团）界定为最大的非市场经济体——尽管它已经取得了举世瞩目的社会主义市场经济建设成就。

正如斯奈德教授所尖锐指出的：“‘非市场经济’这个概念对欧盟和中国之间的国际贸易关系，已经并将继续产生重大负面影响。而且会越来越变得弊大于利。从最好的结果来看，它产生误解；从最糟糕的结果推断，它对于任何真正懂得如何最佳驾驭正在发展的中欧贸易关系是一个严重的障碍。”②为了把这种“消极影响”降低到最小程度，消除这个长期引起“误解”的概念，并搬走这一人为“障碍”，确实需要双方领导人，尤其是欧盟领导人的勇气、决心、智慧以及灵活性。正在进行的《中—欧伙伴合伴协定》谈判，也许是双方一劳永逸地解决“完全市场经济地位”问题的一个很好的机会和恰当的平台。

既然非市场经济概念产生的“冷战”背景已经结束，它的继续存在对所有的贸易伙伴或国际贸易的发展都是弊大于利。相比于经济利益的损失，中国可能会更多地将之视为对中国形象的一种精神伤害。维持非市场经济概念和继续将之适用于反倾销和反补贴调查程序中只会加深和拓宽彼此间的不信任，增加贸易大战的风险，甚至阻碍双方在政治和社会领域的合作，或者至少导致此等合作的不确定性。更进一步地讲，人们不能想象在21世纪的时代仍有“冷战”的继续存在。因此，为了避免如此的误解和不必要的消极贸易影响甚至政治影响，欧盟和其他发达的WTO成员应当承认中国的完全市场经济地位，并应对中国平等地适用WTO关于反倾销和反补贴措施和其他贸易救济措施的一般规定，因为这些规定足以应对各种类型的非公平贸易行为，而不论其原产地为何。

---

① Francis Snyder, The Origins of the Nonmarket Economy, p. 421.

② Francis Snyder, The Origins of the Nonmarket Economy, p. 372.

《中欧伙伴与合作协定》谈判：问题、建议与展望*

中国与欧盟谈判和缔结新的《中欧伙伴与合作协定》(以下简称《中欧伙伴协定》)是中欧双方近年来根据中欧关系发展的变化逐步形成的共识和战略决策。自中国和欧盟(原欧洲经济共同体)于1975年建立外交关系以来,虽然双边关系时有起伏,但总体发展良好。特别是自1998年中欧建立定期首脑会晤之后,双边关系一直稳步地横向扩展和纵向深入。2001年双方领导人共同提出"推动中欧全面伙伴关系向前发展"。① 2003年中国发布首份《中国对欧盟政策文件》,明确指出"中国致力于构筑中欧长期稳定的全面伙伴关系"。② 接着,欧盟对华政策文件的标题将中欧关系界定为"趋于成熟的伙伴关系"。③ 与此同时,第六次中欧领导人

---

* 本文原载于《中国社会科学》2009年第2期。

① 《第四次中欧领导人会晤联合新闻公报》,2007年9月21日,载中华人民共和国外交部,http://www.fmprc.gov.cn/ce/cgmu/chn/xwdt/t365252.htm,最后访问日期:2008年10月21日。

② 《中国对欧盟政策文件》,2003年10月13日,载新华网新闻:http://news.xinhuanet.com/zhengfu/2003-10/13/content1120537.htm,最后访问日期:2008年10月21日。

③ "A Maturing Partnership-shared Interests and Challenges in EU-China Relations," Accessed July 10, 2008. http://ec.europa.eu/external relations/china/com 03 533/com 533 en. pdf.

会晤认为“中欧伙伴关系日臻成熟,战略性更加突出”。① 第七次中欧领导人会晤时双方确认:“为适应近年来不断发展的中欧关系,将继续积极探讨达成新的伙伴合作协定的可行性。”②第八次中欧领导人会晤时发表的联合声明中表示:“双方同意致力于尽早启动商签新的中欧框架协定的谈判。”③第九次中欧领导人会晤后进一步决定:“双方同意启动有关伙伴合作协定的谈判。新协定将涵盖双边关系的全部领域,包括加强政治事务合作。考虑到中欧战略伙伴关系的整体目标,谈判也将完善 1985 年《中国与欧共体贸易和经济合作协定》,并将以相对独立的方式执行。”④此后,中欧双方业经工作层 12 轮技术磋商,于 2007 年 6 月 12 日中国—欧盟经贸混委会期间达成共识,宣布启动谈判完善 1985 年《中欧经贸协定》。⑤

《中欧伙伴协定》必将成为构建中欧战略伙伴关系新的里程碑。本文将着重从法律的角度(兼从政治和经贸的角度)就这一新型协定谈判与缔结中的一些重要条款或问题展开探讨。下面将首先概括中欧关系法律框架的现状及其主要特点,从而揭示双方签订新的《中欧伙伴协定》的必要性和必然性。接下来的两部分集中阐释新的《中欧伙伴协定》谈判势必涉及的主要法律、经济和政治问题。为便于论述,笔者将第一部分涉及的协定名称、谈判与缔结的形式、谈判与缔结的程序、谈判与缔结的法律依据等归为程序事项问题,而将第二部分归为中欧双方在协定谈判中势必特别关注的实质性法律问题及其相关的政治和经济问题,如协定的宗旨与原则、市场准入、中国的完全市场经济地位、知识产权、国家独立与领土完整、对华军售禁令、政治民主、人权、良政、争端解决方法与程序。最后,笔者就文中阐述的核心问题和主要观点进行了概括,并就新的

① 《第六次中欧领导人会晤新闻公报》,2004 年 2 月 27 日,载中华人民共和国驻欧盟使团,http://www.chinamission.be/chn/sgxx/t68500.htm,最后访问日期:2008 年 10 月 10 日。

② 《第七次中欧领导人会晤联合声明》,2004 年 12 月 9 日,载中华人民共和国外交部,http://www.fmprc.gov.cn/chn/wjdt/1179/t173757.htm,最后访问日期:2008 年 10 月 11 日。

③ 《第八次中欧领导人会晤联合声明》,2005 年 9 月 5 日,载中华人民共和国外交部,http://www.fmprc.gov.cn/chn/zxxx/t210460.htm,最后访问日期:2008 年 7 月 11 日。

④ 《第九次中欧领导人会晤联合声明》,2006 年 9 月 10 日,载新华网,http://news.xinhuanet.com/world/2006-09/10/content5071191.htm,最后访问日期:2008 年 7 月 11 日。《中国与欧共体贸易和经济合作协定》下文简称《中欧经贸协定》。

⑤ 参见商务部新闻办公室:《第 22 届中欧经贸混委会取得 12 项共识》,2007 年 6 月 18 日,载中华人民共和国驻欧盟使团,http://www.chinamission.be/chn/sgxx/t338288.htm,最后访问日期:2008 年 7 月 11 日。

《中欧伙伴协定》的未来命运做些初步的展望。

一、现行中欧关系法律框架及其利弊

(一)现行中欧关系的基本法律框架

30多年来,建立、维持和促进中欧关系的法律框架是随着中欧关系的不断发展而逐步构造起来的。构成中欧关系的法律框架可以从不同的角度分别进行阐述。从法律制定和形成层面来看,调整中欧关系的法律有一般国际法及一些自足的国际法、中欧各自制定的相关国内法或内部法、中欧之间签署的双边协定和共同发布的相关文件等。

适用于中欧关系的一般国际法及自足的国际法主要有习惯国际法规则、一般法律原则和中欧双方都参加的多边条约,尤其是中欧双方都参加的国际组织的章程,如《联合国宪章》和《建立世界贸易组织协定》。[①] 由于此等法律不仅适用于中欧之间,而且适用于其他国家或国际组织之间,不具有特殊性,所以在这里不拟赘述。

中欧分别自主制定的国内法或内部法,从适用的对象来看,大致可分为两类:第一类是适用于包括对方在内的所有国家或国际实体,如中国的对外贸易法、反倾销与反补贴条例、保障措施条例,欧盟的共同进口规则、共同出口规则、文化产品出口管制规则;第二类是专门为适用于对方而制定的法律,如欧盟专门针对中国而制定的特殊保障措施条例、反倾销规则、对华军售禁令。还需要指出的是,在欧盟层面,还有一些法律是专门针对某些特定的国家(包括中国)而制定的,如关于普遍优惠制条例、特定第三国共同进口规则。

提及中欧关系的法律框架,一般都是直接指向中欧之间通过缔结的协定和通过对话或会晤而签署或发表的共同文件,以及各自单方面发布的关于双边关系的政策文件。现行的这些文件数量很多,大致可以分为具有法律约束力的文件和不具有法律约束力的文件两大类。[②]

迄今为止,中欧关系具有法律约束力的最基本的文件是1985年《中欧经贸

---

① 这里所指的中欧都参加的多边条约或国际组织章程,既包括中国与欧共体参加的,也包括欧方由欧共体和成员国一起参加的,或欧方只有其成员国参加的。

② 也有国际法学者持"硬法"与"软法"的分类方法:"硬法"一般是指那些经国际法主体认可或承诺对其具有法律约束力并可以被用以解决国际争端的那些原则、规则和规章,主要表现为条约或协定、国际习惯和国际社会作为整体共有的一般法律原则;"软法"一般是指那些对国际法主体虽不具有法律约束力但会产生法律效果并对国际法主体的行为或相互关系产生重要影响的那些规范性文件,如国际组织或国际会议的决议、国家或政府领导人会晤的联合声明、宣言、备忘录。

协定》,该协定是1978年的《中欧贸易协定》的修订和扩充版。此后,随着中欧关系的不断拓展和深化,双方在一些特定领域内或特定事项上先后签订了一系列专门性的协定,如2000年的《中欧科技合作协定》《中欧关于中国加入世界贸易组织协议》,2002年的《中欧海运协定》,2003年的《伽利略卫星导航合作协定》,2004年的《中欧海关合作与行政互助协定》《中欧和平利用核能研发合作协定》以及续签的《中欧科技合作协定》,2005年双方达成的《将现有海运协定扩大至欧盟新成员国的海运议定书》《关于中欧生物多样性和河流流域管理项目的两个重要财政协定》。

指导和推进中欧关系的非法律约束力文件可谓不胜枚举。从欧盟方面来看,主要有欧盟委员会1995年发布的《发展中国—欧洲关系的长期政策》、1998年的《与中国建立全面的伙伴关系》、2002年的《2002~2006年欧盟—中国战略文件》、2003年的《欧盟对华政策:一个走向成熟的伙伴关系——中欧关系中的共同利益和面临的挑战》、2007年8月通过的《2007~2013年欧盟—中国战略文件》和《2007~2010年欧盟—中国多年度指导计划》。从中国方面来看,主要是2003年发布的《中国对欧盟政策文件》。从中欧双方发布的共同文件来看,主要是自2001年(第4次)以来每年中欧领导人会晤后发表的《联合新闻公报》(第4次至第6次)或《联合声明》(第7次开始),①以及在一些特定领域内或事项上达成的专门性文件,如2003年的《旅游目的地国地位谅解备忘录》,2004年的《中欧防扩散和军控联合声明》,2005年的《中欧气候变化联合宣言》《关于空间开发和空间科技发展合作的联合声明》《能源交通战略对话谅解备忘录》以及《劳动、就业和社会事务谅解备忘录》。

(二)现行中欧关系法律框架的主要特点与利弊

从上述中欧关系的各种法律文件中我们不难发现,其基本特点是经贸科技领域以硬法调整为主,而政治、社会领域则以软法调整为主。究其原因,如下两方面的因素似乎不可忽略:

首先,就双方而言,政治、安全、军事和人权等社会领域的敏感性远远高于经济贸易和科技领域,尽管后者在全球化和相互依存的国际社会里也不可能是单纯的。因此,双方在经济贸易、科学技术等领域建立以条约为法律基础的关系

---

① 在中欧领导人定期会晤机制中,1998~2000年的前3次会晤没有公开发表联合新闻公报或联合声明,尽管如此,这3次会晤形成的结果是中欧关系发展的重要指南,似可被视为一种“君子协定”,虽不具有法律约束力,但其履行基于双方的名誉和诚信。

和开展相关的合作要比在政治、军事、安全和人权领域容易一些。因为相对而言,经贸和科技领域的谈判,大多涉及法律技术或操作性的条款,易于达成协议;而政治、军事、安全和人权领域大多与国家主权和政治制度紧密相连,双方在这些领域缔结具有法律约束力的协定需要超越不同的意识形态和价值观的障碍。

其次,从欧盟的角度来看,调整中欧关系的法律形式还取决于欧盟与第三国建立和开展对外关系的权能和相关程序。长期以来,欧盟只能以欧共体的名义在经贸和科技领域缔结国际协定,而在政治、安全和社会政策领域一般没有缔约权能。而且欧盟在不同领域缔约权能的性质和程序也不相同。在欧盟众多政策领域中,它只在经贸和其他个别领域享有专属的缔约权,并且在经贸等个别领域的缔约程序最为简便。这在很大程度上决定了中欧关系的法律现状。

应该承认,中欧关系的法律调整采用"刚柔并举,软硬兼施"的模式是一种务实的选择。不具有法律约束力文件承载的是双方的政治承诺,为中欧关系在整体上或在特定领域提供政策引领和原则指导,而在合作意向比较成熟和操作相对简便的专门领域运用具有法律约束力的协定方式确立彼此的具体权利义务,这既符合现代国际法调整国际关系的一般规律,又适应中欧双边关系逐步发展的实际情况。然而,虽然中欧关系中有众多数量和种类的法律文件且呈现出"刚柔并举"的法律框架,但迄今尚无一个整体指导中欧关系的最基本的且具有法律约束力的文件,这与中欧全面战略伙伴关系的现状和发展趋势是不相适应的。一般来说,国际法主体之间是否签署综合性的条约,是衡量彼此关系是否为全面战略伙伴合作关系的重要标志,至少是衡量双边关系是否稳定和具有可持续性的象征。可见,完善《中欧经贸协定》,继而谈判和缔结《中欧伙伴协定》实属中欧战略伙伴关系的必要和必然。

二、《中欧伙伴协定》谈判的形式与程序问题

(一)新协定名称及其重要含义

谈到新的中欧协定的名称,首先必须区分已启动谈判的《中欧经贸协定》和将启动谈判的《中欧伙伴协定》。就前者而言,2006 年 9 月举行的第九次中欧领导人会晤已达成共识,将作为中欧全面战略伙伴关系目标的组成部分,通过完善 1985 年《中欧经贸协定》的方式谈判与缔结,并予以独立执行。[①] 由此可以

① 参见《第九次中欧领导人会晤联合声明》。

推定,该新协定很有可能延续现行的《中欧经贸协定》的名称。就新的《中欧伙伴协定》而言,其概念和名称是近3年来中欧领导人定期会晤中逐步明朗的。需要指出的是,这两年欧盟单方面发布的有关对华政策文件一直明确地采用"伙伴与合作协定"名称。①

新的战略伙伴关系协定采用"伙伴与合作协定"的名称,一方面是中欧双方的合意,另一方面又似乎是欧盟方面的倡议在起主导作用。从欧盟(多以欧共体名义或与其成员国一起)与第三国缔约的实践来看,根据协定的内容多寡、范围大小和构建双方关系的紧密程度,大致有以下5个基本类型和层次:(1)最紧密的是联系协定,俗称为"准成员国资格协定";(2)加强式协定或欧洲邻居协定②次之;(3)是伙伴关系协定或伙伴与合作协定;(4)是贸易协定或贸易与经济合作协定,这种合作协定最为常见;(5)是专门性的或技术性的合作协定。可见,伙伴与合作协定是欧盟与准成员国和邻国之外的第三国之间签订的一种表示双方关系最为紧密、合作范围最为广泛的框架协定。

目前,最集中且最具代表性的伙伴与合作协定是20世纪90年代欧盟先后与独联体国家缔结的。③ 这些伙伴与合作协定的内容大同小异,其主要的共同

① 参见委员会致理事会和欧洲议会的沟通文件:《欧盟—中国:更紧密的伙伴,扩大的责任》,载 European Commission, http://ec. europa. eu/externalrelations/china/docs/com06631ch. pdf,最后访问日期:2007年7月15日。

② 这将是欧盟与第三国签订的一种最新类型的协定,其目的是实施欧盟于2004年提出的"欧洲邻居政策"(European Neighbourhood Policy,ENP),即"与欧盟邻国建立一种特殊关系,旨在建立一个以欧盟的价值为基础和通过以合作为基础的紧密与和平关系为特征的繁荣和睦邻的地区"。2007年1月,理事会根据委员会的建议,通过了欧盟与乌克兰谈判加强式协定的指令,该协定将是"欧盟邻居政策"的第一个新一代的协定。参见 Christophe Hillion, "Mapping-out New Contracting Relations between the European Union and Its Neighbours: Learning from the EU-Ukraine Enhanced Agreement", *European Foreign Affairs Review*, Vol. 12, No. 2, 2007, pp. 169 – 182。

③ 它们分别是亚美尼亚、阿塞拜疆、格鲁吉亚、哈萨克斯坦、吉尔吉斯斯坦、摩尔多瓦、俄罗斯、乌克兰(2003年3月发布伙伴与合作协定评估报告)、乌兹别克斯坦;白俄罗斯和土库曼斯坦与欧盟分别于1995年和1998年签署伙伴与合作协定,但迄今尚未生效。载 http://ec. europa. eu/externalrelations/centralasia/pca/indexen. htm; http://eur – lex. europa. eu/LexUriServ/LexUriServ. do? uri = CELEX: 21999A0804(01): EN: NOT; http://eur – lex. europa. eu/LexUriServ/LexUriServ. do? uri = CELEX: 31998D0149: EN: NOT; http://eur – lex. europa. eu/LexUriServ/LexUriServ. do? uri = CELEX: 21998A0624 (01): EN: NOT; http://ec. europa. eu/externalrelations/armenia/euarmeniasummary/indexen. htm; http://eur – lex. europa. eu/LexUriServ/LexUriServ. do? uri = CELEX: 21997A1128(01): EN: NOT; http://eur – lex. europa. eu/LexUriServ/LexUriServ. do? uri = CELEX: 21999A0917(01): EN: NOT,最后访问日期:2008年10月27日。

特点如下:(1)在政治、经济与贸易、文化教育、科技和社会等领域建立全面的伙伴与合作关系;(2)增加过去贸易与经济合作协定中所没有的"尊重民主、法治和人权"条款;(3)建立由多层混合机构组成的机制,促进和监督协定的实施;(4)协定的有效期均为10年,协定到期后,可以自动延长或终止。

不难预料,欧盟势必借用它与独联体国家的这种协定作为它与中国谈判伙伴与合作协定的蓝本。对此,中国应充分做好自己的谈判预案。笔者认为,中国不妨原则上赞同以欧盟与独联体国家签署的伙伴与合作协定为参照范本,但必须深入、系统研究现行的这些伙伴协定,结合中国的实际和中欧关系的特点,吸取有用或有利的条款,摒弃可能不利或无用的内容。

(二)新协定的谈判与缔结方式和程序问题

新协定的谈判与缔结方式和程序,与中欧各方的谈判与缔结机关的权能紧密地联系在一起,而这种缔约权能又是通过各自的宪法或宪法性条约予以明确规定的(欧盟还通过其司法机关的裁决或司法意见得以不断澄清)。而且鉴于新的《中欧经贸协定》以独立于《中欧伙伴协定》的方式进行谈判和缔结,两种协定的谈判和缔结程序也就不完全一样。

就中方而言,这似乎是一个不存在多大悬念的事项。中国与外国之间的协定由中央政府统一负责谈判和缔结。[①](当然,中国香港和澳门特别行政区在经贸、科技和社会领域享有广泛的缔约权)。[②] 具体来说,新的《中欧经贸协定》将由商务部牵头、其他中央有关部委参加组成代表团与欧盟方面进行谈判,而《中欧伙伴协定》则应由外交部牵头、其他中央有关部委参加组成代表团与欧盟方面进行谈判。两个协定均将由国务院负责缔结,后者须经全国人大常委会批准后才能生效。

就欧盟方面而言,情况则要复杂得多。欧盟是一个不断演进的区域一体化组织,在有些领域(如共同商业政策、海洋环境保护),欧盟享有排他的缔约权;在另一些领域(如划界、国防、军事合作),欧盟则没有缔约权;在更多的领域(如投资、服务贸易、知识产权、警察与司法合作、科技、教育、文化、外交、安全),欧盟没有独立的缔约权,必须与其成员国一起和第三国或国际组织进行谈判和缔结。因此,欧盟在不同领域与第三国或国际组织谈判与缔结协定,必须根据其

---

① 参见《中华人民共和国宪法》第67条、第81条、第89条。

② 参见《中华人民共和国香港特别行政区基本法》第151条和《中华人民共和国澳门特别行政区基本法》第136条。

缔约权能的性质与特点，遵循不同的程序和方式，否则，即使有关协定已与第三国或国际组织谈妥，甚至已经签署，也有可能因"缺乏权能""越权""违反《欧共体条约》或其适用相关的任何法律规则""违反必要程序要求"①等理由而被起诉到欧洲法院，并最终导致有关协定的失效。可见，全面、准确了解欧盟方面的缔约权能及其程序，不仅是欧方内部的事项，而且直接影响有关第三国或国际组织的切身利益。

无论是完善1985年《中欧经贸协定》的谈判，还是《中欧伙伴协定》的谈判，都必须遵行《欧共体条约》第300条关于欧盟缔约的一般性规定。根据该条的规定，我们可以将欧盟的一般缔约程序概括为如下几个步骤：(1)欧盟委员会负责向理事会提出与有关第三国或国际组织谈判与缔结协定的正式建议；(2)理事会，除个别领域（主要是共同商业政策领域）的协定外，应与欧洲议会协商，有些特定的协定还需获得欧洲议会的同意；②(3)理事会授权委员会与有关第三国或国际组织展开必要的谈判；(4)委员会在谈判中应与理事会委派协助谈判的特别委员会进行协商；(5)理事会最终负责有关协定的签署（包括临时适用）和缔结。理事会授权谈判、签署（包括临时适用）和缔结有关协定的决定，除非另有特殊规定，③一般情况下以特定多数方式为之。

具体就《中欧经贸协定》的升级谈判和缔结而论，除遵循上述缔约程序的一般性规定外，最直接的法律依据应该是《欧共体条约》第133条关于欧共体共同商业政策的规定。根据该条的规定，新版《中欧经贸协定》有可能牵涉两种谈判和缔结程序，依具体谈判的内容和范围而定。

第一种是可以由欧共体独立与第三国或国际组织缔结协定的程序，适用于货物贸易和服务贸易（但不包括文化和视听服务、教育服务和社会与人类健康服务）。首先由欧盟委员会向理事会提出谈判建议，其次由理事会授权委员会与中方展开具体谈判（其间须与理事会委派的特别委员会协商），最后由理事会

---

① 参见《欧共体条约》第230条。

② 需获得欧洲议会同意的协定主要有：(1)联系协定；(2)通过组织合作程序而建立特定机构框架的协定；(3)对欧共体预算具有重大影响的协定；(4)需要修改根据《欧共体条约》第251条规定之程序（三读立法程序）制定的法规而缔结的协定。参见《欧共体条约》第310条和第300条第3款。

③ 理事会对于如下类型或领域的协定需以全体一致通过方式决定：(1)联系协定；(2)协定所涉及领域的内部规则需要全体一致的方式。参见《欧共体条约》第310条和第300条第2款。

以特定多数方式[①]决定签署和缔结最终的协定。[②] 1985 年《中欧经贸协定》就是依照这种程序和方式缔结的。在欧盟法学界,这种程序和方式下的协定被称为"纯欧共体协定"。

第二种是必须由欧共体和其成员国一起与第三国或国际组织缔结的贸易与经济合作协定的程序,主要适用于文化与视听、教育和社会与人类健康等领域的服务贸易。这种程序要求,除了委员会向理事会提出谈判与缔结有关协定的建议和理事会必须与欧洲议会协商(有时还须取得欧洲议会的同意)之外,还必须得到成员国的共同同意。而且协定必须由欧共体与成员国联合在一起与第三国或国际组织进行谈判与缔结,[③]这种程序和方式下的协定被通称为"混合协定"。既然新版《中欧经贸协定》旨在完善现行的《中欧经贸协定》,而最需要"完善"的内容之一就是增补服务贸易条款,所以其谈判与缔结势必是一种"混合协定"的模式。

如果新版《中欧经贸协定》将以"混合协定"的方式和程序进行谈判和缔结还只是一种推定的可能性,那么《中欧伙伴协定》的谈判与缔结的"混合性"则是必定无疑的。虽然现行的《欧洲联盟条约》和《欧共体条约》并没有专门就伙伴与合作协定规定一种专门的谈判与缔结方式和程序,但这丝毫不妨碍我们证明上述判断的正确性。《中欧伙伴协定》将是一项全面调整中欧关系的一般性条约,而中欧关系已经覆盖国家或国家集团及其公民生活的方方面面,涉及广泛的政治安全、经济与贸易、科技、文化、教育、人权、反恐、司法协助、警察合作、环境、人权、卫生、发展合作、财政和技术援助[④]等领域。在《欧洲联盟条约》框

① 理事会对于下列协定的谈判与缔结须以全体一致同意方式为之:(1)协定所涉及领域的内部规则须以全体一致方式制定;(2)协定所涉及的领域欧共体还没有通过制定内部规则行使《欧共体条约》的授权;(3)与上述两类协定和欧共体与成员国分享权能领域有关的同一领域的专门协定;(4)有关知识产权领域的协定(在不影响成员国在该领域权能的情况下)。参见《欧共体条约》第133 条第 5 款。

② 参见《欧共体条约》第 133 条第 1 ~4 款。

③ 参见《欧共体条约》第 133 条第 6 款。

④ 例如,在发展合作、财政与技术援助领域,《欧共体条约》第 181 条第 1 款规定:"本共同体和成员国在各自相应的权能范围内应与第三国或具有权能的国际组织合作。有关本共同体合作的安排可以作为本共同体与有关第三国之间协定的主题,并应根据第 300 条予以谈判和缔结。"但是,该条第 2 款紧接着规定:"上款不应影响成员国在国际机构中谈判和缔结国际协定的权能。"《欧共体条约》第二十一篇以"与第三国的经济、财政和技术合作"为标题,在第 181a 条第 3 款中作出了相同措辞的规定。

架中，中欧关系所涉及的这些领域分别属于欧盟的第一支柱（欧共体）、第二支柱（共同外交与安全政策）和第三支柱（警察与刑事司法合作）。在这三个支柱中，欧盟只能在《欧共体条约》范围内以该共同体名义独立或和成员国一起与第三国缔结协定（如上所述），而在其他两个支柱领域只能由欧盟及其成员国联合行使对外缔约权能。① 即使是在第一支柱框架下谈判和缔结伙伴与合作协定，根据欧盟近年来的缔约实践和发展趋势，理事会通常将一些所谓的"标准或义务条款"载入其中。这些条款主要有反对恐怖主义条款、人权条款、民主条款、大规模杀伤性武器条款、与国际刑事法院合作条款。这些所谓的"标准或义务条款"，与传统的"政治对话条款"一起，决定了相关协定的混合形式。《中欧伙伴协定》肯定属于这种情况。②

综上分析可以看出，无论是新版《中欧经贸协定》还是全新的《中欧伙伴协定》，单从程序上分析，其谈判与缔结势必相当费时，因为这两项新协定在欧盟方面都势必以"混合协定"的方式来缔结。而这种协定不仅需要经过欧盟层面的批准程序，还必须得到欧盟 27 个成员国各自履行其国内批准程序，这不仅需要相当长的一个过程，而且不排除"节外生枝"，阻挠新协定生效的情况。③ 一个较好的解决办法是，中欧双方在签署两项新协定时，同时还签署一份临时适用议定书，从而防止或者填补两项新协定因迟迟得不到批准而留下中欧关系之

---

① 例如，《欧洲联盟条约》第五篇第 24 条就第二支柱（共同外交与安全政策）的缔约作出了专门规定。其中第 1 款规定："当在实施本篇过程中有必要与一个或多个国家或国际组织缔结协定，理事会可以授权（理事会）主席国，在委员会的适当协助下，为此展开谈判。此等协定应由理事会根据主席国的建议予以缔结。"根据第 2 款、第 3 款和第 4 款的规定，理事会应以全体一致或特定多数方式作出缔结或实施有关协定的决定（与所涉及事项的内部决定的方式相一致）。根据第 5 款和第 6 款的规定，本篇之下缔结的协定对所有欧盟机构具有约束力；如果一成员国在理事会的代表声称有关协定须符合其本国宪法程序要求，该协定对该国不具有约束力，但理事会的其他成员国可以同意临时适用该协定。

② Michel Petite, "Current Legal Issues in the External Relations of the European Union", EUI Working Paper, LAW no. 2006/38, 2006. Accessed July 25, 2008. http://cadmus. iue. it/dspace/bitstream/1814/6426/1/LAW - 2006 - 38. pdf.

③ 欧共体法律服务处总干事的研究显示，在由 15 个成员国组成的欧盟时期，混合协定的批准一般需要 3 ~ 4 年，《科托努协定》就是一个典型例子。费时的并不是 70 多个非洲、加勒比海、太平洋国家的批准，而是欧盟 15 个成员国，后者花费近 4 年时间才完成批准程序。我们不难猜想，一个由 27 个成员国组成的欧盟将需要多长时间来批准一项混合协定。参见 Michel Petite, Current Legal Issues in the External Relations of the European Union。

法律基础的真空。①

三、《中欧伙伴协定》谈判的实质性问题

既然《中欧伙伴协定》将是一个全面调整中欧战略伙伴关系的基本法律文件,其谈判必然涉及中欧政治、经济、文化、科技、教育、运输、人权、法治、环境、司法、警察等广泛的实际领域和部门。笔者选择谈判中势必涉及的一些重点或难点问题逐一剖析,并试图提出解决这些问题相应的建议或策略。

(一)基本原则条款

作为奠定中欧关系法律基础的根本性文件,《中欧伙伴协定》必须在其首要位置明确规定若干基本原则,以形成整个协定的核心和基础,从而指导中欧关系各个领域的合作。从总体上来讲,中欧关系基本原则的谈判应该不会有很大的困难,因为这些基本原则大都已经散见在中欧关系的一些重要文件之中,并且一直指导着中欧关系的实践。谈判的关键是如何将这些零散的基本原则的共识、措辞和规定进行概括和提炼,形成涵盖全面、内在统一、表述集中和措辞明确的基本原则条款。

从内容上考虑,《中欧伙伴协定》的基本原则大致应由两个层面构成。

第一个层面是确认中欧承诺在双边关系和多边机制中遵守一般国际法的基本原则及《联合国宪章》的宗旨与原则,如尊重国家主权平等、和平解决争端、不使用武力或以武力相威胁、不干涉内政、民族自决、忠诚履行国际义务等原则。鉴于贸易与经济合作是中欧关系的最基本和最主要的领域,新版《中欧经贸协定》势必要明确规定双方尊重国际经济关系中的一般原则,尤其是世界贸易组织确立的一般原则,如最惠国待遇、国民待遇、公平竞争、透明度等。

第二个层面是中欧双方各自特别注重或坚持,但同时通过谈判最终又能得到对方同意的一些原则。毫无疑问,中国特别坚持明确规定的首要基本原则是"一个中国"原则,以及和平共处五项原则、平等合作原则等。可以推定,欧盟将尤其注重的是促进民主、法治、良政和尊重基本人权与自由原则。在最新发布的欧盟委员会致理事会和欧洲议会的沟通文件中,特别强调民主、人权和促进

---

① 根据《欧共体条约》第300条第2项的规定,欧盟方面可以临时适用属于欧共体管辖的那部分协定内容,但不能临时适用属于成员国权能管辖的协定条款,这势必造成在各成员国履行批准程序期间协定适用的失衡。参见 Michel Petite, Current Legal Issues in the External Relations of the European Union。

共同价值始终是欧盟政策的基本原则,对双边关系极为重要。欧盟将支持并鼓励在中国发展一个全面、健康、独立的民间社会。欧盟将支持强化法治的各项努力,法治是一切其他改革的核心基础。① 欧盟与一系列独联体国家签订的伙伴与合作关系协定中都无一例外地包含这些原则,甚至将这些原则列为各项基本原则之首位。②

(二)政治伙伴关系条款

这一部分首先应明确规定中欧将继续坚持和不断完善政治对话制度,使政治对话制度成为中欧在政治和安全领域巩固和发展伙伴与合作关系最基本和常规的法律形式。应有专门的条款规定这种政治对话是开放性的,既可以涉及中欧关系中的各个领域,也可以涉及全球和区域范围内有关和平与发展的任何事项。此外,应在全国人大及其常委会与欧洲议会之间建立定期对话制度,减少彼此的误解,增进相互的了解和信任。

在政治伙伴关系条款的谈判中,应尽可能明确而又具体地承诺尊重国家主权、领土完整,以及不干涉本质上属于内政的一切事务,这尤其应该成为中国在谈判中据理力争的重点内容。具体来讲,中国应要求欧方在新协定中明确承诺反对"台独","不允许台政要以任何借口赴欧盟及成员国活动,不与台当局进行任何具有官方性质的接触与往来","不支持台加入只有主权国家参加的国际组织","不售台武器和可用于军事目的的设备、物资及技术"。③ 我们必须注意到,虽然欧盟理事会、委员会和各成员国政府一直坚持"一个中国"政策,但是长期以来,欧盟和一些成员国的有些机构以及一些民间社团经常做出一些破坏中

① 参见委员会致理事会和欧洲议会的沟通文件:《欧盟—中国:更紧密的伙伴,扩大的责任》,载欧盟委员会网,http://ec. europa. eu/ex ternal rela tions/china/docs/com06 631 ch. pdf,最后访问日期:2007 年 7 月 15 日。

② 参见 EUs Partnership and Cooperation Agreement (PCA) with Russia, Art. 2; with Ukraine, Art. 2; with Azerbaijan, Art. 2; with Kazakhstan, Art. 2; with Moldova, Art. 2; with Uzbekistan, Art. 2; with Armenia, Art. 2; with Georgia, Art. 2; with Kyrgyzstan, Art. 2; with Turkmenistan, Art. 2. http://ec. europa. eu/external relations/centralasia/pca/indexen. htm; http://eur - lex. europa. eu/LexUriServ/LexUriServ. do? uri = CELEX: 21999A0804 (01): EN: NOT; http://eur - lex. europa. eu/Lex - UriServ/LexUriServ. do? uri = CELEX: 31998D0149: EN: NOT; http://eur - lex. europa. eu/LexUriServ/LexUriServ. do? uri = CELEX: 21998A0624 (01): EN: NOT; http://ec. europa. eu/externalrelations/armenia/euarmenia summary/indexen. htm; http://eur - lex. europa. eu/LexUriServ/LexUriServ. do? uri = CELEX: 21997A1128 (01): EN: NOT; http://eur - lex. europa. eu/LexUriServ/LexUriServ. do? uri = CELEX: 21999A0917 (01): EN: NOT,最后访问日期:2008 年 10 月 27 日。

③ 参见《中国对欧盟政策文件》。

国主权、损害“一个中国”承诺和干涉中国内政的事情。例如,欧洲议会曾通过辩论、演讲、访问和决议等多种方式支持我国台湾地区当局“官方”访问欧洲,与美国国会一些议员交相呼应力促我国台湾地区“加入”联合国、世界卫生组织等国家间组织,甚至利用在欧盟预算中的权力,给欧盟委员会和理事会施压,要求在我国台湾地区设立欧盟“官方”代表机构。近年来,我国台湾地区当局更是将欧洲议会作为它在欧洲甚至全球推行“台独”外交政策的桥头堡。①

在谈判中,欧方必定力求制定明细的条款要求中国应在新协定中确保维持两岸现状,承诺在任何情况下不使用武力解决中国台湾地区问题,保持中国香港特别行政区、澳门特别行政区繁荣和民主选举,尊重西藏、新疆等少数民族地区的宗教、语言、文化和风俗。对此,中国的最佳策略是作出原则性的承诺,但尽量避免制定明细的条款,从而为将来新协定的实施争取更大的主动权。譬如,中国可以在新协定中承诺支持与鼓励中国香港特别行政区和澳门特别行政区按照“一国两制”方针与基本法的规定,实行“港人治港”和“澳人治澳”,并在平等互利基础上发展与欧盟的友好合作关系。

取消欧盟对华军售禁令是中欧建立政治伙伴关系不可回避和最为棘手的问题之一。中欧之间的国防和军事技术合作一直是双方关系发展的一个“瓶颈”,其症结就是欧盟自 1989 年以来一直禁止对中国出口军需品和军事技术。近年来,一些欧盟及其成员国的领导人表示要“向解除禁令的目标推进工作”。② 但是,我们应该看到,欧盟内部反对取消对华军售禁令的势力根深蒂固。例如,欧洲议会 2005 年在一项专门针对中欧关系的决议中,强烈要求欧盟在所谓的中国的人权问题没有得到明显改善之前,不得取消对华军售禁令。③ 因此,中国应该充分利用《中欧伙伴协定》的谈判,使这一困扰中欧全面战略伙伴关系的问题得到较好的解决。

(三)贸易与经济合作条款

在中欧伙伴与合作协定的谈判中,双方的经贸合作条款无疑是重头戏。鉴于中欧贸易与经济合作的特殊重要性,双方决定先行启动完善 1985 年《中欧经

---

① See Yuchun Lan, "The European Parliament and the China-Taiwan Issue: An Empirical Approach", *European Foreign Affairs Review*, Vol. 9, No. 1, 2004, pp. 115 – 140.

② 参见《第九次中欧领导人会晤联合声明》。

③ See European Parliament Resolution on EU-China Relations (2005/2161 (INI)). Accessed October 27, 2008. http://www.europarl.europa.eu/sides/getDoc.do? pubRef = -//EP//TEXT + TA + P6 - TA - 2006 - 0346 + 0 + DOC + XML + V0//EN.

贸协定》的谈判工作，从而为双边经贸合作关系的拓展和深化注入新的活力，奠定更加坚实的基础，提供更有力的保障。应该承认，除了上述共同目标之外，双方各自还有自己的特殊期待。

就中方而言，在贸易领域，希望通过谈判，取消欧盟对中国不合理限制及技术性壁垒，放宽高技术出口限制，发挥技术贸易合作的巨大潜力；给予中国完全市场经济地位，从而减少并消除对华反倾销及有关歧视性政策和做法；慎用“特保措施”；合理补偿因欧盟扩大对中方经贸利益的减损。在投资方面，中方主张建立双边投资促进机构，积极引导双方企业相互投资，扩大中小企业合作。在对华发展援助方面，中国尤其希望欧方对中国环保、扶贫、卫生保健、教育等领域的援助，继续加强中国人力资源培训，尤其是对中西部的人员培训和中国参与多边贸易体制的能力建设，并且要求欧盟的发展援助不附带任何诸如民主、人权等政治条件。在金融合作领域，希望妥善解决中国金融机构在欧盟的市场准入问题。①

欧盟委员会发布的对华政策文件更加明确地宣示欧盟在经贸领域谈判的主要目标。这份文件一开始就宣称“中国是欧盟贸易政策唯一的、最大的挑战”，从而“贸易与投资问题将是一个特定的焦点”，其重点目标是“促使中国兑现中国在 WTO 中的各项承诺，取消对华投资和外国独资在中国的限制，获取对知识产权的更好保护并谈判相互承认地理标志”；“欧盟还将寻求增强对欧盟与中国经贸关系的可持续性和环境因素的影响，并加强在安全和健康标准领域的合作”。②

综合分析中欧在经贸领域各自的特殊关注和重点期待，不难预料，贸易逆差/顺差、市场准入、透明度、知识产权、人民币汇率、环境与安全标准、中国的完全市场经济地位等问题必将是贸易与经济合作条款谈判中的重点和难点，双方能否在这些问题上达成协议，不仅直接决定新版《中欧经贸协定》谈判的成败，而且直接影响《中欧伙伴协定》谈判的进程。欧盟委员会主席巴罗佐在中央党校的演讲中表示，面对中国产品质量最近出现的危机和不断增长的贸易逆差，

---

① 参见《中国对欧盟政策文件》。

② “Competition and Partnership: A Policy for EU-China Trade and Investment”, Accessed August 16, 2008. http://trade.ec.europa.eu/doclib/docs/2006/november/tradoc131234.pdf.

在欧洲人眼里中国的发展有被视为是一种威胁的苗头。①

在上述所列举的谈判重点和难点中,笔者特别强调:新的《中欧经贸协定》是否明确承认中国的完全市场经济地位应该是中方判断新协定价值的一个关键要素。因此,中方应将欧方明确承认中国完全市场经济地位作为新版《中欧经贸协定》的基础和前提条件。同时,中方可以此作为筹码,在欧方极力获取的其他领域(如市场准入、人民币汇率、透明度、知识产权、环境、食品安全)做出适当的妥协。中国加入 WTO 后,一直将争取其他 WTO 成员承认中国的完全市场经济地位作为一项重要的外交战略,现在已有 75 个国家(占 WTO 成员 50%)做出了正式承认。② 但是,WTO 最关键的两个成员美国和欧共体并没有给予中国如此承认。虽然欧盟领导人多次表示愿意朝着这个方向努力,但迄今并没有取得实质进展。

最近,欧盟向中国提交的有关评估报告声称:在 5 项市场经济标准中,除了 1 项之外,中国的其他 4 项无一达到要求。而且欧方一再强调中国的市场经济地位只是反倾销领域的一个技术问题。③ 对此,中方在谈判中绝不可认同。首先,世界上并不存在固定的市场经济模式,④国际上也没有制定统一的市场经济标准,即使是欧美的所谓市场经济标准,彼此之间也存在差异。如果存在这样的国际标准且中国又不达标,就难以解释为何已经有这么多国家承认中国的完全市场经济地位。因此,欧盟评估中国完全市场经济地位的所谓"五项标准",完全是一种单方面的主观标准。其次,承认中国市场经济地位并非是一个单纯的经济技术问题,同时也是一个政治和法律问题。承认中国的完全市场经济地

---

① See J. M. Barroso, President of the European Commission, "The EU and China : Shaping the Future together," Chinese Communist Party Central School, Beijing, Nov. 27, 2007. Accessed August 27, 2008. http://europa. eu/rapid/pressReleasesAction. do? reference = SPEECH/07/759&format = HTML&aged = 1&language = EN&guiLanguage = en.

② 2007 年 7 月 5 日,瑞士正式承认中国完全市场经济地位。参见《瑞士承认中国完全市场经济地位 已有 75 国承认》,2007 年 7 月 9 日,载新浪网,http://finance. sina. com. cn/roll/20070709/15081527862. shtml,最后访问日期:2008 年 8 月 16 日。

③ See Mathieu Rémond, The EU's Refusal to Grant China Market Economy Status (MES), *Asia Europe Journal*, vol. 5, no. 3, 2007, pp. 345 – 356.

④ 在第 22 届中欧经贸混合委员会会议上,商务部部长指出:"市场经济模式是多样化的,不存在固定不变的模式和硬性的标准。"参见商务部新闻办公室:《第 22 届中欧经贸混委会取得 12 项共识》,2007 年 6 月 13 日,http://www. mofcom. gov. cn/aarticle/ae/ai/200706/20070604780211. html,最后访问日期:2008 年 8 月 16 日。

位,直接关系中国在与欧盟的经贸交往中能否遵循 WTO 的首要原则——非歧视待遇,更何况是否做出此等承认本身就是一个政治判断,而且承认与否对于欧盟与中国之间的关系将产生直接的政治、经济和法律后果。此外,已有评论指出,欧盟企图借用中国市场经济地位的承认在《中欧伙伴协定》的谈判就市场准入、贸易逆差、人民币汇率等问题上争取更多的筹码。①

(四)民主、人权、法治和良政事项的合作条款

可以预料,将促进民主、尊重人权、法治和良政作为《中欧伙伴协定》基本原则条款的组成部分,双方在谈判中应该不会存在原则性分歧,因为这些内容不仅是欧盟一体化和对外关系一贯追求的核心价值,而且是中方自改革开放以来一直为之奋斗的目标。但是,至于是否有必要在新协定中进一步用专门的条款作出更为具体的规定以及如何作出更为具体的规定,则势必成为双方谈判的一个焦点。

就中方而言,民主、人权、基本自由、法治和良政这些核心价值的实现不能脱离世界各国的实际;在全球范围内不存在统一的民主模式以及人权价值观,在政治制度和经济社会发展水平尚存在巨大差异的情况下,应鼓励各国在尊重国家主权前提下通过双边、区域和多边合作促进民主、人权、法治和良政,不宜针对缔约任何一方国内民主、人权、法治和良政的所谓"软肋"制定刚性的义务条款,否则就难免有干涉缔约对方内部事务的嫌疑和可能性。

还需要特别提醒的是,制定专门的民主、人权、法治和良政条款正在成为欧盟同第三国谈判缔结伙伴与合作协定的一种趋势——如果尚不足以成为一种范式。欧盟同非洲、加勒比海、太平洋国家几十年来缔结相关协定的变化似乎是说明上述趋势的一个典型。② 在上述欧盟同独联体国家签署的伙伴与合作协定中,至少有 4 项协定辟有专篇和具体条款规定"有关民主和人权事项合作"。③ 不过,同样应该注意的是,毕竟还有一些独联体国家与欧盟缔结的伙伴与合作协定中,除了在"一般原则"条款中有明确的民主、人权或法治、良政措辞

---

① See Mathieu Rémond, The EU's Refusal to Grant China Market Economy Status (MES), pp. 348, 354, 355.

② See Amelia Hadfield, "Janus Advances? An Analysis of EC Development Policy and the 2005 Amended Cotonou Partnership Agreement", *European Foreign Affairs Review*, Vol. 12, No. 1, 2007, pp. 39-66.

③ 参见欧盟分别与格鲁吉亚、乌兹别克斯坦、阿塞拜疆、亚美尼亚四国之间的伙伴与合作协定。

外，并没有专门的"民主与人权"篇章和条款。作为独联体中最大且最有影响的两个国家，俄罗斯和乌克兰与欧盟签订的伙伴与合作协定就属于这种情况。因此，欧盟与第三国谈判伙伴与合作协定，其中是否有专门的"民主与人权条款"取决于缔约双方的意愿，而缔约双方是否势均力敌似乎是最关键的决定因素。

值得注意的是，最近发表的《第十次中欧领导人会晤联合声明》特别提到"在全球打击种族灭绝、战争犯罪和反人类犯罪方面，双方也注意到国际刑事法院的重要性"。① 我们不难从中领悟到，欧盟方面势必将推动中国加入《国际刑事法院规约》作为其双边战略伙伴关系构建的新内容，因为欧盟成员国自始至终是建立常设国际刑事法院的倡导者和支持者，而中国迄今尚未成为该法院规约的缔约国。依欧盟看来，国际刑事法院是保障与促进全球范围内民主、基本人权、法治和良政的新型司法途径。在中欧伙伴协定的谈判中，欧盟很有可能将此列为谈判议题。对此，中国该做出何种反应，必将是一个新的挑战。

（五）环境和能源条款

综合解读最新发布的《2007～2013 年欧盟—中国战略文件》《2007～2010 多年度中国指导计划》《第十次中欧领导人会晤联合声明》和现任欧盟主要机构领导人的演讲，我们不难发现，除了政治安全、贸易赤字和人权保护等传统议题外，欧盟对华政策正在聚焦一些新的领域和事项，其中尤以环境和能源问题最为突出。

尽管双方在环境保护领域的双边和多边合作早已形成，但是欧盟在与中国的关系史上从来没有像现在这样高度重视环境问题。欧盟委员会主席巴罗佐在中央党校的讲演中特别强调：《第十次中欧领导人会晤联合声明》中有关环境和能源的内容是最为详细的表述之一。② 欧盟在伙伴合作协定的谈判中，势必在控制大气污染、能源节约和清洁能源等方面确立具体的标准和目标。中国作为世界上最大的发展中国家，一方面要保持其国民经济的适当增长，另一方面又要促使这种增长成为能源节约型且不以牺牲人类环境为代价，这显然是一项长期的严峻挑战，而要在保证二者基本平衡的前提下对欧做出承诺将是一个复杂而又棘手的难题。

---

① 《第十次中欧领导人会晤联合声明》，2007 年 12 月 3 日，载新华网，http://news. xinhuanet. com/new scenter/2007－12/03/content 7194330. htm，最后访问日期：2008 年 8 月 27 日。

② See J. M. Barroso, President of the European Commission, The EU and China: Shaping the Future together. 也可参见《第十次中欧领导人会晤联合声明》，第 20～23 点。

（六）争端解决条款

现代条约，无论是双边的还是多边的，都必然含有专门的争端解决条款，以便用于解决将来有关条约的解释和实施中可能出现的争端。有的条约还辟有专门章节系统规定争端解决方法和程序（如《北美自由贸易区协定》），甚至为实施特定的条约缔结单独的争端解决机制协定（如《中国—东盟争端解决机制协议》）。至于具体的争端方法，不论是法律还是政治的，任由缔约国商定，并无统一规定。由于国际法主体在谈判争端解决条款方面（在和平解决争端的原则下）享有广泛的选择权，现代条约的国际争端解决方法、程序或机制呈现出多样化的发展趋势。

中欧在缔结伙伴与合作协定过程中必然要商谈争端解决条款。那么，具体应该采用何种争端解决方法或程序呢？为此，笔者提出如下一些思路：

首先，毫无疑问，应明确规定《中欧伙伴协定》的解释与实施中的任何争端之解决必须依照现代国际法和《联合国宪章》确立的和平解决国际争端原则。

其次，鉴于新版《中欧经贸协定》先行谈判和缔结且作为一项独立协定予以实施，同时考虑到经贸领域的争端与政治、社会及其他领域的争端各有不同的特点，新版《中欧经贸协定》和《中欧伙伴协定》应分别制定争端解决条款。

具体就新版《中欧经贸协定》而言，笔者认为，中欧在执行 1985 年《中欧经贸协定》中确立的争端解决方法和程序在实践中被证明是行之有效的，原则上应该予以沿袭。30 多年来，中欧之间的经贸摩擦主要是通过该协定建立的中欧双方代表组成的混合委员会来解决的。即使是中国加入 WTO 之后，欧共体在正式诉诸 WTO 争端解决机制之前，通常也是首先力求利用中欧混合委员会的途径。遗憾的是，1985 年《中欧经贸协定》中并没有专门订立争端解决条款，只是在规定建立混合委员会这一协定监督和管理机构及其任务的条文中间接地规定了该混合委员会的争端解决职能。① 尽管现行的混合委员会一直行使着中欧经贸争端的解决职能，但毕竟此等职能缺乏直接的条约法依据。鉴于贸易与经济合作在整个中欧伙伴关系中的重要性，并考虑到中欧经贸争端随着双边经贸关系的迅速发展而不断增多，在新版《中欧经贸协定》中制定专门条款，明确

---

① 根据 1985 年《中欧经贸协定》第 15 条的规定，混合委员会的任务是"监督和审研本协定的执行，回顾已完成的各项合作行动；研究本协定实施中可能出现的各种问题；研究可能阻碍缔约双方贸易和经济合作发展的问题；研究发展贸易及经济合作的方法和新的可能性；在共同感兴趣的领域内提出有助于实现本协定目标的各种建议"。

赋予混合委员会解决双边经贸争端的职能,实属必要。至于具体方式,则应坚持现行的磋商程序。

值得中方注意的是,欧方在新版的《中欧经贸协定》谈判中很可能提出该协定的争端解决方法与 WTO 争端解决机制的衔接问题。对此,笔者以为,中方可以在明确规定用尽混合委员会的磋商机制的前提下,接受欧方提出的与 WTO 争端解决机制挂钩主张,因为中欧作为 WTO 成员都负有义务接受该组织的争端解决机制。对此,中方应该适当调整传统思维模式,在全球化不断深化和国际事务日趋法治化的驱使下,国家与国家(集团)之间通过司法或准司法机制来解决彼此间的争端是一种正常的国际交往,一方遭受对方在多边体制中起诉,并不一定都是不友好的举动。当然,在这种情况下,中国还应该坚持在协定中明确规定诉诸 WTO 争端解决机制的争端必须是属于 WTO 法管辖的事项。另外,为防止中欧经贸争端在混合委员会中迟迟得不到有效的解决,欧方还可能提出明确混合委员会在解决争端中的具体时限。对此,中方并不一定坚决反对,但可以尽量争取将时限规定得更长一些。

最后,《中欧伙伴协定》中的争端解决条款不宜采用上述新版《中欧经贸协定》那样的方式。因为伙伴与合作协定中的争端主要是经贸领域以外的争端,一般不适宜采用司法、仲裁等法律方法解决。虽然不排除这些争端含有法律因素,但是它们一般更多地涉及政治因素和价值取向。因此,中方应该坚持采用定期和不定期对话以及友好协商等政治方法作为这一新型协定的争端解决条款,而且可以将这一争端解决职能赋予一个由双方代表组成的混合理事会来具体行使。

四、结　　论

中国—欧盟关系如同双方培育的葡萄酒,[①]而调整双边关系的协定如同葡萄酒瓶。已经启动谈判的《中欧经贸协定》和将要缔结的《中欧伙伴协定》并非是简单的“新瓶装老酒”,也不单纯是“新瓶装新酒”,而是这个“新瓶”既要承载中欧数十年共同陈酿的“老酒”,更要装满双方近年来携手培育的“新酒”。

① 2007 年 7 月 29 日法国埃克斯—马赛第三大学欧亚研究所金邦贵教授设晚宴招待笔者,席间他所讲述的一段亲身经历耐人寻味:一次,中国客商与法国葡萄农场主洽谈合资经营著名的波尔多葡萄酒项目,当中国商人谈到“生产”波尔多葡萄酒时,法国农场主立即严肃地予以更正:波尔多葡萄酒只能“培育”,不能“生产”。

《中欧伙伴协定》谈判的启动是双边关系发展历史的必然。从双边的经贸关系来看,中欧互为对方重要的贸易伙伴,双方之间巨大的贸易往来和广泛的经济交往与合作迫切需要一个与之相适应的一般条约作为法律基础,而1985年《中欧经贸协定》已经难担此任。从双边在社会领域的合作来考察,虽然近年来在环境、能源、卫生、健康、科技、教育、文化、交通、金融、食品安全等领域或者建立了对话机制或者签订了专门的协定,但是合作的法律基础零散,没有形成整体的法律框架。从双边的政治关系来看,尽管建立了定期的领导人会晤机制以及政治对话、人权对话机制,而且双方的政治关系正在朝着成熟的战略伙伴关系迈进,但是这些政治伙伴与合作关系在双边层面上仍然停留在软法的基础上。可见,谈判和缔结一个全面反映和构筑中欧战略伙伴与合作关系的新协定是中欧关系发展的必然选择。

可以预料,虽然新的《中欧伙伴协定》的谈判启动了,但是鉴于中欧关系的广泛性、重要性和复杂性,以及欧盟自身多元治理结构的特殊性,未来的谈判与缔结旅程势必困难重重。双方要闯过这些难关,实现各自利益的最大化,同时又能达成协议,就必须在谈判中寻求关键问题的突破口。就欧盟内部而言,必须在一些重要的程序和实质问题上平衡各种利益关系,形成对华谈判的统一立场。由于《中欧伙伴协定》的内容极其广泛,牵涉欧盟及其成员国在缔约方面的权能划分和欧盟主要机构之间的权能配置,而且还不可避免地受到欧盟各种利益集团、非政府组织和民间社团的影响,欧盟在新协定谈判中的内部协调任务绝不会轻松。当然,《中欧伙伴协定》能否最终谈判成功以及何时得以最终缔结,最关键的突破口取决于彼此对于对方坚持的重点实质事项或条款能在多大程度上做出妥协,即双方能在多大程度上接受彼此的要价。

尽管如此,我们有理由相信,只要双方从构建和巩固中欧全面战略伙伴关系的大局出发,本着求同存异、互尊互信、互利互惠、平等协商的精神和原则,最终就一定会达成令双方满意的《中欧伙伴协定》,从而为中欧关系的可持续发展奠定与时俱进的条约法基础。

欧债危机背景下欧盟普惠制改革及其对中国的影响*

一、普惠制：一种特殊的优惠贸易政策

普遍优惠制度，简称为“普惠制”（Generalized System of Preferences，GSP），是联合国贸易和发展会议1964年举行第一届会议期间，由77个发展中国家（“77国集团”）发起，要求发达国家给予发展中国家的贸易在最惠国待遇基础上更加优惠的关税待遇。后经多次协商，联合国贸易和发展会议于1968年通过了《对发展中国家出口至发达国家的制成品和半制成品给予优惠关税或免除关税的决议》，从而标志着普惠制原则的正式确立。与之相伴而行的是，关税及贸易总协定（General Agreement on Tariffs and Trade，GATT）缔约国大会于1964年通过决议，增补GATT第四部分，题为“贸易与发展”，其核心是通过给予欠发达国家的进口贸易优惠待遇，促进其经济发展。在此基础上，GATT大会于1971年通过了一项为期10年的最惠国待遇豁免决议来实施普惠制。8年后，GATT于1979年通过“授权条款”，①从而使最惠国待遇豁免成为永久性。根

---

* 本文原载于《法学评论》2013年第3期。

① See Decision of the Contracting Parties of 28 November 1979 entitled “Differential and more favourable treatment, reciprocity and fuller participation of developing countries”, http://www.wto.org/english/docs_e/legal_e/enabling1979_e.htm.

据“授权条款”,发达缔约方[现为世界贸易组织(World Trade Organization,WTO)的发达成员]给予发展中国家的优惠贸易安排或发展中国家相互间的优惠贸易协定,成为多边贸易体制中最惠国待遇原则最大的例外。目前,共有13个国家(集团)的普惠制通知到联合国贸易和发展会议,它们分别是澳大利亚、白俄罗斯、保加利亚、加拿大、爱沙尼亚、欧盟、日本、新西兰、挪威、俄罗斯、瑞士、土耳其和美国。①

然而,无论是联合国贸易和发展会议,还是GATT/WTO,都没有就如何实施普惠制制定具体规则或指南。因此,在实践中,作为施惠方的发达国家或集团采用的方式各不相同。当今,欧盟、美国和加拿大是普惠制的主要施惠方,它们对于享受普惠制待遇之产品的原产规则、种类和范围、准入标准等方面的条件和要求均不尽一致。例如,就产品的种类而言,有的国家给予了较为广泛的范围,而有的则限定在较窄的范围,通常将所谓的“敏感产品”(sensitive products)排斥在外。普惠制在实施过程中存在许多的限制因素。例如,欧盟和美国都对农业实施扭曲市场的补贴计划,这种补贴计划无疑在客观上限制了最不发达国家农产品出口增长。它们还通过逐步提升关税或“毕业”(graduation)政策和复杂的原产规则来限制普惠制的充分实施。此外,美国和欧盟将最不发达国家具有相对优势或竞争的特定产品排除在普惠制门槛之外。欧美等施惠方还对普惠制实行年度审查制度,这在很大程度上影响了普惠制的稳定性,这会导致投资者对未来的贸易利益产生不确定的感觉,从而影响他们做出继续投资的决断。综上所述,联合国贸易和发展会议倡导和GATT/WTO跟进的普惠制,对于促进增加发展中国家尤其是最不发达国家的出口和经济社会发展,固然起到了一定的积极作用,但是,发达国家(集团)在施惠过程中设置的重重障碍,使普惠制这个看起来和听起来都十分阳光和美好的计划在实践中大打折扣。②

更值得注意的是,出于非经济贸易因素的考虑,有的发达国家从一开始实施普惠制就将特定的发展中国家排斥在外。例如,美国就一直认定中国不是市场经济国家,并基于意识形态的深层次原因,从未将中国列入受惠国之内。有的施惠方还中止或撤销特定国家的受惠国资格,例如,欧盟曾经撤销孟加拉国

① See http://unctad.org/en/Pages/DITC/GSP/About-GSP.aspx.

② See Josephine Nguyen, *The Generalized System of Preferences*, The George Washington University, December 2008, http://internationalecon.com/students/JNguyen.pdf.

和中止缅甸享受其普惠制的资格,之后鉴于缅甸政局的变化,欧盟又重新恢复了缅甸的普惠制待遇。这些出于非经济和贸易的原因而撤销或终止特定的发展中国家甚至最不发达国家享受普惠制待遇的做法,很难说没有背离联合国贸易和发展会议及 WTO 当初倡导普惠制的宗旨和原则。

在发达国家(集团)中,欧盟是第一个对发展中国家实施普惠制的施惠方,其普惠制号称是迄今规模最大、范围最广的普惠制方案。① 1971 年欧共体开始对发展中国家的进口实施普惠制方案。起初,欧共体普惠制并非针对所有的发展中国家,而是限于欧共体成员国的殖民地或海外领地。后来,随着全球范围内非殖民化运动的发展和殖民体系的瓦解,欧共体普惠制的重心才逐步转向广大的发展中国家,而且其目标从促进发展中国家的经济发展转向更为广泛的可持续发展。1992 年在《马斯特里赫特条约》的背景下,欧盟的普惠制的目标定位更为综合和广泛,即旨在从促进受益国经济、社会、文化和政治变革进程。②

欧盟的普惠制每 10 年调整一次,其中 3 年为一个周期。2004 年 10 月欧盟委员会提出了一个普惠制改革方案。2005 年 6 月 23 日欧盟成员国批准了普惠制改革方案,决定自 2006 年 1 月 1 日起实施新的普惠制,新的普惠制 10 年实施期是 2006 ~ 2015 年。第一个实施周期(2006 ~ 2008 年)是通过欧盟理事会第 980/2005 号条例确立的;第二个实施周期(2009 ~ 2011 年)是通过理事会第 732/2008 号条例确立的;2012 年是现行 10 年期改革方案的第三个周期(2012 ~ 2014 年)的起始年。

二、欧盟(2006 ~ 2015 年)普惠制方案的特点

现行的 10 年方案(2006 ~ 2015 年)是为了适应多边贸易体制正在发生变化的环境下而制定的。其中,第一个执行周期(2006 ~ 2008 年)是通过欧盟理事会第 980/2005 号条例确立的,第二个执行周期(2009 ~ 2011 年)是通过理事会第 732/2008 号条例确立的。现行的第三个执行周期(2013 ~ 2014 年)由 3 种类型的安排组成:(1)一般方案(the general GSP),或称为"总体方案"(overall

---

① Directorate-General for Trade, European Union, The European Union's Generalised System of Preferences, February 2010.

② Fleur Engelsman, WTO Compatibility of the EC 2006 – 2015 Generalized System of Preferences, Master Thesis, Public Policy & Human Development, 22 August 2008, p. 2, http://arno.unimaas.nl/show.cgi? fid = 15217.

GSP Scheme)或“标准方案”(Standard GSP Scheme),即为176个发展中国家和领土自动提供贸易优惠待遇;(2)刺激可持续发展和良治特殊安排(Special Incentive Arrangement for Sustainable Development and Good Governance),简称为“普惠制追加安排”(the GSP+),即为支持脆弱发展中国家批准和实施在这些领域相关的国际公约提供额外的优惠待遇;(3)除军火外之一切安排(the Everything But Arms Arrangement,EBA),即为所有的最不发达国家除军火之外的出口产品提供零关税待遇。但是,自2011年5月以来,欧盟着手对现行的普惠制进行改革,并计划于2014年开始实施改革后的新普惠制方案。

(一)一般普惠制安排

根据现行的10年普惠制方案,一般安排覆盖6244项税目,惠及176个发展中国家或地区,①涉及的产品分为非敏感产品和敏感产品两大类,其中非敏感产品(接近3200种,略占覆盖产品一半以上)享受零关税进入;敏感产品(主要涉及农产品、纺织品、服装、装饰品、地毯、鞋类)享受比标准的最惠国待遇关税少3.5个百分点的从价税或削减基于单项计算的30%税率。但是,对于纺织品和服装,削减比例是最惠国待遇从价税的20%。

就覆盖的国家而言,在3年执行期内,凡是没有被世界银行列为高收入的国家且其出口还不够多样化的,都属于一般安排下的关税优惠受益国。所谓“出口不够多样化”,是指一个国家按欧盟普惠制进口到欧盟最多的5类进口产品之价值超过了该受益国按普惠制进口到欧盟总价值的75%。

(二)普惠制追加安排

普惠制追加安排覆盖6336项关税税目,其中包括纺织品和服装、蔬菜产品和食品制成品,并为所谓的“脆弱国家”(vulnerable countries)提供额外的、比标准普惠制国家更为优惠的待遇,其前提条件是这些国家必须批准和实施人权、核心劳工标准、可持续发展和良治等领域确立的国际标准,即欧盟理事会第732/2008号条例附件三列出的16项联合国/国际劳工组织核心人权及劳工权利公约和11项含有环境与良治原则的公约。

联合国和国际劳工组织规定核心人权和劳工标准的公约分别为:(1)《公民权利和政治权利国际公约》;(2)《经济、社会和文化权利国际公约》;(3)《消除一切形式的种族歧视国际公约》;(4)《消除一切形式的歧视妇女公约》;(5)《反

---

① 享受欧盟普惠制的176个国家或领土,参见欧盟理事会第732/2008号条例附件一。

对酷刑和其他残忍、非人道或有辱人格待遇或处罚公约》;(6)《儿童权利公约》;(7)《防止和惩处灭绝种族罪公约》;(8)《关于就业最低年龄公约》(第138号);(9)《关于禁止和立即行动消除最恶劣形式的童工公约》(第182号);(10)《关于废止强迫劳动公约》(第105号);(11)《关于强迫或强制劳动公约》(第29号);(12)《关于男女同工同酬公约》(第100号);(13)《关于就业和职业歧视公约》(第111号);(14)《关于结社自由和保护组织权公约》(第87号);(15)《关于适用组织和集体谈判权的原则公约》;(16)《禁止和惩治种族隔离国际公约》。

欧盟理事会第732/2008号条例附件三所列出的有关可持续发展、环境和良治原则的条约有:(1)《关于消耗臭氧层物质的蒙特利尔议定书》;(2)《控制危险废物越境转移及其处置的巴塞尔公约》;(3)《持久性有机污染物的斯德哥尔摩公约》;(4)《濒危野生动植物种国际贸易公约》;(5)《生物多样性公约》;(6)《卡塔赫纳生物安全议定书》;(7)《联合国气候变化公约京都议定书》;(8)《联合国麻醉品单一公约》(1961年);(9)《联合国精神麻醉药品公约》(1971年);(10)《联合国禁止非法贩运麻醉药品和精神药物公约》(1988年);(11)《联合国反腐败公约》。

享受欧盟普惠制追加安排的"脆弱国家"必须符合3项条件:其一是候选国在3年执行期内没有被世界银行归类于高收入国家;其二是该国按欧盟普惠制进口到欧盟最大的5类进口产品之价值超过了该受惠国按普惠制进口到欧盟总价值的75%;其三是欧盟按照普惠制进口该国产品的价值不到欧盟普惠制覆盖的进口总价值的1%。

(三)除军火外之一切安排

这是专门为最不发达国家制定的一种特殊安排。凡是欧盟普惠制受惠国中经联合国认可的最不发达国家都可以享受此等特殊待遇,目前共有49个发展中国家被列入其中。此等安排的特殊性就在于,这49个国家出口到欧盟的所有产品,除了武器和弹药之外,均免征关税。在实践中,这种特殊安排具有灵活性。当一个国家被联合国从最不发达国家名单中删除之后,该国随即就不再是欧盟特殊普惠制受益国。特殊普惠制安排有至少3年的过渡期,撤销和过渡期的决定均由欧盟委员会根据欧盟理事会有关普惠制条例规定的程序作出。

(四)普惠制的毕业机制

欧盟普惠制的毕业机制只适用于一般普惠制安排和普惠制追加安排,而对最不发达国家除军火外之一切安排(特殊安排)不受这一毕业机制的影响。当一个国家在欧盟市场3年执行期的表现超出欧盟设立的门槛(threshold),欧盟随即对该国启动毕业机制,即撤销该国的普惠制待遇或重新设置对该国的关税优惠。具体的计算依照《商品名称及编码协调制度的国际公约》(以下简称《协调制度》)①中建立的"产品分类"(product sections)进行。

根据欧盟普惠制方案,受益国只有在相当广泛的产品范围内取得了持续性的竞争力并与其他国家出口到欧盟市场的产品形成竞争力,从而不再需要普惠制来促进其对欧盟出口的情况下,欧盟才对该国启用毕业机制。建立这一机制的目的是确保普惠制用于那些最需要的国家,以增强它们通过参与国际贸易来带动其可持续发展。

在这一机制下,当欧盟从一个普惠制受益国进口的某一产品分类在3年执行周期中超出所有享受欧盟普惠制进口待遇的相同产品的15%(纺织品和服装的门槛为12.5%),欧盟随即启动对该国的普惠制毕业机制。但是,如果一个普惠制受益国的任何产品分类对欧盟出口超过了该国所有享受欧盟普惠制进口价值的50%,则该毕业机制不予适用。

(五)普惠制的临时撤销

欧盟普惠制的临时取消制度适用于一般普惠制安排和普惠制追加安排。对于一般普惠制受益国而言,欧盟临时取消其享受优惠待遇的主要因素是,有关的受益国严重和系统性地违反上述人权、核心劳工权利、法治、良治、环境和可持续发展公约。其他一些因素还包括受益国实施了不公平贸易做法,或者其海关控制存在严重缺陷。对于普惠制追加安排的受益国而言,欧盟临时取消优惠待遇的因素是,此等优惠的受益国的国家没有立法转化实施上述公约或该国未能有效地实施这些公约。普惠制临时取消的调查工作由欧盟委员会负责,它根据自己掌握的证据和相关国际组织提供的信息(如联合国、国际劳工组织)向欧盟理事会提交建议,后者作出是否临时取消普惠制待遇的决定。欧盟委员会

---

① 该公约系世界海关组织主持签署的,目前有138个缔约方,但适用于世界上200多个关税行政区。其确立的"协调商品名称"是一种多用途的国际名称,缔约方通常用这一名称来制定各自的关税和经济数据的收集。欧盟是该公约的缔约方,并根据该公约确立的《协调商品名称》建立了《欧盟联合商品名称》(The Combined Nomenclature of the European Union)。See http://ec.europa.eu/taxation_customs/customs/customs_duties/tariff_aspects/harmonised_system/index_en.htm.

在调查期间,如有必要,可以与有关的受益国就相关问题进行对话和沟通。①

(六)普惠制原产规则的修改

原产规则是普惠制实施过程中的核心要素。在相当长的时期内,欧盟的原产规则和认定程序颇为复杂,使发展中国家实际上不能充分地享受欧盟的普惠制待遇。为了简化原产规则和程序,以便发展中国家更容易理解和掌握欧盟普惠制规则,从而促使其产品更多地进入欧盟市场;同时,为了加强防范和控制欺诈,欧盟于2010年11月18日发布了修改普惠制原产规则的新条例,②其中的原产确定规则部分于2011年1月1日生效,程序规则部分预定2017年开始实施。

新的原产确定规则对于不同生产部门的具体特点,尤其是对特殊的加工要求给予了适当的考虑。对于最不发达国家生产的产品作出特殊的规定,从而允许它们能对更多的其领土上加工的产品主张原产权利,即使这些产品的原材料并非源于其领土。例如,如果尼泊尔公司生产某种塑料制品并出口到欧盟,即使该产品的成分中有70%源自该国之外,该产品仍然可以被欧盟认定为原产于该国。毫无疑问,这些特殊的原产规则更有利于扩大最不发达国家的出口贸易和促进其经济发展。

对于原产规则的证明的出具,新的程序规则强化了产品制造和出口商的责任。现行的原产证明制度规定的第三国权威机构出具证明,从2017年起将被直接通过电子系统登记的出口商的原产证明所替代。这些新的规定促使出口国的权威机构减少原产证明的烦琐程序,重新聚合其资源来应对涉及原产证明的欺诈和滥用行为。③

三、欧盟普惠制的新近举措

鉴于欧债危机的持续发酵和全球新兴经济体的崛起,近年来,欧盟开始反思其现行的普惠制政策,并着手进行一系列的改革。继修改普惠制原产规则之后,2011年5月10日,欧盟发布公告,正式提出整体改革普惠制的建议。该项

---

① Directorate-General for Trade, 2010, European Union, The European Union's Generalized System of Preferences, February 2010.

② Commission Regulation (EU) No. 1063/2010 of 18 November 2010 amending Regulation (EEC) No. 2454/93.

③ See http://ec.europa.eu/taxation_customs/customs/customs_duties/rules_origin/preferential/article_777_en.htm.

建议是一项“一揽子”式的综合方案，由两项子建议组成：其一是建议将现行普惠制方案继续到2013年年底，即所谓的“滚动方案”(rollover)。据称，该“滚动方案”旨在避免出现像美国那样的普惠制中断情况(美国政府曾因等待国会批准新的普惠制而造成普惠制政策实施的中断)，同时便利于普惠制后选国提交普惠制追加安排的申请。其二是建议制订修改方案，即“审查方案”(review)，并计划于2014年1月1日起生效。

“滚动方案”随即得到了欧洲议会和欧盟理事会的批准，并于2013年5月已经公布。欧盟委员会提出的新修方案确立了3个基本目标：(1)将普惠制集中于帮助真正需要的国家；(2)增强普惠制追加方案的实施，作为一种激励良治和可持续发展的举措；(3)促使普惠制的实施更具透明度、更加稳定和更具有可预见性。新修订的普惠制方案，使欧盟现行的三种普惠制安排(一般普惠制安排、普惠制追加安排和最不发达国家的特殊安排)均有不同程度的调整和强化。概括起来，新方案具有如下主要特点：①

第一，减少普惠制受益国数量，将受益者集中于经筛选的国家。在新方案中，虽然享受普惠制待遇的产品范围和关税优惠率没有变化，但是有一批原来的受益国从名单中删除。不再享受欧盟普惠制待遇的国家有以下3类：(1)根据世界银行的分类，已属于高收入或中等偏高收入的国家，如沙特阿拉伯、卡塔尔、白俄罗斯、俄罗斯、巴西、科威特等国；(2)其进入欧盟产品享受的优惠待遇至少相当于或超出普惠制的待遇，如自由贸易协定或特殊自动贸易制度下的待遇；(3)一些享受替代准入安排进入发达市场的海外国家和地区。根据欧盟委员会的建议，目前享受欧盟进口优惠的176个国家和地区将减至约80个。

第二，通过实施普惠制追加安排，增强激励受益国尊重核心人权与劳工权利、法治、良治、环境和可持续发展标准。

第三，通过实施“除军火外之一切”安排，增强最不发达国家贸易进入欧盟的效率和效益。欧盟认为，减少普惠制受益国的数量意味着减少最不发达国家出口的竞争压力，从而使它们享受的优惠待遇更具有实际意义。欧盟自我标榜，认为其对最不发达国家的这种特殊普惠制安排是任何其他发达国家的普惠制所不能媲美的。

第四，增强普惠制实施的透明度、稳定性和可预见性。欧盟的普惠制将是

---

① Directorate-General for Trade, European Union, The European Union's Generalized System of Preferences, February 2010.

开放式的,尽管目前每3年要进行一次审查和评估,这将更容易吸引欧盟进口商从普惠制受益国购买商品。此外,普惠制的实施程序将更加透明、清晰,并有更加确定的法律原则予以规制。

2012年6月13日欧洲议会在一读程序中就投票通过了自2014年起欧盟对发展中国家贸易实施新的普惠制安排。安排将享受标准优惠制的国家数量从176个减少到75个左右,享受优惠的进口总值从2009年的600亿欧元减少到约377亿欧元。

随后,2012年10月4日欧盟理事会通过了修改现行欧盟普惠制条例的决议。[①] 该决议基本维持了委员会的议案和欧洲议会先前所表达的支持立场。与此同时,该决议重申并特别强调:

首先,欧盟普惠制的改革旨在使欧盟普惠制适应变化的全球情势,使欧盟普惠制方案对于最需要国家的更加透明、更具有可预见性和更加的优惠。近几年来,在全球经济危机和欧债危机的影响下,不仅欧美等发达国家的经济持续低迷,而且广大的发展中国家深受其害。在这种背景下,欧盟认为,其及时调整普惠制方案实属必要。

其次,欧盟普惠制改革的重点和核心是将其普惠制措施集中于最不发达国家和中低等收入国家。新的普惠制方案将主要基于发展国家的经济收入状况来选定受益国。在新的方案中,已经与欧盟缔结了自由贸易协定并享受优惠待遇的国家被排斥在普惠制受益国之外,自动享受安排的国家也不在普惠制受益国之列。调整后的普惠制受益国数量将减少约50%。

最后,新方案将维持现行的3项子方案结构,即一般普惠制安排和两项特殊普惠制安排。一般普惠制安排适用于所有的没有进入世界银行高等和上中等收入国家名单之列的发展中国家,为这些国家出口到欧盟的产品按不同种类分别给削减或终止征收关税的待遇。第一项特殊普惠制安排为“普惠制追加安排”,适用于那些在促进人权方面加入所谓的“旗舰”(flagship)行列的发展中国家,为这些国家在一般普惠制基础上提供进一步的关税削减待遇。所谓“旗舰”行列国家,是指那些签署、批准并有效实施上述关于规定核心人权与劳工标准、环境保护、法治、良治和可持续发展的27项联合国和国际劳工组织主持制定之公约的国家。第二项特殊普惠制安排名为“除军火外之一切”安排,是专门为最

① 理事会的决议是在其就业、社会政策、健康和消费者事务委员会的会议上未经讨论而直接通过的。

不发达国家设置的,这种特殊安排继续保持自2004年以来欧盟实施的此等安排,新的条例没有做出任何修改。

总之,改革后的欧盟普惠制安排所做出的修改主要涉及5个方面,即受益国的范围、优惠关税率与产品范畴、产品毕业标准、普惠制追加安排和特殊的保障措施。[①] 至此,欧盟的决策和执行机构机构基本完成了普惠制改革的立法程序。新的方案于2012年年底以前在《欧盟官方公报》正式公布,并计划于2014年1月1日开始生效。

四、欧盟普惠制改革对中国的影响

2012年以来,欧盟经济持续衰退与主权债务危机之间的恶性循环不断加剧。欧洲央行2012年9月6日宣布将2012年欧元区经济增长预期下调为-0.6%至-0.2%,2013年的预期为-0.4%至1.4%。在此背景下,中欧贸易和投资出现了明显的下降趋势。在贸易方面,根据中国海关总署2012年9月10日公布的数据显示,2012年前8个月,中国对欧盟进出口总额为3650.45亿美元,同比下滑1.9%。其中,出口额2222.42亿美元,同比下降4.9%,进口额1428.03亿美元,同比上升3.1%。值得一提的是,中国对南欧重债国的出口困境更加明显。数据显示,2012年前8个月,中国对意大利进出口总额为286.69亿美元,同比大幅下降19.5%,出口降幅更是高达26%。在投资方面,中国商务部的数据显示,2012年1月至7月欧盟对华实际投入外资39.7亿美元,同比下降2.7%。欧盟方面还准备修改其16年前制定的贸易防御体系,从而绕过产业申请环节,直接发起贸易调查。最近,欧洲议会和欧盟理事会先后同通过决议修订现行的普惠制方案。种种迹象表明,欧盟的对外贸易政策正在收紧。[②]

欧盟普惠制改革对中国的对欧出口贸易是否产出负面影响或多大影响,中国学界和有关行业人士的看法并不一致。有一种观点认为,欧盟修改普惠制对中国的影响有限,因为从1996年开始,欧盟曾3次减少中国的受惠产品,我国出口欧盟的大多是工业制成品,早在2006年的时候就已经"毕业",目前占份额90%多的产品已经不享受优惠,只有17类出口产品,如鲜活肉等初级产品还在

---

① See http://www.consilium.europa.eu/uedocs/cms_Data/docs/pressdata/EN/foraff/132729.pdf.

② 参见陈琳琳:《欧盟收紧贸易政策,普惠国大幅缩减》,载新浪网,http://www.sina.com.cn。

享受“普惠制”的优惠,所占的份额也并不高。① 但是,多数人士认为,欧盟的普惠制改革对中国对欧出口无疑是有较大负面影响,对某些大宗出口产品的影响尤其严重。事实上,这种负面影响在欧盟普惠制 2009 ~ 2011 年执行期间已经显现。在此期间,中国对欧出口的玩具、纺织品、鞋、家具、灯具、珠宝与人造首饰、电气设备及钟表等产品被宣布“毕业”不再享受优惠待遇。②

笔者认为,欧盟的普惠制改革对中国对欧盟出口贸易的影响是毋庸置疑的。这种影响随着时间的推移会越来越明显,尤其是对中国在欧盟长期具有市场优势的产品出口。这种影响可以从如下几个方面来证实或说明:

首先,上述中国海关总署的统计已清楚地表明中欧贸易已呈现出明显下滑的迹象,尤其是对南欧的出口贸易。虽然持续的欧债危机和欧盟加大对中国产品实行“双反一保”措施无疑是主要原因,但是,欧盟近年来不断调整其普惠制政策也是重要的因素。尽管中国仍然是欧盟一般普惠制安排的受益国,由于普惠制改革将大幅减少受惠产品的种类和数量,使中国出口到欧盟的大量产品被排除在普惠制待遇之外。其结果是,中国的产品在欧盟市上很难有价格上的优势,且将面临 3 方面的竞争压力,即既要与欧盟自产商品竞争,又要与享受普惠制待遇的第三国产品竞争,还要与同样没有享受普惠制待遇的第三国产品竞争。

其次,欧盟降低普惠制“毕业”门槛势必影响中国对欧出口贸易。如前所述,在欧盟普惠制毕业机制下,当一种产品或产品类别在 3 年执行周期中超出所有享受普惠制进口待遇的相同产品的 15%,该产品就不再享受关税优惠待遇,而且纺织品和服装的“毕业”门槛为 12.5%。这一机制对中国极为不利。中国对欧盟出口的纺织品和服装、鞋帽和玩具属于传统优势的大宗出口产品,一般情况下都会超出 15% 或 12.5%,欧盟可以轻易地对中国启动普惠制的“毕业”机制。

最后,欧盟的“普惠制追加”安排看似诱人,中国势必难以享受得到。这是因为,欧盟对于享受此等“普惠制追加”待遇的资格或条件规定得很高,甚至可以说是近似于“苛刻”。更重要的是,这些条件并非经贸方面的,而是政治上的要求,即要求受益国必须是签署和批准近 30 项人权、劳工、法治、良治环保和可

① 参见秦菲菲:《欧盟拟“普惠制”改革对中国出口影响有限》,载《上海证券报》2011 年 5 月 13 日。

② 参见杨雪娇:《欧盟原产规则调整对中国的影响及应对》,载《中国经贸》2009 年第 8 期。

持续发展的国际公约。而且即使受益国参加了这些数目众多的公约,一旦欧盟发现该国没有有效地予以实施,其此等特殊优惠受益国地位也会随即被取消。就中国而言,虽然已经加入了这些公约中的绝大多数,但毕竟还有一些公约尚未加入,而且有的公约,中国的批准还尚需时日(如《公民权利和政治权利国际公约》)。即使中国批准了所有的这些公约,欧盟也会借口中国没有有效实施这些公约而取消此等特殊优惠待遇的受益国资格。可见,中国在一定的时期内难以进入欧盟所谓的人权、法治、良治和环保“旗舰国”行列。

五、结　论

联合国贸易和发展会议和 GATT/WTO 倡导普惠制的初衷是,增加发展中国家出口收益,促进发展中国家工业化和加速发展中国家的经济增长率。然而,由于普惠制并非建立在互惠、对等的基础上,而是由施惠方单方面给予的,实践中,施惠方通常会制定一些条件,这些条件既有纯经济方面的,也有非经济贸易方面的。可见,发达国家(集团)给予发展中国家贸易的普惠制待遇,其要达到的并非是单一的经济目标,政治目标也在其中,甚至更为重要。欧盟正在进行的普惠制改革,大量减少受益国数量,大幅减少受惠产品种类和范围,美其名曰将普惠制对象集中于更需要的发展中国家,尤其是最不发达国家,实际上是提高了享受普惠制的门槛。更值得注意的是,这些门槛完全超出了经济范畴,纯属政治和社会条件。

长期以来,欧盟为自己率先实施普惠制且是世界上规模最大的普惠制而沾沾自喜,更为其对发展中国家实施“普惠制追加安排”和对最不发达国家实施“除军火外之一切”特殊的普惠制安排而自豪。然而,在实践中,由于很多发展中国家国内的政治、经济和社会条件所限,在相当长的时期内很难达到欧盟规定的特殊条件。这就意味着欧盟的普惠制看似一块美味香甜的大蛋糕,而实际上发展中国家尤其是最不发达国家很难品尝得到,只能是“画饼充饥”。

识破欧盟普惠制及其改革实质,并非只有发展中国家的学者,西方学界也不乏其人。最近就有一位欧洲议会的议员在一次讲演中一针见血地指出,欧盟经常炫耀其在全球范围内消除贫困的举措和贡献,其中之一就是其实施的普惠制及其改革。殊不知,发展中国家要享受到这些特殊的优惠待遇需要跨越多道法律门槛,即必须签署、批准和有效实施人权、法治、良治、环保和可持续发展领域多达 27 项所谓的核心条约。发展中国家要完全满足欧盟的这些条件要付出高昂的代价。对于这些条约,就连欧盟内部的一些成员国迄今也没有参加。这种连自己都没有做到而要求他人为之的举措是“另一种名目的殖民主义”(colonialism by another name)。①

欧盟已连续8年成为中国第一大贸易伙伴,中国则是欧盟第二大贸易伙伴和第一大进口来源地。中欧贸易的迅速发展,固然是多方面的积极因素促成的,但是,中国长期以来一直享受欧盟的普惠制待遇,这无不是一个重要的激励。如今,欧盟在全球经济危机和欧洲债务危机的重压下,经济持续低迷,甚至出现负增长。在这样的背景下,欧盟出台普惠制改革,大幅度削减普惠制受益国数量和产品种类和范围。尽管欧盟号称是将普惠制重点转移到最需要的国家,但实质上难免有变相实施贸易保护主义之嫌,对中国的经贸造成的负面影响在所难免。可以预见,随着欧盟新的普惠制方案的实施,中国对欧出口的产品将越来越多地被排斥在普惠制待遇之外,申请享受欧盟“普惠制追加”安排的资格或机会更是微乎其微。2012年以来,欧盟还加大了对中国出口产品的防御体系。如此看来,中欧贸易的下降势头在一定的时期内恐怕难以逆转。作为应对,中国应及时调整贸易战略,积极开拓新的出口市场,适当分散出口目的地,同时还应加强对欧盟的“两反一保”贸易防御体系的反制。

① Stuart Agnew, EU “Colonialism” Damaging the World's Poorest Nations, June 14, 2012, http://www.publicserviceeurope.com/article/2073/eu-colonialism-damaging-the-worlds-poorest-nations.

第四编　其他国际法领域

联合国在推动国际法治建设中的作用*

一、联合国法治的沿革

在相当长的时期内，并没有任何官方文件对“联合国法治”进行界定。直到2004年，《联合国秘书长关于冲突和冲突后社会的法治和过渡司法报告》才首次对“联合国法治”作出如下系统的阐释：“就联合国而言，法治指的是一种治理原则。在这一原则下，所有的人、机构或实体，不论是公共的或是私有的，包括国家自身，都对法律负责。这些法律是公开制定的、平等执行的和独立裁决的，并且符合国际人权规范和标准。法治还要求有措施保证恪守法律至上、法律面前平等、对法律负责、公平适用法律、分权、决策参与、法律确信、避免武断以及程序与法律透明等原则。”①可见，“联合国法治”是一个集国内法治和国际法治于一体的综合概念，既包含国内法治的核心要素，又有其固有的全球性或国际性特征。

作为全球最具有影响力的国际组织，“联合国，毫无疑问，依据其宪章为促进法治发挥着全球中心的作用”。② “《联合国宪章》对法治的要求旨在以权利取代

---

* 本文原载于《法商研究》2011年第2期。

① See UN Secretary-General, The Rule of Law and Transitional Justice in Conflict and Post-conflict Societies, Report of the Secretary-General, 23 August 2004, S/2004/616.

② UN Secretary-General, Strengthening and Coordinating United Nations, Rule of Law Activities, Report of the Secretary-General, 6 August 2008, A/63/226.

强权。"①联合国的法治起源于《联合国宪章》。《联合国宪章》序言要求各会员国确认男女平等和国家不分大小一律平等的信念,紧接着《联合国宪章》第2条规定的七项基本原则对此种平等作了进一步的确认,其宗旨是维持国际和平与安全、持久的经济发展以及保护人权和社会正义。联合国国际法委员会1946年通过的《国家权利义务宣言草案》序言首次揭示了联合国与法治的关系,即"《联合国宪章》之本旨在于维持国际和平与安全,而法治与正义实为达成此项宗旨之要素"。虽然在20世纪90年代以前,法治鲜有被列入单独的联合国议程或活动,但联合国的各项活动从一开始就与促进法治密不可分,这主要反映在国际法的编纂和发展,和平解决国际争端,在冲突国家或地区部署和平部队、和平行动或和平使团,发起对发展中国家的各种发展和技术援助与计划,监督对人权的违反,保护难民和妇女儿童等方面。诚如时任联合国秘书长科菲·安南曾经指出的:"60年来,联合国一直在致力于国际规范和标准的发展,然而将法治融入我们主要的国家层面运作则相对晚近。"②自20世纪90年代起,联合国开始将注意力转向国家层面的法治建设。联合国的发展、和平与安全、人权机构应有关国家政府的请求不断增加法治援助。从1992年开始,联合国大会将法治纳入其议程,自2006年以来在每年的联合国大会上都有专门的法治决议通过。③ 近年来,联合国安全理事会(以下简称安理会)就冲突和冲突后国家或地区的法治问题举行专题辩论,并通过专门决议强调妇女、和平与安全、武装冲突中的儿童以及平民保护等问题的重要性。联合国和平建设委员议程也经常涉及国家的法治问题。联合国自21世纪以来通过了一系列有关法治的标志性文件,如2000年《千年宣言》、2004年《冲突和冲突后社会的法治和过渡司法》、2005年《世界首脑会议成果》、2006年《联合我们的力量:增强联合国对法

---

① UN Secretary-General, Introduction to the Annual Report of the Secretary-General on the Work of the Organization, 16June 1960 – 15June 1961, A/4800/Add. 1.

② See UN Secretary-General, The Rule of Law and Transitional Justice in Conflict and Post-conflict Societies, Report of the Secretary-General, 23 August 2004, S/2004/616.

③ See UN General Assembly, Resolution Adopted by the General Assembly[on the Report of the Sixth Committee(A/61/456)], 61/39. The Rule of Law at the National and International Levels, 18 December 2006, A/RES/61/39; UN General Assembly, Resolution Adopted by the General Assembly[on the Report of the Sixth Committee(A/62/454)], 62/70. The Rule of Law at the National and International Levels, 8 January 2008, A/RES/62/70; UN General Assembly, Resolution Adopted by the General Assembly[on the Report of the Sixth Committee(A/63/443)], 63/128. The Rule of Law at the National and International Levels, 15 January 2009, A/RES/63/128.

治的支持》、2008 年《加强和协调联合国的法治行动》等。此外,联合国秘书处还成立了法治股以及法治协调和资源小组,并建立了不同部门法治行动的协调系统。① 联合国法治行动的最新举措是,联合国秘书长在关于国家和国际层面法治的报告中包含了联合国法治行动的清单。② 该清单旨在为联合国促进法治的工作提供实际指南。这份清单以 40 个联合国机构提供的各自有关法治行动的信息为基础,并将这些信息整体作为联合国当前开展法治行动的计划。清单分为两个部分:第一部分包括清单的任务、准备和内容的一般信息,第二部分是联合国当前各种法治行动的明细清单。这个明细清单又进一步分为两大类,即国家级法治与国际法治。每一大类基于联合国会员国的特定需要和联合国机构的计划又分为若干子类。③

概括地讲,联合国所促进的国际法治,大致可以分为国际层面的法治即狭义的国际法治、国家级法治即国内法治与联合国自身的法治即自身运作的法治。从联合国法治行动的领域来看,联合国法治包含国际层面的法治、冲突和冲突后社会的法治、以发展作为长久框架的法治 3 个方面。④ 以下笔者将集中探讨联合国在促进国际层面法治中的作用,至于联合国在促进其他两类法治中的作用则将另外撰文阐述。

二、联合国推进国际法治建设的行动与成就

联合国推进国际法治建设的行动与成就主要体现在以下 6 个方面。

(一)确认法治是全球治理的核心价值和原则

《联合国宪章》所蕴含的法治原则包含着国家与国家间关系行为相关的各种要素。⑤《联合国宪章》指出,联合国的宗旨之一是创造各种条件使正义和遵守条约及其他国际法渊源的义务得到履行。为实现这一目标,联合国的各种努

---

① See UN Secretary-General, The Rule of Law and Transitional Justice in Conflict and Post-conflict Societies, Report ofthe Secretary-General, 23 August 2004, S/2004/616.

② See UN Secretary-General, The Rule of Law at the National and International Levels, Report of the Secretary-General, 12 March 2008, A/63/64.

③ Ibid.

④ See UN Secretary-General, Report of the Secretary-General on Uniting our Strengths: Enhancing UN Support for the Rule of Law, 12/14/2006, A/61/636 - S/2006/980.

⑤ See United Nations and the Rule of Law, http://www.un.org/en/ruleoflaw/index.shtml, 2010-08-05.

力必须基于国际社会共同认同的价值，而这些价值在一系列联合国重要文件中都得到了宣示，如《联合国宪章》《国家间友好关系与合作的国际法原则宣言》《世界首脑会议成果》以及联合国大会2006～2010年通过的一系列关于国家和国际级法治的决议。[①] 概括起来，联合国法治的核心价值和原则主要包括以下7项：[②](1)遵守《联合国宪章》和国际法，因为它们是一个更加和平、繁荣和正义的世界不可或缺的基础；(2)承认和平与安全、发展、人权、法治、民主相互联系、彼此加强，并且它们构成联合国普遍和不可分割的核心价值和原则的组成部分；(3)承认根据国际法形成的有效多边制度是应对我们所面临的多种且彼此关联的挑战和威胁所必不可少的制度，而在和平与安全、发展、人权等领域取得进步需要一个强大和有效的联合国通过实施其决定和决议扮演中心角色；(4)尊重国家主权平等，不以任何与《联合国宪章》规定不符的方式使用武力或武力威胁破坏任何国家的领土完整和政治独立；(5)以符合《联合国宪章》《国家间友好关系与合作的国际法原则宣言》的协定、正义原则以及国际法的和平方式解决争端；(6)尊重和保护人权和基本自由、人民自决权利和所有人不分种族、性别、语言或宗教的平等权利；(7)承认保护不遭受种族灭绝、违反人类罪行、种族清洗和战争罪行的侵害不仅是一国对其民众所负的责任，而且是其对国际共同体所负的责任。

(二)确认所有联合国支持法治和正义活动的国际法基础

"联合国法治行动清单清楚地表明在国际水平上促进法治是联合国工作的组成部分。"[③]既然联合国的建立和其职责的行使都是依照国际法，那么所有的联合国法治行动必然要依照国际法。也就是说，联合国促进法治的活动必须符合《联合国宪章》、国际人权法、国际人道法、国际刑法和国际难民法的规定。

2004年时任联合国秘书长科菲·安南在向安理会提交的报告中，除明确地表达了正义的共同语言并将"正义""法治"和"过渡司法"等概念结合在一起之外，还为法治援助确立了作为普遍适用标准的规范基础。这些规范就是《联合国宪章》、现代国际法制度的4个支柱——国际人权法、国际人道法、国际刑法

---

① See UN General Assembly, Resolution Adopted by the General Assembly [on the Report of the Sixth Committee (A/64/451)], 64/116. The Rule of Law at the National and International Levels, 15 January 2010, A/RES/64/116.

② See UN Secretary-General, The Rule of Law and Transitional Justice in Conflict and Post-conflict Societies, Report of the Secretary-General, 23 August 2004, S/2004/616.

③ Ibid.

和国际难民法——以及丰富的联合国人权、国际罪行防止与处罚的标准。①

(三)编纂和发展国际法

“联合国最大的成就之一是在其主持下较系统地开发了国际法规范和标准。国际法的逐步发展和编纂是一个动态过程和本组织工作的必不可少的构成部分。”②《联合国宪章》第13(1)(a)条明确规定:“联合国大会应发动研究和作成建议:以促进政治领域的国际合作……鼓励国际法的逐步发展及其编纂。”为完成这一使命,联合国建立了一些专门性的机构具体负责特定领域国际法的发展和编纂,如联合国国际法委员会、联合国大会第六委员会(法律委员会)、联合国贸易法委员会和一系列临时性的特别委员会。联合国国际法委员会自1947年建立以来,为国际法的编纂和发展做出了突出的贡献。经联合国大会或联合国缔约国大会通过的国际公约有20余项,涉及条约、国家继承、国家及其财产管辖豁免、国际组织、无国籍人、海洋、空间、外交关系与领事关系、特别使团等领域,另有大量已经完成或正在起草和审议的议定书、示范法、决议、评注或研究报告,涉及广泛的国际法领域。③ 联合国国际法委员会在推动国际法治中的建设性作用在任何时候都不能低估,因为规范的制定是法治的前提。正如英国著名国际法学家劳特派特所言:“该委员会所准备的文本,从《国际法院规约》第38(1)(c)条中有关国际法渊源之规则的意义上来讲,至少属于著名公法学家之学说的范畴。”④

提及联合国在国际法发展中的作用,我们不可忽视联合国大会和安理会这两个联合国的主要机关长期以来所作出的努力和取得的成就。联合国大会作为联合国的最高审议机关,已经形成为讨论和制定国际法的一个常规和持久的机制。联合国大会在这方面的工作主要是通过联合国第六委员会来进行的,它发动和准备多边条约谈判并提供便利,然后向联合国会员国开放条约的签字和批准。此外,它还就国际关系中的各种问题不断通过宣言和决议。这些宣言和决议虽然一般不具有法律上的约束力,但在政治和道德上的感召力和影响力是

---

① See UN Secretary-General, Report of the Secretary-General on Uniting our Strengths: Enhancing UN Support for the Rule ofLaw, 12/14/2006, A/61/636 – S/2006/980.

② See UN Secretary-General, The Rule of Law and Transitional Justice in Conflict and Post-conflict Societies, Report of the Secretary-General, 23 August 2004, S/2004/616.

③ See http://untreaty.un.org/ilc/texts/texts.htm, 2010 – 05 – 05.

④ D. J. Harris, Cases and Materials on International Law, 6th Edition, Sweet & Maxwell, 2004, p. 64.

巨大的。安理会致力于维持国际和平与安全，经常在其决定或决议中制定执行性规范，这些规范对联合国及其会员国具有直接的法律约束力。更重要的是，安理会通过这种方式行使其职权，为保护武装冲突中的平民，保护人权和保护受战争影响的妇女、儿童发挥了较大的作用。通过安理会的有关决议而成立的前南斯拉夫国际刑事法庭和卢旺达国际刑事法庭以及相关的制裁决议可谓这些方面的最好例证。

(四)发动各国普遍参与多边条约

联合国促进国际法治建设面临的最大挑战之一是如何尽可能广泛地促使各国参与多边条约。不断增多的条约只是实现国际法治的部分前提条件，更为重要的是必须有越来越多的国家签署、批准或加入这些条约，从而尽可能广泛地促使各国在治理和对外交往中切实遵行这些条约，这正是国际法治的本质所在。正是注意到这一问题的重要性，时任联合国秘书长科菲·安南2000年3月27日在向联合国大会提交的《千年报告》中明确指出："从长远来看，法治的扩展在过去的世纪取得的社会进步中一直是重要的基础。毫无疑问，这是一个未竟的工程，尤其是在国际水平上，我们深化法治的努力仍将继续。如果各国都签署和批准国际法条约和公约，则会加强对法治的支持。"[①]为此，时任联合国秘书长科菲·安南邀请所有没有参与多边条约的国家政府签署和批准那些构成国际法核心体系的国际条约和公约，并许诺将在国家或政府首脑出席"千年峰会"时为他们签署和批准这些由联合国秘书长保存的多边条约提供特别的便利。[②] 2000年5月15日联合国秘书长科菲·安南向各国元首或政府首脑发送了正式函件，告知将在"千年峰会"上为各国元首或政府首脑或其授权的代表签署、批准或加入由其保存的514项多边条约提供便利，尤其是其中的25项核心多边条约。这25项核心多边条约主要涉及如下领域或主题：(1)人权，共13项；(2)难民和无国籍人，共1项；(3)惩处事项，共3项；(4)裁军，共5项；(5)环境，共3项。[③] "千年峰会"条约参与活动的首日，共有84位代表(其中59位是国家元首或政府首脑)对40项多边条约进行签署或递交批准或加入文件供联合国秘书长保存。在总共3天的活动中，共签署、批准或加入了273项条

① See UN Secretary-General, We the Peoples: the Role of the United Nations in the Twenty-first Century, Report of the Secretary-General, 27 March 2000, A/54/2000.

② Ibid.

③ See http://www.un.org/millennium/law/treaties.htm, 2010-05-08.

约(187 项为签署,86 项为批准或加入)。如下几类条约尤其受到关注:(1)《儿童权利公约关于儿童卷入武装冲突任择议定书》(59 份签署,2 份批准);(2)《儿童权利公约关于贩卖儿童、儿童卖淫和儿童色情任择议定书》(57 份签署,1 份批准);(3)《消除对妇女一切形式歧视公约任择议定书》(18 份签署,4 份批准);(4)《国际刑事法院罗马规约》(以下简称《罗马规约》,12 份签署,4 份批准);(5)《制止向恐怖主义提供资助国际公约》(10 份签署,2 份批准);(6)《联合国人员和有关人员安全公约》(7 份批准和加入)。① 2000 年"千年峰会"之后,联合国秘书长在每年举行的联合国大会期间都要发动普遍参与多边条约的活动并为每年的活动确定重点领域或事项的多边条约,主要涉及反恐,妇女、儿童权利,保护平民、移民和难民,打击跨国有组织犯罪,反腐,可持续发展,气候变化,生物多样性,等等。

(五)增强国际法的实施与执行

丰富的国际条约及各国的普遍参与仍然不能保证法治在国际水平上充分发挥作用,国际条约和国际习惯规则的有效实施和执行才是实现这一目标的关键。在这一方面,国家长期以来扮演主要的角色,因为国际法的实际效力主要依赖于各国的自助。虽然《联合国宪章》规定了集体安全体制,但集体安全体制在整个"冷战"时代一直缺乏有效的运作。因为两个超级大国——美国和苏联——先后在安理会交替使用否决权。由于缺乏有效、集中的联合国执行机制,因此,国际法治的运行依赖于各国自愿接受国际法的约束。英国学者 J. 克雷格·巴克尔(J. Craig Barker)认为,这种现象有两种可能性解释:"(1)国际法制度中或许存在一系列固有的'自然威慑要素'(natural deterrents),使国家尽量较少对该法的违反。这些'威慑要素'中值得特别考虑的是所谓的法律习惯(law-habit)和对等(reciprocity)。(2)作为国际法"去集中化"性质的结果,各个国家单独地执行各自依照国际法而享有的权利。"②然而,随着当今国际组织的不断增多和国际组织作用的不断增强而带来的国际社会集中化趋势,尤其是在"冷战"结束之后,国家不再是国际法治舞台上的唯一角色,国际组织特别是那些全球普遍性国际组织如联合国在实施和执行国际法中的作用明显增强,影响

---

① See http://www.un.org/millennium/law/treaties.htm,2010-05-08.

② J. Craig Barker, Mechanism to Create and Support Conventions, Treaties, and Other Responses, The Enforcement of International Law, Chapter 4, UNESCO Encyclopedia of Life-Support System, EoLss Publishers, 2002.

越来越大,有时甚至是决定性的。

联合国国际法执行机制是一个复杂的结构体系,对其可以通过两种方式进行评估。从执行机构的角度来看,联合国国际执行机制可以分为执行机关的执行和司法机关的执行。前者如联合国大会、安理会、经济和社会理事会的执行;后者如国际法院、国际刑事法院、前南斯拉夫国际刑事法庭和卢旺达国际刑事法庭的执行。从联合国国际法执行的法律基础着眼,联合国国际法执行机制可分为以下3种类型:(1)以《联合国宪章》为基础的执行机制,如以安理会为核心的集体安全体制;(2)以特定的公约或多边条约为基础的执行机制,如国际人权公约的实施监督机制、国际环境条约的实施监督机制、《联合国反腐败公约》的实施监督机制;(3)联合国专门机构的执行机制,如国际劳工组织、世界卫生组织的执行机制。① 毫无疑问,无论采用何种方式评估联合国国际法执行机制,安理会在这一方面的重要性都是不可忽视的,虽然围绕它的批评和改革建议从来没有间断过。根据《联合国宪章》第23条的规定,安理会对维持国际和平与安全负有首要责任,其执行作用可以概括为如下几个方面:②(1)根据《联合国宪章》第六章第35条的规定,任何国家可以将违反《联合国宪章》的行为提请安理会注意;安理会如认为必要,可以根据《联合国宪章》第六章第33条的规定建议通过谈判、斡旋、调停、仲裁或司法解决等方法"和平解决争端",这些解决方法只具有建议性质,不具有法律约束力。在实践中,安理会经常请求联合国秘书长或其特别代表根据安理会形成的指导原则从中进行斡旋或谈判。有时,安理会的成员自身可能亲临冲突地区为和平解决冲突而努力。(2)安理会可以采取具有法律约束力的强制措施。这种强制行动权力的法律依据是《联合国宪章》第七章。《联合国宪章》第七章授权安理会断定威胁或破坏和平的存在,并授权它可以实施经济和军事制裁以及其他形式的强制措施。(3)安理会采取的强制措施可以针对国家之间以外的冲突。并且安理会可以对破坏和平或和平威胁进行广义界定,以致严重违反人权的行为可以被视为一种对和平的威胁。20世纪90年代发生在前南斯拉夫境内的种族清洗和卢旺达境内的种族灭绝两个典型事例以及安理会的一系列强制措施是这方面最充分的体现。(4)安理会

---

① See http://www.stopvaw.org/Enforcement_Mechanisms_In_The_United_Nations.html, 2010-05-10.

② See Dan Sarooshi, Security Council, http://www.globalpolicy.org/security-council/32932-security-council.html? tmpl=come, 2010-05-10.

拥有使用武力维护和平与安全的权力。安理会也可以将这一权力授予那些自愿奉献其武装力量实施强制行动的联合国会员国或国际组织。近20年来,安理会曾授权北约在巴尔干冲突中采取强制军事行动,授权西非国家经济共同体组成的部队在利比亚和塞拉利昂采取军事行动、授权澳大利亚率领的多国部队在东帝汶采取军事行动。最著名的例子是1990年安理会第678号决议授权美国组建多国部队打击伊拉克侵占科威特的行为。

联合国大会在执行国际法方面也发挥着一定的作用。根据《联合国宪章》第四章第11条的规定,联合国会员国违反《联合国宪章》的行为都可以由受害国提请联合国大会进行辩论;联合国大会可以就任何违反《联合国宪章》的行为通过决议或建议,但此等决议或建议不具有法律约束力。不过,在联合国大会历史上曾出现一个例外。1950年11月3日朝鲜战争爆发后不久,联合国大会通过了一项"为和平联合"决议。① 在该项决议中,联合国大会宣称,遇有破坏和平或侵略行为时,如果安理会由于某一个常任理事国的否决而不能针对这种情势采取行动,联合国大会根据《联合国宪章》的规定享有授权使用武力的权力。联合国大会还宣称,它可以吁请采取集体措施,如经济和外交制裁。然而,这一决议的合法性从一开始就受到质疑。无论如何,这是出现在"冷战"背景下的一个例外情况,而不是创立一个先例。此外,联合国在人权领域还建立了一系列专门的执行机构,如联合国人权委员会、经济、社会和文化权利委员会、消除歧视妇女委员会、妇女地位委员会、儿童权利委员会、反酷刑委员会。任何个人,如果其相关权利遭受会员国的侵害都可以向上述相关机构提出申诉,并且各会员国还要定期向上述机构提交报告。通过这些执行机构及其机制,"联合国监督人权违反,并对违反行为进行事实调查和问询。它在斡旋过程中不断地对法治问题提出意见。一旦授权,它就提供直接的保护,如难民地位的断定和重新安置、临时的安全措施和法律强制行动"。②

(六)加强国际争端的司法裁决

由于在实施和执行国际法的过程中,国家之间、国家与其他国际行为者之间以及其他国际行为者之间会发生这样或那样的争端,因此,在传统的外交手

① See L. H. Woolsey, The "Uniting for Peace" Resolution of the United Nations, The American Journal of International Law, 1951, 45(1).

② See Dan Sarooshi, Security Council, http://www.globalpolicy.org/security-council/32932-security-council.html? tmpl=come, 2010-05-10.

段如谈判、斡旋、调停等之外应建立国际争端解决机构或机制,从而充分保障国际规范的遵守和执行,并公正地维护争端当事方依照国际法享有的权利。为此,联合国一直在作不懈的努力且近年来取得了一定的突破。

国际法院作为联合国的主要司法机关,其职能是依照国际法解决国家之间的法律争端,并就联合国大会和安理会以及经授权的联合国其他专门机构请求的国际法律问题发表咨询意见。国际法院的裁决对当事国具有约束力,尽管它自身没有执行其裁决的手段。迄今为止,国际法院共受理了148起案件,其中26起案件为咨询案件。1947~1988年的41年,国际法院共审理和裁决了62起案件,而在1989年到2010年上半年的不到22年中,国际法院则受理了62起案件。① 国际法院管辖案件数量的增长至少具有两重意义:首先,它意味着越来越多的国家信任国际法院。其次,它意味着国际法院在实施国际法中的作用在逐步加强。为了鼓励各国将他们之间的争端提交到国际法院裁决,时任联合国秘书长哈维尔·佩雷斯·德奎利亚尔经与时任国际法院院长J. M. 鲁达协商之后,于1989年根据《联合国经费规章和规则》的规定设立了一项专门基金。联合国将针对如下两种情况向有关国家提供资助:(1)通过特别协定提交到国际法院的争端;(2)根据特别协定的规定提交国际法院解决争端之裁决的执行。该基金依赖于国家、政府间组织、国内机构、非政府组织以及自然人或法人的自愿捐赠。截至2009年6月30日,该基金余额达到2687770.61美元,但时任联合国秘书长潘基文认为捐赠的数额还是较少。因此,他强烈吁请所有国家和其他相关的实体认真考虑为该基金做出实质性的贡献,并将这种贡献常态化。②

除国际法院之外,联合国还设立了一些临时法庭和混合法庭审判那些对在战争期间实施暴行和灭绝种族行为负有责任的领导人。对这些政治和军事领导人进行成功的审判意义深远:不仅为逝者求得正义,而且警示他人在未来不要触犯此类罪行,从而有效地强制执行国际人权法、国际人道法和其他有关的国际强行法。临时法庭,如前南斯拉夫国际刑事法庭和卢旺达国际刑事法庭,都是根据安理会作出的相关决议而成立的。混合法庭,如在塞拉利昂、黎巴嫩、柬埔寨和东帝汶成立的特别法庭,是由联合国与相关的会员国联合成立的。与

① See http://www.icj-cij.org/docket/index.php? p1 = 3&p2 = 2, 2010 - 06 - 07.

② See UN Secretary General, Secretary-General's Trust Fund to Assist States in the Settlement of Disputes through the International Court of Justice, Report of the Secretary-General, 7October 1992, A/47/444.

临时法庭相比，混合法庭有其自身的特点和优势。这些混合法庭所依据的是联合国与有关国家通过谈判达成的协议，由国际法官和国内法官组成，大都设立在有关国家的境内。有学者将这些混合法庭称为“新一代国际法庭”，并相信“这种模式带来的正义比起卢旺达和前南法庭更为快捷，成本更低”。①

最后，我们不可避免地要提及国际海洋法法庭和国际刑事法院，它们的设立和运作对国际层面的法治具有深远的意义。国际海洋法法庭于1996年根据《联合国海洋法公约》（以下简称《海洋法公约》）而成立，它是《海洋法公约》规定的4种争端解决方式之一。② 根据《国际海洋法法庭规约》第2条、第14条、第15条的规定，国际海洋法法庭由来自不同缔约国的21名法官组成，并分为以下4个机构开展工作：（1）海底争端分庭；（2）简易程序庭；（3）渔业争端庭；（4）海洋环境争端庭。应智利和欧盟请求，国际海洋法法庭还成立了一个特别分庭，审理有关东南太平洋剑鱼种类的维护和可持续开发的案件。③ 目前，国际海洋法法庭共受理了17起案件，其中2起尚在审理之中。④ 国际刑事法院于2002年7月随着《罗马规约》的生效而正式成立，是基于条约建立的世界上第一个常设的国际刑事司法机构，旨在惩处国际共同体所关注的那些最严重的罪行，即灭绝种族罪、危害人类罪、战争罪和侵略罪。根据《罗马规约》第3条的规定，国际刑事法院检察官可以基于任何国家缔约方或安理会的提请启动调查程序，并可以基于个人或组织提供的信息自行启动调查程序。迄今为止，《罗马规约》的缔约国中已有3个国家即乌干达、刚果民主共和国和中非共和国分别将在本国发生的情势提交国际刑事法院审理。此外，安理会也将苏丹达尔富尔地区发生的情势提交国际刑事法院审理。国际刑事法院的检察官经过全面分析已有的信息，正在就上述情势正式立案调查。⑤ 国际刑事法院虽然是一个独立的国际司法机构，并不隶属于联合国，但从一开始就与联合国有着紧密的联系。

---

① The International Criminal Court, http://www.globalpolicy.org/international-justice/international-criminal-tribunals-andspecial-courts/special-court-for-sierra-leone.html, 2010-06-08.

② 其他3种方式分别是国际法院、根据《联合国海洋法公约》附件7组成的仲裁庭和根据《联合国海洋法公约》附件8组成的特别仲裁庭。缔约方可以根据《联合国海洋法公约》第287条的规定作出书面声明从中选择一个或多个争端解决方式。

③ See John Shamsey, ITLOS vs. Goliath: The International Tribunal for the Law of the Sea Stands Tall with the Appellate Body in the Chilean-EU Swordfish Dispute, Transnational Law and Contemporary Problems, 2002, 12 Transnatl L. & Contemp. Probs. 513, pp. 539-540.

④ See http://www.itlos.org/start2_en.html, 2010-06-08.

⑤ See http://www.icc-cpi.int/Menus/ICC/Situations+and+Cases, 2010-06-08.

首先,《罗马规约》是由联合国国际法委员会起草并通过召集联合国建立国际刑事法院全权外交会议予以通过的。其次,安理会可以向国际刑事法院提交案件。最后,根据《联合国与国际刑事法院关系协定》第6条的规定,国际刑事法院须向联合国大会提交年度报告。因此,国际刑事法院的成功建立和运作主要得益于联合国在国际层面促进法治建设的努力。国际刑事法院的成功建立和运作至少在以下两方面具有深远意义:(1)标志着国际刑事正义已经突破"胜利者正义"和"临时正义"的局限,进入一个常设和可持续正义的新时代。(2)国际刑事法院的管辖权建立在"补充原则"的基础上,"补充原则"在国际刑事法院与《罗马规约》缔约国国内法院之间建立了一定程度的管辖权分工与合作关系。根据"补充原则",国际刑事法院实际上发挥着终审法院的作用。如果国内法院已经将某一情势立案并展开调查和审理,那么国际刑事法院就不予受理,除非国内司法程序是虚假的,如所进行的只是形式上的程序,最终使罪犯免负刑事责任,[1]或国内法院无能力或不愿行使管辖权,如国内处于战争状态、司法体系瘫痪。

三、概括性认识

法治作为社会价值、精神和理念由来已久,自古希腊时代起就一直被无数中外著述所倡导。而其作为一种治理原则得到普遍实践则相对较晚,即它与现代国家的兴起和发展紧密地联系在一起。国际法治作为国际社会的价值、理念和治理原则则要晚得多。这也是一些学者将国际法治描绘为正在出现的法治的原因。然而,必须注意的是,国内法治与国际法治一方面彼此区别,另一方面又相互联系和作用。虽然国内法治与国际法治各有自己的适用空间,但二者共享法治的核心价值、基本要素和精神实质,如法律制度的民主性、责任性、可预见性和透明性,法律适用的平等性,法律的至上性,司法的公正性。当前,国际法治如同一般国际法一样,尚处于碎片化和"去集中化"的状态,主要由3个基本水平面构成,即与主权国家相伴而行的国家级法治、与区域组织和区域一体化发展联系在一起的区域法治以及与全球性组织和全球化共命运的国际法治。联合国作为全球最大和最有影响力的普遍性国际组织,在国际法治建设中的作用至关重要。联合国法治行动包含国际层面的法治、冲突与冲突后社会的法治

---

① See Rome Statute of the International Criminal Court, Preamble and Article 17.

和以发展作为长远框架的法治3个方面。在国际层面，联合国已经建立和利用各种不同的机制推动国际法的编纂与发展、实施与执行和公正的司法裁决。在国家级层面，联合国法治行动集中于冲突和冲突后社会与和平社会。在冲突和冲突后社会，联合国的法治行动与其维持和平与建设的和平行动密切配合，重点是建立或恢复以宪法为核心的法律体系、执法体系和司法体系，建立过渡司法以及官方和民间的民主和廉政监督机制。对于和平社会的法治建设，联合国法治行动以发展主题作为目标和框架，重点是促进普遍的国际法教学、研究、传播和理解以及国际法在全球尽可能广泛地适用。

国际法院的咨询管辖与现代国际法的发展*

一、咨询管辖的运用：半个世纪的回顾

咨询管辖是国际法院两大管辖权之一，其法律依据分别是《国际法院规约》第65条和《联合国宪章》第96条。根据前者的规定，国际法院可以就被授权的机关或依照《联合国宪章》授权的机关所请求的"任何法律问题"发表咨询意见。后者则将咨询意见的请求者分为两类，其中第96(1)条规定联合国大会和安理会可以就"任何法律问题"请求国际法院作成咨询意见；第96(2)条则规定"联合国其他机关和各专门机构对于其活动范围内之任何法律问题，可经大会随时之授权，请求法院发表咨询意见"。可见，联合国大会和安理会是一种"特权的"咨询请求者，联合国其他机关和专门机构则是一种"有限的"咨询请求者。这种"特权的"和"有限的"咨询地位体现在两个方面：一是咨询的资格；二是咨询的内容。就咨询资格而言，特权咨询者经《联合国宪章》确立，无须其他权威机关授权，有限咨询者则须经权威机关批准后才具备请求资格。从咨询内容来看，特权咨询者可以就"任何法律问题"作出请求，而有限咨询者则只能就"其活动范围内所涉及的法律问题"作出请求。

---

* 本文原载于《法学评论》(双月刊)1998年第1期。

迄今为止，除联合国大会和安理会这两个特权请求者外，经联合国大会授权，已有20个联合国机关和专门机构可以请求国际法院发表咨询意见，①它们分别是经社理事会、托管理事会、大会临时委员会、申请审查行政法庭判决委员会、国际劳工组织、联合国粮农组织、联合国教科文组织、世界卫生组织、国际复兴开发银行、国际金融公司、国际开发协会、国际货币基金组织、国际民航组织、国际电信组织、国际农业发展基金、世界气象组织、国际海事组织、世界知识产权组织、联合国工业发展组织和国际原子能机构。

在国际法院受理的22件咨询请求中，由大会请求的就有14项，约占请求总数的2/3；其余的8项分别为安理会1项，经社理事会1项，申请审查行政法庭判决委员会3项，教科文组织1项，世界卫生组织2项，国际海事组织1项。

如果我们将国际法院咨询案件的受理数与国际常设法院作一比较，就会发现联合国在利用国际司法机关和发挥其应有的作用方面还不及过去的国际联盟。在国际联盟时代，国际常设法院在其存在的19年间共受理了29件咨询请求，并最终发表了27项咨询意见。在联合国存续的50年中，国际法院只受理了22件咨询案件。如果综合下列因素进一步比较，国际法院咨询意见的利用率就显得更低：首先，联合国专门机构一经授权即可以独立地请求国际法院发表咨询意见，而过去与国际联盟相联系的国际组织只能通过国际联盟行政院的中介作用为之。其次，国际法院可通过其咨询管辖权审查联合国行政法庭的裁决，而常设国际法院则不曾享有此等管辖权。可见，尽管在属人管辖方面国际法院咨询管辖的范围比常设国际法院更为广泛，但其实际运用却给人以“今不如昔”的印象。

如果作进一步的考察，我们还会发现另一个反差现象。在国际联盟时代，国际联盟行政院是咨询意见的主要请求者，而国际联盟大会则不曾请求常设国际法院发表咨询意见。在联合国中，安理会只有过两次请求，绝大多数的请求是由大会作出的。究其原因，下述两方面的因素值得考虑：

首先，《国际联盟盟约》和《联合国宪章》有关咨询意见的规定及其所含的重心不同。《国际联盟盟约》第14条规定：“……凡有争议或问题经行政院或大会有所咨询，该法院亦可发表意见。”而《联合国宪章》第96(1)条的措辞为：“大会或安全理事会对于任何法律问题得请国际法院发表咨询意见。”对

① 国际难民组织曾被授权可以请求国际法院发表咨询意见，但该组织已于1952年解散；《国际贸易组织章程》亦有请求国际法院发表咨询意见的规定，但该条约一直未能生效。

比分析上述两个条款，似乎可以得出如下认识：第一，前者将行政院列为首要的咨询者，而后者则将大会置于首位；第二，前者将请求咨询的范围界定为“凡有争议或问题”，而后者则将咨询范围限定在“任何法律问题”。可见，常设国际法院的咨询管辖权在属物管辖方面比国际法院更大，它不仅可以解释任何法律问题，还可以阐明法律以外的问题，甚至可以插手提交给国联解决的任何争端。可以说，常设国际法院在国联行政院处理争端过程中扮演着法律顾问的角色。①

其次，行政院和安理会对国际司法机关的咨询管辖权所抱的态度不尽一致。过去的行政院之所以经常地请求常设国际法院发表意见，是因为它在实际活动中将这一司法机关视作法律顾问。在行政院处理争端的报告中，经常可以看到被援引的常设国际法院咨询意见。安理会则截然不同，它从未如此对待国际法院的咨询管辖权。依安理会看来，有关国际和平与安全的争端多为政治性争端或政治与法律交织的争端，这类争端适宜于政治的解决方法，无须请求国际法院发表咨询意见。有的学者认为，安理会轻视国际法院的咨询管辖权根源于5大常任理事国对国际法院的不信任。在5大国中，俄罗斯(苏联)和中国一直未利用过国际法院的管辖权；法国从20世纪70年代的“核试验案”时起实际上就已在抵制国际法院的裁决；美国自“尼加拉瓜案”以来对国际法院一直处于一种矛盾的心理。既然绝大多数常任理事国对国际法院持谨慎甚至消极的态度，安理会不仅很少请求国际法院发表咨询意见，而且很少建议各会员国将争端提交国际法院解决，这种状况就不难理解了。②

二、咨询管辖的重要作用：促进国际法的发展

尽管国际法院的咨询意见在数量上比其受理的诉讼案件要少，甚至不如常设国际法院，但是半个世纪的实践表明：正是这些有限的咨询意见在澄清、阐释、确认和发展国际法方面发挥不可低估的作用。

(一)确认和发展国际组织的法律人格概念

如今，政府间国际组织的法律人格已不再构成国家间和学者间争议的问题。然而，在联合国成立之前甚至成立之后一段相当长的时期内，情形截然不

---

① V. Lowe and M. Fitzmaurice(ed), *Fifty Years of the International Courts: Essays in Honour of Sir Robert Jennings*, Cambridge University Press, 1996, p. 182.

② Ibid., p. 330.

同,持否定或怀疑论者居多。1949 年 4 月 11 日国际法院就联合国的赔偿问题所发表的咨询意见,①为在国际法上确认和发展国际组织的法律人格概念奠定了司法基础。

1948 年联合国派往中东地区执行和平任务的调解人和代表先后在巴勒斯坦、以色列、约旦和埃及遭到暗杀。于是,在联合国内产生了如下法律问题:联合国是否可以就其遭受的损害向有关责任国主张索赔?为此,联合国大会于 1948 年年末经全体一致同意,决定将涉及赔偿的一系列复杂的法律问题提请国际法院发表咨询意见。法院在其意见中不仅就联合国的赔偿权这一具体问题作出了肯定的答复,而且就联合国及国际组织的国际人格这一基本问题首次作出了较为系统的阐释。

关于联合国的索赔问题,法院认为:虽然《联合国宪章》对此并无明文的规定,但是这并不妨碍联合国为其代表在履行职责时所遭受的损害向有关责任国政府(不问其是否为联合国会员国)提出赔偿的要求。不仅如此,法院还澄清了一系列与索赔相关的其他国际法问题。首先,关于联合国的代表享有被告国的国籍问题,法院确认这一事实并不构成联合国向被告国索赔的障碍,因为联合国的索赔不是以受害人的国籍为基础的,而是以其作为该国际组织的代表之地位为依据的。其次,关于此等索赔权是代表受害者行使权利还是联合国自身行使权利的问题,法院明确认定是后者。此外,法院还强调,当联合国的索赔权与受害人之国籍国的索赔权发生冲突时,联合国与该国籍国应在个案的基础上进行协调,无论如何,都不应使被告国负双重赔偿责任。

在论及国际组织的法律人格方面,国际法院在具体剖析联合国之前,首先就法律主体的不同性质与社会需要之间的关系进行阐述。它指出:"任何法律体系中的各种法律主体在性质或权利的内容方面并不一定相同,其性质取决于社会的需要。国际法的发展在其整个历史中一直受国际生活各种需要的影响,而且各种国家集体活动中日益增长的需求已经导致一些非国家的实体在国际平面上采取行动。这一发展最终导致 1945 年 6 月一个国际组织的建立,其宗旨和原则具体确定在《联合国宪章》之中。但是,要实现这些宗旨,国际法律人

① Reparation for injuries suffered in the service of the United Nations, Advisory Opinion, ICJ Reports, 1949, pp. 178 – 179.

格的赋予就是必不可少的了。”①

然后,法院宣称,联合国是一个法律人格者。与此同时,它又明确地指出,联合国作为法律人格者所享有的权利和承担的义务不可与国家同日而语。通过分析《联合国宪章》和考察联合国的实践,法院作出以下结论:联合国不仅是协调各国行动的中心,而且是一个拥有和行使广泛职权的国际法律人格者;否认联合国的国际法律人格,联合国就不可能实现和履行其缔造者们为它确立的宗旨和职权。②

(二)重申和明确联合国接纳会员国的条件和程序

《联合国宪章》第4条专门为联合国接纳新会员国制定了条件和程序。其中,第1款规定了会员国资格的各项条件,即被接纳者必须符合以下条件:(1)是主权国家;(2)爱好和平;(3)接受宪章的各项义务;(4)能够履行此等义务;(5)愿意履行此等义务。第2款所规定的接纳程序是,联合国大会在安理会的建议基础上作出接纳决定。

上述规定看起来明白无误,但是在其实际运用中难免产生具体问题。例如,上述5项条件是否为排他性的(或在5项条件之外,是否还可以附带其他条件)?当有几个国家同时申请加入联合国且均符合上述5项条件时,接纳程序是否一定要以“一揽子”的方式?在申请国完全符合会员国资格的情况下,安理会因大国之间的分歧不能就接纳的建议达成一致时,联合国大会是否可以作出接纳的决定?国际法院曾先后两次就这些问题发表过咨询意见。

从1946年开始,随着“冷战”序幕的拉开,安理会在接纳新会员国的事项上形成僵局。一方面,苏联及东欧国家所建议的候选会员国难于取得安理会多数理事国的赞成;另一方面,西方国家所提议的候选会员国又面临苏联否决票的威胁。为此,联合国大会于1947年11月17日作出决议,请求国际法院就《联合国宪章》第4条第1款的接纳条件的解释问题发表咨询意见。所提交的具体问题为:在接纳会员国方面,一个需要行使表决的会员国(无论是在安理会,还是在联合国大会)是否有权将其同意票从属于《联合国宪章》第4条第1款未明文规定的其他条件?尤其是当该会员国承认申请国符合会员国资格时,能否将其同意票附属于以下条件:其他申请国应与该申请国一道被接纳(“一揽子”式

---

① Reparation for injuries suffered in the service of the United Nations, Advisory Opinion, ICJ Reports, 1949, pp. 178 – 179.

② Ibid.

接纳)?

就国际法院当时的处境来看,它首先面对的是其咨询管辖权的挑战。一些会员国认为,上述问题是政治性事项,不属于国际法院管辖的范围,而且国际法院无权解释《联合国宪章》。在1948年5月28日发表的咨询意见中,法院驳回了关于对其管辖权的反对,并就所提交的实质问题作出了如下答复:《联合国宪章》第4(1)条所规定的接纳条件"不仅仅是一种指导或列举,而且是详尽无遗的。如果把与规定的这些条件无关的其他条件也作为要求,该规定就失去其意义和重要性。因此,第4(1)条中所陈述的条件不仅应视为必要的条件,而且还应视为充分的条件"。[①] 在当时会员国的接纳问题已高度政治化的背景下,尽管国际法院的上述咨询意见并未得到遵守,但它从司法角度捍卫和维护了联合国宪章在接纳会员国方面的实在法标准。

鉴于安理会的困扰,联合国大会曾试图在会员国的接纳程序方面取得突破,并极力主张在安理会不能就接纳问题作出建议的情况下,联合国大会可以决定接纳新会员国。为此,联合国大会于1949年11月22日再次作出决议,请求国际法院就上述主张发表咨询意见。法院认为,《联合国宪章》第4(2)条规定的接纳程序必须分别由安理会的"建议"和大会的"决定"两方面构成,而且"建议"程序应先于"决定"程序。这就意味着,联合国大会只有在安理会建议的前提下才能作出相应的接纳决定。如果"大会在没有安理会建议的情况下有权接纳一个国家,这就剥夺了安理会由宪章赋予它的一项重要权力,这将几乎剥夺安理会在行使本组织必要职能之一中的作用"。[②]

20世纪40年代末的这场"接纳危机"一直持续到20世纪50年代中期才结束。虽然国际法院的两项咨询意见严格地维护了《联合国宪章》条文的尊严而无可非议,但危机的最终解决是通过两个超级大国之间的政治谈判而达成的。尽管这种"一揽子方式"一次性地接纳了16个新会员国,从而暂时使"冷战"在联合国这一特定事项上告一段落,但其合法性无疑是存在问题的。

(三)确立和完善现代条约的保留规则

在现代条约法的发展过程中,条约保留规则的演变尤为引人注目,而国际法院在这一历史演变中所起的作用更是不容忽略。

---

① Admission of a state to the United Nations, Advisory Opinion, ICJ Reports, 1948, p. 62.

② Competence of Assembly regarding admission to the United Nations, Advisory Opinion, ICJ Reports, 1950, p. 9.

缔约国对多边条约作出保留的做法可追溯到18世纪,然而,直到国际联盟建立之后,条约的保留才逐渐得到实践和理论上的重视。国际联盟为条约保留所确立的原则是,作出保留国只有在其保留得到所有缔约国均接受的情况下才能成为有关条约的缔约国,即"全体一致同意"原则。但是,国际联盟的这一原则并未得到普遍的接受,尤其是在30年代受到了美洲国家的挑战。后者的做法是,尽管保留国的保留被另一或多个缔约国所拒绝和反对,保留国仍可以成为有关条约的缔约方;反对保留的唯一法律后果是,有关条约不在保留国和拒绝保留国之间生效。进入联合国时代之后,多边条约和缔约国的数量均日益增多,加之缔约国在政治、社会、经济和法律制度等方面的差异,条约保留问题日趋突出。问题的焦点在于到底应注重条约的整体性,还是应允许国家自由作出和接受条约的保留。

1948年联合国大会曾一致通过了《防止和惩治灭绝种族罪公约》。虽然该公约本身没有保留条款,但仍有一些国家作出了保留。于是,这些保留的法律效果构成了疑问,联合国大会请求国际法院就下列3个方面的问题发表咨询意见:(1)如果有关保留遭到一个或多个缔约国的反对(但另一些缔约国不反对),而保留国仍维持其保留,该保留国能否被视为公约的缔约国?(2)如果上述第一个问题的答复是肯定的,那么公约在保留国与反对保留缔约国之间、保留国与接受保留缔约国之间的效力如何?(3)如果反对保留是一个还未履行批准程序的签署国提出的和如果反对保留是一个有权签署或加人(但尚未签署或加入)的国家提出的,上述第一个问题的答复的法律效果又如何?

上述诸问题中无疑要数第一个最为关键,它涉及条约保留的原则。当时流行着两种不同的观点:一种观点认为,根据国家主权原则,任何有权成为公约缔约国之国家均可作出保留;另一种观点则辩称,条约保留的效果从属于所有缔约方的明示或默示同意,这是一项实在国际法规则。国际法院指出,它既不同意第一种观点,因为将国家主权推至极端会导致全然不顾公约的宗旨和目标的结果;它亦不完全赞同第二种观点,因为这一种理论本质上是以公约的绝对完整性之契约概念为基础的,但此等公约的绝对完整性概念并未成为一项实在国际法规则。国际法院以为,如果保留符合公约的宗旨和目标,则作出或维持保留的国家可以被视为缔约方,即使该保留遭到一个或多个缔约方的反对。① 这

① Reservations to the Convention on Genocide, Advisory Opinion, ICJ Reports, 1951, pp. 24 - 30.

就是关于条约保留的“宗旨相符”原则。这一新的条约保留原则既限制着作出保留的自由,也控制着反对保留的自由,从而应作为国家是否提出保留和是否反对保留的基本标准。①

在上述原则指导下,国际法院对第二个问题的意见如下:(1)如果反对一项保留的公约缔约方认为保留不符合公约的宗旨和目的,则其可以事实上不将保留国视为公约的缔约方;(2)如果一缔约方认为保留符合公约的宗旨和目的,则其可以事实上将保留国视为公约的缔约方。②

国际法院关于第三个问题的答复如下:(1)如果一项保留的反对是一个还未履行批准手续的签署国提出的,则该项反对只能自批准之时起才具有法律效果,在此之前这只是表示签署国将其最终的态度通知其他国家;(2)一个有权签署或加入的国家在没有签署或加入之前所作的反对保留,不具有法律效果。③

国际法院关于条约保留的“宗旨相符”原则提出之后,曾招来尖锐的指责。例如,有观点认为它损害了条约的整体性,事实上使一项多边条约变成了若干双边条约,而且与当时国际法委员会递交给联合国大会的有关报告区别较大。然而,正如一名国际法院法官最近所评价的,这一原则对后来的 1969 年《维也纳条约法公约》关于条约保留条款的最终形成“具有决定性的影响”。④ 可以断定,该公约第 19 ~ 23 条关于条约保留规则的措辞基本上遵循了国际法院所确立的“宗旨相符”原则。

(四)维护和加强民族自决权的法律属性

迄今为止,虽然国际社会对民族自决权在国际法上的地位和内容尚未真正达成共识,但是它作为一项国际法规则,在反对殖民主义和禁止外国军事占领的适用方面,无疑已得到联合国实践的充分验证。在民族自决权作为现代国际习惯法规则的形成过程中,除了有关诉讼案件的判决外,国际法院在 20 世纪 70 年代曾先后发表了两项重要的咨询意见:一项是 1971 年关于纳米比亚问题,⑤

---

① Reservations to the Convention on Genocide, Advisory Opinion, ICJ Reports, 1951, pp. 24 – 30.

② Ibid.

③ Ibid.

④ V. Lowe and M. Fitzmaurice(ed), *Fifty Years of the International Courts: Essays in Honour of Sir Robert Jennings*, Cambridge University Press, 1996, p. 356.

⑤ Legal consequences for states of the continued presence of South Africa in Namibia, Advisory Opinion, ICJ Reports, 1971.

另一项是 1975 年关于西撒哈拉地区的地位问题。①

在纳米比亚问题一案中，国际法院清晰地阐明了从国际联盟开始，尤其是在联合国中民族自决权的发展过程。它强调："正如联合国宪章中所奉为的，在非自治领土方面的国际法发展使得民族自决原则可适用于它们中的每一个（意指非自治领土，笔者注）……这一发展中的一个重要的深入阶段是《给予殖民地国家和人民独立宣言》[1960 年 4 月 14 日大会第 1514(XV)号决议]，它包括了'尚未取得独立的'一切民族和一切领土。"②上述文字从司法角度认可了民族自决权从 1945～1960 年在联合国的演进。1945 年的《联合国宪章》所规定的民族自决权适用于国际托管制度下的领土，而 1960 年的该宣言则明确地将它的适用扩展到所有的非独立领土，不论其是否纳入托管制度之内。

南非曾经辩称道：纳米比亚是由国际联盟委托它作为其领土的组成部分进行统治的，尽管当时的委任令对南非规定了一系列义务，但随着国际联盟的瓦解，委任令及其规定的义务应予以终止。因此，它无义务将纳米比亚交给联合国托管，《联合国宪章》确立的民族自决原则不适用于以前的法律制度。国际法院不以为然，反而强调道：不应静止地看待旧的法律制度，而必须依照在此等制度产生有关的法律问题时占主导地位的原则来解释和对待。在这里国际法院所注重的是，第一次世界大战后尚未在国际社会立足的民族自决从 1945 年起已成为国际社会的一项主要法律原则，它不仅适用于现行和未来的法律情势，而且也适用于先前的相关法律制度。

4 年之后，国际法院在西撒哈拉一案中更加充分地阐释了非独立人民的自决问题。在该案中，联合国大会向国际法院咨询两个问题：(1)西撒哈拉在西班牙殖民统治时是否属于无主土地？(2)如果不是，该土地与摩洛哥王国、毛里塔尼亚的法律联系如何？面对各相关国家（西班牙、毛里塔尼亚、阿尔及利亚）的不同立场，法院指出：虽然民族自决不是直接咨询的问题，但是它不得不涉及这一主题。围绕这一主题，其咨询意见着重表明了以下几点：

第一，通过重申其在纳米比亚一案中的意见，它特别宣称：到了 20 世纪 70 年代，自决原则可适用于所有的非独立民族，如果它们愿意，均有权选择独立。国际法院之所以再次强调其先前的观点，其目的就是表示非自治领土的自决权

---

① Western Sohara, Advisory Opinion, ICJ Reports, 1975, p. 31.

② V. Lowe and M. Fitzmaurice(ed), *Fifty Years of the International Courts: Essays in Honour of Sir Robert Jennings*, Cambridge University Press, 1996, p. 202.

已构成习惯国际法的组成部分。

第二,它首次阐述了民族自决原则的内涵,即需要注意到民族自由表达的意志。国际法院的这一司法解释具有双重意义。首先,它澄清了殖民地人民自决权在实施中的国际法地位。在此之前,当殖民统治国决定给予一个殖民地独立时,是否也需要让殖民地人民表达其意愿,是一个不清楚的问题,无论是联合国大会的有关决议,还是联合国的非殖民化实践,均未对这一问题作出解答。其次,"自由表达意志"不仅是殖民地人民自决的内涵,而且还是整个民族自决权原则的核心。因此,我们可以推断:当一个国家通过双边协议将部分领土主权转让给另一国时,有关国家负有义务通过公民投票或其他合适的方式来确定相关领土上居民的真正意愿。

第三,它进一步明确了联合国大会在殖民地人民实行自决过程中的职能。国际法院认为:"自决权在其实现的方式和程序方面给联大留有酌处的余地……至于联大将来的行动,有各种可能性,如有关利益国家间的协商以及为确保人民意愿的自由和真正表达所需的程序和措施。"①

(五)推动国际行政法的日臻完善

国际行政法是现代国际法的一个新分支,其形成与完善与现代国际组织的迅猛发展相伴而行。如果行政法是任何国内法中不可缺少的组成部分,那么任何国际组织的法律均不乏国际行政法的内容。迄今为止,尽管学术界对这一新兴的国际法部门(包括它是否已形成相对独立的部门法)的概念和范围尚有争议,但是一般都认可国际组织的内部规则构成国际行政法的核心。国际法院的有关咨询意见,不仅是国际行政法的重要渊源之一,而且为促进这一幼稚部门国际法的发展扮演了特殊的角色。迄今为止,国际法院有5项咨询意见直接涉及国际行政法,所针对的主要问题是国际组织与公务员的关系以及对国际行政法庭裁决的司法审查。为此,国际法院阐释了如下一些重要的规则:

1. 确认秘书长解决国际行政争端的职能。在国际组织中,行政机关可以裁决有关内部雇佣关系的争端,尽管国际组织的章程没有明文规定。国际法院曾经指出:"在没有建立行政法庭的情况下,解决职员与本组织(意指联合国——笔者注)间争端的职能可根据第97条和第101条(意指《联合国宪章》——笔者注)由秘书长负责,从而在行政法庭建立之前的三年或更长的时间里,秘书长运

① Western Sohara, Advisory Opinion, ICJ Reports, 1975, pp. 36 – 37.

用联合的行政方法之手段处理此类问题,并由他作出最终的决定。"①

2. 认定联合国大会建立行政法庭的职能。联合国秘书处建立之后,在联合国系统便产生了职员与联合国之间的权利和义务关系,确立和调整这种关系的法律文件有由联合国大会制定的《职员条例》以及秘书处为实施这一条例而制定的《职员规则》。在实践中,联合国与职员之间的争端不可避免,而《联合国宪章》没有明文授权联合国的任何主要机关裁决这类争端,且根据《联合国宪章》第105条的规定,联合国在国内法院享有管辖豁免权。如果联合国不为其职员在解决此类争端方面提供司法或仲裁补救,这就势必与联合国宪章关于促进个人自由与正义这一明示的宗旨相悖。鉴于此,国际法院认为,联合国大会建立行政法庭的职权,是为了在联合国与职员之间伸张正义,保证秘书处的有效工作以及"求达效率、才干和忠诚之最高标准"所必不可少的。②

3. 明确国际行政法庭的特殊地位。曾经有一种观点认为:行政法庭从属于联合国大会,后者不受前者裁决的约束。国际法院则不以为然:联合国拥有创立一个司法机构的权威,这个司法机构可以裁决有关雇佣事项的争端并约束该组织,包括创立这一司法机构的该组织之主要机关。法院还进一步指出,虽然联合国大会可以制定有关审查行政法庭裁决的规定,但是它自身不能进行审查,因为联合国大会是一个审议机关,不可能作为一个司法机构来从事活动;行政法庭是一个司法机关,其裁决只能由另一个司法性质的机构来审查;审议机关有权创立司法机关并不意味着它当然地将后者作为其附属机构来控制。一言以蔽之,联合国行政法庭可以是联合国大会的辅助机构(subsidiary body),但绝不可以是它的附属机构(subordinate body)。③

4. 澄清国际行政法庭的属人管辖。尽管职员诉讼通常针对的是有关国际组织的行政首长,国际行政法庭在行使属人管辖权时是以有关国际组织而不是以某个人或有关国际组织的行政长官为其对象的。为此,国际法院强调:"如果他(意指联合国秘书长——笔者注)未征得有关职员的同意而终止有关的服务合同,且这一行动导致一项诉诸到行政法庭的争端,该法庭面对这一争端的各

---

① Effect of awards of compensation made by the United Nations Administrative Tribunal, Advisory Opinion, ICJ Reports, 1954, p. 61.

② Ibid., p. 57.

③ Ibid., p. 56.

方是有关职员和由秘书长所代表的联合国组织……”①

5. 界定国际法院对国际行政法庭裁决的司法审查权。根据《联合国行政法庭规约》第11(1)条的规定，国际法院可以对基于下列理由的请求对联合国行政法庭的裁决进行司法审查：(1)行政法庭超越其管辖或权能；(2)行政法庭未行使所赋予的管辖权；(3)行政法庭在有关联合国宪章规定的法律问题上出现错误；(4)行政法庭在程序上犯有基本错误并导致有失公正。联合国会员国、联合国秘书长和行政争端的当事人，均可基于上述理由向一专门委员会②提出书面申请，然后由该委员会请求国际法院发表咨询意见。《国际劳工组织行政法庭规约》第13(1)条亦有类似的规定。必须明确的是，国际法院并不是国际行政法庭的上诉机关，而只是对它们的裁决行使特定的司法审查职能。国际法院曾强调，它并不审查有关国际行政法庭所受理之争端的实质事项，也不取代国际行政法庭作出的实质性裁决。尽管如此，迄今为止，其从未拒绝过涉及国际行政法庭裁决的司法审查请求，而且所有的审查结论均认为有关的行政法庭裁决是合法公正的。正如一位资深的国际行政法专家所指出的：“国际法院的这类咨询意见的重要性并不主要在于对请求审查的问题所得出的肯定结论，而在于它在得出这些结论的过程中对国际行政法所作出的阐释。”③

三、咨询管辖的扩大：建议与可能性

一方面，半个世纪以来，国际法院的咨询管辖程序在推动国际法发展和解决国际争端方面发挥着积极的作用；另一方面，我们也注意到它的咨询管辖并未得到充分的利用，尚有改进的余地。20世纪80年代初，曾有学者断言：尤其在国家越来越不愿意增强国际法院诉讼管辖的情况下，则有可能扩大其咨询管辖。④ “冷战”结束后，正如前秘书长加利所指出的，虽然国际法院的卷宗比以

---

① Effect of awards of compensation made by the United Nations Administrative Tribunal, Advisory Opinion, ICJ Reports, 1954, p. 53.

② 该委员会根据《联合国宪章》第96(2)条设立，由会员国在最近一次联大常会的总务委员会中任职的代表组成。参见《联合国国际行政法庭规约》第11(4)条。

③ V. Lowe and M. Fitzmaurice(ed), *Fifty Years of the International Courts: Essays in Honour of Sir Robert Jennings*, Cambridge University Press, 1996, p. 202.

④ Louis B. Sohn, Broadening the Advisory Jurisdiction of the International Court of Justice, 77 *AJIL*, 1983, p. 124.

前多了,但是它仍是和平裁定国际争端的一种尚未充分利用的资源。① 正因如此,国际社会一直在为扩大国际法院的咨询管辖作不懈的努力,先后提出了不同的方案,概括起来,有如下几种:

1. 授权联合国秘书处尤其是秘书长利用咨询程序;

2. 授予联合国机关和专门机构以外的其他政府间国际组织咨询请求权;

3. 允许两个或两个以上的国家就它们之间的争端请求国际法院发表咨询意见,尤其是在它们不能就争端提交国际法院诉讼管辖的情况下;

4. 授权国内法院就涉及的任何国际法问题请求国际法院作出初步裁决或发表咨询意见。

在上述诸项建议中,要数第一项最早被提出来。早在1950年,联合国秘书长关于在《公民及政治权利国际公约》下设立人权事务委员会(Human Rights Committee)的一份报告中就提出了这一建议。他当时指出,由于人权事务委员会是一个条约机构,不是一个联合国的机关或专门机构,联合国大会不可能依据《联合国宪章》第96条授予它咨询权。于是他建议,联合国大会应授权秘书长就人权委员会工作中出现的问题请求国际法院发表咨询意见。同年,还出现了是否应给予联合国人权委员会(Commission on Human Rights)这一辅助机构咨询请求权的问题。秘书长又一次建议,作为联合国的一个主要机关,应由他来取代联合国人权委员会处理有关的请求。此后,联合国秘书长分别在不同的场合重申这一主张。1992年秘书长加利在其《和平议事日程》中着重从和平与安全的角度呼吁加强利用国际法院的各种程序,并专门强调:"应依据宪章第96条第2款,授权秘书长利用国际法院的咨询权能……"②

从理论上来讲,与其他方案相比,将咨询请求权授予联合国秘书长似乎最为可行,因为这种方案无须修改《联合国宪章》和《国际法院规约》,只需经过联大的授权性决议即可。然而,事实上秘书处及其秘书长仍是联合国主要机关中唯一无咨询请求权的机关。据有关研究,秘书长的咨询请求权之所以久议不决是有其深刻的历史根源和传统的理论基础的。在国际联盟时期,《国际联盟盟约》也只是规定大会和行政院享有咨询请求权,其理论根据是国际法院是由国家建立并为国家服务的裁判机关,其咨询管辖权不应背离国际法院的这一基本性质。因此,只有由国家组成的机构才能提交咨询案件。虽然秘书长是国际组

① Bontros Bontros-Ghali, *An Agenda for Peace*, second edition, para. 38, 1995, pp. 53 – 54.

② Ibid.

织的行政首长,但是他毕竟是以个人独立身份行事,而且他领导的秘书处亦由个人组成。此外,国际法院的诉讼管辖和咨询管辖的区别除了在效力方面外,还表现为国家可以单独地以自己的名义向国际法院提交诉讼案件,但应以集体的方式(以国际组织机关决议的方式)请求后者发表咨询意见。①

从联合国近年来的讨论来看,除了是否应给予秘书长请求权这一先决问题的争议外,秘书长请求咨询意见的范围构成另一个重要的分歧。秘书长多次表示,一旦被授权,他将严格地在其职权范围内行使咨询权。尽管如此,仍有些会员国存有疑虑,因为秘书长的职权不仅是在联合国的行政事务方面,更重要的是在维持国际和平与安全和解决国际争端这些敏感领域。于是,这些会员国坚持将秘书长的咨询权作如下限定:如果秘书长所请求的问题涉及会员国间争端,则他必须在征得当事国同意之后才能为之。为此,秘书长在第46届联合国大会上作出了积极的回应,即"他将在行使斡旋时和在有关争端当事国的同意下请求国际法院的咨询意见"。根据1993年10月8日的第47/120B号决议,联合国大会一直在"继续审查"关于授予秘书长请求权和其他有关充分利用国际法院的建议。

与秘书长的咨询权相比,其他几种扩大方案的可能性似乎要小得多,因为这些方案均难以逾越修改《联合国宪章》或《国际法院规约》的障碍。为避开这一难题,有关机构和学者一直在致力于"间接扩大"国际法院咨询管辖的探索。这一思路源于1955年联合国大会关于建立"申请审查行政法庭裁决委员会"的决议。当时,联合国行政法庭成立不久,其裁决招来了各方面的挑战,于是联合国大会设立了一个专门委员会负责受理会员国、秘书长或当事人对行政法庭裁决的申诉,然后由该委员会请求国际法院就有关申诉发表咨询意见。这一程序具有两方面的新意:首先,它事实上允许对国际行政法庭裁决提出上诉,尽管从严格的法律意义上来讲,国际法院绝不是一个上诉司法机关;其次,它给予国家和个人以间接的途径获取国际法院的咨询意见。受这一成功先例的启发,美国律师协会曾经主张"美国批准将国际法院的咨询管辖权扩大到包括国内法院请求在内的国际法问题"。② 根据当时负责研究这一建议的主持人L. B. 索恩教授的观点,虽然美国律师协会的上述建议只涉及国内法院就国际法问题请求国际

① Shabtai Roaenne, *The World Court—What It Is and How It Works*, 4th ed., 1989, p. 104.

② Louis B. Sohn, Broadening the Advisory Jurisdiction of the International Court of Justice, 77 *AJIL*, 1983, p. 126.

法院的咨询意见,但是这可以很容易地扩展到国际组织或国家集团。他还积极支持联合国大会设立一个“甄别委员会”(Screening Committee),专门筛选和审查有关请求,然后负责向国际法院递交。

上述建议似乎在扩大国际法院咨询管辖上找到了一条较为简易可行的途径。然而,尽管它避开了修改《联合国宪章》的棘手问题,却会碰到另一些阻力。从大前提上来讲,它仍取决于国家在国际和国内两个平面上行动的协调。在国际层面,联合国大会要通过建立“甄别委员会”的决议,从而确立这种新型咨询模式,就必须得到绝大多数会员国代表的赞同;在国内层面,会员国还需经过国内立法机关的批准或进行授权性立法。即使这种间接咨询模式在联大获得通过,如果多数会员国或主要会员国的议会抵制,则其实际效用仍然存在疑问。即使这种“间接方式”最终导致国际法院咨询管辖的扩大,如下一些弊端亦不可忽略:

首先,如果将咨询请求者扩大到国家,则势必对国际法院的诉讼管辖带来负面影响。国家是国际法院诉讼管辖的唯一诉讼者,在目前多数国家不愿将争端提交其解决,尤其是在不愿接受强制管辖的情况下,如果再将咨询管辖的大门对国家开放,就会产生如下结果:当争端当事国不得不利用国际法院时,它们将尽可能地利用咨询程序,因为咨询意见的非约束性能使当事国在争端解决过程中拥有主动权(至少自我感觉如此)。

其次,随着咨询管辖的扩大,国际法院的工作重心势必从诉讼管辖领域转向咨询管辖领域。这样,国际法院作为裁决国际争端的主要司法机关的特性就难以保证,至少在实践中会受到很大程度的冲击。如此下去,国际法院就难免被嫌疑为名为有权作出具有约束力之裁决的司法机关,而实为提供不具有约束力之意见的咨询机关。

最后,如果国家、国内法院、国际组织,甚至个人均加入到咨询请求者的行列,则势必给国际法院的工作质量产生不良后果。从量上来看,它可能从一个极端走向另一个极端,即由过去和现在的“冷冷清清”发展到未来的“门庭若市”的局面。从质上考察,工作负荷过重,就会造成案件积压,审理与判决水平下降,最终会损抑国际法院的声誉。

国际法发展的历史性突破

——《国际刑事法院规约》述评*

1998年7月17日,联合国外交会议在罗马经过5周的激烈讨论,决定建立一个常设的国际刑事法院。①该常设国际司法机关一经设立,将对国际关注的最严重的犯罪行使国际司法管辖权。这次重要的外交会议除了通过了《国际刑事法院规约》(以下简称《规约》)之外,还通过了一个《会议最后文件》。

《规约》通过后,联合国秘书长安南立即中止其在外地的访问,前往罗马祝贺。可以说,《规约》的通过标志着人权法的一个真正的进步,表达了国际社会的共同愿望。

一、设立国际刑事法院的背景

建立国际刑事法院的设想已有近百年的历史。第

---

* 本文原载于《中国社会科学》1999年第2期。

① 罗马外交会议于1998年6月15日正式开幕,参加会议的有联合国会员国、专门机构会员国和国际原子能机构会员国共160个,另有17个政府间组织、14个联合国专门机构和基金会以及124个非政府组织的代表与会。会议最后以120票赞成、7票反对、21票弃权的表决方式通过了《规约》。《规约》于1998年7月17日在罗马联合国粮农组织总部对所有国家开放签字。然后,继续在罗马意大利外交部开放签字到1998年10月17日。此后,在纽约联合国总部开放签字到2000年12月31日。《规约》应于联合国秘书长收到第60份交存的批准、接受、核准或加入文件之日起60天后的月份之首日生效。

一次世界大战之后，有关人士和国家曾企图建立一个国际法庭专门审理自然人的国际犯罪。第二次世界大战后，纽伦堡和东京军事法庭的实践为创立一个常设法院的努力奠定了一定的基础。联合国于1948年通过的《防止和惩治灭绝种族罪公约》对此作出过明文规定。[①] 就在这一年，联合国大会责成国际法委员会研究建立一个常设国际刑事法院的可能性。然而，从20世纪50年代到80年代，受"冷战"这一大的国际政治气候的影响，筹建国际刑事法庭的工作难以取得进展。直到1992年，在"后冷战"时代的新情势下，经联合国有关会员国再次动议，联合国大会在1992年11月25日通过的第47/33号决议中请求国际法委员会酝酿和提交一个国际刑事法院的规约草案。与此同时，70年代中后期，柬埔寨发生了200多万人民被大规模屠杀事件；90年代初期，有组织的种族清洗使前南斯拉夫四分五裂并导致50万名居民死亡；接着，卢旺达又爆发大规模灭绝种族事件，使大约80万人丧生。这一系列震撼世人的残暴行径促使安理会于1993年和1994年先后通过有关决议，决定建立前南斯拉夫国际刑事法庭和卢旺达国际刑事法庭，分别审判在这两个国家的内战和冲突中对严重违反战争法和人道主义法负有责任的个人。这些新举措进一步激发了国际社会对建立永久性的国际刑事法院的愿望，并增强了成功的信心。

1994年12月联合国大会建立了一个由联合国会员国和专门机构会员国构成的特别委员会，负责审查国际法委员会起草的《规约》最后文本。1995年12月联合国大会又设立了一个筹备委员会，"进一步讨论国际法委员会准备的规约草案所引起的主要实质问题和行政问题……并起草文本，旨在准备一个能广泛接受的、作为下一步全权代表大会讨论的国际刑事法院公约的统一文本"。筹备委员会的第一次会议于1996年3~4月在联合国总部召开，并于同年8月召开了第二次会议。同年12月联大又授权该委员会继续工作并决定1998年为召开全权代表外交会议的年份。1997年2~4月，筹备委员会连续举行了第3~7次会议。该委员会最后提交罗马外交会议讨论的国际刑事法院规约草案由13个部分、116条构成，其中有150处使用了方括号，以表示仍然存在分歧的领域或事项。

① 该公约第6条规定："凡被诉犯有灭绝种族罪或有第三条所列其他行为之一者，应由行为发生地国的主管法院，或缔约国接受其管辖权的国际刑事法庭审理之。"

二、罗马外交会议辩论的焦点

罗马外交会议争论最多、最激烈的议题是国际刑事法院的管辖权问题。

首先是管辖权的性质问题。许多国家主张,《规约》不仅要明文确定补充原则,即国际刑事法院管辖应是国家司法系统的补充,而且应严格尊重国家主权原则,即国际刑事法院的管辖权应以国家自愿接受为前提。另一些国家的代表一方面同意补充原则,另一方面则坚持国际刑事法院的普遍管辖权,即对于国际社会普遍关注的最严重的罪行的管辖不一定以国家的同意为前提。从最后通过的《规约》文本来看,后一种观点占了上风。

其次是管辖权的范围问题,尤其是应否将侵略列为该司法机关管辖的罪行。为了争取将这一最严重的国际刑事犯罪纳入国际刑事法院管辖,一些国家和国际组织的代表以及知名人士就此进行了辩论。其中,前纽伦堡军事法庭检察官本杰明・B. 费伦茨在大会的发言颇为有力。他认为,如果将侵略排除在国际法院的管辖之外,那就是对"最严重的国际罪行"的责任者给予豁免,因为自纽伦堡审判以来,侵略战争不被视为一项国家权利,而是一种国际罪行,这已是无可辩驳的事实。另一些发言者特别强调:如果在纽伦堡审判之后不将侵略罪列入国际刑事法院的管辖,则本次外交会议就是一次历史的倒退。从最后通过的《规约》来看,侵略罪与灭绝种族罪、反人类罪、战争罪一起被列入国际刑事法院的管辖范围。

关于拟设的国际刑事法院与联合国的关系是这次会议争论的又一个焦点。必须指出的是,与会代表对于国际刑事法院的性质问题有广泛的共识:它应是一个独立、公正、公平、有效和具有广泛代表性的国际刑事机构,它不应受政治或其他因素的影响,尤其是不应成为政治斗争的工具或干涉内政的手段。但是,具体谈到它与安理会的关系问题时,则意见不一。在这个问题上,中国作为安理会的常任理事国发表了自己的观点:应从总体上采取务实和谨慎的态度来处理二者之间的关系。美国代表则强调:国际刑事法院应以与安理会协调而不是与之发生抵触的方式运作,而且在财政和行政上应独立于联合国。前南斯拉夫国际刑事法庭和卢旺达国际刑事法庭的首席总检察长理查德・歌德斯通更加尖锐地指出:如果国际刑事法院或其检察官受政治机构的控制,无论是安理会或是国家缔约方,均将没有威信;如果容许这种控制,国际刑事法院倒不如不建立为好。

关于是否将使用或威胁使用包括核武器在内的大规模杀伤武器列入国际刑事法院管辖的战争罪之中,是会议存在意见分歧的另一重要问题。在一般性大会上,有多名代表坚持,应将使用或威胁使用核武器、化学武器、生物武器、盲目激光武器等大规模杀伤性武器列入法院管辖的战争罪之中,因为这些武器是给人类造成惨剧的战争手段,而且它们本质上是没有区别的。有的发言者还一针见血地指出,如果拟设的国际刑事法院对某人用毒箭杀害平民有管辖权,而对用核武器毁灭成千上万的平民百姓反而无能为力,这将是一种"荒谬"的结局。然而,最后交付签署的《规约》并未将上述意见吸收进去,以致成为一些国家反对或弃权的理由。印度代表甚至认为,这传递了"国际社会已认定使用核武器不是一种犯罪"的信息。

值得一提的是,《规约》草案曾经列有反联合国及其相关人员罪、恐怖活动罪和非法贩运麻醉品及精神病药物罪。罗马会议就这些罪行是否应包括在国际刑事法院的管辖之内进行了进一步的讨论。

自20世纪90年代以来,随着联合国的维持和平部队、人道主义者和公务员以及联合国的有关机构受到威胁甚至成为绑架或谋杀目标事例的增加,联合国机构及其相关人员的安全问题引起了国际社会的关注并被正式列入联合国的议事日程。经过紧张的筹备和磋商,联合国大会于1994年12月9日通过了一项《联合国及相关人员安全公约》。虽然该公约确认攻击联合国及其有关人员者应负刑事责任,但是它并没有就将此等罪犯绳之以法提供任何保证。因此,一些国家、国际组织和有关人士认为,有必要将反联合国及相关人员罪作为国际刑事法院管辖的事项之一。

在《规约》草案中,恐怖活动罪被定义为:(1)从事、组织、发动、指挥、促使、鼓励或容忍以人员或财产为对象,旨在反对另一国家以及旨在对知名人士、团体、一般公众或民众的精神制造恐怖、畏惧或不安全的暴力行为,不论出自何种政治、哲理、意识、种族、人种、宗教等目的考虑;(2)有关国际公约所列举的罪行,如空中劫持、非法扣留人质;(3)使用火器、武器、爆炸物和危险物品,不分青红皂白地致使人员或团体或民众死亡或身体严重损害或造成财产严重损失的暴力行为。

有一些国家出自对当今国际贩毒造成的严重社会后果的考虑,特别注重将非法贩运麻醉品和精神病药物列入国际刑事法院的管辖。《规约》草案中关于这类罪行的定义主要借鉴了1988年12月《联合国反对非法贩运麻醉品和精神病药物公约》中的规定。

然而,上述诸种罪行最终没有被列入《规约》。在罗马会议上,多数与会代表坚持应将国际刑事法院的管辖严格地限定在国际社会关注的“最严重的犯罪”之内。其理由主要有以下几点:第一,将国际刑事法院的管辖权作如此限定,有助于《规约》的普遍接受,因为这些最严重犯罪的国际认可程度最高,从而最容易被各国所接受。第二,有助于国际刑事法院尽早得以建立和最大限度地发挥作用,因为《规约》在各国获得批准越快,法院成立的时间就会越早;参加规约的国家越多,法院的实际作用就会越大。第三,有利于保证国际刑事法院的办案质量和维护其权威。如果法院的管辖范围太广,法院的精力就会分散,办案质量就难以得到保证,其威信就会受到损害。

还必须指出的是,虽然《规约》列入管辖的 4 种罪行在原则上得到了与会国的普遍赞同,但是一些国家对于《规约》在有关具体罪行(如侵略罪、反人类罪)的界定和范围问题上持保留、严重保留或反对意见。

三、《规约》主要内容概览

罗马会议最后通过的《规约》除了序言之外,正文由 13 个部分组成,共计 128 条。

第一部分以“法院的建立”为题,首先规定国际刑事法院是一个常设机构,有权对《规约》规定的国际社会关注的最严重罪行行使管辖,而且规定其管辖是各国刑事管辖的补充。[①] 接着,规定了该法院通过协定的方式与联合国挂钩,此等协定由《规约》的缔约国大会批准并由法院院长缔结。然后,规定该法院设立在海牙,同时提出该法院在其认为合适时也可以在其他地点设立。最后,规定法院享有国际法律人格,拥有行使其职能和实现其宗旨所必需的法律能力,并可以在任何缔约国或经特殊协议在任何其他国家的领土上行使其职权。

第二部分是整个《规约》的核心,系统规定国际刑事法院管辖权的性质与范围、可接受之控告和可适用的法律。

在管辖权方面,《规约》将法院的管辖权明文限定为下列 4 种最为严重的罪行:(1)绝种族罪;(2)反人类罪;(3)战争罪;(4)侵略罪。《规约》就这些罪行给出了进一步的定义。

“灭绝种族罪”是指使用下列任何一种行为旨在整个或部分毁灭一个民族、

---

① 《规约》的序言也特别强调,依《规约》建立的国际刑事法院是国家刑事管辖的补充。

部落、种族或宗教群体:(1)杀害有关族群人员;(2)造成有关族群人员严重身心损害;(3)蓄意使有关族群忍受导致其整体或部分物质毁灭;(4)在有关族群中施行旨在阻止生育的各种措施;(5)强行将有关族群的儿童转移到另一族群。

"反人类罪"是指构成对平民百姓普遍或系统攻击(并且了解此等攻击)的任何下列行为:(1)谋杀;(2)灭绝;(3)奴役;(4)驱逐或强行转移居民;(5)监禁或违反国际法基本规则的其他对人身自由的严重剥夺;(6)酷刑;(7)强奸;(8)性奴役;(9)强迫卖淫;(10)强迫怀孕;(11)强行节育或其他类似严重形式的性暴力;(12)对任何可辨认的族群或集体实行政治、种族、民族、文化、宗教、性别或基于国际法上所不允许的被普遍认知之方式的迫害;(13)强迫人员消失;(14)种族隔离;(15)蓄意造成巨大痛苦或对身体或精神或健康造成严重损害的其他不人道的行为。鉴于"反人类罪"的复杂性,《规约》第 2 条进一步就上述有关规定作出了更具体的界定。

在"战争罪"方面,《规约》第 8 条首先强调,国际刑事法院在战争罪作为某项计划或政策的组成部分或作为大规模犯罪组成部分的情况下,特别应行使管辖权。然后,《规约》从 4 个方面对战争罪的范围进行了具体规定。其中第一类、第二类适用于国际武装冲突中的战争罪,即严重违反 1949 年 8 月 12 日的 4 个《日内瓦公约》以及其他严重违反可适用于国际武装冲突的法律和习惯的行为。第三类、第四类适用于不具有国际性质的武装冲突的战争罪,即 1949 年《日内瓦公约》共有的第 3 条和《第二项补充议定书》所规定的行为。

"侵略罪"是否应列入国际刑事法院的管辖是整个筹备阶段和大会期间讨论的热点。争论的焦点是如何确定一个可接受的侵略罪定义。支持者强调侵略的极端严重性和国际影响,而反对者则突出难于找到侵略的准确定义。此外,争论还涉及安理会与此相关的作用问题。根据《联合国宪章》第 39 条,安理会"应断定""侵略行为"是否存在。所以,国际刑事法院的管辖权是否包括侵略罪与安理会在维持国际和平与安全方面的职权有密切的联系,这里的关键是要在安理会的职责与国际刑事法院的司法独立之间找到平衡的办法。

在罗马会议上,支持派占了上风,因为他们有充分的依据坚持:如果不将这项最严重的国际罪行之一列入其中,那就是该法院管辖权的一大缺陷和遗憾,而且就意味着新成立的国际刑事法院实质上是一次历史倒退。不过,虽然《规约》最终将侵略罪列入其中,但是其措辞不如对其他罪行表述得那么详细:"一旦根据第 121 条和第 123 条界定侵略罪以及确定本法院应对此罪行使管辖的条文通过,本法院应对侵略罪行使管辖。此等条文应与《联合国宪章》的有关规定相符合。"这就意味着国际刑事法院对侵略罪的管辖还有待《规约》生效7年之后为其修订而举行的审查大会对"侵略罪"的界定。此外,关于国际刑事法院对侵略罪的管辖不得与《联合国宪章》的有关规定相抵触的内容实际上隐含了安理会在侵略定义上的优先权。

在管辖权方面,《规约》还专门规定国际刑事法院的管辖不具有追溯力,其管辖只涉及《规约》生效之后所犯的有关罪行。如果一个国家是在《规约》生效之后成为缔约国,则国际刑事法院只能于《规约》对该国生效后所发生的犯罪行使管辖权,但《规约》另有其他规定除外。

国际刑事法院的管辖权确立之后,紧接着的问题是管辖权的启动:谁有权就《规约》规定的罪行向该法院提出诉讼或该法院对何者提出的指控可以行使管辖权。根据《规约》第13条的规定,有以下3种方式来启动国际刑事法院的管辖权:(1)国家缔约方的指控;(2)安理会提起的情势;(3)检察官的指控。

在上述3种方式中,毫无疑问,国家缔约方的启动程序争议最少。《规约》第14条规定,国家缔约方可以就法院管辖的任何罪行之情势提请检察官调查,以便断定特定的个人是否应被指控犯有此种罪行。具体说来,下列4类国家缔约方有权提起指控程序:(1)罪行发生地国;(2)罪犯监管国;(3)罪犯嫌疑人国籍国;(4)受害者国籍国。

安理会的启动方式在起草《规约》时和罗马会议期间一直颇有争议。有些国家曾经提议,国际刑事法院不应对安理会根据《联合国宪章》第七章正在处理的情势行使管辖权,因为此类情势涉及维持国际和平与安全。还有些国家甚至提出,凡是安理会介入的情势,国际刑事法院只有在安理会允许的情况下才能行使管辖权。另一些国家则担心安理会的这种作用将严重干涉国际刑事法院的司法独立,因为世界上的绝大多数冲突情势有可能成为安理会的议事日程,而它的特殊表决制度(五大常任理事国的一票否决权)会阻止国际刑事法院采取司法行动。《规约》一方面规定国际刑事法院可就安理会根据《联合国宪章》第七章提请检察官注意的有关罪行行使管辖权;另一方面又规定当安理会根据《联合国宪章》第七章通过的决议做出请求时,国际刑事法院在12个月内不得依《规约》启动任何调查或控诉或司法程序,而且安理会可以在同样的条件下延续此等请求。可见,尽管上述规定的妥协性是显而易见的,但安理会这一政治组织对国际刑事法院的有关管辖权的制约给人留下深刻的印象。

由检察官启动国际刑事法院的司法程序也是罗马会议争执的一个重要问题。一些国家认为,要建立一个行之有效的国际刑事法院,就必须设立相应独立的国际检察机构并由该机构直接向国际刑事法院提起有关的控诉。另有国家则关注问题的另一面:国际检察官的独立性容易造成检察官滥用职权,因此,应建立相应的机制进行一定程度的制约。《规约》最后规定,检察官可以基于所掌握的国际刑事法院管辖范围内罪行的信息自动发起调查;如果检察官根据自身掌握的情况认为有合理依据进入调查程序,则他(她)应请求国际刑事法院的预审庭授权调查;后者可以拒绝授权调查,但此等拒绝授权不应妨碍检察官基于对同一情势掌握的新事实或新证据再次提出调查的请求。

国际刑事法院的管辖权及其启动程序建立之后,还有具体案件的可接受性问题。根据第17条的规定,国际刑事法院在下列情况下应断定某个案件为不可接受的案件:(1)该案正由一个享有管辖权的国家进行调查或控诉,除非该国的确不愿意或不能进行有关的调查或指控;(2)有关案件已经过享有管辖权的国家的调查且该国已作出决定不对有关人员进行指控,除非该决定是因该国的确不愿意或不能够进行指控而做出的;(3)有关人员已因被控诉的行为得到审判,且国际刑事法院的审判是《规约》其他条款所不允许的;(4)有关案件尚未严重到应由国际刑事法院采取进一步的行动。《规约》第19条还进一步规定,国际刑事法院应确信其对受理的任何案件享有管辖权;尽管如此,它对案件的可接受性或管辖权可被下列人员和国家反驳:(1)被告或已对其发布逮捕证或出庭传票的人员;(2)一个对某个案件享有管辖权且正在对该案进行调查或指控,或已进行调查或指控的国家;(3)一个需要其接受国际刑事法院管辖权的国家。此外,第20条还规定了一罪无二审原则:凡是已被国际刑事法院就《规约》规定的罪行宣判为有罪或无罪的人,不应在另一法院就相同的指控接受审判。同样地,凡是被另一法院就《规约》规定的罪行审判的人,不应就相同的罪行在国际刑事法院接受审判,除非在该另一法院的诉讼程序。(1)其目的是庇护应对属于国际刑事法院管辖之罪行承担责任的有关人员;(2)其方式不是按照国际法确认的法定诉讼程序独立或公正地进行,违背将当事人绳之以法的宗旨。

《规约》第21条规定了国际刑事法院应适用的法律及其顺序如下:首先,它应适用《规约》和它的《程序与证据规则》;其次,在适合的情况下,它应适用可适用的条约和国际法原则与规则,包括已经确立的武装冲突之国际法原则;最后,当上述两种法律渊源缺乏或不充分时,它应适用国际刑事法院从世界各国内法律体系包括对有关罪行一般可以行使管辖权之国家的国内法中得出的一般法律原则,但是这些原则不应与《规约》和国际法及国际认可的准则相抵触。第21条还规定,国际刑事法院也可以适用在其先前判决中所解释的法律原则和规则。该条还进一步强调,依照本条适用和解释法律必须与国际认可的人权标准相一致,而且不应在性别、年龄、种族、肤色、宗教或信仰、政治或其他主张、国籍或社会背景、财富、出生或其他地位等方面做出任何不利的区分。

《规约》第三部分规定了国际刑事法院应遵循的刑法一般原则,这些原则主要有:

1. 法无规定不为罪。其含义是:(1)一个人依照《规约》不应承担刑事责任,除非有关行为在发生时已构成国际刑事法院管辖范围内的罪行;(2)罪行的界定应当严格,不应类推延伸;在含糊不清的情况下,有关界定应以对正在接受调查者、被起诉者或被宣判者有利的方式进行解释。但是,上述规定不应影响在《规约》之外依照国际法被视为犯罪的任何行为的定性。

2. 法无明文不罚。其含义是被国际刑事法院宣判有罪的人只能依照《规约》处罚。

3. 基于属人理由的无追溯力。这一原则具有两方面的含义:(1)任何人对《规约》生效之前的行为依照《规约》不应承担刑事责任;(2)在判决之前适用于特定案件的法律发生变更的情况下,应适用对被调查者、被起诉者或被宣判者更为有利的法律。

4. 个人承担刑事责任。《规约》第 25 条规定,国际刑事法院应根据《规约》对自然人行使管辖权,任何犯有该法院管辖范围内罪行的人依照《规约》应个人承担责任和接受处罚。具体地说,个人应对下列行为承担刑事责任并接受刑事处罚:(1)犯有《规约》规定的罪行,不论此等犯罪是个人、联合他人或通过他人进行的,亦不论该他人是否负有刑事责任;(2)命令、诱惑或引诱此等犯罪;(3)援助、唆使或以其他方式协助此等犯罪;(4)以任何其他方式对有共同目的之团伙的此等犯罪发挥作用或企图发挥作用。该条最后强调,《规约》中涉及个人刑事责任的规定不应影响国家依照国际法所承担的责任。此外,第 26 条专门规定,国际刑事法院对未满 18 岁者犯有《规约》中规定的罪行不应行使管辖权。

5. 官职无关。第 27 条宣称,《规约》应平等地适用于一切人,而不应基于官职做任何区分。该条特别强调,作为国家元首或政府首脑、政府或议会成员、当选代表或政府官员之官职在任何情况下不应免除一个人依照《规约》承担刑事责任,并不应构成减刑的理由。该条还进一步指出,一个人的官职按照国际法或国内法可能会带有豁免权或特殊程序规则,但这不应阻止国际刑事法院对该个人行使管辖权。①

《规约》第四部分涉及国际刑事法院的组成和行政。国际刑事法院由下列机构组成:(1)院长会议;(2)上诉庭、审判庭和预审庭;(3)检察官办公室;(4)注册处。

1. 法官的产生与资格。国际刑事法院由 18 名法官组成。所有的国际刑事法院法官应作为该法院的专职成员选举产生,并从其就职之日起随时准备以专职成员的身份服务。组成院长会议之法官,一经当选,应全日制上班。至于其他法官,院长会议可以根据法院案件负荷并与法官们协商后,决定他们应如何以专职的方式工作。

法官应从具有高尚道德品质、公正、正直并且在其相应国家具有担任最高司法职务的资格之人士中挑选。就具体资格而言,每一个法官候选人应证明其在刑事法律和程序方面的能力和必要的相关经历,无论是作为法官、检察官、辩护律师,还是在刑事诉讼中担任其他类似的职务;或应证明其在国际法相关领域如国际人道主义法和人权法方面的能力以及在与国际刑事法院司法工作相关的职业能力方面的广泛经历。此外,候选人至少应精通和熟练掌握法院的一门工作语言。

法官由缔约国大会专门为此举行的会议秘密投票选举产生。经 2/3 多数缔约国出席和参加投票,得票最多者当选。法官选举应考虑世界各主要法系的代表性、地理的公平代表性和男女法官的公平代表性。无论如何,同一个国家不得有两名本国籍的法官当选。

法官的任期为 9 年,不应连选连任。在第一次选举中,通过抽签的方式,1/3的当选法官的任期为 3 年,另有 1/3 的任期为 6 年,其余的任期为 9 年;任期为 3 年的法官可以连选连任一个完整的任期。当选法官应独立地行使其职权,不应从事可能干涉其司法职能或影响其独立信心的任何活动。在法院所在地的全日制法官不应从事任何其他职业。

2. 院长会议。国际刑事法院设立院长会议,由院长、第一副院长和第二副院长组成。院长和副院长由法官以简单多数选举产生,任期 3 年,可连选连任

---

① 《规约》第 28 条还专门规定,军事指挥官或实际作为军事指挥官者对在其实际指挥和控制下以武力犯有国际刑事法院管辖之罪行应承担刑事责任;如果军事指挥官或上级长官事先知道或本应知道已发生的武力是构成或将要构成此等犯罪而未采取一切必要或合理的措施,则同样应承担刑事责任。

一次。院长会议负责法院的行政管理,但检察官办公室不在其内。

3. 法院的分庭。法官当选之后,法院应尽快组成上诉庭、审判庭和预审庭。其中上诉庭应由院长和4位法官组成。审判庭和预审庭的组成均不应少于6位法官。在分配法官到分庭的过程中,应注意各分庭行使职权的性质和当选法官的资格和经历,并保证每一个分庭既有刑事法律和程序方面的专家,又有精通国际法的法官。《规约》特别强调,审判庭和预审庭应主要由具有刑事审判经验的法官组成。

4. 检察官办公室。检察官办公室作为国际刑事法院的一个单独的机关独立行使其职权。检察官办公室成员不应寻求或依从任何外界的指示行事。检察官办公室由检察官领导。检察官对于办公室的运作和行政管理享有全权。检察官由一个或多个副检察官协助其工作。正、副检察官应具有不同的国籍,其人选应是具有高尚道德并在刑事案件的控诉或判决方面具有较强能力和广泛经验的人士,而且至少应熟练掌握一门国际刑事法院的工作语言。正、副检察官一经当选,就应以全日制的方式工作。

检察官由缔约国大会成员以简单多数的秘密投票方式选举产生。副检察官以同样的方式从检察官提出的候选人中选举产生,每一个副检察官职位应有3个候选人。除非在选举时作出更短的任期决定,检察官和副检察官的任期为9年,不得连选连任。检察官和副检察官在位期间不应从事任何其他性质的职业。

5. 注册处。注册处负责国际刑事法院非司法方面的行政与服务工作,由作为法院主要行政官员的注册官领导。注册官在法院院长的领导下行使其职能。注册官由法官根据缔约国大会的推荐,以简单多数的秘密投票方式选举产生。当选注册官是专职的,其任期为5年,可以连任一次。

《规约》第五部分专门涉及检察官的调查与控诉。首先要求检察官对其获得的情况进行分析,以便决定是否发动调查程序。如果检察官认为没有合理依据从事调查,则应将其决定通知预审庭。如果经过调查,检察官得出结论没有足够证据提起控诉,则应将其结论及其理由通知预审庭和提请其进行调查的有关国家或安理会。应提请国或安理会的请求,预审庭可以审查检察官决定不控诉的结论并可以请求检察官重新考虑其决定。此外,在特定情况下,如果此等决定是从犯罪的严重性、受害者的利益、犯罪嫌疑人的年龄或疾病等方面考虑的,预审庭可以自动审查检察官作出的不予控诉的决定。在这种情况下,检察官的不予起诉的决定只有经预审庭确认后才能有效。检察官也可以根据新的事实和信息随时重新考虑是否进行调查或起诉。[①]

第六部分专门涉及审判。第62条首先规定,除非另作决定,审判地点应是国际刑事法院的所在地,而且在整个审判期间,被告人应自始至终在场。但是,如果被告人在审判期间不断地干扰审判,审判庭可以要求被告人离开审判庭并责令其遵守审判。《规约》要求审判庭保证审判的"公正和迅速",并充分尊重被告人的权利和对受害者及证人的充分保护。

《规约》指出,任何人应被推定为无罪,除非根据可适用的法律在国际刑事法院面前被证明为有罪。证明被告人有罪的责任在于检察官。要宣判被告人,必须使国际刑事法院确信被告人有罪。在确定指控的过程中,被告人有权要求举行公开听证并要求公开听证会公正地举行。同时,国际刑事法院应采取适当措施保护受害者和见证人的安全、物质与精神财富、尊严和隐私。在举证之前,每一个证人应根据《程序与证据规则》就其证据的真实性进行宣誓。此外,如果一国认为在诉讼过程中有关信息和文件的披露危害其国家安全利益,该国有权干预,以便就这一问题依照《规约》的规定得到解决。

国际刑事法院还应就受害者的损害赔偿确立必要的原则。在此基础上,根据请求或其自身的动议,可以在其判决中确定受害者遭受损害或损失的范围与程度。它可以直接命令被告人对受害者做出补偿或赔偿;如认为合适,它也可以决定通过《规约》规定的信托基金进行补偿。在判刑方面,《规约》规定宣判应公开举行,应尽可能使被告人到场。

《规约》第七部分是刑罚。在具体适用刑罚方面,国际刑事法院可以对犯有《规约》规定的罪行者实施如下刑罚:(1)特定期限的监禁,最长不超过30年;(2)终身监禁。除了徒刑之外,它还可以根据《程序与证据规则》规定的标准实施罚金;或在不妨碍真实第三方权利的情况下,命令没收直接或间接从有关犯罪中得到的收益、财产和资产。当被告所犯下的罪行不止一种时,它应对每一种罪行的处罚和数罪并罚的总徒刑期分别作出宣判。《规约》规定,将通过缔约国大会的决定建立一个"信托基金",为犯罪受害者及其家属提供一定的补偿。它还可以通过其法院令将实施罚金或没收得到的货币和其他财产转入信托基金。

---

① 《规约》第五部分第54~61条还依次规定了检察官在调查方面的具体义务和权利、有关人员在调查中的权利、预审庭的作用与权力、逮捕令或传票的发布、在罪犯监管国的逮捕程序、在国际刑事法院提起诉讼、审判前的控诉确认等事项。

《规约》第八部分是上诉与改判。第81(1)条规定,检察官、被定罪者或检察官代表被定罪者可以根据《程序与证据规则》,基于下列理由对国际刑事法院的有罪或无罪决定提出上诉:(1)程序错误;(2)事实错误;(3)法律适用错误。此外,被定罪者或检察官代表被定罪者还可以基于妨碍诉讼或决定的公正性或确实性之任何其他理由提出上诉。第81(2)条规定,检察官和被宣判者可以基于有关判刑与罪行不相称的理由对该有关判刑提出上诉。

根据第82条的规定,当事各方可以根据《程序与证据规则》对国际刑事法院的下列决定提出上诉:(1)有关其管辖权或起诉的可接受性的决定;(2)同意或拒绝释放正在接受调查或被起诉者的决定;(3)预审庭的其他有关决定。另外,受害者的法律代表、被定罪者或受有关法院令不利影响之财产的真实拥有者可以就有关赔偿的法院令提出上诉。

根据第84条的规定,被判刑者或他(她)死亡后其配偶、子女或在被告人死亡时受其明示书面委托者,可以基于下述理由向上诉庭申请改判有罪或判刑的最终判决:(1)发现新的证据,这些证据在审判时部分或全部未曾发现,而且当时如被发现,判决的结果就会不同;(2)发现对审判和定罪起关键作用的证据是错误的或伪造的;(3)参加有关诉讼定罪或确认的一名或多名法官在该案中犯有严重的不轨行为或严重违反职责。

《规约》第九部分涉及国际合作与司法协助。这一部分规定了缔约国与国际刑事法院在犯罪的调查和控诉方面充分合作的一般义务。

在请求合作方面,国际刑事法院"有权请求缔约国合作。这种请求应通过外交渠道或每一缔约国在批准、接受、核准或加入时所指定的任何其他合适的方式送达"。如果某一缔约国不按国际刑事法院的请求予以合作,从而妨碍后者行使职权,则法院可以就此做出结论并将该事项提交给缔约国大会。《规约》进一步规定,国际刑事法院可以邀请非规约缔约方的任何国家在与该国达成特别协议的基础上提供协助。如果一个已与法院签订有特别协议的非规约缔约方的国家不按协议规定予以合作,则法院可以将此等情况通知缔约国大会或安理会(如果有关事项是由安理会提请的)。

在引渡人员方面,国际刑事法院可以将逮捕和引渡有关人员的请求包括有关的材料送达被逮捕者和被引渡者所在的任何国家,并请求该国在逮捕和引渡有关罪犯方面给予合作。缔约国"应根据本部分的规定及其本国法的程序"依照逮捕和引渡的请求办理。缔约国只有在其未接受国际刑事法院对特定罪行的管辖权的情况下才能拒绝逮捕请求。如果逮捕请求被拒绝,被请求缔约国应及时通知国际刑事法院并说明拒绝的理由。

当一个缔约国既收到国际刑事法院的逮捕和引渡请求，又收到任何其他国家对犯有同一罪行之同一罪犯的引渡请求时，被请求国首先应将这一事实通知该法院和有关的请求国，然后根据具体情况分别处理：当请求国是一个规约缔约国时，被请求国应优先考虑国际刑事法院的请求；当请求国是一个非规约缔约方的国家时，被请求国在没有既存的国际义务将有关人员引渡给该请求国的情况下，也应优先考虑国际刑事法院的逮捕请求。如果国际刑事法院尚未就有关案件的可接受性做出决定，被请求国可以酌情处理，但在处理过程中，应考虑如下因素：(1)请求的相应日期；(2)请求国的利益，包括有关罪行是否在其领土上发生以及受害者或被追捕者的国籍；(3)国际刑事法院与请求国之间以后进行逮捕的可能性。

《规约》第十部分是判决的执行。该部分首先规定了国家在执行国际刑事法院判决方面的作用。第 103 条规定，徒刑应在国际刑事法院从愿意接受服刑人员之国家名单中指定的国家执行。国家在宣布其愿意接受服刑人员时，在征得国际刑事法院的同意和符合《规约》第十部分的前提下可以对其接受附带有关条件。国际刑事法院在指定执行判决国家时，应考虑如下一些因素：(1)均衡分配原则；(2)有关犯人待遇之广泛接受的国际条约标准的适用情况；(3)被判徒刑者的意见；(4)被判徒刑者的国籍；(5)其他有关犯罪和服刑人员或有效执行徒刑的情况。如果没有指定执行国，有关徒刑应在国际刑事法院的所在地国(东道国)监狱执行。国际刑事法院可以随时决定将服刑人员转移到另一个国家，服刑人员也可以随时向国际刑事法院提出调换徒刑执行国的申请。

国际刑事法院所决定的徒刑对所有的规约缔约国具有约束力，后者在任何情况下不能做出修改。国际刑事法院有权就任何上诉和修改刑期的申请做出决定，而执行国不应妨碍服刑人员提出此类申请。徒刑的执行应服从国际刑事法院的监督，并且在犯人的待遇方面符合广泛接受的国际条约标准。服刑人员与国际刑事法院之间的通信是秘密且不受妨碍的。此外，执行国在国际刑事法院宣布刑期结束之前不应释放有关的罪犯。罪犯在服刑期间，只有国际刑事法院享有减刑的决定权。当有关罪犯所服刑期已占其应服刑期的 1/3，或被终身监禁者已服刑 25 年时，国际刑事法院应审查有关的徒刑，以便决定是否给予减刑。但是无论如何，这种审查不应在这些规定的期限之前进行。

《规约》第十一部分是关于缔约国大会的建立、组成、职权和活动程序。第 112 条规定为本《规约》设立缔约国大会，每一个缔约国应在该大会中有一个代表,其他已签署本《规约》或最后文件的国家可以成为大会的观察员。缔约国大会的主要职权是考虑并通过国际刑事法院筹备委员会的建议;对国际刑事法院的院长会议、检察官和注册官涉及该法院的行政进行监管;考虑大会所属的办公署①报告和活动;考虑并决定国际刑事法院的预算;考虑是否变更国际刑事法院法官的人数;考虑任何不予合作的问题。

大会应每年在国际刑事法院的所在地或联合国总部举行一次会议,必要时可以举行特别会议。每一个缔约国在大会享有一个投票权。大会和办公署的决定应尽可能以协商一致的方式做出。如果不能达成协商一致,除非规约另有规定,则按下列规则进行:(1)实质事项的决定必须经出席会议和参加投票者2/3多数批准;(2)程序事项应由出席并参加投票之缔约国的简单多数决定。值得注意的是,为了吸取联合国会员国拖欠会费的教训,《规约》特别强调:如果一个缔约国拖欠其认缴的国际刑事法院费用的份额相当于或超出其前两年应缴份额的总和,它在大会和办公署不应享有表决权。当然,如果这种拖欠出自有关缔约国不能控制的原因,则该国的表决权不受影响。

《规约》第十二部分涉及国际刑事法院的财政事务。除非规约另有特别规定,凡是与该法院和缔约国大会的各种会议有关的财政事务一律由《规约》和缔约国大会通过的《财政规章与规则》予以调整。国际刑事法院和缔约国大会的各种费用应从下列财源中开支:(1)缔约国认缴的份额;(2)联合国提供的基金;(3)政府、国际组织、个人、公司和其他实体的捐赠。

《规约》第十三部分以"最后条款"为题,涉及规约的争端解决、保留、修正、审查、签字、批准、接受、核准或加入、生效、退出和语言文本等事项。

四、国际刑事法院及其《规约》诞生的意义

1998年是联合国的两个重要人权文件《世界人权宣言》和《防止和惩治灭绝种族罪公约》通过50周年。此时,罗马外交会议的召开与《规约》的签署具有特殊意义,它标志着国际法在人权的保护、国际司法制度的建设、个人的国际刑事责任、国际刑事司法合作和维持国际和平与安全等方面将实现跨世纪的历史性突破。

---

① 根据《规约》第112(3)条的规定,大会应设立一个办公署,由1名主席、2名副主席和18名成员组成,他们由大会选举产生,任期3年。办公署的组成应具有代表性。办公署应经常举行必要的会议,至少每年一次。其职能是协助大会履行其各项职责。

国际刑事法院一直被认为是国际法律制度不可或缺的重要司法机关。众所周知,无论是过去国际联盟时代的常设国际法院,还是现行联合国的国际法院,它们只能处理国家间争端,不涉及任何个人的案件。长期以来,国际法学者往往把这一现象视为国际法与国内法相比的一个重要区别。其实,这一直是国际法作为独立法律体系的一个重大缺憾。正是由于国际法的这一缺陷,尽管国际社会屡屡发生粗暴践踏和严重违反人权的事件,但是个人极少受到应有的惩罚。例如,近50年来,地球上经常发生大规模反人类罪和战争罪,在20世纪90年代中期以前没有任何个人被指控承担刑事责任。所以,尽管国际刑事法院的建立并不意味着将来凡是犯有上述罪行的个人均无一例外地会承担国际刑事责任并受到相应的国际刑事处罚,但是它毕竟在人类即将进入新的世纪之际填补了国际司法机关及其管辖权的空白。

国际刑事法院的设立弥补了过去和现行的国际特别(临时)法庭的不足。自第二次世界大战结束以来,国际社会曾先后设立特别的临时法庭来审判战争罪犯,如纽伦堡军事法庭、东京远东军事法庭、前南斯拉夫国际刑事法庭和卢旺达国际刑事法庭。它们在人类维持国际和平与安全、伸张国际正义、保护人权、缓和地区冲突、避免战争升级和解决争端等方面曾经做出过重要贡献或者正在发挥着重要的作用。然而,由于它们都是临时的,其司法的公正性一直存在争议。例如,长期以来,一直有人认为纽伦堡和远东军事法庭对战犯的审判是同盟国对轴心国的审判、战胜国对战败国的审判,甚至将这种审判指责为“胜利者的正义”。近几年成立的前南斯拉夫国际刑事法庭和卢旺达国际刑事法庭的公正性更是受到如下怀疑,即为何只对这两个地区或国家的冲突和战争中的罪犯成立临时法庭进行审判,而对其他地区冲突和战争中类似甚至更为严重的罪犯却不绳之以法?临时法庭还有时间上的局限性问题,例如,在1997年的卢旺达种族冲突中有数以千计的难民被屠杀,而现行的卢旺达国际刑事法庭的管辖仅限于1994年所发生的屠杀事件。所以,这种临时的国际刑事司法程序容易给人造成如下错觉:同样的罪行由不同的人所犯或在不同的地方和不同的时间发生,会产生截然不同的法律后果,有的受到应有的惩罚,而有的却永远逍遥法外。正因如此,有的学者和政治家将这种临时法庭看作一种“有选择的正义”(selective justice)。国际刑事法院是一种常设国际司法机关,其常设性质根除了上述临时性司法机关所固有的缺陷。

国际刑事法院的建立将在很大程度上加强国际刑事司法与国内刑事司法之间的合作关系,从而改变长期以来最严重的国际罪犯不受或难以受到惩罚的局面。正如联合国国际法委员会在其1996年的报告中所指出的,“国际法上犯罪的特殊性在于经常需要一定数量的个人的直接或间接参与,至少其中有些是在政府中或军事指挥岗位上任职”。在通常情况下,国家会通过其司法机关将刑事犯绳之以法。但是,在冲突或战争期间,无论是国内还是国际,有关国家及其司法机关往往不愿或不能如此行事。究其原因,或是政府通常缺乏指控其国民尤其是政府高级官员的政治愿望(如前南斯拉夫的情况),或是国家机构已经崩溃(如卢旺达的情形)。国际刑事法院成立之后,凡是发生《规约》规定的罪行,如果有关国家不愿或不能在其本国诉诸司法程序,国际刑事法院就可以行使管辖权。因此,虽然我们不能断言国际刑事法院的建立将会使国际刑事司法达到“法网恢恢,疏而不漏”的地步,但是这的确会明显地改变国际刑事司法和国内刑事司法之间脱钩的历史和最严重的国际罪犯不受或很少受到惩罚的历史。

国际刑事法院的建立将会威慑未来的或潜在的最严重的国际罪犯。正如负责法律事务的联合国副秘书长汉斯·克勒尔所断言的:“从现在起,一切潜在的战争军阀必须知道,随着冲突的发展,将有可能设立一个国际法庭来审判那些违反战争法和人道主义法者……每一个人应被推定了解国际刑法的绝大部分基本规定;那种以有关嫌疑犯原来不知道这种法律为理由的辩护将是不允许的。”在人类历史上,绝大多数的战争罪行和反人类罪行没有受到应有的处罚,整个20世纪亦不例外。人类社会的这一弱点使得战争贩子和暴君为了特定的政治目的而为所欲为。《规约》的生效及国际刑事法院的建立势必在一定程度上扭转这种局面,这意味着国际社会将不再忍受犯有最严重的国际罪行者不受惩罚,无论他是国家元首和军事指挥官,还是普通士兵。国际刑事法院的这种威慑力正是联合国及其广大的会员国设立这个永久性司法机关的主要目的之一。

然而,《规约》存在一些严重的缺陷,各国对《规约》的有关条款还存在较大的分歧,这种情况致使一些国家对《规约》投了反对票和弃权票。

首先,有些国家难于接受国际刑事法院对《规约》所列“核心罪行”享有普遍管辖权。正如当时的中国代表团团长王光亚所指出的:“规约规定的这种管辖权不是以国家自愿接受法院管辖权为基础,而是在不经国家同意的情况下对非缔约国的义务做出规定。这违背了国家主权原则,不符合《维也纳条约法公约》的规定。”①

其次,《规约》对有关罪行的界定和个人刑事责任的规定过于超前,没有充分考虑到国际社会的现实,没有顾及许多国家对于主权和安全利益的关切。例如,《规约》对于国内武装冲突中的战争罪的定义,超出了习惯国际法和有关国际公约的规定;虽然《规约》在判定侵略罪及其个人的刑事责任方面确认了安理会的优先权,但是《规约》把安理会的这种优先判定权规定了12个月的期限,显然不利于安理会行使《联合国宪章》所赋予它的职权;《规约》有关反人类罪的定义过于激进,删去了“战时”这一重要标准,既不符合习惯国际法一直把这一罪行界定在发生于战时或与战时有关的非常时期,又超出了半个世纪以来各种国际军事和刑事法庭规约将此等罪行适用于战时的国际司法实践;而且《规约》对反人类罪的具体行为的列举过泛,包括了一些本来属于人权法的内容,这种做法“背离了建立国际刑事法院的真正目的”,因为“国际社会要建立的不是人权法院,而是惩治国际上最严重犯罪的刑事法院”。②

此外,在法院的管辖权方面,很多国家为《规约》未能载入包括恐怖活动在内的罪行而感到遗憾。另有国家则不满意《规约》对军人管辖的规定。例如,美国因担心它的军人会在国外受审而坚持《规约》应载入这样的条款:在大多数情况下,起诉军人应得到它们国家的同意。有的国家甚至认为《规约》关于国际刑事法院管辖权的规定可能造成如下情况的不公正后果:如果柬埔寨不签署《规约》,即使再出现一个波尔布特式的人物屠杀人民,国际刑事法院仍然是鞭长莫及;但是,如果美国不签署《规约》而塞尔维亚签署《规约》,美国在塞尔维亚的维和部队及其军人则有可能因犯下了《规约》中所列举的罪行而受到指控。

更值得重视的是,有些国家对《规约》关于检察官享有的自行调查权提出严重保留。检察官的这种调查权不仅具有自动性质,而且赋予个人、非政府组织、各种机构指控国家公务员和军人的权利。这种启动程序将个人和非政府组织的意志置于国家主权之上,将很有可能成为干涉国家内政的工具。这种程序的另一种负面影响是,“使法院面临来自于个人或非政府组织过多的指控,无法使其集中人力或物力来对付国际上最严重的犯罪,同时也会使检察官面对大量指控而需不断作出是否调查与起诉的政治决策,不得不置身于政治的旋涡,从而

① 《王光亚谈〈国际刑事法院规约〉》,载《法制日报》1998年7月29日,第4版。

② 同上。

根本无法做到真正的独立与公正”。[①] 虽然《规约》规定预审庭对检察官的权力行使一定的监督，但是制衡的作用不大。

最后，有的国家对《规约》最终以表决的方式通过表示反对，认为如此重大的国际条约应以协商一致的方式为之。

总之，虽然近10年来国际格局的新变化使《规约》在20世纪末得以签署，并使国际刑事法院的最终建立在21世纪初有可能如愿以偿，但是我们应清醒地认识到：尽管《规约》以较多票数获得通过，它仍然缺乏国际协议赖以形成的根本基础——协商（基本）一致。在主权林立的多极化国际社会里，一个没有以协商（基本）一致作根基而通过的国际协议，能否如期获得其正式生效所必需的签署和批准国数目，尚不得而知。即使正式生效了，其实际效用也会令人产生疑问。同样，一个没有被各国广泛接受其管辖的国际刑事法院，即使建立了，其实质意义也会大打折扣。业已存在50余年的联合国国际法院就是前车之鉴。

尽管如此，人类应满怀希望：《规约》能在2000年之前正式生效，其中一些条款的重要缺陷能在《规约》的签署和批准期间得到弥补，国家间对于《规约》有关条文的分歧能消除或减少到最低程度，国际刑事法院能如期成立，并在尊重补充原则的前提下充分行使其管辖权和尽早树立其国际刑事司法权威。这样，从新的千年开始，人类社会将会逐渐减少甚至消除诸如战争、武装冲突、种族灭绝、种族清洗、谋杀、强奸、人体药物试验等破坏国际和平、安全、发展和反人类及粗暴践踏人权的罪恶现象。

---

① 《王光亚谈〈国际刑事法院规约〉》，载《法制日报》1998年7月29日，第4版。

朝鲜核试验问题的国际法考量*

2006年10月9日,朝鲜不顾国际社会的普遍反对,悍然实施核试验,并在举行庆祝核试验群众集会之后,随即宣布自己为核武器拥有国家。对此,美国、日本、韩国、俄罗斯、中国和其他许多国家先后通过不同方式予以谴责,并表示不承认朝鲜的有核国地位。10月14日安理会通过了第1718(2006)号决议,一方面,谴责朝鲜无视先前的安理会各项有关决议而进行核试验,并责令其重返《不扩散核武器条约》和原子能机构的保障监督;另一方面,根据《联合国宪章》第七章决定对朝鲜采取一系列经济制裁措施。与此同时,中、美、韩、日、俄通过穿梭外交,紧急磋商,力促朝鲜早日重返六方会谈。

关于朝鲜核试验对于朝鲜与六方会谈的其他5方之间关系的影响,尤其是对于朝美、朝中、朝韩关系所产生的影响以及对东亚乃至全球和平与安全带来的挑战,中外政界、外交界、军事界、学界和媒体已有广泛的评论。但是,迄今为止,法学界还鲜有对朝鲜核试验在国际法上的非法性问题进行系统、深入探讨。

一般都会认为,既然联合国安理会已经就此通过了具有法律约束力的经济制裁决议,朝鲜进行核试验在国际法上必定是非法之举。然而,要做出令人信服的如此断定并非易事。如果认定朝鲜核试验为非法行为,那么

---

* 本文原载于《世界经济与政治》2007年第1期。

它到底触犯了哪些国际法规定呢？它违反了有关的禁止核试验条约，还是违反了防止核武器扩散条约？如果这些专门性条约还不足以作为确立朝鲜核试验之非法性的法律依据，中国、朝鲜、日本、韩国、俄罗斯和美国六方《联合声明》是否对朝鲜具有法律约束力？目前，在核裁军和核安全领域是否存在国际习惯法规则来证明朝鲜核试验的非法性？《联合国宪章》及其有关的条款能否作为确立朝鲜核试验违反国际法的依据？由朝鲜核试验引发的这一系列错综复杂的法律问题，正是本文要研讨的内容。

一、禁止核试验的多边条约与朝鲜核试验

在禁止核试验方面，联合国框架内先后制定和通过了两项重要的专门性多边条约：一是1963年签署的《禁止在大气层、外层空间和水下进行核武器试验条约》，通称为《部分禁止核试验条约》；二是1996年签署的《全面禁止核试验条约》。

《部分禁止核试验条约》①在序言中明确宣示其目的是：(1)“按照联合国的宗旨尽快达成一项在严格的国际监督下的全面彻底裁军协定，这项协定将制止军备竞赛和消除对于生产和实验各种武器，包括核武器的刺激因素”；(2)“谋求永远不再进行一切核武器试验爆炸，决心继续为此目的进行谈判，并希望使人类环境不再受放射性物质污染”。可见，这个在特定领域和空间禁止核试验的条约是全面禁止核试验这一更高目标的第一步骤。条约中最核心的内容是第1条，该条列举了禁止缔约国进行核试验爆炸的地方，包括：(1)国家主权管辖以外的大气层，包括外层空间；(2)水下，包括领海和公海；(3)任何其他环境，如这种爆炸所产生的放射性尘埃出现在进行核试验爆炸国家的管辖或控制下，领土范围以外。

从上述第1条的规定可以看出，《部分禁止核试验条约》，除了领海外，所禁止的核试验地方限于缔约国主权管辖以外的区域。换句话说，该条约原则上不禁止缔约国在其领土范围内（不包括领海）从事核试验爆炸，只要这种核试验爆炸所释放的放射性物质没有超出其领土范围。从朝鲜的核试验来看，它是在本

---

① 该条约于1963年8月5日率先由苏联、英国和美国共同签署，同年8月8日在三国首都同时开放签署，三国政府为该条约的保存者。该条约于1963年10月10日生效，现有108个签署国，交存批准书的有93个国家，另有23个国家递交了加入书。载http://www.state.gov/tac/trt/4797.htm#signatory。

国境内的地下进行的，而且尚未发现有放射性尘埃落入其领土范围以外。从这个意义上来讲，朝鲜核试验尚不构成对现行的《部分禁止核试验条约》的违反。而且即使朝鲜的核试验违反了该条约所禁止的范围，该条约对于朝鲜也难以构成法律约束力，因为迄今为止，它还不是这一条约的缔约国。

《全面禁止核试验条约》①与上述《部分禁止核试验条约》相比，无疑要先进得多。正如其名称和序言所宣示的，该条约旨在全球范围内裁减核武器、消除核武器，并在严格和有效的国际监督下全面、彻底地进行核裁军。为此，所有缔约国承诺不进行任何核武器试验爆炸或任何其他核爆炸以及不导致、鼓励或以任何其他方式参与核武器试验爆炸。

为了促进这一条约尽快产生法律效力，联合国先后于 1999 年 10 月、2001 年 11 月和 2003 年 9 月连续 3 次召开促进《全面禁止核试验条约》生效大会。虽然这 3 届大会促成了越来越多的国家签署和批准了该条约（截至 2006 年 10 月已有 176 个国家签署了该条约，135 个国家批准了该条约），但是在该条约附录二所列的 44 个与核武器有关联的国家中，仍有 12 个国家还没有履行签署或批准程序，致使该条约迄今尚未生效，因为该条约规定这 44 个国家的批准是该条约生效的必备前提。显然，一个没有生效的条约不可能对已经签署甚至批准该条约的国家产生法律上的约束力，更何况朝鲜还没有签署这一条约。

尽管如此，似乎还存在一种可能性来论证《全面禁止核试验条约》对朝鲜具有法律约束力，那就是该条约所载明的全面禁止核试验的宗旨与原则构成现代国际法的习惯规则。因为根据 1969 年签署的《维也纳条约法公约》第 38 条的规定，如果一项条约的义务已经成为一项习惯国际法规则，则该项义务同样对非缔约方的第三国具有法律约束力。关键在于，要证明全面禁止核试验是否已经构成为习惯国际法规则。

从习惯国际法规则构成的要件来看，要断定《全面禁止核试验条约》所含的内容构成习惯法规则似乎有些牵强。虽然它曾以压倒多数的赞成票在联合国大会获得通过，并且获得了世界上绝大多数国家的签署和批准，但是该条约诞

① 该条约最早于 1954 年由印度总理尼赫鲁首次在联合国大会提出，1963 年签署的《部分禁止核试验条约》明确地将缔结《全面禁止核试验条约》列为其追求的目标。但是，直到 1994 年 3 月，日内瓦裁军谈判会议才正式启动全面禁止核试验的谈判。1996 年 9 月 10 日，联合国大会以 158 票赞成、3 票反对、5 票弃权的压倒多数通过了《全面禁止核试验条约》，载新华网：http://news.xinhuane.tcm/ziliao/2003 - 09/18content_1088319.htm。

生才10年时间(尽管习惯规则形成的时间长度并无一定之规),其间仍不断有国家进行或被怀疑进行核试验。更重要的是,还有一些核拥有国家或核潜在国家没有签署或批准这一条约。所有这些都表明,从国际法的角度来看,《全面禁止核试验条约》所含的准则,既缺乏国际社会长期一致的、普遍的实践,又缺乏世界各国的法律确信。[①] 因此,将禁止核试验作为习惯国际法规则来证明朝鲜核试验的非法性,似乎难以令人信服。

二、《不扩散核武器条约》与朝鲜核试验

《部分禁止核试验条约》问世之后,在《全面禁止核试验条约》的谈判条件尚不完全具备之前,联合国会员国(特别是具备有核国地位的会员国)同意进行不扩散核武器问题的谈判,并以此作为所有核裁军协议的基础。1968年1月英国、美国和苏联等59个国家签署了《不扩散核武器条约》,并于1970年3月正式生效。[②] 虽然该条约只有11个条文构成,但是它在实现全面彻底核裁军、维护世界和平与安全的国际法制进程中具有划时代的意义。其一,它构建了全球范围内逐步实现最终全面彻底消除核武器的一个承上启下的法律基础;其二,它首次使有核缔约国负有国际法律义务不得向任何无核缔约国直接或间接转让核武器或核爆炸装置,并且不帮助无核国制造核武器;其三,它首次使无核缔约国有义务保证不研制、不接受和不谋求获取核武器;其四,它建立了监督机制,即将和平核设施置于国际原子能机构的保障框架之内。

朝鲜曾于1985年成为《不扩散核武器条约》的缔约国。根据该条约的规定,作为无核缔约国,朝鲜负有义务禁止研制或获取核武器或其他核爆炸装置,并且有义务接受国际原子能机构对其核计划和设施的检查与监督。为此,朝鲜曾于1992年与原子能机构缔结了有关的《保障协定》,并于1994年与美国达成了有关的《框架协议》。然而,原子能机构与朝鲜之间在核查的地点、时间、范围和其他事项的合作问题上一直存在分歧,以至于核查中断。朝美之间则相互指责对方违反达成的《框架协议》。2003年1月10日朝鲜宣布立即退出《不扩散核武器条约》,但同时声明:它无意生产核武器,其核活动目前仅用于诸如发电

---

① Christopher LeMon, "Did North Korea's Nuclear Test Violate International Law?" p. 1, http://www.opiniojuris.org/posts/1160382356.shtm.l.

② 该条约有效期为25年,其间每5年举行一次缔约国会议,审议该条约的执行情况。在1995年举行的缔约国会议上,决定无限期延长该条约。目前,该条约共有187个缔约国。

之类的和平目的。朝鲜的这一非常举动引起了国际社会的深切关注,因为它是《不扩散核武器条约》生效30多年来第一个宣布退出的国家。各国普遍呼吁它撤回其退出决定,重返国际核不扩散体制。然而,朝鲜直到现在仍然没有收回其退出声明。这就在国际法上产生了如下一些有待深入探讨的问题。例如,朝鲜是否享有退出的权利?如果它的这一行动属于违法的,那么它的退出是否当然无效,从而它所进行的核试验无疑违反了一个缔约国在《不扩散核武器条约》中所承担的国际法律义务?如果朝鲜的退出举措是合法的(符合该条约的有关退出的规定),那么是否就意味着朝鲜的核试验没有违反《不扩散核武器条约》?即使如此,是否还有其他法律依据证明朝鲜的核试验违反了该条约?

《不扩散核武器条约》第10条第1款规定:"每个缔约国如果断定与本条约主题有关的非常事件已危及其国家的最高利益,为行使其国家主权,应有权退出本条约。该国应在提出前3个月将此事项通知所有其他缔约国和联合国安全理事会。这项通知应包括关于该国认为已危及其最高利益的非常事件的声明。"①

上述规定表明,一方面,退出该条约是每一个缔约国的主权权利;另一方面,打算退出的缔约国应符合一定的实质性和程序性要件。其中的实质要件是,必须有"非常事件"(extraordinary events)的存在,而且此等"非常事件"危及其"国家最高利益"(supreme interests of its country),即二者之间应具有因果关系。其中的程序要件是,必须提前3个月将其退出的决定分别通知其他缔约国和联合国安理会。

从原则上来讲,朝鲜退出《不扩散核武器条约》是行使其主权权利。而且根据该条约的规定,是否发生了"非常事件"以及危及其"国家最高利益",是其自主"断定"的事项。至此,朝鲜的退出并没有违反该条约的原则性和实质性规则。至于何为"非常事件",何为"国家最高利益",二者是否存在直接的因果关系以及朝鲜的"断定"本身是否合法等问题,该条约并没有做出明确的界定或者建立相应的审查机制。因此,即使国际社会怀疑这些实质条件的存在或朝鲜"断定"的正确性,也不影响朝鲜的退出行为在条约法上的合法性,而只能说明该条约关于退出事项的规定本身存在明显的漏洞或缺陷。

值得商榷的是,2003年1月10日朝鲜宣布其退出"自动和立即生效",这似

---

① 资料来源:http://www.un.org/chinese/peace/disarmament/t5.htm。

乎违反了《不扩散核武器条约》有关退出决定必须提前3个月通知的程序要求。该程序要求说明,朝鲜的退出决定在国际法上并不能像它所宣称的那样可以"自动和立即生效",而是要等到2003年3月10日之后才能生效。在此之前,它仍然是该条约的缔约国,即使它已宣布退出。但是,我们似乎难以推定,朝鲜违反3个月的期限规定就等于其退出决定无效,因为该条约并没有如此规定。因此,自朝鲜宣布退出并通知其他缔约国和安理会之日起的3个月之后,它无疑就不再是该条约的缔约国。正因如此,国际社会一直呼吁朝鲜撤回其退出决定,重新恢复其在《不扩散核武器条约》中的缔约国地位。

既然从条约法的角度很难断定朝鲜退出决定的非法性,又如何解读2006年10月6日联合国安理会《主席声明》及其有关措辞呢?《主席声明》指出,"安理会对于朝鲜宣布退出《不扩散核武器条约》,并不顾该条约义务和国际原子能机构保障监督义务,声称发展核武器",表示"痛惜"。[①] 虽然《主席声明》仍然提及朝鲜在该条约下的"义务"和国际原子能机构中的"保障监督义务",但是该声明只是对朝鲜的退出行为表示"痛惜"。更为重要的是,虽然该声明是主席代表安理会发表的,甚至可以辩解为根据《联合国宪章》第七章而发表的,但是它毕竟只是一个表明政治态度的主席声明(a presidential statement),而非安理会根据《联合国宪章》第七章以正式表决的方式而作出的具有法律约束力的"决议"(resolution)。因此,要从《主席声明》中得出朝鲜仍然是该条约的缔约国,从而其核试验违反其在该条约中的义务以及相关保障监督义务的结论,似乎还缺乏说服力。

三、六方《共同声明》与朝鲜核试验

在处理朝鲜核危机的过程中,由中国、朝鲜、日本、韩国、俄罗斯和美国形成的"六方会谈"具有重要的地位和作用。2005年9月19日,六方发表的第四轮会谈通过的《共同声明》是迄今"六方会谈"机制中达成的最重要的一个文件。因此,揭示《共同声明》的法律性质与特点,有助于我们进一步探讨朝鲜核试验的合法性问题。

更明确的问题是,如果上述有关禁止核试验和不扩散核武器的条约及相关文件尚不足以断定朝鲜核试验在国际法上的非法性,那么六方《共同声明》能否

① S/PRST/2006/41,http://www.un.org/chinese/aboutun/prinorgs/sc/sdoc/06/sprst41.htm.

提供替代性的法律依据呢？要解答这个问题，还是要从分析《共同声明》的形式和内容入手。

从内容及其措辞来看，六方《共同声明》所载明的是各方的单边承诺和共同承诺。其中，朝鲜的具体承诺是，“放弃一切核武器及现有核计划，早日重返《不扩散核武器条约》，并回到国际原子能机构的保障监督”。毫无疑问，《共同声明》是经过前四轮反复多次谈判而达成的政治妥协，各方作出的单边承诺和共同承诺都是各国政治态度的对外宣示。现在的关键问题是，这些明白无误的政治承诺是否同时也是一种法律承诺，也就是要论证《共同声明》的承诺不仅是一种政治上的共识和宣告，同时还对各方具有法律上的约束力。而要证明这一点，就必须证实《共同声明》是一种具有法律约束力的形式渊源。

长期以来，国际法学界对于国家元首、政府首脑或其他外交关系机关及其领导人发表共同声明或联合声明的法律性质存在不同的认识。一种观点认为，这种声明不是严格法律意义上的国际法渊源，而只是表示一种共同的政治意愿；另一种观点认为，这种声明是国家间或政府间的一种协议，属于条约的一种形式，对有关各方的行为不仅具有政治和道义上的影响，而且具有必须遵守的法律义务的性质；还有一种折中的观点认为，这种声明的效力要高于一般性的政治共识或承诺，但又不是一种严格法律意义上的渊源，而是一种“软法”，即尽管它不具有法律约束力，但会产生法律效果。①

从实践来看，国家及其政府的单边、双边或多边声明的法律性质，要视具体情形而定，关键是要看有关国家及其政府发表声明的真实意图。在实践中，似乎多数的声明被当事方接受为具有法律约束力的文件。例如，中美建交公报和相关声明一直被中美双方认定为具有法律约束力的书面文件，几乎每一次中美领导人会晤和会谈中双方都明确表示遵守这些公报和声明。

国家的声明的法律约束力还得到了国际法院的确认。在“核试验案”中，国际法院曾经面对的一个法律问题是，有关法国单方面声明（核心内容是它将停止在南太平洋的核试验）是否产生法律义务。该法院在其判决书第 46 段中裁定：“当该宣言发表国应该受其条款约束原本是该国的意图时，此等意图赋予了该宣言的法律承诺特征，从而在法律上要求该国以与该宣言相一致的方式行

---

① See Frontiers Dispute Case(*Burkina Fasov. Mali*), ICJ(International Court of Justice) Reports, 1986, p. 554; *Nuclear Test Cases*(*Australiav and New Zealand v. France*)(*Merits*), ICJ Reports, 1974, p. 253; Antonio Cassese, *International Law*, Oxford: Oxford University Press, 2001, p. 151.

事。这种类型的承诺,如果被公开,而且意在受其约束……就有约束力。"①

在上述推定中,国际法院实际上为国家的单方面声明确立了两个前提条件,以检验其是否创设具有约束力的国际义务:一是此等声明被公布于众;二是此等声明的约束力是声明发表国的本意。②

既然这两项前提条件适用于单边声明,就没有理由不推定其同样适用于双边、诸边或多边声明。《联合声明》是一个融单边承诺、双边承诺和诸边承诺于一体的复合文件。因此,我们可以运用国际法院的"公开"和"意图"标准来判断《联合声明》是否对朝鲜具有法律约束力。

首先,《联合声明》符合"公开"要件。尽管朝核问题的六方会谈是秘密进行的,但最终达成的共识和彼此做出的承诺不仅以声明的方式予以书面载明,而且通过新闻媒体向全球公开发表。有一种观点认为,《联合声明》是朝鲜与其他各方私下谈判达成的,其"公开"的程度不及于"核试验案"中的法国总统声明。③ 这种观点值得商榷。实际上,任何双边、诸边或多边法律文件的谈判都是秘密进行的,不但声明或宣言如此,即使是正式的条约或协定也是如此。至于像"核试验案"中法国总统这样的单方声明,根本就不存在秘密谈判的问题,因为他完全是单方面的承诺。应该认为,国际法院这里所指的"公开",是指有关承诺文件的最终公布于众,而不是指其形成过程。

然而,要得出《联合声明》符合"意图"要件的结论似乎要比上述"公开"要件更富有争议,从而也要困难得多。从《联合声明》的措辞来看,朝鲜的承诺应该说是明晰的,即"放弃一切核武器及现有核计划,早日重返《不扩散核武器条约》,并重新回到国际原子能机构的保障监督"。虽然这里没有直接表示放弃核试验,但是放弃核试验无疑包括在"放弃核武器及现有核计划"之中。美方也确认,"美方在朝鲜半岛没有核武器,无意以核武器或常规武器攻击或入侵朝鲜"。朝方和美方还互相承诺:"相互尊重主权、和平共存,根据各自双边政策,采取步骤实现关系正常化。"同样地,朝方和日方也承诺:"在清算不幸历史和妥善处理有关悬案的基础上,采取步骤实现关系正常化。"一方面,我们从这些明白无误

---

① 资料来源:http://www. icj - ci. jorg/icjwww/icases/inzf/inzf_ijudgment/inzf_ijudgment_197。

② See Christopher Le Mon, "Did North Korea's Nuclear Test Violate International Law?" p. 4. http://www. opiniojuris. org /posts/1160382356. shtm. l.

③ See Christopher Le Mon, "Did North Korea's Nuclear Test Violate International Law?" p. 4.

的庄严承诺中,似乎可以推定出各方旨在使这些承诺具有法律约束力的意图;另一方面,我们也清楚地知道朝方的承诺是以其他各方特别是美方的承诺作为交换的。其中尤其重要的交换条件有美、日与朝鲜建立外交关系;美方保证不以核武器或常规武器攻击或入侵朝鲜;美方解冻朝鲜在境外的银行账户;其他各方共同保障朝鲜安全和提供经济发展援助,等等。值得注意的是,朝鲜正是以美方没有履行其承诺为由,先后宣布退出《不扩散核武器条约》和进行核试验的。由此可以推断,朝鲜在《联合声明》中作出放弃核计划承诺的真实意图是以换得美国和其他各方的兑现其承诺为前提的。所以,在六方会谈停滞不前和其他各方的承诺没有后续的实际行动的情况下,将朝鲜的承诺意图推定为构成一种国际法义务难免有些牵强。

四、《联合国宪章》与朝鲜核试验

上述分析表明,从禁止核试验和不扩散核武器领域的国际法制水平及其与朝鲜的法律关系现状来看,要证明朝鲜核试验在国际法上的非法性似乎存在这样或那样的困难。但是,这绝不意味着朝鲜的核试验在国际法上就具有合法性,否则,联合国安理会2006年10月14日作出的对朝鲜实施经济制裁决议的合法性就存在疑问。可见,朝鲜核试验的非法性和安理会经济制裁决议的合法性在法律依据上具有同源性,这个相同的法律渊源就是《联合国宪章》。

《联合国宪章》是联合国这个当今世界上最大和最有影响的国际组织的基本法律文件。朝鲜是联合国的会员国,根据《联合国宪章》第2条,"应一秉善意,履行其依宪章所担负的义务"。在这些义务中,最重要的义务就是《联合国宪章》第1条所确立的联合国的首要宗旨:"维持国际和平与安全;并为此目的,采取有效集体办法,以防止且消除对于和平的威胁"。为此,"各会员国在其国际关系上不得使用武力威胁或使用武力"(《联合国宪章》第2条第4款)。

为实现联合国"维持国际和平与安全"的宗旨,保证各会员国遵循"不使用武力威胁或使用武力"的原则,"各会员国将维持国际和平及安全的主要责任,授予安全理事会,并同意安全理事会于履行此项责任下之职务时,即系代表各会员国"(《联合国宪章》第24条)。作为在联合国维持国际和平与安全方面负主要责任的机关,安理会根据《联合国宪章》第七章,有权"断定任何和平之威胁、和平之破坏或侵略行为之是否存在"(第39条),有权"决定应采取武力以外之办法,以实施其决议,并促请联合国会员国执行此项办法。此项办法包括经济关系、铁路、海运、航空、邮电、无线电及其他交通工具之局部或全部停止以及外交关系之断绝”(第41条)。

朝鲜的核试验无疑是属于违反上述《联合国宪章》首要宗旨和原则的行为,是一种对国际和平与安全构成威胁的行为。这在安理会第1718(2006)号决议中得到明确的断定。该决议的序言表示“严重关切”朝鲜的核试验“对该区域内外的和平与稳定造成的危险”,并“认定因此存在对国际和平与安全的明显威胁”。接着,该决议明确宣示其中采取的一系列对朝鲜实行部分经济制裁,是根据《联合国宪章》第七章采取的行动和根据第41条采取的措施。

还需要特别强调的是,即使朝鲜不是联合国的会员国,甚至采取类似于其退出《不扩散核武器条约》的退出联合国行动,它的核试验在国际法上的非法性照样能得到确认。这是因为朝鲜的核试验从根本上违反了“不以武力相威胁”这一现代国际习惯法原则。习惯国际法规则对世界各国的行为都具有法律约束力,而不论一国是否为特定条约的缔约国或特定组织的会员国,也不论该国是否参与有关习惯法规则的形成或有关习惯法规则形成后的态度变化。关键的问题是,《联合国宪章》第2条第4款所含的“禁止以武力相威胁或使用武力”规定是否已经成为国际习惯法原则。

习惯法遵循国际法的一项基本规则,即“行为被允许,除非被明确禁止”(acts are permitted unless expressly prohibited),而禁止的行为和肯定的行为都必须依赖于世界各国的行为来证明。① 如上所述,朝鲜的核试验是一种对国际和平与安全构成威胁的行为,当属现代国际法上的“以武力相威胁”的范畴,而以武力相威胁又属于《联合国宪章》第2条第4款明确禁止的行为。那么,要证明这种“禁止”已经构成现代习惯法规则,无疑还得从习惯法规则的两个基本要素(数量要素和质量要素)入手。

数量要素又称为客观要素或物质要素,是指一项习惯法规则首先必须是世界各国的普遍做法,即所谓的“通例”(general practice)。禁止以武力相威胁原则无疑是联合国成立60多年来国际社会通过各种形式表现的“通例”。《联合国宪章》本身就是证明这种“通例”存在的首要权威渊源,因为它是包括朝鲜在内的几乎所有国家都参加的国际条约。作为联合国的原则之一,《联合国宪章》第2条第6款规定,“本组织在维持国际和平与安全之必要范围内,应保证非联

---

① See Lotus Case(*France v. Turkey*),PCIJ(Permanent Court of International Justice)Publications of the Permanent Court of International Justice,Series A,1927,No. 10,p. 19.

合国会员国遵行上述原则"。可见,包括"不以武力相威胁或使用武力"在内的联合国诸项原则已经具有国际习惯法规则的性质。国际法院在"北海大陆架案"中就明确裁定:一项多边公约的规定,在得到广泛通过的情况下,可以作为习惯法来适用,从而对非缔约方具有约束力,如果有关的做法是统一的,而且被广泛承认为一种法律义务。① 联合国大会还通过了有关决议作为证明该习惯法规则存在的"后续做法"(subsequent practice),如1965年签署的《关于各国内政不容干涉及其独立与主权之保护宣言》、1970年签署的《关于各国依联合国宪章建立友好关系及合作的国际法原则宣言》(通称为《国际法原则宣言》)、1974年签署的《关于侵略定义的决议》和1987年签署的《加强在国际关系上不使用武力或进行武力威胁原则的效力宣言》,等等。至于包括朝鲜在内的世界各国通过声明、条约、国内立法、司法实践等方式表示这一"通例"存在的证据,更是不胜枚举。

质量要素又称为主观要素或心理要素,是指各国的"法律确信"(opinio juris),即各国一直认为自己负有国际法律义务遵行某项"通例"。禁止以武力相威胁作为习惯国际法规则的"法律确信"得到了国际法院的确认。在"尼加拉瓜诉美国"(1986年)一案中,国际法院指出:"当两个国家同意将一项特定的规则载入一项条约时,它们之间的协议足以使该规则成为一项法律规则,约束它们。但是,在习惯国际法领域,当事方将有关内容视为规则的共同观点还不充分。本法院必须使自己满足:该规则在各国'法律确信'中的存在得到实践的确认。"②国际法院裁定:"在本案中,本法院只是就不使用武力和不干涉习惯规则的适用行使其管辖权,不能忽视的事实为:当事方受这些规则的约束既作为一个条约事项,又作为一个习惯国际法事项。而且在本案中,除了在有关规则方面有约束当事方的条约承诺之外,它们还在各种不同场合以其他方式表达承认这些规则作为习惯国际法的效力。因此,正是按照这种'主观要素'——本法院1969年在北海大陆架案所作判决中使用的表述(1969年《国际法院报告》,第44页)——本法院不得不评价相关的实践。"③国际法院在确认不使用武力或以武力相威胁的习惯国际法地位过程中所评价的各国的"实践"和"法律确信"必

---

① See North Sea Continental Shelf Cases, 1969, ICJ Reports, p. 4.

② Military and Paramilitary Activities in and Against Nicaragua (Nicaragua v. United States) (Merits), ICJ Reports, 1986, para. 184.

③ Nicaragua v. United States (Merits), ICJ Reports, 1986, para. 185.

定包括朝鲜在内。

五、结　论

虽然朝鲜核试验激起了国际社会普遍的谴责，但是这些谴责从性质上讲属于政治、外交和道德意义上的。要断定朝鲜核试验是否违反了现行国际法，是一个极其复杂的问题，不能简单地给出肯定或否定的答案，而是要从现行的国际法现状出发，具体探究相关的特殊国际法和一般国际法与朝鲜核试验之间的关系。

从特殊法的角度来考察，在禁止核试验、不扩散核武器和核裁军这一特定领域，迄今尚未形成世界各国公认的习惯国际法规则。因此，朝鲜核试验在特殊国际法上的非法性在现阶段难以找到习惯法的根据。

从这一特定领域的条约来看，《部分禁止核试验条约》和《全面禁止核试验条约》本应是断定朝鲜核试验非法性最直接的两个法律渊源。但是，朝鲜并不受这两个条约的约束，因为它一直不是这两个条约的缔约国，而后一个条约迄今还没有生效。《不扩散核武器条约》原本是断定朝鲜核试验非法性的另一个最直接和最有力的条约。然而，朝鲜的核试验是在其退出该条约的 3 年半以后发生的，如今以该条约作为断定朝鲜核试验的非法性显然是不适宜的。相比之下，六方《联合声明》作为一种国际承诺形式似乎可以辩解为断定朝鲜核试验非法性的一个重要法律依据，因为该声明作为对各方具有法律约束力的文件似乎具备国际法院所确立的“公开”标准。但是，《联合声明》难以满足国际法院所确立的另一个必不可少的标准，即“意图”要件。

从一般法的角度来审视，朝鲜的核试验可以被认定为既违反了《联合国宪章》，又违反了现代一般国际习惯法和强行法规范。国际社会早已将核试验、核武器扩散及核扩军视为国际和平与安全的最大威胁之一，因而将其作为《联合国宪章》第 2 条禁止使用武力或以武力相威胁的范围和内容。禁止使用武力或以武力相威胁不仅是联合国这个国际组织及其会员国必须遵守的原则，而且已经被公认为具有强行法性质的一般国际法基本原则。因此，朝鲜作为联合国会员国，其行为必须受到这一原则的约束。即使它不是联合国会员国或退出联合国，它同样也要受这一原则的制约，因为一般国际法原则和习惯国际法规则具有普遍法律约束力，不论一国是否为载明该原则的条约之缔约国，也不论它是否曾经参与该习惯规则的形成。否则，联合国安理会作出的有关制裁朝鲜核试验的决议就缺乏法律依据，就不会具有法律约束力，也不会得到包括中国在内的所有联合国会员国和国际社会的广泛支持和遵守。

最后，笔者以为，在《全面禁止核试验条约》没有生效和短期内不大可能生效的情况下，作为对世界上绝大多数国家，尤其是核拥有国具有法律约束力的《不扩散核武器条约》显得尤其重要。然而，朝鲜的核试验却暴露出《不扩散核武器条约》在退出规定方面的软弱性。笔者以为，要实现全球核裁军目标，构建持续性的核安全，联合国应尽快启动修改《不扩散核武器条约》的退出条款。应明确界定"非常事件"和"国家最高利益"等关键概念，并且如有可能，还应具体列举这两个核心概念各自应包括的范围和事项。不仅如此，还应建立缔约国退出该条约的审查机制。这种审查职能可以委托安理会来行使，或由国际原子能机构行使，或由《不扩散核武器条约》缔约国大会行使。只有这样，才能尽量避免类似于朝鲜退出事件的再度发生，从而保障《不扩散核武器条约》的权威性和效力的广泛性及持久性。

与克里米亚“脱乌入俄事件”有关的国际法问题*

克里米亚通过公投“脱乌入俄”在国际上掀起了轩然大波。俄罗斯、塞尔维亚等国家明确表示支持，俄罗斯还随即履行了国内相关的批准程序。乌克兰、美国和欧盟则表示强烈反对，不仅不予以承认还启动了对俄的一系列外交和经济制裁措施。2014 年 3 月 27 日联合国大会就乌克兰等国起草的一份题为“乌克兰的领土完整”决议草案进行投票表决时，美国、英国、法国、德国等 100 个国家投赞成票，俄罗斯、古巴、朝鲜、委内瑞拉等 11 个国家投票反对，中国、巴西、印度、南非、乌兹别克斯坦等 58 个国家弃权。① 虽然决议获得简单多数通过，但仍有近 70 个国家投了反对票或弃权，另有 20 多个国家没有参加投票。可见各国对于克里米亚公投所持的立场存在很大的分歧。

撇开错综复杂的国内外政治和经济因素，克里米亚“脱乌入俄事件”不可避免地涉及一连串的国际法理论和实践问题：民族自决能否为克里米亚公投提供国际法依据？民族自决原则适用的具体情形是什么？一个现

---

* 本文原载于《国际法研究》2015 年第 1 期。

① General Assembly, General Assembly Adopts Resolution Calling upon States Not to Recognize Changes in Status of Crimea Region, GA/11493, Accessed March 31, 2014, http://www.un.org/News/Press/docs/2014/ga11493.doc.html.

有主权国家内的部分地区或民族是否享有自决权？如何处理国家主权及领土完整与民族自决的关系；当二者发生抵触时，何者优先？2010年科索沃独立是否可以作为克里米亚仿效的先例，甚至是其他国家特定地区或民族仿效的先例？什么样的公投才是合法和有效的民族自决方式？本文笔者试图从实然国际法及其实践的角度对这些问题作出一定程度的阐述和回应。

一、民族自决原则适用的范围问题

民族自决成为公认的国际法基本原则经历了一个历史发展过程，其渊源可以追溯到《美国独立宣言》和法国大革命。俄国"十月革命"胜利后，民族自决成为苏联的一项民族政策。在第一次世界大战和第二次世界大战的间隔期间，民族自决原则曾促使奥匈帝国的瓦解和一些欧洲国家的独立。1941年的《大西洋宪章》中曾包含了民族自决原则，但是丘吉尔将其解释为只适用于欧洲国家及纳粹统治下的其他民族恢复其主权和自治政府，不适用于殖民地。[①]《联合国宪章》首次以多边条约和国际组织章程的双重法律形式确立民族自决原则，其第1(2)条明确规定，"发展国家间以尊重人民平等权利及自决原则为根据的友好关系"，并将民族自决的含义主要限定为"自治政府"并作为联合国及其会员国的目标。但是，宪章并没有对各国就民族自决施加具体而又严格的法律义务。[②] 此外，《联合国宪章》第73条规定："促进非自治领土及其人民自治，并助其自由政治制度之逐渐发展"；第76条规定，"增进联合国托管领土趋向自治或独立之逐渐发展"。

20世纪50年代之后，联合国大会通过的一系列宣言促使民族自决从一项法律原则迅速地演变为一项具体的权利，[③]尤其是1960年《给予殖民地国家和人民独立宣言》首次明确规定殖民地人民享有独立的权利，开启了世界范围内去殖民化运动。1970年《关于各国依联合国宪章建立友好关系及合作之国际法原则宣言》（以下简称《国际法原则宣言》）再次宣告，"各民族享有平等权利与自决权"，而且"一个民族自由决定建立自主独立国家，与某一独立国家自由结

① 参见《国际条约集(1934～1944)》，世界知识出版社1961年版，第337～338页。

② See Antonio Cassese, *Self-determination of Peoples: A Legal Reappraisal*, New York: Cambridge University Press, 1995, p. 65.

③ See Patricia Carley, Self-Determination, Sovereignty, Territorial Integrity, and the Right to Secession, Report from A Roundtable Held in Conjunction with the U. S. Department of State's Policy Planning Staff, United States Institute of Peace, Summary, Peaceworks No. 7, March 1996.

合或合并,或采取其他政治地位,均属该民族自决权之方式"。但是这里的民族是何含义?是特指争取民族独立的民族和殖民地人民还是泛指任何意义的民族?这些联合国大会的决议一再确认自决权概念,但是并没有规定清楚的定义、厘定严格的权利和义务界限。

1966年的《公民权利和政治权利国际公约》和《经济、社会和文化权利国际公约》开启了通过人权条约确立民族自决及其适用范围的新时代。两公约的第1条共同规定:

一、所有人民都有自决权。他们凭这种权利自由决定他们的政治地位,并自由谋求他们的经济、社会和文化的发展。二、所有人民得为他们自己的目的自由处置他们的天然财富和资源,而不损害根据基于互利原则的国际经济合作和国际法而产生的任何义务。在任何情况下不得剥夺一个人民自己的生存手段。三、本公约缔约各国,包括那些负责管理非自治领土和托管领土的国家,应在符合联合国宪章规定的条件下,促进自决权的实现,并尊重这种权利。

上述第1条规定的民族自决权是一种"持续性权利"(continuing right),并不是由公约所创设的。[①] 最初第1条的条文草案的措辞是"所有人民应有自决权"。最终的文本将"应"(shall)字删除。显然,这一修改旨在强调民族自决权是一项固有的和持久的权利。根据上述第1条的规定,民族自决权在国际法上包含着4个方面的基本含义:

第一,各国人民享有不受外部干涉自由地选择其政治、经济、社会和文化制度及政治机构的权利,人民通过自由选举的代表参与公共事务进行决策。此即"对内自决"(internal self-determination)。因此,两公约禁止一缔约国以严重违反另一缔约国"自由确定其政治地位和经济、社会及文化发展"的方式干涉另一缔约国的内部事务。这实质上进一步强调各国相互尊重政治独立和领土完整这一习惯国际法原则,并且禁止缔约国以剥夺其他缔约国人民自决权的方式侵略和占领其他缔约国领土。

第二,各国人民享有表达大众意愿的权利。例如,《公民权利和政治权利国际公约》规定的言论自由(第19条)、和平集会的权利(第21条)、结社自由(第

① See Comment made by the Chairman of the Working Party of the Third Committee when presenting the draft to the third Committee, UN Doc. ,A/C. 3/SR. 668. ,para. 3.

22 条)。应该指出的是,虽然上述具体权利与民族自决权相关,但这并不是说这些权利也是民族自决权,民族自决权是特定的法律概念。

第三,各国人民享有控制其本国领土上的自然资源并从中获取利益的权利。这一权利是行使自决权的必然结果,也是政治权利和公民权利的物质基础。当然,人民控制自然资源和享受资源财富的权利也要受到有关国际法规则的制约。例如,本国资源的开发与利用不应妨碍旨在促进国际经济合作的国际条约或协定的实施或与之相抵触,并不得违反保护外国投资者权利的习惯国际法规则。

第四,附属国或附属地人民享有自由决定其国际地位的权利。显然,这里规定的附属国或附属地是特指殖民地或尚未获得独立的非自治地区或置于托管的领土。对这类领土或地区的人民而言,其自决权包括自由选择成立独立国家或并入一个现有的主权国家的权利。值得强调的是,自民族自决原则确立之后,在 20 世纪 50 年代至 80 年代,一大批殖民地或附属地人民先后选择成立独立国家,大大地加速了全球范围内殖民主义制度瓦解的步伐,并进一步完善和巩固了以主权国家为基础的国际社会基本秩序和结构。现在,殖民地已基本不复存在,民族自决原则这一层含义的现实意义已经十分有限。

需要指出的是,无论是《联合国宪章》,还是两个基本人权公约,或是联合国大会通过的有关决议,都没有就自决的“民族”(Peoples)作出明确的定义。那么,到底什么民族或何种类型的民族享有自决权呢?一般说来,每一项涉及民族自决的国际法律文件对其适用的民族都有特定的范围。例如,区域性人权条约中所指的民族限于该区域内的民族,联合国《给予殖民地国家和人民独立宣言》中的民族限于尚未获得独立或非自治领土区域的民族。就《联合国宪章》和两个基本国际人权公约而言,其所指的民族的范围是广义的,主要包括:(1)生活在一个独立国家的全体人口;(2)尚需取得独立之领土上的全体人口;(3)生活在外国军事占领下的人口。①

那么,国际法上的民族自决原则是否适用于一个主权国家的少数民族或族群呢?比如,如何理解《公民权利和政治权利国际公约》第 27 条?该条规定:“在那些存在人种的、宗教的或语言的少数人的国家中,不得否认这种少数人同他们的集团中的其他成员共同享有自己的文化、信奉和实行自己的宗教或使用

---

① Cassese, *Self-determination of Peoples: A Legal Reappraisal*, pp. 59, 61 - 62.

自己的语言的权利。"该条文的含义非常明确,第一,该条所规定的权利是针对作为少数民族成员的个人,而不是一个少数民族群体;第二,该条没有包含少数民族整体的政治、经济或社会的自决权利,其列举的权利仅限于文化、宗教和语言的自由,即在一个主权国家内保持其民族身份或特质的各种权利。这些权利是个人权利,并非民族自决权的范畴。这一断定在该公约起草过程的有关文件中得到了充分的证实,因为参与该公约谈判的绝大多数国家都认为,如果授予一国境内少数民族自决权,则势必造成现有主权国家社会动荡的严重后果。①

"冷战"结束后,民族自决原则的适用范围或情势呈现出新的情形。典型的实例就是科索沃的独立与国际社会较广泛的承认。众所周知,科索沃原本是前南斯拉夫联邦共和国解体后塞尔维亚共和国的一个自治省,其居民绝大多数为阿尔巴尼亚族人。该少数族群声称并有证据表明在前南内战期间遭受了塞族军队的种族清洗和大规模侵犯人权,因而主张脱离塞尔维亚共和国。2008 年 2 月 17 日,科索沃国民大会通过独立宣言,宣布成立科索沃共和国。虽然科索沃的独立立即获得了欧美等西方国家的承认,但同时也遭到塞尔维亚、俄罗斯等国家的强烈反对。同年 10 月,联大通过决议请求国际法院就科索沃单方面宣布独立在国际法上的合法性问题发表咨询意见。2010 年 7 月 22 日,国际法院就此发表意见,但是回避了包括自决权在内的诸多实质问题,只是认为科索沃宣布脱离塞尔维亚并独立建国本身并不违反国际法。② 因此,科索沃单方面宣布独立并不构成行使民族自决权的先例。

二、国家领土完整与民族自决的关系问题

正如国际法院在科索沃咨询意见中所确认的,"领土完整原则是国际法律秩序重要的组成部分,并在《联合国宪章》第 2(4)条中赋予神圣的地位","领土完整原则的范围限定在国家间关系的范畴"。③ 领土完整概念的核心就是国家拥有和有效统治的领土不可侵犯。在国际法上,领土完整概念从一开始就与主权概念密不可分,这是因为领土是国家的基本要素,甚至是第一要素。此外,领

---

① 参见[奥]曼弗雷德.诺瓦克:《〈公民权利和政治权利国际公约〉评注》(第 2 版),孙世彦、毕小青译,生活·读书·新知三联书店 2008 年版,第 662~665 页。

② See *Accordance with International Law of the Unilateral Declaration of lndependence of kosovo*, I. C. J. Advisory Opinion of 22 July 2010, para. 121.

③ Ibid. , para. 80.

土完整与禁止使用武力原则紧密相连,因为依据现代国际法,除非经联合国安理会授权和自卫,其他国家不得使用武力或以武力相威胁破坏或损害一国的领土完整。①

除了《联合国宪章》和国际法院的判例之外,领土完整原则在国际法和国际关系中的至关重要性在联合国大会通过的有关决议中多次得到重申。例如,1960年联合国《给予殖民地国家和人民独立宣言》宣称:"所有的人民都有自决权……以使他们能和平地、自由地行使他们实现完全独立的权利;尊重他们国家领土的完整。""任何旨在部分地或全面地分裂一个国家的团结和破坏其领土完整的企图都是与联合国宪章的目的和原则相违背的。""一切国家应在平等、不干涉一切国家的内政和尊重所有国家人民的主权及其领土完整的基础上忠实地、严格地遵守联合国宪章、世界人权宣言和本宣言的规定。"1970年《国际法原则宣言》更是开宗明义地确认:"国家领土不得作为违背宪章规定使用所造成之军事占领之对象。国家领土不得成为他国以使用威胁或武力而取得之对象。使用威胁或武力取得之领土不得承认为合法。"并在正文多处重申"各国负有义务在其国际关系上应避免为侵害任何国家政治独立或领土完整之目的","凡以局部或全部破坏国家统一及领土完整或政治独立为目的之企图,均与宪章之宗旨及原则不相容"。1974年联合国大会《关于侵略定义的决议》再次强调"各国有义务不使用武力剥夺他国人民的自决、自由和独立权利,或破坏其领土完整",并重申"一个国家使用武力侵犯另一个国家的主权、领土完整或政治独立"即构成"侵略"。

可见,国家领土完整在国际法上具有神圣地位,除非国际法允许的特殊例外,各国都应予以尊重,不得破坏或侵犯。然而,随着国际人权法的迅速发展和民族自决原则的确立,特别是"冷战"结束后"国家保护的责任"概念的兴起,国际上出现了一股国家"领土完整原则过时"的论调,认为领土完整应让位于民族自决原则和尊重人权原则。② 尽管目前持这种观点的人占据少数,但是其潜在的负面影响不容忽视,如不予以澄清和驳斥,势必误导社会和公众。

如上所述,国家领土完整是近代国际法早已确立的原则,具有习惯法和条约法的双重法律基础。经过全球最大的普遍性国际组织章程的确立和一系列

---

① Michael Wood, "Territorial Integrity", in *Princeton Encycoldedia of Self-Determination*. Accessed March 31,2014. http://pesd. Princeton. Edu/? q =node/271/.

② Ibid.

重要决议的进一步重申以及国际法院的确认,领土完整原则在现代国际法体系中的基础和核心地位是毋庸置疑的。虽然国际法上确立的民族自决原则要比领土完整原则晚近得多,但是这并不意味着民族自决原则的地位和重要性不如领土完整原则,反之亦然。应当说,二者在国际法上具有同等的重要性。事实上,无论是《联合国宪章》,还是上述有关的联合国大会决议和国际法院的咨询意见,均同时宣告或重申二者的国际法律地位。即使在确立民族自决原则和权利的情况下,国际法仍然赋予领土完整以中心地位。例如,在非殖民化时代,殖民地人民在运用民族自决原则实现独立建国的过程中同样应尊重领土完整原则。1963 年成立的非洲统一组织(今天非洲联盟的前身)在支持非洲民族政治独立的同时,充分顾及维持原殖民地边界对于各个新独立国家领土和边界稳定的重要性。[①] 诚如克劳福德(James Crawford)教授所论述的,“现有国家的民族以符合维持这些国家领土完整的方式行使自决权”。[②]

领土完整原则和民族自决原则在国际法上不存在性质上的不同或法律阶位的区别,二者都是国际法基本原则,并具有强行法性质。二者的区别在于各有不同的侧重点。领土完整是国家及其人民赖以生存和发展的物质基础,是国家行使有效统治和管辖的法定空间。各国只有相互尊重彼此的领土完整,才能保证各国之间的和平共处和正常的交往与合作。正是由于领土完整对于国家和国际关系的至关重要性,古往今来,没有哪一个国家不高度重视国家的领土完整。在国家安全的诸多要素中,领土安全无疑处于首要的地位。正因如此,主要调整国家间关系、建立和维持世界和平与安全以及促进全球可持续发展的国际法,始终如一地坚持各国领土完整在国际关系中的基础地位。

在国际人权法的语境中,民族自决权着重体现国际法的人本价值,从集体人权的角度强调现代国际法除了维护国家主权和国家利益之外,同时还应维护人民或民族的根本权利。这个根本权利就是各国人民或民族自由选择独立或并入其他国家或其他政治地位的权利,以及保持民族特色的经济、社会、文化、宗教、语言等方面自主的权利。可见,民族自决权适用的主体和情形,一般是指现有主权国家的人民和民族、殖民地人民和民族的“对外自决”和“对内自决”。

那么,民族自决原则的适用是否必然影响国家的领土完整呢?一般说来,

---

① Michael Wood,“Territorial Integrity”.

② See James Crawford,“State Practice and International Law in Relation to Secession”,(1998)69 British *Yearbook of International Law* 85,p. 85.

一个民族的“对内自决权”不会对一国的领土完整构成影响,因为它不会改变现有国家的版图或统治范围。相比之下,一个民族的“对外自决权”会对现有国家的领土完整产生一定的影响。例如,殖民地人民独立建国势必导致原宗主国领土的减少。一个国家特定区域或民族独立建国或从原属国中分离且并入另一个国家,也会发生领土变更,即其原属国的领土范围必然随之缩小。一般说来,殖民地独立对原宗主国领土造成的影响是现代国际法所认可的。撇开政治因素,单纯从法律角度来判断,凡是符合国际法规定的民族自决而产生的领土变更,无可非议,并应予以承认;凡是不符合国际法规定的民族自决而引起的领土变更(如使用武力或以武力相威胁),应受到国际社会的谴责甚至制裁,并不予以承认。

三、公民投票的国际监督问题

美欧指责克里米亚独立并加入俄罗斯的一个重要理由是,克里米亚公投缺乏乌克兰全民参与和国际组织的监督,从而不具有合法性和有效性。克里米亚则宣称,它曾口头邀请欧洲安全与合作组织派观察员监督公投,但遭到后者的拒绝。欧洲安全与合作组织认为,欧洲安全与合作组织的成员国是主权国家,克里米亚不是该组织的成员国,无权请求派遣观察员。尽管如此,仍然有来自23个国家的135名观察员、1200多名当地观察员和来自169家国际媒体的600多名记者现场观摩了公投。① 那么,在国际法上,何种公投方式是合法有效的呢?公投是否必须有一个国家的全体公民的参与才能合法有效?国际组织的监督是否为公投合法性和有效性的必备条件?

必须指出的是,公民投票或全民公决自近代以来不仅成为一些国家决定本国重大事项(如领土归属、国家分离或合并、缔结重要条约、加入重要国际组织)的一种民主方式,而且已经发展成为国际组织为确定有争议领土的政治地位的一种常用途径。公民投票作为一种民主决定的形式,有的国家通过宪法予以明确规定,有的则通过立法机构的决定做出。② 因此,凡是符合一个国家宪法或法

---

① “Crimea Referendum: Voters ‘Back Russia Union,” in BBC News. Accessed March 31, 2014. http://www. bbc com/news/world-europe - 606097/.

② Yves Beigbeder, “referendum”, *Max Planck Encyclopedia of Public International Law*, Oxford Public International Law. Accessed March 31, 2014. http://opiL. ouplaw. com/view/10. 1093/law: epil/9780199231690/law - 9780199231690 - el088? rskey = 3j7BpG&result = l&prd = EPIL/(last visited March 31, 2014).

律规定的公投,其合法性和有效性毋庸置疑,存在争议的通常是缺乏宪法或法律依据的公投。

国际法并没有就公民投票或全民公决作出一般性或专门性的具体规定。在实践中,通常由国际组织的有关机构针对特定国家或地区的具体情形通过决议的方式作出举行公民投票的决定或建议。例如,国际联盟的行政理事会和联合国的安全理事会多次通过这种形式建议有关有争议地区就其政治地位举行公投。

尽管国际法上并未规定公投合法性和有效性的具体标准,长期的国际实践还是形成了一些普遍遵行的原则。[①] 公投应具有参与的普遍性或广泛性,即应该是一个国家或有关地区公民或民族普遍参与的行动,而不是部分甚至是少数公民参与的行动;其次,公投应以和平方式举行,不应有任何外部力量干涉或干预,尤其是禁止武力干涉或武力威胁;最后,公投应以公开、公正和透明的方式进行。

有关非自治领土(殖民地、国际联盟委任统治领土、联合国托管领土)政治地位的公投,只需当地居民的参与,而无须原殖民国家或宗主国的参与。其合法性和有效性除了符合上述文阐述的诸项原则之外,还必须在有关的国际组织(国际观察员)的监督下举行,这已成为自国际联盟以来普遍一致的国际实践。

涉及既有国家的特定地区或民族政治地位的公投,如果是该国家公民的整体参与,则其合法性和有效性无可非议。但是,如果只有当地居民的参与,而且缺乏明确的国内宪法或法律的规定,所属国中央政府又明确表示反对,则其合法性通常会引起争议,这就是克里米亚公投受到一些国家质疑的关键所在。

关于公投的国际监督,国际法也没有作出一般性的规定,而是视具体情形而定。如上所述,有关殖民地独立、非自治领土和有争议地区政治地位的公投,通常是在国际组织派遣的观察员监督下进行的。缺乏国际组织的监督,有关公投的公平性、公正性和透明度自然会受到国际社会的怀疑。至于现有国家部分地区公民投票举办方自行邀请其他国家、国内民间社团、非政府组织、新闻媒体现场观摩或监督,是否可以作为国际组织监督的替代,在缺乏实然国际法和先例的情况下,其有效性引起争议就不足为奇了。

---

① Yves Beigbeder, “Referendum”.

四、国际组织介入的涉及民族自决的案例

第一次世界大战结束以来,先后在国际联盟和联合国介入下的一些涉及民族自决的典型案例,不仅为确定一些长期存在争议的地区或民族的政治地位,从而维护有关的和平与安全发挥了决定性的作用,而且促进了关于民族自决原则的国际法理论的不断完善。

(一)国际联盟介入的涉及民族自决的案例

在国际联盟时期,有两件涉及民族自决的案例具有重要的国际影响:一是阿兰群岛案;二是萨尔区案。

1. 阿兰群岛案

历史上,阿兰群岛在瑞典和芬兰联盟时期属于芬兰管辖,芬兰取得独立后,两个国家都对该群岛主张享有领土主权,并提到自决的法律问题。1920 年在常设国际法院尚未建立的情况下,国际联盟行政院将这一问题提请一个临时任命的国际法学家委员会提供咨询意见。该委员会经过调查和审议认为,自决概念在当时并不能被认为是实证国际法所确立的一部分,至少在通常情况下法律的"必要根基"是主权,然而缺乏稳定的主权的情形下,法律情势变得"模糊和不确定",这一模棱两可的情况是"由事实转变为法律,从事实情形转变为正常的法律情形……在此类情况下,自决原则是可以适用的"。根据这一咨询意见,国际联盟建议阿兰群岛依旧属于芬兰的主权之下,但同时也要求芬兰必须提高对该群岛自治的保证。最终芬兰和瑞典都接受了国际联盟的建议。[①] 2004 年在芬兰加入欧洲联盟时,阿兰群岛的高度自治地位再次得到确认。

2. 萨尔区的公民投票

第一次世界大战之后,根据《凡尔赛和约》,萨尔区委托给法国和英国占领和管理。1934 年 6 月 4 日,国际联盟行政院批准了阿洛伊西委员会(the Aloisi's Committee)提出的关于举行公民投票的建议,并成立了一个组织公民投票的委员会。在国际联盟行政院授权的一支国际部队的监督下,该区公民投票的结果是,90% 的选民投票赞成回归德国。国际联盟理事会据此通过决议,萨尔区于 1935 年 3 月 1 日并入德国。[②]

---

① See Norman J. Padelford and K. Gosta A. Andersson. "The Aaland Islands Question", (1939) 33 *American Journal of International Law* 465.

② Yves Beigbeder, "Referendum".

（二）联合国介入的涉及民族自决的案例

1. 厄立特里亚的独立

厄立特里亚原本是意大利在非洲的殖民地，意大利在第二次世界大战战败后，宣布放弃在非洲的所有殖民地。1950 年 12 月联合国通过决议，厄立特里亚作为一个自治体同埃塞俄比亚结成联邦。1962 年埃塞俄比亚强制取消联邦制，将厄立特里亚合并为埃塞俄比亚的一个省，导致厄立特里亚人民长期为独立而进行武装斗争。1993 年 4 月 23～25 日，在联合国的斡旋与监督之下，厄立特里亚举行全民公决，以绝对多数赞成厄立特里亚独立。同年 5 月 24 日厄立特里亚正式宣告独立。①

2. 北塞浦路斯独立问题

塞浦路斯于 1960 年 8 月 16 日宣布脱离英国的殖民统治，成立独立的塞浦路斯共和国，由南部的希腊族和北部的土耳其族组成联合政府，并于 1961 年 3 月加入英联邦。此后，两大族群之间武装冲突连绵不断。1983 年 11 月 15 日北部的土耳其族宣布成立“北塞浦路斯土耳其共和国”，而塞政府坚决反对土耳其族独立，欧盟和美国等国也明确宣布不予承认，唯一给予承认的国家是土耳其。从 1975 年起，为解决塞浦路斯问题，联合国和国际社会一直在努力斡旋。2004 年塞浦路斯就联合国提出的统一方案举行公民投票，结果该方案未能获得通过。虽然北部土耳其族人多数赞成该方案，但希腊族占主导地位的南部投了反对票，从而宣告了联合国斡旋的失败。② 2004 年 5 月 1 日受到国际承认的塞浦路斯共和国（南部希腊族控制）正式加入欧盟。

（三）国际法院裁决（或发表咨询意见）的涉及民族自决的案例

1. 西撒哈拉独立案

西撒哈拉原为西班牙殖民地。1973 年 5 月“西撒人民阵线”决定通过武装斗争争取西撒哈拉独立。与此同时，其邻国阿尔及利亚、摩洛哥和毛里塔尼亚也反对西班牙对西撒哈拉的统治。1976 年 2 月 27 日，“西撒人民阵线”宣布成立阿拉伯撒哈拉民主共和国。此后，摩洛哥、毛里塔尼亚军队与“西撒人民阵线”的武装力量不断发生冲突。1979 年 8 月毛里塔尼亚放弃对西撒哈拉的领土要求，退出西撒战争，摩洛哥则乘机占领了毛里塔尼亚退出的地区，从此，摩洛哥与西撒哈拉人民解放阵线的武装冲突一直持续。1991 年 4 月联合国安理会

---

① Yves Beigbeder, “Referendum”.

② Ibid.

通过决议,设立联合国西撒哈拉公民投票特派团,负责监督双方停火状况,并组织让西撒哈拉人民决定该地区未来地位的公民技票。但是,由于冲突双方在确定选民资格等重要问题上存在严重分歧,公投一直没有举行。在此过程中,联合国大会曾于1974年通过第3292号决议,请求国际法院就西撒哈拉是否为无主地以及该地区与摩洛哥和毛里塔尼亚之间法律联系的性质问题提供咨询意见。法院在其意见中首先指出,西撒哈拉的法律地位应根据《联合国宪章》和联合国大会有关民族自决问题的决议来解决。法院进一步指出,《联合国宪章》第1(2)条确立了国家间关系以尊重人民平等权利及自决原则为根据,并通过1960年联合国大会通过的第1514号决议《给予殖民地国家和人民独立宣言》得到进一步的阐释。这些条款和文件为非殖民化运动提供了法律基础。法院确认,根据民族自决原则,非独立领土可以自由选择3种法律地位中的任何一种:(1)形成主权国家;(2)与现行独立国家自由组合;(3)与现行独立国家合并。①

2. 布基纳法索诉马里边界争端案

布基纳法索和马里在独立前同属于法属西非殖民地,1960年两国先后获得独立。独立后,两国很快就设立了双边机构以解决两国间的边界问题,并顺利划定大约2/3的边界,但在东部仍有约300公里的边界未能达成一致,并曾因此引起武装冲突。1983年9月16日两国签订特别协定把争端提交国际法院解决。在该案中,虽然国际法院分庭的使命是裁决两个当事国之间的边界,但是裁决书中对于民族自决权要素的界定和对殖民地边界不可改变原则的确立具有重要的意义。法院裁定,表面看来殖民地边界不可侵犯原则与民族自决原则之间必有抵触,然而,实际上,维持非洲领土现状通常被视为最明智的行动方向,从而维护各民族为其独立而斗争所获得的成果,并避免对于经巨大牺牲而获得的大陆之干扰。为了殖民地民族的生存、发展并逐步在其所有领土上巩固其独立,稳定这一必不可少的要求促使各非洲国家明智地同意遵守殖民地边界并将在解释民族自决原则中予以考虑。② 本案的裁决再次表明,领土完整原则在实施民族自决过程中始终是不可或缺的要求。

3. 东帝汶案

东帝汶原为葡萄牙的殖民地,1960年被联大宣布为非自治领土,由葡萄牙管理。1975年印度尼西亚武装入侵并控制东帝汶,葡萄牙被迫撤离。1989年

---

① See Western Sahara, Advisory Opinion, I. C. J. Reports 1975, Summary.

② See Frontier Dispute(*Burkina Faso v. Mali*), Judgment, I. C. J. Reports 1986, p. 554, para. 567.

澳大利亚与印度尼西亚签署联合勘探开发帝汶海大陆架资源的条约。葡萄牙认为澳大利亚此举侵犯了东帝汶非自治领土的地位和葡萄牙作为管理者的权利,并在国际法院起诉澳大利亚。虽然印度尼西亚对于案件的主题事项具有直接的关联,但它拒绝作为案件的第三方参与审理。尽管国际法院以此为由拒绝对案件的实质事项作出判决,但是法院有关民族自决的阐释具有重要的理论和现实意义。法院确认,民族自决是"当代国际法的基本原则之一",并进一步将其归于"对一切的义务",①从而具有强行法性质。这就意味着国际法院认定民族自决权构成整个国际社会的基本价值,从而具有普遍的适用性。国际法院的判例表明,民族自决权不仅与有关的领土相联系,而且包括自由选择其认定为合适的治理方式。

4. 科索沃独立案

值得注意的是,在科索沃独立咨询案中,国际法院对于国际法是否赋予一个现行国家内的部分人口享有自决权或者所谓"救济性分离权"的敏感问题,巧妙地予以回避,认为没有必要回答,理由是联合国大会请求咨询的问题中并没有提及这些问题。国际法院的做法是,分析和阐释科索沃局势的形成过程和联合国安理会的有关决议,通过考察从近代到当代有关新独立国家及其国际承认的实践,得出一般国际法并不禁止科索沃单方面宣布独立的结论。法院认定,从 18 世纪到 20 世纪早期,有大量宣布独立而遭到被分离国反对的事件,其结果是,有的导致新国家的产生,有的则不曾如愿,但实践表明国际法并没有产生禁止宣布独立的新规则,因此,法院认为科索沃单方面宣布独立并不违反国际法。②

五、结　论

根据上述分析,我们可以得出如下概括性的认识:

1. 国际法上的民族自决,从确立到演进与国际人权法的形成与发展密不可分。它作为一项国际法基本原则,由《联合国宪章》首次确立;作为一项国际法权利,先后经《公民权利和政治权利国际公约》和《经济、社会和文化权利国际公

---

① See *Case Concerning East Timor* (*Portugal v. Australia*) Merits, Judgment, I. C. J. Reports 1995, p. 102, para. 29.

② See *Accordance with International Law of the Unilateral Declaration of independence of Kosovo*, Advisory Opinion, I. C. J. Reports 2010, Summary, paras. 79 – 84.

约》以及联合国大会一系列重要决议予以确认，但是其适用范围仍然有争议。

2. 民族自决比较确定的适用包括以下情形：(1)现有国家的人民自由选择其政治地位及政治、经济和社会制度的权利；(2)殖民地人民、被外国占领和统治下的人民自由选择独立、并入一个现有的独立国家或其他政治地位的权利。

3. 在国际法上，民族自决原则与国家领土完整原则有密切关联。二者都是国际法基本原则的组成部分，同属国际强行法性质。但是，二者在不同的国际法语境下各有不同的侧重点：国家领土完整是国家主权概念的核心要素之一，而且是第一要素，也是国家行使主权的物质基础；民族自决在形成和演进过程中侧重于国际法的人本化价值取向。“对内自决权”的行使对国家领土完整不构成影响，而行使“对外自决权”则一般会带来变更现有国家领土的结果。

4. 长期以来，民族自决在实践中引起争议最大的当属现有国家的少数民族或某些地区的“对外自决”问题，这直接影响到现有国家的主权和领土完整。在这一方面，虽然国际实践不尽一致，但从现有国际法来看，不构成人民的现有国家的部分区域人口或少数民族并不享有国际法上的自决权。他们只有在遭受国内政权长期、一贯、大规模、粗暴地侵犯人权这种极其特殊的情形下，没有任何外来武力干涉、武力威胁，并且在国际组织的有效监督下，通过公平、公正和公开的公民投票方式作出的关于他们自己政治地位的决定，才有可能获得国际上的广泛承认。

5. 克里米亚“脱乌入俄事件”折射出国际法上的民族自决原则与国家领土完整原则在现实中矛盾的一面。在这一事件中，俄罗斯阵营和美欧阵营之间出现的分歧甚至对立，不仅涉及合法性问题，更牵涉双方的价值取向和重大战略与核心利益的冲突。在缺乏获得普遍承认的国际先例的情况下，其他国家对于这一事件表现出不同的立场实属正常。如果联合国大会或安理会就克里米亚宣布独立的合法性问题请求国际法院发表咨询意见，扔给这个国际司法机构的势必是一个“烫手山芋”：它或者作出与科索沃单方面宣布独立相同的意见，即现行国际法并不禁止克里米亚单方面宣布独立和并入俄罗斯；或以克里米亚不存在类似当年科索沃存在的人权和人道主义灾难为由，认定其公投损害乌克兰主权和领土完整，从而不符合国际法。归根结底，克里米亚问题的最终解决，必须借助国际法，但关键还取决于有关各方的政治智慧。

论国际恐怖主义的全球化趋势与国际法律控制*

2001 年正当人们还沉浸在新世纪钟声和美好向往中时，国际恐怖主义分子在全球各地接连制造令世人震惊的惨案：在美国，被劫持的飞机从天而降；在巴厘岛，挤满西方年轻人的迪斯科舞厅在爆炸声中灰飞烟灭；在莫斯科，车臣恐怖分子在一家歌剧院劫持了数百名人质……自"冷战"结束以来，随着国际局势的变化，国际恐怖主义活动达到了一个前所未有的高潮，国际反恐斗争也进入了一个新的阶段。因此，在全球化背景下对国际恐怖主义的全球化发展趋势、国际反恐法制的现状及存在的问题、国际恐怖主义的未来法律对策进行深入研究，实属当务之急。

一、国际恐怖主义的全球化趋势

（一）国际恐怖主义的定义及特征

1987 年 12 月 7 日第 42 届联合国大会通过的决议指出："只有确定得到普遍承认的国际恐怖主义的定义才能有效地同恐怖主义作斗争。"但到目前为止，国际上尚无一个普遍认可的恐怖主义定义。一般认为，恐怖主义是指个人或团体在战争以外出于某种政治目的对

---

* 本文原载于《法制与社会发展》2003 年第 4 期，第二作者为尹生。

他人的生命、人身、自由以及财产等使用暴力、胁迫或破坏等强制手段造成社会恐怖的犯罪行为的总称。当恐怖行为实施人所属国、被害人或被损财产所属国、犯罪行为的对象国、犯罪行为发生地及罪犯所在地等主要因素不限于一个国家而与两个以上国家有关系时,即称为国际恐怖主义,并由对犯罪行为具有管辖权的国家依据国际法和国内法的规定处理。①

国际恐怖主义是当代世界上国家、民族、阶级、宗教间各种尖锐复杂矛盾的反映,是国际斗争的一种特殊形式。就其本质而论,恐怖主义是一国范围内政治、经济、文化等矛盾不断积累和世界范围内南北政治、经济发展不平衡这两者交互作用而生成的"毒瘤"。

一般来说,国际恐怖主义是非政府行为,但个别国家为了狭隘的一己私利,也不时地利用国际恐怖主义作为国家政策的工具,这样,国际恐怖主义也可能带有政府行为性质。但无论是极端民族主义型的恐怖主义、宗教极端型的恐怖主义、邪教型的恐怖主义、黑社会型的恐怖主义、国际间谍型的恐怖主义,还是强权型的恐怖主义,它们往往具有如下特征:一般带有特定的政治目的;暴力的非战场化和无国界;目标以平民和民用目标为主、以秘密方式策划的恐怖袭击;不对称性(指弱者对强者发动的非常规性的大规模恐怖主义袭击);常常利用民族和宗教问题作为其生存发展的旗帜。

(二)恐怖主义犯罪的全球化发展趋势

国际恐怖主义在西欧、中东和拉美等地区相继出现并开始向全球蔓延可以追溯到20世纪60年代末。20世纪90年代更是达到了高潮,1995年美国俄城联邦大楼爆炸案、东京地铁沙林毒气案和拉宾遇刺案,1998年东非美国使馆爆炸案以及2000年美国"科尔军舰爆炸"案都昭示了这一点。"9·11"事件的发生更让人们深信不疑:国际恐怖主义不仅是20世纪的"政治瘟疫",更是21世纪的全球性难题。如今国际恐怖主义犯罪活动日益猖獗,其全球化趋势更是势不可挡。主要表现在以下几个方面:

1.组织网络及其活动的全球化

目前,各种旗号的恐怖主义组织有1000多个,大部分恐怖组织的组织网络都超出了一国国境,他们往往接纳来自世界各国的"志趣相投"的恐怖分子作为其成员。据报道,拉登在全球编织了一张巨大的恐怖活动网,其成员多达5000

---

① 参见陶正华:《关于恐怖主义的几个问题》,载中国社会科学院主页,http://www.cass.net.cn/chinese/y331.htm,最后访问日期:2002年1月28日。

余人,分布在埃及、黎巴嫩、巴基斯坦和克什米尔等50多个国家或地区,其成员除了在世界各地搞恐怖爆炸外,还被派往北非、车臣、塔吉克斯坦甚至波黑等地战斗。一次恐怖主义袭击从情报收集、人员培训、筹划组织到袭击行动的具体实施可以在全球分散完成。“冷战”时期,恐怖袭击主要发生在中东、南亚、拉美及西欧的一些国家;“冷战”结束后,恐怖活动又增加了新的热点地区——南部非洲、东南亚和南太平洋地区。当今世界,大多数国家和地区的人们都不同程度地受到恐怖主义的威胁。

2. 战略决策全球化及打击目标全球化

恐怖组织的组织结构及其运行方式日趋成熟并日臻完善。如“基地组织”就像一个分工精细的跨国公司,组织内有一批高素质的人才,各司其职。本·拉登坐镇总部,筹划方针政策、指挥着全球范围内的恐怖行动,同时规划着一个又一个恐怖袭击的蓝图。本·拉登发誓要与美国“干到底”,决议袭击美国在全球范围内的利益和人员。近些年来,美国的驻外官方机构、军事基地及设施,乃至美国本土都是国际恐怖主义的攻击目标。我们也一再听到美国政府发出恐怖袭击的警报。美国发动对阿富汗的军事行动后,本·拉登又号召所有穆斯林发动对美国及其盟国的“圣战”,其打击对象可谓空前广泛。

3. 资金网络全球化

一位反恐专家说:国际恐怖主义组织反对经济全球化和市场经济,但却充分地利用了经济全球化和市场经济。诚然,恐怖组织往往利用全球银行网络进行金融投机、洗钱等罪恶勾当,其资金往往隐匿于世界各国的银行账户中。据报道,仅本·拉登拥有的资产就达3亿多美元,其资金散布于世界各地。

4. 各种恐怖组织之间的协调在加强

据可靠消息,“基地组织”与阿布沙耶夫等重要国际恐怖组织都有来往。欧洲恐怖组织正在加紧与拉美游击队之间的联系,包括互相提供武器、交流游击战术和经验、共同学习炸药的使用、商讨建立配备地对空导弹和电脑、电视遥控系统的防空基地等。

5. 恐怖袭击的负面影响波及全球。发生在一时、一地的恐怖袭击,其影响会迅速地扩展至全球。以“9·11”袭击为例,10月10日联合国发表的预测报告认为,“9·11”事件给美国带来的损失可达400亿美元,将使全球经济放慢1个百分点，经济损失将高达3500亿美元。[①] 该事件夺去了80多个国家及地区至少5000多个平民的生命。“9·11”事件对国际关系、国际反恐法制、人们心理、武器扩散的控制等产生深远的影响更是难以估计。牵一发而动全局，在全球化时代的小小“地球村”上，任何一个角落的恐怖袭击都会对国际和平与安全、全球经济与政治秩序等发生深远的影响。

看来，在21世纪的这“一场永无休止的世界大战”中，国籍、疆界这些各主权国家固守了好多个世纪的藩篱已在国际恐怖分子的袭击面前灰飞烟灭。全球化的浪潮不仅席卷了经济、贸易和网络，也深深地覆盖了国际恐怖主义犯罪。

（三）国际恐怖主义犯罪全球化的主要原因

20世纪尤其是“冷战”结束后，国际恐怖主义事件层出不穷，甚至成为当前国际斗争的一个特色，宗教、民族、文化冲突与国家利益交织在一起，使国际恐怖主义呈现出纷繁复杂的局面。究其原因，主要有以下几点：

1. 国际恐怖主义犯罪全球化是经济全球化最明显的负面影响之一。经济全球化如同一柄“双刃剑”，它在加速全球贸易自由流动、增加人类财富的同时，带来的负面影响也不容忽视：各国经济主权面临挑战；经济运行风险增大；南北差距进一步扩大；跨国有组织犯罪更加猖獗（国际恐怖主义犯罪为其重要组成部分）。时任联合国秘书长科菲·安南指出：经济全球化的发展也使跨国犯罪构成对国家安全、经济发展、民主和主权的新威胁。[②]

2. 旧的不公平的国际秩序以及全球化导致的不公平为其最深层次根源。自“冷战”结束以来，以贸易自由化和金融自由化为核心的经济全球化迅猛发展。然而这并不意味着全球化所带来的利益分配是公平的。由于长期以来发达国家在世界政治、经济中居于主导地位，加之缺乏完善的制度和规则的有效约束，其结果是富国越富、穷国越穷。据西班牙《国家报》2000年文章的统计资料：现在世界上20%最富的国家，消费着全球86%的产品；其余80%的人口，尽管代表着世界大多数的自然资源，其消费量却只占14%。世界上最富有的3个人的财富，竟然超过了49个最不发达国家的国内生产总值之和！今天，世界上至少还有8亿人口还在过着忍饥挨饿的悲惨生活。这些数字着实让人触目惊心。

尽管联合国安排了3个“发展十年”，“南北对话”“南南合作”方兴未艾，《关于建立新国际经济秩序的宣言》等重要法律文件已出台了几十年，新的国际

---

① 参见新华社联合国2001年10月10日电。

② 载联合国：http://www.un.org/chinese/events/palermoconvention/main.html。

经济秩序仍然没能建立起来。经济基础决定上层建筑,国际政治新秩序也无法建立起来。霸权主义和强权政治横行于世便是明证。正是这种极度的体制上的不公平增强了底层人们的不满、仇恨和绝望,有些人甚至铤而走险从事恐怖活动,以发泄自己对旧的国际政治、经济秩序的不满。

3."冷战"后宗教种族等因素在国际关系中地位的上升为其提供了适宜的土壤。"冷战"结束后,长期在两极格局下掩盖和备受压制而得不到解决的各种民族、宗教矛盾都从"潘多拉盒子"中迅速释放出来,由民族、种族、宗教等原因引起的地区冲突此起彼伏且有愈演愈烈之势。事实上,没有哪一个民族、种族或宗教一开始就具有侵略扩张性,但民族、种族和宗教常常被少数怀有野心的政客所利用,被用作角逐利益的工具,"当宗教和传统落入政治的罗网中,就很容易腐化、变得残酷"。① 这样,民族、种族纠纷和宗教冲突就为国际恐怖主义的肆虐和泛滥创造了条件。

总而言之,国际恐怖主义愈演愈烈有两大驱动力。一种力量来自恐怖组织内部,他们以民族或宗教为借口而追求政治目的;另一种力量来自外部,各种外部势力出于各自的政治目的打击或支持国际恐怖主义犯罪。当今国际恐怖主义最大的特点之一就是政治目的与民族、宗教问题相结合。

4.科技进步为恐怖主义犯罪全球化提供了必要的技术手段。现代科技的发展和普及,为世界带来了日新月异的变化,也为恐怖分子的活动提供了便利和武器。移动通信、电视卫星、国际互联网及其他传媒技术帮助恐怖分子搜集情报和传递信息;一些体积小、威力大的枪械和各种先进爆破器材使恐怖活动更加隐蔽更具破坏性;伪造术、化妆术和整容术可以使恐怖分子改头换面、逃脱法网;现代交通为恐怖分子的突袭、转移和脱身提供了可能。美情报机构证实:本·拉登的组织就曾利用因特网上的一些宗教、娱乐和黄色网站进行一些加密的信息传递,指挥全球各地的恐怖分子活动。

5.霸权主义和强权政治的盛行是国际恐怖主义犯罪在全球泛滥的最重要的直接导火索。自第一次世界大战以来,威尔逊就提出"美国要领导全世界"。第二次世界大战以后,美国在国际社会更是为所欲为。"冷战"结束后,美国为了实现单极独霸世界,一再以维护人权为借口,大力推行新干涉主义。在中东,美国维持着近2万驻军,动辄对中东国家的内政外交指手画脚,而且美国一贯

① [俄]索洛约维夫:《神人类讲座》(中译本),华夏出版社2000年版,第30页。

偏袒以色列;对于国际恐怖主义,美国等西方国家采取双重标准,即对极"左"思潮指导下的恐怖主义予以严厉打击,而对极"右"势力制造的恐怖活动则予以宽容甚至支持。这无疑会导致以新纳粹为代表的极右恐怖势力在全球的复苏和猖獗。①

本·拉登宣称:"美国人是真正的恐怖分子","我们不能允许美国人住在神圣的地区。我们要把他们赶出去……如果以色列人杀死巴勒斯坦的孩子,如果美国人杀死伊拉克的无辜人民,如果大多数美国人支持他们放荡的总统,这就意味着美国在向我们开战,我们就有权进攻他们"。拉登的话明白地道出了他从事恐怖主义活动的直接原因。俄总统普京一针见血地指出:阿富汗塔利班民兵组织和国际恐怖主义是前俄罗斯与美国进行"冷战"对抗的产物。②

6."以暴制暴"打击恐怖主义的方式进一步刺激了恐怖主义的蔓延。"以暴制暴"是使用武力强有力地打击恐怖活动。虽然这种方式在短期内能产生一定的积极效果,但从长远来看却会使国际恐怖主义犯罪和反恐呈现出"犯罪—反击—再犯罪—再反击"的无限的恶性循环中。自美国开始遭受恐怖袭击以来,美国不断采取了许多强制性反恐措施,其结果呢?恐怖主义不仅没有终结反而愈演愈烈,在美国本土爆发了史无前例的伤亡人数甚至超过了珍珠港事件的"9·11"恐怖袭击。这是很值得人们尤其是美国人深思的,但美国似乎仍然执迷不悟。许多有识之士认为,阿富汗战争、伊拉克战争会加剧针对美国的恐怖袭击。

二、国际恐怖主义的现行国际法律控制透视

为了惩治和根除国际恐怖主义,国际社会通过政治、经济、法律和军事等多种渠道和手段从防范和惩治两个角度开展反恐斗争。从法律控制来看,国际社会主要采用国际法与国内法相结合的双轨制来控制国际恐怖主义犯罪。有关反恐的国际法和国内法相互渗透、互为补充、交汇融合构成了不太成熟但也初具规模的反恐法制。本文仅研究国际恐怖主义的国际法律控制的现状和存在的问题及其对策。

(一)现行的全球性反恐法律制度

联合国对打击国际恐怖主义尤为重视。联合国内设有一系列综合性或专

① 参见张明明:《当代世界的恐怖主义和反恐怖斗争》,载《国际政治》2002年第2期。

② 参见法新社莫斯科2001年11月11日电。

门性的反恐机构，如联合国大会、安理会、经社理事会、第六委员会、反恐怖主义特别委员会及工作小组等。在联合国框架内，通过了一系列“防止和消除国际恐怖主义”的决议，如1995年2月17日联合国大会通过的《消灭国际恐怖主义措施宣言》、1997年11月6日通过的补充1994年《消除国际恐怖主义措施宣言》、2001年11月12日安理会通过的《全球努力打击恐怖主义的宣言》。这些宣言痛陈了国际恐怖主义犯罪的严峻形势和巨大危害，论证并强调了打击恐怖主义的必要性，回顾了国际反恐的历史与现状，建议和呼吁各国采取一切可能的反恐措施，加大反恐力度和国际合作力度。尽管联合国的宣言一般不具备法律约束力，但它是国际舆论的集中表达，对于澄清、解释和发展这一领域的国际法具有十分深远的意义。

20世纪初成立的国际刑警组织十分引人注目，它早已成为国际社会与包括国际恐怖主义在内的国际犯罪作斗争的有效工具。[①] 国际刑警组织在侦查、通缉国际恐怖主义分子和国家间的情报信息交流方面起着举足轻重甚至是不可替代的作用。1988年10月26日在开罗举行的国际刑警组织第六十七届大会上通过了《反恐怖开罗宣言》，该宣言坚决谴责了形形色色的恐怖主义行为，并强调要充分发挥国际刑警组织等国际组织在反恐中的作用。

从国际条约来看，国际上第一个专门针对恐怖主义犯罪的国际公约是1937年制定的《防止及惩治恐怖主义公约》，公约解释了“恐怖主义行为”，并明确规定国家有义务制止恐怖主义行为。为了使公约能有效实施，国际联盟还制定了《创建国际刑事法院公约》，拟建立一个常设性国际刑事法院。遗憾的是，上述两个公约都因没有得到足够数量国家的批准而未能生效。

在联合国和其他国际组织的努力下，国际社会在反恐怖主义犯罪的国际合作方面取得了显著成就。

在联合国的主持下，国际社会于1973年制定了关于防止和惩治对应受国际保护人员恐怖袭击的《纽约公约》（全称《关于防止和惩处侵害应受国际保护人员包括外交代表的罪行的公约》）；1979年制定了专门针对劫持人质恐怖犯罪行为的《反对劫持人质的国际公约》；1995年签订了专事保护联合国人员和有关人员免遭恐怖袭击的《联合国人员和有关人员安全公约》。

在国际民航组织的主持下，1944年国际社会针对威胁国际民航安全的恐怖

---

① 资料来源：http://www.interpol.int/（2002/06/01）。

主义行为制定了关于国际民用航空的《芝加哥公约》；1963 年签订了关于惩治在航空器内实施犯罪的《东京公约》（全称《关于在航空器内的犯罪和其他某些行为的公约》）；1970 年制定了关于惩治非法劫持航空器的《海牙公约》（全称《关于制止非法劫持航空器的公约》）；1971 年制定了惩治危害民用航空安全的非法行为的《蒙特利尔公约》（全称《关于制止危害民用航空安全非法行为的公约》）；1988 年在蒙特利尔签订了补充《关于制止危害民用航空安全的非法行为的公约》的《禁止在国际民用航空机场进行非法暴力行为的议定书》；1991 年在蒙特利尔签订了防止使用塑料炸药从事恐怖行为的《关于在可塑炸药中加添识别剂以便侦测的公约》。

国际原子能机构于 1979 年在维也纳通过了有关防止和惩处与核材料有关的恐怖行为的《核材料实物保护公约》；同日，万国邮政联盟在里约热内卢签订了打击通过邮寄爆炸物进行恐怖活动的犯罪行为的《万国邮政公约》；1988 年国际海事组织在罗马主持制定了有关海上交通安全运输的《禁止危害航海安全的非法行为的公约》和《禁止危害大陆架固定平台安全的非法行为的议定书》等。

20 世纪末，随着恐怖主义犯罪的日益猖獗和国际化，国际社会在控制国际恐怖主义方面的国际司法合作取得了新的进展。其突出表现是 1997 年 12 月 15 日和 1999 年 12 月 9 日联合国大会以决议的形式通过的《制止恐怖主义爆炸的国际公约》和《制止向恐怖主义提供资助的国际公约》。前一公约是在恐怖主义行动不断升级，特别是以炸药或其他致死装置进行恐怖主义袭击日益普遍的情势下制定的。该公约在 20 世纪 70 年代打击恐怖主义公约所建立的法律规则的基础上，保留并特别强调或引渡或起诉原则，还扩大和改进了国际法律合作机制。1999 年公约引进了一系列的反恐新措施：规定了"资助恐怖主义罪"这一新型犯罪行为；规定了法律实体触犯恐怖罪行时的责任制度；采用了没收犯罪收益这一新的"撒手锏"；采纳了 1988 年联合国公约的规定，缔约国不得以银行保密为由，拒绝司法协助的要求。此外，还"扩大了金融机构在控制犯罪中的作用，将金融机构识别和报告与'犯罪收益'有关的客户和交易扩大到识别和报告与'资助恐怖主义资金'有关的客户和交易"。①

鉴于国际恐怖主义与跨国有组织犯罪有着千丝万缕的联系，恐怖活动往往

① 参见邵沙平：《控制恐怖主义犯罪与国际法律合作》，载《国际法学》（人大复印资料）2002 年第 3 期。

和洗钱、腐败、劫持人质、海盗、贩卖人口等犯罪行为交织一体,难以分辨。联合国于2000年11月2日又以决议的形式通过了《打击跨国有组织犯罪公约》,相信该公约将在打击国际恐怖主义和跨国有组织犯罪的日趋密切的国际合作中,成为一件有力的武器和必要的法律机制。

由于国际社会对国际恐怖主义犯罪的定义、范围、构成要件等问题尚未达成共识,上述诸公约大多没有直接以"反国际恐怖主义"为题,尽管它们所针对的犯罪行为部分或全部地可以归入"国际恐怖主义行为"。即只有一些"巴尔干式"的针对特定恐怖主义行为,如海盗行为、空中劫持行为、侵害应受国际保护人员的行为、劫持人质行为等的专门性条约,目前的国际反恐立法基本上采用的是"一类恐怖犯罪一公约"的权宜模式。有关公约大都强调了各缔约国打击国际恐怖主义犯罪的国际刑事合作义务,这是由现行反恐公约主要通过间接模式实施所决定的。另外,"或引渡或起诉"原则的确立对打击恐怖主义犯罪具有十分重要的意义。因为恐怖主义犯罪多具有政治目的,采用"或引渡或起诉"原则有利于将恐怖主义犯罪排除在政治犯之外,缔约国不能以任何理由予以政治庇护或拒绝引渡。缔约国如不将犯罪嫌疑人引渡给他国,则应对该人提起刑事诉讼。①

(二)现行的区域性反恐法律制度

为了有效地控制国际恐怖主义犯罪,一些地区也积极地签订了本区域范围内的防止和惩治恐怖主义的公约。欧洲理事会成员国于1977年在法国斯特拉斯堡订立了《关于制止恐怖主义的欧洲公约》。公约通过列举的方式规定了打击恐怖主义犯罪的范围。公约规定:1970年《海牙公约》所规定的犯罪、1971年《蒙特利尔公约》所规定的犯罪、1973年《纽约公约》所规定的犯罪均属于恐怖主义犯罪行为。另外,公约还规定了一系列打击国际恐怖主义的国际刑事合作义务。② 1971年美洲国家组织通过了《美洲国家组织关于防止和惩治恐怖主义行为的公约》。这些公约都确立了惩治国际恐怖活动的两项原则,即普遍性原则和或引渡或起诉原则。1987年亚太区际合作协会成员国签署了《惩治恐怖主义区域公约》,1993年阿拉伯内政部长理事会第15次会议通过了《阿拉伯反恐怖主义斗争协议》等。与仅针对某一方面恐怖犯罪的大多数全球性公约不同,

---

① 参见1970年《海牙公约》第7条、1971年《蒙特利尔公约》第7条、1973年《纽约公约》第7条的规定。

② 参见邵沙平:《现代国际刑法教程》,武汉大学出版社1993年版,第297页。

这些区域性公约具有全面反恐的性质。它们为区域性反恐合作提供了法律依据并推动了区域反恐事业的发展。

"9·11"事件之后,各个地区都加大了对恐怖犯罪的打击力度,其中欧盟的举措最引人注目。2001年9月19日欧盟委员会通过的两项反恐法案中,包含的反恐措施就达37项之多。[①] 最引人注目的有:对恐怖主义及其行为实行统一的司法界定和量刑标准;在反恐方面建立欧盟范围内的统一逮捕证制度,欧盟任一成员国发出的逮捕证将在其他所有成员国自动生效,各国都有义务追捕嫌疑犯并引渡给发布通缉令的国家,这样,欧盟成员国将通过相互承认逮捕证的统一制度在本区域内基本取代传统的引渡制度;[②]在欧洲刑警组织内设立专门的反恐怖武装力量。如此深层次的区域性反恐司法合作将使恐怖分子在这一区域的活动大受钳制,无处藏身。上海合作组织也建立了切实可行的各级执法、情报和军事等机构的合作机制,值得效法和发扬。

另外,一些国家缔结了形式各异的反恐合作协议、协定和条约等,建立了反恐的双边合作机制,这可以看作更小范围内的区域性合作,如法国和西班牙、美国和以色列、埃及和苏丹。这种双边合作国往往遭受恐怖主义的同一威胁,有共同的反恐利益。所以尽管这种合作涉及的范围较小,但却颇有成效。

总体看来,20世纪末以来国际反恐的区域性或次区域性合作发展非常迅速。欧盟、美洲国家组织、俄罗斯和西方7国、上海合作组织、阿拉伯国家联盟、南亚联盟、独联体等地区性组织都纷纷加强了反恐合作。但当前区域性合作尚不太成熟和深入,缺乏较固定的、有法律拘束力的法律机制。区域性合作往往是"雷声大,雨点小",其声势巨大却没有多大实效,区域性反恐合作机制有待在实践中予以逐步改善和加强。

三、现行反恐国际法律制度存在的问题及对策

恐怖主义不仅是"20世纪的政治瘟疫",更是21世纪世界安全的头等大事。联合国安理会2001年11月12日通过的《全球努力打击恐怖主义的宣言》[③]指出,国际恐怖主义行为是21世纪对国际和平与安全的一个最严重的威

① 参见张丽娟:《打击恐怖主义对当代国际法律框架的影响》,载《甘肃政法学院学报》2002年第1期。

② 参见张智辉主编:《国际刑法问题研究》,中国方正出版社2002年版,第79页。

③ 资料来源:http://www.un.org/Chinese/aboutun/prinorgs/sc/sres/01/s1377.htm。

胁……是对所有国家和全人类的挑战。如果没有一个坚持彻底消除恐怖主义威胁的广泛国际运动，世界将不得安宁。新世纪一系列的国际恐怖犯罪证明，现行的反恐国际法律控制已远远不能满足新的国际形势的需求，国际恐怖主义的全球化趋势呼吁反恐法律控制的全球化。

(一)克服现行反恐法制治标不治本的缺点，努力推动国际政治、经济和文化新秩序的建立

世界各国把绝大多数的精力和智慧都用于侦查、追捕、起诉和惩治现存的国际恐怖犯罪，很少注意到恐怖主义为什么会产生？这种隔靴搔痒的做法是无法从源头上根除国际恐怖主义的。

强权政治和霸权主义是国际恐怖主义的主要根源之一，要反恐首先就应建立以国家主权平等和公平竞争为核心的国际政治新秩序。在美国的炮舰政策和全球攻势下，阿富汗塔利班政权、伊拉克萨达姆政权已经土崩瓦解。但正如美国中央情报局所说，“阿富汗持续的不稳定，沙特统治者面临的挑战和日益恶化的以巴冲突极可能使穆斯林世界的极端主义进一步加剧。”①以暴制暴只能使国际恐怖主义愈演愈烈。

消除恐怖主义，就要消除恐怖主义滋生的土壤之一——贫穷，解决南北贫富差距扩大问题，建立国际经济新秩序。贫穷，以及由此而产生的不满、失望和绝望，是恐怖主义滋生的良好土壤。加上民族仇恨、宗教冲突和国家利益纠葛其间，国际恐怖主义犯罪愈演愈烈。

建立以“多元化和包容性”为核心的国际文化新秩序也十分重要。除政治和经济方面的原因外，某些极端宗教思想的排他性、狭隘性也是国际恐怖主义猖獗的缘由之一。未来的国际反恐法制理应倡导和推动不同民族、宗教和文化之间的包容、对话与合作，并设法走进他们的孤寞的心灵和悲惨的生活，化解他们的仇恨，帮助他们追求宽容、协作、幸福、和平的新生活。

第二次世界大战以来，尽管发展中国家为建立国际新秩序开展了长期不懈的斗争，取得了某些阶段性的成果，但不公平、不合理的旧的国际政治和经济秩序仍然存在。2001 年 9 月 14 日德国总统约翰内斯·劳在柏林举行的哀悼“9·11”事件伤亡者的群众集会上指出：防止恐怖、暴力和战争的最好方法就是建立一个公正的国际秩序，公正的果实将是和平的到来。②

---

① 《中情局认为美国反恐治标难治本》，载《参考消息》2002 年 10 月 31 日，第 2 版。

② 资料来源：http://www.bundespresident.de/frameset/index.jsp(2001/09/14)。

（二）克服现行反恐法制政治取向太浓、规则取向不足的弱点，全面构建和完善强有力的国际反恐法制

少数国家以反恐为名对别国指手画脚、滥用武力，侵犯他国领土主权完整，干涉他国内政，强权政治的阴影笼罩着国际反恐大业。反恐成了少数大国横行霸道和牟取自身利益的政治工具，这对整个反恐大业是极为不利也是极为危险的。尽管反恐不可能完全排除政治因素，但只有全面构建和完善国际反恐法制，使反恐具有更多的规则取向，最大限度地使反恐与政治脱钩，国际恐怖主义才能真正得到惩治和抑制。

1. 克服现行反恐法制的"巴尔干化"弱点，加速缔结一个全面的、普遍的国际反对恐怖主义公约，促进全球性统一反恐法制的建立

目前，只有一些"巴尔干式"的专门性反恐条约，还没有全面性的反恐国际公约，国际反恐法制被肢解得七零八落。这既不利于实践操作和形成统一的国际反恐法制，也让恐怖分子有机可乘。另外，现行公约缔约国数目有限，缺乏普遍约束力，不利于统一的国际反恐法制的建立，何况有些条约至今尚未生效。"一定数量的国家签署、批准公约，是公约所构建的法律机制在国际社会有序运行的基础。在此基础上，还有赖于缔约国按照公约的规定实施公约，忠实履行其所承担的国际法义务，按照公约的规定采取应采取的法律措施。"①

联合国大会在 1994 年《消除国际恐怖主义措施宣言》中，鼓励各国紧急审查关于防止、压制和消灭一切形式和面貌的恐怖主义的现行国际法律条款的范围，以期确保有一个涵盖这个问题各方面的全面法律框架。联合国已于 1996 年设立了一个特设委员会拟订关于恐怖主义问题的全面公约，为公约的面世提供了法律和组织基础。加上各国基于本国及国际社会的共同利益，其反恐立法和司法呈现趋同化趋势，这样，公约的实践基础也已具备，相信该公约将在一系列恐怖事件的推动下很快面世。

拟定公约的第一要务是确定打击国际恐怖主义的基本原则。在任何法律制度中，"原则是必不可少的"。② 和平与发展、主权和人权应成为国际社会合作反恐所追求的共同价值目标。反恐的目标之一是捍卫和平，反恐的手段也应尽量和平化、合法化。对于和平与发展，国际社会基本上有此共识，但对国际反恐中主权和人权的保护却重视不够。例如，在美国对阿富汗和伊拉克军事行动

---

① 邵沙平、丁明方：《控制跨国犯罪与现代国际法的发展》，载《法学评论》2002 年第 1 期。

② 沈宗灵、张文显主编：《法理学》，高等教育出版社 1994 年版，第 39 页。

中,这两个国家的主权和人权受到了严重的侵犯。受到恐怖犯罪侵害的国家主权和人权应受到公约的保护,有恐怖犯罪嫌疑的国家主权和人权也应同样受到充分的重视,因为他们往往是弱势的一方。否则,反恐就会变成人道主义灾难并导致更多的恐怖犯罪。关于反恐的基本原则,目前尚无共识。笔者认为至少应包括以下原则:普遍管辖原则、或引渡或起诉原则、国际合作原则、不可辩护原则、不适用时效原则、优先保护面临危险人的权利原则。[①] 另外,国际法的基本原则和刑法的一般原则也应首先得到遵守。

公约的拟定需要高超的外交及谈判技巧,必须顺应历史潮流,反映国际社会的共同愿望,并照顾到各类国家的要求,这样才能得到国际社会的普遍认可和接受,有关法律制度才能顺利得以建立和实施。

控制国际恐怖主义犯罪是长期、艰巨和复杂的系统工程,反恐公约不可能完美无缺、一劳永逸。随着国际实践的发展,会出现许多新情况和新问题急待各国采取相应的对策,如民航客机被当作炸弹进行"9·11"恐怖袭击、肩扛式导弹袭击民航飞机、慈善资助被用于恐怖活动、恐怖袭击预警制度冲击旅游业等问题。公约不可能解决所有的国际恐怖主义犯罪的问题,它所构建的法律机制应是开放的、可持续发展的。公约既有强制性规范,也有任意性规范;既规定缔约国当前必须履行的义务,也有长远目标和缔约国今后应采取的措施。为此,公约应设立定期审查制度,定期审查公约的执行情况并为公约的完善与发展提出建议。公约缔约国在实践中要不断探寻更为有效的控制国际恐怖主义的国际合作方式与途径,巧妙维持国际合作与国家主权之间的平衡,促进该领域国际法和国内法的良性互动。所有反恐实践中的遇到的新问题以及解决之道都应通过条约的定期审查制度补充到反恐公约中。这样,反恐法律机制便会在实践中不断受到检验并日臻完善。

2. 弥补立法的滞后性弱点,尽快解决现行国际反恐法制中悬而未决的法律问题,应对新世纪国际恐怖主义对国际法的严峻挑战

(1)国际恐怖主义的定义、断定标准、断定机构及程序问题。迄今尚无公认的国际恐怖主义的一般性定义和认定标准,也没有相对公正的、国际性的认定机构和程序,各国只能依据自定的标准和程序自己认定某一行为是否是恐怖主义行为。这样,各国在打击恐怖主义的过程中就会无所适从,同时也为少数大

---

① 参见高铭暄、赵秉志:《当代国际刑法的理论与实践》,吉林人民出版社2001年版,第311页。

国滥用反恐牟取自身利益打开了方便之门。确立统一的恐怖主义定义、认定标准、认定程序和公认的国际性的认定机构，当属打击国际恐怖主义的第一要务。

(2)国际恐怖主义犯罪中的国家责任问题。国家责任问题是当前反恐斗争中一个难题，如不妥善解决，后果将不堪设想。一是国际反恐法制不全面，未能涵盖国家恐怖犯罪情形；二是此领域无法可依，为少数大国以反恐为名干涉他国内政甚至大打出手留下了可乘之机。所以国际社会必须创制国际法制以解决国家在恐怖主义犯罪领域的法律责任问题：当一国防患于未然，惩治于事后仍不能阻止恐怖主义犯罪的发生时，该国是否应该承担国际法律责任？若该国惩治力度被他国指责为不力时，该国是否要承担相应的国际法律责任？当国家从事、参与或教唆、支持、协助、纵容恐怖犯罪时，该有关恐怖犯罪行为在上述各种情形下是否算作国家行为，该国应该承担什么样的法律责任，可否由受害国对其进行军事打击或由国际社会限制其国家主权(类似第二次世界大战后盟军对日本及德国所采取的措施)？国家应以何种方式承当国际法律责任？限制国家主权的方式可否用于反恐等。

(3)核生化恐怖袭击和网络恐怖袭击的法律问题。传统恐怖分子往往持有"要更多的人看，而不是更多的人死"的观念，采取爆炸、暗杀、劫持、绑架人质等传统的手段进行恐怖活动。但现在的恐怖分子却改弦易辙，选择"既要更多的人看，也要更多的人死"的屠杀之路，追求更具残酷性、破坏性和轰动性的效果。如果他们获得了核生化武器或有能力发动网络袭击，那将会给人类带来更具灾难性的后果。

目前的证据显示，核生化恐怖袭击的危险性明显增大。在1999年美国出版的《终极恐怖者》一书中，作者杰西卡·斯特恩断言：鉴于……有关核、生化武器知识的泛滥，苏联核、化学材料被窃与走私(迄今已发现的就有8起核材料被窃案)，薪水微薄的核武器专家向支持恐怖主义的国家或恐怖分子出卖技术等原因……恐怖分子动用大规模杀伤性武器发动恐怖袭击的威胁日益迫近。美国国务卿鲍威尔也说，大规模杀伤性恐怖主义将是21世纪美国国家安全面临的战略性威胁。① "9·11"事件之后，美国、日本等国就出现了多起邮寄炭疽杆菌的案例。由于生化武器易获取，成本低，便携带，难以预防，许多国家已经将预防生化恐怖袭击视为反恐工作的重中之重。如为了防止恐怖分子通过公开

① 参见方金英：《"恐怖"的预言——〈终极恐怖者〉介评》，载《现代国际关系》2002年第4期。

出版的杂志获取研制生化武器的技术，全球出版商联手删除科研报告中的敏感资料，已有32家科学杂志社和学术团体同意参加此行动。①

网络恐怖袭击威胁也日渐增强。据统计，目前世界上有20多万个黑客网站，每当一种新的袭击手段产生，就会在一周内传遍全世界，使网络遭受巨大的破坏。网络世界不受时间、空间和国界的限制，而且很难被查获。如果恐怖分子对一些关键性的网络（如金融、银行、军事、医疗等网络）发动恐怖袭击，其数据资料被破坏、整个网络陷于瘫痪，造成的灾难性后果也绝不亚于任何武装袭击导致的直接人员伤亡。

所以，制定必要的国内法及国际法规则，构建相应的法律机制以防止核生化武器的扩散和非法取得，严惩有关的犯罪分子是刻不容缓。另外，网络空间尽管无国界，但它也不应是一个法律的真空。立即构建并完善其法律制度，规范网络世界的行为，惩治网络犯罪，同样是刻不容缓的。

3. 克服现有条约实施不力的弱点，采取一切必要步骤和措施执行现行的国际条约，强化条约的实施机制

目前的反恐条约尽管不太完善，但也初具规模。但这些条约要么缔约国稀少，没有足够的影响力；要么执行力度不够，没有得到切实的实施。联合国秘书长和一些法学专家多次指出：拟定一个全面的反恐公约固然重要，但如何切实、充分地利用现有的国际法律控制也是十分重要的。任何条约不论拟定得多好，关键在于执行，否则就是一纸空文。

1995年《消灭国际恐怖主义的宣言》中指出：敦促尚未成为……与国际恐怖主义各个方面有关的国际公约和议定书的缔约国的国家优先考虑成为这些协定和议定书的缔约国。已经是有关反恐条约的缔约国的国家要诚实履行条约义务，采取一切可能的、有效的措施将条约的规定落到实处。国内立法与条约规定不一致的，要废除、修改或增加国内法，使国内立法与条约规定相一致。

宣言还规定秘书长应采取下列措施来加强国际合作，以协助执行宣言：(1)根据关于国际恐怖主义的各项现行多边、区域和双边协定的保管人和各会员国所提供的资料，收集关于这些协定的现况和执行情况的数据，包括关于国际恐怖主义所造成的事件及刑事起诉和判决的资料；(2)根据各会员国所提供的资料，汇编各国在防止和制止一切形式和面貌的国际恐怖主义方面的法律和

---

① 参见《为防恐怖分子盗用，全球出版商联手删除科研报告中敏感资料》，载新浪网：http://news.sina.com.cn/w/2003-02-18/0311911807.html。

规章;(3)分析审查关于国际恐怖主义的现行国际法律文书,以协助各国确定在这件事情上这些文书尚未包括,但为了进一步发展由有关国际恐怖主义的公约构成的全面法律架构而可以处理的那些方面……上述规定要求各会员国收集、汇编并分析现有的有关国际恐怖主义的法律法规及其施行情况,监督现有法律法规的实施并推动现有法律机制的逐步发展。

4. 克服现有反恐法制力度不够的弱点,引入必要的法律制度和措施,加大反恐力度

例如,在全面的国际恐怖主义公约中正式确立国际恐怖主义犯罪为国际罪行,明确各国对国际恐怖主义犯罪享有普遍管辖权,强化或起诉或引渡原则及国际恐怖主义犯罪的不可辩护性、反恐不适用时效制度等。联大 1995 年《消灭国际恐怖主义的措施宣言》特别强调了国际恐怖犯罪的“不可辩护性”:联合国会员国庄严重申毫不含糊地谴责恐怖主义的一切行为、方法和做法,包括那些危害国家间和民族间友好关系及威胁国家领土完整和安全的行为、方法和做法,不论在何处发生,也不论为何人所为,均为犯罪而不可辩护……为了政治目的而企图或蓄意在一般公众、某一群人或某些人中引起恐怖状态的犯罪行为,不论引用何种政治、哲学、意识形态、种族、人种、宗教或任何其他性质的考虑作为借口,在任何情况下都是不可辩护的。

(三)消除联合国在国际反恐斗争中被边缘化的危险,加强联合国在防范和惩治国际恐怖主义中的主导和协调作用

双边反恐合作和区域性反恐合作各有其优势和必要性,但随着恐怖主义的全球化,恐怖主义犯罪很容易突破双边和区域性反恐合作范围,最能积极、有效、全面地打击国际恐怖犯罪的合作形式应该是全球性反恐合作。以后国际反恐合作的趋势是,巩固和深化原有的双边及区域性反恐合作机制,大力推进和强化全球性反恐合作法律机制。

联合国在国际反恐斗争中的地位日趋重要。迄今为止,联合国已经通过了 12 个反恐的单项立法。另外,联合国作出了大量与反恐有关的决议,尽管不一定有法律约束力,但对整个反恐国际法制的完善和发展必将产生十分深远的影响。然而,令国际社会忧虑的是,美国绕过联合国安理会,以反恐为名发动阿富汗战争和伊拉克战争,联合国在国际反恐斗争中有被日益边缘化的倾向。很多有识之士认为,只有在联合国的领导和主导下推动国际反恐合作,建立以联合国为中心的多层次的反恐法律机制,才能有效地遏制和铲除这个困扰人类几个世纪的“瘟疫”。如果反恐斗争仅听命于少数大国的指使或指挥,忽视联合国应

有的作用，这样的反恐合作只会成为少数大国为所欲为的政治工具，很难谈得上是为国际社会整体利益服务。

（四）强化现行国际反恐法制的间接执行机制，并适当增加直接执行的范围

目前，有关国际恐怖主义犯罪的国际公约多采用间接的执行模式，即各缔约国通过其国内刑法和国内刑事司法系统把国际刑法的防范及惩治性规范在其管辖权范围内予以适用。这种执行模式有许多好处，但当恐怖犯罪涉及国家行为或有关国家阳奉阴违时，间接模式就显示出其固有的不足。当有关国家不能、不愿或不公正地惩处国际恐怖犯罪分子时，由常设性的国际法院来进行调查、起诉、审判和惩处将是一种必要的、补充性的选择。几个世纪以来，国际社会都在筹划创建一个国际刑事法院，可喜的是：该法院已于 2002 年 7 月 1 日正式诞生，尽管目前恐怖主义犯罪尚未纳入其管辖范围，可以预见：随着国际恐怖主义犯罪的日益猖獗和国际社会对恐怖犯罪的普遍关注，将恐怖主义犯罪纳入国际刑事法院的管辖范围为时不远。

在国际反恐斗争中，国内和国际司法体制相互配合、相互补充、缺一不可。现行大多数国际反恐条约都规定了缔约国调整国内法的义务。如 1997 年制止恐怖主义爆炸的国际公约第 4 条规定：每一缔约国应酌情采取必要措施，在本国国内法将公约第 2 条所述罪行规定为刑事犯罪，并使这些犯罪受到适当惩罚，这种惩罚应考虑到罪行的严重性。该公约第 5 条明确规定：每一缔约国应酌情采取必要措施，包括酌情制定国内法，以确保本公约范围内的犯罪行为……在任何情况下都不可引用政治、意识形态、种族、宗教或其他类似性质的考虑为之辩护，并受到与其严重性质相符的刑事处罚。缔约国是否采取相应措施，直接关系条约中的规定是否能够落到实处。

（五）克服现行国际反恐合作的局限性，创造性地改进和扩大国际合作机制，形成刑事、行政、金融多重合作的综合法律机制

在经济全球化和网络国际化的情势和趋势下，任何一个国家都不可能仅依靠自己的力量有效控制国际恐怖主义犯罪。但目前为止，国际社会在反恐方面还没有形成一个统一的国际刑事司法系统，有关反恐条约仍主要依靠间接方式予以实施，各国是否通力合作就显得尤为重要。许多条约规定了反恐的国际合作义务，即缔约国应通过国内法将公约所明确的犯罪行为规定为犯罪，应对公约所明确的犯罪确立刑事管辖权，应实行“或引渡或起诉”原则，应在打击公约所规定的犯罪方面相互提供协助等。

传统的国际反恐合作有很多局限性，例如，合作局限于某一方面；主要通过国际刑事司法协助方式进行合作;控制国际恐怖主义的国际合作局限于程序法方面,而有关实体法问题,一般由国内法规定。这种仅针对某种恐怖行为的程序法领域的合作已远远不能满足打击经济全球化形势下国际恐怖主义犯罪的需要。"9·11"恐怖袭击便是有力的铁证。新形势要求国际合作应该更加深入、全面与诚信。反恐国际合作要从传统的程序法方面的国际合作扩大到实体法方面的合作,应从区域化、分散化和单一化向全球化、组织化和多元化方向发展。应统一明确地规定应予预防、禁止和惩处的国际恐怖主义犯罪以及构成国际恐怖主义犯罪的犯罪行为,并规定缔约国所应采取的预防、禁止和惩治措施(刑罚措施为其首要措施),而不仅停留于调查、取证、文书送达、引渡等程序方面的国际刑事司法合作。种种迹象表明:国际社会已经开始对金融系统、行政系统在防治恐怖主义犯罪中的作用引起重视。例如,"9·11"事件后,美国就在全球范围内展开了一场"反恐金融战":公布恐怖分子的"黑名单",利用自己在金融界的"大哥大"地位向世界各国金融机构施加压力,要求他们提供情报、严格审查每一笔业务、冻结嫌疑恐怖组织及恐怖分子的财产等,以期通过断绝恐怖分子的财源来遏制其行动能力。在美国的大力推动下,金融领域的国际合作大大加强,当然其霸权行事方式也招致了不少非议。

恐怖主义的"非国家行为化"非常重要。各主权国家为了共同的利益应与恐怖主义犯罪彻底划清界限,禁止利用恐怖主义作为推行国家政策的秘密武器,这是国家之间互谅、互信、互让、精诚合作的必备前提。

(六)克服现行国际反恐法制中的霸权主义倾向,增强国际反恐立法与执法的民主性、法制性和规则性

随着恐怖主义的国际化,反恐问题变成了一个全球性问题,全球性问题就必须依靠全球力量来解决。但我们不安地看到:国际反恐斗争中的单边主义和霸权主义倾向日趋明显,阿富汗战争如此,伊拉克战争更是如此,美国在国际反恐斗争中采取双重标准,几乎完全置国际法和联合国于不顾。如果美国继续采取以往所奉行的单边主义政策,那么恐怖主义就难以铲除,恐怖主义对美国的威胁就会继续扩大。

"9·11"事件后,安理会分别于2001年9月12日和28日通过了1368号决议①

① S/RES/1368(2001), http://www.un.org./chinese/aboutun/prinorgs/sc/sres/01/sl368.htm.

和第1373号决议。[①] 第1368号决议在序言中说："重申《联合国宪章》的原则和宗旨，决心采取一切手段打击恐怖主义行为对国际和平与安全所造成的威胁，确认按照《宪章》有单独或集体自卫的固有权利。"第三段吁请所有国家紧急合作，"将这些恐怖主义攻击的行凶者、组织者和发起者绳之以法，强调对于援助、支持或窝藏这些行为的行凶者、组织者和发起者的人，要追究责任"。第1373号决议又进一步重申了上述规定。

两项决议尽管没有明确授权美国使用武力，但也反映出安理会是同意国际社会使用包括武力在内的一切手段来打击国际恐怖主义犯罪的。但问题的关键在于：谁有权代表国际社会来使用武力打击恐怖主义，是美国吗？恐怕有越俎代庖之嫌。如果美国或北约要代表国际社会对国际恐怖主义动武，安理会明示的、明确的授权是必需的。因为《联合国宪章》禁止使用武力或以武力相威胁，同时规定了安理会执行行动（根据《联合国宪章》第43条、第44条、第45条的规定，安理会和有关会员国签订特别协议与联合国统一指挥或控制执行行动是安理会执行行动的两个形式要件）和会员国自卫权两项例外。20世纪90年代初的海湾战争期间，安理会第678号决议提出了"授权"使用武力的新的范式。[②]

2001年10月9日美国开始对阿富汗的军事打击。数月内，阿富汗境内的基地组织基本被摧毁，旧的塔利班政权垮台，新的亲美临时政府成立。很显然，美国对阿富汗的军事行动不是联合国的执行行动。当然，美国拥有单独或集体的自卫权是毋庸置疑的。不过，究竟是谁袭击了美国，是本·拉登领导的"基地组织"吗？迄今为止，美国还没能完全让世人确信这一点。即便是"基地组织"所为，美国可以以自卫为借口对一个主权国家进行狂轰滥炸吗？到底什么是自卫，应该怎样自卫？从一般国际法的角度来看，自卫是国家固有的权利，但同时自卫权还要受到"必需"和"相称"两个条件的限制。"必需"通常要求自卫发生于一国遭受另一国武力攻击或侵略之后，武力攻击是自卫的一个前提。"相称"意味着自卫在程度和手段上要与武力攻击大体一致。依笔者看来，如果有确凿的证据证明"9·11"袭击系"基地组织"所为，美国自卫所应打击的对象也只能是该组织本身，尽管这有点难度。因为恐怖分子无所不在且秘密行事。如果阿

---

① S/RES/1373 (2001), http://www.un.org./chinese/aboutun/prinorgs/sc/sres/01/sl373.htm.

② 1990. S. C. O. R., 45th year, Resolutions and Decisions, p. 27.

富汗塔利班政权确系支持、庇护和帮助基地组织,美国也不一定非要对他大打出手,因为它毕竟是一个主权国家的执政政权组织。而且仅因包庇、纵容和支持恐怖主义犯罪就受到美国强烈的军事打击直至政权易主,即便是自卫(大有疑问)也大有突破“必需”和“相称”限制之嫌疑。

2003 年 3 月 20 日,美国又以伊拉克拥有大规模杀伤性武器和一贯支持恐怖主义为名,在没有获得联合国安理会的授权以及联合国武器核查小组尚未结束核查的情况下,全然不顾国际社会绝大多数的反对,发动了伊拉克战争,给伊拉克人民造成了巨大的人道主义灾难,也对国家主权、国际法和联合国造成了巨大的冲击与挑战。相比阿富汗战争,伊拉克战争的单边主义和霸权主义特征更为明显。一个超级大国,凭借其经济及军事实力,全然不顾国际法的基本原则和国际社会绝大多数成员的反对,公然对其他主权国家发动战争,践踏他国主权和基本人权,肆意更换别国政府,还美其名曰“解放伊拉克,给伊拉克人民自由”,这不能不让人在为国际法和联合国的成就喝彩的同时,也为其在强权面前的软弱和无助而扼腕兴叹!这也不得不让人思考一个亘古未决的问题:政治和法律究竟是一种什么样的关系?首先,政治越来越离不开法律,法律是政治家治政的必备手段或方式之一,国际政治和国内政治的民主化和法制化进程便表明了这一点。尽管“政治的法制化进程”漫长而艰辛,但这一趋势却在日渐加强;其次,尽管法学工作者一直呼吁减少法律的政治取向,增强其规则取向(这也是现当代法律发展的趋势之一),但国际法,尤其是有关国际和平与安全方面的国际法,其政治性就相对明显得多,这可谓“国际和平与安全法的高度政治性”。当然,其高度政治性也在日趋减弱,但相对于民商事等私法性法律来说,其非政治化进程却要缓慢得多,这是由现代国际社会结构和主权国家的利益取向所决定的。

总体来看,美国在阿富汗战争及伊拉克战争中都颇有霸权主义和侵犯他国主权之嫌疑。更为重要的是,美国以自卫为名对阿富汗的军事打击以及以伊拉克支持恐怖主义为名发动的伊拉克战争在国际实践中开创了十分危险的先例。以后,任何大国、强国都可能以打击国际恐怖主义犯罪为名,在没有出示确凿证据的情况下,对有纵容、包庇、支持恐怖主义犯罪嫌疑的主权国家展开“先发制人”的军事行动。这将极大地冲击现行国际社会结构和国际法基本原则,严重破坏以国家主权平等原则为基础和核心的当代国际法律秩序。打击国际恐怖主义的措施及行动应受到日趋完善的国际法的规范和调整,各国采用武力或军事行动打击国际恐怖主义更应受到自卫权行使的严格限制和安理会的制约,任何擅自扩大打击国际恐怖主义的对象和范围都是非常危险的。

挑战意味着某种程度的否定,但也往往蕴含着发展与生机。国际法在第一次世界大战与第二次世界大战中惨遭践踏,几乎被破坏无遗,但战后却迎来了大发展的新的春天!新世纪之初,恐怖主义、霸权主义和强权政治对国际法提出了最严峻的挑战,人们期待着国际法大发展的又一个新的春天!

国际法治与中国法治建设*

党的十八届四中全会通过的《中共中央关于全面推进依法治国若干重大问题的决定》(以下简称《决定》)具有深远的国际意义。要实现《决定》提出的科学立法、严格执法、公正司法、全民守法、促进国家治理体系和治理能力现代化,在依法治国、依法执政、依法行政3方面共同推进的过程中,离不开坚持和运用国际法治思维。在当今和未来国际社会发展大背景下,法治已经不仅具有国内属性,同时也具有国际属性。阐述法治的本质要素和基本特征,揭示法治的双重属性和多个层级,在此基础上揭示法治中国建设与国际法治内在联系的必然性和必要性,可以据此提出促进法治中国建设的建议。

一、国内法治与国际法治的属性和结构

法治,作为当今国家治理和全球治理共同的理念、原则和战略,应当在世界范围内科学地认识其本质属性和层级结构。

国内外法学界一般都认可,法治理念的提出可以追溯到柏拉图的《理想国》和亚里士多德的《政治学》。①

---

* 本文原载于《中国社会科学》2015年第10期。

① See Plato, *Plato's Republic*, trans. Benjamin Jowett, New York: Modern Library, 1982; Aristotle, *Aristotle's Politics*, trans. Carnes Lord, Chicago: The University of Chicago Press, 2013, pp. 92-94.

近代意义上的法治实践始于主权国家的建立。“从 17 世纪起,法治是近代国家的主要原则,在近代国家之间主权则成为核心的法律原则。前一原则反映的是国家治理其社会的国内层次结构,后一原则使由各国组成之国际社会的无政府状态制度化。”①20 世纪的两次世界大战,从法治原因来看,一方面是因国内和国际法治的缺失或不健全而爆发;另一方面又成为国内和国际社会建立和健全法治的直接诱因和驱动力。在国内社会,各种适合本国国情的法治模式应运而生;在国际社会,法治、人权、民主成为“联合国的普遍和不可分割的核心价值与原则”②包含在《联合国宪章》之中。1992 年联合国大会将法治列为其议程,并从 2006 年起每一届大会都就法治通过专门的决议。③ 2012 年 9 月 24 日联合国大会专门就法治议题召开高级别会议,通过了《国家级和国际级法治宣言》,这被认为是联合国推进国际法治的一个里程碑。可见,虽然法治的理念及其实践源于西方国家,但是法治不是西方国家的专利,而是整个人类社会文明进步的共同成果,并被广泛地应用于各国治理和全球治理的实践之中。

然而,长期以来,对于法治的本质属性,国内外学者存在不同认识。一种颇为流行的观点认为,国内法治与国际法治都具有形式上和实质上的统一性。④另一种观点则认为,世界上各国不同的国情(政治、经济、社会、历史、宗教、文化等领域的差异),以及国内社会的纵向结构与国际社会的横向结构之间的区别,⑤决定了国内法治与国际法治具有不同的本质属性。

笔者认为,世界范围内的各种国内法治和国际法治,既有共同的普遍性,同时彼此之间也存在差异性。

首先,法治在全球范围内具有普遍性。究其根本原因,虽然世界范围的法治存在不同模式,但是法治的理念、价值和核心要素是一致的。联合国秘书长 2004 年在其向联合国安理会提交的《冲突和冲突后社会的法治与过渡司法报

---

① See Bernhard Zangl, “Is There an Ernerging International Rule of Law?” *European Review*, vol. 13, Supp. no. 1 (March 2005), pp. 73 – 79.

② Resolution adopted by the General Assembly on 4 December 2006, A/RES/61/39, 18 December 2006.

③ 资料来源:http://www. un. org/en/ruleoflaw/index. shtml,最后访问日期:2014 年 12 月 3 日。

④ See Paul P. Craig , “Formal and Substantive Conceptions of the Rule of Law: An Analytical Framework”, *Public Law*, 1997, p. 473.

⑤ 参见梁西主编、曾令良修订主编:《国际法》,武汉大学出版社 2011 年版,第 11 ~ 12 页。

告》中曾就法治本质上的这种共性作出阐述："就联合国而言，法治指的是一项治理原则，在这一原则下，所有的个人、机构和实体，公共的和私人的，包括国家自身，都对公开制定、平等执行和独立裁决的法律负责。这种法律与国际法人权规范和标准相一致。它还要求各种措施保证坚持法律优先、法律面前平等、对法律负责、公平适用法律、分权、决策参与、法律确定、避免专断和程序与法律透明等原则。"①

虽然上述定义针对的是联合国的法治及其活动，但是它在世界范围内具有一定的普遍意义。这是由联合国的性质与特征所决定的。联合国是当今世界上最具有普遍性的国际组织，目前共有 193 个会员国。可以说，联合国法治是国际法治的同义语，其中包括各国层面的法治和国际层面的法治。中国是联合国的会员国，还是联合国安理会 5 大常任理事国之一，中国的法治建设无疑属于联合国法治的范畴，也是国际法治的组成部分。

其次，法治还具有个性或多样性的特点。法治的个性主要表现的是国内法治的国别性。法治的国别性决定了在世界范围内并不存在统一的法治模式或范式。这意味着法治在形态或模式上具有多样性。法治的多样性，从根本上来讲是由国际社会的基本结构所决定的。首先，国际社会是众多主权国家组成的。从国际法的角度来看，国家主权包括法治主权，即国家享有建立和维护适合本国国情的法治自主权。其次，国际上存在不同政治与社会制度的国家，各国的法治必然在本质上体现本国的政治与社会制度。从政治和社会制度的角度划分，有资本主义国家法治与社会主义国家法治的不同模式。即使属于同一类政治和社会制度的国家，其法治模式也不尽相同，例如，资本主义国家既有君主立宪制的法治，也有共和制的法治；或者既有联邦复合制的法治，也有单一制的法治。此外，国家的法治模式还受到各国经济发展水平不同以及宗教、文化、传统、习俗等方面差异的影响。

一些西方国家的非政府组织或智囊机构将自拟的法治标准号称为"国际法治标准"或法治的"国际标准"，并以此衡量和评估各国的法治水平。例如，设立于美国的非政府组织"自由之家"(Freedom House)自 1973 年以来，每年都就世

---

① UN, "Report of the Secretary-General on the Rule of Law and Transitional Justice in Conflict and Post-Conflict Societies", S/2004/616, 23 August 2004.

界各国的公民自由和政治权利保障情况进行调查并发布年度报告。① 另一个美国的非政府组织“世界正义工程”(World Justice Project)在全球范围内发布《法治索引》(Rule of Law Index),并将其自称为世界上最全面且详细的法治报告。② 必须明确的是,这些非政府组织发表的国别法治报告至多可以作为国别法治研究的参考,不可作为一国法治水平的权威评估予以盲目引证甚至遵从。这是因为国际上既不存在统一的法治模式,也没有统一的法治标准。这些所谓的国际标准,完全是发达国家的非政府组织自己创造或设立的,缺乏应有的客观性。而且这些标准的代表的是西方法治价值观,带有明显的政治或意识形态的偏见,常常被西方国家利用为双边、区域和多边法治、人权和人权对话、谈判与斗争的工具。

全面、系统地理解法治的整体结构,必须从国家治理和全球治理的双重角度来认识法治结构。法治作为社会治理的理念和原则,是人类文明进步的产物。自近代以来数百年的发展,法治在全世界范围内已经形成了多层级的法治体系或结构。

从法治的地域层面来看,法治可分为两个基本层级,即国家级法治(国内法治)与国际级法治(国际法治)。如前所述,联合国大会自 2006 年以来每年通过的法治决议都是采用《国家级和国际级法治决议》的标题。③ 2012 年 9 月 24 日,联合国大会首次通过的《法治宣言》也是如此。④ 国家级法治可以分为中央层级法治和地方级法治,而地方级法治又可以分为省(州)、市、县、乡镇(郡)等层级的法治。一方面,地方级法治在中央级法治之下具有一定的地方特色;另一方面,又与中央级法治一起构成一国法治的整体空间范围。国际级法治可以进一步划分为全球层级的法治、区域层级的法治和次区域层级的法治。还需指出的是,在国际社会日趋组织化的趋势下,无论是全球层级的法治,还是区域或

---

① See Kenneth A. Bollen, “Political Rights and Political Liberties in Nations: An Evaluation of Human Rights Measures, 1950 to 1984”, *Human Rights Quarterly*, Vol. 8, No. 4 (November 1986), pp. 567 - 591.

② See World Justice Project, WJP Rule of Law Index 2014, 载道克巴巴: http://www.doc88.com/p-3039076700361.html, 最后访问日期:2014 年 12 月 4 日。

③ See Resolution adopted by the General Assembly on 4 December 2006, A/RES/61/39, 18 December 2006.

④ See Declaration of the High-level Meeting of the General Assembly on the Rule of Law at the National and International Levels, A/RES/67/1, 30 November 2012.

次区域层级的法治，主要通过政府间国际组织或具有诸多超国家因素的区域一体化组织的法治模式予以表现出来，如联合国法治、[①]世界贸易组织法治、[②]欧盟法治、东南亚国家联盟法治，[③]等等。

从内在结构分析，可将法治分为立法、执法、司法、守法等不同的领域或部门，它们构成法治的基本体系。此外，法治宣传、教育和研究也是法治建设的重要组成部分。党的十八届四中全会《决定》在确立依法治国的总体目标后，分别确立了5大法治部门体系的具体要求，即完备的法律规范体系、高效的法治实施体系、严密的法治监督体系、有力的法治保障体系和完善的党内法规体系。其中，前4个体系是各国法治和国际法治所共有的，而后一个部门体系无疑是中国特色社会主义法治体系所独有的。

二、运用国际法治思维建设法治中国的必然性

在阐述运用国际法治的必然性之前，有必要弄清什么是国际法治思维这个前提问题。国际法治思维是相对于国内法治思维的一个概念，其核心或根本含义是，在推进国家治理体系和治理能力现代化的过程中，党和国家的决策、措施和各种行为体（国家机构、各级政府、企事业法人甚至自然人）的行为，不仅须以国内法为准绳，还须吸纳国际法准则，按照国际法治的标准或要求维护国家和人民的利益，推进国家民主和法治建设，促进经济和社会发展和实现社会公平正义的一种思维方式。在运用法治思维取代行政思维、权力思维甚至人治思维的法治中国建设中，在立法、执法、司法、守法等层面应始终贯彻国际法治思维。

运用国际法治思维建设法治中国的必然性，根源于法治中国与国际法治之间的密切关系。二者之间的密切关系主要由以下因素决定。

首先，法治中国与国际法治的基本理念和核心要素具有一致性。从古代的《汉谟拉比法典》到悠久的阿拉伯世界伊斯兰法传统，从英美法系到欧洲大陆法系，从社会主义法系到中华法系，法治的文化和传统始终与法律的沿革相伴而行。虽然不同的国家，甚至不同法系在不同历史时期法治的模式不尽相同，但是它们的法治理念是相同的，即摒弃人治，弘扬法治，将公权置于法治的笼子

---

① 参见曾令良：《联合国在推动国际法治建设中的作用》，载《法商研究》2011年第2期。

② 参见曾令良：《WTO法治面临的主要挑战及其应对》，载《法学杂志》2011年第9期。

③ 参见曾令良：《欧盟推行的法治及其与中国的关联性》，载李寿平主编：《〈里斯本条约〉时代的欧盟法与中欧关系》，北京理工大学出版社2010年版。

里。在这一共同理念下，现代各国法治拥有一系列共同的核心要素，如依宪治国、法律面前人人平等、有法可依、有法必依、执法必严、违法必究、正当程序、司法公正，等等。法治中国建设所遵行的同样是这些世界法治文明共有的基本理念和核心要素。

现代国家在建立和完善各自国内法治的同时，也致力于国际社会的法治进程。如今，法治的理念早已包含在《联合国宪章》之中。其序言宣告，联合国的宗旨之一是“创造适当环境，俾克维持正义，尊重由条约与国际法其他渊源而起之义务”，其目的是“维持国际和平及安全……并以和平方法且依正义及国际法之原则，调整或解决足以破坏和平之国际争端或情势”。1970 年联合国大会通过的《关于各国依联合国宪章建立友好关系及合作之国际法原则之宣言》的序言强调了《联合国宪章》促进国家间法治的至关重要性。国际法治实质上是将国内法治的基本理念和核心要素置于国际社会背景之下和国家间关系之中，从而负有自身的一些特殊要素，如国家主权平等；禁止使用武力或武力威胁；善意履行国际义务；和平解决争端；尊重和保护基本人权；民族自决；承认保护免受种族灭绝、违反人类罪、种族清洗和战争之罪不仅是国家对其人民的责任，而且是各国共同的国际责任；承认和平与安全、发展、人权、法治和民主相互关联，彼此加强。① 中国作为世界的政治大国和经济大国，法治中国建设无疑与国际法治的基本理念和核心要素具有高度的一致性，并与国际法治同步推进。

其次，国家是推进法治中国和国际法治共同的根本纽带和动力。② 虽然各种非国家行为体，如政府间组织、非政府组织、民间团体、跨国公司，是国内法治和国际法治的重要推手，但是国家在国内法治和国际法治的进程中始终处于主导和核心的地位。国内法律是由国家的立法机关制定的，而国际法则是由各国共同参与制定或共同认可的。国内执法主要通过各级政府予以实施，国际执法同样主要是依靠各国政府的自主措施和各国政府间的合作。国内法和国际法的遵守主要依靠的也是各国的自助。国内法和国际法的最后保障都倚仗于由独立法官组成的司法机构的公正司法，而国内法官和国际法官分别由国家机关

① 资料来源：http://www.unrol.org/ article.aspx? article _id = 3，最后访问日期：2014 年 12 月 11 日。

② 梁西认为，国家是国际法与国内法内在联系的最重要的纽带和动力。参见梁西主编，曾令良修订主编：《国际法》，武汉大学出版社 2011 年第 3 版，第 15 ~ 16 页。笔者认为，这一论断同样适用于国内法治与国际法治的内在联系。

任命和通过国家间合作(协议)产生。

最后,法治中国是国际法治的组成部分。国际法治的概念与范围有狭义和广义的区分。狭义的国际法治仅指国际层面的法治,即主要是国家与国家间关系的法治,也包括国家与国际组织之间以及国际组织相互间关系的法治。广义的国际法治还包括各国的国内法治。如上所述,联合国推动的法治始终包括国内和国际两个层级。正因如此,有的学者将国际法治界定为全球法治。[①] 无论是广义上的国际法治,还是全球意义上的法治,法治中国建设是当然的组成部分。如果要将狭义的国际法治与国内法治做一个界限的区分,则主要是治理的地域与范围的不同。国内法治针对的是各国的国家和社会的治理,而狭义的国际法治主要是针对整个国际社会的治理或全球治理而言的。

除了上述密切联系之外,运用国际法治思维推进法治中国建设的必然性还在于国际法和国际法治在国际社会中的重要地位和作用。

国际法是国际秩序的基础,也是中国和平发展的基础。离开这个基础,国际社会就毫无秩序可言。诚如联合国多项有关法治的重要文件所强调的:"必须在国内和国际上遵守和实行法治,并重申庄严承诺维护以法治和国际法为基础的国际秩序,连同公正原则,三者是国家间和平共处及合作所不可或缺的。"[②] 在国家间相互依存性日益凸显的趋势下,中国作为一个大国,自身的法治建设在保持具有中国特色的同时,必然要遵守各国公认的国际法,与国际法治接轨,并与之保持一致。

运用国际法治思维的必然性还取决于国际法治在全球治理进程中的重要性。在当今和未来的全球化时代,和平与安全、法治、人权和法治是全球治理必须应对的 3 大核心领域的挑战。[③] 这 3 大领域的挑战是各国和人类命运共同体的挑战。虽然全球治理的工具呈现出多样化的趋势,但是以国际法为基础的国际法治始终是最根本的路径。因此,中国的法治建设不可能游离于全球治理和国际法治的整体框架之外,它必然与人类命运共同体紧密相连。

三、运用国际法治思维建设法治中国的必要性

法治中国建设贯穿国际法治思维,不仅具有必然性,而且具有必要性。

---

① See Daniele Anibugi and Iris Young ,"Toward a Global Rule of Law" , *Dissent*, Spring 2002, pp. 27 – 32.

② A/RES/61/39; A/RES/62/70; A/RES/63/128; A/RES/60/1, para. 134.

③ A/RES/60/1, para. 1.

第一,法治中国是实现中华民族伟大复兴不可或缺的重要目标和途径。这一伟大"中国梦"的实现不能脱离国际社会发展趋势。当今和未来的世界,国家间相互依存不断增强,全球化日益扩展且不断深化。在这种趋势下,没有任何一个国家能独善其身,仅依靠自力更生实现国富民强。一国的稳定与安全离不开其所在的区域和整个世界的和平与安全;一国的经济发展离不开区域和全球贸易与投资的持续增长和长期稳定的金融秩序;一国的社会发展离不开区域和全球机制的建立与有效运作。同样,一个国家的法治建设必须符合国际法治的基本要求,并与之相一致。究其原因,中国与世界上的其他国家同居一个"地球村",中国在和平、安全、发展、环境、能源、人权、网络等领域面临的挑战,一方面具有中国特色,另一方面又具有全球性。因此,要持续和有效地应对这些挑战,单靠国内法治是难以奏效的,必须将法治中国建设融入国际法治之中,并将中国的治理体系和治理能力的现代化纳入全球治理的进程之中。

"冷战"结束后的实践充分证明,如果一个国家的治国理政遵守国际法,顺应国际法治趋势,则该国不仅能获得持久的和平与安全,而且能促进国内经济社会的持续发展,并能在国际上建立起良好的声誉。中国近 30 多年来和平发展的成功经验无疑是最好的范例。中国通过以法治为基础的不断扩大和深化改革开放,逐步建立和完善社会主义市场经济体制,持续地成为世界上经济社会发展最快的国家和国家经济发展的牵引国家,并且通过加入世界贸易组织(World Trade Organization,WTO),增加在世界金融组织的资金份额,积极参与联合国各专门机构以及 20 国集团、金砖国家集团、亚太经合组织、上海合作组织等地区性组织和论坛的各项活动,不断扩大中国在国际规则制定中的话语权。在政治与安全领域,中国作为联合国安理会常任理事国担当起负责任大国的重任,积极参与维持和平、建设和平和在冲突及冲突后地区恢复或建立法治的各项行动,树立了良好的国际形象。中国作为世界上最大的发展中国家,在加快自身发展的同时,积极响应联合国千年首脑会议消除贫困的号召,对其他发展中国家,尤其是最不发达国家采取减免债务和关税、扩大投资、援建基础设施、提供医疗援助、技术支持、教育与培训等综合措施,赢得了国际信任。中国恪守国际法上和平解决国际争端的原则,创造地运用"一国两制"恢复对香港特别行政区和澳门特别行政区行使主权,实现了两个特别行政区的持久稳定和繁荣,并开启了海峡两岸和平发展的新时期。中国还通过和平谈判方法解决了与 14 个邻国中的 13 个国家间陆地边界问题,并始终如一地坚持通过和平方法解决历史遗留下来的与个别邻国的陆地边界问题和与有关国家间的海洋权益争端。

相反,如果一个国家的治国理政不遵循国际法规则,轻视甚至藐视国际法治,该国的法律、行政措施或行为就会构成国际不法行为,甚至对国家的经济和社会发展及民生带来严重的负面后果,就必须承担相应的国家责任。如果国家的行为严重背离国际法,甚至构成国际罪行,该国就会受到最严厉的制裁;直接的行为者,甚至包括国家和政府的领导人、最高军事指挥官在内,都要承担相应的国际刑事责任。

第二,运用国际法治思维推进法治中国建设,是中国走和平发展道路和永远做负责任的"法治大国"的需要。应当说,中国在国际上的"政治大国"地位在第二次世界大战结束之后就已经初步确立。中国是第二次世界大战期间亚洲地区的主战场,为赢得世界范围内反法西斯战争的胜利做出了巨大牺牲。1945 年中国与美国、英国、苏联一起成为旧金山制宪会议的发起国,为联合国的创建做出了突出的贡献,并成为联合国的创始会员国。不仅如此,中国还是联合国安全理事会 5 大常任理事国之一,在这个对维护国际和平与安全负有首要责任的联合国执行机关中,对于任何重大事项的决定享有否决权。① 1971 年中华人民共和国恢复在联合国的合法席位之后,②特别是改革开放 30 多年以来,坚持走和平发展道路,奉行独立自主的和平外交政策,在处理各种复杂的国际政治事务中发挥着重要的建设性作用,并积极参与联合国的维持和平与建设和平行动。可以说,中国在国际上作为负责任的"政治大国"地位已经根深蒂固。

与"政治大国"地位相伴而行,中国在世界上的"经济大国"地位也在近 30 余年来逐步确立起来。自 2010 年起,中国国内生产总值超过日本名列世界第二,标志着中国已崛起为世界"经济大国"。尽管中国按人均 GDP 仍然属于发展中国家,但作为经济总量、国际贸易创造和国际投资贡献意义上的"经济大国"地位已被世界所接受。

中国要继续保持"政治大国"和"经济大国"的国际地位,就必须坚定不移地继续走和平发展的道路,并将中国建设成为世界的"法治大国"乃至"法治强国"。笔者认为,《决定》就是向世界宣布中国将致力于建设"法治大国"乃至"法治强国"的决心和战略。为此,中国在和平发展和全面推进依法治国的进程中,须在立法、执法、司法等层面和治国理政的各个领域表明中国遵行各国公认的国际法基本原则和中国参加缔结的各种条约,并积极践行国际法治。

---

① 参见《联合国宪章》第 27 条。

② A/RES/2758(XXVI).

第三，运用国际法治思维推进法治中国建设，是进一步适应对外开放不断扩大和深化国际合作的需要。《决定》明确指出，要“完善涉外法律法规体系”。涉外法律法规体系是完善的中国法律体系不可或缺的重要组成部分。改革开放30多年来，中国的涉外法律法规实现了从无到有、从少到多、从零散到成体系的快速发展过程，尤其是表现在涉外经济和对外贸易领域。这些法律法规为中国改革开放、建立和完善社会主义市场经济和广泛而有效地开展国际合作奠定了法律基础。中国的涉外法律法规之所以能在改革开放中发挥重要作用，关键在于它们的制定与实施一方面符合中国的国情，另一方面遵循了国际公认的国际法律原则、规则和制度。

必须指出的是，中国现行的涉外法律法规只是初具规模，并没有形成科学的体系，而且有的涉外法律法规已经不适应全面深化改革的需要，有待及时修订和补充。更多的涉外领域则存在法律法规真空，亟待制定相关法律规范，如对外关系法、对外投资法、对外援助法、刑事司法协助法、引渡与庇护法、领事保护法、外国人服务管理法、难民法。由于这些法律法规都含有“国际”“跨国”或“涉外”因素，其制定与完善必须始终如一地坚持既符合深化改革开放的需要，并严格依照公认的国际法原则、规则和制度，使中国的涉外法律法规体系与国际法治的要求相一致。

四、运用国际法治思维推进法治中国建设的建议

在全球治理的趋势下，运用国际法治思维已成为法治中国建设的必然和必要。笔者就实施法治中国建设战略中贯彻国际法治思维，提出如下建议。

第一，在国家立法中明确规定国际法在法律体系中的地位和中国遵守国际法的立场。关于国际法与国内法的关系，长期以来，理论上一直存在分歧，形成了国际法优先或国内法优先的“一元论”、二者互不隶属的“二元论”或“平行说”、二者“内在联系论”“协调论”或“自然调整论”，等等。① 各国在这方面的实践也不尽一致。尽管如此，世界上有很多国家，特别是法治水平较高的国家通常在其宪法中明确规定国际法在国内法中的地位。例如，在国际习惯法方面，英国、美国、日本、德国、奥地利、法国、意大利等国通过宪法或判例确认习惯国际法是国内法的组成部分或可适用性的原则，甚至规定是宪法组成部分或者

① 参见王铁崖主编：《国际法》，法律出版社1981年版，第42～47页；梁西主编，曾令良修订主编：《国际法》，武汉大学出版社2011年第3版，第13～16页。

优于国内一般立法。在条约方面，有些国家的宪法明确规定，条约一经批准和公布，即在国内具有效力，如瑞士、法国、荷兰等国；另有一些国家则明确规定一国批准的条约须经过国内立法机关转化为国内立法的方式才发生效力和予以实施，如英国、意大利等国。美国采用的是“混合方式”，即一方面，宪法规定以美利坚合众国名义缔结的条约均为全国的最高法律；另一方面，又规定美国政府所订立的协定中只有那些自动执行(self-executing)的协定才能在美国直接适用，而非自动执行(non-self-executing)的协定则要通过一项履行条约的立法后才能在国内执行。

虽然我国现行的法律法规中有一些专门条款明确规定了有关条约和国际惯例的地位和适用，但是比较零散，而且措辞不一，更多的法律法规则没有相应规定。这种现状不能适应中国全面深化改革和做负责任的“法治大国”甚至“法治强国”的战略需要。笔者认为，正在进行的《立法法》修订工作可以考虑在《立法法》总则中，在“应遵行我国宪法”的规定之下增补规定我国立法“应遵行国际法基本原则和中国缔结的国际条约，但我国声明保留的条款除外”。还有一个可选方案是修订1998年《缔结条约程序法》，将该法的名称改为《缔结条约法》，从而既包括条约的实体法，也包括条约的程序法。与此同时，在该法总则中明确规定条约在我国的法律地位。如此修改中国相关法律，可以向国际社会鲜明地表明中国重视国际法的立场，从而极大地提升中国的治国理政遵循国际法的信誉。

第二，在国家治理体系和治理能力现代化实践中贯彻国际法治的理念。党的十八届三中全会通过的《中共中央关于全面深化改革若干重大问题的决定》确立了“推进国家治理体系和治理能力现代化”的总目标。党的十八届四中全会通过的《决定》进一步指出，“依法治国，是坚持和发展中国特色社会主义的本质要求和重要保障，是实现国家治理体系和治理能力现代化的必然要求”。必须明确的是，我国的国家治理是全球治理的组成部分，其现代化的实现必须符合当今和未来全球治理的趋势。这些趋势主要表现在以下方面：(1)治理主体的多元化，即除了国家之外，还包括中央和地方政府、政府间组织、群团组织、社会团体、行业协会、公司法人等主体；(2)治理工具或方式的多层级，即除了国内的中央和地方层面的法律、法规、规章、国际判例、仲裁裁决或区域层面的条约、协定、国际习惯、一般法律原则、政府间组织的决议、国际司法判例、国际仲裁裁决之外，还包括各种群团组织、社会组织、行业协会制订的标准、指标以及跨国公司的自律规章或规范；(3)治理工具或方式的下移，即除了坚持国家的法律法规和国家间条约、国际习惯等基本规制作用之外,尤其依据“辅从性原则”(principle of subsidiarity),注重发挥各种非国家和非政府行为体的治理工具的作用。

上述全球治理的趋势实质上是国际法治理念在全球治理中的体现。作为全球治理重要组成部分的中国治理体系和治理能力的现代化建设,必须从整体上贯彻国际法治的理念,适应全球治理的趋势。为此,笔者建议,我国制定和发布的各种政策文件和各级领导干部的重要报告和讲话中应明确表明,依法治国、依法执政、依法行政、依法治理或管理社会中的“法”既指中国法律,也包括国际法,并在推进国家治理能力和治理体系现代化过程中充分发挥全球治理中各种行为体和各种治理工具的作用。

第三,适当作出并向联合国提交《法治自愿承诺》,树立崇尚法治的国际形象。在2012年9月24日召开的联合国法治高级别会议上,除通过《联合国法治宣言》外,联合国大会主席还安排了一系列会外的法治活动,其中最具有实质意义的是启动了《自愿法治承诺》(voluntary pledging on the rule of law)活动。此项活动由联合国秘书长发起,由联合国各会员国自愿作出。为使这一法治活动具有规范性和取得实质性的成果,联合国秘书长执行办公室法治股专门准备了一份会员国自愿承诺的《注释与指南》。[①] 根据《注释与指南》,各会员国可以单独或联合作出法治承诺,但法治承诺必须是具体的和可以实现的,而且还必须是行动导向,并有明确的时限(说明实现目标的具体日期)。承诺的主题和内容包括国家行动和国际援助、条约的批准和加入及实施、国际法院管辖权的接受与判决的执行、有关防止和惩处国际威胁的措施(如反恐)、治理与反腐败、立法改革与发展、司法制度保障与改革、冲突和冲突后社会和平与法治建设、人权保护、性别与儿童权利,等等。[②]

提交《法治自愿承诺》不是一项具有约束力的国际法义务,迄今提交该承诺的联合国会员国不到50个,但是它是联合国推进国际法治行动的一项举措。我国有关部门可研究向联合国提交适当的《法治自愿承诺》。既然这种法治承诺是任择性的,中国完全可以根据自己的国情,考虑在国内立法、执法或司法层

---

① 资料来源:http://www.unrol.org/files/Explanatory%20Note%20Pledging%20RoL%20HLM%20-%2020%20June.pdf,最后访问日期:2014年12月30日。

② 资料来源:http://www.unrol.org/article.aspx?article_id=170,最后访问日期:2014年12月30日。

面或在参加有关的国际条约方面作出和提交一项或多项具体承诺。

第四，参与联合国的法治活动，实施对外法治援助战略。联合国大会通过的《2005年世界首脑成果》庄严宣告："国家水平和国际水平的良治与法治是持久的经济增长、发展和消除贫困与饥饿所必不可少的。"[①]因此，"需要在国家水平和国际水平上普遍坚持和实施法治"。[②] 2012年联合国大会通过的《法治宣言》重申了法治对于所有国家间的政治对话和合作以及促进联合国维持国际和平与安全、人权和发展"三大支柱"的至关重要性和基础地位。[③] 概括地讲，联合国在国际层面的法治活动旨在支持各个国际法领域规范和标准的发展并促进其实施，而在国家层面的法治促进行动则集中于以下5个方面：(1)制定或恢复宪法作为国家的最高法律；(2)建立清晰、系统的法律框架及其实施机制；(3)设立强有力的司法机构、政府机构、安全与人权机构并配以适当的资助、培训和设施；(4)建立过渡司法程序和机制；(5)建立公共的民间社会，以增强法治，使公共官员和机构负起责任。

中国要在世界上确立做负责任"法治大国"的地位，除致力于自身的法治建设之外，还应该积极参与联合国的法治行动。为此，我国应适当调整参与联合国维持和平行动的部署，除继续派遣常规或武警部队制止和防止武装冲突、维持社会治安外，还应加强司法和文职人员派遣，以促进冲突和冲突后国家的法治的重建和新建。中国还可适当调整对外援助行动。长期以来，中国对发展中国家特别是最不发达国家的援助重点是消除贫困和促进经济发展，主要通过援建基础设施、派遣医疗队、技术援助、技术人员培训、减免债务、减免关税、无息或低息贷款等方式。实践证明，战争与武装冲突、社会动荡与混乱、贫困与经济落后在很多情况下与人治和腐败有关。因此，中国对外援助计划的制订与实施可加强或增添法治援助专项，从而有利于受援国的长治久安和经济、社会的可持续发展，也可提升中国崇尚法治的国际形象。

第五，参与国际法律规则的制定，增强中国在国际上的法治话语权和影响力。党的十八届四中全会《决定》提出要"积极参与国际规则制定，推动依法处理涉外经济、社会事务，增强我国在国际法律事务中的话语权和影响力，运用法

---

① 2005 World Summit Outcome, A/RES/60/1, 24 October 2005, para. 11.

② 2005 World Summit Outcome, A/RES/60/1, 24 October 2005, para. 134.

③ Declaration of the High-level Meeting of the General Assembly on the Rule of Law at the National and International Levels, A/RES/67 /1, 30 November 2012, preamble.

律手段维护我国主权、安全、发展利益”。国际实践表明,一个国家在国际规则制定中的话语权和影响力取决于该国综合实力。近代国际社会的规则由西方国家垄断,现代各种国际竞技场上的游戏规则仍由发达国家占据主导地位——尽管广大的发展中国家的声音和立场也在一定的范围内或一定的程度上得到体现。在“冷战”结束后的当代多极化世界里,发达国家在国际规则制定中不再有左右局面的威风,发展中国家尤其是新兴经济体国家的话语权和影响力在不断提高。中国有关国家机构和政府部门应在国家智库的支持和配合下,对于国际组织和国际会议的各种议题尽早进行预先专题调研,并适时向有关国际组织或国际会议主办方提交书面建议案或草案;在必要和可能的情况下,可适当与其他国家联合署名提交议案,以形成聚合性的话语权和影响力。

第六,设立专门的国际法治智库项目,为国家对内和对外决策提供国际法理依据和可行性咨询意见。长期以来国内的研究侧重于国际法的基础理论和一般实践,很少涉及治国理政的重大实践问题,更缺乏运用国际法治思维推进法治中国建设的理论指导和针对性的实践探索。为推动法治中国建设与国际法治的一致性和相互支撑,在国际法治进程中逐步反映“中国思想”,亮出“中国声音”,体现“中国主张”,从而在国际上逐步确立“法治大国”乃至“法治强国”的地位。

论我国《缔结条约程序法》的完善*

自改革开放以来，我国全方位开展对外关系，其中一个重要和突出的表现就是积极地同他国家和国际组织缔结各种双边条约、缔结或加入各种多边条约。① 这些条约的缔结为我国改革开放的顺利进行和不断深化、加强和扩大与他国的友好合作关系以及推进国际和平与发展、实现人类福祉提供了重要的国际法工具和保障。为适用我国对外关系的迅速发展，1990 年全国人大常委会制定了《缔结条约程序法》。应当说，该法的制定为我国在实践中缔结条约提供了明确的国内法依据，对国家和政府部门缔结条约的活动起到了规范作用。然而，近 20 年来，随着我国对外关系快速发展和香港、澳门两个特别行政区的相继建立，以及党的十八大以来建设法治中国的目标的提出，这部法律已经显现出一些明显的滞后和缺陷。因此，修改该法实属必要。近

---

* 本文原载于《政治与法律》2014 年第 9 期。

① 据有关统计，1949 ~ 1977 年，中国缔结的多边条约仅为 32 项，平均每年缔结 1 项多一点；1978 ~ 2012 年，中国缔结的多边条约达到了 335 项，平均每年缔结近 10 项。在这期间，中国缔结的主要双边条约已超过 2170 多项，近 6 年来，平均每年缔结近 80 项。这项统计不包括以香港和澳门特别行政区单独名义缔结的各项条约。参见外交部网站政府信息公开栏目：条约法律类：http://www. fmprc. gov. cn/mfa_chn/ziliao_611306/tytj_611312/tyfg_611314/，最后访问日期：2014 年 3 月 17 日。并参见曾令良：《中国践行国际法治 30 年：成就与挑战》，载曾令良主编：《武大国际法评论》（第 14 卷第 1 期），武汉大学出版社 2011 年版。

年来,曾有全国人大代表团专门提出修改该法的提案,①外交部亦曾进行相关的专题调研并联合有关部委和学术机构于 2009 年 3 月就此召开专题研讨会。②以下笔者拟就修订《缔结条约程序法》提出一些建议,与国际法学界同人共同探讨,并为国家立法部门提供参考。

一、指导修订《缔结条约程序法》的基本原则

任何一部法律的修订都必须遵行一定的基本原则。这些原则指导着法律修订的整个过程,并具体贯穿于具体的法律条文与结构之中。笔者以为,《缔结条约程序法》的修订至少应遵行如下几项指导原则。

(一)与《维也纳条约法公约》相一致原则

1969 年《维也纳条约法公约》和 1986 年《关于国家和国际组织间或国际组织相互间条约法的维也纳公约》分别是调整国家间条约和国家与国际组织之间以及国际组织相互间条约的国际法规范。这两部公约是在国家间缔结条约的习惯基础上编纂而成的,对于条约的种类与名称、缔约能力、缔约程序以及条约加入、保留、登记与公布、生效与暂时适用、遵守、适用及解释、修正与修改、生效与终止及停止施行等方面作出了全面、系统的规定,堪称“国际条约法典”。截至 2013 年 1 月,已有 113 个国家批准了 1969 年《维也纳条约法公约》,③即使没有批准该条约的国家也通过不同的方式表示将其视为习惯国际法而予以遵守。中国于 1997 年 5 月 9 日递交对于该公约的加入书,同年 10 月 3 日该约对中国生效。可见,中国缔结条约的活动必须受《维也纳条约法公约》的约束。考察现行的我国《缔结条约程序法》的规定,可以明显地看出,其条文和措辞主要参照了该条约的条款。这意味着虽然中国在制定《缔结条约程序法》的当时还不是该条约的缔约国,但是仍然将其视为国际习惯法予以对待。毫无疑问,如果我国修订《缔结条约程序法》,就必须一如既往地坚持与该公约的规定相一致的原则。

---

① 2008 年 3 月全国人大会议期间,海南省代表团曾向大会提交了尽快修改《中华人民共和国缔结条约程序法》的议案,载 http://news.sina.com.cn/c/2008-03-14/090813572600s.shtml。

② 2009 年 3 月 25 日,外交部条法司邀请有关部委和高校专家在武汉大学国际法研究所举行《缔结条约程序法》研讨会;2009 年 11 月 3 日,中国社会科学院国际法研究所曾在商务部就修改《缔结条约程序法》修改进行专题调研。

③ 资料来源:http://en.wikipedia.org/wiki/Vienna_Convention_on_the_Law_of_Treaties#cite_ref-rat_2-1。

我国修订《缔结条约程序法》之所以必须遵行《维也纳条约法公约》,是由条约在国际关系中的基本地位所确定的。正如《维也纳条约法公约》序言中所明确指出的,“各国承认条约为国际法渊源之一,且为各国间不分宪法及社会制度发展和平合作之工具,其重要性日益增加”。作为一个负责任的大国,中国缔结条约的活动和程序应无条件地与国际社会普遍认可和接受的公约规范和习惯规范保持一致,这不仅是开展对外交往与合作的需要,而且是取信于国际社会的需要。

(二)符合宪法原则

首先,从国家机关权限的角度来看,我国《缔结条约程序法》的制定与修订必须符合我国宪法关于国家权力配置与行使的规定。宪法是国家的根本大法,它除了规定公民的基本权利和义务之外,还确立了国家的政治制度和社会制度、国家机构的组成和权力范围。缔结条约是有关的国家机关代表国家或中央政府作出的外交关系和对外关系行为,必须在宪法规定的权限范围内进行,不能超越宪法的规定。我国《宪法》第5条明确规定:“任何组织或者个人都不得有超越宪法和法律的特权。”“一切国家机关……都必须遵守宪法……一切违反宪法……的行为,必须予以追究。”

其次,从法律阶位来看,在中国法律体系中,《宪法》是上位法,而《缔结条约程序法》属于下位的普通立法,其制定与修订必须与宪法相一致。为此,我国《宪法》第5条进一步规定,“一切法律、行政法规和地方性法规都不得同宪法相抵触”。当然,如果《缔结条约程序法》的修改内容在现行《宪法》中没有明示权或隐含权依据,而经实践和论证确有此必要,则有关立法机关可以通过修改《宪法》有关条款的方式予以实现。在这种情况下,无论如何,必须《宪法》修订在前,普通立法修订在后,不得前后颠倒。

(三)遵行《立法法》原则

2000年3月全国人大常委会通过的《立法法》是一部全面、系统规范我国立法活动和健全国家立法制度的法律,对于我国的所有立法具有普遍的约束力。《缔结条约程序法》及其修订属于国家立法,应无条件地按照我国《立法法》所确立的原则进行。这些原则除了上述“符合宪法原则”之外,还包括如下几个原则。[①]

---

① 参见周旺生:《论中国立法原则的法律化和制度化》,载北京大学立法学研究中心网站:http://w3.pku.edu.cn/academic/legislation/lilunxueshuqianyan/qy_lzhglfyzdfl.htm,最后访问日期:2014年3月17日。

1. 法治原则

法治原则在立法活动中的具体体现就是，立法应当依照法定的权限和程序进行。首先，从法定的权限要求来看，我国《立法法》第 8 条明确规定，凡属于国家主权的事项，必须由全国人大及其常委会行使立法权，并以法律的形式表现。我国同世界其他国家或国际组织缔结条约，无论是双边的还是多边的，或是地区性的，无疑都属于国家主权的事项，规范缔约活动的立法必须由全国人大或其常委会来进行，此等法律的修订同样如此。我国《缔结条约程序法》是由全国人大常委会通过的，该法的修订仍然属于该立法机构的权限。从法定程序要求来看，我国《立法法》第二章第三节对于全国人大常委立法的程序从法律案的提出到审议、修订和通过都进行了详细明确的规定。我国《缔结条约程序法》的修订同样应严格遵循这些法定的程序。

需要指出的是，由全国人大常委会负责我国《缔结条约程序法》的修订，并不排除外交部这一主管机关和国务院其他部门适当参与其中。外交部作为国家的外交关系机构和条约的主管部门，对于《缔结条约程序法》案文及其修订草案的形成应发挥其专门的作用，因为它毕竟是包括条约事务在内的外交和国际法律事务的主管部门，最熟悉条约缔结活动的国内外情况。此外，我国《立法法》第 29 条还特别规定人大常务委员会分组会议审议法律案时，提案人应当派人听取意见，回答询问，并可以应邀派人介绍情况。可以推测，《缔结条约程序法》的修订案将由国务院向人大常委会提出，外交部是国务院的组成机构，将担当听取意见和介绍情况的职责。

2. 民主原则

民主原则在立法中的体现就是法律制定或修订程序必须是开放的、透明的。立法或修法的开放性和透明度就是指立法机关在广泛和反复征求意见的基础上进行法律制定和修订。就《缔结条约程序法》的修订而言，在修订案的起草阶段，外交部应就该法的修订首先举行部内专题研讨会，然后召开由专家学者和相关部委参加的研讨会，在此基础上形成修订草案呈送国务院法制办。后者应将该草案分发给有关部委征求意见，并可以适当征询有关专家的意见或举行多方参加的专题研讨会，由此形成国务院的正式提案呈送全国人大常委会。全国人大常委会法律委员会讨论法律提案过程中，还应听取其他专门委员会，尤其是外交事务委员会的意见，如有必要还可以进一步听取专家的意见。其后，修订法案经人大常委会通过后应立即全文公布，并就生效日期留出适当的空间，以便使有关利益方知晓，为修订后法律的实施做好充分的准备。

3. 科学原则

科学性原则是一项侧重于立法质量要求的原则。就《缔结条约程序法》的修订而言,科学性原则有 3 层含义。首先,整个修订过程和修订后的文本应尊重中国缔结条约的实际情况,反映缔约活动的客观需要;其次,应当准确无误地体现各个参与条约缔结机关的权限和职能以及缔结条约的整个流程与各种程序之间的无缝连接;最后,各项条款的措辞与表述(尤其是专门术语)应力求与《维也纳条约法公约》以及条约领域的习惯用语相一致。总之,根据科学性原则,修订后的《缔结条约程序法》的结构、条文和表述都应力求系统、严谨、准确。

(四)遵行"一国两制"原则

根据全国人大于 1990 年通过的《香港特别行政区基本法》第 151 条和 1993 年通过的《澳门特别行政区基本法》第 136 条的规定,香港和澳门两个特别行政区可以在一些特定的领域分别以"中国香港"和"中国澳门"的名义,单独地同世界各国、各地区及有关国际组织保持和发展关系,签订和履行有关协议。上述规定是我国实行"一国两制"在对外关系领域和缔结条约方面的具体体现。① 因此,新修订的《缔结条约程序法》对此应有明确和适当的反映(具体建议下文将详细展开)。

二、若干具体修订建议

(一)将《缔结条约程序法》的名称修改为《缔结条约法》

鉴于中国对外关系和缔结条约活动的迅速发展,作为法治中国建设的重要组成部分,笔者以为,在中国尚未制定专门的外交关系法或对外关系法的情况下,国家的立法部门似乎可以考虑,借此次《缔结条约程序法》修订之机,将该法的名称修改为《缔结条约法》,并在条款和内容上进行相应的增补和完善。很显然,现行《缔结条约程序法》从名称来看是一部纯粹的程序法,而不是实体法,因为条约实体法的内容除了条约缔结程序之外,还应涉及缔约权限和条约的保留、效力、实施、适用和解释等事项。从现行《缔结条约程序法》来看,虽然其绝大部分内容是条约缔结的程序性事项,但是其第 3 条和第 4 条的内容是关于缔结条约的机关及其权限的,实际上属于实体法的范畴。可见,现行《缔结条约程序法》并不局限于缔结程序,已经涉及实体法事项,但所涉及的实体法又不完

---

① 参见曾令良:《论澳门特别行政区的国际法主体资格:基础、特性和实践》,载《澳门研究》2009 年第 53 期。

全。因此,不如在现行法的基础上制定一部实体内容和程序内容较完整的《缔结条约法》,全面规范我国条约缔结机关、缔约能力和权限、缔约程序以及条约的种类、保留、生效、效力、解释、实施等事项。

(二)进一步明确国家主席缔结条约的职权

我国现行《宪法》第 67 条第 14 款规定全国人大常委会"决定同外国缔结的条约和重要协定的批准和废除",第 81 条规定国家主席"批准和废除同外国缔结的条约和重要协定"。现行《缔结条约程序法》第 3 条规定,全国人大常委会"决定同外国缔结的条约和重要协定的批准和废除",国家主席根据人大常委会的决定,批准和废除同外国缔结的条约和重要协定。可见,国家主席在缔结条约的程序中只有被动地批准或废除条约的职权,而没有主动的缔约权。这与我国缔结条约的实践并不完全符合,也与国家主席作为国家元首的身份和地位不相匹配。例如,时任国家主席江泽民于 2001 年 7 月签署了《中俄睦邻友好合作条约》,2002 年 6 月签署了《中华人民共和国和吉尔吉斯共和国睦邻友好合作条约》,同年 12 月签署了《中华人民共和国和哈萨克斯坦共和国睦邻友好合作条约》;时任国家主席胡锦涛于 2006 年 6 月签署了《中阿睦邻友好合作条约》,2007 年签署了《中华人民共和国与塔吉克斯坦共和国睦邻友好合作条约》,同年 8 月签署了《上海合作组织成员国长期睦邻友好合作条约》。因此,在现行《缔结条约程序法》第 3 条中有必要明确规定:"中华人民共和国主席代表国家同外国缔结重要的条约。"

从多年来的实践来看,国家主席同外国国家元首缔结的条约主要是"睦邻友好合作条约"。这是一种全面、系统规范双边关系的最重要的政治条约,各国的法律规定和实践一般都是由国家元首亲自签署。因此,《缔结条约程序法》应明确我国的国家主席享有这种重要条约的签署权。当然,已有的实践也表明,中国同有些国家缔结的睦邻友好合作条约是由国务院总理签署的,如《中国和巴基斯坦睦邻友好合作条约》。最近,习近平主席和李克强总理先后公开表示积极探讨中国与东盟成员国整体签署《睦邻友好合作条约》,立即获得东盟国家领导人的积极响应和赞成。①

---

① 记者王建华、秦华江、孔祥鑫:《睦邻友好合作条约将助力打造中国——东盟关系升级版》,载新华网:http://news.xinhuanet.com/world/2013-10/14/c_117714484.htm,最后访问日期:2014 年 2 月 17 日。

（三）增补关于中国香港特别行政区和中国澳门特别行政区缔结条约的权限和程序规定

值得注意的是，现行《缔结条约程序法》没有任何关于中国香港和澳门特别行政区缔结条约权限和程序的规定。这是因为该法制定于1990年，当时《香港特别行政区基本法》和《澳门特别行政区基本法》尚未出台，两个特别行政区尚未建立。如今，在“一国两制”原则下，这两部法律分别对于香港、澳门特别行政区的对外缔约权作出了明确的规定，这两个特别行政区也已经开展了大量的缔约活动。作为国家规范缔结条约活动的一般性立法，必须作出相应的规定，这是一般法与特殊法相互衔接的需要，更是国家立法体系完善的需要。笔者以为，可以采取两种方式在新修订的法律中订入规范关于香港和澳门特别行政区的缔约活动的条款。

第一种是兜底方式。这种方式最为简单，无须改动现行法的条款结构和内容，只需要在最后增补一条，其表述大致为“中华人民共和国香港特别行政区和澳门特别行政区同外国和有关国际组织缔结条约的权限、类型、范围和程序分别依照两个特别行政区的基本法，本法不另作规定”。第二种是分别增补方式，即在现行《缔结条约程序法》的相关条款中适当增加涉及两个特别行政区的内容。其内容具体建议如下。

其一，在第3条中增补规定：“中华人民共和国特别行政区可以‘特别行政区’的名义在经济、贸易、金融、航运、通讯、旅游、文化、体育等领域同外国和有关国际组织缔结专门的条约和协定。”这里可以考虑不特指香港和澳门特别行政区而是笼统规定“特别行政区”，这是为了将来实现两岸统一后，该法自动适用于我国台湾地区。

其二，在第4条最后部分规定：“（三）中华人民共和国特别行政区。”

其三，在第5条最后规定：“以特别行政区名义谈判和签署的条约和协定依照有关特别行政区的基本法规定的程序进行。”

其四，在第6条部分规定：“（三）以特别行政区名义缔结条约和协定依照有关特别行政区的基本法，由该特别行政区首长委派代表并签署全权证书。”

其五，在第10条最后部分规定：“以特别行政区名义缔结的条约和协定依照有关特别行政区的基本法的规定办理批准、核准、备案和登记手续。”

其六，在第11条最后部分规定：“特别行政区加入多边条约，由特别行政区根据有关特别行政区的基本法和有关的多边条约决定。”

其七，在第13条最后部分规定：“特别行政区缔结的双边条约和协定以有关特别行政区的基本法规定的正式文字和缔约另一方的官方文字作准，两种文本或三种文本效力同等。”这里之所以采用“或三文本文本效力同等”的表述，是因为香港和澳门特别行政区的基本法分别规定中文和英文、中文和葡萄牙文为两个特别行政区的正式语言。

其八，在第17条最后部分规定：“特别行政区缔结的条约和协定需要向有关国际组织登记的，由特别行政区政府按照有关国际组织章程或条约或协定的规定办理。”

其九，在第18条最后部分规定：“特别行政区同国际组织缔结的条约和协定的程序，依照有关特别行政区的基本法和有关国际组织章程的规定办理。”

其十，在第19条最后部分规定：“特别行政区缔结的条约和协定的修改、废除或退出程序，依照有关特别行政区的基本法和该条约和协定规定的程序办理。”

（四）其他有关条款措辞的修改

建议在第3条“国务院……同外国缔结条约和协定”后面增加规定“国务院组成部门在各自相应的领域同外国缔结专门的协定”。这样就可以与其后的第4条第3款和第5条第3款的规定实现上下无缝衔接和相互呼应。

建议将第7条第1款的“友好合作条约、和平条约等政治性条约”改为“睦邻友好条约、和平条约等政治性条约”，从而与我国同有关国家签署的这类条约所采用的名称完全一致。

建议在第17条最后部分单列一个条款，规定“外交部负责在其政府部门网站上及时公布中华人民共和国缔结和加入的各种双边条约、多边条约、协定和其他具有条约、协定性质的文件”，从而增强我国对外交往与合作的透明度。其实，现在的外交部网站已经开辟了“外交部政府信息公开”栏目，其中公布了我国新近签署和加入的条约，并且近10年来每年发布一次《中国缔结双边条约一览表》和《中国缔结多边条约一览表》，如果将条约信息公开的做法在法律上予以明文规定，就能使这种透明度具有了法律基础，从而彰显出中国外交的法治水平。

三、关于是否规定条约保留的问题

条约保留是条约法律和实践的一个十分复杂的问题，《维也纳条约法公约》在国际习惯的基础上对条约保留作出了较为系统的规定。联合国国际法委员会2011年还专门通过了关于条约保留的《实践指南》。[①] 新中国成立以来,中国在缔结和加入多边条约时,在很多情况下提出了保留,其中有的保留随着改革开放的扩大和深化以及情势的变化已经不再适合或没有必要,但一直以来对这些保留没有进行清理,以决定是继续保留还是撤销。在缔约实践中,是否应该提出保留,由谁提出保留,提出保留的程序是什么,这些都是我国现行法中的空白。因此,已有专家建议,《缔结条约程序法》的修订应适当增补关于条约保留的规定。

笔者认为,虽然条约保留与条约缔结程序有着密切的关系,但它本质上或主要是条约实体法问题。填补上述空白的最佳方案是在《缔结条约法》中进行系统的规定,明确提出保留应遵行的原则、作出保留或撤销保留的机关、提出保留的程序、保留的效力,等等。如果在现行《缔结条约程序法》中增补条约保留条款,则只就保留的程序事项作出规定比较合适。保留条款的措辞如下:"中华人民共和国同外国缔结多边条约时,在不违反条约宗旨的情况下可以就特定的条款作出保留。保留的决定由条约谈判和签署机关作出,并与条约文本一起由全国人民代表大会常务委员会决定条约保留。中华人民共和国主席根据人民代表大会常务委员会的决定,批准条约的保留。全国人民代表大会常务委员会可以根据实际情况决定撤销条约保留。中华人民共和国主席根据人民代表大会常务委员会的决定撤销条约与保留。"

四、关于全国人大条约批准权的问题

最近,有国际法学者撰文,认为现行我国《宪法》和《缔结条约程序法》将条约和重要协定的批准权赋予全国人大常委会,其他协定由国务院核准即可,而不是由全国人大来行使这项重要的权力,这是一种条约批准权的"错位","可能会在立法层级上产生严重的矛盾,其主要原因在于全国人大是全国人大常委会的权力来源。全国人大的立法权高于全国人大常委会,全国人大较全国人大常委会具有更高的立法地位"。因此,该学者认为,全国人大缺乏条约批准权与其享有立法权限不匹配,因此建议修改《宪法》和《缔结条约程序法》,纠正这种

---

① 参见王勇:《条约保留〈实践指南〉述论——兼论中国的对策》,载《华中师范大学学报》(人文社会科学版)2012年第2期。

“错位”,将条约批准权赋予全国人大而不是全国人大常委会。① 对此,笔者持有不同意见,理由如下。

首先,全国人大和全国人大常委会不是上下级关系,二者的立法地位不应有高低之分。现行我国《宪法》第57条明确规定“中华人民共和国全国人民代表大会是最高国家权力机关。它的常设机关是全国人民代表大会常务委员会”,第58条接着规定“全国人民代表大会和全国人民代表大会常务委员会行使国家立法权”。可见,全国人大是国家最高权力机关,人大常委会是这一最高权力机关的常设机构,是最高权力机关组成部分,后者在全国人大闭会期间行使最高国家权力,其中包括立法权和条约批准权。

其次,全国人大常委会的立法权并不是来源于全国人大,而是国家宪法的赋予。我国《宪法》第62条列举了全国人大修改宪法、制定和修改修改刑事、民事、国家机构的和其他的基本法律权力;第67条规定,全国人大常委会“制定和修改除应当由全国人民代表大会制定的法律以外的其他法律”。可见,无论是全国人大的立法权还是全国人大常委会的立法权均直接来源于宪法的规定,全国人大常委会立法权并非来自全国人大的授予。

最后,中国的人民代表大会体制不同于其他国家的国会或议会体制,在条约批准方面,不宜照搬外国的做法。我国实行的是人民代表大会制度,而非国会制或议会制。外国的议会或国会是常设机关,每年定期、多次举行会议制定或修改法律、批准条约和履行国家宪法赋予的其他权力。我国的全国人大不是常设机关,每年仅举行一次全体会议,会期只有两周左右的时间,而且议题众多,如果将所有的国家立法权和条约的批准权都由全国人大来行使,显然其将不堪重负,难以保证立法质量和满足对外关系发展的需要。全国人大常委会作为常设机关,每年定期、多次举行会议,而且其下设若干专门委员会,经常性地负责法律和条约批准的具体工作。这样可以保证立法的质量和持续性,并能够及时批准条约。如果将条约批准权改由全国人大来行使,有可能延误条约的生效,影响我国对外交往与合作的效率。

从实践来看,在中国缔结数以千计的条约中,只有1985年的《中华人民共和国政府和大不列颠及北爱尔兰联合王国政府关于香港问题的联合声明》是由全国人大批准的。1990年《缔结条约程序法》生效后,所有的重要条约和协定

① 参见王勇:《条约保留〈实践指南〉述论——兼论中国的对策》,载《华中师范大学学报》(人文社会科学版)2012年第2期。

都是由国家主席根据全国人大常委会的决定予以批准的。可见,现行我国《宪法》将大部分立法权和条约批准权赋予全国人大常委会并由它和国家主席共同履行重要条约的批准程序是合适的,无须对我国《宪法》和《缔结条约程序法》有关条约批准的权力和程序作出变更或修改。

五、结　　语

《缔结条约程序法》实施 20 多年来,为我国缔结条约的实践发挥了重要的规范作用,是中国法治进步的重要组成部分,促进了我国对外交流与合作的健康发展。但是,近 10 多年来,随着我国对外开放的不断扩大和“一国两制”的实施,该法已经明显地滞后于我国的缔约实践。因此,修订《缔结条约程序法》已成为全国人大、政府主管部门和国际法学界普遍的共识。但是,到底应如何修订该法,目前存在不同的主张和建议。最近,外交部倾向于通过制定实施细则的方式来完善现行《缔结条约程序法》,并已委托有关专家进行研究和提供报告。笔者认为,在修订的指导原则上,除了法律修订普遍遵行的宪法原则、法治原则、民主原则、科学原则之外,《缔结条约程序法》的修订尤其要遵循“一国两制”原则和以《维也纳条约法公约》为依据的原则。在具体修订方面,建议完善缔约机关的权限,尤其是明确规定国家主席签署条约的权力和缔结条约的类型,增加涉及香港、澳门特别行政区的缔约权限和程序的条款和关于条约保留的内容。对于是否应变更决定批准条约的机关,笔者持否定观点,而是认为关于由全国人大常委会和国家主席分别履行批准程序的现行法规定和相应做法符合中国的国情,无须修改。如果能够借这次修订的机会,将《缔结条约程序法》变成一部全面、系统的《缔结条约法》,则更为理想,而且这样做的时机也已经成熟。

The Contemporary Construction of Chinese International Law Discourse*

The contemporary construction of CILD (Chinese International Law Discourse), in general, ought to systematically reflect the basic contents and substantive characteristics of contemporary international law, its discipline and discourse on the one hand, and on the other hand, completely, precisely and in a timely way manifest the Chinese contributions to international law, its discipline and discourse since 1949, especially in the most recent thirty years of reform and opening up. For the latter, a few examples are as follows: at the time of the establishment of the People's Republic of China, the principles and positions held by the Chinese government toward treaties concluded before 1949, which contributed much to the rules of treaty succession; in the middle of the 1950s, the "five principles of peaceful coexistence" jointly initiated by China and India, which creatively contributed to the formation and development of fundamental principles of international law; from the 1980s to the 1990s, the smooth settlement of the historically inherited issue of Hong Kong

---

* 本文原载于 *Social Sciences in China*, Vol. XXXII, No. 4, November 2011, pp. 78 – 91。

and Macao between China and Britain and between China and Portugal respectively under the creative principle of "one country, two systems", which contributed much to the enhancement of the principle of peaceful settlement of international disputes; from the middle of the 1990s to the beginning of the 21st century, the realization of China's "one country with four seats" in the WTO, which made a special contribution to the membership of international organizations; and more recently, the new rationale of "building a harmonious world" declared by China, which is undoubtedly a very positive and creative effort toward the development of a new value in contemporary international law, etc. In sum, CILD should, on the one hand, systematically contain the fundamental elements of international law and, on the other hand, fully present Chinese characteristics, styles, manner or imprint in the development of contemporary international law and its discipline.

Ⅰ. The Guiding Rationale and Basic Dimensions of CILD

1. *One Guiding Rationale*

The contemporary construction of CILD must first of all find a defined guiding rationale as its basis, whose selection ought to meet two basic conditions. Firstly, it should completely and precisely indicate the nature, features and missions of contemporary international society, international relations and international law. Secondly, it would be best created or initiated by 80 Social Sciences in China. The concept of "building a harmonious world", first declared by China in 2005 and reaffirmed consistently since then as the core of Chinese foreign policy, coincides with those two conditions and should become the guiding rationale in the formulation of CILD.

The connotation of a "harmonious world" includes the idea that all countries "should uphold the purposes and principles of the United Nations Charter, observe international law and universally recognized norms of international relations, and promote democracy, harmony, collaboration and win-win solutions in international relations. Politically, all countries should respect each other and conduct consultations on an equal footing in a common endeavor to promote democracy in international relations. Economically, they should cooperate with each other, draw on each other's strengths and work together to advance economic globalization in the direction of balanced development, shared benefits and win-win progress. Culturally, they should learn from each other in the spirit of seeking common ground while shelving differences, respect the diversity of the world, and make joint efforts to advance human civilization. In the area of security, they should trust each other, strengthen cooperation, settle international disputes by peaceful means rather than by war, and work together to safeguard peace and stability in the world. On environmental issues, they should assist and cooperate with each other in conservation efforts to take good care of the Earth, the only home of human beings". ①

The rationale, connotation and spirit contained in the concept of "harmonious world" is consistent with the value orientation of contemporary international law. While the main crux of building a harmonious world in the Cold War era was the relations between the East and the West, the crux of the construction of a harmonious world in the post-Cold War era is how to handle the issues of South-North relations. ② This is because the severe challenges confronted by the South in economic and social areas are not only issues of global development, but also directly relate to the security and human rights of the whole world. Furthermore, the key to a harmonious world, to a great extent, lies in global good governance. However, the construction of a harmonious world does not mean the unification of all; instead, it means striving for harmony but not sameness, thus requiring that contemporary international law should make every endeavor to respect and promote the harmonious progress of the various civilizations of all states. Contemporary international law, as both the foundation and guarantee of a harmonious world, should further emphasize the coordinated development of its own system of norms and try to avoid or at least reduce the negative effects on the construction of a harmonious world resulting from the fragmentation of international law. In

---

① Hu Jintao, *Hold High the Great Banner of Socialism with Chinese Characteristics and Strive for New Victories in Building a Moderately Prosperous Society in All Respects—Report to the Seventeenth National Congress of the Communist Party of China*, pp. 46 – 47.

② Malcolm N. Shaw, *International Law*, p. 41.

summary, a harmonious world calls for contemporary international law to take security, development, human rights, democracy, rule of law, good governance and the diversity of civilization as its core values and missions to be pursued, maintained and promoted. ①

2. *Four Fundamental Dimensions*

The contemporary construction of CILD should take into overall account the four fundamental dimensions of international rule of law and Chinese foreign relations both at the present and in the future, namely, the domestic, international, regional and bilateral dimensions. Each dimension endows the CILD with its own characteristics on the one hand, and on the other they are all correlated, mutually echoing and complementing each other.

At the domestic level, the contemporary construction of CILD, on the whole, should cover two basic aspects: one is to include the rights and obligations of China under international law, the other is to coincide with Chinese concrete circumstances, particularly those essential or core national interests that concern China. In the process of construction, every effort should be made to avoid the potential conflicts of the two aspects and seek, instead, for their mutual coordination and conformity. More specifically, in dealing with the relationship between international law and Chinese domestic law or the application of the former in the latter, endeavors should be made, under the precondition that the independence and authority of the two legal systems are not affected, to maintain consistency between the construction of CILD in the fields of Chinese legislation, executive and adjudication and the common global discourse of international law, and ensure the penetration of CILD throughout its dissemination, teaching and study in China.

For the sake of its international or global implications, the contemporary construction of CILD must precisely and adequately reflect the core values of international law, an important agenda that jointly concerns all states and the common interest of mankind. The core values of international law ought to include inter-state peaceful co-existence and economic cooperation based on equality and

---

① Zeng Lingliang, "The Harmonious World from the Perspective of Contemporary International Law".

mutual benefit, as well as worldwide democracy, human rights and rule of law, etc. The important agendas that concern all states, although they may change as time goes by, are basically the sustained global challenges, such as peacekeeping and peacebuilding, and restoration and construction of the rule of law in conflict or post-conflict states or regions; prohibition and prevention of the testing, production, sale, utilization and proliferation of weapons of mass destruction; attacking international terrorism; punishing international crimes which grossly violate humanity, humanitarian law and human rights; preventing and fighting transnational crime; establishing and enhancing international anti-corruption mechanisms; realizing the UN Millennium Goals; promoting liberalization of international trade; stabilizing the international monetary order, etc. The maintenance and promotion of the common interest of mankind has become a newly emerging mission for contemporary international law. It includes but is not limited to maintaining sustained international peace, security and environment; promoting biological diversity; creating mechanisms to secure equitable environmental rights between generations; ensuring the mankind's common ownership of outer space and its exploitation and utilization for peaceful purposes; maintaining the international seabed and diversity of culture as the common heritage of mankind; and preventing the transnational spreading of communicable diseases, etc.

Dealing with contemporary international challenges and affairs has been more and more reliant on various regional mechanisms, resulting in different types of regional international law therein which are in parallel development to general international law. Since the beginning of the 21st century, China, as a responsible big country and the largest developing nation, has been increasingly highlighting the establishment and enhancement of regional security systems and economic, trade and social cooperation regimes, in addition to continuously playing its role in multilateral systems. Therefore, building contemporary CILD should inevitably bring in regionalism as an integral component.

Bilateral relations have always been an important part of international relations, and bilateral cooperation, in terms of either form or contents, far surpasses regional and multilateral cooperation in quantity. Since introducing the reform and opening up policy and particularly since the advent of the 21st century, China has not only realized its target of overall participation in multilateral systems, but also made speedy progress in establishing all kinds of bilateral cooperation mechanisms with other countries or international organizations. In recent years, China has built various strategic partnerships and regular consultation or dialogue mechanisms in the areas of political relations, military and security cooperation, human rights and the rule of law, etc., apart from the conclusion of thousands of bilateral agreements in the fields of economics and trade, science and technology, education and culture, law and the judiciary, sports and other sectors of society. Consequently, the cotemporary construction of CILD cannot neglect those contents at the bilateral level.

In sum, considering that contemporary international law will continue to take national sovereignty and the common interest of mankind as its dual orientations and that its formulation, implementation and judicial safeguards will continue to be fragmented, the contemporary construction of CILD must be conducted simultaneously in national, multilateral, regional and bilateral contexts. In other words, it should base itself on domestic autonomy with a view of international (global) systems, adapt itself to regional integration and underline various bilateral strategic partnerships and cooperation.

Ⅱ. Fundamental Principles of Contemporary Construction of CILD

The four basic layers of CILD discussed above, though their contents are not the same and each has its own focus, should all respect and be in accordance with certain fundamental principles, as shown below:

1. *According with Basic Norms of International Relations*

The basic norms of international relations, or basic principles of international law, are the most fundamental guiding principles in intercourse and cooperation between states and between them and other international actors, the foundation and core of the whole international law system, applying to all fields of international life or all spheres within the effective jurisdiction of international law; they must be absolutely observed as jus cogens. Since CILD is a kind of information expression and dissemination in the context of international relations and takes international law as its object, its construction must follow these basic norms of international relations and international law.

International society is a parallel society structured horizontally, in which no single state or other authority can confirm the basic norms of international relations or make basic norms for the conduct of other states and international actors. Such fundamental norms have been progressively enacted and confirmed by states themselves in their mutual intercourse and based on their common needs and interests. As a consequence, fundamental norms of international relations or international law at different times may vary, though some of them have endured permanently. In traditional international law, based on the postulate that they are legally equal, most rules endow states with wide freedom of action provided they abide by certain "rules of the game", and the law even gives its blessing to new situations brought about by force. That is the "lassez-faire approach" of classical international law. ①

The emergence of the UN Charter symbolizes the birth of contemporary international law. Those principles affirmed in Article 2 of the Charter are not only the fundamental principles of the organization and its member states, but are also universally recognized as formulating the basic norms of contemporary international relations as well as international law, the core of which is sovereign equality between member states, peaceful settlement of disputes, prohibition of armed force or threat of armed force, fulfillment of the Charter obligations in good faith, and non-interference in matters essentially within domestic jurisdiction. The Declaration of Principles of International Law Concerning Friendly Relations and Cooperation Among States in Accordance with the Charter of the United Nations (Declaration on Principles of International Law) adopted by the General Assembly in 1970, in addition to reaffirming these principles of the UN Charter, further confirmed the principles of national self-determination and obligation of cooperation.

In the development of basic principles of contemporary international law, special contributions have been made by some regional organizations, conferences or specific states; for example, the Five Principles of Peaceful Co-Existence firstly

---

① Antonio Cassese, *International Law*, p. 86.

initiated by China and then jointly proclaimed with China, India and Burma (now called Myanmar) from 1953 to 1954, the Ten Principles confirmed in the Final Communiqué of the Bandung Conference in Indonesia in 1955, the Ten Principles contained in the 1975 Helsinki Final Act adopted at the Conference on Security and Cooperation in Europe (called the Organization for Security and Cooperation in Europe since 1995), etc. All these basic principles confirmed by specific states and regional organizations are very much in conformity with those principles of the UN Charter and the General Assembly Declaration on Principles of International Law discussed above and are either reaffirmations of those principles or their further extension and development.

2. *Conforming to Globalization and Maintaining Multilateralism*

The contemporary construction of CILD should closely keep pace with contemporary international relations and follow the general trends of contemporary international society. Though opinions on the advantages and disadvantages of globalization have long been divided and there is no end to anti-globalization movements, it is an irreversible fact and trend that globalization has become broader and deeper. Therefore, in the developing context of globalization, the fittest survive in terms of national interest. As a matter of fact, the establishment of international organizations or regimes and the formulation of international legal rules or mechanisms are to a great extent outcomes of or services for globalization.

The manifestation of globalization in the sense of governance has been the rise of various multilateral systems demanded by the times, the fundamental rationale of which lies in multilateralism. According to the definition by John Ruggie, multilateralism refers to "an institutional form that coordinates relations among three or more states on the basis of generalized principles of conduct"; in addition to this definition from the institutional dimension, multilateralism also presents appropriate modes of behavior between state actors as well as attaching importance to and respecting universally recognized norms and rules.[①] In substance, multilateralism means the democratization of international relations, emphasizing that all states

① Retrieved from http://zh.wikipedia.org/zh-cn/%E5%A4%9A%E9%82%8A%E4%B8%BB%E7%BE%A9, August 2, 2010.

should jointly cope with the various challenges brought by globalization based on equal consultation within the framework of multilateral systems such as the UN, WTO, IMF, etc. , while opposing international affairs' being predominantly dealt with by some major powers who are a minority of states. In a word, multilateralism is characterized by multilateral coordination and cooperation between international actors.

The contemporary construction of CILD cannot be isolated from the grand context of globalization, nor can it escape from its various challenges and confront them without utilizing multilateralism. Therefore, CILD must be constructed in the context of globalization, establishing the image of China as an internationally responsible big country, firmly promoting multilateralism and rejecting unilateralism and supporting the resolution of all kinds of issues in the process of globalization, such as security, stabilization, development, democracy, human rights, the rule of law, the environment, energy, etc. , through appropriate multilateral mechanisms and in accordance with the rules and procedures jointly set up by all states, in a spirit of coordination and cooperation.

3. *Actively Participating in Regional Integration*

Regional integration is a social phenomenon in the contemporary world accompanying and parallel to globalization. It is undoubtedly a matter of fact that there has been a flourishing proliferation and speedy growth of various regional arrangements, agreements and organizations or mechanisms currently, despite the constant debates concerning its positive and negative impacts on multilateralism. To trace this phenomenon to its cause, regional mechanisms have been playing increasingly important or special roles (sometimes these roles are not substitutable) in dealing with regional conflicts, maintaining regional peace and security and promoting regional economic and social development. This has become essentially supplementary to the respective multilateral systems.

Considering the unique role of regional integration in building regional security and promoting regional economic and social progress, and its legitimate status in the multilateral organizations concerned (such as the regional arrangements in the joint collective security system and regional trade agreements being exceptions to most-favored nation treatment in the WTO, etc.), China, as a big country in the region, should not only continue to enhance its intercourse and cooperation with different organizations for regional integration in the world and actively participate in their activities, but also actively explore and initiate the creation of the necessary regional organizations or mechanisms in Asia which are in conformity both with the core interests of China and the interests of other countries concerned, as well as the overall interests of the whole region.

Consequently, there must be an appropriate reflection of the trends, characteristics and roles of regional integration and its interactions with China in the contemporary construction of CILD, thus echoing the contents of globalization and multilateralism mentioned above.

4. *Fully Manifesting the International Community's Obligations (or Rights)*

In international society today, the traditional principle of reciprocity still constitutes the foundation of contemporary international law. At the same time, certain new rules of international law with a somewhat different implication or character have been gradually being formulated; that is, a sort of non-reciprocal obligation confirmed in a number of multilateral treaties in the past fifty plus years, meaning in essence the obligations of one contracting state arising from a treaty not only to the other contracting state, but to any other contracting state and even including non-contracting states. Such non-reciprocal obligations in international law are formally called "obligations or rights ergaomnes" or "community obligations or rights". To trace the origin of the concept, such reciprocal obligations are rooted in the rationale and values of humanizing international law, being largely contained or implied in international humanitarian law, the international law of human rights, international refugee law, international criminal law and international environmental law, areas where the humanization of international law is mostly concentrated.

If we say that the CILD of the past was built up with an orientation toward national sovereignty and on the basis of the principle of reciprocity, the construction of current and future CILD should, in addition, in a timely way, adequately and effectively reflect the norms concerning "obligations *ergaomnes*" of contemporary international law and adapt itself to the trend of the dual orientation of "national sovereignty" and "international community interests". Only by so doing can we ensure that the contemporary construction of CILD will always proceed side by side with the frontiers of international law and the development of the discipline.

5. *Adapting to the Needs of China's Peaceful Development*

The CILD belongs to China to a large extent, although it has direct and strong international elements. Therefore, it must serve the strategy of China's peaceful development, otherwise it would lose its Chinese character, Chinese style and Chinese manner, thus weakening its main theoretical and practical significance. In order to make the contemporary construction of CILD closely link to and directly serve China's strategy of peaceful development, the first and foremost prerequisite in theory is to clarify the interactions between China's peaceful development and contemporary international law.

Roughly speaking, contemporary international law plays an active role in China's peaceful development in three dimensions: (1) it creates a peaceful and secure external environment for China's peaceful development; (2) it sets up a just and fair competitive international order for China's peaceful development; and (3) it provides legal safeguards of international cooperation for China's peaceful development.[①] Judged from another aspect, China's peaceful development will contribute greatly to the development of contemporary international law. Firstly, since China is the largest country in the world, its peaceful development is of special significance for global development, which is one of the main missions pursued by contemporary international law. Secondly, as a responsible political power, China will play an ever more important role in international peacekeeping and peace building as well as the maintenance of international security undertaken by contemporary international law. Finally, human rights, the rule of law and democracy are becoming the core values of contemporary international law and the promotion of such new core values at both national and international levels is one of the main purposes of China's peaceful development. The road of peaceful development chosen by China is not only the road to making the country prosperous and welloff, but also the essential road for realization of human rights, the rule of

---

① Zeng Lingliang, "On the Mutual Influence and Effect of China's Peaceful Development and International Law", p. 119.

law and democracy. ①

Ⅲ. The Functional Orientation of Contemporary CILD

In building contemporary CILD we cannot neglect its functional orientation. Only if its functions are precisely defined can the construction of CILD reach the following goals: (1) explicit objectives; (2) clear gradation; (3) a well-framed structure; and (4) comprehensive contents. This author elaborates the basic functional location of contemporary CILD as follows, in terms of international law, rule of law, academic dimension, social context and political perspective:

1. *Promoting the Continuous Development and Broad Application of Contemporary International Law*

To promote the codification and progress of international law is the sustained special mission of the General Assembly entrusted to it by the UN Charter. In addition to the constant efforts made by the UN and member states, many other intergovernmental organizations, NGOs, civil societies, academic agencies, etc. have been involving themselves in the progress or development of international law in one way or another. Though the Chinese discipline of international law is relatively young, it has been developing fast. The discourse of Chinese international law should have a place in the development of contemporary international law and such a place should become one of growing influence.

However, it is true that however developed international law might be, its practical role in regulating international relations, maintaining international peace and security and promoting global economic and social development would be significantly reduced if its room for application were limited. Being fully aware of the issue, the UN Secretary-General has launched a movement calling for the UN member states to sign, ratify or accede to a large number of listed multilateral treaties so as to promote the broad application of these important treaties and international law, during the general debate of the General Assembly each year since the Millennium Summit in 2000. At the same time, the Secretary-General approved

---

① Zeng Lingliang, "On the Mutual Influence and Effect of China's Peaceful Development and International Law", p. 119.

the Strategy for an Era of Application of International Law: Action Plan.① The CILD can play its part in promoting the broad application of international law in China as well as in the world through the comprehensive and timely dissemination and spread of multilateral treaties and of knowledge and information about contemporary international law and awareness of its importance.

2. *Promoting the Teaching, Research and Dissemination of Contemporary International Law*

The extent of consciousness, breadth of dissemination and quality of teaching and research in international law in a society are directly related to the scope of its effect and its effect on the people, thus resulting in an impact on realization of the values of international law and its social functions. Bearing in mind the importance of these concerns, the General Assembly adopted a special resolution in the middle of the 1960s, initiating the UN Program of Assistance in the Teaching, Study, Dissemination and Wider Appreciation of International Law.② Since then, the General Assembly adopted a resolution to continue the Program annually until the Twenty-Sixth Session; from then, it has done so every two years.

The most fundamental, direct and extensive function of CILD is to promote national and world-wide teaching, study and dissemination of international law by the following means: (1) to transfer the basic knowledge, theories and techniques of international law into university textbooks, reading materials and courses through the expression of CILD, fostering an elite in international law; (2) to utilize CILD to study the frontier issues of contemporary international law both in theory and practice as well as important international legal issues involved in China's peaceful development, bringing about the flourishing of research in international law with Chinese characteristics and improving the level of international law studies in China; (3) to train government officials at all levels, legal professionals and senior managers in CILD, and to disseminate contemporary international law with CILD both at home and abroad through the publication of the outcomes of international law research by Chinese international law scholars and their lectures or essays,

① Retrieved from http://www.un.org/law/technical/technical.htm, August 3, 2010.

② UNGA Resolution 2099(XX), December 20, 1965.

delivered both internally and externally, thus globally spreading contemporary international law.

3. *Promoting the Progress of the Rule of Law in China*

The promotion of the rule of law at international and national levels is becoming a core value of contemporary international law and an important agenda of the UN. Since its implementation of the reform and opening up policy, particularly in recent years, China has been endeavoring to enhance its own construction of the rule of law under the strategy of governing the country by law. In such a context, the contemporary construction of CILD should take into full consideration its role in the progress of China's rule of law. More specifically, it should increasingly exert its influence in the whole process of the rule of law in China. Firstly, in the dimension of the rationale, it is necessary to establish a correct and complete concept of the rule of law in this country, realizing that the term "law" in the concepts of "governance of the nation by law" and "administration according to law" does not only refer to "Chinese law", but should also include "international law". Secondly, the Chinese legislative, executive and judicial organs must precisely grasp the nature and characteristics of relevant principles and rules of international law and appropriately handle the relationship between related domestic and international laws and their application. In addition, measures should be adopted to strengthen understanding and knowledge of international law by actors in the market economy and civil society, so that they can protect their own rights and interests, if the case arises, utilizing the rules and procedures of international law.

4. *Maintaining China's Interests, Especially its Core Interests*

The conception of national interest was formulated when the nation-state arose in modern Europe. Since then, the concept may have different implications or emphases at different times. The essence and primary purpose of international law, as the law regulating international relations, is to maintain the common interest of all nations, which is composed of the individual interests of each nation. Of course, the interests of states cannot be completely the same, and may sometimes be very different, or even in conflict, eventually resulting in armed conflicts. Therefore, the common interest maintained by international law is in essence the coordination of the interests of all states. When it scientifically presents common inter-state interests and the common interest of mankind, a nation's contemporary construction of international law discourse is deemed to be consistent with this nation's own interests, particularly the needs of its core interests, otherwise international law discourse would lose the characteristics of individual states. It should be taken for granted that CILD must unambiguously protect China's national interests, particularly its core interests, in its contemporary formulation. The core interests of China should include but not be limited to the maintenance of China's fundamental system, national security, national sovereignty, territorial integrity and sustainable and stable economic and social development. ①

5. *Improving the International Image and Status of China as a Responsible Big Country*

As the largest developing country in the world, China has been steadily improving its international image and status with the gradual increasing of its comprehensive national capacity since the implementation of the reform and opening up policy. The discourse power and influence of China in international affairs have risen and are growing ever stronger, whether seen in its role in the UN collective security system, in building regional security mechanisms and coping with regional hot issues, in the affirmation and realization of the UN Millennium Development Goals, in promotion of the Doha Development Agenda, in coping with the global financial crisis and global climate change, or in attacking international terrorism, pirates, etc.

With this as its mission, the contemporary construction of CILD should continue to improve the international image and status of China as a responsible big country. More specifically, CILD, through its own creative and scientific construction, should lead the progress-oriented development of contemporary international law, influence decision-making on important or key issues in multilateral and regional systems and provide a theoretical think tank and practical advice for the formulation and implementation of China's foreign policies or

---

① Refer to State Council or Dai Binguo's remarks at the first round of the Sino-American Economic Dialogue, July 29, 2009. Retrieved from http://www.chinanews.com.cn/gn/news/2009/07-29/1794984.shtml, August 3, 2010.

strategies.

Ⅳ. Conclusion

To sum up, we can reach some preliminary conclusions as follows:

Firstly, contemporary CILD is the foundation and core of a contemporary international law discipline with Chinese characteristics, style and manner. Only if the construction of CILD is carried out in a scientific and systematic manner and keeps pace with the times will the Chinese international law discipline be formulated in exactly the same way.

Secondly, contemporary CILD must, on the one hand, precisely, comprehensively and completely express and disseminate the principles, rules, regulations and mechanisms of international law and its nature as well as its core values, basic conceptions, key terms, mainstream theories or doctrines and representative views, etc. At the same time, it should adequately and in a timely fashion present the creative contributions made by China to international law and its discipline and discourse since 1949, particularly in the most recent thirty years of China's reform and opening up policy.

Thirdly, the contemporary construction of CILD must be based on the most advanced rationale as its guideline. Such a rationale is "building a harmonious world", first proclaimed by China. The concept of "a harmonious world" reflects the common wishes and voices of international society, expresses the common perspective of mankind and indicates the sacred mission of contemporary international law.

Fourthly, the contemporary construction of CILD overall should cover the four basic levels of international rule of law and Chinese foreign policies, namely, domestic, multilateral, regional and bilateral levels. The contents, scope and character of CILD in these four basic levels may vary, but they interact, influence and complement each other.

Fifthly, the construction of contemporary CILD should be conducted according to and adapting to a number of basic principles, orders and tendencies, such as the fundamental norms of international relations and international law, globalization and multilateralism, regional integration and regionalism, international community obligations(or rights) and the needs of China's peaceful development, etc.

Last but not least, the construction of CILD should have its functions scientifically defined. This author would like to locate its functions as promoting the continuous development and broad application of contemporary international law, enhancing the teaching, study and dissemination of contemporary international law at home and abroad, advancing the progress of China's rule of law, protecting China's national interests, particularly its core interests, and improving the international image and status of China as a responsible big country.

构建中国特色社会主义国际法学*

习近平总书记在5月17日哲学社会科学工作座谈会上的重要讲话中，深刻阐述了哲学社会科学在推动历史发展、社会进步和治国理政中的重要地位和作用，精辟地指出：一个国家的哲学社会科学发展水平"反映了一个民族的思维能力、精神品格、文明素质，体现了一个国家的综合国力和国际竞争力"。我国国际法学是中国特色哲学社会科学的重要组成部分，其研究水平直接关系到中国在国际上的软实力和在世界范围内的竞争力、影响力。

从19世纪开始，国际法学作为"西学东渐"的重要内容传入中国。中国的国际法学从无到有，从照搬西方国际法学到批判地吸收西方国际法学，再到独立自主创建和发展具有中国特色的社会主义国际法学，经历了漫长而又曲折的过程。自改革开放以来，中国的国际法学进入了前所未有的快速发展时期。今天，我国已经成为国际法学大国，建立了由国际公法学、国际私法学和国际经济法学三大分支学科组成的学科体系和由本科、硕士、博士、博士后不同层次构成的国际法学人才培养机制；近年来，国家又创造性地实施卓越涉外法律人才培养计划。我国的国际法研究机构和队伍迅速壮大，每年出版的国际法著作和发表的国际法论文数量数以万计，

---

* 本文原载于《光明日报》2016年6月29日，第16版。

中国国际法学者在世界著名出版社出版的外文著作和在重要国际期刊发表论文的数量也逐年增多,甚至创办了国际权威检索机构认可的英文期刊。中国的国际法学者也频繁地在世界学术舞台上发声,国际学术话语权和影响力逐步提升。

但是,正如习近平总书记对我国哲学社会科学所作出的整体判断一样,中国的国际法学与发达国家甚至部分发展中国家的国际法学相比,仍然存在一定的差距,"目前在学术命题、学术思想、学术观点、学术标准、学术话语上的能力和水平同我国综合国力和国际地位还不太相称"。究其原因,从客观方面来看,国际法学对中国而言是"舶来品",进入中国较晚,其话语表达在近代和现代的很长时期内一直是西语(尤其是英语)占主导地位,对中国国际法学者创新和表达国际法学命题、学术观点造成了一定障碍;从主观方面来看,中国历史上长期的闭关自守和"文化大革命"期间长达10多年学科建设的中断,使我国国际法学一直处于落后局面。

习近平总书记明确提出,中国特色哲学社会科学应把握3个主要方面:继承性、民族性;原创性、时代性;系统性、专业性。完善和增强中国特色社会主义国际法学,也应重点从这三个方面进行把握。

国际法学源于近代西欧,其理论中一方面含有不少西方价值观和强权、特权、殖民主义和歧视性的内容,有的已经被时代所抛弃,我们理所当然地应予以摒弃;另一方面国际法学中也有很多理论和思想不仅具有历史的进步性,而且体现国际公平性和正义性,如国家主权平等。对于这些进步的、符合中国根本利益和新时代要求的传统国际法理论和思想,我们在创新和发展中国特色社会主义国际法学的过程中应始终不渝地予以坚持和继承。

与此同时,我们还必须坚持中国社会主义国际法学的民族性,即中国特色。具体地说,在完善和加强中国特色国际法学科体系、学术体系和话语体系的进程中,应该将中华民族的优秀文化传统融入其中,如"与人为善""和为贵""己所不欲,勿施于人"。中国国际法理论和思想中的这些"中国元素",对于当代国际法继续朝着维护国际和平与安全、促进全球经济与社会可持续发展的方向发展具有深远的世界意义。

中国特色社会主义国际法学要对当代国际法的发展产生影响,并在全球治理体系变革中起到实质性作用,就必须致力于国际法理念、概念和理论上的创新。任何新的国际法概念、范畴、理念、表述和理论,只有具备了原创性,才有可能在世界上抢占国际法发展的先机和话语权;只有符合时代的需要和发展趋势，才有可能被世界国际法学界所接受，并最终成为实在的国际法原则、规则和制度。例如，近年来，我国领导人多次提出、阐释和反复重申“构建人类命运共同体”，已经引起了国际社会的普遍关注。这一既反映时代客观要求和发展趋势，又符合中国根本利益的新理念，经过持续不懈地传播，假以时日，一定会成为被国际社会广泛接受的新的国际法理念，其国际影响势必不亚于20世纪50年代中期中国分别与印度、缅甸共同倡导的“和平共处五项原则”。

完善中国特色社会主义国际法学科体系，其核心是加强中国国际法学的专业建设。我国有关政府部门和高等院校应对我国国际法专业进行一次全面的摸底调查，系统掌握这一事关中国和平发展、全面和深度参与全球治理体系变革及国家治理体系和能力现代化的重要学科的现状，尽早制定相应的战略，出台相应的措施，补强弱势专业方向，填补空白专业方向，凝练具有发展前景的新的专业方向。在填补和凝练新的国际法专业方向方面，尤其要注重和探索国际法与相关学科或专业的交叉整合，如网络空间国际法、生物技术国际法。

Conceptual Analysis of China's Belt and Road Initiative: A Road Towards a Regional Community of Common Destiny*

Abstract

The Chinese Initiative of jointly building the Belt and Road has drawn world-wide attention since 2012, and it is reasonable to believe that the ongoing implementation of the Belt and Road strategy will sustainably attract the international society in the years to come. Although the Chinese Government only recently made public the official paper entitled Vision and Actions of the Belt and Road, discussion and comments have been speedily and increasingly abundant among politicians, economists, entrepreneurs and scholars in various disciplines both in China and abroad. In spite of the difficulty at the moment to define the Belt and Road conceptually, especially from a legal point of view, this article tries to make a conceptual analysis of it with available sources and by comparison with its related traditional concepts of regional economic integration, partnership arrangement and community of

---

* 本文原载于 *Chinese Journal of International Law*, Vol. 15, No. 3, 2016, pp. 517 - 541。

common destiny, the last of which is as new as the Belt and Road. Finally, the author concludes that the Belt and Road is a new formula of global governance which bears some elements of regional economic integration on the one hand and resembles to some extent a partnership arrangement between States on the other hand. However, the implication of the Belt and Road surpasses both regional integration and partnership. It takes both as its basis and priorities with a far-reaching view of building a regional community of common destiny. This new type of regional community aims at building a "community of shared interests", "a community of shared destiny" and "a community of shared responsibility". In essence, it is a part of the community of common destiny of the whole of mankind.

Ⅰ. Introduction

1. The idea of jointly building the Silk Road Economic Belt and the 21st Century Maritime Silk Road (the Belt and Road)① is based on historical, empirical and practical considerations by the Chinese government. Historically, the Silk Road began thousands of years ago and has lasted ever since. Empirically, the Silk Road spirit of "peace and cooperation, openness and inclusiveness, mutual learning and mutual benefit" has passed from generation to generation, promoted the progress of human civilization, and contributed greatly to the prosperity and development of the countries along the Silk Road, as pointed out in the preface of the Vision and Actions on Jointly Building Silk Road Economic Belt and 21st Century Maritime Silk Road (the Belt and Road Initiative).② Practically, there are three dimensions in the mind of the top Chinese leaders. Firstly, the theme of the current century is

---

① The Silk Road Economic Belt focuses on bringing together China, Central Asia, Russia and Europe (the Baltic) and linking China with the Persian Gulf and the Mediterranean Sea through Central Asia and the Indian Ocean. The 21st-Century Maritime Silk Road is designed to go from China's coast to Europe through the South China Sea and the Indian Ocean on one route, and from China's coast through the South China Sea to the South Pacific on the other.

② Vision and Actions on Jointly Building Silk Road Economic Belt and 21st Century Maritime Silk Road, jointly released by the National Development and Reform Commission, the Ministry of Foreign Affairs and the Ministry of Commerce with the authorization of the State Council, the People's Republic of China on 28 March 2015 (news.xinhuanet.com/english/2015-03/28/c_134105435.htm).

almost the same as that of the "Silk Road" in history, namely, "peace, development, cooperation and mutual benefit". Secondly, the international and regional situations faced by all countries along the Belt and Road have become more and more complicated. Thirdly, the recovery of the global economy has been weak and slow since the financial crisis began in 2008. Therefore, the Belt and Road is created as a new strategy to carry forward the spirit of the ancient Silk Road, and to cope with international political, economic and social challenges in the world of globalization and global governance.

2. The Belt and Road proposal was first initiated by Chinese President Xi Jinping during his visits in Central Asia and Southeast Asia in September and October of 2013. In November of the same year, the Third Plenary Session of the 18th Central Committee of the Communist Party of China (CCP) called for accelerating infrastructure links among neighboring countries and facilitating the Belt and Road Initiative. In March 2014, Premier Li Keqiang reaffirmed accelerating the Belt and Road construction in his annual government work report to the National People's Congress of China. At the APEC meetings in November 2014 in Beijing, President Xi announced that China would contribute 40 billion US dollars to set up the Silk Road Fund and to provide investment and financing support for infrastructure, resources, industrial cooperation, financial cooperation and other projects in countries along the Belt and Road. In December 2014, the Economic Work Conference of the CCP sketched out priorities for the coming year, which include the implementation of the Belt and Road strategy. On 28 March 2015, after President Xi Jinping highlighted the strategy at the opening ceremony of the 2015 annual conference of the Boao Forum for Asia (BFA), the Belt and Road Initiative as mentioned in the beginning was formally made public. ①

3. In the past one and a half years, especially after the announcement of the Belt and Road Initiative, discussions and comments on the Belt and Road Initiative have been made in various circles both in China and abroad, by such commentators as politicians, diplomats, scholars of international relations, economists, journalists,

---

① Chronology of China's Belt and Road Initiative, Xinhua News Agency, 28 March 2015 (news.xinhuanet.com/english/2015-03/28/c_134105435.htm).

jurists and sociologists, etc. Each circle has been trying to understand this newly proposed strategy in terms of its professional observation. However, before the Chinese official initiative was made public, all comments and explanations were made largely on assumption, except for some sporadic empirical examples. ①

4. At present, although the Belt and Road is roughly designed and its building is just beginning, we can still expound its theoretical and practical implications from legal perspectives mainly in accordance with this available official Chinese document and some concrete actions adopted by China and other countries concerned so far. The first section below tries to make analysis of the Belt and Road in contrast to existing regional economic integration. Discussions in the second section will focus on the comparison of the Belt and Road with international partnership arrangements. Some further comments on the Belt and Road will be made within the framework of the new conception of a community of common human destiny. Finally, the author intends to conclude with a preliminary summary assessment on the Belt and Road in the context of the evolution of the global governance system.

Ⅱ. The Belt and Road in the Perspective of Regional Economic Integration

Ⅱ. A. Implications and Hierarchy of Regional Integration

5. The theory of integration has gradually become popular among scholars of international relations, economists and jurists of regional studies since the end of the Second World War. There exist two different views concerning the origin of integration. One view is that the development from city States in the Middle Ages to

---

① For instance, in October 2013, President Xi in his speech at the Indonesian parliament proposed to establish an Asian Infrastructure Investment Bank (AIIB) to finance infrastructure construction and promote regional interconnectivity and economic integration. During the APEC meeting in November 2014 in Beijing, Xi announced that China would contribute 40 billion US dollars to set up a Silk Road Fund to be used to provide investment and financing support for infrastructure, resources, industrial cooperation, financial cooperation and other projects in countries along the Belt and Road. "Will Asian Infrastructure Investment Bank Become a Reality?", China Today, 16 October 2014 (www.china.org.cn/opinion/2014-10/16/content_33780011.htm).

modern sovereign States had been the result of integration in international relations, and its theoretical evidence originated from the political thoughts of Thomas Aquinas and others in that time. The other view is that integration started with the German Customs Union in the mid - 19th century and it originated directly from economics. ①Nevertheless, contemporary regional economic integration commenced in Europe after the Second World War. Nowadays, various patterns of regional integration have spread all over the world. When it comes to integration, this often refers to economic integration.

6. As a legal form of economic cooperation between States or related entities, regional economic integration may be conducted in various ways in terms of cohesiveness. The most popular type of regional economic integration is free trade areas (FTAs) in which participants remove trade barriers in goods between them, such as tariffs and all kinds of non-tariff barriers, as well as liberalization or at least facilitation of trade in services between them. For instance, the European Union's integration started with a free trade area among its original six Member States (Belgium, France, Germany, Italy, Luxembourg and the Netherlands). Another influential FTA is the North American Free Trade Area (NAFTA) among Canada, Mexico and the US, which was established in 1994.

7. A higher level of regional economic integration takes the legal form of the customs union, in which participating States or entities not only establish FTAs among themselves, but also implement common external tariff rates towards third-party countries. In history, the German Customs Union in the mid - 19th century was the first of this kind. The customs union within the EU established in 1968 is by far the largest in the world.

8. Within the framework of the WTO regime, agreements establishing free trade areas and customs unions, including the interim arrangements of both forms, are categorized as regional trade agreements (RTAs), ② while regional arrangement of

① Hay Peter, Federalism and Supranational Organizations: Patterns for New Legal Structures (1966); Pierre Pescatore, The Law of Integration—mergence of a New Phenomenon in International Relations, Based on the Experience of the European Communities (1974).

② General Agreement on Tariff and Trade (GATT 1994), Article 24.

trade in services is defined in the GATS as "regional integration". [①] In addition, preferential trade agreements (PTAs) between developed countries and developing countries and between the latter themselves, including the General System of Preference (GSPs) [②] are also part of RTAs. [③] RTAs, as the largest exception to the principle of most favored nation treatment (MFN) in the WTO, are subject to notification by participants concerned to the WTO Secretariat and especially the review mechanism of the WTO Committee on Regional Trade Agreements, although so far this mechanism has been proved to be not as effective in practice as predicted.

9. A common market is considered an even higher level of integration than the customs union in the process of economic integration, in which the participants through mutual agreement aim at free movement of labor and capital in addition to free movement of goods and services. Furthermore, they also seek a number of common policies, such as common commercial policy, common agricultural and fishery policy, common competition policy, common environmental policy, common science and technology policy, and even common social policy. The European Union is undoubtedly the biggest and most outstanding common market in the world, which was declared to be completed by the end of 1992. Another important but less influential common market is the South Common Market (MERCOSUR). [④]

10. Economic and monetary union is at the top level in the hierarchy of regional economic integration. A pure monetary union only establishes a single

---

① General Agreement on Trade in Services (GATS), Article 5.

② See the three main variants (arrangements) of the current EU GSP scheme (ec. europa. eu/trade/policy/countries-and-regions/development/generalised-scheme-ofpreferences/ index_en. htm).

③ Differential and More Favourable Treatment Reciprocity and Fuller Participation of Developing Countries, Decision of 28 November 1979 (L/4903); WTO Secretariat, Implementation of Special and Differential Treatment Provisions in WTO Agreements and Decisions, WT/COMTD/W/77, 25 October 2000; Lolette Kritzinger-van Niekerk, Regional Integration: Concepts, Advantages, Disadvantages and Lessons of Experience (www. sarpn. org/documents/d0001249/P1416-RI-con cepts_May 2005. pdf).

④ MERCOSUR was established in 1991 by the Treaty of Asuncion, which was later amended and updated by the 1994 Treaty of Ouro Preto. Mercosur is composed of five sovereign member States: Argentina, Brazil, Paraguay, Uruguay and Venezuela. Its associate countries include Chile, Bolivia, Colombia, Ecuador and Peru. Its purpose is to promote free trade and the fluid movement of goods, people, and currency. But so far it is a full customs union and a trading bloc rather than a common market (en. wikipedia. org/wiki/Mercosur).

currency and does not implement a customs union and common market, such as the Latin Monetary Union in the 19th century and the Belgium—Luxembourg Monetary Union (1922 - 2002, superseded by the European EMU). An economic union contains two core elements on the base of customs union and common market, namely, the establishment of a single currency zone and a uniform central bank with a uniform fiscal policy. Currently, the sole complete economic union is the EU, with the Euro as its single currency and the Euro zone as its coverage of territory.

Ⅱ. B. Tendency of Regional Economic Integration in Recent Years

11. Debates on the advantages and disadvantages of regional economic integration to trade, economic and even social development have been going on for a long time, but such sustained debates have never stalled the fast development of regional economic integration scattering all over the world. ① In addition to the quantitative increase of RTAs, new types of RTAs concluded in the last few years or currently under negotiation are worthy of special attention.

12. The so-called "environmental RTAs" is the most attractive type of RTAs. ② According to the report by the OECD Joint Working Party on Trade and Environment, RTAs negotiated in the past few years by many OECD members include some type of environmental provisions and the scope and depth of environmental provisions in RTAs varies significantly. Some RTAs make a prior assessment of their potential environment impacts before the RTAs are concluded, while quite a number of RTAs include provisions on the environment in the texts of the RTAs, either by special articles or by detailed chapters. In addition, some RTAs contain a general provision on environment and detailed provisions are elaborated in a side agreement. The core elements of this new type of RTAs include escape clause

① Trade Policies Review Division, WTO Secretariat, The Changing Landscape of RTAs, prepared for the Seminar on Regional Trade Agreement and the WTO, WTO Secretariat, Geneva (14 November 2003), 9; US Congressional Budget Office, Economic and Budget Issue Brief: The Pros and Cons of Pursuing Free Trade Agreements (31 July 2003), 5 - 7; Jo-Ann Crawford & Roberto V. Fiorentino, The Changing Landscape of Regional Trade Agreements, WTO Discussion Paper No. 8, Geneva (2006), 1 - 2, 16.

② OECD Joint Working Party on Trade and Environment, Regional Trade Agreements and Environment, Summary, COM/ENV/TD (2006), 47/FINAL, 12 March 2007.

in provisions on trade, provision of new cooperative mechanisms or manners (such as transfer of technology) and enhancement of provisions concerning climate-friendly trade in goods and services (including incentives for clean energy). ①

13. In spite of this new tendency, the number of "environmental RTAs" remains relatively small so far. Most RTAs between developing countries exclude any provision on environment. These countries think that the appropriate way to deal with transnational environmental issues is not through RTAs but through specialized and thematic bilateral, regional and multilateral agreements on the matter. However, it is not to be neglected that developed countries tend to push for "environmental RTAs" in their negotiation of new RTAs with developing countries.

Ⅱ. C. Comparative Analysis of the Belt and Road with Regional Integration

14. Judging from its geographic coverage, the Belt and Road seems to be within the scope of regional integration. According to the Initiative, the Belt and Road is composed of two parts. The first part is called the "Silk Road Economic Belt", which brings together China, Central Asia, Russia and Europe (the Baltic), linking China with the Persian Gulf and the Mediterranean Sea through Central Asia and West Asia and connecting China with Southeast Asia, South Asia and the Indian Ocean. The second part is called "the 21st-Century Maritime Silk Road", which is designed to go from China's coast to Europe through the South China Sea and the Indian Ocean along one route, and from China's coast through the South China Sea to the South Pacific along the other. The Initiative identifies the Belt and Road as "a systematic project", which should be jointly built "to integrate development strategies of the countries along the Belt and Road". Furthermore, it emphasizes the openness and inclusiveness of the Belt and Road, which covers, but is not limited to, the area of the ancient Silk Road. It is open to all countries, and international and regional organizations for engagement, so that the results of the concerted efforts will benefit wider areas. Therefore, the Belt and Road might not be identified as a form of regional integration in a strictly traditional sense. This presumption might be

---

① Gehring Markus, et. al., Climate Change and Sustainable Energy Measures in Regional Trade Agreements (RTAs): An Overview, ICTCD Programme on Global Economic Policy and Institutions, Executive Summary, Issue Paper, No. 3 (2013).

further illustrated by analysis of its purposes, contents and mechanisms as follows.

15. Regional economic integration to a certain extent is the first purpose of the Initiative. It aims at "promoting orderly and free flow of economic factors", but seems to be more ambitious than a free trade area. It also aims at promoting "highly efficient allocation of resources and deep integration of markets, and encouraging the countries along the Belt and Road to achieve economic policy coordination and carry out broader and more in-depth regional cooperation of higher standards, and jointly creating an open, inclusive and balanced regional economic cooperation architecture that benefits all". However, it is less than a common market.

16. On the other hand, the purpose of the Belt and Road goes beyond regional economic integration. Firstly, it proclaims to be "a way for win-win cooperation" that promotes "common development and prosperity" and "a road towards peace and friendship". Secondly, it aims at promoting "practical cooperation in all fields", not limited to specific economic fields. And finally, it works to build "three communities", namely, "a community of shared interests", "a community of shared destiny" and "a community of shared responsibility".

17. The Initiative explicitly figures out five cooperation priorities of the Belt and Road construction. The first priority is policy coordination. Enhancing policy coordination is an important guarantee for implementing the Initiative, which means that the construction and operation of the Belt and Road, in addition to factors of market, should largely be State-driven or government-driven. Therefore, intergovernmental cooperation between participating countries is imperative, including building a "multi-level intergovernmental macro policy exchange and communication mechanism", expanding "shared interests", enhancing "mutual political trust", and reaching a "new cooperation consensus".

18. The second priority is facilities connectivity, which is fundamental for implementing the Initiative. Currently each country along the Belt and Road has its own infrastructure plans and technical standards systems. Such varieties are inconvenient for fast or—to a lesser extent—smooth movement of goods, persons, capital and an adequate supply of services across borders. Therefore, the Initiative intends to "jointly push forward the construction of international trunk passageways, and form an infrastructure network connecting all sub-regions in Asia, and between

Asia, Europe and Africa step by step", with due consideration of "the impact of climate change on the construction". The infrastructure connectivity focuses on three areas. The first area is transport infrastructure construction. The connectivity of energy infrastructure becomes the second, and the construction of cross-border optical cables and other communication trunk line networks is the third.

19. The third priority is unimpeded trade. Trade and investment cooperation within the region and with related countries is set out as a major mission of the Belt and Road construction. The primary goal of this cooperation is to create a sound business environment by improving trade and investment facilitation and removing trade and investment barriers. It is worthy of attention that a free trade area in the whole region does not seem to be a recent goal, while countries along the Belt and Road "could discuss" its establishment. It could be presumed that formulation of a free trade area is at most a medium-term or even a long-term goal of the Belt and Road. However, the possibility of establishing bilateral free trade areas between China and some countries or sub-regions along the Belt and Road could not be excluded. For instance, China has concluded free trade agreements with ASEAN Member States,① Pakistan,② Singapore,③ Iceland,④ Switzerland,⑤ New

---

① China and ASEAN Member (AMS) signed the Framework Agreement on China-ASEAN Comprehensive Economic Cooperation at the sixth China-ASEAN Summit in November 2002. In November 2004, both sides signed the Agreement on Trade in Goods of the China-ASEAN FTA which entered into force in July 2005. In January 2007, the two parties signed the Agreement on Trade in Services, which entered into effect in July of the same year, China FTA Network (fta. mof com. gov. cn/topic/chinaasean. shtml).

② China and Pakistan reached a free trade agreement in November 2006. The Agreement took effect in July 2007. On 21 February 2009, the two countries signed the Agreement on Trade in Service of the China-Pakistan FTA which entered into force since 10 Oct. 2009, China FTA Network (fta. mofcom. gov. cn/topic/enpaki stan. shtml).

③ China and Singapore signed the China-Singapore Free Trade Agreement on 23 October 2008. Under this Agreement, the two countries will accelerate the liberalization of trade in goods on the basis of the Agreement on Trade in Goods of the China-ASEAN FTA and further liberalize the trade in services, China FTA Network (fta. mofcom. gov. cn/topic/ensingapore. shtml).

④ The Iceland-China Free Trade Agreement of 15 April 2013 was the first FTA signed between China and a European country (www. mfa. is/news-and-publications/nr/ 7655).

⑤ China-Switzerland FTA was signed on 1 July 2013 and entered into force on 1 July 2014, China FTA Network (fta. mofcom. gov. cn/enarticle/chinaswisen/chinaswissen news/201405/15660_1. html).

Zealand① and Australia,② apart from the Closer Economic Partnership Arrangements (CEPAs) between the Central Government of China and the Government of the Special Administrative Region of Hong Kong and the Government of the Special Administrative Region of Macao, respectively, in 2003. In addition, China currently conducts FTAs negotiation with the Gulf Cooperation Council (GCC), Norway, Korea, Japan and Sri Lanka.③ Furthermore, possible bilateral FTAs between China and other related countries along the Belt and Road, such as India, Maldives and Moldova, are under consideration or study.④

20. The fourth priority focuses on financial integration. Financial stability and adequate financial supply along the Belt and Road and beyond the region are deemed to be vital for the success of the Initiative. Efforts will be made toward building three systems in Asia, namely, a currency stability system, an investment and financing system and a credit information system. A number of regional or sub-regional financial institutions are to be established, in addition to bilateral financial operation, such as the Asian Infrastructure Investment Bank,⑤ BRICS New

---

① On 7 April 2008, the China-New Zealand Free Trade Agreement was signed in Beijing, which entered into force on 1 October 2008. Covering such areas as trade in goods, trade in services and investment, the Agreement is the first comprehensive FTA that China has ever signed; China FTA Network (fta. mofcom. gov. cn/topic/ ennewzealand. shtml).

② On 17 November 2014, both sides affirmed the practical conclusion of the China-Australia Free Trade Agreement (FTA) negotiations, China FTA Network (fta. mof com. gov. cn/enarticle/ chinaaustralia/chinaaustralianews/201411/19037_1. html).

③ Available at (fta. mofcom. gov. cn/english/index. shtml).

④ Available at (fta. mofcom. gov. cn/english/index. shtml).

⑤ The AIIB was proposed by the Government of China in 2013 and launched in Beijing in December 2015. The purpose is to provide finance to infrastructure projects in the Asian region. AIIB is regarded by some as a rival to the IMF, the World Bank and the Asian Development Bank (ADB), which are regarded as dominated by developed countries such as the United States. The United Nations has addressed the launching of AIIB as caling up financing for sustainable development for the concern of global economic governance. As of 15 April 2015, almost all Asian countries and many major countries outside Asia had decided to join the AIIB, except the US, Japan (which dominated the ADB) and Canada. The Articles of Agreement (AOA) would be finalized and open for signature by Prospective Founding Members (PFMs) from June 2015. The AOA is expected to enter into force and AIIB to be fully established by the end of 2015. As of 15 April 2015, there were 57 PFMs (en. wikipedia. org/wiki/Asian_ Infrastructure_Investment_Bank).

Development Bank[①] and Shanghai Cooperation Organization (SCO) financing institution.[②] Furthermore, the Silk Road Fund is also planned to be set up.

21. The fifth priority concentrates on the people-to-people bond, which aims at promoting friendly relationship, partnership and cooperation between peoples along the Belt and Road. The scope of the people-to-people bond scheme is broad and profound, including " extensive cultural and academic exchanges, personnel exchanges and cooperation, media cooperation, youth and women exchanges and volunteer services". The Initiative on cooperation in fields of humanity, social sciences and science and technology is adequately ambitious and all-embracing.

22. In short, the first four priorities of the Belt and Road could be defined as within the framework of economic regional integration. However, the fifth one could hardly be so presumed. Although some contents in this priority are closely connected to regional economic integration, such as the cooperation on creation of new tourist routes, most of them surpass the field of economics. Arguably, exchange of personnel on the one hand could roughly be sorted within the concept of movement of peoples in regional economic integration, but on the other hand it does not reach the sense of free movement in a common market. Again, expansion of tourism could be within the meaning of trade in services, but income increase of tourism is not the primary purpose of the Initiative. The emphasis of the people-to-people bond lies in building consensus and cooperation in the spiritual, consciousness and psychological

---

① The New Development Bank was agreed to by BRICS leaders at the 5th BRICS summit held in Durban, South Africa on 27 March 2013 and is operated by the BRICS States (Brazil, Russia, India, China and South Africa) as an alternative to the existing US-dominated World Bank and IMF. The bank is set up to foster greater financial and development cooperation among the five emerging markets. On 15 July 2014, the first day of the 6th BRICS summit held in Fortaleza, Brazil, the group of emerging economies signed the long-anticipated document to create the $100 billion BRICS Development Bank and a reserve currency pool worth over another $100 billion. The bank is headquartered in Shanghai, China. Unlike the World Bank, which assigns votes based on capital share, each participant country will be assigned one vote in the New Development Bank, and none of the countries will have veto power. On 11 May 2015, K. V. Kamath was appointed as President of the Bank (en. wikipedia. org/wiki/New_Development_Bank).

② On 14 January 2015, Russian Prime Minister Dmitry Medvedev said at a plenary session of the VI Gaidar Forum in Moscow that the Shanghai Cooperation Organization is also developing tools to finance promising projects (en. sco-russia. ru/ news/20150114/1013272597. html).

dimensions among the peoples along the Belt and Road. It is a project of transnational public feelings and support of the Initiative.

23. Let us now turn to the cooperation mechanism of regional economic integration. Normally, participants set up a certain kind of institution endowed with powers and functions for the implementation of a regional economic integration, such as a plenary organ consisting of high representatives of the contracting parties, an executive organ consisting of limited elected officials of the participants, or a dispute settlement agency consisting of independent judges, arbitrators or panelists. An advanced regional integration, such as the European Union, may even establish a parliamentary organ consisting of members by direct suffrage and a judicial hierarchy system.

24. The designers of the Belt and Road have no intention of formulating a new cooperation mechanism, but "will take full advantage of the existing bilateral and multilateral cooperation mechanisms to push forward the building of the Belt and Road and to promote the development of regional cooperation". Those existing bilateral mechanisms include a joint committee, mixed committee, coordinating committee, steering committee and management committee. Those regional and multilateral mechanisms include, but are not limited to, the Shanghai Cooperation Organization (SCO), ASEAN Plus China (10 + 1), Asia-Pacific Economic Cooperation (APEC), Asia-Europe Meeting (ASEM), Asia Cooperation Dialogue (ACD), Conference on Interaction and Confidence-Building Measures in Asia (CICA), China-Arab States Cooperation Forum (CASCF), China-Gulf Cooperation Council Strategic Dialogue, Greater Mekong Sub-region (GMS) Economic Cooperation, and Central Asia Regional Economic Cooperation (CAREC), etc. In addition, the Initiative particularly mentions an active use and a full play of existing international forums and exhibitions at regional and sub-regional levels hosted by countries along the Belt and Road. Furthermore, the Initiative supports local authorities and the general public of countries along the Belt and Road to explore the historical and cultural heritage of the Belt and Road, jointly hold investment, trade and cultural exchange activities, and ensure the success of the Silk Road (Dunhuang) International Culture Expo, Silk Road International Film Festival and Silk Road International Book Fair.

25. However, the Initiative proposes to set up an international summit forum on the Belt and Road, which could be regarded as a new mechanism of its own.

Ⅲ. The Belt and Road in Contrast to Partnership Between States

Ⅲ. A. Conceptual Evolution of Partnership

26. The concept of partnership has long been used in company law, often meaning an association of two or more persons engaged in a business enterprise in which the profits and losses are shared proportionally. ① In business law, partnership generally has five main characteristics.

27. Firstly, a partnership should be treated as an aggregate of individual partners or as a corporate-like entity separate from its partners. The partnership is not a distinct legal entity.

28. Secondly, the formation of a partnership requires a voluntary "association" of persons who co-own the business and intend to conduct the business for profit. Persons can form a partnership by a written or oral agreement. A partnership agreement often governs the partners' relations with each other and with the partnership.

29. Thirdly, each partner has a right to share the profits of the partnership. Unless the partnership agreement states otherwise, partners share profits equally. Moreover, partners must contribute equally to partnership losses unless a partnership agreement provides for another arrangement.

30. Fourthly, each partner also has a right to participate equally in the management of the partnership. In many partnerships a majority vote resolves disputes relating to management of the partnership.

31. Fifthly, each partner owes a fiduciary duty to the partnership and to copartners. This duty requires that a partner deal with co-partners in good faith, and it also requires a partner to account to co-partners for any benefit that he or she receives while engaged in partnership business. ②

32. So far when the concept of partnership began to be used in the international

---

① See the U. S. Revised Uniform Partnership Act $ 101 [1994].

② For a definition of partnership, see(legal-dictionary. thefreedictionary. com/ partnership).

context is not clear, and needs special exploration. However, it is certain that since the 1990s, the vocabulary, especially the concept of "strategic partnership" has been increasingly used in relations between States and between States and other international actors in various fields or on different matters. According to the *British National Corpus's observation*, only six entries in newspapers, books, magazines and journals used the expression "strategic partnership" in the period between 1980 – 1993, but none of these was used in the context of international relations. In the collection by the Corpus of Contemporary American English, in the period between 1990 – 1994, only one entry of the expression "strategic partnership" related to international relations. In the period between 1995 – 1999, 29 entries can be found in this context. In the following period, 2000 – 2004, 33 mentions can be found. And in the period between 2005 – 2010, 45 entries can be found. ① As a result, partnership or strategic partnership and other similar expressions have become popular in the context of global governance.

33. "Strategic partnership" has often been used in building cooperation between States at a bilateral level. The United States used the term for the first time in 1992 by establishing the US-Turkey strategic partnership. Since the 1990's, the vocabulary has often been used in the EU's documents of foreign policy. In the past, the EU used to conclude trade and economic cooperation agreements with third countries, in addition to associate agreements with some countries which have special relations with the EU Member States historically. Beginning in 1999, the EU has gradually upgraded these bilateral cooperation agreements to Partnership and Cooperation Agreements (PCAs). ② The PCAs between the EU and its non-Member States bear certain common features as follows:

34. Firstly, the PCAs establish a kind of comprehensive partnership and cooperation relationship between the two parties. The aims of the PCAs are to

---

① Louis Blanco, Strategic Partnership: a New Form of Association in International Relations? (www.wiscnetwork.org/porto2011/papers/WISC_2011 – 523.pdf).

② The most intensive and typical PCAs are those concluded between the EU and a number of countries in Eastern Europe and Central Asia, namely, Armenia, Azerbaijan, Georgia, Kazakhstan, Kyrgyz, Moldova, Russia, Ukraine and Uzbekistan, Belarus and Turkmenistan, see (ec.europa.eu/external_relations/ceeca/pca/index.htm).

provide a suitable framework for political dialogue, support the efforts made by the countries to strengthen their democracies and develop their economies, accompany their transition to a market economy, and encourage trade and investment. They also aim to provide a basis for cooperation in the legislative, economic, social, financial, scientific, civil, technological and cultural fields. ① To some extent, the EU's PCAs could be regarded as the upgraded and expanded version of its traditional trade and economic cooperation agreements with third countries.

35. Secondly, the PCAs includes a special clause on respect for democracy, rule of law and human rights, which were not provided in previous trade and economic cooperation agreements. Scholars have defined this special provision as a "social clause", or a "human rights clause", or a "democratic and human rights clause", or a "rule of law clause". ② The sustained insertion of this special clause in the EU's international PCAs with third-party countries directly resulted from a number of EU external policy documents on human rights in the first half of the 1990s. ③

36. Thirdly, the PCAs establishes a Cooperation Council responsible for supervising the implementation of the PCAs. The Council meets at the ministerial level once a year. It is assisted by a Parliamentary Cooperation Committee. In addition, periodic political dialogues on a wide range of fields are conducted to ensure the implementation of the PCAs.

37. Fourthly, the PCAs explicitly set out their duration, normally a period of ten years, and at the same time provide for their autonomous extension.

---

① See(eur-lex. europa. eu/legal-content/EN/TXT/? uri = URISERV: r17002).

② Lorand Bartels, Human Rights Conditionality in the EU's International Agreements (2005), 73 – 78.

③ See European Commission, Communication on Human Rights, Democracy and Development Cooperation Policy, SEC(1991), 61; European Council, Declaration Concerning Human Rights, 28 – 29 June 1991, Bull EC 6 – 1991; Resolution of the Council and of the Member States Meeting in the Council on Human Rights, Democracy and Development, 28 November 1991, Bull EC 11 – 1991; European Commission, Communication on the Inclusion of Respect for Democratic Principles and Human Rights in Agreements Between the Community and Third Countries, COM(95)216 final, 23May 1995.

Ⅲ. B. China's Practice of Strategic Partnership with Other States in Recent Years

38. China has been striving for the establishment of partnership with other countries as a new type of State-to-State relations in the post Cold War era. According to a report by one Chinese media outlet, China has so far established partnerships with 72 foreign countries or regions or international organizations. ①

39. In practice, all these partnerships could be divided into several sub-types by their titles and terms, such as (1) friendly partnership with Jamaica; (2) friendly cooperative partnership with Hungary; (3) traditional cooperative partnership with Albania; (4) comprehensive friendly cooperative partnership with Romania; (5) important cooperative partnership with Fiji; (6) strategic partnership with the ASEAN, African Union, Peru, the United Arab Emirates, Angola, Uzbekistan, Tajikistan, Turkmenistan, Mongolia, Poland, Nigeria, Canada, Serbia, Chile and Ukraine; (7) strategic cooperative partnership with Afghanistan, South Korea, India and Sri Lanka; (8) strategic reciprocal partnership with Ireland; (9) comprehensive strategic partnership with the EU, the United Kingdom, Italy, France, Spain, Portugal, Greece, Denmark, Belarus, Brazil, Mexico, Argentina, Venezuela, Kazakhstan, Indonesia, Malaysia, South Africa and Algeria; (10) comprehensive strategic cooperative partnership with Thailand, Vietnam, Cambodia, Laos, Burma, etc. The most recent one is between China and Switzerland which is newly named as an "Innovative Strategic Partnership". ②

40. Differently termed partnerships implicate different levels and broadness of cooperation between China and partner countries. Friendly partnership might demonstrate that the relationship between the two States are more than just a normal diplomatic relationship, while traditional friendly partnership emphasizes the historical heritage and evolution of the friendship of both parties, and cooperative partnership stresses cooperation in the fields in which both parties are interested. Strategic partnership implicates both the "strategic" quality and the "partnership"

---

① See (http://news. cnr. cn/special/2016lh/zb/wjb/wz/20160308/t20160308_5215586 11. shtml).

② See(www. npc. gov. cn/englishnpc/news/Events/201604/13/content_1986802. htm).

nature of cooperative relations of both parties, requiring that both parties regard it as essential to achieve their basic goals with national security as the core and stressing the win-win effect of such a strategic relationship.① Comprehensive strategic partnership denotes the overall coverage, entirety and coherence of cooperation and core interests of both parties.

41. In short, in addition to such factors as geopolitics, security, economic growth, environmental protection, sustainable development, social welfare, etc., it has been suggested that "the presence of common values, common interests and mutual understanding are essential criteria for a 'partnership' as opposed to a mere 'co-operation'".② As to a prerequisite for a comprehensive strategic partnership, "comprehensiveness" of cooperation, "common core interests" and "mutual trust" are deemed to be added.

42. Among those strategic partnerships established between China and foreign countries, the comprehensive partnership arrangements with Russia, the US, Germany and Pakistan are of particular importance and have drawn world-wide attention. The first three partnerships mark the establishment of a new type of relationship between the big powers characterized not only by its wideness of mutual cooperation, but also, more importantly, by its nature of non-alignment, non-confrontation and non-targeting of any third party. The last one represents the highest level of strategic partnership as it is termed an "all-weather partnership", meaning that the mutual trust and the close and friendly cooperation of both parties are sustainable, regardless of any changes in national, international and regional situations.

Ⅲ. C. Close Connection Between Partnership and the Belt and Road

43. Thus, partnership between States could take flexible forms with implication of various levels of relationship and cooperation between the States involved in it. Judging from the Belt and Road, it is not difficult to presume that its proclaimed

---

① Giovanni Grevi, Making EU strategic partnerships effective, Working Paper (FRIDE) (December 2010), 2-3.

② Marius Vahl, Just Good Friends? The EU-Russian "Strategic Partnership" and the Northern Dimension, Center for Policy Studies, Working Document No. 166 (2001), 4.

goals and priorities are undoubtedly within the concept of partnership, even within that of strategic or comprehensive partnership. Firstly, as illustrated above, China has built partnership or strategic partnership or comprehensive partnership with most of the 65 States and related regional or sub-regional organizations along the Belt and Road and the implementation of the Belt and Road will definitely further enhance those existing bilateral partnership arrangements. Secondly, it could be predicted that, with the implementation of the Belt and Road, the new partnership will be naturally formulated between China and those few countries which have not yet established such a partnership. Therefore, there exist some overlapping aspects both in terms of objectives and fields of cooperation and both forms of cooperation could be interactive.

44. However, it might not be correct or at least not precise to identify the Belt and Road merely as an equivalence of a partnership or even a strategic partnership. A partnership arrangement is often established between two States concerned and it is therefore a kind of bilateral form of cooperation. In contrast, the Belt and Road is both a region-wide cooperation and a series of bilateral co-operations. In practice, China and other countries along the Belt and Road might negotiate and conclude a comprehensive regional or multilateral agreement on the Belt and Road strategy. This option is strongly suggested by this author, because it could facilitate the implementation of the Belt and Road with a sustained and solid international legal foundation. Under this basic multilateral or regional agreement, China and other related countries could conclude agreements concerning cooperation in specific fields or on specific projects within the framework of the Belt and Road strategy. In addition, the intention of the Belt and Road Initiative is more ambitious and far reaching than the goal of a partnership, which will be further explored in the section that follows.

Ⅳ. The Belt and Road Towards a Regional Community of Common Destiny

Ⅳ. A. Evolution of the Concept Pursued by the Chinese Government

45. As a Chinese official expression, the phrase "community of common

destiny" was first officially used by Hu Jintao, the former President of the PRC. In 2007, in his report to the 17th National Congress of the Communist Party of China, he used the term to describe the special cross-strait relationship between mainland China and Taiwan. In September 2011, the White Paper on China's Peaceful Development issued by the Information Office of the State Council initiated the new perspective of "a community of common destiny to seek the new connotation of common interests and values". From then on, China has been using this term to emphasize its important and unique relations with other countries, particularly with its neighboring countries, as in Hu Jintao's June 2012 speech at the summit of the Shanghai Cooperation Organization. In the report to the 18th National Congress of the CCP in late 2012, the concept was used to note that "[I]n this world, the degree of interaction and interdependence among countries are unprecedentedly deepened. All peoples are living in the same earth village and in the same time of space between history and reality, more and more formulating a community of common destiny in which we are among you and you are among us". Therefore, the report urged all to "promote the consciousness of human destiny community" that is, each country "in the pursuit of its national interests, takes into account the reasonable concern of other countries and in the pursuit of national development, promotes common development of all countries".

46. The concept "community of common destiny" has been repeatedly used and reaffirmed by the current Chinese President Xi Jinping during his visits to Africa in March 2013 and to ASEAN countries in October 2013, in his speech at the Boao Forum in early 2013, and during his visit to ASEAN countries in October 2013. In his speech at the Conference on the Diplomatic Work with Neighboring Countries on 25 October 2013 in Beijing, Xi particularly stressed "letting the awareness of community of common destiny take root in the neighboring countries". This was understood as a guiding principle of China's diplomacy with its neighbors. Western media commented on it as a counter-balancing measure to Washington's "Pivot to Asia" policy, intending to show a softer image of China to its neighbors by

emphasizing community and a shared fate. ① In the past two years or so, President Xi has referred to the "community of common destiny" more than sixty times on various occasions, continuously interpreting the rationale of "community of common destiny" so as to grasp the commensurability of human interests and value and to find the common denominator in State-to-State relations. ②

Ⅳ. B. Connotation of Community of Common Destiny

47. According to the observation made by a senior Chinese scholar of international studies, the rationale of "community of common destiny" connotes a new rationale of human society, that is, a global view of values which embodies the interdependence of international power, common interests, and sustainable development. ③

48. As transnational movement of goods, services, capital, technology, information and personnel develops and intensifies, all countries are in the state of mutual interdependence. Each country has to maintain an interest link through the international community so as to realize its own interest. Therefore, appropriate international mechanisms have to be established so that the international political, economic and social order can be steadily maintained and various challenges commonly confronted by all countries can be jointly coped with.

49. The view of common interest is contrary to the zero-sum theory which has long been influential in international relations in the 20th century. According to offensive/ defensive realists, States are obsessed with the security and continuation of their existence. The defensive view can lead to a security dilemma, where increasing one's own security can bring along greater instability as the opponent builds up its own arms, making security a zero-sum game in which only relative gains can be made. In contrast, the view of common interest claims that in the era of globalization human society turns into a "global village" in which the political,

---

① Jin Kai, "Can China Build a Community of Common Destiny?", *The Diplomat*, 28 November 2013 (the diplomat. com/2013/11/can-china-build-a-community-of-com mon-destiny/).

② Guo Jiping, "To Promise a Better Future for the World: Towards a Community of Human Common Destiny", *People's Daily*, 18 May 2015.

③ Qu Xing, "The Values of the Community of Human Destiny", 4 *Qiushi* (in Chinese) (2013), pp. 53 – 55.

economic and social interests of one State is highly integrated with those of other States and the interests of each State is a ring in a common interest chain. Thus, a problem rising from one ring might result in disruption of the global interest chain. In the view of common interest, no State can get along without consideration of other States. If a State wants to develop, it must help others to develop, and the same is true for national security and social life.

50. The contemporary concept of sustainable development was first put forward by the Club of Rome in 1972 in its classic report on the Limits to Growth. ① In 1980 the International Union for the Conservation of Nature published a world conservation strategy that included one of the first references to sustainable development as a global priority. In 1987 the United Nations World Commission on Environment and Development released a report entitled Our Common Future, commonly called the Brundtland Report. It defined that "[S] ustainable development is development that meets the needs of the present without compromising the ability of future generations to meet their own needs". Since then, the concept and principle of sustainable development has been reaffirmed and enhanced by a number of important UN conferences and related documents. The Earth Charter adopted at the UN Conference on Environment and Development in 1992 outlined the building of a just, sustainable and peaceful global society in the 21st century. The Millennium Declaration in 2000 identified principles and development goals on sustainable development, including three main dimensions of sustainable development, namely, economic development, social development and environmental protection. The term "sustainable development" as used by the United Nations incorporates both issues associated with economic development and broader issues of human development such as education, public health and standard of living. In 2002, the UN Johannesburg Summit adopted the Declaration on

---

① The Club of Rome was founded in 1968 as an informal association of independent leading personalities from politics, business and science, whose members are longterm thinkers interested in contributing in a systemic interdisciplinary and holistic manner to a better world. The Limits to Growth is a book about computer simulation of exponential economic and population growth with finite resource supplies. The book used the World 3 model to simulate the consequence of interactions between the Earth's and human systems (www. clubofrome. org/? p = 324).

Sustainable Development, making commitments to strengthen and improve governance at all levels for the effective implementation of Agenda 21, the Millennium Development Goals and the Plan of Implementation of the Summit. In 2012, the outcome document of the Rio World Earth Summit reaffirmed the commitments made at the 1972 Rio Earth Summit and the 2002 Johannesburg Earth Summit on sustainable development. It particularly emphasized that eradicating poverty is the greatest global challenge facing the world today and an indispensable requirement for sustainable development, and it is a matter of urgency.

51. The community of common destiny takes the view of global governance. The necessity and tendency of global governance, as the extension of traditional international governance,① have been increasingly prominent in the international community since the turn of the 21st century, although there have been various definitions and understandings of the concept.② Compared with international governance, which focuses on relations between sovereign States, global governance aims at reducing the roles and importance of States and their governments in the process of rulemaking or decision-making and its monitoring, and at strengthening the roles of non-State actors in it.③ In sum, global governance conceptually and practically implies changes of the management of world affairs mainly in three dimensions as follows:④

52. Firstly, global governance calls for international power being shared more

① Global governance, as a rationale and value orientation, is originated from the discipline of international law in the 16th century. The concept of international order advocated by the international publicists ever since that time is equivalent to the concept of international governance and nowadays the concept of global governance. See Zeng Lingliang, "Time Characteristics of Global Governance and International Law", *Chinese Yearbook of International Law*(in Chinese) (2013), pp. 1 - 12.

② See James Rosenau and Ernst Otto Czempiel, Governance Without Government: Order and Change in World Politics (1992), 13; Thomas Weiss, "Governance, Good Governance and Global Governance: Conceptual and Actual Challenges", 21 *Third World Quarterly* (2000), 795 - 814; Our Global Neighborhood, the Report of the Commission on Global Governance (1995), Chapter 1, para. 6.

③ Tanja Brühl and Volker Rittberger, From International to Global Governance: Actors, Collective Decision-Making, and the United Nations in the World of the Twenty-first Century, 2 - 3 (archive. unu. edu/unupress/sample-chapters/GlobalGov. pdf).

④ UNDP, Report of High-Level Policy Forum on Global Governance in Beijing, China (17 December 2012), 12 - 13.

by the G20, G5, G77, non-State and non-inter-governmental institutions, such assub-components of States, regional or sub-regional organizations, NGOs, transnational corporations and even professional elites.

53. Secondly, it means change of international processes. Proliferation and diversification of international actors mentioned above results in democracy and multiplicity in the international decision-making process. Many challenges in the era of globalization directly concern the interests of individuals and the whole of mankind. Traditional State-oriented and intergovernmental organization-oriented policy and rule making processes no longer meet the needs of the times. Global governance requires that non-State actors extensively and profoundly participate in the process of international norm and decision-making so as to ensure the accountability and legitimacy of policies and norms both at home and abroad.

54. Thirdly, it means change of international implementation mechanisms. Traditionally, the implementation of international norms largely, if not totally, relies on States themselves, namely by the principle of State self-help. Global governance has brought about multilateralism and flexibility of international implementation and monitoring mechanisms. In addition to the United Nations system and the Bretton Woods system, other implementation and monitoring mechanisms at global, regional sub-regional, national, sub-national, or private levels are also included in the framework of implementation and monitoring mechanisms of global governance.

55. In addition to the four views analyzed above, it seems to this author that the community of common destiny contains another important view advocated by Chinese President Xi Jinping, that is, the correct outlook on justice. At the Central Foreign Affairs Conference held on 28 – 29 November 2014 in Beijing, Xi declared "upholding justice and pursuing shared interests" as part of the Chinese new diplomacy. In his keynote speech at the 2015 Boao Forum for Asia Annual Conference, he further identified this new rationale as one of the approaches to build a community of common destiny and a new future for Asia, the essence of which is win-win cooperation and all-win cooperation in replacement of the old zero-sum approach. President Xi advocates that "the interests of others must be accommodated while pursuing one's own interests, and common development must be promoted while seeking one's own development". He also stressed that the vision of win-win

cooperation not only applies to the economic field, but also to the political, security, cultural and many other fields. For China, it not only applies to countries within the region, but also to cooperation with countries from outside the region.① Some comments note that Xi's "view of justice and interest" emphasizes the moral sense of the concept. This author disagrees with such comments and thinks that Xi's viewpoint contains the meaning of both international morality and international legal obligation.

Ⅳ. C. The Belt and Road Initiative as part of a community of human common destiny

IV. C. i. Consistency of purposes

56. As illustrated in section II above, the fundamental purpose of the Belt and Road Initiative is to promote "common development and prosperity" and facilitate "a road towards peace and friendship" of all States and regions involved. In sum, it aims at building "a community of shared interests", "a community of shared destiny" and "a community of shared responsibility" first in Asia and Europe and then beyond these regions. The purpose declared as such is exactly the reflection of the concept of a community of common destiny which was proclaimed by President Xi in his speech at the Opening Ceremony of the 2013 Boao Forum for Asia. The fundamental purpose of the community of common destiny is common development which is the very foundation of sustainable development. He further identified four dimensions of this common development, namely: (1) to break new ground so as to create an inexhaustible source of power for boosting common development; (2) to work together to uphold peace so as to provide security safeguard for boosting common development; (3) to boost cooperation as an effective vehicle for enhancing common development; (4) to remain open and inclusive so as to create broad space for enhancing common development.

IV. C. ii. Consistency of Principles

57. In his speech at the 2015 Boao Forum for Asia, Xi Jinping outlined four principles that underpin the vision of the community of common destiny proposed

---

① Xi Jinping, Towards a Community of Common Destiny and a New Future for Asia, a keynote address at the 2015 Boao Forum for Aisa Annual Conference, 28 March 2015.

by China: (1) to make sure that all countries respect one another and treat each other as equals; (2) to seek win-win cooperation and common development; (3) to pursue common, comprehensive, cooperative and sustainable security; (4) to ensure inclusiveness and mutual learning among civilizations.① The Belt and Road Initiative, as the hallmark of this vision of community of common destiny,② transforms the four principles exactly and further elaborates them. Firstly, the Initiative highlights the upholding of the purposes and principles of the UN Charter and the Five Principles of Peaceful Co-existence. Secondly, it especially emphasizes the openness of the Silk Road. That is, it is open to all countries and international and regional organizations for engagement so that the results of the concerted efforts will benefit wider areas. Thirdly, it underlines harmoniousness and inclusiveness of all countries, that is, "to tolerate among civilizations, respects the paths and modes of development chosen by different countries, and supports dialogues among different civilizations on the principles of seeking common ground while shelving differences and drawing on each other's strengths". Fourthly, it stresses the decisive rule of the market, that is, to fully "abide market rules and international norms" in economic cooperation. Fifthly, it seeks mutual benefit, that is, to accommodate the interests and concerns of all parties involved, and seeks a conjunction of interests and the "biggest common denominator" for cooperation.

IV. C. iii. Consistency of Coverage

58. Since the report of the 18th National Congress of the CCP formally put forward the concept of a community of human common destiny, the geographical coverage of this new type of community has been gradually made clear in the speeches of top Chinese leaders on various occasions and other related documents of the Chinese central authority. The concept was first applied to the relationship between mainland China and Taiwan, then to China's relationship with ASEAN and

① Xi Jinping, Towards a Community of Common Destiny and a New Future for Asia, a keynote address at the 2015 Boao Forum for Aisa Annual Conference, 28 March 2015.

② One belt, one road? China's community of common destiny, The Interpreter, 31 March 2015 (www.lowyinterpreter.org/post/2015/03/31/One-belt-one-road-Chinas-community-of-common-destiny.aspx? COLLCC = 895690586&).

its Member States, then to all Asian and European countries along the Belt and Road, even further to African and Latin American countries, and finally to the whole of mankind as the term so directly referred to.

59. As for its coverage of areas, the community of human common destiny is allembracing, covering all fields of national and social life. It can be summarized as focusing on three themes, that is, global, regional and national peace and security, prosperity and sustainable development, and welfare of peoples. From the text of the Initiative, it is certain that the Belt and Road covers, but is not limited to, the areas of the ancient Silk Road. In addition to road links, trade ties, currency circulation, people-to-people bond, etc., policy coordination, facilities connectivity, unimpeded trade, investment facilitation and financial integration, as mentioned in section II above, are all included. Projects implemented in all these areas are within the framework of the three themes of peace and security, development and welfare of peoples.

IV. C. iv. Shared Mechanisms

60. One of the common features of community of common destiny and the Belt and Road is that the institutional structure is not fixed once and for all, but rather flexible. Each has no intention to set up its own institutions, but promotes an adequate play of various existing international, regional and sub-regional, bilateral organizations and forums. Those organizations and forums commonly mentioned and stressed in documents related to the Belt and Road and the community of common destiny in the past three years include the UN, WTO, ASEAN, ASEAN Plus China (10 + 1), APEC, Shanghai Cooperation Organization (SCO), Asia-Europe Meeting (ASEM), Asia Cooperation Dialogue (ACD), Conference on Interaction and Confidence-Building Measures in Asia (CICA), China-Arab States Cooperation Forum (CASCF), China-Gulf Cooperation Council Strategic Dialogue, Greater Mekong Sub-region (GMS) Economic Cooperation, and Central Asia Regional Economic Cooperation (CAREC), and Boao Forum for Asia, etc.

61. However, as one observer noticed recently, the Belt and Road, as a kind of regional integration, "differs from ASEAN-style or EU-style regionalism [...] it will be a core to periphery structure of connectivity, regional decision-making and

membership status, a sort of hub (Beijing) and spokes (other countries) arrangement". ①

62. In terms of membership, both the community of human common destiny and the Belt and Road are open and inclusive. The former's membership, just as its name implies, includes all countries in the world and the whole of mankind. The latter, as the Initiative explicitly indicates, is "inclusive" and its membership not only includes the Asian and European countries along the Belt and Road, but also "is open to all countries and international and regional organizations for engagement". In contrast, the membership of traditional regional integration is normally exclusive, limited to the countries within the region concerned. Countries outside the region may only make association or partnership arrangements with existing regional integration regimes. ②

63. In terms of decision-making, both the Belt and Road and the community of common destiny do not intend to enact their own rules and procedures which are distinct from those existing mechanisms at bilateral, regional or sub-regional, and multilateral levels. Specifically speaking, both will follow those principles and rules of procedures which have long been established in various international organizations, conferences and forums, such as consultation, negotiation, one State-one vote, majority vote, consensus, etc.

V. Conclusion

64. Currently, it might be difficult to precisely define the Belt and Road initiated by the Chinese Government in a conceptual way, and it might be even harder to do so from a legal point of view. So far there have been no direct formal legal sources, either domestic or international, besides the reports of the Chinese

---

① David Arase, China's Two Silk Roads: Implications for Southeast Asia, ISEAS Perspective, #2, 22 January 2015, 2.

② For instance, the EU used to sign association agreements with some European and Mediterranean countries before they gained full membership in the EU. The EU also signed partnership and cooperation agreements with non-Member States with a view of establishing wider and deeper cooperative relationships. The ASEAN has set up 10 + 1 and 10 + 3 mechanisms with China, and China, Japan and Korea respectively.

State Council and the CCP National Congress, the Belt and Road Initiative, and some speeches of top Chinese leaders on various occasions. Those related documents are at most a kind of soft law source, or could be defined as policy, strategy orientation or proclamation papers.

65. However, by reading carefully the existing sources of the Belt and Road and comparing it with other existing models of international cooperation, we may reach a conclusion that the Belt and Road is a new formula of global governance. Although this new formula started not long ago, "it is a positive endeavor to seek new models of international cooperation and global governance, and will inject new positive energy into world peace and development".

66. As a new model of global governance, the Belt and Road bears some elements of regional economic integration, but not completely the equivalent of the latter. On the one hand, it looks like a regional economic integration mainly because of two factors. One is its geographical coverage, that is, all Asian and European States along the Silk Road and the Maritime Silk Road. The other is its fields of cooperation, that is, largely the economic field, or economic cooperation as its core. On the other hand, the Belt and Road does not look like other existing regional economic integration which has set up a uniform institutional structure, or even established a supernational structure. One of the operational features of the Belt and Road is that it makes full use of the advantages of all related existing mechanisms of cooperation at the bilateral, regional, sub-regional and multilateral levels.

67. The Belt and Road, as a new model of global governance, could more or less be identified as a kind of partnership arrangement, as partnership between States can be flexible in form, scope and quality. However, the Belt and Road could hardly be categorized as such in its entirety. Firstly, partnership stresses cooperative relationship in good faith between the two sides and the prerequisite is its bilateral character. In contrast, the Belt and Road is not a bilateral partnership arrangement between China on the one hand and all other related States on the other, although some specific cooperative projects have been agreed by bilateral memorandum between China and related individual countries along the Belt and Road. Secondly, since China has already established partnership in various forms with most of the individual States along the Belt and Road, it is meaningless to repeat the same

arrangement through the Belt and Road Strategy.

68. Therefore, the Belt and Road is far more than the connotation of a regional economic integration and partnership arrangement. It takes the patterns of regional integration and partnership arrangement both as its basis and its priorities with a far reaching view of building a regional community of common destiny. This new community is different from all existing communities in several aspects. Firstly, it aims at not only building a "community of shared interests", but also "a community of shared destiny" and "a community of shared responsibility". Secondly, it has no fixed institutional structure, but intends to take advantage of all kinds of mechanisms available at the national, bilateral, regional, sub-regional and multilateral levels. Lastly, its long strategy is not limited to merely formulating a community of common destiny in the region, but to building a community of common destiny of the whole of mankind.

69. However, it is clear so far that the Belt and Road is initiated and mainly promoted by the Chinese Government in China and abroad. Although the proposal has been actively responded to by neighboring States and certain specific projects have been designed and implemented, the Belt and Road as a regional community of common destiny and as part of the community of human common destiny has not yet taken its shape and is set to have a long way to go. Undoubtedly, its building will face various unprecedented challenges. Merely from a legal point of view, the smooth operation and the success of the Belt and Road imperatively needs the establishment, improvement and completion of legal mechanisms at the national, bilateral, subregional and regional levels. It also depends on the completion of relevant multilateral mechanisms in the context of globalization and global governance.

附录　曾令良教授主要著述一览表

著　作

1. 曾令良、冯洁菡主编:《中国促进国际法治报告》(2015 年),社会科学文献出版社 2016 年版。

2. Zeng Lingliang and Feng Jiehan (eds), *Annual Report on China's Practice in Promoting the International Rule of Law* (2015), Beijing, Social Sciences Academic Press, 2016.

3. 曾令良等:《国际人权公约的实施及中国的实践》,武汉大学出版社 2015 年版。

4. 曾令良、冯洁菡主编:《中国促进国际法治报告》(2014 年),武汉大学出版社 2015 年版。

5. Zeng Lingliang and Feng Jiehan (eds), *Annual Report on China's Practice in Promoting the International Rule of Law* (2014), Wuhan University Press, 2015.

6. 曾令良等:《中国和平发展的重大前沿国际法律问题研究》,经济科学出版社 2011 年版。

7. 梁西主编,曾令良修订主编:《国际法》,武汉大学出版社 2011 年版。

8. 曾令良、黄德明主编:《欧洲联盟法治 50 年回顾与展望》,湖北人民出版社 2009 年版。

9. 曾令良:《欧洲联盟法总论:以〈欧洲宪法条约〉为新视角》,武汉大学出版社 2007 年版。

10. 曾令良主编:《法律英语》,武汉大学出版社

2007 年版。

11. [英]伊恩·布朗利:《国际公法原理》,曾令良、余敏友等译,法律出版社 2007 年版。

12. 曾令良、肖永平主编:《武大国际法讲演集》,武汉大学出版社 2006 年版。

13. 曾令良主编:《21 世纪初的国际法与中国》,武汉大学出版社 2005 年版。

14. 曾令良、饶戈平主编:《国际法》,法律出版社 2005 年版。

15. 曾令良、余敏友主编:《全球化时代的国际法——基础、结构与挑战》,武汉大学出版社 2005 年版。

16. 曾令良、余敏友主编:《国际法:论点·法规·案例》,法律出版社 2004 年版。

17. 曾令良审定:《国际法》(高等教育与司法考试必读法规系列),中国方正出版社 2003 年版。

18. 曾令良主编:《国际法学》,人民法院出版社、中国社会科学出版社 2003 年版。

19. 曾令良:《世界贸易组织法》,武汉大学出版社 1997 年版。

20. 曾令良:《欧洲共同体与现代国际法》,武汉大学出版社 1992 年版。

论　文

1. Zeng Lingliang, "Conceptual Analysis of China's Belt and Road Initiative: A Road towards a Regional Community of Common Destiny", *Chinese Journal of International Law*, Vol. 15, Issue 3, 2016.

2. 曾令良:《国际法治与中国法治建设》,载《中国社会科学》2015 年第 10 期。

3. 曾令良:《区域贸易协定新趋势下〈跨大西洋伙伴协定〉的负面影响与中国的对策》,载《武汉大学学报》(哲学社会科学版)2015 年第 2 期。

4. 曾令良:《与克里米亚"脱乌入俄事件"有关的国际法问题》,载《国际法研究》2015 年第 1 期。

5. 曾令良:《论我国〈缔结条约程序法〉的完善》,载《政治与法律》2014 年第 9 期。

6. 曾令良:《国际法治视野下的国家治理现代化》,载《法制与社会发展》

2014 年第 5 期。

7. 曾令良:《中国国际经济法学老艄公的铿锵号子——〈中国的呐喊:陈安论国际经济法〉读后的点滴感悟》,载陈安主编:《国际经济法学刊》(第 21 卷),北京大学出版社 2014 年版,第 1 ~ 30 页。

8. 曾令良:《梁西与国际法》,载教育部人文社会和科学重点研究基地武汉大学国际法研究所主办:《武大国际法评论》(第 16 卷 · 第 2 期),武汉大学出版社 2014 年版,第 1 ~ 19 页。

9. 曾令良:《论诚信在国际法中的地位和适用》,载《现代法学》2014 年第 4 期。

10. 曾令良:《联合国人权条约实施机制:现状、问题和加强》,载《江汉论坛》2014 年第 7 期。

11. 曾令良:《新时期改革开放的国际法视野》,载《检察风云》2014 年第 11 期。

12. 曾令良:《全球治理与国际法的时代特征》,载中国国际法学会主编:《中国国际法年刊》(2013 年卷),法律出版社 2014 年版,第 11 ~ 41 页。

13. 曾令良:《法治中国与国际法治紧密相连》,载《法制与社会发展》2013 年第 5 期。

14. 曾令良:《欧债危机背景下欧盟普惠制改革及其对中国的影响》,载《法学评论》2013 年第 3 期。

15. 曾令良:《卓越涉外法律人才培养的"卓越"要素刍议》,载《中国大学教学》2013 年第 1 期。

16. 曾彦、曾令良:《跨境经济合作区的特征与法律和机制保障》,载《时代法学》2012 年第 5 期。

17. 曾令良:《武汉大学国际法研究所三十周年回顾与展望》,载教育部人文社会科学重点研究基地、武汉大学国际法研究所主办:《武大国际法评论》(第 14 卷 · 第 2 期),武汉大学出版社 2011 年版,第 139 ~ 153 页。

18. Zeng Lingliang, "The Contemporary Construction of Chinese International Law Discourse", *Social Science in China*, Vol. XXXII, No. 4, November 2011.

19. 曾令良:《WTO 法治面临的主要挑战及其应对》,载《法学杂志》2011 年第 9 期。

20. 曾令良:《中国践行国际法治 30 年:成就与挑战》,载教育部人文社会科学重点研究基地、武汉大学国际法研究所主办:《武大国际法评论》(第 14 卷 ·

第 1 期),武汉大学出版社 2011 年版,第 1 ~ 24 页。

21. 曾令良:《WTO:一种自成体系的国际法治模式》,载陈安主编:《国际经济法学刊》(第 17 卷 · 第 4 期),北京大学出版社 2010 年版,第 36 ~ 64 页。

22. 曾令良:《联合国在推动国际法治建设中的作用》,载《法商研究》2011 年第 2 期。

23. 曾令良:《〈里斯本条约〉后欧盟对外关系权能的变化——以法律为视角》,载《湘潭大学学报》(哲学社会科学版)2011 年第 2 期。

24. 曾令良:《中国国际法学话语体系的当代构建》,载《中国社会科学》2011 年第 2 期。

25. 曾令良:《从"中美出版物市场准入案"上诉机构裁决看条约解释的新趋势》,载《法学》2010 年第 8 期。

26. 曾令良:《美国对中国出口轮胎实施特保措施的非法性和负面影响》,载《江西社会科学》2010 年第 1 期。

27. 曾令良:《WTO 框架下两岸经济合作框架协定的法律定位》,载《时代法学》2009 年第 6 期。

28. 曾令良:《一部通用于中国—欧盟关系领域的杰作——评 F. 斯奈德编著的〈欧洲联盟与中国,1949 ~ 2008:基本文件与评注〉》,载《欧洲研究》2009 年第 4 期。

29. 曾令良:《〈中欧伙伴与合作协定〉谈判:问题、建议与展望》,载《中国社会科学》2009 年第 2 期。

30. Zeng Lingliang, "A Preliminary Perspective of Negotiations of EU - China PCA:A New Bottle Carrying Old Wine or New Wine or Both?", *European Law Journal*, Vol. 15, No. 1, January 2009.

31. 曾令良、张英:《中欧关系中的非市场经济问题——纯粹技术性问题或远非如此?》,中国欧洲学会欧洲法律研究会 2008 年年会论文集,2008 年 11 月。

32. 曾令良:《欧洲联盟治理结构的多元性及其对中国和平发展的影响》,载《欧洲研究》2008 年第 3 期。

33. 曾令良:《当代国际法视角下的和谐世界》,载《法学评论》2008 年第 2 期。

34. 曾令良:《朝鲜核试验问题的国际法考量》,载《世界经济与政治》2007 年第 1 期。

35. 曾令良:《现代国际法的人本化发展趋势》,载《中国社会科学》2007 年第1期。

36. 曾令良:《“中国和平发展与国际法”专栏主持人按语》,载《武汉大学学报》(哲学社会科学版)2006年第6期。

37. 曾令良:《论中国和平发展与国际法的交互影响和作用》,载《中国法学》2006年第4期。

38. 曾令良:《风雨伴辉煌的多边贸易体制:成就、问题与完善》,载教育部人文社会科学重点研究基地、武汉大学国际法研究所主办:《武大国际法评论》(第5卷),武汉大学出版社2006年版,第94~117页。

39. 曾令良、张华:《擅用WTO国民待遇原则的“一般例外” 综合考虑决定我国应对策略》,载《WTO经济导刊》2006年第5期。

40. 曾令良:《中国特定产品过渡性保障机制的有效性与合理性问题》,载《法学评论》2005年第5期。

41. 曾令良:《区域贸易协定的最新趋势及其对多哈发展议程的负面影响》,载《法学研究》2004年第5期。

42. 曾令良:《多哈发展议程的困境与出路》,载《理论月刊》2004年第7期。

43. 曾令良:《应高度重视我国WTO法律人才培养的制度创新:一个学者的再次呼唤》,载《WTO法与中国论坛》文集——中国法学会世界贸易组织法研究会年会论文集(二),2003年12月。

44. 曾令良:《论欧洲法院与成员国法院的关系及其发展》,载《广西师范大学学报》(哲学社会科学版)2003年第3期。

45. 曾令良:《论WTO体制下区域贸易安排的法律地位与发展趋势——兼论中国两岸四地建立自由贸易区的几个法律问题》,载陈安主编:《国际经济法论丛》(第7卷),法律出版社2003年版,第1~16页。

46. 曾令良、江河:《贸易自由化与环境保护的法理思考》,载《武汉大学学报》(社会科学版)2003年第4期。

47. 曾令良、尹生:《论国际恐怖主义的全球化趋势与国际法律控制》,载《法制与社会发展》2003年第4期。

48. 曾令良:《论欧共体法与成员国法的关系》,载《法学论坛》2003年第1期。

49. 曾令良、姚艳霞:《欧盟法律研究在中国:过去、现在与未来》,载《法学评论》2002年第4期。

50. 曾令良:《统一司法考试与我国法学教育发展的定位——我国多层次兴

办法学教育的反思》,载《法学评论》2002 年第 1 期。

51. 曾令良、陈卫东:《论 WTO 一般例外条款(GATT 第 20 条)与我国应有的对策》,载《法学论坛》2001 年第 4 期。

52. 曾令良、韩桢:《世界贸易组织农产品贸易安排与发展中国家——兼论入世对我国农业的影响与对策》,载《法学评论》2001 年第 4 期。

53. 曾令良:《中国加入 WTO 及其司法审查制度的完善》,载《武汉大学学报》(社会科学版)2001 年第 3 期。

54. 曾令良:《21 世纪法律服务贸易的发展趋势与中国法学人才培养的应有改革》,载《法学评论》2001 年第 1 期。

55. 曾令良、黄志雄:《WTO 协议在我国的适用及我国法制建设的革命》,载《中国法学》2000 年第 6 期。

56. 曾令良:《论 21 世纪国际法与国际秩序的应有建构》,载李龙主编:《珞珈法学论坛》(第 1 卷),武汉大学出版社 2000 年版。

57. 曾令良:《"内外有别"与"国民待遇"》,载《楚天主人》2000 年第 6 期。

58. 曾令良、陈卫东:《从欧共体看 21 世纪区域一体化对多边贸易体制的影响》,载《武汉大学学报》(人文社会科学版)2000 年第 3 期。

59. 曾令良、韩大元、陈兴良等:《面对新世纪的思索——学习中央领导题词、祝贺本刊易名、喜迎千禧之年专题笔谈》,载《法学论坛》2000 年第 1 期。

60. 曾令良:《从国际习惯法斥北约轰炸我驻南使馆的野蛮行径》,载《思想理论教育导刊》1999 年第 7 期。

61. 曾令良:《欧共体及其成员国在 WTO 中的双重地位及其对中国的影响》,载《法学评论》1999 年第 2 期。

62. 曾令良:《梁西先生著〈国际组织法〉修订第四版读后》,载《法学评论》1999 年第 2 期。

63. 曾令良:《论欧洲联盟法中的从属原则》,载《武汉大学学报》(哲学社会科学版)1999 年第 2 期。

64. 曾令良:《国际法发展的历史性突破——〈国际刑事法院规约〉述评》,载《中国社会科学》1999 年第 2 期。

65. 曾令良:《论"冷战"后时代的国家主权》,载《中国法学》1998 年第 1 期。

66. 曾令良:《国际法院的咨询管辖与现代国际法的发展》,载《法学评论》1998 年第 1 期。

67. 曾令良:《论世界贸易组织的法律体系》,载《法学评论》1996 年第 2 期。

68. 曾令良:《世界贸易组织:过去、现在和未来》,载《百科知识》1995 年第 10 期。

69. 曾令良:《一部发展我国国际组织法学的力作——评梁西新著〈国际组织法〉》,载《武汉大学学报》(哲学社会科学版)1995 年第 3 期。

70. 曾令良:《评梁西主编之〈国际法〉》,载《法学评论》1994 年第 4 期。

71. 曾令良:《关税及贸易总协定及其与中国关系》,载《理论月刊》1992 年第 9 期。

72. 曾令良:《欧洲共同体与对外使团》,载《法学评论》1992 年第 4 期。

73. 曾令良:《欧洲共同体对外关系与西欧一体化》,载《武汉大学学报》(社会科学版)1992 年第 5 期。

74. 曾令良:《欧洲共同体的共同商业政策》,载《法学评论》1991 年第 2 期。

75. 曾令良:《欧洲政治合作与欧洲共同体》,载《武汉大学学报》(社会科学版)1991 年第 3 期。

76. 曾令良:《欧洲共同体与国际法上的承认》,载《法学评论》1988 年第 4 期。

77. 曾令良:《欧洲共同体司法审查制度剖析》,载《武汉大学学报》(社会科学版)1988 年第 2 期。

78. 曾令良:《论关贸总协定的缔约国资格——兼述我国缔约国地位的恢复问题》,载《法学评论》1987 年第 1 期。

报　纸

1. 曾令良:《构建中国特色社会主义国际法学》,载《光明日报》2016 年 6 月 29 日,第 16 版。

2. 曾令良:《推进国际法理念和原则创新》,载《人民日报》2016 年 3 月 28 日,第 16 版。

3. 曾令良:《和谐世界呼唤新的国际法》,载《人民日报海外版》2007 年 7 月 13 日,第 1 版。

4. 曾令良:《应高度重视我国 WTO 法律人才培养》,载《法制日报》2004 年 1 月 8 日。

5. 曾令良:《加强 WTO 人才培养》,载《人民法院报》2004 年 1 月 28 日。

后 记

编辑这本《曾令良论国际法》，首先是为了缅怀曾令良教授作为一名杰出的国际法学家，对国际法的理论研究和中国法治建设做出的卓越贡献。需要说明的是，由于篇幅所限，本书收录的仅仅是曾令良教授在不同时期的部分代表性学术论文，沧海遗珠、挂一漏万之处在所难免。而且，除了学术论文外，曾令良教授还曾就法学教育和国际法人才培养等问题撰写过为数不少的评论以及书评、杂谈等，同样蕴含着他在法学特别是国际法领域的洞见和智慧，这些都只能留待今后进一步加以发掘整理。

本书的出版，也寄托着曾令良教授的亲人、师友、学生以及学界同仁对他深深的哀思。曾令良教授的恩师，94 岁高龄的梁西先生，在 2016 年 8 月 16 日晨写了一首《悼念令良》，以此表达对弟子英年早逝的伤痛和哀悼：

空呼唤，
遽然离失无觅处，
顿觉万念皆非，
为尔心碎！

夜无眠，
细思从前点滴事，
方悟日月云烟，

叹我余年！

令良，
安息吧！

曾令良教授的夫人钟晓红老师，也在2017年清明节期间写下一首饱含深情的《丁酉年清明祭》，以表达对爱人的追思：

风清景明祭令良，
阴阳两隔痛断肠。
誉盈学界英年逝，
亲人悲戚抱恨长。
相伴珞珈终身愿，
松涛如泣话凄凉。
白菊寄情悼夫君，
一生三世不相忘。

需要说明的是，除了个别确有必要的文字性改动外，本书所有文章都力求在观点、行文等方面保持原貌，以期更加忠实地展现曾令良教授学术追求和探索的足迹。由于无法获得有关文章的Word原稿，本书收录的论文，一部分是根据纸质文章重新在电脑手工录入；还有一部分则是将PDF版本的文档转换为Word版本。我们同出版社编辑一起进行了反复校对，力求解决重新输入或转换后与原文一致性的问题。

本书的编辑，得到了众多学界前辈和同仁的大力支持。外交学院江国青教授、浙江工商大学古祖雪教授等校友提出了宝贵意见。武汉大学国际法研究所博士研究生刘碧琦、袁爱想和硕士研究生冯野为本书文章的收集、整理提供了协助。本书中的任何问题及不妥之处均由编者承担责任。

肖永平　黄志雄
2017年6月

图书在版编目(CIP)数据

曾令良论国际法 / 肖永平,黄志雄编. --北京:
法律出版社,2017
(国际法文库 / 黄进主编)
ISBN 978-7-5197-1154-2

Ⅰ.①曾… Ⅱ.①肖…②黄… Ⅲ.①国际法-文集
Ⅳ.①D99-53

中国版本图书馆 CIP 数据核字(2017)第 174162 号

曾令良论国际法
ZENGLINGLIANG LUN GUOJIFA

肖永平 黄志雄 编

策划编辑 沈小英
责任编辑 沈小英 刘晓萌
装帧设计 李 瞻

出版 法律出版社
总发行 中国法律图书有限公司
经销 新华书店
印刷 北京京华虎彩印刷有限公司
责任校对 杨昆玲
责任印制 吕亚莉

编辑统筹 财经出版分社
开本 710 毫米×1000 毫米 1/16
印张 36
字数 650 千
版本 2017 年 9 月第 1 版
印次 2017 年 9 月第 1 次印刷

法律出版社/北京市丰台区莲花池西里 7 号(100073)
网址/www.lawpress.com.cn
投稿邮箱/info@lawpress.com.cn
举报维权邮箱/jbwq@lawpress.com.cn
销售热线/010-63939792
咨询电话/010-63939796

中国法律图书有限公司/北京市丰台区莲花池西里 7 号(100073)
全国各地中法图分、子公司销售电话:
统一销售客服/400-660-6393
第一法律书店/010-63939781/9782
西安分公司/029-85330678
重庆分公司/023-67453036
上海分公司/021-62071639/1636
深圳分公司/0755-83072995

书号:ISBN 978-7-5197-1154-2
定价:120.00 元
(如有缺页或倒装,中国法律图书有限公司负责退换)